"De coração para coração: esta é a pregação que 'nos fere profundamente' e aplica o bálsamo de Gileade. É mostrada admiravelmente neste livro. Havendo apreciado cada sermão que já ouvi de Joel Beeke, estou certo de que nesta obra você discernirá uma conexão estimulante entre doutrina, experiência e vida."

Michael Horton, professor de Teologia Sistemática e Apologética, Westminster Seminary Califórnia; apresentador, *White Horse Inn*; autor, *Core Christianity*

"*Pregação Reformada* é singular por sua ênfase em que aprendamos a pregar experiencialmente dos reformadores e de seus sucessores teológicos através dos séculos. Joel Beeke mostra de modo convincente que a pregação reformada é doutrinariamente sadia, profundamente pessoal e eficientemente prática. Longe de ser um modelo contemporâneo, esta obra apresenta a pregação da Reforma, que envolve a mente, o coração e as mãos como o meio permanente de proclamar as Escrituras. Este é um entendimento muito fundamental do impacto da Reforma na história da igreja."

John MacArthur, pastor, Grace Community Church, Sun Valley, Califórnia; presidente, The Master's University and Seminary

"A pregação fiel está intimamente ligada ao viver cristão fiel. A prova deste fato pode ser vista em toda a história da igreja. Vontades, afeições, vidas, igrejas e comunidades inteiras foram transformadas quando a proclamação da Palavra de Deus foi além da mente e atingiu o coração. Isto foi verdadeiro durante a Reforma Protestante, repetiu-se sob a influência dos puritanos e foi testemunhado em tempos de avivamento. Joel Beeke escava a teologia e a prática dos grandes pastores, pregadores e teólogos do passado de uma maneira que certamente abençoará e capacitará aqueles que estão passando o bastão para a geração à qual servem no presente e além."

Mark G. Johnston, pastor, Bethel Presbyterian Church, Cardiff, Reino Unido

"A pregação reformada é simplesmente pregação comum. Sermões que são fiéis em sua exposição e aplicação aos ouvintes, ricos em conteúdo evangélico, focalizados em Cristo e cuidadosamente evangelísticos em seu chamado a que pecadores se arrependam e se rendam a Jesus Cristo – isto é pregação reformada. Não são sermões longos e cansativos. A pregação reformada é o ministério de púlpito revigorante e pastoral dirigido ao corpo de Cristo, mais frequentemente no Dia do Senhor, visando à congregação dos fiéis, mas dirigindo-se poderosamente ao mundo. É pregar sermões compassivos e fortalecedores do coração e, às vezes, profundamente solenes. É, acima de tudo, pregação interessante e cativante e dieta de púlpito que transforma a vida. É a pregação sobre a qual já foi dito, certa vez, que nada mais satisfará uma alma despertada e faminta pelo Deus vivo. É o banquete semanal do crente. Como alguém prega dessa maneira? Para começar, leia este livro. Você será esclarecido, motivado e, em especial, se tornará uma pessoa de oração, que anseia pela propagação deste tipo de ministério em todo o mundo."

Geoffrey Thomas, ex-pastor, Alfred Place Baptist Church, Aberystwyth, País de Gales

"O espírito deste livro que satisfaz à alma não é 'avance rápido para o novo e fascinante', e sim 'volte novamente suas afeições aos sólidos fundamentos teológicos do passado'. Grande parte da pregação moderna almeja atrair o ouvinte não criterioso com novidades empolgantes e inconsistentes. Mas os membros de igreja piedosos têm fome e sede não de novidades superficiais, e sim de pregação real, consistente e bíblica e de alimento genuíno para a alma. A mensagem do autor visa expor as excelências de pregadores-modelos do passado – desde Lutero e Calvino até aos grandes puritanos e ao amado Martyn Lloyd-Jones, que faleceu em 1981. Este é um livro ideal para leitores que anseiam por pregação sólida no púlpito, para alimentar sua alma. Por esta razão, este é também um livro ideal para ser colocado nas mãos de estudantes sérios que se preparam para o ministério."

Maurice Roberts, ex-editor, revista *The Banner of Truth*; autor, *The Thought of God* e *The Mysteries of God*

"*Pregação Reformada* é grande, abrangente, envolvente. É ao mesmo tempo teologia consistente, uma pesquisa na história da igreja e um livro de teologia prática sobre pregação reformada experiencial. Nenhum outro autor escreveu um livro como este. Empregando o subtítulo de *Proclamando a Palavra de Deus do Coração do Pregador para o Coração do Povo de Deus*, o livro de Beeke respira o ar de seu tema. O livro é excelente; é doutrina e aplicação. *Pregação Reformada* desafia a igreja com a necessidade indispensável de pregação que é bíblica, doutrinária e experiencial, pregação que leva o povo de Deus a provar e ver que "o SENHOR é bom" (Sl 34:8). Embora Joel Beeke se dirija igualmente a ministros e a ouvintes da Palavra pregada, como um pregador do evangelho, eu me vejo adorando o Deus trino em cada página e humilhado no pó com gratidão pelo privilégio de proclamar a verdade de Deus. Este é um livro que deve ser lido repetidas vezes. Desejo que este volume seja lido ampla e extensivamente. Também desejo que *Pregação Reformada* seja uma centelha que reavive o velho compromisso reformado com a pregação experiencial em um novo dia."

David B. McWilliams, pastor,
Covenant Presbyterian Church, Lakeland, Flórida

"Como um professor competente e um modelo exemplar do melhor no ministério de púlpito, Joel Beeke tem muito a dizer sobre o assunto de pregação. Neste livro, nos sentamos a seus pés e aprendemos deste expositor talentoso o que é verdadeira exposição bíblica. Se já houve um tempo em que a igreja precisava ler este livro, o tempo é agora."

Steven J. Lawson, presidente, OnePassion Ministries

"Diz-se que 'um sermão é tão bom quanto o bem que produz'. O livro de Joel Beek ajudará grandemente os servos de Deus a ministrar a Palavra com esta finalidade: atingir a mente, o coração e a vida. Aqui Beeke define biblicamente a pregação reformada experiencial, examina seus principais proponentes na história da igreja e nos convence da necessidade deste tipo de pregação hoje. Lendo este livro, todo pregador será não somente desafiado, mas também encorajado e ajudado a pregar desta maneira, mais do que antes. Com a bênção do Senhor, este livro fará coisas admiráveis por ministros e igrejas em todos os lugares. Este é um volume singular e muito necessário. Eu o recomendo, de todo o coração, como leitura imprescindível a alunos de ministério e a todos nós que proclamamos as insondáveis riquezas de Cristo."

John Thackway, pastor, Holywell Evangelical Church, Gales do Norte; editor, *Bible League Quarterly*

"O pregador que não pratica aquilo que prega é um hipócrita. Um pregador que não prega aquilo que ele mesmo tem praticado é um mero formulador de teorias. Um bom pregador dá aos outros o transbordamento do que ele mesmo recebeu da Palavra de Deus. A pregação eficaz é de coração para coração, como sugerido pelo subtítulo de *Pregação Reformada*, de Joel Beeke. Pregar é mais do que simplesmente uma relato verbal de um livro; é um meio ordenado por Deus para a sua verdade afetar os corações e a experiência dos ouvintes. Beeke ressalta eficazmente esta função poderosa da pregação, tanto com modelos de pregadores do passado quanto com instruções claras para os pregadores modernos. A paixão de Beeke por pregação experiencial é evidente e expõe seu coração ao nosso".

Michael P. V. Barret, vice-presidente de assuntos acadêmicos, Puritan Reformed Theological Seminary; autor, *Complete in Him* e *Love Divine and Unfailing*

"A verdadeira experiência cristã é sempre a experiência de que Deus e sua Palavra são verdadeiros. Essa verdade é proclamada eminentemente por meio da pregação ungida pelo Espírito. *Pregação Reformada* nos mostra por que a pregação é uma chave do reino de Deus. Este proveitoso exame da história de grandes pregadores da igreja reformada, desde Ulrico Zuínglio a Martyn Lloyd-Jones, ilustra como a pregação experiencial é usada pelo Espírito Santo para fazer pecadores necessitados experimentarem a verdade vital do evangelho."

Henk van den Belt, professor especial em Teologia Reformada, Faculdade de Teologia e Estudos Religiosos, Universidade de Groningen, Holanda

"Um dos grandes privilégios de minha vida tem sido o ensinar homilética ao lado de Joel Beeke no Puritan Reformed Theological Seminary, nos últimos dez anos. Não somente tenho testemunhado sua maestria e paixão no assunto, mas também tenho visto e sentido os seus efeitos transformadores em meu próprio ministério de pregação, bem como em centenas de alunos de todas as partes do mundo. Ver as suas palestras agora em forma de livro, para o benefício de milhares de outros pregadores do evangelho, é uma jubilosa resposta de oração."

David Murray, professor de Antigo Testamento e Teologia Prática, Puritan Reformed Theological Seminary; autor, *Jesus on Every Page*; *Reset* e *Exploring the Bible*

"Tenho muito prazer em recomendar este livro de Joel Beeke, porque é uma contribuição de valor incalculável à pregação reformada. Embora alguns na comunidade reformada sejam propensos a associar a pregação experiencial a pietismo e misticismo, Beeke mostra que gerações de pregadores reformados, ungidos pelo Espírito usaram o método experiencial bíblico. O livro de Beeke representa a culminação do que esteve na mente do autor por muitos anos, ou seja, chegar a um entendimento claro do que o evangelho é e por quem, para quem e, em especial, *como* o evangelho deve ser pregado. Esta recente contribuição homilética de Beeke merece ser lida por todos os professores de seminário, alunos de teologia, pastores e todos os que têm fome do verdadeiro Pão da Vida. 'Os sofredores hão de comer e fartar-se; louvarão o SENHOR os que o buscam. Viva para sempre o vosso coração' (Sl 22:26)."

Cornelis (Neil) Pronk, pastor emérito, Free Reformed Churches of North America

"Ainda não me deparei com um recurso de pregação tão proveitoso, pungente, bíblico e até mesmo devocional como *Pregação Reformada*, de Joel Beeke. A amplitude e a profundeza de sua avaliação histórica e de sua integridade confessional fazem deste livro um volume excelente para qualquer pastor, professor ou leigo. Certamente usarei este livro tanto em minhas aulas de pregação quanto em minha preparação para o púlpito!"

Brian Cosby, pastor principal, Wayside Presbyterian Church, Signal Mountain, Tennessee; professor visitante, Reformed Theological Seminary, Atlanta

"Se 'pregação reformada experiencial' parece monótona ou fria, ou apenas difícil, então você deveria ler este livro. Como um verdadeiro instrutor, escrevendo com entusiasmo e discernimento genuínos, Joel Beeke expõe princípios duradouros, perpassa os séculos para examinar praticantes e identificar padrões e, depois, nos exorta sinceramente à prática entusiasta dessa pregação. Ele nos leva da sala de aula ao campo de treino e, depois, nos envia, humilhados mas esperançosos, a pregar de nosso coração para o coração de outros."

Jeremy Walker, pastor, Maidenbower Baptist Church, Crawley, Reino Unido; autor, *Life in Christ, Anchored in Grace* e *A Face Like a Flint*

"Conheço Joel Beeke há quase cinquenta anos, como amigo e colega de ministério do evangelho, e posso afirmar sem hesitação que a pregação reformada foi e continua sendo a paixão de seu ministério. Tenho desfrutado, frequentemente, o privilégio de ouvi-lo pregar de seu coração para o coração de seus ouvintes, pregar as insondáveis riquezas de Cristo para pecadores miseráveis e culpados que necessitam de tão grande Salvador. Deleito-me, portanto, no fato de que em *Pregação Reformada* ele está passando à nova geração de pregadores o que significa pregar Cristo de maneira bíblica, doutrinária e experiencial e como direcionar eficazmente essa pregação ao coração dos que os ouvem – fazendo isso em total dependência do Espírito de Cristo quanto à explicação e à aplicação. Que muitos dos ministros do evangelho mais novos (e mais velhos) se beneficiem ricamente do fruto maduro do permanente compromisso de Beeke com a pregação experiencial."

Bartel Elshout, pastor, Heritage Reformed Congregation, Hull, Iowa; tradutor, *The Christian's Reasonable Service* e *The Christian's Only Confort in Life and Death*

"Neste livro, Joel Beeke nos leva calorosamente a seu púlpito, a seu escritório e até ao lugar de suas orações particulares. Aceitar este convite nos leva a descobrir o que significa um sermão oferecer tanto luz quanto fogo e a aprender como pregar o evangelho como alimento para os famintos e não como sobremesa para os merecedores. Em *Pregação Reformada*, Beeke apresenta pessoas favoritas da história da igreja para formar um quadro composto do expositor experiencial. Neste livro, até expositores experientes podem aprender muito tanto do autor quanto de seus amigos."

Chad Van Dixhoorn, professor de História da Igreja, Westminster Theological Seminary

JOEL R. BEEKE

PREGAÇÃO REFORMADA

Proclamando a Palavra de Deus

do Coração do Pregador para o

Coração do Povo de Deus

B414p Beeke, Joel R., 1952-
　　　　Pregação reformada : proclamando a palavra de Deus do coração do pregador para o coração do povo de Deus / Joel R. Beeke ; [tradução: Francisco Wellington Ferreira]. – São Paulo: Fiel, 2019.

　　　　Tradução de: Reformed preaching : proclaiming God's word...
　　　　Inclui referências bibliográficas.
　　　　ISBN 9788581326405 (impresso)
　　　　　　 9788581326412 (ebook)

　　　　1. Pregação. 2. Igrejas reformadas – Doutrinas. I. Título.

　　　　　　　　　　　　　　　　　　　　　　CDD: 251

Catalogação na publicação: Mariana C. de Melo Pedrosa – CRB07/6477

PREGAÇÃO REFORMADA
Proclamando a Palavra de Deus do Coração do Pregador para o Coração do Povo de Deus
Traduzido do original em inglês:
Reformed Preaching: Proclaiming God's Word from the Heart of the Preacher to the Heart of His People
Copyright © by Joel R. Beeke

■

Publicado originalmente por Crossway
1300 Crescent Street
Wheaton, Illinois 60187

Copyright © 2019 Editora Fiel
Primeira edição em português: 2019
Todas as citações bíblicas foram retiradas da versão Almeida Revista e Atualizada exceto quando informadas outras versões ao longo do texto.

Todos os direitos em língua portuguesa reservados por Editora Fiel da Missão Evangélica Literária
PROIBIDA A REPRODUÇÃO DESTE LIVRO POR QUAISQUER MEIOS SEM A PERMISSÃO ESCRITA DOS EDITORES, SALVO EM BREVES CITAÇÕES, COM INDICAÇÃO DA FONTE.

■

Diretor: James Richard Denham III
Editor-chefe: Tiago Santos
Tradução: Francisco Wellington Ferreira
Revisão: Ingrid Rosane de Andrade Fonseca
Diagramação: Rubner Durais
Capa: Rubner Durais

978-85-8132-640-5 Impresso
978-85-8132-641-2 ebook
978-85-8132-642-9 audio book

Caixa Postal 1601
CEP: 12230-971
São José dos Campos, SP
PABX: (12) 3919-9999
www.editorafiel.com.br

A
Paul Smalley,
amigo autêntico, companheiro de oração,
assistente de professor, fiel e capaz –
você é muito mais apreciado do que imagina.

SUMÁRIO

Apresentação por Sinclair B. Ferguson.. 17

Prefácio e Agradecimentos 25

PARTE 1
PREGAÇÃO REFORMADA EXPERIENCIAL DEFINIDA E DESCRITA

1 O que é pregação reformada experiencial?.. 33

2 Pregando da mente para o coração... 61

3 Principais elementos da pregação reformada experiencial................ 83

4 O pregador experiencial 113

PARTE 2
PREGAÇÃO REFORMADA EXPERIENCIAL ILUSTRADA

5 Pregadores da Reforma: Zuínglio, Bullinger e Oecolampadius.......141

6 Pregadores da Reforma: Calvino 163

7 Pregadores da Reforma: Beza...193

8 Introdução à pregação puritana 209

9 Pregadores puritanos: Perkins..231

10 Pregadores puritanos: Rogers, Sibbes e Preston............................255

11 O Diretório de Westminster e a pregação.............................279

12 Pregadores puritanos: Goodwin e Shepard...........................301

13 Pregadores puritanos: Bunyan 327

14 Introdução à Reforma Holandesa Posterior.........................363

15 Pregadores holandeses: Teellinck, van Lodenstein e à Brakel 389

16 Pregação reformada holandesa na América: Frelinghuysen............413

17 Pregadores do século XVIII: Halyburton, Edwards e Davies.........435

18 Pregadores do século XIX: Alexander, M'Cheyne e Ryle 459

19 Pregadores do século XX: Wisse e Lloyd-Jones 487

PARTE 3
PREGAÇÃO EXPERIENCIAL HOJE

20 Pregando com equilíbrio..513

21 A aplicação começa no pregador 539

22 Pregação eficaz sobre Deus e o homem................................561

23 Pregando o evangelho ao coração..585

24 Pregando por santidade 615

APRESENTAÇÃO

SINCLAIR B. FERGUSON

Há quase cinquenta anos, fiz na universidade um curso de um ano que consistiu totalmente em estudar grandes obras da tradição teológica cristã, como *Adversus Haereses*, de Irineu, *Confissões*, de Agostinho, *De Incarnatione*, de Atanásio, *Cur Deus Homo*, de Anselmo, *Summa Theologiae*, de Tomás de Aquino e assim por diante, através dos séculos. A prova final consistiu numa série extensa de citações com esta simples instrução: "Comente". Três de nós estávamos na classe com o professor, um teólogo famoso. Mas, por causa de meu programa de graduação, diferentemente das provas de meus colegas, as citações em minha prova foram deixadas nas línguas originais. A exposição exigiu tradução. Tudo isto foi um pouco atemorizante! Mas, durante aquele ano, eu havia descoberto o método de estudo que João Calvino empregara como jovem: antes de ir dormir, ele recitava na mente tudo que aprendera naquele dia e não levantava da cama na manhã seguinte até que houvesse recitado tudo novamente (parece simples, mas tente-o!). Talvez eu saiba mais agora. No entanto, suspeito que foi a última vez que me senti "no controle" de meu conhecimento.

Esta recordação, há muito esquecida, ocorreu-me logo que terminei de ler *Pregação Reformada*, pois uma de suas características mais impressionantes é que seu autor, Joel Beeke, conhece realmente o assunto e está desejoso de compartilhar conosco este conhecimento. Além disso, independentemente de haver ou não seguido o método de estudo de Calvino, ele tem imitado, em muitos aspectos, o modelo de ministério de Calvino. Beeke compartilha da notável facilidade de Calvino de marcar, lembrar e usar o fruto de sua leitura prodigiosa. Mas também, à semelhança do pregador de Genebra, Beeke é, ao mesmo tempo, pastor de uma grande igreja, professor (de fato, fundador e presidente) de um seminário teológico, clérigo, erudito, autor prolífico, visionário e a força propulsora em vários empreendimentos cristãos. No lar, ele é um marido, pai, esposo e irmão amoroso e agradecido; e, num âmbito maior, é um importante e amado membro de uma rede informal, mas internacional, de irmãos que compartilham de sua visão.

Joel Beeke é singularmente qualificado para escrever um livro sobre pregação reformada experiencial. Poucos têm sua amplitude e profundidade de experiência como pregador – no que diz respeito à quantidade de pregação que tem feito, às décadas durante as quais tem exposto a Palavra de Deus, aos muitos países que já visitou para fazer isso e à variedade de conferências em que já palestrou. Acrescente-se a isso seu conhecimento de teólogos puritanos *como pregadores* e o grau em que estudou os alvos, o

Apresentação

estilo e a metodologia deles. Depois, incluam-se os frutos de seu próprio ministério (a prova incontestável, sem dúvida); e, assim, os leitores podem ter certeza de que esta obra os conduzirá numa jornada de centenas de páginas na companhia de um guia experiente em alguns dos mais impressionantes pregadores desde os dias da Reforma. Também acharão, página após página, citações ou comentários que podem absorver com alegria. Pois aqui, unidos harmoniosamente, estão os discernimentos de gigantes da pregação combinados com a sabedoria e a habilidade de um expoente contemporâneo da pregação reformada experiencial. Todo o livro é instrutivo e cheio de estímulo. Um bom conselho para leitores que são pregadores é não somente "lerem... e digerirem internamente" seu conteúdo, mas também "marcarem" aquelas afirmações e citações que os impactarem de modo especial – pelo menos até que tenham marcado mais da metade do conteúdo! Suspeito que muitos dos que são chamados a ministrar uma palestra ocasional sobre pregação (ou talvez um curso inteiro) se sentirão agradecidos ao autor por lhes prover tantas citações apropriadas que enfatizam e esclarecem um ponto saliente. Mas precisarão ter cuidado para que seus ouvintes não digam mentalmente: "Ah! *Outra* citação do livro de Joel Beeke!"

Até para aqueles de nós que nunca ensinaram homilética, é impossível evitarmos a pergunta dos alunos: "Você tem algum conselho sábio para um pregador iniciante?" Geralmente dou a mesma resposta: "*Ouça com duas cabeças a pregadores*, especialmente aqueles cujo ministério é uma ajuda para você. Com sua própria cabeça, tome para si tudo que exalta a Deus, humilha pecadores, conduz você a Cristo, estimula-o pelo Espírito, encanta-o com a verdade, redireciona sua vontade e cativa suas afeições. Mas, com a outra cabeça,

PREGAÇÃO REFORMADA

pergunte: 'O que ele está fazendo que, falando humanamente, torna sua pregação tão proveitosa? E o que eu preciso fazer, *em vista de meus dons, personalidade e experiência diferentes*, para desenvolver estes mesmos princípios em minha própria pregação da Palavra de Deus?'" Isto não é uma receita para clonagem ou imitação artificial em que negamos a nós mesmos e distorcemos os dons de Deus para nós e em nós. Antes, é um encorajamento à *imitação* no sentido bíblico, a reconhecermos os princípios bíblicos que devem orientar toda a pregação, a aplicarmos estes princípios a nossos próprios dons e contexto, tanto geográfico quanto histórico, e procurarmos, como Paulo exortou ousadamente a Timóteo, assegurar-nos de que nosso progresso é manifesto a todos os nossos ouvintes (1 Tm 4:15).

Quando fizermos esse progresso, nossas congregações serão *bem instruídas* e *bem nutridas*. Devo esta maneira de falar a amigos que me disseram algum tempo depois que seu pastor foi chamado para outra igreja: "Olhando para trás agora, compreendemos que, nestes últimos anos, fomos *bem instruídos*, mas *pobremente nutridos*". As palavras deles me impactaram como uma análise competente de uma armadilha que existe na pregação – exposição que não é mais do que instrução educacional e nunca chega às afeições. Por contraste, um intelectual como Jonathan Edwards escreveu que seu alvo na pregação era atingir as afeições. Por isso, ele escreveu em *Some Thoughts Concerning the Revival* (Alguns Pensamentos sobre o Avivamento):

> Devo pensar que meu dever é elevar as afeições de meus ouvintes tão alto quanto eu puder, contanto que sejam afetados com nada menos do que a verdade e com afeições que não são discordantes da natureza daquilo com que são afetados...

Apresentação

Nosso povo não precisa muito de ter a mente cheia de informações, e sim de ter o coração tocado. E estão em grande necessidade do tipo de pregação que tem a maior tendência para fazer isto.[1]

Esta é a principal característica da pregação reformada experiencial. Um de seus frutos inevitáveis é que ela exige tanto de nosso ser, que os pregadores que se engajam nela crescem por meio desse engajamento. E as pessoas às quais eles servem sentem que estão sendo nutridas, bem como instruídas. Precisamos de toda a ajuda que pudermos obter para cumprir o grande desafio apostólico de fazermos progresso.

Visitas a outros países nos ajudam a ver nossas próprias nações com novos olhos. Portanto, no que diz respeito aos pregadores, visitas a outros lugares e tempos, na longa história de pregação e pregadores, ajudam-nos a refletir sobre o que nós mesmos somos chamados a ser e a fazer em nosso próprio tempo e lugar. *Pregação Reformada* nos proporciona essa viagem revigorante e renovadora, em forma literária, e nos mostra discernimentos aos quais desejaremos retornar enquanto os anos se passam.

Essas visitas são importantes porque, se minha própria experiência serve como base, a pregação não fica mais fácil à medida que envelhecemos. Sim, à luz de certo ponto de vista, fica realmente mais fácil: temos mais recursos aos quais podemos recorrer e mais experiência. Mas estes são auxiliares à pregação; não são a *própria pregação* – aquele instrumento assustador, maravilhoso, misterioso, romântico, empolgante e humilhante que Deus tem

---

1 Jonathan Edwards, *Some Thoughts Concerning the Revival*, em *The Works of Jonathan Edwards*, vol. 4, *The Great Awakening*, ed. C. C. Goen (New Haven, CT: Yale University Press, 1972), 4:387-88.

PREGAÇÃO REFORMADA

usado no decorrer dos séculos para chamar homens e mulheres, pessoas jovens, rapazes e moças pecadores à fé em Jesus Cristo. Com o passar dos anos, nosso senso do privilégio de pregar aumenta, mas o dever nunca é menos assustador, e a consciência de nossa fraqueza e incapacidade só aumenta. E o número de vezes que chegamos ao término de uma mensagem e sentimos que queremos dizer, uma vez mais: "Sinto muito, Senhor; perdoe-me" parece aumentar exponencialmente. Com certeza! Isto acontece porque ninguém precisa ouvir nossa pregação mais do que nós mesmos. E, se o Senhor propõe usar nossa pregação, também quer garantir que a glória permaneça sendo dele. Se estamos crescendo como pregadores e compreendemos, como Robert Murray M'Cheyne, que a maior necessidade de nosso povo é a nossa santidade pessoal, então, não deve nos surpreender o fato de que mesmo (talvez especialmente) por meio de nossa pregação o Espírito desbastará constantemente as mais profundas, secretas e obstinadas áreas residuais de nossa pecaminosidade. Não importa o quanto crescemos ou quão grandes são os nossos dons, sempre estaremos na posição de Isaías – compreendendo que o pecado se emaranhou não somente em nossas fraquezas e falhas, mas também nos melhores dons que Deus nos deu. Dentre todos os homens, aqueles que têm o chamado para falar a Palavra de Deus, precisam ser levados a dizer: "Sou homem de *lábios impuros*" (Is 6:5).

Houve um tempo em minha terra natal, a Escócia, em que a grande maioria dos meninos e meninas de 12 anos sabiam a resposta para a pergunta "*Como a Palavra se torna eficaz para a salvação?*" Era a Pergunta 89 no Breve Catecismo, elaborado por pregadores reformados experienciais do século XVII, cujos escritos e sabedoria são apresentados tão amplamente nestas páginas. A resposta?

Apresentação

"O Espírito de Deus torna a leitura, mas especialmente a pregação da Palavra, um meio eficaz de convencer e converter pecadores e de edificá-los em santidade e consolo, por meio da fé, para a salvação".

Esta convicção ainda está bem viva no coração dos pregadores contemporâneos? Estas páginas apresentam uma chamada urgente a retornarmos a crer nisto e vivê-lo em nosso ministério, porque isto é a verdadeira tradição apostólica:

> Pelo que, tendo este ministério, segundo a misericórdia que nos foi feita, não desfalecemos; pelo contrário, rejeitamos as coisas que, por vergonhosas, se ocultam, não andando com astúcia, nem adulterando a palavra de Deus; antes, nos recomendamos à consciência de todo homem, na presença de Deus, pela manifestação da verdade... Porque não nos pregamos a nós mesmos, mas a Cristo Jesus como Senhor e a nós mesmos como vossos servos, por amor de Jesus. Porque Deus, que disse: Das trevas resplandecerá a luz, ele mesmo resplandeceu em nosso coração, para iluminação do conhecimento da glória de Deus, na face de Cristo. Temos, porém, este tesouro em vasos de barro, para que a excelência do poder seja de Deus e não de nós... Por isso, não desanimamos (2 Co 4:1-2, 5-7, 16).

Pregação Reformada é um esforço de amor imenso da parte de seu autor. É uma dádiva importante para a grande companhia de pregadores em todo o mundo. É um guia seguro para lugares e tempos dos quais podemos aprender muito. É, talvez especialmente, um presente da parte de Joel Beeke para a geração vindoura de pregadores. E encoraja todos nós a examinarmos diligentemente o caráter e o fruto de nossa própria pregação, enquanto nos desafia a

PREGAÇÃO REFORMADA

continuarmos crescendo nesta maior das vocações e a nos tornar-mos ministros frutíferos da Palavra de Deus. Essa foi, pelo menos, a minha experiência ao lê-lo; e estou certo de que o autor espera e ora para que seja também a do leitor.

Sinclair B. Ferguson
Professor de Teologia Sistemática,
Reformed Theological Seminary
Conselheiro, Ligonier Ministries

PREFÁCIO
E AGRADECIMENTOS

Desejei escrever este livro por mais de vinte anos e o tenho feito em pedaços intermitentes há mais anos do que isso. Duas razões me compeliram a isso. Primeira, a pregação reformada experiencial – a pregação do coração do pregador para o coração do povo de Deus – tem estado em grande escassez nas igrejas evangélicas reformadas em décadas recentes. Segunda, pouco tem sido escrito sobre este assunto crucial. Charles Bridges escreveu alguns capítulos importantes em seu clássico *The Christian Ministry* (O Ministério Cristão),[1] e John Jennings tem um capítulo excelente em *The Christian Pastor's Manual* (O Manual do Pastor Cristão), editado por John Brown,[2] mas nenhum livro inteiro se dedicou a este assunto específico. Recentemente, alguns livros proveitosos foram escritos sobre pregação para o coração,[3] mas nenhum deles focalizou

---

1 Charles Bridges, *The Christian Ministry* (Londres: Banner of Truth, 1967).

2 John Brown, ed., *The Christian Pastor's Manual* (Ligonier, PA: Soli Deo Gloria, 1991)

3 Ver, por exemplo, Murray A. Capill, *The Heart Is the Target: Preaching Practical Application from Every Text* (Phillipsburg, NJ: P&R, 2014).

PREGAÇÃO REFORMADA

estritamente o assunto conhecido como pregação experimental ou experiencial, como este volume o faz.

O leitor atento já terá notado que o título do livro, *Pregação Reformada*, é diferente da expressão que usei no parágrafo anterior, pregação reformada *experiencial*. O título foi escolhido por causa de simplicidade, mas o subtítulo do livro – *Proclamando a Palavra de Deus do Coração do Pregador para o Coração do Povo de Deus* – é um bom resumo do que é a pregação reformada experiencial. Esta expressão tem uma história e significado ricos, como espero mostrar. Por isso, eu a usarei em todo o livro.

Tenho desfrutado o privilégio de ensinar um curso de Homilética em pregação reformada experiencial no Puritan Reformed Theological Seminary, em Grand Rapids, nos últimos 25 anos. Também tenho ensinado diferentes versões desse curso para cursos de doutorado em Ministério no Master's Seminary e no Westminster Seminary, na Califórnia, bem como para cursos de mestre em Divindade no Reformed Theological Seminary, em Jackson (Mississippi), e para vários outros seminários ao redor do mundo. Sou grato por estas oportunidades e pelo modo como me têm proporcionado tempo para rever e reorganizar meu material de palestras em muitas ocasiões.

Embora não sejam idênticos às minhas palestras, os capítulos deste livro estão organizados ao redor das mesmas três divisões principais do curso. Primeiramente, o livro considera o que é a pregação reformada experiencial. Em segundo lugar, examina vários exemplos de pregadores experienciais, desde Ulrico Zuínglio, o primeiro pregador reformado do século XVI, até Martyn Lloyd-Jones, no século XX. O livro focaliza especialmente os pregadores puritanos ingleses e os pregadores da Reforma Holandesa, visto que se especializaram em pregação experiencial. Por fim, o livro examina como atravessar a ponte dos primeiros séculos de pregação reformada experiencial para chegar à pregação contemporânea em diversas áreas, enfatizando como a pregação experiencial pode ser feita de maneira melhor em nossos dias.

Esta obra se destina não somente a pregadores, alunos de teologia e seminários. Acredito que pessoas leigas e instruídas que anseiam por boa pregação podem achar ajuda neste volume e usá-lo para encorajar amavelmente seus pastores a pregarem tanto ao seu coração quanto à sua mente. Tenho almejado a simplicidade na escrita para que o público-alvo seja tão amplo quanto possível. Minha oração é que este livro contribua para dar à pregação reformada experiencial apoio e estímulo tão necessitados.

Devo agradecimentos por este livro a mais pessoas do que posso mencionar neste breve espaço. Minha ênfase sobre o aspecto experiencial da pregação, devo-a primeiramente a meu querido pai, John Beeke (1920-1993), que me falava frequentemente, quando criança e adolescente, sobre a obra salvadora do Espírito Santo experimentada na alma do povo de Deus. Minha grande dívida é, certamente, com o próprio Espírito Santo, que me convenceu do pecado na idade de 14 anos e me atraiu de forma irresistível, poderosa e doce a Jesus Cristo como meu único meio de salvação total no ano seguinte. Creio que ele não parou de fazer sua obra em minha alma neste último meio século, santificando-me em alguma medida, especialmente por meio de provações e aflições, a fim de que eu espere e ore para que possa dizer com convicção, como João Batista: "Convém que ele [Cristo] cresça e que eu diminua" (Jo 3:30).

Sou grato por ter aprendido muito sobre os lidares de Deus com seu povo pelo ensino de meus primeiros professores de

PREGAÇÃO REFORMADA

teologia, Rev. Jan C. Weststrate e Rev. William C. Lamain, que enfatizavam, ambos, várias dimensões da pregação experiencial. Minhas discussões com eles sobre temas experienciais também foram benéficas para minha alma. Em meu curso posterior para obter Ph.D., no Westminster Seminary, em Filadélfia, no início da década de 1980, aprendi de maneira ainda mais experiencial com meu bom amigo Sinclair B. Ferguson, tanto de suas aulas quanto em conversa pessoal. Sua amizade tem sido preciosa no decorrer dos anos; e sou muito agradecido por sua disposição de escrever a apresentação para este livro.

Tenho uma grande dívida para com três igrejas que tenho sido privilegiado em pastorear: a Netherlands Reformed Congregation, em Sioux Center, Iowa (1978-1981); a Netherlands Reformed Congregation, em Franklin Lakes, New Jersey (1981-1986); e a Heritage Reformed Congregation, em Grand Rapids, que tenho tido o privilégio de servir como pastor desde 1986. Nestas três igrejas, a amizade espiritual e as conversas pastorais com santos maduros têm sido uma grande ajuda em nutrir dentro de mim uma profunda apreciação pela herança reformada experiencial que nos foi transmitida por pastores fiéis, em especial muitos na época da Reforma, dos puritanos e da Reforma Holandesa. Agradeço também à equipe da Heritage Reformation Books e ao corpo docente, aos funcionários, aos alunos de teologia e ex-alunos do Puritan Reformed Theological Seminary (PRTS) por toda a influência que têm exercido sobre minha formação espiritual. Acho que os irmãos (e são verdadeiros irmãos para mim) que me cercam como membros de corpo docente são mais dotados e mais piedosos do que eu; e, no aspecto experiencial, devo muito às graças santificadoras que exalam de suas vidas. Agradeço muito a Paul Smalley,

Prefácio e Agradecimentos

meu fiel professor assistente, que verificou as notas de rodapé e fez muito para tornar este livro melhor do que teria sido sem o seu trabalho. Devo também agradecimentos sinceros a Greg Bailey, Ray Lanning e Phyllis TenElshof, por sua ajuda editorial, e a Crossway Books, por ser grande alegria de se trabalhar em conjunto no processo de publicação deste livro.

Seria negligente se não expressasse minha gratidão a Deus por me dar acesso a uma maravilhosa coleção de livros, tanto em minha biblioteca pessoal quanto no PRTS, livros que comunicam a ênfase reformada experiencial no decorrer dos séculos. Em décadas recentes, o Puritan Resource Center (Centro de Fontes Puritanas) tem me proporcionado um grande estoque de genuíno material de leitura reformado. Tenho lido os puritanos por mais de cinquenta anos e nunca me cansei disso. Seus escritos têm me beneficiado mais do que qualquer outro meio de graça, exceto a própria Escritura. Posso dizer, com Martinho Lutero, que alguns dos "meus melhores amigos são pessoas mortas", sentadas em minha prateleira na forma de livros antiquados. Inúmeras vezes já fui profundamente impactado pela leitura de teólogos como João Calvino, William Perkins, Thomas Goodwin, John Owen, John Bunyan, Anthony Burgess, Samuel Rutherford, Willem Teellinck, Wilhelmus à Brakel e Herman Witsius; também de mulheres como Mary Winslow, Ruth Bryan e Anne Dutton. "Mesmo depois de mortos, ainda falam" (Hb 11:4).

Por fim, sou muito grato por minha família temente a Deus. Como posso expressar em palavras o que devo à minha querida mãe – uma grande guerreira de oração – que faleceu em 2012, aos 92 anos, e deixou um legado de 35 netos e 92 bisnetos. Meus dois irmãos, John e Jim, têm sido uma influência especial em minha

PREGAÇÃO REFORMADA

vida no aspecto experiencial, como o têm sido meus três filhos, de maneiras diferentes: Calvin, Esther e Lydia. Cada um deles, com seu cônjuge e nossos netos, trouxeram alegria indescritível à minha vida. Mas ninguém me tem apoiado tanto como minha amável e preciosa esposa, Mary. Por causa dela posso afirmar, baseado em experiência própria, a definição de casamento proposta por Richard Baxter: "É uma misericórdia ter um amigo fiel que o ama inteiramente... para quem você pode abrir sua mente e comunicar suas preocupações... é uma misericórdia ter um amigo tão íntimo para ser um ajudador da sua alma e... encorajá-lo na graça de Deus".[4]

Que Deus use graciosamente este livro para promover a pregação que o honra e aborda as reais necessidades de seu povo – a pregação que é não apenas biblicamente doutrinária, pactual, histórico-redentora e prática, mas também bíblica e calorosamente experiencial em suas dimensões de aplicação e discriminação, para a edificação da igreja universal.

---

4 Richard Baxter, citado por Leland Ryken, em *Santos no Mundo: Os Puritanos Como Realmente Eram*, 2ª ed. (São José dos Campos, SP: Fiel, 2013), 89.

PARTE 1

---◎---

PREGAÇÃO REFORMADA EXPERIENCIAL DEFINIDA E DESCRITA

CAPÍTULO 1

O QUE É PREGAÇÃO REFORMADA EXPERIENCIAL?

Talvez você já tenha ouvido uma pregação que enche a mente, mas não o coração. Você sai mais informado e mais instruído, porém pouco afetado pela glória de Deus para fazer a vontade de Deus. No pior caso, esse tipo de pregação incha as pessoas com conhecimento. No melhor, esse tipo de pregação é luz sem calor. Talvez você também já tenha ouvido uma pregação que toca o coração, mas não a mente. Ouvi-la pode ser uma experiência emocionalmente comovente. Pessoas saem do culto animadas, energizadas e sentindo-se bem. Mas têm zelo sem conhecimento. À semelhança de um algodão doce, tal pregação tem muito sabor, mas nenhum valor nutricional. Pode trazer pessoas de volta para terem mais (até que fiquem doentes), mas não alimentará a vida, nem desenvolverá maturidade.

A maior tragédia nestes dois abusos da pregação é que cortam a conexão vital entre a verdade e o amor em Cristo: "Mas, seguindo a verdade em amor, cresçamos em tudo naquele que é a cabeça, Cristo" (Ef 4:15). O fato não é apenas que precisamos de verdade e amor. A verdade do evangelho não atinge seu alvo enquanto

PREGAÇÃO REFORMADA

não produzir amor. O amor não tem raízes vivas sem a verdade do evangelho. Portanto, a verdade de Cristo tem de ser infundida no coração, pelo Espírito Santo, a fim de produzir amor. Esse é o tipo de pregação que necessitamos. É o assunto deste livro.

Pregação reformada experiencial não é meramente estética, levando as pessoas a saírem dizendo: "Que ideia maravilhosa!" Não é meramente informativa, transmitindo conhecimento sobre a Bíblia e teologia. Não é meramente emocional, aquecendo o coração e produzindo sentimentos fortes. Não é meramente moralista, instruindo e exortando no que é certo ou errado. Todos estes elementos estão presentes na boa pregação, mas nenhum deles é o âmago da questão.

A pregação reformada experiencial usa a verdade da Escritura para resplandecer a glória de Deus nas profundezas da alma, chamando as pessoas a viverem única e totalmente para Deus. Ela nos quebra e nos refaz. É tanto revigorante quanto humilhante. Essa pregação nos coloca face a face com o Ser mais glorioso e mais prazeroso no universo e com a nossa profunda impiedade. Por meio dessa pregação, o Deus santo liga seu coração ao de homens pecadores, por meio de uma palavra de graça comprada por sangue.

O que é pregação reformada experiencial? Vamos considerar isto de vários ângulos e depois concluir, elaborando uma definição funcional.

PREGAÇÃO EXPERIENCIAL (OU EXPERIMENTAL)
Idealista, realista e otimista

Os reformadores, como João Calvino (1509-1564), falavam sobre "cristianismo experimental".[1] Calvino parafraseou o Salmo

---

1 Partes desta seção e da seguinte são revisadas e ampliadas de Joel Beeke, "Experiencial Preaching", em *Feed My Sheep: A Passionate Plea for Preaching*, ed. Don Kistle (Morgan, PA: Soli Deo Gloria, 2002), 94-128. Usado com permissão.

O que é pregação reformada experiencial?

27:9 desta maneira: "Faze-me experimentar verdadeiramente que tu estás perto de mim e deixa-me contemplar claramente o teu poder em salvar-me". Em seguida, ele comentou: "Temos de observar a distinção entre o conhecimento teórico derivado da Palavra de Deus e o que é chamado o conhecimento experimental de sua graça". Este último existe quando "Deus se mostra presente em operação", mas "ele tem primeiramente de ser buscado em sua Palavra".[2] Portanto, Calvino acreditava que a verdade da Escritura é fundamental para o cristianismo, mas a verdade tem de ser experimentada na forma de "conhecimento experimental". Os puritanos usaram esta mesma linguagem. Por exemplo, William Perkins (1558-1602) disse que o conhecimento espiritual de Deus consiste num "conhecimento experimental" da morte e ressurreição de Cristo, "um conhecimento vivo e eficaz, que opera em nós novas inclinações e novas afeições".[3]

A palavra *experimental* vem de uma raiz latina que significa "tentar, provar ou testar". Calvino não questionava se o cristianismo se destruiria como um avião experimental. O "experimento" visualizado não é testar a Bíblia, e sim testar-*nos* pela Bíblia. A raiz de *experimental* também aparece na palavra *experiencial*. A pregação experimental enfatiza a necessidade de conhecermos as grandes verdades da Palavra de Deus por experiência pessoal. Também testa a nossa experiência pessoal pelas doutrinas da Bíblia. Leva a verdade ao coração para mostrar o que nós somos, onde estamos em nosso relacionamento com Deus, como precisamos ser curados e onde precisamos chegar.

---

2 John Calvin, *Commentaries of Calvin*, 45 vols. (Edimburgo: Calvin Translation Society, 1846-1851; reimpr. 22 vols., Grand Rapids, MI: Baker, 1979), Sl 27:9.

3 William Perkins, *A Commentary on Galatians*, ed. Gerald T. Sheppard (1617; reimpressão fac-símile, Nova Iorque: Pilgrim Press, 1989), 270 [Gl 4:8-11].

PREGAÇÃO REFORMADA

No dia em que deixei meus seis meses de serviço obrigatório na reserva das forças armadas para começar os anos seguintes de reuniões de fim de semana e acampamentos de verão, um sargento, sabendo que eu poderia ser convocado algum dia, colocou sua grande mão sobre meu ombro e disse: "Filho, se um dia você tiver de lutar na guerra, lembre-se de três coisas: primeira, como a batalha deveria seguir idealmente com as táticas que você aprendeu; segunda, como a batalha realmente está indo (que é muito diferente do ideal, porque guerras são sangrentas e raramente acontecem da maneira que se espera); e terceira, o alvo final, a vitória para o povo americano".

Isto se traduz bem na pregação experiencial (ou experimental). A pregação reformada experiencial explica como as coisas deveriam ser na vida cristã (o ideal de Romanos 8), como elas realmente são nas lutas cristãs (a realidade de Romanos 7) e o alvo supremo no reino de glória (o otimismo de Apocalipse 21-22). Este tipo de pregação alcança as pessoas onde estiverem nas trincheiras e lhes dá táticas e esperança para a batalha.

Paul Helm escreve sobre a necessidade de pregação experiencial:

> A situação [hoje] exige pregação que abranja todo o âmbito da experiência cristã e uma teologia desenvolvida e experimental. A pregação precisa dar orientação e instrução para os cristãos no que diz respeito à sua experiência atual. Não deve lidar com irrealidades ou tratar as congregações como se vivessem num século diferente ou em circunstâncias totalmente diferentes. Isto envolve avaliar completamente a nossa situação moderna... e envolver-nos com simpatia nas experiências, nas esperanças e nos temores atuais das pessoas cristãs.[4]

---

4   Paul Helm, "Christian Experience", *Banner of Truth* 139 (Abril 1975): 6.

Discriminatória

A pregação experimental tem de ser discriminatória. Não estou me referindo a discriminação baseada em cor da pele ou etnia. Também não estou falando de qualquer forma de preconceito e ódio. A pregação discriminatória tem o alvo de distinguir cristãos de não cristãos, para que as pessoas possam diagnosticar sua própria condição e necessidades espirituais. O pregador aplica a verdade bíblica para ajudar seus ouvintes a verificarem se pertencem a Cristo e se têm o seu Espírito (Rm 8:9; 2 Co 13:5).

Os ministros usam as "chaves do reino dos céus", que Cristo nos confiou, para abrirem ou fecharem a porta do reino, pela pregação do evangelho de perdão dos pecados (Jo 20:23). Como o pregador faz isso? O Catecismo de Heidelberg (P. 84) diz:

> Quando, de acordo com o mandamento de Cristo, se proclama e se testifica a todos os crentes e a cada um deles que todos os seus pecados lhes são realmente perdoados por Deus, pelos méritos de Cristo, sempre que receberem a promessa do evangelho com verdadeira fé; e, ao contrário, quando a todos os incrédulos e hipócritas se proclama e se testifica que, de acordo com este testemunho do evangelho, a ira de Deus e a condenação permanecem sobre eles, enquanto não se converterem, e que Deus os julgará tanto nesta vida quanto na vida por vir.[5]

Em outras palavras, por meio da pregação discriminatória, o Espírito Santo traz o dia de julgamento para perto da consciência dos homens, ou para a sua vindicação e alegria, ou para sua culpa e terror.

---

5 Citado em Joel Beeke, ed., *Doctrinal Standards, Liturgy, and Church Order* (Grand Rapids, MI: Reformation Heritage Books, 2003), 64.

PREGAÇÃO REFORMADA

A pregação deve também visar à condição e à maturidade espiritual da audiência do pregador. Isso não é uma tarefa fácil, porque muitos tipos de ouvintes estão presentes. Archibald Alexander (1772-1851) escreveu: "A Palavra de Deus deve ser manejada de tal modo que seja adaptada aos cristãos em diferentes estados e etapas da vida divina; pois, embora alguns cristãos sejam como 'homens fortes', outros são apenas 'crianças em Cristo', que precisam ser nutridos com leite e não com 'alimento sólido'".[6] Alexander prossegue e explica como o pregador reformado deve também manejar corretamente a Palavra por fazer aplicações específicas aos relapsos, aos mundanos, aos aflitos e ao crente que está morrendo.[7]

Charles Bridges (1794-1869) apresenta três aspectos da pregação discriminatória. Primeiro, os pregadores devem traçar distintamente "a linha de demarcação entre a igreja e o mundo", ele diz. Os ministros devem conservar em mente o fato de que diante deles há fundamentalmente dois tipos de ouvintes: os salvos e os não salvos. Bridges enfatiza o apoio bíblico para esta divisão:

> Eles são descritos pelo seu estado diante de Deus como justos e perversos (Pv 14:32; Ml 3:18); por seu conhecimento ou ignorância do evangelho, como homens espirituais ou naturais (1 Co 2:14-15); por seu respeito especial para com Cristo, como crentes ou incrédulos (Mc 16:16; Jo 3:18, 36); por seu interesse no Espírito Santo, como estando "no Espírito" ou como não tendo "o Espírito de Cristo" (Rm 8:9); por seus hábitos de

---

6 Archibald Alexander, "Rightly Dividing the Word of Truth", em *The Princeton Pulpit*, ed. John T. Duffield (Nova Iorque: Charles Scribner, 1852), 42.

7 Alexander, "Rightly Dividing the Word of Truth", 42-45.

O que é pregação reformada experiencial?

vida, como andando e pensando nas "coisas da carne" ou nas "coisas do Espírito" (Rm 5:1, 5); por suas respectivas normas de conduta: a Palavra de Deus ou o "curso deste mundo" (Sl 119:105; Mt 25:46); pelos senhores aos quais obedecem respectivamente: servos de Deus ou servos de Satanás (Rm 6:16); pelo caminho em que viajam: o caminho estreito ou o caminho largo (Mt 7:13-14); pelos destinos aos quais seus caminhos os levam: vida ou morte, céu ou inferno (Rm 8:13; Mt 25:46).[8]

Segundo, os pregadores têm de identificar a linha que separa os falsos professos (os hipócritas) dos crentes verdadeiros. Jesus mesmo traçou esta linha claramente quando falou sobre aqueles que afirmam pertencer à sua igreja professa e que dizem: "Senhor, Senhor! Porventura, não temos nós profetizado em teu nome... e em teu nome não fizemos muitos milagres?", apenas para ouvir em resposta: "Nunca vos conheci. Apartai-vos de mim, os que praticais a iniquidade" (Mt 7:22-23).

A respeito desta segunda linha de discriminação, Bridges escreveu: "Cada parte do caráter cristão tem sua falsificação. Quão facilmente as ilusões da imaginação ou dos sentimentos são confundidas com as impressões da graça. A genuinidade da obra de Deus tem de ser avaliada, não pela extensão, e sim pela influência do conhecimento das Escrituras – não por uma fluência de dons, e sim por seu exercício em conexão com santidade e amor".[9] David Brainerd (1718-1747) o expressou nestes termos: "Trabalhe para distinguir claramente experiências e afeições na religião, fazendo uma diferença entre o 'ouro' e a 'escória' reluzente (Pv

---

8 Charles Bridges, *The Christian Ministry* (Londres: Banner of Truth, 2006), 277.

9 Bridges, *The Christian Ministry*, 278.

PREGAÇÃO REFORMADA

25:4); quero dizer, trabalhe nisto como quem deseja ser um ministro útil de Cristo".[10]

Os ministros precisam ajudar os ouvintes a examinarem corretamente a si mesmos. Em 2 Coríntios 13:5, Paulo diz: "Examinai-vos a vós mesmos se realmente estais na fé; provai-vos a vós mesmos". Os pastores não devem presumir nem aceitar prontamente que todos os frequentadores da igreja, incluindo seus filhos, são salvos. Devem também evitar pressupor a não regeneração da igreja, como se apenas umas poucas pessoas que professam a fé em Cristo fossem verdadeiramente salvas. Em vez disso, os pregadores devem apresentar frequentemente a seu povo as marcas bíblicas daqueles que foram nascidos de novo e vieram a Cristo por meio da fé salvadora e de arrependimento genuíno.

Terceiro, diz Bridges, os pregadores "devem também levar em conta as diferentes individualidades de profissão dentro da igreja".[11] À semelhança de Jesus, os pregadores devem fazer distinção entre a erva, a espiga e o grão cheio na espiga (Mc 4:28). Seguindo o exemplo de Paulo, os pregadores devem diferenciar entre bebês e adultos na graça (1 Co 3:1). Ou, à semelhança de João, os pregadores têm de pregar a vários crentes como filhinhos, jovens e pais na graça (1 Jo 2:12-14).

Alexander defende a pregação discriminatória. Ele escreveu: "As promessas e as ameaças contidas nas Escrituras [devem] ser aplicadas às pessoas às quais pertencem apropriadamente. Frequentemente ouvimos um pregador discorrendo sobre as ricas consolações das mui grandes e preciosas promessas de Deus,

---

10 Citado em Jonathan Edwards, *The Life of David Brainerd*, em *The Works of Jonathan Edwards*, vol. 7, *The Life of David Brainerd*, ed. Norman Pettit (New Haven, CT: Yale University Press, 1984), 495.

11 Bridges, *The Christian Ministry*, 279.

O que é pregação reformada experiencial?

quando nenhum mortal consegue afirmar, à luz do que o pregador diz, a quem elas são aplicáveis. Em muito da pregação, há uma aplicação vaga e indiscriminada das promessas especiais da aliança de graça, como se todos os ouvintes fossem verdadeiros cristãos e tivessem direito ao consolo que tais promessas oferecem". Depois de concluir que, na verdadeira pregação, "os santos e os pecadores são distinguidos pelas marcas categóricas da Escritura, para que cada pessoa tenha uma oportunidade justa de determinar a que classe pertence e que perspectivas estão diante dela", Alexander lamenta:

> Devemos lamentar muito o fato de que esta discriminação acurada na pregação tem estado em grande desuso em nossos tempos. É raro ouvir um discurso do púlpito que se destina a oferecer muita ajuda aos cristãos para determinarem seu verdadeiro caráter e servirá para detectar os hipócritas e formalistas e retirá-los de todos os seus falsos refúgios. Nos melhores dias das igrejas reformadas, essa delineação discriminante de caráter, pela luz da Escritura, era uma parte importante em quase todo sermão. Mas, agora, somos mais atentos a regras de retórica do que às marcas da verdadeira religião. Como Owen, Flavel, Boston e Erskine abundam em marcas de distinção entre os verdadeiros e os falsos professos? E os mais distintos pregadores de nosso próprio país – os Mathers, os Shepards, os Stoddards, os Edwards, bem como os Blairs, os Tennents, os Davies e os Dickinsons, foram tão sábios em manejar bem a palavra da verdade, que todos puderam receber sua porção no devido tempo.[12]

---

12 Alexander, "Rightly Dividing the Word of Truth", 40-42.

PREGAÇÃO REFORMADA

Em resumo, a pregação discriminatória tem de permanecer fiel à Palavra de Deus. A graça deve ser oferecida indiscriminadamente a todos (Mt 13:24-30). Mas os atos, as marcas e os frutos divinos da graça que Deus opera em seu povo devem ser explicados para encorajar os eleitos a conhecerem corretamente a si mesmos e revelar as falsas esperanças dos hipócritas. Como disse o bispo Joseph Hall (1574-1656) a respeito do ministro: "Sua sabedoria precisa discernir entre ovelhas e lobos; em suas ovelhas, entre as sadias e as doentes; nas doentes, entre as fracas e as infectadas; nas infectadas, entre a natureza, as qualidades e os graus da doença e da infecção; e para todos estes, o ministro precisa saber como administrar uma palavra oportuna. Ele tem antídotos para todas as tentações, conselhos para todas as dúvidas, rejeições para todos os erros; e, para todos os desânimos, encorajamentos".[13]

Robert Hall (1764-1831) disse que é difícil resolver "do que devemos ser mais cuidadosos para nos guardar, da infusão de uma paz falsa ou das feridas inflamatórias que devemos curar".[14] Não é surpreendente, então, que Richard Baxter (1615-1691) tenha advertido os pregadores de que, ao aplicarem, como médicos espirituais, o medicamento espiritual errado em seus paroquianos, podem se tornar assassinos de almas, o que tem graves consequências para a eternidade.[15] Os pregadores têm de ser honestos com todas as pessoas e se esforçar para colocá-las diante do padrão da Escritura Sagrada.

Esse tipo de pregação nos ensina que, se nosso cristianismo não é experimentado genuinamente, pereceremos. A própria experiência

---

13 Joseph Hall, "To My Brother Mr. Sa. Hall", Epistle 5, em *The Works of the Right Reverend Joseph Hall*, ed. Philip Wynter (Oxford: Oxford University Press, 1863), 6:231.

14 Robert Hall, "On the Discouragements and Supports of the Christian Ministry", em *The Works of the Rev. Robert Hall* (Nova Iorque; G & C & H. Carvill, 1830), 2:138.

15 Citado em Bridges, *The Christian Ministry*, 280.

O que é pregação reformada experiencial?

não nos salva, mas Cristo tem de ser experimentado pessoalmente como fundamento de nossa esperança eterna (Mt 7:22-27).

Aplicável

A pregação experiencial é aplicável. Aplica o texto a cada aspecto da vida dos ouvintes, promovendo a religião que é não somente uma "forma de piedade", mas também o "poder" de Deus (2 Tm 3:5). Robert Burns (1789-1869) disse que a religião experiencial é o "cristianismo introduzido no coração e nos negócios dos homens". Ele escreveu: "O cristianismo deve não somente ser conhecido, entendido e crido, mas também sentido, desfrutado e aplicado praticamente".[16]

Paulo nunca se contentou em apenas proclamar a verdade. Por isso, ele pôde escrever aos tessalonicenses que seu "evangelho não chegou até vós tão-somente em palavra, mas, sobretudo, em poder, no Espírito Santo e em plena convicção" (1 Ts 1:5). Usando a linguagem de Baxter, Paulo queria fixar a verdade no coração e mente de homens e mulheres. Baxter escreveu: "Ficamos tristes em ouvir a excelente doutrina que alguns pastores têm em mãos, enquanto deixam-na morrer por falta de aplicação direta [perscrutadora] e vigorosa [revigorante]".[17] Seria bom se, em nossos dias, pudesse ser dito sobre mais pregações de pastores o que foi dito sobre a pregação de Jonathan Edwards (1703-1758): toda a sua doutrina era aplicação, e toda a sua aplicação era doutrina.

A aplicação é a maior ênfase da pregação experiencial. Os puritanos e os reformadores gastavam mais esforço em aplicação do

---

16 Robert Burns, introdução a *Works of Thomas Halyburton* (Londres: Thomas Tegg, 1835), xiv-xv. A expressão "incutido no coração e nos negócios dos homens" vem do cientista e filósofo Francis Bacon (1561-1626), em sua dedicação a edições posteriores de seus *Ensaios*.

17 Richard Baxter, *The Reformed Pastor* (Edimburgo: Banner of Truth, 1974), 147.

PREGAÇÃO REFORMADA

que em discriminação. Muitos pregadores de nossos dias falham nesta área. Foram treinados a serem bons expositores, mas não foram treinados, em sala de aula ou pelo Espírito Santo, a aplicarem a verdade ao coração. Isso é a razão por que, quando você ouve certos pregadores, diz para si mesmo: "Sim, ele consegue manejar muito bem a Palavra de Deus, mas parou exatamente quando eu pensava que estava começando. Não a aplicou a mim. Parece que fui completamente ignorado pela atenção do pregador. O que devo fazer agora com o sermão?"

Alguns pregadores dizem: "A aplicação é uma obra do Espírito Santo e não minha". Mas esta não é a maneira como a Bíblia lida com a verdade. As pessoas precisam ser ajudadas na assimilação quando você lhes transmite a Palavra de Deus, não somente em sua exposição, mas também em sua aplicação. Precisam de ajuda para saber o que a verdade significa em relação ao que devem fazer e como devem fazê-lo. Se você ler os sermões de Calvino, ficará admirado com sua atenção constante à aplicação. Considere o seu livro de sermões sobre Deuteronômio. Não ficarei surpreso se entre dez a vinte vezes, por sermão, ele disser: "Ora, isto nos ensina que", "É assim que devemos lidar com isso", ou "Esta é a maneira como devemos viver isso".

Charles H. Spurgeon (1834-1892) exagera apenas um pouco quando diz: "Onde a aplicação começa, ali o sermão começa".[18] Entretanto, os melhores pregadores incluem aplicação em todo o sermão, e não somente quando o concluem. Bridges escreve:

> O método de aplicação contínua, onde o assunto a admite, tem provavelmente o objetivo de produzir efeito – aplicando

---

18 Citado em John A. Broadus, *A Treatise on the Preparation and Delivery of Sermons* (Nova Iorque: A. C. Armstrong, 1898), 245.

O que é pregação reformada experiencial?

cada ponto distintamente e dirigindo-se a classes [ou grupos] separadas no final com exortação, advertência e encorajamento adequados. A Epístola aos Hebreus [ela mesma uma série de sermões] é um modelo completo deste método. Totalmente argumentativa, conectada em seu fluxo de raciocínio e lógica em suas deduções, cada elo sucessivo é interrompido por alguma convicção pessoal e persuasiva, enquanto a continuidade da cadeia é mantida inteira até ao fim.[19]

Os pregadores puritanos, que aprenderam dos reformadores, eram mestres na arte de aplicação. Esta arte é resumida com beleza num capítulo breve intitulado "Da Pregação da Palavra" no Diretório para o Culto Público a Deus, elaborado pelos teólogos calvinistas e puritanos em Westminster. Eles escreveram: "Ele [o pregador] não deve se demorar em doutrina geral, porque esta nunca é totalmente esclarecida e confirmada; antes, ele deve fazer uso especial dela por aplicação a seus ouvintes".[20] Considerarei o conselho sábio dos teólogos de Westminster em capítulo posterior.

Finalmente, precisamos dizer que a pregação aplicável é frequentemente uma pregação de custo elevado. Como tem sido dito muitas vezes, quando João Batista pregou de maneira geral, Herodes o ouviu alegremente. Mas, quando João aplicou sua mensagem *de maneira específica* (reprovando o relacionamento adúltero de Herodes com a mulher de seu irmão), ele foi decapitado (Mc 6:14-29). Tanto internamente, na própria consciência do pregador, como na consciência de seus ouvintes, uma aplicação franca da verdade de Deus cobrará um preço. Apesar disso, quão necessária

---

19 Bridges, *The Christian Ministry*, 275.
20 *Westminster Confession of Faith* (Glasgow: Free Presbyterian Publications, 1994), 380.

PREGAÇÃO REFORMADA

é essa pregação! Um dia, todo pregador comparecerá perante o tribunal de Deus para prestar contas de como lidou com a Palavra de Deus no rebanho de ovelhas que lhe foi confiado. Ai dos pregadores que não se esforçaram para aplicar com clareza a Palavra de Deus à alma e à consciência de seus ouvintes!

Pregadores, exorto-os a lembrar que não devemos falar *diante* do povo, mas *para* o povo. A aplicação é não somente crucial, mas também uma parte essencial da verdadeira pregação e, em muitos aspectos, a principal coisa a ser feita. E aqueles que temem a Deus desejarão que a Palavra de Deus seja administrada de maneira pessoal à sua vida. Como Daniel Webster disse: "Quando eu ouço os ensinos do evangelho, quero que seja uma questão pessoal – *uma questão pessoal, uma questão pessoal*".[21]

Bíblica, doutrinária, experiencial e prática

A pregação experiencial ensina que a fé cristã tem de ser experimentada, desfrutada e vivida por meio do poder salvador do Espírito Santo. Enfatiza o conhecimento da verdade bíblica, que pode nos tornar sábios "para a salvação pela fé em Cristo Jesus" (2 Tm 3:15). Especificamente, essa pregação ensina que Cristo, a Palavra viva (Jo 1:1) e a própria incorporação da verdade, tem de ser conhecido e recebido experiencialmente. Como João 17:3 diz: "E a vida eterna é esta: que te conheçam a ti, o único Deus verdadeiro, e a Jesus Cristo, a quem enviaste". A palavra *conheçam*, neste versículo, como em outras passagens da Bíblia, não indica mera familiaridade casual, e sim um relacionamento profundo e contínuo. Por exemplo, Gênesis 4:1 usa a palavra *conhecer* para expressar intimidade conjugal: "E conheceu Adão a Eva, sua mulher, e ela

---

21 Citado em "Funeral of Mr. Webster", *The New York Daily Times*, Oct. 30, 1852.

concebeu, e teve a Caim" (ARC). A pregação experiencial enfatiza o conhecimento pessoal e íntimo de Deus em Cristo.

A pregação bíblica tem de combinar elementos doutrinários, experienciais e práticos. Este assunto foi discutido por John Newton (1725-1807) e outros ministros evangélicos em uma das reuniões de sua Sociedade Eclética em Londres, em 1798. John Clayton (1754-1843), um ministro inglês independente, levantou a pergunta: "O que devemos entender por pregação doutrinária, experimental e prática?" E ressaltou que a pregação doutrinária tende, por si mesma, a produzir pensadores argumentativos; a pregação experiencial pode enfatizar demais nossos sentimentos interiores e negligenciar a verdade e a ação; e a pregação prática pode se tornar centrada no homem e na justiça própria, menosprezando Cristo e o evangelho. Clayton disse que todos os três componentes devem ter seu lugar na pregação, citando Thomas Bradbury (1677-1759): "A religião é doutrinária na Bíblia; experimental, no coração; e prática, na vida".[22]

John Goode (1738-1790) disse: "Nos membros de nosso rebanho, deve haver visão, sentimento e obediência; e, para produzi-los, todas as três – pregação doutrinária, experimental e prática – devem ser combinadas em sua proporção correta". Newton declarou a unidade orgânica e vital destas três, dizendo: "A doutrina é o tronco; a experiência, os ramos; a prática, o fruto". Ele advertiu que, sem a doutrina de Cristo, falamos nada mais do que falam os filósofos pagãos.[23]

Thomas Scott (1747-1821) também advertiu que existe uma maneira falsa de lidar com as dimensões da pregação: doutrinas

---

22 Citado em John H. Pratt, ed., *The Thought of Evangelical Leaders: Notes of the Discussions of the Eclectic Society, London, During the Years 1798-1814* (1856; reimpr., Edimburgo: Banner of Truth, 1978), 77-78.

23 Citado em Pratt, *Thought of Evangelical Leaders*, 79.

PREGAÇÃO REFORMADA

podem não ser verdade bíblica ou podem ser apenas meias verdades, que são realmente mentiras; a experiência pode seguir prescrições humanas ou ser baseada em visões, impressões ou esquemas humanos; e podemos substituir por mera moralidade a obediência evangélica ou capacitada pelo evangelho.[24]

Portanto, vemos que a pregação reformada experiencial tem o alvo de juntar as dimensões doutrinária, experiencial e prática como um todo unificado. Embora devamos admitir com humildade que, em nossos sermões, não atingimos frequentemente o tipo de equilíbrio e completude pelos quais nos esforçamos, devemos enfatizar que não podemos negligenciar qualquer aspecto da pregação – doutrinário, experiencial e prático – sem prejudicar os outros, pois cada um deles flui naturalmente dos outros.

Andando com nosso Deus trino e salvador

A pregação experiencial reformada, alicerçada na Palavra de Deus, é centrada em Deus (teocêntrica) e não no homem (antropocêntrica). Algumas pessoas acusam os puritanos de serem centrados no homem em sua paixão por experiência piedosa. Mas, como J. I. Packer argumenta, os puritanos não eram interessados em concentrar-se na sua própria experiência, mas em desfrutar a comunhão com o Deus trino. Packer diz: "O pensamento de comunhão com Deus nos conduz ao próprio âmago da teologia e da religião dos puritanos".[25] Os puritanos evitavam "falso misticismo" por abordarem a comunhão com Deus "de maneira objetiva e teocêntrica". Eles fundamentavam a experiência cristã na verdade

---

24 Citado em Pratt, *Thought of Evangelical Leaders*, 80.

25 J. I. Packer, *A Quest for Godliness: The Puritan Vision of the Christian Life* (Wheaton, IL: Crossway, 1990), 201.

O que é pregação reformada experiencial?

objetiva de como Deus salva pecadores por meio de Cristo. Também moldavam a experiência de acordo com a forma da Trindade, relacionando-a ao Pai, ao Filho e ao Espírito, como o evangelho revela o Deus trino.[26]

Esta paixão por comunhão com o Deus trino significa que a pregação experiencial não somente atinge a consciência do crente, mas também seu relacionamento com os outros na igreja e no mundo. Se a pregação experiencial me leva a examinar somente minhas experiências e meu relacionamento com Deus, ela fica aquém de impactar minha interação com minha família, com os membros da igreja e com outras pessoas na sociedade. A pregação centrada no indivíduo produz ouvintes centrados em si mesmos. Em vez disso, a verdadeira pregação experiencial leva o crente ao âmbito da experiência cristã vital, afastando-o de si mesmo e promovendo o amor a Deus e à sua glória, bem como uma paixão intensa por declarar esse amor a outras pessoas ao seu redor. Um crente instruído desta maneira não pode deixar de ser evangelista, porque a experiência cristã vital e um amor por missões são inseparáveis.

Em outras palavras, a minha vida é uma epístola aberta da graça de Deus. Quero falar aos outros sobre o Senhor. É ilógico dizer que sou um cristão experiencial e não ser um cristão que evangeliza. Essas duas coisas se completam. Quando pregamos experiencialmente, e pessoas experimentam o poder de Deus para a salvação, toda a congregação se torna evangelizadora. Pessoas aprendem a valorizar tanto a verdade que desejam compartilhá-la. O Pai, Cristo e seu Espírito se tornam reais para aqueles que

---

26 Packer, *A Quest for Godliness*, 204; ver John Owen, "Of Communion with God the Father, Son, and Holy Ghost", em *The Works of John Owen*, ed. William H. Goold (reimpr., Edimburgo: Banner of Truth, 1965), 2:1-274.

PREGAÇÃO REFORMADA

estão sob a influência da pregação experiencial. A glória de Deus os enche e os compele de modo que desejam começar programas de evangelização e falar de Cristo para seus parentes não salvos – a boca fala do que está cheio o coração (Lc 6:45).

Em resumo, a pregação reformada experimental coloca todo o âmbito do viver cristão em conexão com o Salvador do mundo. Onde Cristo é verdadeiramente conhecido como Salvador, também é servido como Senhor. Com a bênção do Espírito, a missão é transformar o crente em tudo que ele é e faz, para que se torne cada vez mais semelhante a seu Salvador.

Experiência baseada na Bíblia

O conhecimento experiencial de Deus nunca é divorciado da Escritura. De acordo com Isaías 8:20, todas as nossas crenças, incluindo nossas experiências, devem ser testadas pelo testemunho da Escritura Sagrada. Conforme suposição geral, Martinho Lutero (1483-1546) gracejou que, se não podemos achar nossas experiências na Bíblia, elas não procedem do Senhor e sim do Diabo. Isso é realmente o que a palavra *experimental* tenciona comunicar. Assim como um experimento científico testa uma hipótese à luz de um conjunto de evidências, assim também a pregação experimental envolve examinar a experiência à luz da Palavra de Deus.

É claro que há também o perigo de os ministros discriminarem e aplicarem a Bíblia sem a sua exegese e sem expô-la. Eles caem no que eu chamo de *experiencialismo*, em que a experiência se torna o salvador (embora, com frequência, apenas de maneira implícita). Não pregamos experiência, e sim Cristo Jesus, nosso Senhor, com base nas Escrituras Sagradas (2 Co 4:5). Como salvaguarda, devemos estar sempre pregando um texto específico da

O que é pregação reformada experiencial?

Escritura, mostrando o que Deus disse no texto e como essa verdade se aplica aos ouvintes. No entanto, já ouvi pastores inserirem em cada sermão um conjunto de realidades que um pecador experimenta quando Deus o converte, quer o texto bíblico específico que foi exposto as ensine, quer não. Outros pregadores caem numa armadilha semelhante por pregarem constantemente sobre algum aspecto específico da experiência. Isto não a torna verdadeira pregação experiencial!

Um pregador experiencial aborda todo o âmbito da experiência cristã em toda a Escritura. Ele sabe como extrair a experiência cristã de cada texto específico, quer seja na área de aflição, quer na área de livramento, quer na área de gratidão, quer na área de luta contra o retrocesso. O pregador experiencial sabe como a Escritura promove o cristianismo vital. Foi a isso que Paulo se referiu quando disse que "Toda a Escritura", sendo inspirada por Deus, é "útil para o ensino, para a repreensão, para a correção, para a educação na justiça" (2 Tm 3:16).

Quando um pregador prega desta maneira, algo ressoa do púlpito e penetra a alma do crente. O crente que tem um verdadeiro relacionamento com Deus entende que esta pregação é uma grande força de transformação – compele-o, desafia-o, exorta-o e molda-o. Ele sente a realidade da unção do Espírito Santo nessa pregação. Essa pregação se torna, então, "o poder de Deus para a salvação" (Rm 1:16).

Essa pregação se coloca, por assim dizer, às portas do inferno para proclamar que todos aqueles que não são nascidos de novo passarão em breve por estas portas, a fim de habitarem para sempre na infelicidade do abismo eterno – a menos que se arrependam. Mas essa pregação também se coloca às portas do céu, pregando

PREGAÇÃO REFORMADA

que os nascidos de novo, que pela graça de Deus preservam em santidade, entrarão em breve na glória eterna e na comunhão incessante com Deus.

PROCURE OS VELHOS CAMINHOS. ONDE ESTÁ O BOM CAMINHO

Mostrarei, nos capítulos da Parte 2 deste livro, que a pregação experiencial é parte da grande tradição que resultou do avivamento da piedade bíblica na Reforma, no século XVI. Até meados do século XIX, muitos ministros reformados pregavam experiencialmente. O educador e pastor batista Francis Wayland (1796-1865) escreveu em 1857:

> À luz da maneira como nossos ministros entravam na obra, é evidente que o objetivo proeminente de suas vidas era converter homens a Deus... Eles eram notáveis por aquilo que era chamado de pregação experiencial. Falavam muito sobre os exercícios da alma humana sob a influência da verdade do evangelho:
>
> - o sentimento de um pecador enquanto estava sob o poder convincente da verdade;
> - os vários subterfúgios aos quais ele recorria quando ficava consciente de seu perigo;
> - as aplicações sucessivas da verdade pelas quais ele era retirado de todos os subterfúgios;
> - o desespero da alma quando se achava totalmente sem um refúgio;
> - sua rendição final a Deus e simples dependência de Cristo;

O que é pregação reformada experiencial?

- as alegrias do novo nascimento e a prontidão da alma para apresentar aos outros a felicidade que experimentava pela primeira vez;
- as provações da alma quando era um objeto de reprovação e perseguição entre aqueles que mais amava;
- o processo de santificação;
- os artifícios de Satanás para nos levar ao pecado;
- o modo como os ataques do adversário podem ser resistidos;
- o perigo do retrocesso, com suas evidências, e os meios de se recuperar dele.

Wayland conclui com estas palavras desagradáveis: "Estas observações mostram a tendência da classe de pregadores que agora parece estar desaparecendo".[27]

Quão diferente é a pregação experiencial do que ouvimos hoje. Vivo numa cidade que conta com mais de cem igrejas reformadas (talvez mais igrejas reformadas do que qualquer outra cidade além de Seul, na Coréia do Sul). Mas suponho que, se reuníssemos todas essas igrejas reformadas e pedíssemos aos pastores que levantassem as mãos caso pregassem sermões reformados experienciais, pelo menos a metade perguntaria: "O que é isso?" As coisas mudaram dramaticamente nos círculos reformados desde meados do século XIX.

A Palavra de Deus é pregada muito frequentemente de uma maneira que não pode transformar os ouvintes, porque o pregador não discrimina, nem aplica. A pregação é reduzida a uma palestra, a um mero satisfazer ao que as pessoas querem ouvir ou a um tipo de subjetivismo que é divorciado do fundamento da verdade da Escritura. Tal pregação não explica biblicamente o que os reformados

---

27 Francis Wayland, *Notes on Principles and Practices of Baptist Churches* (Nova Iorque: Sheldon, Blakeman and Co., 1857), 40-43. Separei o parágrafo de Wayland em pontos para leitura mais fácil.

chamavam de religião vital: como um pecador tem de ser despido de sua justiça própria, atraído a Cristo para a salvação e levado à alegria da dependência simples de Cristo. Não mostra como um pecador confronta a praga do pecado original, luta contra o retrocesso e ganha vitória pela fé em Cristo.

Entendida corretamente, a pregação experiencial é transformadora, porque reflete acuradamente a experiência vital dos filhos de Deus (Rm 5:1-11), explica com clareza as marcas e os frutos da graça salvadora imprescindíveis ao crente (Mt 5:3-12; Gl 5:22-23) e coloca diante do crente e do incrédulo, igualmente, seu futuro eterno (Ap 21:1-8) e seu chamado no tempo presente.

Esse tipo de pregação é muito diferente de muita pregação contemporânea, que nunca lida com a experiência da alma. Sempre permanece em um nível superficial:

"Você precisa crer."
"Sim, eu creio."
"Então, você é um crente."

Esta pregação não fala sobre a experiência de perder minha vida, morrer para minha justiça própria e achar minha vida na justiça de Cristo. A pregação contemporânea, embora não seja sem algum valor, fracassa em transformar pessoas, porque lhe falta discriminação e aplicação da verdade ao coração.

A PREGAÇÃO QUE SATISFAZ OS GOSTOS ESPIRITUAIS FLORESCE

Em última análise, a pregação reformada experiencial não é apenas um método homilético, mas também um exercício espiritual que satisfaz o apetite da alma. As Escrituras usam uma linguagem de percepção sensorial para afirmar que realidades espirituais produzem verdadeiras experiências da alma, não apenas ideias mentais. A Bíblia diz: "Aquele que pratica o bem procede de Deus; aquele que pratica o mal jamais viu a Deus" (3 Jo 11; cf. 1 Jo 3:6). Ninguém pode ver a Deus no sentido literal de perceber com a visão dos olhos (Jo 1:18; 1 Jo 4:12, 20). João está falando da visão da alma, o ver da graça e da glória de Deus pela fé em Cristo (Jo 1:14).

De modo semelhante, o Senhor falou sobre ter "ouvidos para ouvir",[28] referindo-se não aos ouvidos físicos, e sim ao "ouvir da fé" pela alma (Gl 3:2, 5). O evangelho é comparado a cheiro de morte para os que perecem e à doce fragrância de vida para os salvos (2 Co 2:15-16). Somente o Espírito pode produzir sensos espirituais que apreendem a Deus na Palavra.

Talvez a metáfora sensorial mais vívida quanto à experiência espiritual seja a do sabor. Salmo 119:103 diz: "Quão doces são as tuas palavras ao meu paladar! Mais que o mel à minha boca". Jeremias diz: "Achadas as tuas palavras, logo as comi; as tuas palavras me foram gozo e alegria para o coração, pois pelo teu nome sou chamado, ó Senhor, Deus dos Exércitos" (Jr 15:16). Lemos em 1 Pedro 2:2-3: "Desejai ardentemente, como crianças recém-nascidas, o genuíno leite espiritual, para que, por ele, vos seja dado crescimento para salvação, se é que já tendes a experiência de que o Senhor é bondoso".

Edwards escreveu que, quando Deus salva uma pessoa, ele lhe dá "um senso real da excelência de Deus, de Jesus Cristo, da obra de redenção, dos caminhos e das obras de Deus revelados no

---

28 Dt 29:4; Mt 11:15; 13:9, 43; Mc 4:9, 23; 7:16; Lc 8:8; 14:35.

PREGAÇÃO REFORMADA

evangelho" – "o senso do coração" que traz "prazer e deleite". Ele ilustrou: "Há uma diferença entre ter um julgamento racional de que o mel é doce e ter um senso de sua doçura".[29]

Herman Hoeksema (1886-1965) explica a diferença entre conhecimento teórico e conhecimento experimental desta maneira:

> Um dietista pode ser capaz de analisar completamente cada item de um cardápio e lhe informar com exatidão o número e os tipos de vitaminas que cada prato contém. Mas, se ele tem câncer de estômago, não pode provar a comida, nem desfrutá-la; também não é capaz de digeri-la e extrair dela a energia necessária. Em contraste, um homem que está com estômago faminto pode sentar-se à mesa com o dietista, sem saber absolutamente nada a respeito de vitaminas; mas pedirá sua refeição, se deleitará em sua comida e se beneficiará dela de tal maneira que será revigorado e fortalecido.[30]

Essa é a diferença entre ter um mero conhecimento intelectual sobre Cristo, que todo incrédulo pode ter, e conhecer a Cristo de uma maneira pessoal e transformadora da vida, que só um crente pode ter. A pregação reformada experiencial é mais do que ler o cardápio para as pessoas e dar-lhes um relato nutricional. É servir comida apetitosa, com todos seus aromas e sabores, para satisfazer a alma faminta.

---

29 Jonathan Edwards, "A Divine and Supernatural Light", em *The Works of Jonathan Edwards*, vol. 17, *Sermons and Discourses 1730-1733*, ed. Mark Valeri (New Haven, CT: Yale University Press, 1999), 413-14.

30 Herman Hoeksema, *Reformed Dogmatics*, 2nd ed. (Grandville, MI: Reformed Free Publishing Association, 2005), 2:75.

O que é pregação reformada experiencial?

PREGANDO DO CORAÇÃO PARA O CORAÇÃO

A pregação experiencial se desenvolve frequentemente da própria experiência do pregador com Cristo em meio a suas tristezas e pecados. Uma coisa é você pregar sobre a intercessão de Cristo e perguntar: "Não é maravilhoso, congregação, o fato de que Jesus está à direita do Pai, intercedendo por nós a cada segundo?" Isso não é uma afirmação ruim. Pessoas podem dizer ao saírem do culto: "Isso não é maravilhoso? É reconfortante". No entanto, quão mais rica é a sua pregação, se você tem experimentado, nas profundezas de sua alma, o que significa chegar à realização de sua própria oração. Você estava desesperado numa situação para a qual não podia achar solução. Aprendeu a clamar ao Deus todo-poderoso, e Deus lhe assegurou, por meio de sua Palavra, que seu Filho, sentado à sua direita, intercede por você. Se você tem um conhecimento de coração desse consolo, então pregará com muito mais poder e energia do que se pregasse apenas com base em conhecimento mental.

É muito difícil explicar a diferença em palavras, mas posso lhe dizer que já a experimentei. Preguei sobre a intercessão de Cristo com maior liberdade após me sentir tão necessitado e desamparado, que nem sabia como orar e podia apenas apegar-me à promessa de que Cristo vive "sempre para interceder por eles" (Hb 7:25). Então, pude dizer: "Senhor, se isso é verdadeiro, então, agora mesmo, quando eu quase não consigo orar e não sei o que fazer, tu estás orando por mim". Consolo me envolveu. Depois disso, fui capaz não somente de descrever a intercessão de Cristo de minha mente para a mente de meu povo, mas também de pregá-la de meu coração para o coração deles.

Um elemento importante neste processo é crescer em humildade. Nosso orgulho natural se afasta constantemente da religião

PREGAÇÃO REFORMADA

do coração, substituindo-a por uma forma superficial de piedade que não tem o poder da religião verdadeira. Por natureza, todos nós preferimos ou rejeitar a Bíblia completamente ou apenas limpar o exterior do copo, enquanto o interior permanece imundo. Deus tem de invadir nossos sepulcros caiados com o dom de humildade, antes que possamos experimentar realmente sua graça. Um aspecto crucial da pregação experiencial reformada é que o conhecimento de Deus humilha o pregador e aqueles para os quais ele prega. Calvino ressaltou que essa humildade surge diretamente de ver o Senhor como ele é:

> Novamente, é certo que o homem nunca atinge um conhecimento nítido de si mesmo, se não contempla primeiro a face de Deus e, depois, sai dessa contemplação para escrutinar a si mesmo. Sempre parecemos justos, corretos, sábios e santos aos nossos olhos, a menos que, por meio de provas claras, sejamos convencidos de nossa própria injustiça, imundície, insensatez e impureza. Além disso, não somos convencidos se olhamos apenas para nós mesmos e não olhamos também para o Senhor, que é o único padrão pelo qual este julgamento tem de ser mensurado.[31]

Devemos ter constantemente em vista a nossa depravação e a justiça de Cristo. É crucial que estas sejam contrastadas, para que vejamos o Salvador em toda a sua glória e beleza. Quando afirmamos constantemente que a justiça de Cristo excede a nossa justiça e que sua santidade excede a nossa perversidade, toda a nossa esperança está em Cristo. Entretanto, é crucial que o pregador enfatize

---

31 John Calvin, *Institutes of the Christian Religion*, trad. Ford Lewis Battles, ed. John T. Mc-Neill, Library of Christian Classics, vols. 20–21 (Filadélfia: Westminster, 1960), 1.1.2.

O que é pregação reformada experiencial?

frequentemente a nossa depravação pecaminosa em sua pregação, porque o Espírito Santo usa essa pregação para levar-nos a Cristo como o único remédio para nosso pecado interior. Sob a influência dessa pregação que convence o coração, vemos com maior clareza a experiência de nossa alma: nossa pecaminosidade, orgulho, incredulidade e desobediência. Vemos mais profundamente quem Deus é em todas as suas riquezas, glória, beleza e graça para os pecadores. Depois, tanto vivemos quanto pregamos experiencialmente.

CONCLUSÃO: UMA DEFINIÇÃO PROVISIONAL

O que é a pregação reformada experiencial? Falei brevemente sobre vários de seus ingredientes. É a pregação que:

- prova a genuína experiência cristã pelo padrão da verdade bíblica – idealista, realista e otimistamente;
- traça linhas distintivas entre crentes e incrédulos;
- faz aplicação sábia e frequente da verdade à vida;
- equilibra os elementos bíblicos, doutrinários, experienciais e práticos;
- cultiva uma vida de comunhão com nosso Deus e nosso Salvador;
- edifica a experiência no fundamento da Escritura Sagrada, a Palavra de Deus;
- vai além da superficialidade contemporânea para a sabedoria profunda das veredas antigas;
- oferece alimento para satisfazer o novo senso espiritual da alma do crente;
- toca o coração com o amargor do pecado e a doçura da graça.

PREGAÇÃO REFORMADA

Você pode ver que há uma riqueza multidimensional na pregação experiencial reformada. Mas ela não é tão complicada assim. Todos estes ingredientes, quando reunidos e assados no fogo do Espírito e do sofrimento, produzem um pão delicioso e satisfatório.

Examinarei estes assuntos em mais detalhes no restante deste livro. Por enquanto, posso oferecer a seguinte definição provisional: a pregação experiencial reformada é a pregação que aplica a verdade de Deus ao coração das pessoas para mostrar como as coisas deveriam ser, como realmente são e, em última análise, como serão na experiência do cristão no que diz respeito a Deus e a seu próximo – incluindo os membros de sua família, os membros de sua igreja e pessoas no mundo ao seu redor. De maneira ainda mais simples, poderíamos dizer que o pregador reformado experiencial recebe a Palavra de Deus em seu coração e, depois, transmite-a para a mente, o coração e a vida de seu povo. Não estou dizendo que pregadores que não falam principalmente do conhecimento da mente são inúteis – de modo algum. Eles podem instruir acuradamente as pessoas na verdade de Deus. Podem edificar a igreja. Devemos lembrar que não mudamos as pessoas por nossas experiências. O Espírito Santo muda as pessoas e pode até usar uma pregação deficiente sobre a pessoa de Cristo (Fp 1:15-18). No entanto, quanto mais ele pode usar pregadores cujo coração arde de amor! Se o Espírito tenciona agir no coração dos ouvintes da Palavra, em geral ele age primeiro no pregador da Palavra. Essa é a razão por que pregadores sábios anseiam pelas orações do povo de Deus em favor do enchimento do Espírito Santo, para que preguem com poder (At 4:8, 29-33; Ef 6:18-20).

Que o Espírito Santo o encha agora, querido leitor, e o encha mais e mais à medida que prossegue na leitura do restante deste livro, para que Cristo seja exaltado nos olhos de sua fé, em sua vida e em seu ministério.

CAPÍTULO 2

PREGANDO DA MENTE PARA O CORAÇÃO

Palavras são importantes. Um homem desfrutava a visita de alguns amigos fora de casa, no fim da tarde. À medida que escurecia, o ar ficava mais frio. Ele notou que uma mulher não vestia blusa ou jaqueta. Finalmente, perguntou-lhe com interesse genuíno: "Você não está ficando com *frio*?" O problema foi que ela não ouviu uma letra da frase e pensou que ele dissera francamente: "Você não está ficando *velha*?"[1] Nem preciso dizer que ela não reagiu como o homem esperava.

Muitos pregadores já tiveram a experiência de pensar que disseram uma coisa e descobrir, posteriormente, que as pessoas ouviram algo bem diferente. Sabemos que devemos ser cuidadosos com nossas palavras. No capítulo anterior, usei expressões como *conhecimento do coração, experimental* e *experiencial*. Antes de prosseguir, preciso explicar o que pretendo dizer com estas

---

1 Nota de tradução. No original, o texto diz: "Aren't you getting *cold*?" The problem was that she did not hear the *c*. She thought he had said rather bluntly, "Aren't you getting *old*?"

PREGAÇÃO REFORMADA

expressões. Depois, seremos capazes de seguir em frente com maior clareza, para considerar por que a pregação reformada experiencial é necessária.

QUAL É A DIFERENÇA ENTRE CONHECIMENTO "DA MENTE" E CONHECIMENTO "DO CORAÇÃO"?

Estas não são expressões acadêmicas ou eruditas; em vez disso, são expressões práticas que as pessoas podem entender. Por conhecimento "da mente", queremos dizer o conhecimento estritamente intelectual ou teórico; e por conhecimento "do coração", queremos dizer o conhecimento que vem à nossa alma com poder que produz fruto em nossa vida.

A Escritura nos ensina, em várias passagens, que precisamos do conhecimento da mente. Não podemos ser salvos sem o conhecimento do evangelho. Paulo escreveu: "Como, porém, invocarão aquele em quem não creram? E como crerão naquele de quem nada ouviram? E como ouvirão, se não há quem pregue?... E, assim, a fé vem pela pregação, e a pregação, pela palavra de Cristo" (Rm 10:14, 17). Cristo veio para nos dar conhecimento e entendimento da verdade (Jo 18:37; 1 Jo 5:20). O conhecimento do coração não paira no ar. O verdadeiro conhecimento do coração está arraigado no conhecimento da mente.

No entanto, por si mesmo, o conhecimento da mente não é suficiente para nos salvar ou nos tornar santos. O Espírito Santo tem de aplicar a verdade ao coração. O coração é a fonte da qual todas as nossas escolhas e ações fluem. Provérbios 4:23 diz: "Sobre tudo o que se deve guardar, guarda o coração, porque dele procedem as fontes da vida". Todo pecado se origina no coração (Mc 7:21-23). O coração é a sede da fé salvadora: "Porque com o coração se crê para justiça" (Rm 10:10). A sabedoria reside no coração, como é evidente das expressões bíblicas "sábio de coração" ou "coração sábio" (Pv 10:8; 11:29; 16:21).

Podemos dizer que a diferença está em profundidade e domínio. Cristo comparou a pregação da Palavra à semeadura (Mt 13:1-9). Algumas sementes caem na terra batida de um caminho. A verdade fica na superfície do coração, mas o coração não a recebe. Isto, como explicou o Senhor, se refere àqueles que "ouvem a palavra do reino e não a compreendem" (v. 19). Satanás arrebata a Palavra para que não cause nenhuma impressão no solo. Outra semente cai no solo rochoso e tem um bom começo. O coração recebe a Palavra com algum entendimento e até "com alegria" (v. 20). Mas a verdade não tem "raiz" (v. 21); e isso sugere que seu impacto não atinge as partes profundas da alma. Como resultado, sofrimento ou perseguição erradicam a influência da verdade.

Jesus apresentou um terceiro caso em que a semente cai entre os espinhos, simbolizando "os cuidados do mundo" e "a fascinação das riquezas" (v. 22). A palavra *cuidado* fala de afeições pecaminosas, e *fascinação*, de crenças falsas. Estas pragas ainda dominam o coração e destroem a frutificação da verdade. Por implicação, quando a semente cai no solo bom e produz fruto, ela atinge tanto profundidade quanto domínio no coração do homem. Nosso Senhor disse que este é um tipo de conhecimento ("o que ouve a palavra e a compreende" – v. 23) que o não salvo não possui ("Ouvireis com os ouvidos e de nenhum modo entendereis" – v. 14).

Assim, por um lado, devemos lançar a semente. Temos de difundir a verdade. Sem a pregação evangelística, as pessoas não serão salvas. Não podemos esperar que o reino avance no mundo sem a pregação do evangelho, assim como um agricultor não deve esperar

PREGAÇÃO REFORMADA

que um campo produza uma colheita de trigo se não plantar nele a semente. As pessoas precisam do conhecimento da mente.

Por outro lado, apenas semear a verdade não produz uma colheita. A terra precisa ser desobstruída; as pedras, removidas; a vegetação, queimada; e o solo, arado. Jeremias 4:3 diz: "Porque assim diz o SENHOR aos homens de Judá e Jerusalém: Lavrai para vós outros campo novo e não semeeis entre espinhos". As ervas daninhas precisam ser removidas antes e depois da semeadura. As nuvens têm de derramar água; e o sol precisa brilhar com calor. Todos estes meios dão à semente raízes profundas e a capacidade de dominar, para que produza o fruto vivo procedente do coração.

Podemos também dizer que a diferença entre o conhecimento da mente e o do coração é semelhante à diferença entre saber algo a respeito de uma pessoa e conhecê-la pessoalmente. Às vezes, a Bíblia usa a palavra *conhecer* em referência a conhecimento factual (Gn 27:2), mas usa frequentemente *conhecer* para expressar um relacionamento e não apenas a possessão de fatos ou informações (Gn 4:1). Isto é especialmente verdadeiro em referência ao relacionamento entre o Senhor e seu povo.[2]

Oferecerei uma ilustração. Um pastor e autor, que teve muita influência em minha vida, foi a uma livraria na Holanda. Ele viu que a loja tinha seus livros para vender. Ficou curioso por saber quanto custavam seus livros; por isso, pegou um e o abriu. Enquanto isso, um vendedor da loja se aproximou e perguntou-lhe se conhecia o autor do livro. O pastor disse modestamente: "Acho que sim". O vendedor disse que também o conhecia. O autor respondeu: "Não, você não o conhece". O vendedor ficou admirado; por isso, o pastor

---

2 Gn 18:19; Êx 33:12, 17; Sl 1:6; 9:10; Jr 9:24; 22:16; 31:34; Dn 11:32; Os 2:20; 5:4; 6:6; Mt 7:23; 11:27; Jo 17:3; etc.

disse: "Se conhecesse o autor, você o teria cumprimentado quando ele entrou pela porta. Eu sou o autor!"

Com isso, o vendedor ficou ruborizado e gaguejou: "Mas, eu sinto como se o conhecesse. Já li seu livro".

"Sim", respondeu o autor, "mas você não *me* conhece".

Muitas pessoas pensam que conhecem o Senhor, porque leram seu Livro, mas não o conhecem. E, quando ele vier no dia do juízo, dirá para tais pessoas: "Nunca vos conheci. Apartai-vos de mim, os que praticais a iniquidade" (Mt 7:23). Mero conhecimento ensoberbece e não tem nenhum poder para nos salvar ou mudar nossa vida. Tudo depende de conhecermos o Senhor com amor agradecido, porque somos conhecidos por ele em seu amor gracioso (1 Co 8:1-3; Gl 4:9).

Além disso, os cristãos podem confundir aumento de conhecimento sobre o Senhor com aumento de piedade. Há professores de universidades e de seminários que podem superar você em conhecimento da Bíblia, teologia, história ou habilidades ministeriais. Há pastores que têm discernimentos impressionantes sobre como transformar igrejas em organizações bem-sucedidas. Mas podem ter pouco conhecimento do coração, sendo talvez até anões espirituais, se não hipócritas. É totalmente possível crescermos no conhecimento da mente e, apesar disso, não crescermos no "conhecimento da sua vontade, em toda a sabedoria e entendimento espiritual; a fim de viverdes de modo digno do Senhor, para o seu inteiro agrado" (Cl 1:9-10).

Então, o que é conhecimento do coração? É aquele conhecimento de Deus obtido como resultado de um encontro pessoal com Cristo pela obra do Espírito, por meio da Palavra (2 Co 3:17-18; 4:6). Isto é o que chamamos "conhecimento salvífico". É o conhecimento que vivifica e transforma o coração. Produz fruto teocêntrico. Prova e vê que Deus é bom, conduzindo-nos à bem-aventurança de confiar nele (Sl 34:8). O conhecimento do coração é um apetite espiritual por Deus, produzido por Deus, conforme ele se revela em sua Palavra. Lemos em Jeremias 15:16a: "Achadas as tuas palavras, logo as comi; as tuas palavras me foram gozo e alegria para o coração".

O conhecimento do coração não é um sentimento místico sem conteúdo. O conhecimento do coração se banqueteia da verdade que se torna real para o homem interior. A alegria do crente está em Deus mesmo (Sl 144:15; 146:5). Quando experimentamos o conhecimento salvífico, do coração, todas as verdades contidas na Bíblia se tornam reais e vívidas para nós. Deus se torna uma presença dominadora em, sobre e ao redor de nossa vida. O pecado se torna um fardo insuportável e um mal detestável. Cristo se torna totalmente amável, e sua obra de salvação se mostra totalmente necessária. A graça é estimada, abraçada e fonte de exultação.

O conhecimento da mente não é um mal em si mesmo. A maioria dos grandes ministros e líderes cristãos das épocas da Reforma e da pós-Reforma eram homens altamente educados. Valorizavam uma educação cristã completa. Mas esta educação tem de ser santificada pelo Espírito Santo para o nosso coração. O conhecimento da mente continua sendo insuficiente para o nosso bem espiritual sem a aplicação do Espírito ao coração. Essa é a razão por que os escritores de séculos anteriores aconselhavam as pessoas a procurarem encher sua mente com o conhecimento, enquanto buscavam o Senhor na esperança de que ele abençoaria tal conhecimento ao coração delas.

Pregando da mente para o coração

Os pregadores deveriam perguntar a si mesmos: "Estou pregando quase totalmente para a mente das pessoas?" Não ousamos promover um intelectualismo frio na igreja. Por outro lado, deveríamos perguntar: "Estou pregando com o propósito de fundamentar a experiência do coração no conhecimento da mente?" Se não, podemos estar levando pessoas a uma forma perigosa de misticismo que, por fim, substituirá a Bíblia por subjetivismo e a fé na obra salvadora de Cristo, por uma busca de mera experiência. O alvo da pregação bíblica é construir uma ponte entre a mente e o coração, para que conhecimento e afeição façam comércio diário no mercado da alma, e cada uma nos recomende a outra para nosso crescimento na graça.

HÁ DIFERENÇA ENTRE *EXPERIMENTAL* E *EXPERIENCIAL*?

Falando de maneira geral, não há nenhuma diferença entre estas palavras. Ambas têm sido usadas para descrever a experiência cristã de Deus conforme revelado na Bíblia. Um dicionário antigo definiu "religião experimental" como a "experiência prática da influência da religião sobre os poderes e as operações da alma".[3] Mas este significado de *experimental* é arcaico e não se acha mais no dicionário. Hoje usamos a palavra *experiencial* para descrever essas coisas. Entretanto, os reformadores do passado usavam frequentemente a palavra *experimental*; e entendermos por que faziam isso pode enriquecer nossa perspectiva sobre experiência espiritual.

Ambas as palavras, *experimental e experiencial*, têm suas raízes na ideia de conhecimento verificado por testar algo na vida real. A palavra *experimental* (latim, *experimentalis*) vem de *experimentum*,

---

3 "Experimental", I.2.c, em *The Oxford English Dictionary* (Oxford: Clarendon Press, 1933), 3:431.

que significa "prova". Era derivada do verbo *experior*, "tentar, testar ou provar". Este verbo pode também significar "conhecer por experiência". Deu origem ao substantivo *experientia*, que significa "experimento ou conhecimento obtido por testar algo".[4]

Portanto, a pregação experiencial tem grande medida de apelo às pessoas. Elas estão sempre procurando algo que é real, que funciona e não é meramente teórico, e sim capaz de ser experimentado. Ao mesmo tempo, crentes fiéis buscam testar ou verificar todas as coisas pela Bíblia.

João Calvino usa *experimental* (latim, *experimentalis*) e *experiencial* (latim, *experientia*) de maneira intercambiável, para se referir a testarmos nossa experiência de Deus pela sua realidade, de acordo com os padrões da Escritura Sagrada. A Bíblia é a medida de toda experiência, como Isaías 8:20 diz: "À lei e ao testemunho! Se eles não falarem desta maneira, jamais verão a alva".

Enquanto a fé nos dá a certeza de que a Palavra de Deus é verdadeira, a experiência traz realidades celestiais ao coração. A fé abre uma janela para ver o céu, mas o conhecimento experiencial traz uma prelibação do céu para a alma. Calvino disse:

> Deve ser observado que há dois tipos de conhecimento: o conhecimento da fé e o que eles chamam de conhecimento experimental. O conhecimento da fé é aquele pelo qual os crentes se asseguram de que Deus é verdadeiro – aquilo que Deus prometeu é indubitável. E, ao mesmo tempo, este conhecimento penetra além do mundo, indo muito acima dos céus, para conhecer coisas não vistas, porque a nossa salvação está oculta.

---

4 Ver William Blake, "The Word of God and *Experientia* according to Calvin", em *Calvinus Ecclessiae Doctor*, ed. Wilhelm H. Neuser (Kampen: J. H. Kok, 1979), 20-21.

As coisas vistas, diz o apóstolo, são coisas pelas quais não esperamos (Rm 8:24). Portanto, não é surpreendente que o profeta tenha dito que os fiéis saberão que Cristo foi enviado pelo Pai, ou seja, por experiência atual ou em realidade: Vós sabereis então que Jeová me enviou.[5]

Em outro lugar, Calvino escreveu: "Davi não somente afirma que Deus é bom, mas também está extasiado com admiração da bondade de Deus que ele havia experimentado". Há uma experiência que somente os crentes possuem, porque ela é o exercício de um novo senso espiritual. A bondade de Deus enche o mundo, mas está oculta para os incrédulos, pois é reservada para "a experiência dos santos, porque somente eles, como eu disse, experimentam, em sua alma, o fruto da bondade divina".[6]

Isso não significa que a fé e a experiência são coisas diferentes. Pelo contrário, a fé é a raiz da experiência; e a experiência é a fruição da fé. Por isso, Calvino escreveu sobre "a graciosa experiência da fé".[7] Também disse que o conhecimento experimental (*experimentalis*) "torna a impressão mais profunda".[8] Confiar em Deus significa que "abraçamos com todo o nosso coração" as promessas da graça de Deus e "nos esforçamos para ter a experiência da bondade de Deus permeando toda a nossa mente". Assim, ficamos prontos para permanecer firmes, com vigor, em face de nossos conflitos diários.[9]

---

5 John Calvin, *Commentaries of Calvin*, vários tradutores e editores 45 vols. (Edinburgh: Calvin Translation Society, 1846-1851; repr. 22 vols. Grand Rapids, MI: Baker, 1979) [Zc 2:9]. Daqui para frente, apenas *Commentary*.

6 *Commentary* [Sl 31:19].

7 *Commentary* [Sl 36:8].

8 *Commentary* [Sl 66:5]. A versão francesa diz "cognoissance d'experience et de pratique" ("conhecimento de experiência e prática").

9 *Commentary* [Sl 31:24].

PREGAÇÃO REFORMADA

Portanto, o alvo da pregação experimental ou experiencial é conhecer o Senhor pessoalmente, de uma maneira que é verdadeira à sua Palavra. Logo que abandonamos a Palavra, caímos num tipo de misticismo falso. Este é um ponto muito importante que devemos lembrar, porque, quando começamos a pregar experiencialmente, alguém dirá: "Por que precisamos de toda esta experiência? Você não receia que ela terminará em experiência pelo bem de si mesma?" Respondemos: "Não, porque sempre usamos a Palavra de Deus para determinar sua autenticidade e seu valor".

Ambas as palavras, *experimental* e *experiencial*, têm virtudes e fraquezas. *Experimental* é a palavra que se acha nos livros mais antigos. Sua virtude é que ela contém a palavra *experimento*. Imediatamente, a ideia de testar algo vem à mente. Falar de cristianismo experimental sugere que você está vendo suas experiências pelo microscópio da Escritura e perguntando: "Elas são verdadeiras à Palavra de Deus?"

Mas a fraqueza da palavra *experimental* é que poucas pessoas a entendem dessa maneira. Em vez disso, ela comunica algo que não queremos dizer sobre o cristianismo ou sobre a pregação da Palavra. Um dicionário apresenta as seguintes definições de *experimental*: "baseado em ideias não testadas e ainda não estabelecido ou finalizado; envolvendo um estilo radicalmente novo e inovador; de ou relacionado a experimentos científicos; baseado em experiência em oposição a autoridade ou conjetura".[10] Em vez disso, a pregação do evangelho é confiável em conteúdo e antiga em origem; está firmada na autoridade imutável e absoluta da inerrante Palavra de Deus. Não é, de modo algum, "experimental" no sentido moderno.

---

10 "Experimental", *Oxford Dictionaries* (Oxford: Oxford University Press, 2012), http://oxforddictionaries.com/definition/experimental?region=us&q=experimental.

Experiencial é a palavra mais moderna no sentido em que a usamos. Traz à mente "experiência" em oposição a mero discurso ou teoria. Por esta razão, sempre falo de pregação reformada *experiencial* e não pregação reformada *experimental*. Alguns escritores usam a palavra *existencial*, mas eu a evito. Não quero promover confusão entre cristianismo experiencial e várias filosofias conhecidas como existencialismo. Portanto, *experiencial* parece ser a melhor palavra para descrever a pregação que comunica a Palavra de Deus ao coração.

No entanto, há uma fraqueza nesta palavra. *Experiencial* não comunica o testar da genuinidade e da maturidade de nossa experiência por um padrão objetivo. Não sugere um experimento ou teste. Este aspecto da questão tem de ser explicado e acrescentado. Enfrentamos, portanto, o perigo de que as pessoas tomem a palavra *experiencial* e usem-na para buscarem experiências que não tenham conteúdo da verdade. Podem dizer: "Não precisamos de mais doutrina. Precisamos de experiência".

Alternativamente, as pessoas podem levar as coisas em outra direção, buscando orientação de providências incomuns de Deus, em vez de seguirem o caminho da Palavra. Isso pode levar a uma triste servidão à superstição. Uma mulher lutava com dúvidas sobre se deveria tomar a Ceia do Senhor. Sentia sua pecaminosidade e questionava sua salvação. Curvou-se em oração, em busca de sabedoria de Deus. Quando se levantou sem uma resolução, olhou pela janela e viu fumaça subindo da janela do vizinho. Curvou-se de novo em oração. Quando se levantou desta vez, não viu mais fumaça. Por isso, se ajoelhou mais uma vez e orou: "Senhor, se eu olhar mais uma vez e vir fumaça de novo, entenderei isso como um sinal de que devo tomar a Ceia". Ela se levantou, e não havia fumaça. E achou que tinha experimentado verdadeiramente a orientação de Deus.

Isso não é o que queremos dizer quando falamos em cristianismo experiencial. Não devemos cair em experimentalismo ou superstição. É muito melhor nos apegarmos às Escrituras como nossa vida e examinarmos nossa vida pelas Escrituras. A decisão de participar da Ceia do Senhor não deve ser feita por "pedirmos um sinal", e sim por examinarmos a nossa alma para achar as marcas bíblicas (ver a Epístola aos Romanos) de conhecer por experiência algum grau de nosso pecado e miséria, nosso livramento em Cristo e nosso anseio de viver um estilo de vida de gratidão e santificação a Deus por esse livramento (ver o Catecismo de Heidelberg). Isso é verdadeiro cristianismo experiencial. A pregação reformada experiencial tem o alvo de fomentá-lo.

De novo, esses interesses nos levam ao autoexame. O pregador da Palavra tem de perguntar: "Minha pregação ajuda as pessoas a andarem mais intimamente com Deus na vida real? Ou apenas expõe um mundo maravilhoso de ideias desconectadas de suas experiências?" As pessoas podem achar que sua pregação está desconectada da vida real apenas porque estão espiritualmente mortas e não têm comunhão com Deus. Ou talvez porque estão afastadas da verdade e têm pouca comunhão com ele. Mas os crentes que crescem em direção à maturidade repercutirão a pregação experiencial. Pergunte: "Minha pregação ecoa na experiência dos verdadeiros crentes?"

Por outro lado, o pregador deve perguntar: "A minha pregação cultiva uma autorreflexão pela qual as pessoas testam sua experiência pelas Escrituras? Ou estou permitindo que as pessoas aceitem qualquer coisa como uma experiência da graça de Deus, contanto que se sintam perto de Deus?" Vivemos numa época de experimentalismo – espiritualidade sem limites, conteúdo ou padrões fixos. Devemos estar constantemente brilhando a luz da verdade bíblica para a alma dos homens e desafiando-os a considerarem se as suas experiências são do Espírito de Cristo.

POR QUE A DIMENSÃO EXPERIENCIAL DA PREGAÇÃO É NECESSÁRIA?

Por que as pessoas precisam ouvir pregação reformada experiencial? Por que este ingrediente do ministério da Palavra é tão importante, que omiti-lo é como remover a efervescência do refrigerante ou o queijo da pizza? Provavelmente este livro contribuirá para cultivar em você um apetite crescente pela realidade experiencial na vida cristã e na pregação da Palavra. Aqui, porém, desejo oferecer algumas razões específicas por que esta dimensão é tão importante para o reino de Deus.

Primeiramente, *a Bíblia ordena a pregação experiencial.* Paulo escreveu para Timóteo: "Conjuro-te, perante Deus e Cristo Jesus, que há de julgar vivos e mortos, pela sua manifestação e pelo seu reino: prega a palavra, insta, quer seja oportuno, quer não, corrige, repreende, exorta com toda a longanimidade e doutrina" (2 Tm 4:1-2). A exortação de Paulo significa que os pastores têm de pregar motivados por temor ao Senhor, o Rei soberano que julgará tanto a nós como os nossos ouvintes. É somente em conhecer o "temor do Senhor" que o pregador será capacitado a persuadir os homens (2 Co 5:11). Evidentemente, este temor não é pavor de ira e de punição, porque Cristo levou sobre si os nossos pecados e nos deu sua justiça (v. 21). É um temor de desagradar a Deus que nos leva a almejar obedecer-lhe em todas as coisas. A Palavra tem de nos fascinar com a glória de Deus ou nos contentaremos em coçar os ouvidos dos homens (2 Tm 4:3-4). Mas, por meio do temor do Senhor, vivemos e labutamos na esperança de uma coroa que nos será dada pelo "Senhor, reto juiz", no dia de "sua vinda" (v. 8).

Considere os elementos que Paulo ordena que Timóteo inclua em sua pregação. Deus requer que os pregadores ensinem "doutrina" e apliquem-na. "Corrigir" visa à convicção, elaborando, com cores vívidas, imagens verbais do pecado e de erros, para que os homens os reconheçam como seus próprios e vejam a feiura de tais pecados. "Repreender" significa admoestar os homens a se converterem da impiedade para Deus com arrependimento verdadeiro. "Exortar" envolve insistir em que as pessoas aceitem os deveres implícitos nas verdades da Escritura e rogar que respondam corretamente, com fé e obediência.[11] Isso não é pregação severa e insensível, e sim pregação com "toda a longanimidade". É pregação "branda" e "paciente" (2 Tm 2:24). É pregação que aplica poderosamente a verdade.

Calvino diz que não devemos pregar da mesma maneira que "um homem ensina numa escola", ou seja, sem aplicação perscrutadora (de fato, não há razão para que o ensino escolar também seja destituído de aplicação; é uma questão de ênfase). Ao mesmo tempo, não devemos negligenciar a doutrina. Calvino pregou: "Tem de ser feita com doutrina; como se ele dissesse, quando exortamos, devemos nos firmar em boa razão; pois, do contrário, edificaremos no ar. Portanto, a doutrina é (por assim dizer) o alicerce e, depois, avisos, exortações e todo o resto devem vir com a edificação".[12]

---

11 George W. Knight III, *Commentary on Pastoral Epistles*, New International Greek Testament Commentary (Grand Rapids, MI: Eerdmans, 1992), 454 [2 Tm 4:2].

12 *Commentary* [2 Tm 4:1-2].

Pregando da mente para o coração

Os profetas também demandam pregação experiencial. Ouvimos o Senhor dizer em Isaías 40:1-2: "Consolai, consolai o meu povo, diz o vosso Deus. Falai ao coração de Jerusalém". No contexto, isso se refere à pregação do evangelho (v. 9; cf. 52:7-9). Deus ordena que seus servos falem a verdade a seu povo a fim de consolá-los. Charles Spurgeon disse: "É nosso dever repreender, exortar, convidar, mas também é nosso dever consolar. O ministro deve rogar a Deus pelo Espírito, para que seja cheio de sua influência como um consolador".[13]

Falar "ao coração" (Is 40:2) significa que Deus ordena que seus servos apliquem o evangelho ao coração dos crentes de uma maneira que os console. Joseph Alexander (1809-1860) escreveu: "Por falar ao coração, devemos entender falar de tal maneira que afete o coração ou sentimentos e, também, de acordo com o coração ou desejos, ou seja, o que a pessoa abordada deseja ou precisa ouvir".[14] Nossa grande necessidade é reconciliação com Deus, sem a qual não há paz (Is 57:21). O consolo espiritual surge de encontrarmos alegremente vida e refrigério procedentes da verdade de que a ira de Deus foi removida e de que ele se tornou a nossa salvação (12:1-3).

Alec Motyer disse que a repetição "Consolai, consolai" expressa "intensidade emocional". E escreveu que falar ao coração não somente sugere consolar, mas também "procurar persuadir, convidando a responder em amor".[15] Portanto, vemos aqui novamente a pregação

---

13 Charles H. Spurgeon, Sermon #221, "Comfort Proclaimed", Sept. 21. 1856, em *The Spurgeon Archive*, www.spurgeon.org/sermons/0221.htm.

14 Joseph A. Alexander, *The Later Prophecies of Isaiah* (New York: Willey and Putnam, 1847), 2 [Is 40:2].

15 J. Alec Motyer, *The Prophecy of Isaiah: An Introduction and Commentary* (Downers Grove, IL: InterVarsity Press, 1993), 299 [Is 40:1-2].

PREGAÇÃO REFORMADA

caracterizada como um homem levando a verdade ao seu próprio coração para despertar suas próprias afeições e, depois, comunicá-la ao coração dos outros para levá-los a responderem em amor.

Em segundo, *a Escritura exemplifica a pregação experiencial.* Considere as bem-aventuranças proferidas por nosso Senhor (Mt 5:3-12). A primeira e a última bem-aventuranças afirmam "deles é o reino dos céus". Isso é um exemplo de discriminação espiritual, apresentando as marcas dos cristãos genuínos em distinção das pessoas que estão fora do reino, por mais religiosas que sejam (cf. v. 20). No centro do texto, a quarta bem-aventurança (v. 6) identifica o impulso de toda experiência cristã verdadeira, fome e sede de justiça; e a quinta bem-aventurança (v. 7) mostra a essência de toda atividade cristã verdadeira, demonstrar misericórdia aos outros.

O apóstolo Paulo também exemplificou a pregação experiencial. Começou com seu próprio coração. Ele escreveu em Romanos 1:9-10: "Porque Deus, a quem sirvo em meu espírito, no evangelho de seu Filho, é minha testemunha de como incessantemente faço menção de vós em todas as minhas orações". O próprio Paulo se dedicava à comunhão com Deus em oração. Permanecia constantemente na presença de Deus, consciente de que os olhos divinos eram uma "testemunha" de todos os seus pensamentos, palavras e obras (cf. 1 Tm 5:21; 2 Tm 4:1). E em seu coração levava seus irmãos em Cristo, quando se aproximava de Deus.

Além disso, observe a frase de Paulo "a quem sirvo em meu espírito, no evangelho de seu Filho". Nesse texto, a palavra traduzida por "sirvo" (no grego, *latreuō*) não é a palavra que se refere ao trabalho de um servo, e sim aos atos devocionais de um adorador.[16] Paulo pregava como um sacerdote que oferecia um sacrifício

---

16 Por exemplo, ver também Mt 4:10; Lc 2:37; At 7:42; Rm 1:25; Fp 3:3.

Pregando da mente para o coração

no templo para o prazer de Deus (Rm 15:16). Todos os crentes são sacerdotes em Cristo, mas notamos que Paulo falou aqui especialmente sobre o seu ministério da Palavra. Ele pregava como "na presença de Deus" (2 Co 4:2), como se falasse enquanto permanecia ante o próprio trono dos céus.

Quando Paulo pregava ao povo, a Palavra afetava seu coração, e seu coração afetava a pregação da Palavra. A sua pregação do evangelho era um ato de adoração que envolvia seu "espírito" – adoração em espírito e em verdade. Paulo pregava com amor intenso por Deus. Martyn Lloyd-Jones (1899-1981) escreveu: "Ele serve a Deus, você percebe, em seu espírito, em seu homem interior, no próprio centro de sua vida e ser... Servir a Deus era o desejo mais profundo de sua vida e de seu coração".[17] As doxologias nas epístolas de Paulo mostram que ele não podia falar de Cristo sem irromper em louvor a Deus.[18] Ele pregava com amor compassivo pelas pessoas; às vezes, até com lágrimas nos olhos pelos que estavam perecendo.[19] Pregava não somente sobre o poder de Deus; pregava com o poder de Deus operando nele "eficientemente" (Cl 1:28-29).

Vemos também pregação experiencial no conteúdo dos escrito de Paulo. A Epístola aos Romanos é famosa como um tratado doutrinário. Mas é também ricamente experiencial. Romanos 5:3-5 diz: "E não somente isto, mas também nos gloriamos nas próprias tribulações, sabendo que a tribulação produz perseverança; e a perseverança, experiência; e a experiência, esperança. Ora, a esperança não confunde, porque o amor de Deus é derramado em

---

17 D. Martyn Lloyd-Jones, *Romans: The Gospel of God, Exposition of Chapter 1* (Grand Rapids, MI: Zondervan, 1985), 207, 214 [Rm 1:9].

18 Ver, por exemplo, Rm 1:25; 9:5; 11:33-36; 16:25-27.

19 At 20:19, 20, 31; 2 Co 2:4; Fp 3:18; cf. Rm 9:1-3.

nosso coração pelo Espírito Santo, que nos foi outorgado". Temos aqui uma série notável de conexões feitas dentro da experiência cristã, todas derivadas da aplicação à alma da doutrina da justificação pela fé somente em Cristo (ver Rm 5:1, 6-8). Paulo não estava apenas falando da doutrina de modo teórico ou analítico; estava se gloriando em Cristo à medida que falava.

Romanos 7 nos apresenta um homem que se deleitava na lei de Deus, mas, apesar disso, gemia por sua depravação: "Desventurado homem que sou!" (v. 24). Paulo gemia em sua pregação. Romanos 8 expõe a obra do Espírito, que impele os filhos de Deus a clamarem a Deus: "Aba, Pai" (v. 15). O mesmo capítulo termina em uma nota de exultação: "Porque eu estou bem certo de que nem a morte, nem a vida, nem os anjos, nem os principados, nem as coisas do presente, nem do porvir, nem os poderes, nem a altura, nem a profundidade, nem qualquer outra criatura poderá separar-nos do amor de Deus, que está em Cristo Jesus, nosso Senhor" (vv. 38-39).

O Antigo Testamento também não omite a pregação experiencial. Jeremias se sentiu compelido a pregar porque a Palavra era como um fogo em seus ossos (Jr 20:9). Miqueias esteve "cheio do poder do Espírito do SENHOR... para declarar a Jacó a sua transgressão e a Israel, o seu pecado" (Mq 3:8). Quem pode ler os salmos sem admirar-se da variedade e detalhes de experiências descritas ali? Em meio a teologia brilhante e calorosa doxologia, os salmistas desnudam sua alma, repetidas vezes, enquanto seus clamores se elevam aos céus. Aqui, achamos as profundezas mais sombrias e os ápices mais gloriosos de conhecer a Deus, "a minha grande alegria" (Sl 43:4).

Em toda a Escritura Sagrada, achamos exemplos de pessoas piedosas que receberam a verdade de Cristo em seu coração e usaram-na

Pregando da mente para o coração

para afetar as experiências de outras pessoas. Essa é a segunda razão por que a dimensão experiencial é necessária na pregação.

Em terceiro, *a religião verdadeira é mais do que noções na mente ou ações do corpo*. O intelectualismo transforma o cristianismo em meras palavras e ideias. O moralismo faz da religião uma questão de boa conduta. Se reduzimos o cristianismo a ideias e a comportamento, tiramos o cerne da fé. O cristianismo é mais do que palavras. Em contraste com "a palavra dos ensoberbecidos", Paulo disse: "O reino de Deus consiste não em palavra, mas em poder" (1 Co 4:19-20). É mais do que comportamento exterior. Paulo também escreveu: "Porque o reino de Deus não é comida nem bebida, mas justiça, e paz, e alegria no Espírito Santo" (Rm 14:17). O reino consiste na justiça de Cristo e na obra poderosa do Espírito produzindo efeitos em nossa alma. Paulo ressaltou efeitos que experimentamos conscientemente: paz e alegria.

O que ficaria na Bíblia se retirássemos todas as referências às afeições do coração? Não muito. Jonathan Edwards disse: "Em sua totalidade, as Escrituras Sagradas colocam realmente a religião nas afeições, como temor, esperança, amor, ódio, desejo, alegria, tristeza, gratidão, compaixão e zelo".[20]

Acima de tudo, o "fruto do Espírito é amor" (Gl 5:22). Deus nos manda amá-lo de todo o nosso coração, alma e força (Dt 6:5). Se não envolvemos nosso coração em glorificar a Deus, a nossa religião é hipocrisia (Mt 15:7-8). Edwards disse: "As coisas da religião são tão importantes, que não pode haver nos exercícios de nosso coração harmonia com a natureza e a importância dessas coisas, se tais exercícios não forem vívidos e poderosos. Em nenhuma outra

---

20 Jonathan Edwards, *Religions Affections*, em *The Works of Jonathan Edwards*, vol. 2, *Religions Affections*, ed. John E. Smith (New Haven, CT: Yale University Press, 1959), 102.

PREGAÇÃO REFORMADA

área da vida, o vigor nas atuações de nossas inclinações é tão essencial como na religião; e em nenhuma outra, a indiferença é tão detestável [ofensiva e repulsiva]".[21]

Em quarto, *sem uma fé experiencial, pereceremos para sempre.* A fé salvadora é uma "fé que atua pelo amor" (Gl 5:6) e não uma fé sem "obras" que, portanto, é "morta" (Tg 2:17). Às vezes, essa fé experiencial é chamada o temor do Senhor. Em Jeremias 32:40, o Senhor faz esta promessa de salvação: "Farei com eles aliança eterna, segundo a qual não deixarei de lhes fazer o bem; e porei o meu temor no seu coração, para que nunca se apartem de mim". Este versículo fala de um temor alegre, mas reverente na luz da glória de Cristo. Depois de asseverar a majestade e a vitória do rei messiânico, o salmista faz esta chamada evangelística às nações: "Servi ao Senhor com temor, e alegrai-vos nele com tremor" (Sl 2:11). A alternativa é enfrentar a sua ira (v. 12).

Da mesma maneira, Pedro escreveu a respeito de Cristo: "A quem, não havendo visto, amais; no qual, não vendo agora, mas crendo, exultais com alegria indizível e cheia de glória, obtendo o fim da vossa fé: a salvação da vossa alma" (1 Pe 1:8-9). Há algo inefável na fé salvadora; mesmo em seus momentos de maior fraqueza, ela envolve o coração com amor, alegria e anseio por Cristo. Flui do "conhecimento de Deus e de Jesus, nosso Senhor", que multiplica "graça e paz" por meio de "seu divino poder" operando nas "preciosas e mui grandes promessas" de Deus (2 Pe 1:2-4).

Achamos a definição de Paulo sobre o verdadeiro povo de Deus em Filipenses 3:3: "Porque nós é que somos a circuncisão, nós que adoramos a Deus no Espírito, e nos gloriamos em Cristo Jesus, e não confiamos na carne". Paulo não estava dizendo que

---

21 Edwards, *Religion Affections*, em *Works*, 2:100.

Pregando da mente para o coração

somos salvos por nossa adoração e nosso gloriar-nos. Procuramos ser achados "nele [em Cristo], não tendo justiça própria, que procede de lei, senão a que é mediante a fé em Cristo, a justiça que procede de Deus, baseada na fé" (v. 9). A salvação é totalmente por meio da justiça de Cristo recebida pela fé.

Não somos salvos por nossa experiência ou por possuirmos certo grau de experiência ou profundeza de sentimento. No entanto, Deus ligou a fé justificadora ao "conhecimento de Cristo Jesus, meu Senhor", um conhecimento que tem uma sublimidade que excede todas as coisas (v. 8). Se não temos um conhecimento de Cristo transformador e glorioso, permanecemos cegos pelo deus deste século e perecendo em nossos pecados (2 Co 3:18; 4:4-6).

Portanto, precisamos da pregação experiencial. Deus pode operar a fé salvadora por meio de mero ensino; de fato, por meio das simples palavras da Escritura. Mas, em geral, ele inflama um coração fervoroso por meio de um pregador fervoroso.

A sua pregação consiste em teologia ardente? Em seu cristianismo, a verdade bíblica passa da mente para o coração ou fica presa na mente?

CAPÍTULO 3

PRINCIPAIS ELEMENTOS DA PREGAÇÃO REFORMADA EXPERIENCIAL

A Igreja é admirável.[1] Sua membresia abrange todo o mundo. Existe há milhares de anos. Às vezes, ela se levanta como uma noiva graciosa e bela, ansiando por seu noivo. Outras vezes, vai à guerra contra o mal, vestindo a espada da verdade, o escudo da fé e a armadura do amor. Mas a Igreja conta também com seus tempos de declínio, de trevas impressionantes, feiura e fraqueza. Luta constantemente contra as desfiguradoras enfermidades de pecado remanescente e falsa doutrina. Às vezes, a Igreja parece doente até à morte. Mas Jesus Cristo edifica sua Igreja, e as portas do inferno não prevalecerão contra ela (Mt 16:18). O Filho do Homem ainda caminha entre os candeeiros de sua igreja (Ap 1:13).

Nos séculos seguintes à morte dos apóstolos, a Igreja lutou e cresceu em seu entendimento das verdades fundamentais, tais como a deidade de Cristo e a Trindade. Mas sucumbiu crescentemente

---

1 Porções deste capítulo são adaptadas de Joel R. Beeke, *Living for God's Glory: An Introduction to Calvinism* (Lake Mary, FL: Reformation Trust, 2008), caps. 3, 19. Usado com permissão.

PREGAÇÃO REFORMADA

a erros. Embora a fé verdadeira tenha permanecido em seu meio, na Idade Média, a igreja visível foi se afastando cada vez mais de confiar somente em Cristo, passando a olhar para meros seres humanos como seus poderes controladores, mestres de autoridade e intercessores dignos, para obterem misericórdia da parte de Deus. Bispos e papas assentaram-se no trono de Cristo, a tradição colocou de lado as Escrituras, a superstição corrompeu a adoração, e Maria e os santos se tornaram objetos de oração e adoração. À medida que a luz do evangelho se obscurecia na igreja visível, corrupção e decadência moral se propagavam como uma praga.

No entanto, no século XVI, o Senhor Cristo deu à sua Igreja uma explosão de luz e vida espiritual. Por intermédio de homens como Martinho Lutero, Ulrico Zuínglio, Martin Bucer, Heinrich Bullinger e João Calvino, Deus produziu a Reforma, que levou a Igreja de volta às suas antigas raízes. Muitos destes homens são lembrados até hoje como teólogos, mas, antes de tudo, eles eram pregadores da Palavra de Deus. Deus usou a pregação deles para suscitar o movimento da Reforma – um movimento que continua hoje. Quando a Igreja se tornou *deformada*, afastando-se de seu padrão apostólico, por causa de corrupção e pecado humano, Deus a *reformou* por meio de sua Palavra e do seu Espírito.

Talvez você seja um pastor de uma igreja de denominação *reformada*. Talvez você tenha pegado este livro, mas não tenha a menor ideia do que significa *reformado*. Em qualquer dos casos, você pode estar se perguntando o que significa "pregação reformada experiencial". Já falamos um pouco sobre pregação experiencial. Mas é importante notarmos como a pregação experiencial se insere no quadro maior do cristianismo reformado. A pregação reformada não é meramente apresentar um sermão numa igreja de

Principais elementos da pregação reformada experiencial

uma denominação específica. A pregação reformada é declarar a verdade bíblica para promover a espiritualidade bíblica que foi redescoberta na Reforma do século XVI.

PREGANDO A VERDADE REFORMADA

A fé cristã reformada é uma riqueza de sabedoria. É impossível condensar a riqueza da doutrina reformada num esboço de cinco pontos, por mais proveitosos que os esboços sejam para apresentar ideias básicas.[2]

Um exame simples nos títulos da Confissão de Fé de Westminster (1647) revela a confluência de várias torrentes de verdade: Escritura Sagrada, Deus e a Trindade santa, o decreto eterno de Deus, a criação, a providência, a queda do homem no pecado, a aliança de Deus com o homem, Cristo, o Mediador, o livre-arbítrio, a chamada eficaz, a justificação, a adoção, a santificação, a fé salvadora, o arrependimento para a vida, boas obras, a perseverança dos santos, a segurança da graça e da salvação, a lei de Deus, a liberdade cristã, a liberdade de consciência, adoração religiosa e o domingo, votos e juramentos legítimos, autoridade civil, casamento e divórcio, a igreja, a comunhão dos santos, os sacramentos do batismo e da Ceia do Senhor, sanções da igreja, sínodos e concílios, o estado do homem após a morte, a ressurreição dos mortos e o julgamento final.

---

2 Os Cânones de Dort, a base dos famosos "Cinco Pontos do Calvinismo", não tinham o propósito de resumir a fé reformada, e sim de responder às cinco objeções levantadas pelos remonstrantes ou arminianos. Eles abordam, portanto, apenas uma pequena porção, embora crucial, da doutrina reformada. Esta é a razão por que os Cânones de Dort não permanecem sozinhos como o padrão de doutrina das igrejas reformadas holandesas, mas são incluídos com o Catecismo de Heidelberg e a Confissão Belga nas Três Formas de Unidade. Mais representativos do cristianismo reformado, porém apenas em forma de esboço, são os cinco *solas*: *sola Scriptura* ("somente a Escritura"), *sola gratia* ("somente a graça"), *solus Christus* ("somente Cristo"), *sola fide* ("somente a fé") e *soli Deo gloria* ("glória somente a Deus").

PREGAÇÃO REFORMADA

Quando você acrescenta as ricas exposições de viver para Deus (Os Dez Mandamentos) e de depender de Deus (a Oração do Pai Nosso) achadas nos catecismos reformados, fica evidente que a verdade reformada abrange "todo o desígnio de Deus" que um pregador fiel tem de anunciar (At 20:27).

O pregador deve sempre estar procurando crescer em seu entendimento do panorama da verdade bíblica. Se você não tem muito conhecimento de cristianismo reformado, recomendo fortemente que você leia o Catecismo de Heidelberg (1563) ou o Breve Catecismo de Westminster (1647). Não os leia às pressas. Consiga uma boa edição que contenha as referências bíblicas impressas na íntegra e medite em cada pergunta e cada resposta com as provas da Escritura. Em seguida, leia uma confissão de fé reformada ou um dos catecismos maiores.[3]

Se você já é familiarizado com confissões e catecismos reformados, aprofunde-se pela leitura da exposição de um catecismo, como a de Thomas Watson (c. 1620-1686), ou a de John Brown (1722-1787) de Haddington, sobre o Breve Catecismo de Westminster,[4] ou a de G. I. Williamson sobre o Catecismo de

---

3 Todos os Padrões de Westminster, com todas as referências da Escritura, estão contidos na *Westminster Confession of Faith* (Glasgow: Free Presbyterian Publications, 1994). Quanto ao Catecismo de Heidelberg com todas as referências bíblicas, bem como outros padrões holandeses, ver *The Psalter with Doctrinal Standards, Liturgy, Church Order, and Added Chorale Section*, ed. Joel R. Beeke (Grand Rapids, MI: Reformation Heritage Books, 2010); ver também *Reformed Confessions Harmonized*, ed. Joel R. Beeke e Sinclair B. Ferguson (Grand Rapids, MI: Baker, 1999). Os batistas podem querer consultar *The Shorter Catechism: A Modest Revision for Baptists Today* (Grand Rapids, MI: Truth for Eternity, 1991); *The London Baptist Confession of Faith and the 1695 Baptist Catechism* (Birmingham, AL: Solid Ground, 2010).

4 Thomas Watson, *A Body of Divinity* (Edinburgh: Banner of Truth, 1965); *The Ten Commandments* (Edinburgh: Banner of Truth, 1965); *The Lord's Prayer* (Edinburgh: Banner of Truth, 1965); John Brown of Haddington, *Questions and Answers on the Shorter Catechism* (Grand Rapids, MI: Reformation Heritage Books, 2006). Os batistas podem consultar Benjamin Beddome, *A Scriptural Exposition of the Baptist Catechism* (Birmingham, Al: Solid Ground, 2006); Samuel E. Waldron, *The 1689 Baptist Confession of Faith: A Modern Exposition* (Darlington, England: Evangelical Press, 1989).

Principais elementos da pregação reformada experiencial

Heidelberg.[5] Em seguida, leia teologia reformada experiencial, como as obras escritas por homens que estudaremos em capítulos posteriores. Eu recomendo especialmente a excelente exposição de vida e doutrina cristã escrita por Wilhelmus à Brakel (1635-1711) – é teologia devocional de alta qualidade.[6]

No entanto, quando falo de pregação reformada experiencial, quero salientar dois elementos centrais da verdade reformada: pregar Cristo e pregar a soberania de Deus.

PREGAR CRISTO

A pregação reformada experiencial é centrada em Cristo. Ou seja, ela se focaliza na Palavra viva de Deus, Jesus Cristo, que se torna conhecido na Palavra de Deus escrita, a Bíblia. William Perkins disse: "Cristo é a substância ou o assunto de toda a Bíblia".[7] Ele escreveu: "Cristo permanece sozinho na obra de redenção, sem colega ou parceiro, sem representante ou substituto, quer levemos em conta toda a obra de redenção, quer a menor parte dela... Não há nenhum outro nome pelo qual podemos ser salvos, além do nome de Cristo (At 4:12). Cristo salva perfeitamente aqueles que vêm a ele (Hb 7:25). Nele, somos completos (Cl 2:10)".[8]

Pregar Cristo é a única maneira de oferecermos consolo sólido a pessoas em aflição. O Catecismo de Heidelberg começa com esta afirmação maravilhosa:

---

5 G. I. Williamson, *The Heidelberg Catechism: A Study Guide* (Phillipsburg, NJ: P&R, 1993); ver também as robustas exposições do Catecismo de Heidelberg escritas por Zacharias Ursinus, George Bethune e muitos outros autores.

6 Wilhelmus à Brakel, *The Christian's Reasonable Service*, trans. Bartel Elshout, ed. Joel R. Beek, 4 vols. (Grand Rapids, MI: Reformation Heritage Books, 2011).

7 William Perkins, *A Commentary on Galatians*, ed. Gerald T. Sheppard (1617; facsimile repr., New York: Pilgrim Press, 1989), 47 [Gl 1:17].

8 Perkins, *A Commentary on Galatians*, 274 [Gl 4:8-11].

PREGAÇÃO REFORMADA

Pergunta 1: Qual é o teu único conforto na vida e na morte?

Resposta: Que eu, em corpo e alma, tanto na vida quanto na morte, não pertenço a mim mesmo, mas pertenço ao meu Salvador fiel, Jesus Cristo; que, com seu precioso sangue, pagou completamente todos os meus pecados e me libertou de todo o poder do Diabo; e me preserva de tal modo que, sem a vontade de meu Pai celestial, nenhum cabelo pode cair de minha cabeça; sim, que todas as coisas devem ser subservientes à minha salvação, e, portanto, pelo seu Espírito Santo, também me assegura da vida eterna e me torna sinceramente disposto e pronto a viver, doravante, para ele.[9]

Desta maneira, a fé reformada nos convida à doce comunhão com o Deus trino, por meio do sangue do Salvador fiel. Em Cristo, pecadores acham segurança de vida eterna e disposição de viver para Deus. Portanto, temos de pregar Cristo.

Pregar Cristo é pregar o texto da Escritura em seu contexto redentor. A pregação bíblica flui da passagem da Escritura à medida que é exposta de acordo com princípios exegéticos e hermenêuticos corretos. Jeremias 3:15 diz que Deus deu a seu povo pregadores que devem apascentá-los "com conhecimento e com inteligência".

A pregação reformada está arraigada em exegese histórico-gramatical e envolve, também, aplicação prática, espiritual e experimental. Em 1 Coríntios 2:10-16, Paulo diz que boa exegese é espiritual. Visto que o Espírito sempre dá testemunho de Jesus Cristo, a exegese correta acha Cristo não somente na nova aliança, mas também na antiga. Foi dito no mundo antigo que todos os caminhos levavam a Roma; assim também, a pregação de todos os textos devem, em última análise, levar a Cristo.

---

9   Ver Beeke, ed. *Doctrinal Standards*, em *The Psalter*, 27 [segunda paginação].

Principais elementos da pregação reformada experiencial

O próprio Jesus disse: "Examinais as Escrituras, porque julgais ter nelas a vida eterna, e são elas mesmas que testificam de mim" (Jo 5:39). De modo semelhante, quando falou com seus discípulos depois da ressurreição, Jesus disse: "São estas as palavras que eu vos falei, estando ainda convosco: importava se cumprisse tudo o que de mim está escrito na Lei de Moisés, nos Profetas e nos Salmos" (Lc 24:44).

O principal tema e o contorno regulador da pregação experiencial é Jesus Cristo, porque ele é o foco supremo, a substância e o alvo da revelação de Deus. Portanto, um verdadeiro pregador reformado, como Paulo, tem de ser determinado a "nada saber entre vós, senão a Jesus Cristo e este crucificado" (1 Co 2:2). Perkins disse que o âmago de toda pregação é "pregar Cristo, por Cristo, para o louvor de Cristo".[10] Cotton Mather (1663-1728), teólogo da Nova Inglaterra, o expressou nestes termos: "Não deixe que o pão da vida seja esquecido. Mostre tanto quanto você puder um Cristo glorioso para eles. Sim, que o lema de todo o seu ministério seja: *Cristo é tudo*".[11]

Cristo tem de ser o começo, o meio e o fim de todo sermão (Lc 24:27; 1 Jo 1:1-4). A pregação deve exaltar a Cristo por vivificar, justificar, santificar e confortar pecadores (Ef 5:14; 1 Co 1:30; Is 61:2). Como João disse: "A vida estava nele e a vida era a luz dos homens... E o Verbo se fez carne e habitou entre nós, cheio de graça e de verdade, e vimos a sua glória, glória como do unigênito do Pai" (Jo 1:4, 14; cf. Sl 36:9; 119:130).

A exegese oferece análise apropriada das palavras, da gramática, da sintaxe e do contexto histórico da Escritura. A pregação

---

10 William Perkins, "The Arte of Prophecying", em *Works of William Perkins* (London: John Legatt, 1613), 2:762.

11 Cotton Mather, *Manuductio ad Ministerium: Directions for a Candidate to the Ministry* (Boston: for Thomas Hancock, 1726), 93.

PREGAÇÃO REFORMADA

experiencial não menospreza estes aspectos de interpretação, mas também não se contenta com eles. Um pastor que apresenta somente o significado gramatical e histórico da Palavra de Deus pode estar palestrando ou discursando, mas não está pregando. A Palavra tem de ser aplicada espiritualmente. Exegese espiritual é, portanto, cristológica e, por meio de Cristo, é teológica, dando toda a glória ao Deus trino.

A pregação reformada experiencial ensina, portanto, que a fé cristã tem de ser experimentada, provada e vivida pelo poder salvador do Espírito Santo como o Espírito de Cristo. Enfatiza o conhecimento da verdade da Escritura, visto que a Bíblia é a Palavra de Cristo, capaz de nos tornar sábios para a salvação pela fé em Cristo (2 Tm 3:15). Especificamente, essa pregação ensina que Cristo, a Palavra viva (Jo 1:1) e a incorporação da verdade, deve ser conhecido e recebido experiencialmente. Proclama que os pecadores precisam experimentar que Deus está em seu Filho.

Essa pregação é libertadora – não somente para a congregação, mas também para o pregador. Quão libertador e tranquilizante é os ministros saberem que o que Deus abençoa no ministério não é a ingenuidade, a inteligência, o discernimento ou a persuasão deles – embora todos os seus dons devam ser usados em dependência do Espírito Santo. Em vez disso, Deus abençoa a proclamação de seu Filho na pregação de sua própria Palavra, para sua glória e para a salvação de pecadores. Ministros reformados creem que são apenas embaixadores de Cristo, chamados a entregar a mensagem que Deus lhes confiou para que anunciem. É nisto que eles se fundamentam quando pregam a Palavra de Deus para a sua congregação, semana após semana, quer seja oportuno, quer não (2 Tm 4:2).

Principais elementos da pregação reformada experiencial

O discernimento de Calvino referente ao ministério tríplice de Cristo como nossos Profeta, Sacerdote e Rei enriquece imensuravelmente a nossa pregação de Cristo.[12] E nos ajuda a perceber a multiforme suficiência de Cristo para confortar-nos em cada faceta de nosso ministério. Como John Preston (1587-1628) observou, em Cristo há plenitude para nós. Ele pregou diante do rei Jaime I, da Inglaterra, que Cristo, nosso Profeta, "é pleno de todos os tesouros da sabedoria e do conhecimento". Todos os apóstolos e profetas que anunciaram a Palavra de Deus "receberam sua luz deste Sol". Como Sacerdote, Cristo é sempre ouvido por Deus, é "pleno de compaixão pelos homens", para ouvir seus clamores, e "pleno de mérito", para obter o que pede a Deus. Como Rei, Cristo é "pleno de autoridade... pleno de força para defender seus servos e resistir a seus inimigos, até que os subjugue", e pleno de generosidade real para prover a seus servos aquilo de que necessitam e recompensar ricamente o serviço deles.[13] Podemos pregar verdadeiramente a Cristo como tudo que alguém poderia necessitar.

Qual é o lugar da oferta de Cristo na pregação experiencial? Se Cristo é o assunto preeminente da pregação, e se a sua justiça está no centro da salvação, devemos oferecer livremente esta justiça e este Salvador aos pecadores. Devemos chamar e exortar os homens a virem a Cristo. Devemos atrair os pecadores a Cristo, apresentando-o em sua beleza, suficiência e misericórdia. Oferecer Cristo aos pecadores nunca é um adendo acrescentado ao final do sermão. Proclamar Cristo é o âmago da pregação experiencial.

---

12 Ver John Calvin, *Institutes of the Christian Religion*, trans. Ford Lewis Battles, ed. John T. McNeill, Library of Christian Classics, vols. 20-21 (Philadelphia: Westminster, 1960), 2.15.1-6. Daqui para frente, *Institutes*.

13 John Preston, *The Fullness of Christ for Us* (London: by M. P for John Stafford, 1639), 5-7.

PREGAÇÃO REFORMADA

A pregação de experiência cristã é sempre subordinada a este alvo maior de oferecer Jesus Cristo crucificado aos pecadores.

Em Isaías 55:1, Deus clama: "Ah! Todos vós, os que tendes sede, vinde às águas; e vós, os que não tendes dinheiro, vinde, comprai e comei; sim, vinde e comprai, sem dinheiro e sem preço, vinho e leite". O pregador escocês William Guthrie (1620-1665) disse: "Onde quer que Cristo venha, na palavra de seu evangelho, ele não exclui ninguém, exceto aqueles que excluem-se a si mesmos. E as promessas são oferecidas a todos... Deus oferece livremente as promessas a todos que as aceitarem".[14]

Thomas Hooker (1586-1647), puritano da Nova Inglaterra, declarou: "O Senhor proclama abertamente sua misericórdia, oferece-a livremente, tenciona-a genuinamente, espera para comunicá-la, sitiando a alma com sua longanimidade. Há suficiente para obter todo bem. Não duvide disso. Ele convida abertamente. Não tema. Que você seja ousado em atender. O Senhor quer sinceramente. Não questione. Ele está esperando e cortejando. Portanto, não demore. Ouça a voz do Senhor".[15]

Quando Cristo é pregado fielmente e apresentado como o grande objeto da fé, podemos esperar que o Espírito Santo abençoe a pregação para a alma nos exercícios da fé. O que o Espírito Santo gosta mais em um pregador? O Espírito se deleita mais na pregação de Cristo. O Espírito Santo é o Espírito de Cristo (Rm 8:9). A sua obra consiste em pegar as coisas de Cristo e mostrá-las para nós (Jo 16:13-14). Portanto, a obra do Espírito no coração

---

14 William Guthrie, sermão sobre Isaías 44:3, em *A Collection of Lectures and Sermons... mostly in the time of the Late Persecution*, ed. J[ohn] H[owie] (Glasgow: J. Bryce, 1779), 25.

15 Thomas Hooker, *The Application of Redemption, By the effectual Work of the Word, and Spirit of Christ, for the bringing home of lost Sinners to God, The First Eight Books* (1657; facsimile repr., New York: Arno Press, 1972), 362-63.

Principais elementos da pregação reformada experiencial

dos homens está conectada diretamente com o conhecimento de Cristo (Ef 3:16-19).

Não se surpreenda com o fato de que há pouco conhecimento experiencial nas congregações em que os pastores não pregam Cristo frequentemente. Mas, onde Cristo é pregado com fidelidade e oferecido liberalmente, você descobrirá que, durante um período de tempo, o Espírito cultiva abundante experiência cristã nos ouvintes. Por isso, os holandeses perguntam às vezes sobre um pastor: *"Is hij een Christus-prediker?"* ("Ele é um pregador de Cristo?"). Não estão perguntando apenas se ele prega os ensinos de Cristo. Estão perguntando: "Ele oferece as riquezas de Cristo e atrai pecadores a ele?" Não há pergunta mais importante do que essa.

PREGAR A SOBERANIA DE DEUS

Pregar Cristo é pregar o reino de Deus. É proclamar a soberania de Deus na criação, na providência, na graça e na glória. *Soberania* significa "governo"; por conseguinte, falar da soberania de Deus é referir-se ao governo de Deus. A soberania de Deus é sua supremacia, seu reino e sua deidade. A sua soberania mostra que ele é Deus, a Trindade incompreensível que, apesar disso, é conhecível à medida que ele decide revelar-se a nós. Sua soberania é exercida em todos os seus atributos, declarando que ele é perfeito em todos os aspectos e possuidor de toda justiça e santidade. Deus é o soberanamente gracioso e onipotente Jeová, o Deus Altíssimo, que faz sua vontade no exército do céu e entre os habitantes da terra (Dn 4:35). Deus não pode ser reduzido a categorias espaciais e temporais para análise e entendimento dos homens.

Aqui descobrimos a verdadeira essência da fé reformada. O cristão reformado crê que Deus é Senhor da vida e Soberano do

PREGAÇÃO REFORMADA

universo, cuja vontade é a chave da história. Ele crê que Deus é livre para realizar seus propósitos independentemente de quaisquer forças fora dele mesmo; que Deus sabe o fim desde o começo; que ele cria, sustenta, governa e dirige todas as coisas; e que seu desígnio maravilhoso será manifesto plena e perfeitamente no fim dos tempos. "Porque dele, e por meio dele, e para ele são todas as coisas. A ele, pois, a glória eternamente" (Rm 11:36).

Não estou dizendo que todo sermão tem de ser a respeito da soberania de Deus. As Escrituras precisam ditar nosso assunto quando pregamos a Bíblia. Falando sobre pregar a soberania de Deus e as doutrinas da fé reformada, John Newton disse: "Sou mais calvinista do que qualquer outra pessoa; uso, porém, meu calvinismo em meus escritos e em minha pregação como uso o açúcar. Não o ofereço sozinho e no todo, e sim misturado e diluído".[16] Esta é realmente a maneira como a soberania de Deus funciona na Escritura. É o pano de fundo constante para tudo que acontece no primeiro plano. Charles Hodge (1797-1878) disse: "A soberania de Deus é para todas as outras doutrinas o que a formação granítica é para os outros estratos da terra. Está por baixo de todos eles e os sustenta, mas irrompe aqui e ali. Portanto, esta doutrina deve ser a base de toda a nossa pregação e ser afirmada categoricamente apenas de vez em quando".[17]

A soberania de Deus é também o cerne da doutrina reformada – se entendemos que esta soberania não é arbitrária; é a soberania do Deus e Pai de nosso Senhor Jesus Cristo. B. B. Warfield (1851-1921) escreveu: "Os escritores bíblicos achavam continuamente seu conforto na certeza de que é nas mãos

---

16 Citado em William Jay, *The Autobiography of William Jay* (London: Banner of Truth, 1974), 272.

17 Charles Hodge, *Princeton Sermons* (Edinburgh: Banner of Truth, 1958), 6.

do Deus justo, santo, fiel e amoroso que está a determinação da sequência de eventos e de todas as questões referentes a eles".[18] O Catecismo de Heidelberg diz:

> **Pergunta 26:** O que você crê quando diz: eu creio em Deus, o Pai, Todo-Poderoso, Criador do céu e da terra?
>
> **Resposta:** Que o Pai eterno de nosso Senhor Jesus Cristo (que do nada fez o céu, a terra e tudo que há neles; que, de igual modo, sustenta-os e governa-os pelo seu conselho e providência eternos) é, por causa de seu Filho, Jesus Cristo, meu Deus e meu Pai; de quem eu dependo tão completamente, que não tenho nenhuma dúvida de que me dará todas as coisas necessárias à alma e ao corpo; e, além disso, que ele tornará em vantagem os males que envia sobre mim neste vale de lágrimas; porque é capaz de fazê-lo, sendo o Deus Todo-Poderoso, e disposto a fazê-lo, sendo um Pai fiel.[19]

Isto é calvinismo equilibrado, genuíno, defensável. É a fé expressa em Isaías 9:6, que afirma que o governo, ou a soberania, está sobre os ombros daquele que é chamado "Maravilhoso Conselheiro, Deus Forte, Pai da Eternidade, Príncipe da Paz". Em Cristo, a soberania amorosa e paternal do Deus das Escrituras é amplamente diferente da insensível e caprichosa soberania de outros "deuses". Soberania paternal está em perfeita harmonia com todos os atributos de Deus. O crente acha paz na convicção de que, por trás da providência divina, que abrange todas as coisas, está a completa aquiescência do Deus trino. A graça e o amor soberanos que foram

---

18 B. B. Warfield, *Biblical and Theological Studies* (Philadelphia: P&R, 1952), 324.

19 Ver Beeke, ed., *Doctrinal Standards*, em *The Psalter*, 37 [segunda paginação].

ao Calvário têm todo o mundo em suas mãos. A soberania paternal de Deus em Cristo é a essência de quem Deus é.

Ser reformado significa ser centrado em Deus. Pregar a verdade reformada é ajudar as pessoas a verem Deus como o grande Rei de graça, presente e operante em todos os tempos e todos os lugares para realizar seu plano sábio de amor eterno. Como Warfield escreveu:

> É este senso de Deus, da presença de Deus, do poder de Deus, da atividade de Deus em todas as coisas – acima de tudo, no processo de salvação – que constitui o calvinismo... O calvinista é, em resumo, o homem que vê Deus... Deus na natureza, Deus na história, Deus na graça. Em todos os lugares, ele vê Deus em seus passos poderosos; em todos os lugares, ele sente a operação do poderoso braço de Deus, a pulsação do poderoso coração de Deus.[20]

No final deste livro, consideraremos em mais amplitude como pregar a soberania divina de uma maneira equilibrada. Nesta altura, esta abordagem teocêntrica de toda a vida nos leva a considerar o grande alvo da pregação reformada: que Deus seja glorificado por meio da piedade de seu povo.

PREGANDO POR ESPIRITUALIDADE REFORMADA

Desde suas raízes mais antigas, o movimento reformado foi uma busca de santidade na vida pessoal, eclesiástica e nacional. Edificando sobre o firme fundamento da justificação somente pela fé, os

---

20 B. B. Warfield, *Calvin as a Theologian and Calvinism Today* (London: Evangelical Press, 1969), 26-27).

Principais elementos da pregação reformada experiencial

reformadores labutaram juntos, sob a influência do Espírito, para construir uma comunidade de piedade somente pela graça, tão somente para a glória de Deus. Não eram meros professores e educadores. Calvino escreveu: "De fato, falando apropriadamente, não diremos que Deus é conhecido onde não há religião ou piedade".[21] O único propósito pelo qual ele escreveu sua grande obra de teologia foi que pessoas "pudessem ser moldadas na verdadeira piedade".[22] Santidade ou piedade (latim, *pietas*) é amor reverente a Deus que flui da graça de Deus e tem o alvo de agradar-lhe em todas as coisas.[23] Calvino chama a piedade de "a alma da vida".[24]

A pregação desempenha um papel crucial no crescimento da Igreja em piedade. Paulo escreveu que o Senhor Jesus exaltado dá "pastores e mestres... para a edificação do corpo de Cristo", até que todo cristão alcance a maturidade, crescendo para chegar "à perfeita varonilidade, à medida da estatura da plenitude de Cristo" (Ef 4:11-13). Calvino observou que Deus deseja que seu povo cresça para atingir a "varonilidade" por meio da "pregação da doutrina celestial" pelos "pastores".[25]

Este impulso de espiritualidade reformada, baseada na Bíblia e centrada em Deus continuou a existir como a pulsação do puritanismo. Os puritanos não faziam qualquer separação entre

---

21 *Institutes*, 1.2.1.

22 "Prefatory Address to King Francis I", em *Institutes*, 9.

23 *Institutes*, 1.2.1; ver também "Calvin's Catechism (1538), em James T. Dennison Jr., *Reformed Confessions of the Sixteenth and Seventeenth Centuries in English Translation, Volume 1, 1523-1552* (Grand Rapids, MI: Reformation Heritage Books, 2008), 410.

24 John Calvin, *Commentaries of Calvin*, vários tradutores e editores, 45 vols. (Edinburgh: Calvin Translation Society, 1846-1851; repr., 22 vols., Grand Rapids, MI: Baker, 1979) [2 Pe 1:3]. Daqui para frente, *Commentary*. Cf. Joel Beeke, introdução a *The Soul of Life: The Piety of John Calvin*, ed., Joel R. Beeke (Grand Rapids, MI: Reformation Heritage Books, 2009), 57.

25 *Institutes*, 4.1.5.

PREGAÇÃO REFORMADA

doutrina e vida. William Ames (1576-1633) escreveu que teologia é "a doutrina de viver para Deus".[26] O alvo da pregação reformada é produzir um povo que, em união com Cristo, "vive para Deus" (Gl 2:19-20; cf. Rm 6:11; 2 Co 5:15).

Este ponto de vista tem implicações para o pregador e para as pessoas.

A SANTIDADE DO PREGADOR

A pregação experiencial coincide com o viver santo. É impossível separar o viver piedoso do verdadeiro ministério experiencial. A santidade do coração de um ministro não é meramente um ideal; é absolutamente necessária para que sua obra seja eficaz. Santidade de vida tem de ser a sua paixão intensa.

Os únicos instrumentos de pregação experiencial são pregadores experienciais. Paulo escreveu em 1 Tessalonicenses 2:4a: "Visto que fomos aprovados por Deus, a ponto de nos confiar ele o evangelho, assim falamos". Os verdadeiros ministros do evangelho falam como homens aprovados por Deus para serem encarregados do evangelho. Deus provou o coração deles e os achou vasos apropriados, santificados por graça, para declararem as riquezas de sua graça.

Quão fundamental é, portanto, a pergunta "que tipos de homens são aprovados por Deus e encarregados do evangelho como homens santos de Deus?" Mencionarei três características:

1. São crentes evangélicos que temem a Deus. Sua vida pulsa com o poder do evangelho. São homens resolutos que temem a Deus, e não homens vacilantes que temem outras pessoas (1 Ts 2:6). Temendo a Deus, estes homens julgam a alegria e o desprazer de

---

26 William Ames, *The Marrow of Sacred Divinity*, em *The Works of the Reverend and Faithful Minister of Christ William Ames* (London: Iohn Rothwell, 1643), 1.1.1.

Principais elementos da pregação reformada experiencial

Deus como mais importantes e mais valiosos do que a alegria e o desprazer dos homens.

2. Amam manifestamente as pessoas para as quais ministram. Paulo podia dizer aos tessalonicenses: "Assim, querendo-vos muito, estávamos prontos a oferecer-vos não somente o evangelho de Deus, mas, igualmente, a própria vida; por isso que vos tornastes muito amados de nós" (1 Ts 2:8). Não há nenhuma indiferença na pregação experiencial, nenhuma distância profissional do povo. Richard Baxter escreveu: "Todo o nosso ministério tem de ser realizado em amor compassivo por nosso povo... Eles devem perceber que não nos importamos com nenhuma coisa exterior, nem riqueza, nem liberdade, nem honra, nem a vida, em comparação com a salvação deles".[27]

3. Sua vida manifesta os frutos de uma experiência crescente com Deus. James Stalker (1848-1927) disse: "Um ministro de poder crescente tem de ser um ministro de experiência crescente... Poder para um trabalho como o nosso é obtido apenas em secreto".[28] Quando um pregador para de crescer na graça e no conhecimento do Senhor, sua pregação começa a estagnar. Stalker disse: "Os ouvintes podem não saber por que seu pastor, com todos os seus dons, não causa uma impressão espiritual neles. Mas é porque ele mesmo não é um poder espiritual".[29]

As Escrituras afirmam que não deve haver disparidade entre o caráter de um homem que é chamado a proclamar a Palavra de Deus e o conteúdo de sua mensagem. Jesus condenou os escribas e os fariseus por não praticarem o que pregavam. Ele os

---

27 Richard Baxter, *The Reformed Pastor* (Edinburgh: Banner of Truth, 1974), 117.

28 James Stalker, *The Preacher and His Models* (New York: A. C. Armstrong & Son, 1891), 53.

29 Stalker, *The Preacher and His Models*, 55.

PREGAÇÃO REFORMADA

censurou pela diferença entre suas palavras e suas obras, entre o que declaravam profissionalmente e como agiam pessoalmente em sua vida diária. Clérigos profissionais, mais do que quaisquer outras pessoas, devem considerar as severas palavras de Cristo: "Na cadeira de Moisés, se assentaram os escribas e os fariseus. Fazei e guardai, pois, tudo quanto eles vos disserem, porém não os imiteis nas suas obras; porque dizem e não fazem" (Mt 23:2-3). Os ministros são chamados a serem experiencialmente santos em seu relacionamento particular com Deus, em seu papel como marido e pai no lar e em sua vocação como pastores entre seu povo, assim como parecem ser santos quando estão no púlpito. Não deve haver nenhuma disjunção entre seu chamado e seu viver, entre sua confissão e sua prática.

A Escritura diz que há uma relação de causa e efeito entre o caráter da vida de um homem como cristão e sua utilidade como pastor (2 Tm 2:20-22). A obra de um pastor é geralmente abençoada em proporção à santificação de seu coração diante de Deus. Os pastores devem, portanto, buscar graça para edificar a casa de Deus tanto com vidas santificadas quanto por doutrina e pregação sã. Sua pregação deve moldar sua vida, e sua vida, adornar sua pregação.

Edward M. Bounds (1836-1913) escreveu: "O pregador é mais do que o sermão... Tudo que o pregador diz está tingido, impregnado pelo que o pregador é... O sermão é solene porque o homem é solene. O sermão é santo porque o homem é santo. O sermão é cheio de unção divina porque o homem é cheio de unção divina... O sermão não pode elevar-se, em suas forças vivificadoras, acima do homem".[30] John Boys (1571-1625) resumiu isso

---

30 E. M. Bounds, *Preacher and Prayer* (Chicago: Christian Witness Co., 1907), 8-9.

Principais elementos da pregação reformada experiencial

muito bem quando disse: "Prega mais aquele que vive melhor".[31] Os pastores têm de ser o que pregam, não somente aplicando-se por completo aos textos que pregam, mas também aplicando por completo os textos a si mesmos. Do contrário, como John Owen (1616-1683) adverte: "Se um homem ensina de maneira correta e anda de maneira errada, haverá mais desmoronamento na noite de sua vida do que o que ele edificou no dia de sua doutrina".[32]

A SANTIDADE DO POVO

Sempre que a Palavra e o Espírito irrompem na pregação reformada experiencial, pessoas são transformadas. O Espírito é o Senhor de reforma e avivamento. Como Senhor, ele age soberana e livremente (Jo 3:8). Pode agir de maneiras pequenas e quietas ou pode vir repentinamente sobre homens como um vento poderoso. Pode agir sobre milhares em um único dia ou pode tocar apenas um ouvinte. Mas ele é sempre o Espírito de santidade, e seus efeitos carregam sempre a imagem de Jesus. Este tem de ser, portanto, o alvo da pregação: um povo santo para a glória de Deus.

Alguém pode objetar: "E quanto às conversões?" Como disse antes, a pregação reformada oferece Cristo aos pecadores e os chama à conversão. Entretanto, as marcas da verdadeira conversão são as sementes de santidade plantadas na alma regenerada. A conversão é apenas o começo da verdadeira espiritualidade; a santificação progressiva é o seu desenvolvimento.

Nossos sermões devem educar as pessoas a viverem para Deus cada dia da semana. A vida santa se centraliza no dia do Senhor,

---

31 John Boys, *The Works of John Boys: An Exposition of the Several Offices* (Morgan, PA: Soli Deo Gloria, 1997), 25.

32 John Owen, "Eshcol: A Cluster of the Fruit of Canaan", em *The Works of John Owen*, ed. William H. Goold (Edinburgh: Banner of Truth, 1976), 13:57.

PREGAÇÃO REFORMADA

mas se irradia na santificação de toda a vida para o Senhor – não somente em devoções, mas no trabalho, no lazer e no descanso diário. A espiritualidade reformada afirma vigorosamente a santidade da vida comum (Zc 14:20-21). Hughes Oliphant Old escreveu:

> A Reforma foi uma reforma de espiritualidade, assim como foi uma reforma de teologia. Para milhões de cristãos no fim da Idade Média, a velha espiritualidade havia se desintegrado. Durante séculos, a espiritualidade estivera enclausurada atrás dos muros de mosteiros... Para os protestantes, a espiritualidade se tornou uma questão de como alguém vivia a vida cristã com a família, nos campos, no local de trabalho, na cozinha ou nos negócios.[33]

Esta espiritualidade reformada teve implicações tremendas para a pregação, especialmente na aplicação da doutrina. O pregador não deve chamar as pessoas a uma forma de espiritualidade monástica ou ascética em que negligenciam seus deveres como cônjuge, pais, filhos, trabalhadores e cidadãos, para se dedicarem a uma vida de pura contemplação. Em vez disso, o pregador deve aplicar as doutrinas da Escritura para mostrar às pessoas como devem encher todo o domínio de suas atividades com a glória de Cristo.

Alister McGrath diz que a espiritualidade da Reforma é "vida no mundo orientado para Deus, e não sua associação clássica de vida realizada em afastamento do mundo".[34] Thomas Manton (1620-1677)

---

33 Hughes Oliphant Old, "What Is Reformed Spirituality? Played Over Again Lightly", em *Calvin Studies VII*, ed. John E. Leith, Colloquium on Calvin Studies (Davidson, NC: Davidson College, 1994), 61. Este artigo é uma edição revisada de Hughes Oliphant Old, "What Is Reformed Spirituality", *Perspectives 9*, no. 1 (January 1994): 8-10.

34 *Alister McGrath, Roots That Refresh: A Celebration of Reformation Spirituality* (London: Hodder & Stoughton, 1991), 25.

Principais elementos da pregação reformada experiencial

afirmou: "Esta é a diferença entre um cristão e os outros: ele pode fazer negócios em atitude de adoração... e tudo que ele faz aos homens é por causa de Deus, motivado por amor e temor a Deus".[35]

Que tipo de espiritualidade a pregação reformada almeja produzir pelo poder do Espírito? Como já vimos, é espiritualidade alicerçada na fé em Cristo como o único Mediador e frutífera em amor reverente à soberania de Deus. Para expô-la em mais detalhes, seguirei o esboço que Oliphant Old oferece em sua descrição da espiritualidade reformada. São os tipos de coisas que a pregação reformada cultiva na vida do povo de Deus.

1. A espiritualidade da Palavra. Cristo mesmo é a Palavra (Jo 1:1). A vida cristã consiste de sabedoria piedosa. Isto começa com pregação dos livros da Bíblia, explicando e aplicando o significado de um texto por vez. Continua e se aprofunda com a leitura da Bíblia em nossas devoções particulares e no culto familiar, com a memorização de versículos e passagens da Escritura e com a leitura de sermões e livros doutrinários publicados.

Mas, na espiritualidade reformada, essa imersão na Palavra não é trabalho apenas do pastor; é também o chamado de todo crente.[36] Portanto, quando você prega a Palavra, chame as pessoas a imergirem-se nela. Exorte-as a se tornarem cristãos do Salmo 1, que meditam na Bíblia dia e noite e andam em seus caminhos com deleite. Calvino disse que este tipo de homem não considera "nada mais desejável e agradável" do que crescer na Palavra. Ele é "sempre regado com as influências secretas da graça divina".[37]

---

35 Thomas Manton, "A Practical Commentary... on the Epistle of James", em *The Complete Works of Thomas Manton* (London: James Nisbet, 1871), 4:176 [Tg 1:27].

36 Old, "Reformed Spirituality", em *Calvin Studies VII*, 62-63.

37 *Commentary* [introdução ao *Commentary on the Book of Psalms*].

PREGAÇÃO REFORMADA

2. A espiritualidade de orar os Salmos. Oliphant Old escreveu: "A espiritualidade reformada é uma espiritualidade do Saltério... orar os salmos, cantá-los e meditar neles, não somente na igreja, mas também nas orações familiares cada dia da semana". Cristo como um judeu piedoso, orava constantemente os Salmos. Calvino os chamava de orações do Espírito Santo.[38] Oliphant Old acrescentou: "Qualquer tipo de espiritualidade protestante será uma espiritualidade cantante. Para o protestantismo reformado, uma boa parte desse cantar será o canto de salmos".[39]

Os pregadores devem sustentar constantemente diante da igreja um estilo de vida de oração e louvor contínuos (1 Ts 5:17-18). A vida cheia do Espírito é uma vida de falar uns aos outros com Salmos (Ef 5:18-19). Mostre às pessoas como os Salmos abrem o coração para Deus em todas as nossas várias experiências. Calvino disse: "As variadas e esplêndidas riquezas que estão contidas neste tesouro não são uma questão fácil de expressar em palavras... Acostumei-me a chamar este livro, penso que não inapropriadamente, de 'Uma Anatomia de Todas as Partes da Alma'; pois não há nenhuma emoção consciente de qualquer pessoa que não esteja aqui apresentada como num espelho".[40]

3. A espiritualidade do dia do Senhor. A santificação do dia do Senhor não é legalismo sabático; em vez disso, ela garante um dia de paz, descanso, refrigério, oração e amor pelo povo de Deus. Diferentemente dos jejuns da Quaresma alicerçados na crença de que o ascetismo e a autonegação física produzem santidade (Cl 2:21, 23; 1 Tm 4:1-5), o dia do Senhor é uma celebração alegre

---

38 *Commentary* [Sl 20:1].

39 Old, "Reformed Spirituality", em *Calvin Studies VII*, 63-64.

40 *Commentary* [introdução ao *Commentary on the Book of Psalms*].

Principais elementos da pregação reformada experiencial

e festiva da ressurreição de Cristo. É uma prelibação do céu (Hb 4:9). É também um dia para ajudarmos os pobres com dons voluntários (1 Co 16:2).[41]

Ensine as pessoas a chamarem o domingo "deleitoso", para que se deleitem "no SENHOR" (Is 58:13-14). Ajude-as a entender que o domingo não é uma regulação judaica obsoleta, e sim, verdadeiramente, "o dia do Senhor" (Ap 1:10), ou seja, o dia de nos aproximarmos de Cristo, que é o Senhor do domingo (Mc 2:28). Se uma mulher se deleita em ter um encontro com o homem que ela ama, quanto mais deveria um crente se deleitar em ter um encontro com o Deus vivo? Watson disse: "Regozije-se na aproximação do dia, como um dia em que temos uma recompensa para a nossa alma e podemos desfrutar muito da presença de Deus".[42]

4. A espiritualidade de obras de misericórdia. O ofício de diácono não é um degrau para a liderança pastoral. Na tradição reformada, o papel de diácono é um chamado distinto para liderar a igreja em servir aos pobres e cuidar das viúvas e dos órfãos (At 6:1-6). Por exemplo, no século XVII, os cristãos holandeses doavam dinheiro espontaneamente e se ofereciam como voluntários a organizações que serviam aos necessitados e aos incapacitados. No século XIX, os crentes nos Estados Unidos viram um florescimento semelhante da benevolência cristã.[43]

Aplique o doce e maravilhoso amor de Deus ao nosso dever de amar os outros seres humanos que estão em sofrimento físico e miséria espiritual. Construa pontes entre a doutrina celestial e a misericórdia terrena. Aqueles que pensam que buscam a graça de

---

41 Old, "Reformed Spirituality", em *Calvin Studies VII*, 64-65.

42 Watson, *The Ten Commandments*, 101 [Êx 20:8-11].

43 Old, "Reformed Spirituality", em *Calvin Studies VII*, 65.

PREGAÇÃO REFORMADA

Deus enquanto fecham os olhos e o coração para as necessidades das pessoas esquecem que o Salvador diz: "Bem-aventurados os misericordiosos, porque alcançarão misericórdia" (Mt 5:7). Labute para convencer seu povo de que, como Jeremiah Burroughs (c. 1600-1646) disse, "é mais bem-aventurado ser misericordioso para com os outros do que ser rico para si mesmo".[44]

5. *A espiritualidade da Ceia do Senhor.* Oliphant Old disse: "Uma espiritualidade reformada acha na celebração da Ceia do Senhor um sinal e selo da aliança de graça... A Ceia restaura e fortalece esse relacionamento pactual". Esta rica piedade da Mesa é nutrida, acima de tudo, pela meditação que leva à celebração da Ceia do Senhor. Não é uma outorga automática de graça, e sim um exercício de fé. Cristãos reformados apreciam a oportunidade de experimentarem mais profundamente o amor redentor de Jesus Cristo e de lhe jurarem seu amor fiel.[45]

A sua pregação na celebração da Ceia deve chamar os crentes a uma festa abundante em Cristo. Ajude-os a olhar para o céu através do pão e do vinho, como por uma janela, e verem o amor, o perdão e a graça de Deus revigorante para eles. Matthew Henry (1662-1714) escreveu: "Embora a ordenança nos dirija imediatamente para Cristo, por meio dele a ordenança nos conduz ao Pai... Vem, então, ó minha alma, e vê, com alegria e a mais elevada satisfação, o Deus que te criou entrando em aliança contigo e engajando-se em fazer-te feliz".[46]

6. *A espiritualidade da mordomia.* As parábolas de Cristo exibem frequentemente servos encarregados dos recursos de

---

44 Jeremiah Burroughs, *The Saint's Happiness* (London: by M. S. for Nathaniel Brook, 1660), 381.

45 Old, "Reformed Spirituality", em *Calvin Studies VII*, 65-66.

46 Matthew Henry, *The Communicant's Companion* (Philadelphia: Presbyterian Board of Publication, 1825), 211, citado em Joel Beeke e Paul M. Smalley, eds., *Feasting with Christ: Meditations on the Lord's Supper* (Darlington, England: Evangelical Press, 2012), 106.

Principais elementos da pregação reformada experiencial

seu senhor. Na Reforma, esta ideia de mordomia transformou as opiniões dos crentes sobre o dinheiro e o trabalho. Homens de negócios, donas de casa, agricultores, banqueiros, cuidadores de idosos e artesãos chegaram a ver a si mesmos como pessoas encarregadas de uma vocação ou um chamado sagrado para servir ao Senhor. A ética de trabalho protestante fundamentou o trabalho árduo no evangelho, resultando na produção de riqueza que deveria ser usada positivamente para o reino de Deus e para o bem dos homens. Assim, as questões a respeito de como alguém ganha dinheiro e de como alguém orça seus gastos se tornaram profundamente espirituais.[47]

Ensine a congregação a governar seu dinheiro, tempo e talentos para o Senhor e a não permitir que estes os governem (Mt 6:24). Como George Swinnock (c. 1627-1673) disse, o justo "negocia com seus bens temporais em benefício das verdadeiras riquezas".[48] E diz também que, se o mundo sorri para o justo, ele não deve confiar nisso. O mundo pode dar seus tesouros ao justo, mas o justo não lhe dá seu coração. Quando a sua prosperidade é abundante, o justo transborda de ações de graças a Deus e um desejo de usar corretamente sua riqueza e não apenas de obter mais. Se o mundo desaprova o justo, ele vê isso como uma oportunidade para matar seu amor ao mundo, como extinguir um fogo por reter seu combustível.

7. A espiritualidade de meditar nos caminhos de Deus. Isto se refere não somente a meditar na Escritura, mas também a meditar nas obras de Deus em nossa vida, pelas lentes da Escritura. As

---

47 Old, "Reformed Spirituality", em *Calvin Studies VII*, 66-67.

48 George Swinnock, "The Christian Man's Calling", Part II, em *The Works of George Swinnock* (Edinburgh: Banner of Truth, 1992), 1:380.

PREGAÇÃO REFORMADA

vidas de Abraão, José, Davi, Cristo e dos apóstolos foram moldadas e direcionadas por uma providência secreta. Isso também acontece com nossa vida (Pv 16:1, 4, 9, 33). Oliphant Old disse: "Cada um de nós tem um propósito na vida. A vida piedosa é uma vida dedicada a cumprir esse propósito".[49]

Se você instruir seu rebanho a pensar frequentemente nos graciosos caminhos de Deus com eles, acabarão achando muito consolo nas provações. Serão como Davi, que, ao esconder-se de Saul na caverna, orou: "Clamarei ao Deus Altíssimo, ao Deus que por mim tudo executa" (Sl 57:2). John Flavel (1628-1691) disse: "É dever dos santos, especialmente em tempos de aflição, refletir sobre as realizações da Providência para eles em todas as situações e em todas as etapas de sua vida".[50]

8. A espiritualidade de evangelização e missões. Oliphant Old escreveu: "A espiritualidade dos propósitos eternos de Deus tem levado frequentemente a uma espiritualidade evangelística e missionária". A aliança nos abençoa para que sejamos uma bênção para o mundo. Os heróis da piedade reformada estavam frequentemente saturados de um espírito missionário, orando, enviando e indo – e sofrendo.[51]

Um exemplo clássico é David Brainerd. Ele gastou sua vida em missões pioneiras entre os nativos americanos. Embora a tuberculose houvesse encurtado a sua vida, seu diário, publicado por Jonathan Edwards, é atualmente considerado um dos tesouros da literatura reformada experiencial. Nossos antepassados reformados deram seu coração, alma e força à propagação do evangelho, e

---

49 Old, "Reformed Spirituality", em *Calvin Studies VII*, 67-68.

50 John Flavel, *The Mystery of Providence* (Edinburgh: Banner of Truth, 1963), 20.

51 Old, "Reformed Spirituality", em *Calvin Studies VII*, 68.

hoje colhemos os frutos da sementeira que eles plantaram.[52] Portanto, o pastor reformado prega tendo em vista a Grande Comissão (Mt 28:18-20). Encoraja a semelhança com Cristo, que enviou sua Igreja ao mundo, assim como ele foi enviado pelo Pai (Jo 17:18).

À lista de Oliphant Old, eu acrescentaria mais duas qualidades da espiritualidade reformada.

9. *A espiritualidade de comunhão piedosa.* A espiritualidade reformada encoraja a comunhão entre os piedosos para encorajamento mútuo. É relacional, não individualista. O puritanismo se caracterizava por uma "irmandade espiritual", uma apoiadora rede de pessoas que tinham crenças e experiências semelhantes.[53] F. Ernest Stoeffler escreveu que o puritanismo e movimentos semelhantes colocavam "grande ênfase na comunhão religiosa chamada a *koinonia*",[54] uma comunhão que fornece "o apoio humano" para nossa vida espiritual e "transcende os limites de raça ou classe, igreja ou nação, espaço ou tempo, vida ou morte".[55]

Ensine às pessoas os privilégios de serem membros ativos da igreja de Cristo (1 Coríntios 12). Advirta-as contra se isolarem ou tentarem prosseguir sozinhas. Incentive amizades espirituais e responsabilidade mútua. Uma das grandes alegrias dos piedosos é acharem pessoas da mesma mentalidade, conversarem com elas sobre o Senhor, orarem e adorarem com elas (Sl 16:3; 84:4). Deus concede promessas

---

52 Old, "Reformed Spirituality", em *Calvin Studies VII*, 68.

53 Tom Webster, *Godly Clergy in Early Stuart England: The Caroline Puritan Movement, c. 1620-1643* (Cambridge, UK: Cambridge University Press, 1997), 333. A expressão "irmandade espiritual" se originou de William Haller, *The Rise of Puritanism: Or, The Way to the New Jerusalem as Set Forth in Pulpit and Press from Thomas Cartwright to John Lilburne and John Milton, 1570-1643* (New York: Columbia University Press, 1938), cap. 2.

54 F. Ernest Stoeffler, "Pietism – Its Message, Early Manifestation, and Significance", em *Contemporary Perspectives on Pietism: A Symposium* (Chicago: Covenant Press, 1976), 12. *Koinonia* é, sem dúvida, a palavra grega que significa "comunhão, compartilhamento e coparticipação".

55 F. Ernest Stoeffler, "Pietism", em *Contemporary Perspectives*, 10.

especiais de sua presença e graça aos ajuntamentos do povo de Deus (Sl 87:2; Mt 18:20; Cl 2:2; 3:16). David Clarkson (1622-1686) disse que Deus está presente na adoração pública "mais efetiva, constante e intimamente" do que nas devoções particulares.[56]

10. A espiritualidade de obediência piedosa. A espiritualidade reformada produz zelo por obediência às leis de Deus e resistência ao mundanismo. Os pregadores devem mostrar às pessoas que isto não é legalismo, porque está arraigado no amor a Deus. Gerard Wisse (1873-1957) disse: "Obediência a Deus é o anseio da alma apaixonada por Deus".[57] Obedecer às leis de Deus é seguir a Jesus no caminho de regozijar-se no amor divino e andar de acordo com esse amor (Jo 15:10-12). Pregue obediência à lei pela graça de Cristo. A lei não é o meio de pecadores acharem justificação diante de Deus, mas também não é um inimigo da graça.

A graça nos torna cidadãos de um reino santo. A graça de Deus, a morte redentora de Cristo e a vinda do Senhor em glória estão nos educando para que, "renegadas a impiedade e as paixões mundanas, vivamos, no presente século, sensata, justa e piedosamente" (Tt 2:12). Obediência em Cristo é o caminho celestial. Calvino disse: "Este mundo é apenas uma peregrinação, e esta vida é apenas um jornadear".[58] A verdadeira espiritualidade nos liberta dos embaraços da concupiscência da carne, da concupiscência dos olhos e da soberba da vida, com todas as maneiras pelas quais o mundo as promove. Fixa a nossa mente nas coisas do alto, e a glória de Cristo se torna nossa principal busca.

---

56 David Clarkson, "Public Worship to Be Preferred before Private", em *The Practical Works of David Clarkson* (Edinburgh: James Nichol, 1865), 3:190.

57 Gerard Wisse, *Christ's Ministry in the Christian*, trans. Bartel Elshout e William Van Voorst (Sioux Center, IZ: Netherlands Reformed Book and Publishing, 1993), 90.

58 *Commentary* [Ef 6:1-4].

Principais elementos da pregação reformada experiencial

CONCLUSÃO

A pregação reformada é a proclamação da verdade reformada que resulta em favor da espiritualidade reformada. Devemos pregar todo o desígnio de Deus revelado na Escritura e resumido nas grandes confissões e catecismos reformados. Acima de tudo, devemos pregar Cristo como o Mediador da graciosa aliança do Deus soberano. Pregadores, perguntem a si mesmos: "A minha pregação está alicerçada nas gloriosas verdades de Cristo redescobertas na Reforma? Sei quais são estas verdades? Eu as torno conhecidas fielmente, mesmo em face de indiferença e hostilidade?"

Além disso, perguntem a si mesmos: "Tenciono que minha pregação seja um instrumento eficaz pelo qual o Senhor molda um povo santo para sua glória? Chamo os não crentes ao arrependimento? Estou guiando a igreja a uma espiritualidade robusta e madura conforme acabamos de descrever? Ou minha pregação tem outro alvo?" Muito frequentemente, os pregadores têm alvos falsos, como:

- atrair e entreter uma multidão de pessoas;
- educar cérebros brilhantes, enquanto negligenciam corações mirrados;
- buscar decisões superficiais por Cristo, para contá-las como "conversões";
- promover uma agenda social ou política sem um foco celestial;
- gerar sentimentos calorosos, mas sem tocar o coração com a verdade;
- promover sua própria honra e influência.

PREGAÇÃO REFORMADA

Humilhemo-nos diante do Deus todo-poderoso e busquemos ter, pelo sangue de Jesus, os pecados de nossa pregação perdoados e nossa alma transformada. Que Deus levante um exército de pregadores que são reformados pela Palavra e pelo Espírito!

CAPÍTULO 4

O PREGADOR EXPERIENCIAL

Um dos maiores problemas na pregação contemporânea é o notável contraste entre a natureza séria da mensagem que é proclamada e a maneira casual ou "conversacional" pela qual ela é apresentada. Pregadores que pregam casualmente transmitem a impressão de que não têm qualquer coisa realmente importante a dizer. Não devem ficar surpresos se não recebem atenção séria. Na tradição puritana, esse tipo de pregação teria sido anátema. Isso é muito mais do que uma questão de estilo.[1]

No capítulo anterior, falei sobre a grande prioridade de santidade na vida do pregador. Neste capítulo, focalizarei mais o espírito com o qual o ministro prega. É uma coisa misteriosa, mas alguns pregadores levam consigo ao púlpito um maravilhoso senso da glória de Deus, da doçura da graça, da importância da eternidade e do ódio ao pecado. Sentimos o temor do Senhor neles antes

---

1 Porções deste capítulo são adaptadas de Joel Beeke, "The Utter Necessity of Godly Life", em *Reforming Pastoral Ministry: Challenges for Ministry in Postmodern Times*, ed. John Armstrong (Wheaton, IL: Crossway, 2001), 59-82, e "Aplicando a Palavra", em *Vivendo para a Glória de Deus: Uma Introdução à Fé Reformada* (São José dos Campos, SP: Fiel, 2010), 273-292. Usados com permissão.

PREGAÇÃO REFORMADA

que comecem a falar. Não é uma exibição. É a realidade espiritual de Cristo brilhando de seus corações, de suas expressões faciais, do tom de sua voz e da maneira como se comportam.

Que tipo de coração um homem precisa cultivar para ser um pregador experiencial? Salientarei várias características:

UM PREGADOR FERVOROSO

A pregação reformada experiencial é a proclamação zelosa de uma mensagem que é tanto urgente quanto importante. Essa pregação se empenha por imitar Paulo: "Pelo que, tendo este ministério, segundo a misericórdia que nos foi feita, não desfalecemos; pelo contrário, rejeitamos as coisas que, por vergonhosas, se ocultam, não andando com astúcia, nem adulterando a palavra de Deus; antes, nos recomendamos à consciência de todo homem, na presença de Deus, pela manifestação da verdade" (2 Co 4:1-2).

Pregação experiencial zelosa evita toda leviandade. Por leviandade, refiro-me a tratar as coisas divinas sem a reverência apropriada, por misturá-las com brincadeiras e frivolidades. Em sua raiz, a palavra *leviandade* significa tratar coisas pesadas como se fossem leves. Richard Baxter escreveu: "De toda a pregação no mundo, odeio a pregação que tende a fazer os ouvintes se divertirem ou tocam sua mente com leviandade hilária e os afeta como peças de teatro costumavam fazer, em vez de afetarem-nos com uma reverência santa ao nome de Deus".[2]

A pregação zelosa tem o alvo de agradar a Deus e não ao homem. O ministro fala com a convicção de que Deus é sua testemunha. Todas as máscaras são removidas; toda bajulação é detestada. Eis Baxter novamente:

---

2 Richard Baxter, *The Reformed Pastor* (Edinburgh: Banner of Truth, 1974), 119-20.

O pregador experiencial

Ó senhores, quão claramente, quão intimamente, quão solenemente, devemos entregar uma mensagem de tão grande importância como a nossa... Em nome de Deus, irmãos, labutem para despertar seu próprio coração antes de subirem ao púlpito, a fim de estarem preparados para despertar o coração de ouvintes. Lembrem: eles têm de ser despertados ou condenados. E um pregador sonolento não despertará pecadores entorpecidos... Falem a seu povo como pessoas que têm de ser despertadas aqui ou no inferno.[3]

Embora um pregador experiencial possa também ser um mestre, ele sabe que pregar não é palestrar. J. I. Packer disse: "Pregar é essencialmente ensino mais aplicação".[4] Isto significa que a pregação não consiste na velha e fria comunicação de informação. Não é simplesmente apontar uma seta em uma direção específica. Pregar é ajustar a flecha na corda do arco, puxá-la para trás com força e atirá-la diretamente ao coração. Packer escreveu: "Pregar é um canal não somente da autoridade de Deus, mas também de sua presença e de seu poder".[5] Sem dúvida, o cristianismo sem entendimento é cristianismo sem firmeza. Mas o alvo é mais do que informar a mente; o alvo da pregação é atingir o coração por meio da mente, e, com isso, mudar toda a pessoa.

A pregação também difere de palestrar no que diz respeito à simplicidade de seu conteúdo. Isto é especialmente verdadeiro em nossos dias, quando pessoas não são treinadas a pensar de maneira lógica e

---

3 Baxter, *The Reformed Pastor*, 147-48.

4 J. I. Packer, "Introduction: Why Preach?", em *The Preacher and Preaching: Reviving the Art in The Twentieth Century*, ed. Samuel T. Logan Jr. (Phillipsburg, NJ: Presbyterian and Reformed, 1986), 3.

5 Packer, "Why Preach?", 13.

PREGAÇÃO REFORMADA

crítica. A maioria dos puritanos era instruída no método de Petrus Ramus (1515-1572), um influente humanista francês e reformador da educação que tentou infundir ordem e simplicidade na educação filosófica e escolástica, por prover um senso de dialética como a principal base metodológica para várias disciplinas. Ramus recomendava o uso de resumos, títulos, subtítulos, citações e exemplos. Por consequência, os puritanos podiam ouvir bem uma mensagem com três pontos, cada um dos quais tinha vários subpontos, cada um dos quais tinha vários subsubpontos e assim por diante. Hoje, uma congregação bem treinada pode seguir poucos pontos principais e alguns subpontos. Mas, se o pregador vai além disso, perde os ouvintes em confusão. Algumas congregações que não estão acostumadas à pregação doutrinária acham que três ou quatro pontos com poucos subpontos constituem um sermão complicado. Num mundo de comerciais de 30 segundos, tuítes de 280 caracteres e mensagens de texto com duas palavras (sem vogais!), a maioria das pessoas precisa de mais treinamento antes de estar preparada para mensagens teológicas complicadas, por mais benéficas que estas possam ser. Isso não significa que o material do sermão não deva ser organizado em pontos principais, ainda que o ministro não anuncie seus subpontos. Hoje as pessoas precisam ouvir um tema simples derivado do texto bíblico e comunicado de uma maneira memorável e organizada, com energia, paixão e aplicação.

Portanto, a glória de Deus e as necessidades de nossos ouvintes nos compelem a pregar com sinceridade e energia santa. Isto é mais do que levantar nossa voz ou movimentar os braços. Falo aqui da energia do coração: zelo por Cristo, fervor de espírito e amor intenso a Deus e aos homens.[6] Charles H. Spurgeon disse:

---

6 Quanto a um guia de bases puritanas sobre cultivar verdadeiro zelo pelo Senhor, ver Joel R. Beeke e James A. La Belle, *Living Zealously* (Grand Rapids, MI: Reformation Heritage Books, 2012).

O pregador experiencial

Se me perguntassem: qual é a qualidade mais essencial num ministro cristão que lhe garante sucesso em ganhar almas para Cristo? Eu responderia: "zelo"... um zelo intenso, uma paixão ardente por almas e um entusiasmo fervoroso na causa de Deus; e cremos que, em todos os casos, sob as mesmas circunstâncias, os homens prosperam no serviço divino em proporção à intensidade com que seu coração arde de amor santo.[7]

UM PREGADOR DE ORAÇÃO

A pregação reformada experiencial é marcada por dependência do Espírito Santo em oração. Onde mais os pregadores podem obter iluminação na verdade e fogo santo para pregar? Pregadores reformados experienciais sentem intensamente sua incapacidade para pregar corretamente, trazer alguém a Cristo e promover a maturidade dos santos de Cristo. Eles sabem que são totalmente dependentes da obra do Espírito para efetuar a regeneração quando, como e em quem ele quiser. Creem que somente o Espírito persuade os pecadores a buscarem a salvação, renova vontade corrompidas e faz as verdades bíblicas se enraizarem em corações de pedra.

J. I. Packer escreveu sobre o ganhar alma produzido por homens: "Todos os artifícios para exercer pressão psicológica a fim de precipitar 'decisões' têm de ser evitados como sendo, de fato, tentativas presunçosas de intrometer-se no domínio do Espírito Santo". Essas pressões podem até ser danosas, ele continua dizendo, pois, ainda que "possam produzir a forma exterior de 'decisão', não podem realizar a regeneração e uma mudança de coração; e,

---

7 Charles H. Spurgeon, *Lectures to my Students*, Lecture VIII (Pasadena, TX: Pilgrim Publications, 1990), 11; citado em David Eby, *Power Preaching for Church Growth* (Fearn, Ross-shire, Scotland: Christian Focus, 1996), 72.

PREGAÇÃO REFORMADA

quando as 'decisões' se dissiparem, aqueles que as fizeram se tornarão antagonistas e insensíveis ao evangelho". Packer concluiu: "A evangelização deve, antes, ser concebida como um empreendimento de ensino e instrução paciente e de longo prazo, no qual servos de Deus procuram apenas ser fiéis em entregar a mensagem do evangelho e aplicá-la à vida das pessoas, deixando que o Espírito de Deus traga homens à fé por meio desta mensagem, à sua própria maneira e à sua própria velocidade".[8]

Este senso de dependência leva pregadores experienciais a se esforçarem, ainda que com muita deficiência, a regarem com oração toda a sua pregação. Eles almejam ser, antes de tudo, "homens de oração". Baxter disse: "A oração, bem como a pregação, deve levar adiante a nossa obra. Não pregamos sinceramente para nosso povo, se não oramos fervorosamente por eles. Se não somos bem-sucedidos diante de Deus para que lhes dê fé e arrependimento, nunca seremos bem-sucedidos diante dos homens para que creiam e se arrependam".[9]

Thomas Boston (1676-1732) disse que, se temos de seguir a Cristo para nos tornarmos pescadores de homens (Mt 4:19), devemos segui-lo em seu exemplo de muita oração. O pregador deve buscar de Deus a verdadeira sabedoria e não pregar o que é meramente produto de sua própria mente. O pregador deve orar para que as necessidades de seu povo afetem sua alma. Deve pedir que Deus inflame seu coração com zelo pela glória de Deus, de modo que sua pregação flua de seu amor a Deus para as almas. Deve orar que o Senhor aplique a mensagem que ele está preparando a seu

---

8 J. I. Packer, *A Quest for Godliness: The Puritan Vision of the Christian Life* (Wheaton, IL: Crossway, 1990), 163-64.

9 Baxter, *The Reformed Pastor*, 122.

O pregador experiencial

próprio coração, tanto no estudo quanto no púlpito. Ele precisa obter do trono de graça clareza de pensamento e ousadia de espírito para falar toda a verdade de Deus aos homens. Deve clamar por força física para o labor da pregação. E deve pedir a Deus que torne a Palavra pregada uma "palavra convincente e convertedora" para os indiferentes, uma palavra edificante e instrutiva para os cristãos jovens, uma palavra reconciliadora e restauradora para os membros de igreja desencantados e apáticos, uma palavra oportuna para os cristãos maduros que se esforçam para levar os fardos da vida e lutam contra a tentação e uma "palavra curadora" para os crentes desalentados.[10]

Uma história sobre Robert Murray M'Cheyne (1813-1843) ilustra isso muito bem. Um assistente que servia na igreja de M'Cheyne observou a admiração na face de um visitante e o convidou a que fosse até o gabinete do ministro. "Diga-me", falou o visitante, "havendo me beneficiado do ministério deste homem piedoso, qual é o segredo de seu sucesso?" O assistente pediu-lhe que sentasse na cadeira de M'Cheyne. Em seguida, pediu ao homem que curvasse a cabeça. Depois, pediu-lhe que colocasse a face entre as mãos e chorasse. Depois, eles foram para o santuário da igreja e subiram ao púlpito. "Incline-se no púlpito", disse o assistente. "Estenda as mãos e chore. Agora você sabe qual é o segredo do ministério de M'Cheyne".

A igreja contemporânea precisa urgentemente de pregadores cujas orações particulares fortaleçam suas mensagens no púlpito e que se lembrem continuamente de que a pregação vivificadora, transformadora e engajadora do coração não depende

---

10 Thomas Boston, *The Art of Manfishing: A Puritan's View of Evangelism* (Fern, Ross-shire, Scotland: Christian Focus, 1998), 91-94.

PREGAÇÃO REFORMADA

de eloquência ministerial, de paixão autogerada ou de poderes de persuasão, e sim da vontade soberana de Deus operando pelo ministério do Espírito Santo. Oremos incessantemente para que Deus faça surgir mais seminários e professores de seminários que sejam exemplos de pregação e cristianismo experiencial; e que ele envie para seus campos brancos milhares desses pregadores dependentes do Espírito para proclamarem as insondáveis riquezas de Jesus Cristo a pecadores carentes e a santos famintos em todo o globo.

UM PREGADOR AUTÊNTICO

Ninguém admira uma farsa. Os teólogos do passado afirmavam que os pastores devem procurar edificar a casa de Deus com duas mãos, a mão de sua doutrina (ensino e pregação) e a mão de sua vida. Os presbiterianos costumavam dizer: "A verdade é pertinente à bondade".[11] A doutrina tem de produzir vida, e a vida tem de adornar nossa doutrina. Como disse Robert Murray M'Cheyne: "A vida de um ministro é a vida de seu ministério".[12]

M'Cheyne o expressou provavelmente em termos incomparáveis: "Em grande medida, o sucesso acontecerá de acordo com a pureza e as perfeições do instrumento. O que Deus abençoa não são grandes talentos, e sim a grande semelhança com Jesus. Um ministro santo é uma arma terrível [apavorante] nas mãos de Deus".[13]

---

11 Isso é o que os presbiterianos do passado realmente diziam, embora tenha sido posteriormente citado muitas vezes como "A verdade é pertinente à piedade". Isso também é verdadeiro, mas existe tal coisa como piedade insincera e hipócrita ou falsa religião. A bondade, porém, é pura e simplesmente bondade. S. G. Winchester, "The Importance of Doctrinal and Instructive Preaching", em *A Series of Tracts on the Doctrine, Order, and Polity of the Presbyterian Church in the United States of America* (Philadelphia: Presbyterian Board of Publication, 1840), 2:295.

12 Citado em Charles Bridges, *The Christian Ministry* (London: Banner of Truth, 2006), 160.

13 Carta a Dan Edwards, Oct. 2, 1840, em *Memoir & Remains of Robert Murray M'Cheyne*, ed. Andrew Bonar (1892; repr. Edinburgh: Banner of Truth, 1966), 282.

O pregador experiencial

Devemos ser tão santos em particular quanto somos no púlpito. Precisamos ser vigilantes, sinceros, honestos em nosso relacionamento pessoal com o Senhor. Paulo adverte: "Tem cuidado de ti mesmo e da doutrina. Continua nestes deveres; porque, fazendo assim, salvarás tanto a ti mesmo como aos teus ouvintes" (1 Tm 4:16).

O pregador deve não somente aplicar-se ao texto, mas também aplicar o texto a si mesmo. Como disse esplendidamente o pastor e erudito alemão John Albert Bengel (1687-1752),: "*Te totum applica ad textum: rem totam applica ad te*" ("Aplica-te totalmente ao texto; a substância dele aplica totalmente a ti mesmo").[14] Gardiner Spring (1785-1872) escreveu: "Seu coração deve ser um transcrito de seus sermões".[15] Depois de quase 40 anos de ministério, Spring observou que somente a piedade torna um pregador eficiente. Um homem sem piedade pode fazer algum bem à sociedade. Pode não cair em pecados escandalosos. Sua educação e sua consciência podem produzir alguma verdade útil em seu ensino. Ele pode até desfrutar do ministério por toda a sua vida, se for um hipócrita orgulhoso ou estiver iludido com falsas esperanças. Mas ele morrerá, e, enquanto pessoas o elogiam em seu funeral, pode estar em tormento no inferno.[16]

Falta de piedade é tão mortal quanto uma perfuração de lança no coração. E piedade apática drena lentamente a força de um ministro. Spring escreveu: "Ela faz o pastor envergonhar-se de olhar face a face o seu rebanho; sua consciência o inquieta; seu coração treme; ele pode sentir que talvez nunca mais abra a boca por causa

---

14 Da edição de 1734 do Novo Testamento Grego de J. A. Bengel. Eberhard Nestle cita isso como um sobrescrito à introdução de sua edição crítica do Novo Testamento Grego, *The Interlinear Greek--English New Testament* (Grand Rapids, MI: Zondervan, 1975).

15 Gardner Spring, *The Power of the Pulpit* (1848; repr., Edinburgh: Banner of Truth, 1986), 154.

16 Spring, *The Power of the Pulpit*. 145-46.

PREGAÇÃO REFORMADA

de sua vergonha. Sua energia é fraca e inconstante [covarde]; sua ousadia santa está tímida; sua ternura afetuosa está se esvaindo, porque as palavras que ele fala não acham um eco nítido e completo em seu próprio coração".[17]

Mas a piedade ou devoção estimula um pastor a buscar o reino de Deus. Spring disse: "O que é piedade, senão aquele estado de coração e sentimento moral que considera Deus como Deus; que o ama como Deus; que lhe obedece como Deus e o honra como nosso Legislador e nosso Redentor?"[18] A piedade levanta a cabeça de um homem e o torna tão ousado como um leão. A piedade dá aos servos de Deus o poder interior para viverem para Deus com zelo ardente. "O que é piedade, senão aquele maravilhoso princípio que, embora seja a mola mestra de ação no coração, tem vigor e eficácia para se fazer sentido em cada artéria, veia, músculo e nervo delicado do homem moral?"[19]

É muito fácil usar uma máscara ministerial aos domingos. É muito fácil fingir ser espiritual porque as pessoas esperam isso, em vez de humilhar-se diante de Deus e receber força dele e o poder de seu poder. Mas atuar como pastor profissional destrói o ministério e paralisa a nossa pregação. John Piper escreve: "Profissionalismo não tem nenhuma relação com a essência e o âmago do ministério cristão... pois não existe humildade profissional (Mt 18:3); não existe compaixão profissional (Ef 4:32); não existe suspirar por Deus profissional (Sl 42:1)".[20]

---

17 Spring, *The Power of the Pulpit*. 153-54.

18 Spring, *The Power of the Pulpit*. 150.

19 Spring, *The Power of the Pulpit*. 151. Uma mola mestra é uma mola de fita metálica enrolada que era usada comumente em relógios, despertadores e outras máquinas ou brinquedos, para suprir o poder e o movimento ao aparelho.

20 John Piper, *Brothers, We Are Not Professionals: A Plea to Pastors for Radical Ministry* (Nashville: Broadman & Holman, 2002), 1-2.

O pregador experiencial

Autenticidade exige que encaremos nossas fraquezas e deixemos de exibir orgulhosamente ao mundo uma pessoa forte e sempre no controle. Como Paulo afirma eloquentemente em 2 Coríntios, o ministério é um tipo de morrer mesmo quando a vida de Cristo triunfa por meio de nós (2 Co 6:9). Piper diz: "Somos tolos por amor a Cristo, mas profissionais são sábios. Somos fracos, mas profissionais são fortes. Profissionais são mantidos em honra; nós estamos em desonra".[21]

De fato, clérigos profissionais são exatamente o que os escribas e os fariseus eram, os quais Jesus rejeitou severamente. Jesus disse: "Na cadeira de Moisés, se assentaram os escribas e os fariseus. Fazei e guardai, pois, tudo quanto eles vos disserem, porém não os imiteis nas suas obras; porque dizem e não fazem" (Mt 23:2-3). Jesus odeia a separação entre um chamado santo e um viver impuro, entre uma pregação ortodoxa e uma prática hipócrita.

Mesmo em cristãos piedosos, o ministério se torna facilmente um substituto para um relacionamento vital e diário com Cristo. Há perigos evidentes e reais que se colocam diante dos pregadores, tentações de preguiça, imoralidade sexual e assim por diante. Mas Spurgeon advertiu: "Há armadilhas secretas além destas, das quais não podemos escapar facilmente; e, destas, a pior é tentação para o ministerialismo – a tendência de ler nossa Bíblia como ministros, orar como ministros, fazer tudo de nosso cristianismo não como nós mesmos, e sim apenas como relativamente interessados nele".[22] Devemos viver como filhos de Deus, não somente como ministros de sua Palavra.

---

21 Piper, *Brothers, We Are Not Professionals*, 2.

22 Spurgeon, *Lectures to My Students*, 1:10-11.

UM PREGADOR QUE ESTÁ CRESCENDO

O exercício diário de fé e arrependimento pelos meios da graça leva o pregador a uma experiência crescente de Cristo. É essencial que nossa experiência seja renovada, se queremos ser novos e poderosos em nossa pregação. James Stalker disse: "Poder para uma obra como a nossa só pode ser obtido em secreto. Só o homem que tem uma vida ampla, variada e original com Deus pode continuar falando sobre as coisas de Deus com novo interesse".[23] Vamos considerar cada uma destas três qualidades que Stalker ressalta.

Uma vida ampla com Deus

Pedro nos admoesta a crescer "na graça e no conhecimento de nosso Senhor e Salvador Jesus Cristo" (2 Pe 3:18). Paulo descreve o sermos mudados pelo Espírito Santo, de glória em glória (2 Co 3:18). A vida espiritual é uma realidade dinâmica que começa no coração e se desenvolve por graça e conhecimento. Se o coração do pregador é continuamente santificado para Deus, sua pregação ganha novas profundezas e nuanças que refletem seu crescimento espiritual.

Nós pregamos as mesmas verdades, o mesmo Deus e a mesma aliança de graça, mas nossa pregação é enriquecida por nosso relacionamento crescente com Deus. Quando um pastor está andando com Deus e crescendo espiritualmente, um ouvinte sábio será capaz de dizer: "Ele está pregando o mesmo Cristo que pregava dez anos atrás, mas agora sua pregação é mais rica, mais profunda e mais completa".

É como um bom casamento. À medida que os anos passam, o casal permanece fiel e comprometido um com o outro: um homem e uma mulher unidos até que a morte os separe. Mas isso não significa que o relacionamento permanece o mesmo. É vivo e dinâmico. O

---

23 James Stalker, *The Preacher and His Models* (New York: A. C. Armstrong & Son, 1891), 55.

O pregador experiencial

marido e a mulher crescem em conhecer, amar e servir um ao outro. Enfrentando juntos as aflições e os desapontamentos da vida, enquanto suportam um ao outro e perdoam os pecados que cometem um contra o outro, eles desenvolvem juntos uma história de graça. Depois de dez anos, o casamento se torna mais doce e mais sólido do que durante a lua de mel. Ao passar de cada década, ele se torna ainda mais rico. Se isso é verdadeiro acerca de um relacionamento meramente humano, quanto mais verdadeiro pode ser no tocante ao relacionamento entre um homem de Deus e o Senhor infinito?

Não fique estagnado. Quando a água para de fluir, forma uma lagoa estagnada onde bactérias se multiplicam e mosquitos proliferam. Você pode construir uma casa de um milhão de dólares em suas margens, mas a água continua fedendo. Infelizmente, uma grande igreja pode ocultar um pregador estagnado. Não temos de ser assim. Jesus Cristo diz: "Se alguém tem sede, venha a mim e beba. Quem crer em mim, como diz a Escritura, do seu interior fluirão rios de água viva" (Jo 7:37-38). Pela graça de Deus, vivemos ao longo de uma vasta fonte de vida – o infinito amor de Deus.

Não importa há quanto tempo servimos ao Senhor, estamos apenas começando a conhecê-lo. Como Paulo, devemos sempre prosseguir: "Irmãos, quanto a mim, não julgo havê-lo alcançado; mas uma coisa faço: esquecendo-me das coisas que para trás ficam e avançando para as que diante de mim estão, prossigo para o alvo, para o prêmio da soberana vocação de Deus em Cristo Jesus" (Fp 3:13-14). Persiga uma vida ampla com Deus.

Uma vida variada com Deus

O livro de Salmos testemunha eloquentemente que andar com Deus é uma experiência variada. Algumas pessoas

PREGAÇÃO REFORMADA

entendem a vida cristã apenas como alegria e vitória. Mas esse entendimento nega as mensagens em quase metade dos salmos, nos quais os salmistas clamavam em sofrimento, tristeza, frustração e solidão. O Saltério nos dá uma teologia autêntica da experiência cristã. Como disse no capítulo anterior, João Calvino chamava os salmos de "Uma Anatomia de todas as Partes da Alma", porque retratam cada emoção humana para com Deus.[24] Devemos, portanto, examinar os salmos para nos darem um entendimento melhor do que encontramos em nosso andar com Deus. Eles nos servem muito bem como canções de nossa peregrinação terrena.

Andar com Deus nos leva por um caminho árduo, com muitos altos e baixos. Uma pessoa piedosa pode experimentar tempos de alegria indizível e paz que excede todo entendimento. Ter dias de lutas constantes e aflição intensa. Há tempos de clareza e tempos de confusão. Há períodos de poder e períodos de fraqueza. Às vezes, o Senhor livra seu servo e o honra; às vezes, Deus fica com seu servo na angústia (Sl 91:15).

Como pastores, precisamos fazer dos salmos nossa linguagem de oração em cada experiência. Às vezes, podemos clamar: "Como de banha e de gordura farta-se a minha alma; e, com júbilo nos lábios, a minha boca te louva" (Sl 63:5). Outras vezes, podemos gemer: "Rejeita o Senhor para sempre? Acaso, não torna a ser propício? Cessou perpetuamente a sua graça? Caducou a sua promessa para todas as gerações? Esqueceu-se Deus de ser benigno? Ou, na sua ira, terá ele reprimido as suas misericórdias?" (Sl 77:7-9).

---

24 John Calvin, *Commentaries of Calvin*, vários tradutores e editores, 45 vols. (Edinburgh: Calvin Translation Society, 1846-1851; repr., 22 vols., Grand Rapids, MI: Baker, 1979) [introdução ao *Commentary on the Book of Psalms*].

Mais do que todos as outras pessoas, os pregadores devem apreciar as variadas experiências dos filhos de Deus, porque eles lhes servem como conselheiros espirituais. Se um pastor acha que a verdadeira espiritualidade equivale a alegria constante, frustrará a si mesmo e o seu rebanho com expectativas não bíblicas. Se um pastor tende a igualar santidade a tristeza irrestrita por causa do pecado, ele enfraquecerá as pessoas, porque a alegria do Senhor é a nossa força. O ministério bíblico flui de experimentarmos tanto a morte quanto a vida de Cristo, como "entristecidos, mas sempre alegres" (2 Co 6:10; 4:10). O verdadeiro ministério reformado entretece os grandes temas de experimentarmos nossa miséria, livramento e gratidão.[25] Somente então somos capazes de "consolar os que estiverem em qualquer angústia, com a consolação com que nós mesmos somos contemplados por Deus" (2 Co 1:4).

Uma vida original com Deus

A Bíblia contém ensino abundante sobre a nossa união com Cristo e a comunhão que desfrutamos com os outros santos. Somos filhos numa única família que tem o mesmo Pai. Somos pedras vivas no mesmo templo espiritual que compartilha do mesmo Espírito. Somos membros de um único corpo, do qual Cristo é a cabeça. Mas as Escrituras também enfatizam que cada membro do corpo é diferente dos outros e muito necessário por seus dons distintos (1 Co 12). Somos "despenseiros da multiforme graça de Deus" (1 Pe 4:10). Há bondade em nossa variedade, a bondade intencional planejada pela graça soberana. O Espírito distribui nossa multiplicidade de talentos "como lhe apraz" (1 Co 12:11).

---

25 Ver o Catecismo de Heidelberg, P. 2.

PREGAÇÃO REFORMADA

Somos todos folhas na mesma árvore, mas duas folhas não são exatamente iguais. Se você for a uma exposição de flores, pode ver que Deus criou uma variedade impressionante de formas, cores e tamanhos de rosas, desde minúsculas rosas vermelhas até às fofas rosas albas. Ele é o Deus dos flocos de neve, que cristalizam e caem aos milhões cada inverno, dois dos quais não são idênticos. O Senhor se deleita em detalhes. Cristo disse em Mateus 10:30: "Quanto a vós outros, até os cabelos todos da cabeça estão contados". O Bom Pastor "chama pelo nome as suas próprias ovelhas" (Jo 10:3). Ele conhece você por nome!

Portanto, dois crentes e dois pregadores não são exatamente iguais. Deus sabe isso e planejou que fosse assim. Ele deu a você uma personalidade e o moldou por meio de suas experiências. Deus o enviou a um lugar específico, a um povo específico, neste tempo específico. E preparou boas obras para você fazer ali (Ef 2:20). Também sabe quem ele salvará por meio de seu ministério (At 13:48; 18:10).

Ande com Deus na vereda que ele traçou para você. Siga a Cristo ao longo do caminho que Deus preparou unicamente para você. Os cristãos são como navios que cruzam o mar de Nova Iorque para a Inglaterra. Todos começam no mesmo lugar (sendo nascidos de novo) e terminam no mesmo lugar (o céu), mas nenhum navio percorre um caminho que outros podem seguir. Cada navio faz seu próprio caminho através do mar.

Você pode aprender da vida dos grandes homens que já foram adiante de você, mas não pode viver os caminhos deles. Talvez você goste da história da conversão de John Newton. Mas precisa ter a sua própria história. Talvez considere o ministério de Martyn Lloyd-Jones uma inspiração. Mas não tente ser Lloyd-Jones, nem

O *pregador experiencial*

culpe a si mesmo por não ser. Seja você mesmo. Não tente copiar outra pessoa. É claro que isso não significa que não precisamos de modelos que devemos escolher com grande cuidado; afinal de contas, aprendemos por imitação. Entretanto, à medida que amadurecemos, devemos trilhar nossos próprios caminhos com nossos próprios dons. Siga modelos dignos à medida que seguem a Cristo (1 Co 11:1), mas não faça de qualquer deles o seu Cristo (1 Co 1:13). Fixe seus olhos em Jesus.

Deus escreveu todos os seus dias no livro dele (Sl 139:16). Cada dia, vire a página para descobrir a história maravilhosa que o Autor de todas as coisas boas escreveu para você. No final, Deus será mais glorificado na diversidade unificada de seus servos do que teria sido com pregadores que são réplicas e previsíveis. Deus *o* escolheu para a sua glória. Portanto, não inveje outros; empenhe--se para ser o que Deus quer que você seja.

Cultive uma vida ampla, variada e original com Deus. Há um mistério no que diz respeito ao ministério. Não é uma obra mecânica em que conseguimos os resultados certos por elaborarmos os caminhos certos. É uma obra relacional: "Porque de Deus somos cooperadores" (1 Co 3:9). Quando andamos intimamente com ele, é admirável como ele nos abençoa em providência e graça. Às vezes, as partes mais eficazes de nosso ministério são as coisas que não planejamos, nem antecipamos.

UM PREGADOR DECRESCENTE

Parece estranho falar sobre um pregador decrescente, depois de incentivá-lo a ter uma vida espiritual crescente e vital. Mas há um sentido em que crescemos apenas por diminuir. João Batista disse: "Convém que ele cresça e que eu diminua" (Jo 3:30). Os

PREGAÇÃO REFORMADA

discípulos de João haviam se aproximado dele com notícia desanimadora de que seu ministério estava minguando. Toda a atenção estava se dirigindo para um novo pregador chamado Jesus. João respondeu com uma famosa asseveração da soberania de Deus e da supremacia de Cristo:

> O homem não pode receber coisa alguma se do céu não lhe for dada. Vós mesmos sois testemunhas de que vos disse: eu não sou o Cristo, mas fui enviado como seu precursor. O que tem a noiva é o noivo; o amigo do noivo que está presente e o ouve muito se regozija por causa da voz do noivo. Pois esta alegria já se cumpriu em mim. *Convém que ele cresça e que eu diminua* (Jo 3:27-30).

Todos nós entramos no ministério com motivos mistos porque sabemos que somos homens imperfeitos. Infelizmente, é possível pregar a Cristo tendo em vista a nossa própria glória (Fp 1:15). Todos precisamos morrer para nosso ego. Deus usa aflições e desapontamentos para promover este processo. De fato, a ausência dessa disciplina deve ser um sinal preocupante (Hb 12:5-7). O sofrimento se torna uma lixa com a qual Deus remove as velhas camadas de verniz, para darem lugar a um novo acabamento. Às vezes, ele age em meio à prosperidade para humilhar a nossa alma por meio de angústias interiores. O Espírito de Deus é livre e soberano em seus métodos, mas seu alvo é sempre o mesmo: matar o velho homem, crucificar aquele deus do ego que antes nos dominava (Rm 6:6; 8:13).

Somos chamados a negar a nós mesmos, tomar a cruz e seguir a Cristo (Lc 9:23). Cultivar uma vida original com Deus não significa autorrealização, e sim, de maneira paradoxal, achar vida em

O pregador experiencial

renúncia pessoal para Cristo (v. 24). O ego negado é um ego colocado no lugar correto para ser santificado, transformado e, por fim, glorificado. Quando você busca e se submete à aplicação da morte de Cristo, pelo Espírito, a seu ego e a seus pecados, somente então é que se torna aquilo que Deus tencionou que você seja.

Spurgeon falou disso usando a expressão "aquele doce sentimento de aniquilação do ego". Não devemos exagerar nesta linguagem, pois Cristo veio para salvar pecadores e não para destruí-los. Mas há uma verdade perscrutadora em toda a linguagem de mortificação e crucificação. Spurgeon disse: "Agora tenho concentrado todas as minhas orações em uma só, a oração que tem este propósito: que eu morra para o ego e viva totalmente para ele. Parece-me que este é o estágio mais elevado de um homem – não ter nenhum anseio, nenhum pensamento, nenhum desejo senão por Cristo... sentir que não importa em que seu ego se torne, contanto que seu Senhor seja exaltado".[26]

Adaptando uma das metáforas de Spurgeon, somos como carvão, pedaços de carbono grafite na terra – de pouco valor em nós mesmos. Precisamos estar dispostos a ser esmagados sob a pressão e o calor da terra, até que nos tornemos diamantes para o Senhor. Mas, ainda como diamantes, estamos em condição bruta e precisamos ser lapidados e polidos. Neste caso, a nossa oração deve sempre ser: "Senhor, faze-me ser cortado tão profundamente e lapidado tão completamente, que eu brilhe na coroa de meu Salvador!"

Spurgeon disse: "Não cobiçamos a vida de vontade do ego; em vez disso, ansiamos pelo espírito de negação do ego; sim, de aniquilamento do ego, que Cristo viva em nós e que nosso velho

---

26 Charles H. Spurgeon, Sermon no. 101, "The Exaltation of Christ", Nov. 2, 1856, em *The New Park Street Pulpit* (1857; repr. Pasadena, TX: Pilgrim Publications, 1975), 2:380.

Ego, o *eu* carnal, seja completamente morto. Eu quero ser tão obediente ao meu Deus quanto os primogênitos da luz, seus mensageiros de chamas de fogo".[27]

Seja esta a sua oração constante: "Que Cristo cresça, e eu diminua. Que todos vejam que ele é o Noivo e eu sou apenas um amigo do Noivo, que os apresenta a ele".

UM PREGADOR QUE TEM PRIORIDADES

Os pastores sabem que o ministério envolve centenas de coisas, e todas elas são importantes. Quando ajudei a começar um seminário, servi também, em tempo integral, como o único pastor de uma igreja que tinha oitocentos membros. Como você pode imaginar, senti-me sobrecarregado. Trabalhava de noventa a cem horas por semana. E poderia ter trabalhado outra centena de horas. O consistório (os oficiais da igreja) ficou preocupado e pediu que eu fizesse uma lista de tudo que estava fazendo. Escrevi uma lista extensa de cada atividade, cada aula e cada comissão. Conversamos sobre a lista durante toda a noite; e, no fim, eles decidiram que eu deveria apagar somente *uma coisa* – a aula de meia hora que eu dava ao consistório, em cada reunião, sobre como serem oficiais de igreja eficientes!

O fato é que os pastores levam fardos imensos, e as igrejas têm frequentemente expectativas elevadas quanto a eles. Isto é tão verdadeiro em igrejas pequenas quanto em igrejas grandes, se não mais. Não quero argumentar que a maioria destas atividades não sejam importantes. Quem pode medir o valor de aconselhar um casal que procura ajuda para um casamento em crise? Quem pode atribuir um valor à catequização de jovens nas doutrinas

---

27 Charles H. Spurgeon, Sermon no. 597, "Preparation for Revival", Oct. 30, 1864, em *Metropolitan Tabernacle Pulpit* (1865; repr. Pasadena, TX: Pilgrim Publications, 1976), 10:610.

O pregador experiencial

fundamentais da fé? Nós nos desgastamos pelo bem de outros. Mas as pessoas ainda perguntam: "O que ele faz com todo o seu tempo durante a semana?"

Um pastor pode ser muito piedoso e zeloso em servir ao Senhor, mas, apesar disso, falhar em cumprir sua vocação primária de pregar a Palavra, se não se prender a prioridades bíblicas. O exemplo clássico de prioridades corretas se acha em Atos 6. Uma necessidade ministerial significativa havia surgido. Num tempo em que não havia pensões para pessoas idosas, seguridade social ou programas governamentais de ajuda aos pobres, um grupo de viúvas cristãs estava sendo negligenciado. Não estavam recebendo comida. Podiam estar passando fome. Naquele tempo, a igreja em Jerusalém foi guiada pelos apóstolos. Tomaram imediatamente a iniciativa para tratar do problema. Mas não tomaram sobre si mesmos a responsabilidade; em vez disso, delegaram-na a sete homens piedosos.

Por que os apóstolos não gerenciaram pessoalmente este precioso ministério de misericórdia? Não podiam pelo menos alguns dos Doze tê-lo assumido? Não foram negligentes e egoístas? Não se mostraram orgulhosos demais para uma tarefa tão humilde? Não, estes homens arriscaram sua vida pelo evangelho em face de perseguição perigosa (At 5:29-33). Foram apáticos e frios e, por isso, não dispostos a se envolver pessoalmente na vida das pessoas? Não, eles ensinavam continuamente "no templo e de casa em casa" (At 5:42). Por que, então, delegaram esta obra? Eles disseram: "Não é razoável [correto] que nós abandonemos a palavra de Deus para servir às mesas... e, quanto a nós, nos consagraremos à oração e ao ministério da palavra" (At 6:2, 4).

O padrão apostólico atribui maior prioridade ao ministério de oração e ao da Palavra. Esta prioridade foi legada aos ministros

PREGAÇÃO REFORMADA

da Palavra de nossos dias. Literalmente o texto diz: "Mas, quanto a nós, à oração e ao ministério da palavra nos dedicaremos diligentemente". O uso da expressão "a oração" sugere que isto era liderar em oração em tempos estabelecidos nas reuniões públicas (At 1:14; 2:42; 3:1). Portanto, as mais elevadas prioridades do pastor são preparar e liderar a adoração pública da igreja e dedicar-se ao ministério da Palavra.

Não estou aconselhando-o a negligenciar outros aspectos do ministério. Mas estou chamando-o a dizer "Não" ou "Espere" para qualquer coisa que o leve a negligenciar o essencial de seu ministério: a pregação da Palavra. Você é um ministro da Palavra. Quem Deus considera um bom ministro? A Bíblia diz que um bom ministro é um homem que se alimenta da Palavra, a fim de alimentar os outros: "Expondo estas coisas aos irmãos, serás bom ministro de Cristo Jesus, alimentado com as palavras da fé e da boa doutrina que tens seguido" (1 Tm 4:6).

Não importa quantos deveres legítimos clamam por sua atenção ou quantas pessoas necessitadas reivindicam seu tempo, o ministério da Palavra tem de dominar sua vida. Não caia no erro de pensar que você pode postergar este ministério porque outras coisas são mais urgentes. Uma falta de disciplina e coragem nesta área arruinará seu ministério. Às vezes, você precisa apenas humilhar-se, pegar o telefone e reagendar aquele compromisso, para que tenha tempo para dedicar-se à oração e à Palavra. Você precisa evitar desperdiçar tempo com a Internet ou lendo livros frívolos, para dedicar-se a estudo diligente. O estudo ministerial pode ser fatigante para a carne, e esse fato não é apreciado por muitos na igreja. Mas é essencial e vivificador para a alma e, por consequência, para a sua congregação.

O pregador experiencial

Se você se dedicar fielmente à oração e à Palavra, ao mesmo tempo que atende a outras tarefas do ministério, ficará surpreso pela maneira como o Senhor abençoa todo o seu ministério. Administrar nosso tempo é como dar o dízimo de nosso dinheiro. As pessoas que dão o dízimo regularmente descobrem que têm mais com 90% (ou menos) do que tinham com 100% de sua renda. De modo semelhante, Deus abençoa pastores quando obedecem às prioridades ordenadas em sua Palavra. Teríamos menos necessidade de aconselhamento pastoral se oferecêssemos mais aplicação no púlpito. Teríamos menos problemas na igreja e os enfrentaríamos com maior sabedoria e poder, se orássemos mais para que a Palavra de Cristo habite ricamente em nós e em nossas congregações. Não temos tempo para *não* orar.

Às vezes, é proveitoso anotar realmente as funções de seu ministério, como mencionei antes, e, depois, priorizá-las. Tudo que está diante de você pode ser categorizado como algo que você *tem de fazer, deve fazer* ou *gostaria de fazer*. Na realidade, você raramente tem tempo para os itens da terceira categoria. E frequentemente precisa delegar ou retardar itens da segunda categoria. Mas tem de fazer as primeiras coisas. E uma coisa que um pastor tem de fazer é preparar-se com estudo e oração para pregar a Palavra.

No âmago de priorizar o ministério da Palavra, está a nossa confiança no poder da Bíblia. Kent Hughes diz: "Ninguém dedicará sua vida à exposição bíblica, se não acredita no poder da Escritura".[28] Se você acha que é mais importante liderar uma reunião ou cumprir uma função social e que, por isso, a preparação do sermão deve ficar em segundo lugar, o que você acredita realmente

---

28   R. Kent Hughes, "Restoring Biblical Exposition to Its Rightful Place", em *Reforming Pastoral Ministry*, 84.

PREGAÇÃO REFORMADA

sobre a Palavra de Deus? Talvez você se oponha, dizendo: "Creio que a Bíblia é a Palavra de Deus inerrante e inspirada". Sim, mas você crê que a Bíblia é poderosa?

Você pode fazer estas afirmações bíblicas de todo o seu coração?

- Pois não me envergonho do evangelho, porque é o poder de Deus para a salvação de todo aquele que crê, primeiro do judeu e também do grego (Rm 1:16).
- Porque a palavra de Deus é viva, e eficaz, e mais cortante do que qualquer espada de dois gumes, e penetra até ao ponto de dividir alma e espírito, juntas e medulas, e é apta para discernir os pensamentos e propósitos do coração (Hb 4:12).
- Porque, assim como descem a chuva e a neve dos céus e para lá não tornam, sem que primeiro reguem a terra, e a fecundem, e a façam brotar, para dar semente ao semeador e pão ao que come, assim será a palavra que sair da minha boca: não voltará para mim vazia, mas fará o que me apraz e prosperará naquilo para que a designei (Is 55:10-11).
- Como, porém, invocarão aquele em quem não creram? E como crerão naquele de quem nada ouviram? E como ouvirão, se não há quem pregue?... E, assim, a fé vem pela pregação, e a pregação, pela palavra de Cristo (Rm 10:14, 17).

Se você pode dizer sinceramente essas coisas, pode também dizer: "Há muitas coisas que podem ser boas para eu fazer, mas há uma coisa que tenho de fazer: pregar fielmente a Palavra de Deus". De fato, essa é a coisa específica para a qual você foi chamado por Deus e por sua igreja.

O pregador experiencial

Os reformadores entenderam esta prioridade e arriscaram sua vida nesta prioridade. Gastaram seu tempo e energia em estudar, pregar e ensinar as Escrituras Sagradas. Implementaram-na em suas arquiteturas, colocando o púlpito no centro e na frente dos lugares de culto, em vez de colocarem imagens e mesas de sacramentos. Confessaram-na em seus catecismos, com palavras que surpreenderiam muitos em nossos dias, declarando que o Espírito Santo "opera a fé em nosso coração pela pregação do evangelho".[29] O quê? E quanto aos pequenos grupos, às devoções pessoais, ao ministério de misericórdia para os pobres, à leitura de bons livros e à evangelização de amigos? Todas essas coisas têm o seu lugar. Mas o meio primário de Deus para salvar os perdidos e santificar os salvos é a pregação da Palavra.

Se você é chamado a pregar a Palavra, dê a este chamado as melhores horas de sua vida.

CONCLUSÃO

Que tipo de homem prega um sermão experiencial? Um pregador que é:

- fervoroso em seu amor a Deus e aos homens;
- depende de Deus, em oração, para ter entendimento e poder;
- autêntico em procurar conhecer a Deus mesmo e não apenas falar sobre Deus;
- crescente em sua experiência pessoal de seu pecado e da graça de Cristo;

---

29 Catecismo de Heidelberg, P. 65, em Joel R. Beeke, ed. *Doctrinal Standards, Liturgy, and Church Order* (Grand Rapids, MI: Reformation Heritage Books, 2003), 53.

PREGAÇÃO REFORMADA

- decrescente em vontade própria, importância pessoal, autossuficiência e justiça própria;
- priorizado em seu uso do tempo e dedicado à oração e ao ministério da Palavra.

Exorto-os, irmãos, pela graça de Deus, a se tornarem esse tipo de homem. Para satisfazer a este retrato de um pregador e sua pregação experiencial, consideraremos no capítulo seguinte a vida e o exemplo de grandes pregadores reformados ao longo dos séculos.

PARTE 2

PREGAÇÃO REFORMADA EXPERIENCIAL ILUSTRADA

CAPÍTULO 5

PREGADORES DA REFORMA: ZUÍNGLIO, BULLINGER E OECOLAMPADIUS

Assim como o evangelho da salvação pela fé somente em Cristo foi a mensagem central da Reforma, assim também a pregação das Escrituras foi o principal meio da Reforma. T. H. L. Parker (1916-2016) contrastou a vasta produção de sermões dos reformadores com as pobres ofertas que os precederam. E observou: "Na Reforma, a pregação ocupou uma posição que não tivera desde o século V. O evangelho é um retorno, passando por Agostinho, ao Novo Testamento; a forma [do sermão] é um retorno à homilia dos Pais".[1]

Mesmo se levarmos em conta as vantagens de terem ao seu dispor a prensa móvel para preservarem um registro de seus sermões, podemos afirmar com segurança que os reformadores, muito mais do que qualquer outro grupo antes deles, pregaram a Palavra de Deus. A pregação chegou a ser reconhecida no início

---

1 T. H. L. Parker, *The Oracles of God: An Introduction to the Preaching of John Calvin* (London: Lutterworth, 1947), 20; cf. Edwin C. Dargan, *A History of Preaching* (Grand Rapids, MI: Baker, 1954), 1:366,

PREGAÇÃO REFORMADA

da Reforma como a principal tarefa do ministro, destronando, no processo, a celebração da Missa.

Pregar era tão central na ordem ministerial reformada, que aqueles que pregavam eram frequentemente designados apenas como "ministro da Palavra" ou "pregador do evangelho". Todo o ofício do ministério se tornou definido pelo ato de pregar. Essa nova ênfase na pregação logo se manifestou até na arquitetura das igrejas. O púlpito foi colocado na frente e no centro do santuário; tornou-se o móvel mais importante na igreja. Podia haver pregação sem os sacramentos, mas não o contrário. Os cultos reformados chegaram a ser chamados "pregações" ou "sermões". Era comum alguém perguntar: "Você vai ao sermão?" ou: "Você vai à pregação?"

Desde os tempos iniciais da Reforma, a própria existência da igreja estava fundamentada na pregação. Era considerada o principal meio, quase o meio exclusivo, pelo qual a graça salvadora e o amor de Deus chegavam à consciência do indivíduo. Ser genuinamente reformado significava atribuir à pregação um lugar elevado e central, como o principal meio tanto para chamar o não convertido a refugiar-se em Cristo quanto para edificar os santos na fé. Pregar era o meio de causar ou o perdão ou a condenação de seus ouvintes.

As raízes da pregação reformada experiencial estão profundamente inseridas na pregação dos reformadores. Foi dessa ênfase na exposição bíblica, mesclada com aplicação contínua, que o estilo de pregação puritano se desenvolveu. Portanto, passarei à ilustração da pregação reformada experiencial, convidando-o a sentar-se aos pés dos grandes pregadores reformados dos séculos anteriores.

Na Parte 1, consideramos o que é pregação reformada experiencial, formulando uma explicação de seus traços essenciais.

Pregadores da Reforma: Zuínglio, Bullinger e Oecolampadius

Agora, na Parte 2, consideraremos como ela se expressou nos ministérios de pregadores específicos do passado. Começaremos por olhar alguns reformadores do século XVI.

ULRICO ZUÍNGLIO E HEINRICH BULLINGER

Ulrico Zuínglio (1484-1531) nasceu no dia de Ano Novo, sete semanas depois que Martinho Lutero nasceu.[2] Ele estudou em Berna e em Viena, antes de matricular-se na Universidade de Basileia, onde se apaixonou por estudos humanistas. Mas ele também esteve sob a influência do reformador Thomas Wittenbach (1472-1526).[3] H. H. Howorth escreveu: "Wittenbach foi um vigoroso defensor das novas opiniões [Reforma]; e não somente denunciou a venda de indulgências em Basileia, mas também ensinou abertamente que a morte de Cristo era o único caminho para a salvação. Ele também foi um oponente do celibato de clérigos".[4] Wittenbach

---

2 Sobre Zuínglio, ver Ulrich Zwingli and Heinrich Bullinger, *Zwingli and Bullinger*, ed. Geoffrey W. Bromiley, Library of Christian Classics, vol. 24 (Philadelphia: Westminster, 1953); Raget Christoffel, *Zwingli: Or, the Rise of the Reformation in Switzerland*, trans. John Crochran (Edinburgh: T&T Clark, 1858); Jaques Courvoisier, *Zwingli: A Reformed Theologian* (Richmond, VA: John Knox Press, 1963); Oskar Farner, *Zwingli the Reformer: His Life and Work*, trans. D. G. Sear (Hamden, CT: Archon, 1968); Edward J. Furcha and H. Wayne Pipkin, *Prophet, Pastor, Protestant: The Work of Huldrych Zwingli after Five Hundred Years* (Allison Park, PA: Pickwick, 1984); Ulrich Zwingli, *Selected Writings of Huldrych Zwingli*, ed., Edward J. Furcha and H. Wayne Pipkin (Allison Park, PA: Pickwick, 1984); Gottfried Wilhelm Locher, *Zwingli's Thought: New Perspectives* (Liden: Brill, 1981); G. R. Potter, *Zwingli* (Cambridge, UK: Cambridge University Press, 1984); Jean Rilliet, *Zwingli, Third Man of the Reformation*, trans. Harold Knight (London: Lutterworth, 1964); W. P. Stephens, *The Theology of Huldrych Zwingli* (Oxford: Clarendon, 1986); *Zwingli: An Introduction to His Thought* (Oxford: Clarendon, 1992); "Zwingli on John 6:63: 'Spiritus Est Qui Vivificate, Caro Nihil Potest'", em *Biblical Interpretation in the Era of the Reformation: Essays Presented to David C. Steinmetz in Honor of His Sixtieth Birthday*, ed. John L. Thompson and Richard A. Muller (Grand Rapids, MI: Eerdmans, 1996), 156-85; Sigmund Widmer, *Zwingli, 1484-1984: Reformation in Switzerland* (Zürich: Theologischer Verlag, 1983).

3 H. H. Howorth, "The Origin and Authority of the Biblical Canon According to the Continental Reformers: II. Luther, Zwingli, LeFreve and Calvin", *The Journal of Theological Studies* 9 (1908): 198-99.

4 Howorth, "The Origin and Authority of the Biblical Canon", 199.

PREGAÇÃO REFORMADA

encorajou Zuínglio na direção que, por fim, o levaria a abraçar a característica básica da Reforma, *sola Scriptura*. Também orientou Zuínglio, pelo menos nos passos iniciais, na doutrina da justificação pela graça por meio da fé somente.

De 1506 a 1516, Zuínglio serviu como o sacerdote paroquial de Glarus, um pequeno cantão suíço. Depois, de 1516 a 1518, ele pregou em Einsiedeln. Caspar Hedio (1494-1552), reformador de Estrasburgo, descreveu a pregação de Zuínglio neste período como "elegante, erudita, solene, rica e penetrante e evangélica, tão clara que nos leva de volta ao sentido dos teólogos antigos".[5]

Por volta de 1516, depois de estudar o Novo Testamento Grego de Desidério Erasmo (1466-1536) e lutar por tempo considerável (talvez vários meses) com seus pecados e fraquezas, Zuínglio experimentou um tipo de avanço evangélico. Não foi tão dramático como o de Lutero, mas foi do mesmo tipo e, interessantemente, aconteceu quase no mesmo tempo em que Lutero chegou à liberdade espiritual sozinho. Esse avanço fez Zuínglio se voltar ainda mais para as Escrituras, mas também o tornou muito hostil para com o sistema medieval de penitência e veneração de relíquias. Ele começou a atacar este sistema a partir do púlpito em 1518.

Lutero fixou suas 95 teses no outono de 1517. No que diz respeito aos estudos sobre Zuínglio, tem havido muito debate a respeito de quanto Lutero influenciou Zuínglio. O próprio Zuínglio disse que não foi muito influenciado por Lutero, porque estavam passando pelas mesmas coisas ao mesmo tempo e chegando às mesmas conclusões independentemente. Isso pode ser

---

5   Citado em Lee Palmer Wandel, "Zwingli, Huldrych", *The Oxford Encyclopedia of the Reformation* (Oxford: Oxford University Press, 1996), 4:321.

Pregadores da Reforma: Zuínglio, Bullinger e Oecolampadius

um pequeno exagero. Sem dúvida, ele foi influenciado em alguma medida por Lutero. Mas a teologia de Lutero ainda não era bem desenvolvida nesta altura. Por isso, a ideia de que Zuínglio foi apenas um seguidor de Lutero é certamente um exagero.

Um dos momentos importantes da Reforma aconteceu em 1519, quando Zuínglio começou seu ministério como pregador na Grossmünster (grande "catedral" ou "edifício de igreja") de Zurique, que é um belo edifício até hoje. Ele anunciou à sua congregação que pregaria sermões exegéticos, começando com Mateus 1, continuando pelo evangelho e, depois, o restante do Novo Testamento. Neste aspecto, ele seguiu João Crisóstomo (c. 347-407). Ele popularizou no início da Reforma aquilo que é chamado *lectio continua*, que significa "leitura pública contínua", o que hoje chamaríamos de pregação expositiva do texto da Escritura em ordem sequencial.[6]

O estilo de pregação de Zuínglio era um método de homilia que se assemelhava à pregação dos pais antigos. O ministro subia ao púlpito e começava a pregar no lugar em que havia parado na última vez. Não tinha necessariamente um tema ou pontos. Continuava a pregar até que seu tempo acabasse, fazia uma ou duas aplicações e iniciava ali na próxima vez. Em geral, num sermão eram cobertos de dois a quatro versículos do Novo Testamento ou de quatro a sete versículos do Antigo Testamento. Zuínglio estabeleceu esse padrão, e João Calvino também o usou, como veremos.

Zuínglio pregou fielmente vários livros da Bíblia por vinte anos, até que morreu em 1531, quando servia como capelão

---

6 Hughes Oliphant Old, *The Reading and Preaching of the Scriptures in the Worship of the Christian Church, Volume 4: The Age of Reformation* (Grand Rapids, MI: Eerdmans, 1998), 43.

PREGAÇÃO REFORMADA

das tropas de Zurique na guerra com os cantões católicos romanos da Suíça. Seu caráter nobre, seu compromisso firme com a autoridade da Escritura e sua propagação diligente da reforma evangélica na pregação e no culto, mais do que seus escritos, fizeram dele um dos mais cativantes líderes iniciais da Reforma. Era um pregador muito popular. As pessoas em Einsiedeln, onde ele serviu por pouco tempo, e em Zurique retornavam de ouvir um de seus sermões e discutiam com outras, nas ruas, o que tinham ouvido. Basicamente, elas diziam aos visitantes: "Ouvimos um sermão maravilhoso. Você tem de ir e ouvir Ulrico Zuínglio pregar". Assim, a notícia se propagou, habitantes locais e turistas iam ouvi-lo, e a igreja cresceu e floresceu. Poderia ser dito sobre ele o que foi dito sobre o Senhor Jesus Cristo: "A grande multidão o ouvia com prazer" (Mc 12:37).

A coisa mais admirável sobre Zuínglio – e é difícil captarmos a empolgação das pessoas a respeito disso – é que, quando as pessoas diziam umas às outras: "Ele prega a Bíblia!", isso era incomum e sem precedentes na experiência delas. Zuínglio não pregava mera tradição de homens, nem meras polêmicas teológicas; antes, ele pregava a Escritura. Este método era tão poderoso para elas, porque Zuínglio declarava a mensagem da Palavra com autoridade e, depois, aplicava-a à alma dos ouvintes. O tom de "Assim diz o Senhor" deixou uma profunda impressão. Este tipo de pregação exegética e aplicável, que provavelmente achamos normal em nossas igrejas, era revolucionário nos dias de Zuínglio. Também foi revolucionário o modo como ele reestruturou o culto de adoração centralizando-o na Palavra de Deus. A pregação era a maior parte do culto, envolvendo talvez de 50 a 60 minutos.

Pregadores da Reforma: Zuínglio, Bullinger e Oecolampadius

Zuínglio teve um auxiliar muito hábil chamado Heinrich Bullinger (1504-1575).[7] Convertido à fé reformada enquanto estudava na Universidade de Colônia em 1522, Bullinger se tornou o principal professor num monastério em Kappel. Suas palestras sobre o Novo Testamento causaram uma abolição da missa ali. Bullinger substituiu Zuínglio quando este morreu em 1531. Quando Bullinger pregou seu primeiro sermão na catedral de Zurique, depois da morte de Zuínglio, as pessoas ficaram cheias de entusiasmo. Como Oswald Myconius (1488-1552) nos diz: "Bullinger proferiu um sermão tão poderoso que muitos acreditaram que Zuínglio não estava morto, e sim que, como a fênix, havia retornado à vida". Como resultado, Zurique chamou rapidamente Bullinger, que era apenas um pregador visitante, para ser seu ministro.[8]

A produtividade de Bullinger no púlpito foi admirável. Ele pregou completamente 55 dos 66 livros da Bíblia pelo menos uma vez. Pregou alguns livros duas vezes (Isaías, Daniel, Oseias, Amós, Naum, Mateus, Marcos, as epístolas de Paulo e 2 Pedro), três vezes (Joel,

---

7   Sobre Bullinger, ver J. Wayne Baker, *Heinrich Bullinger and the Covenant: The Other Reformed Tradition* (Athens, OH: Ohio University Press, 1980); Zwingli and Bullinger, *Zwingli and Bullinger*; George Melvyn Ella, *Henry Bullinger (1504-1575): Shepherd of the Churches* (Eggleston, UK: Go Publications, 2007); Heinrich Bullinger, *The Decades*, ed. Thomas Harding, 2 vols. (Grand Rapids, MI: Reformation Heritage Books, 2004); Bruce Gordon and Emidio Campi, eds., *Architect of Reformation: An Introduction to Heinrich Bullinger, 1504-1575*, Texts and Studies in Reformation and Post-Reformation Thought (Grand Rapids, MI: Baker Academic, 2004); David John Keep, "Henry Bullinger and the Elizabethan Church: A Study of the Publication of His 'Decades,' His Letter on the Use of Vestments and His Reply to the Bull Which Excommunicated Elizabeth" (PhD diss., University of Sheffield, 1970); Charles S. McCoy, J. Wayne Baker, and Heinrich Bullinger, *Fountainhead of Federalism: Heinrich Bullinger and the Covenantal Tradition* (Louisville, KY: Westminster/John Knox Press, 1991); Cornelis P. Venema, *Heinrich Bullinger and the Doctrine of Predestination: Author of "The Other Reformed Tradition"?* Texts and Studies in Reformation and Post-Reformation Thought (Grand Rapids, MI: Baker Academic, 2002).

8   Walter Hollweg, *Heinrich Bullingers Hausbuch: Eine Untersuchung Über Die Anfänge Der Reformierten Predigtliteratur* (Neukirchen, Kreis Moers: Verlag der Buchhandlung des Erziehungsvereins, 1956), 18-19.

147

PREGAÇÃO REFORMADA

Obadias, Jonas, Habacuque, Sofonias, Ageu, Zacarias, Malaquias, Lucas, João, Atos, 1 Pedro e 1 João) ou até quatro vezes (Hebreus).

Bullinger também escreveu 13 volumes de comentários que cobriam todo o Novo Testamento, exceto Apocalipse. Mas, posteriormente, ele publicou 100 sermões sobre Apocalipse e, portanto, fez muito trabalho nesse livro. Também publicou sermões sobre alguns livros do Antigo Testamento. Escreveu 170 sermões sobre Jeremias, 66 sermões sobre Daniel e 190 sobre Isaías. No todo, ele publicou 618 sermões. Contudo, nenhum deles se tornou tão popular quanto os que foram reunidos como *As Décadas*, uma coletânea de 50 sermões nos quais Bullinger transita por todo o campo de teologia sistemática reformada. Estes 50 sermões se tornaram uma das obras mais famosas que ele escreveu. Bullinger usou a palavra *décadas* como título de seu livro porque contém cinco "décadas" ou séries de dez sermões cada. Ele aborda uma doutrina em cada sermão, e, juntos, estes sermões se tornaram, em sua época, mais populares do que as *Institutas da Religião Cristã*, de Calvino. Suas mensagens são, em geral, pacíficas e não polêmicas, tornando *As Décadas* uma introdução edificante à teologia reformada mesmo em nossos dias.

A erudição contemporânea pensa, agora, que Bullinger foi tão influente na Reforma quanto Calvino. De fato, existem entre doze e treze mil cartas para e de Bullinger, comparadas com as nove mil e quinhentas de Lutero, Calvino e Teodoro Beza (1519-1605) juntos. Bullinger esteve no centro da Reforma em toda a Europa, na mesma dimensão que Calvino esteve. Bullinger ajudou a estabilizar os ganhos da Reforma. Seus livros eram poderosos e proveitosos e foram usados em toda a Europa, especialmente na Inglaterra. Até a sua morte em 1575, ele e Beza eram considerados patriarcas da

Pregadores da Reforma: Zuínglio, Bullinger e Oecolampadius

Reforma. (Bullinger viveu onze anos mais do que Calvino, embora tenha nascido cinco anos antes.)

Bullinger também escreveu 150 tratados. Seus escritos podem ser divididos em três categorias: (1) escritos confessionais, que resultaram em algumas afirmações de fé muito significativas, como a Segunda Confissão Helvética, quase exclusivamente obra sua; (2) alguns escritos polêmicos – livros contra os anabatistas, os luteranos e os católicos romanos, como seria esperado; contudo, a grande maioria de seus escritos eram (3) pastorais, assumindo a forma de comentários bíblicos, palestras publicadas sobre doutrinas teológicas e sermões impressos.

Embora diferentes em estilo, Zuínglio e Bullinger foram, ambos, grandes pregadores que proclamaram fielmente as Escrituras e as aplicaram ao coração. Zuínglio pregava provavelmente sete dias por semana. Bullinger pregou a cada domingo por mais de 40 anos e, provavelmente, uma média de três vezes durante a semana. Em 1532, foi determinado em Zurique que todo pastor na cidade tinha de pregar duas vezes no domingo e uma vez durante a semana. Assim, cada pastor tinha de preparar um mínimo de 150 novos sermões todo ano. Tornou-se comum os pastores protestantes de Zurique estarem expondo três seções diferentes da Escritura em determinado tempo. Podiam estar expondo os Salmos nos domingos de manhã, uma das epístolas de Paulo nas noites de domingo e um dos quatro evangelhos numa noite da semana. Mas, qualquer que fosse o livro ou a ordem escolhida, o importante era que as pessoas estavam sendo alimentadas com a Palavra de Deus, semana após semana, sermão após sermão, o que os afetava profundamente.

Ainda que seus estilos de pregação fossem muito diferentes, parece que o conteúdo do sermão era muito semelhante. Infelizmente,

PREGAÇÃO REFORMADA

não temos muitos sermões existentes de Zuínglio; mas podemos categorizar os elementos que se destacam nos sermões deles.

O primeiro é este: nos sermões de Zuínglio e de Bullinger, havia uma ênfase forte e explícita na pessoa do Espírito Santo. Repetidas vezes, vemos referências à dependência da obra do Espírito. Lutero suspeitava dessa ênfase. Suspeitava erroneamente que eles eram realmente místicos ("espiritualistas") no coração. Esta identificação surgiu do famoso debate de Lutero com Zuínglio na Universidade de Marburgo, o Colóquio de Marburgo (1º a 3 de outubro de 1529). Eles discordaram quanto à presença de Cristo na Ceia do Senhor. Entretanto, mesmo uma leitura rápida dos sermões de ambos os autores mostra que não havia nenhum traço desse "espiritualismo" na pregação de Zuínglio ou na de Bullinger.

Segundo, eles enfatizavam o grande princípio reformado de *sola Scriptura*. Ambos os ministros eram convictos de que deviam pregar nada mais do que a Escritura (lembre-se de quão radical isto era naquele tempo). Essa pregação da Escritura devia ser feita preferencialmente de uma maneira sequencial, para que todo o desígnio de Deus fosse proclamado no devido curso.

Hughes Oliphant Old descreveu assim a pregação de Zuínglio:

Zuínglio era inspirado pela pregação *lectio continua* de Crisóstomo. Ele seguiu o sistema durante todo o seu ministério, expondo em sucessão Mateus, que tomou um ano inteiro de pregação diária, os Atos dos Apóstolos, 1 Timóteo, as duas epístolas de Pedro e Hebreus. Sabe-se que em 1524 ele já havia pregado todo evangelho de João e, depois, terminado o resto das epístolas de Paulo. Depois de sete anos de pregação diária, Zuínglio havia tratado a maior parte do Novo

Pregadores da Reforma: Zuínglio, Bullinger e Oecolampadius

Testamento. Depois, ele se voltou para o Antigo Testamento, pregando primeiramente os Salmos. Em seguida, Zuínglio começou o Pentateuco em meados de julho de 1526. Parece que ele continuou pelos Livros Históricos até março de 1528, quando começou Isaías. Depois, prosseguiu nos Profetas por algum tempo – não sabemos quanto. Esta interpretação sistemática da Escritura foi recebida com razoável entusiasmo em Zurique, e seus colegas a observavam com grande interesse. Um a um, os pregadores cristãos humanistas da Alta Renânia começaram a seguir o exemplo de Zuínglio. No sul da Alemanha, foi este tipo de pregação bíblica sistemática que ganhou as pessoas para a Reforma.[9]

Como Old observou, às vezes Zuínglio interrompia sua *lectio continua* e pregava mensagens para ocasiões especiais. Por exemplo, na segunda Disputa de Zurique, ele pregou um sermão sobre o ofício do pastor. Teve uma oportunidade para pregar às irmãs dominicanas em Outenbach sobre a clareza e a certeza da Palavra de Deus. Zuínglio pregava sermões sobre os principais dias de festa do ano cristão e tomava tempo para abordar controvérsias, quando surgiam.[10] O seu sistema não era servil; ele abordava realisticamente a situação presente. Mas, falando de modo geral, ele passou pelos livros da Bíblia um por um.

Zuínglio acreditava que, como Palavra de Deus, as Escrituras tinham clareza (perspicuidade) e autoridade em si mesmas. Ele escreveu: "Quando a Palavra de Deus brilha no entendimento humano, ilumina-o de tal maneira que entende e confessa a

---

9 Old, *Reading and Preaching of the* Scriptures, 4:46.

10 Old, *Reading and Preaching of the* Scriptures, 4:46-47.

PREGAÇÃO REFORMADA

Palavra e conhece a certeza dela".[11] E citou o Salmo 119:130: "A revelação das tuas palavras esclarece e dá entendimento aos simples". Portanto, quando a Palavra de Deus vinha a um profeta, ele "sabia que a palavra era de Deus e não de qualquer outro", disse Zuínglio.[12] A Bíblia autentica-se a si mesma porque é a voz de Deus. A Palavra de Deus "vem com tanta clareza e segurança que é, certamente, conhecida e crida".[13] Esta crença lhe dava confiança para pregar somente as Escritura e não as ideias de homens. Ele disse: "Não importa quem seja o homem, se nos ensina de acordo com seu pensamento e sua mente, seu ensino é falso. Mas, se ensina de acordo com a Palavra de Deus, não é ele quem nos ensina, e sim Deus mesmo".[14] Isto coloca o pregador numa posição de servo humilde sob a autoridade do Senhor. Depois de um acometimento quase fatal com a praga em 1519, Zuínglio escreveu em oração a Deus: "Faze o que quiseres", pois "sou tua ferramenta para perfurar ou quebrar".[15]

Não é fácil determinar quanto a pregação de Zuínglio foi moldada por sua experiência pessoal. Mas ele foi um homem que cresceu em amor pelas Escrituras; ele as absorvia e as estudava continuamente. Como resultado, ele conhecia bem sua Bíblia. Isto o ajudou muito em sua pregação. Quando Zuínglio pregava, podia apelar a textos de toda a Bíblia. E isto é o que dá a seus escritos, até hoje, um selo de autoridade. A autoridade da Escritura sempre transcende o tempo e a cultura em que vivemos. Por isso, quando

---

11 Ulrich Zwingli, "Of the Clarity and Certainty of the Word of God", em *Zwingli and Bullinger*, 75.

12 Zwingli, "Clarity and Certainty", 76.

13 Zwingli, "Clarity and Certainty", 77.

14 Zwingli, "Clarity and Certainty", 90.

15 Citado em Wandel, "Zwingli, Huldrich", 321.

somos homens bíblicos, nossos sermões têm valor duradouro. A Palavra de Deus, como nos diz Pedro, "vive e é permanente" (1 Pe 1:23). Zuínglio se deleitava na vida que achava nas Escrituras – vida que se manifestava no livre e soberano poder de Deus. Ele disse: "A Palavra de Deus é tão viva e poderosa, que todas as coisas têm necessariamente de obedecer-lhe, e isso, tão frequentemente e no tempo que Deus mesmo determina... Se ela não se cumpre no tempo que você deseja, isso não se deve a qualquer deficiência de poder, e sim à liberdade da vontade dele".[16]

Zuínglio e Bullinger sentiram tão fortemente o *sola Scriptura*, que foram levados a estabelecer o que podemos chamar de o primeiro seminário do protestantismo reformado, para treinar outros homens na autoridade e nos ensinos da Escritura. O seminário foi chamado *Prophezei*, indicando a continuidade entre o pregador cristão e o antigo profeta. Depois de ser estabelecido em 1525, Zuínglio e Bullinger se tornaram dois dos mais importantes professores ali. Eruditos discutem a natureza da educação que o seminário oferecia. As obras exegéticas de Peter Martyr Vermigli (1500-1562), Theodor Bibliander (1509-1564) e outros teólogos importantes da época se tornaram os livros-textos do seminário. Os alunos também estudavam as línguas antigas. Também ajudavam os professores em seu trabalho e publicação. De certo modo, parece que os alunos serviam como professores auxiliares, embora estivessem aprendendo. Uma tarefa interessante que os alunos realizavam era ajudar os professores na tradução da Bíblia, resultando na chamada Tradução de Zurique. Esta versão era mais exata do que a de Lutero, embora sua influência tenha decaído posteriormente. Lutero traduziu como um poeta

---

16 Zwingli, "Clarity and Certainty", 72.

habilidoso, mas os eruditos de Zurique traduziram como alunos especializados nas línguas antigas.

Terceiro, a pregação de Zuínglio e de Bullinger era centrada em Cristo. Sendo fundamentados em *sola Scriptura*, eles pregavam *solus Christus*. Oliphant Old disse: "Zuínglio pregava, antes de tudo, Cristo e o poder salvador de sua morte e sua ressurreição".[17] Enfatizava que Cristo fizera expiação por morrer como nosso substituto para satisfazer a justiça de Deus por nossos pecados. De fato, foi assim que Zuínglio chegou a ser um pregador famoso. Em essência, as pessoas diziam: "Você não somente vai ouvir a Palavra de Deus; ele está pregando Jesus Cristo, sem pregar Maria e os santos. Você sabia que, de acordo com Zuínglio, este pregador incomum, você pode ir diretamente a Deus por meio de Jesus Cristo?" De novo, aquilo que é tão comum para nós hoje era revolucionário e radical para as pessoas daquele tempo. Devemos muito a Zuínglio pela clareza com a qual ele ensinou o evangelho e por estabelecer uma ênfase cristológica e um foco cristocêntrico para os pregadores da Reforma seguirem.

É interessante observarmos as páginas de título dos escritos de Zuínglio e de Bullinger. Naqueles dias, um título era geralmente muito extenso, constituindo um resumo do livro, muito semelhante ao que vemos na contracapa de um livro moderno. Embaixo do nome do autor sempre havia um texto, elaborado pelo autor, que resumia suas principais ênfases no livro. Nas páginas de títulos das obras de Zuínglio e de Bullinger, esses textos eram quase sempre cristológicos. Um dos livros de Zuínglio tem Mateus 11:28: "Vinde a mim, todos os que estais cansados e sobrecarregados". Para um de seus livros, Bullinger

---

17 Old, *Reading and Preaching of the Scriptures*, 4:50.

escolheu Mateus 17:5: "Este é o meu Filho amado, em quem me comprazo; a ele ouvi".

Os escritos de Zuínglio são cheios de afirmações e princípios cristocêntricos. Suas 66 teses são muito mais centradas em Cristo do que as 95 teses de Lutero. Eis uma afirmação típica, extraída do começo das conclusões de Zuínglio: "O resumo do evangelho é que nosso Senhor Jesus Cristo, verdadeiro Filho de Deus, nos revelou a vontade de seu Pai celestial, nos redimiu da morte e nos reconciliou com Deus por sua inculpabilidade".[18] Nas teses de Zuínglio, achamos esta ênfase na justiça de Jesus Cristo e em toda a nossa salvação em Jesus Cristo, tudo recebido pela fé nele.

Cristo era também a essência da pregação de Bullinger. Sua cristologia já se achava em forma germinal em sua obra *Studiorum ratio*, escrita em 1528. Ele disse: "Leio que Cristo foi pregado na cruz. Creio que Cristo é a satisfação de todos os crentes. Leio que Cristo ressuscitou dos mortos, etc. Ensino que somente Cristo deve ser invocado em todos os perigos. Leio que Cristo rejeitou as coisas mundanas, que ele ensinou inocência e caridade. Concluo, portanto, que a adoração de Deus consiste em pureza de vida, em inocência e caridade e não em sacrifícios externos, celebrações, vestes, etc."[19]

Este foco cristológico é ainda mais evidente em *As Décadas*, de Bullinger. Visto que o alvo de Bullinger nos sermões em As *Décadas* é conduzir o leitor a Jesus Cristo, todo o conjunto de sermões é permeado de cristologia.

---

18 Citado em James T. Dennison, ed., *Reformed Confessions of the Sixteenth and Seventeenth Centuries in English Translation: Volume 1, 1523-1552* (Grand Rapids, MI: Reformation Heritage Books, 2008), 3.

19 Heinrich Bullinger, *Studiorum ratio – Studienanleitung*, ed. Peter Stotz (Zurich: LIT Verlag, 1987), 25.

PREGAÇÃO REFORMADA

JOHANNES OECOLAMPADIUS

Johannes Huszgen (1482-1531) foi um erudito brilhante e importante reformador em Basileia.[20] Seu sobrenome foi latinizado como Oecolampadius ou "lâmpada de casa". Old o chama de "uma das âncoras da Reforma".[21] Nascido no Palatinado, estudou Direito e Teologia, recebendo a influência do erudito humanista Jakob Wimpfeling (1450-1528). Depois de trabalhar como tutor dos filhos de Filipe Eleitor Palatino (1448-1508), ele começou a pregar em sua cidade natal, Weinsberg. Depois, voltou à escola para estudar grego e hebraico, onde conheceu Wolfgang Capito (c. 1478-1541), que serviu em Basileia, Mainz e Estrasburgo. Foi mentor de Filipe Melâncton (1497-1560), que, mais tarde, foi influenciado por seus tratados sobre o significado simbólico das palavras de Cristo "Isto é o meu corpo". Ajudou Erasmo a completar suas anotações no Novo Testamento Grego. Também traduziu vários pais gregos e publicou uma gramática grega.

Em 1518, Oecolampadius foi para a catedral de Augsburg, um dos púlpitos mais importantes em toda a Alemanha. Isso aconteceu poucos meses depois que Lutero fixou suas teses, e Oecolampadius acompanhou com grande interesse o desenvolvimento da controvérsia sobre as teses. Em 1520, ele deixou Augsburg para pregar no monastério de Altomünster. Ali fez uso de sua solidão para meditar

---

20 Sobre Oecolampadius, ver Diane Poythress, *Reformer of Basel: The Life, Thought, and Influence of Johannes Oecolampadius* (Grand Rapids, MI: Reformation Heritage Books, 2011); "Johannes Oecolampadius' Exposition of Isaiah, Chapters 36-37" (PhD diss., Westminster Theological Seminary, 1992); Demura Akira, "Church Discipline According to Johannes Oecolampadius in the Setting of His Life and Thought" (PhD diss., Princeton Theological Seminary, 1964); E. Gordon Rupp, *Patterns of Reformation* (London: Epworth, 1969), 3-64; Thomas A. Fudge, "Icarus of Basel? Oecolampadius and the Early Swiss Reformation", *Journal of Religious History 21*, no. 3 (October 1997): 268-84; Ed L. Miller, "Oecolampadius: The Unsung Hero of the Basel Reformation", *Iliff Review 39*, no. 3 (Fall 1982): 5-25.

21 Old, *Reading and Preaching of the Scriptures*, 4:53.

Pregadores da Reforma: Zuínglio, Bullinger e Oecolampadius

nos pais da igreja e nos escritos de Lutero, achando Lutero "mais perto da verdade evangélica do que qualquer de seus oponentes".[22] Correspondeu-se com Lutero e Melâncton e desenvolveu uma amizade com Zuínglio.

A perseguição aos reformadores começou logo a intensificar-se. Em 1521, o Edito de Worms declarou Lutero herege, forçando-o à ocultação temporária. Oecolampadius, embora um famoso erudito, viu-se como um refugiado sem trabalho. Mas, na providência de Deus, ele voltou a Basileia em 1522 e se tornou um palestrante universitário sobre a Bíblia e um ministro de pregação na igreja de Saint Martin. Em 1523-1524, ministrou palestras sobre Isaías para uma audiência de 400 pessoas e publicou suas palestras em um comentário (1525) que ganhou o elogio de Lutero e Calvino. Seus comentários sobre Isaías 53:3 contêm a mais antiga referência reformada a um pacto entre o Pai e o Filho como o fundamento da eterna aliança de graça de Deus.[23] Também escreveu comentários sobre 20 outros livros da Bíblia, nenhum dos quais foi ainda traduzido para o inglês.[24]

Em 1528, ele se casou com Wibrandis, uma viúva de 26 anos de idade que, depois da morte de Oecolampadius, casou-se com Capito e, depois, viúva novamente, com Martin Bucer (1491-1551).

Em 1529, o governo de Basileia se declarou oficialmente em favor da Reforma. O primeiro artigo do Ato de Reforma diz: "De agora em diante, nada deve ser pregado, senão a Palavra de Deus, o

---

22 Citado em Robert C. Walton, "Oecolampadius, Johannes", *The Oxford Encyclopedia of the Reformation*, ed. Hans Joachim Hillerbrand (Oxford: Oxford University Press, 1996), 170.

23 Poythress, *Reformer of Basel*, 50.

24 Traduções de seus comentários sobre Isaías 36-37 estão disponíveis em Poythress, *Reformer of Basel*, 171-201.

PREGAÇÃO REFORMADA

evangelho de Jesus Cristo. As boas novas devem ser pregadas aos fiéis, puros, claros e simples, para a glória de Deus e a edificação do amor fraternal".[25] Oecolampadius se tornou o pastor na catedral de Basileia. Pregou todo o evangelho de Marcos, uma série da qual temos ainda 131 sermões, e Colossenses. Pregou também outras séries de exposições que se perderam.[26]

Sua liderança forte, combinada com uma evitação diplomática de controvérsia desnecessária, contribuiu para unificar e promover a Reforma em Basileia. Ainda em 1529, ele participou do Colóquio de Marburgo, posicionando-se ao lado de Zuínglio contra a crença de Lutero na presença local e física de Cristo na Ceia do Senhor. E trabalhou para diminuir o controle do Estado sobre a igreja e para dar à igreja seus poderes legítimos de disciplinar seus membros.

Oecolampadius continuou a trabalhar em Basileia até sua morte em 1531. Seus escritos e reformas tiveram um impacto profundo em Calvino, que trabalhou na primeira edição de suas *Institutas* em Basileia, poucos anos depois da morte de Oecolampadius e continuou a meditar, por anos, nas obras dele. Verdadeiramente, o reformador germano-suíço provou ser uma "lâmpada" cuja luz iluminou muitos na casa de Deus.

Diane Poythress, depois de estudar com cuidado as mensagens de Oecolampadius sobre Isaías, fez as seguintes observações sobre quatro temas experienciais em sua pregação:

1. "Oecolampadius é excelente em expor o mal."[27] Ele ensina muito sobre como reconhecer os ardis de Satanás e como rejeitá-lo quando aparece com seu engano. Há um tema experiencial na

---

25 Citado em Old, *Reading and Preaching of the Scriptures*, 4:64.

26 Old, *Reading and Preaching of the Scriptures*, 4:63.

27 Poythress, "Johannes Oecolampadius' Exposition of Isaiah, Chapters 36-37", 405.

pregação de Oecolampadius: ele mostra como a alma pode batalhar contra as forças do mal. Salienta que Satanás usa até as coisas santas de Deus, combinando suas mentiras com a verdade de Deus. Satanás zomba dos piedosos, perverte a justiça e atormenta com dúvidas pessoas ansiosas. Os crentes podem esperar que sejam atacados pelo Maligno. Oecolampadius questiona: "Ele [Satanás] nos pouparia, aquele que nem mesmo temeu atacar a Cristo?" Satanás almeja especialmente entristecer os crentes por persuadi-los de que Deus os rejeitou. O reformador de Basileia escreveu: "Vejam entre estas provações certas como o Diabo sugere frequentemente que sua fé é em vão e que vocês pertencem ao número dos condenados... Pois, assim como nos alegramos na consciência quando somos assegurados da graça de Deus, assim também somos grandemente aterrorizados quando cremos que Deus está irado conosco. De fato, isto é o próprio inferno".[28] Mas as tentações do Diabo não podem vencer no final, porque Cristo é Senhor.

2. Oecolampadius diz que "lembrar a consumação'" da história é um "estímulo" útil que "impele uma alma em direção à piedade".[29] Fazer isso encoraja o crente de várias maneiras. Assegura-o de que a justiça de Deus prevalecerá e punirá severamente os inimigos do seu povo. O crente sente-se confortado em saber que, um dia, Deus esmagará completamente o pecado em nós, destruindo a nossa "Babilônia" interior. E pensar de antemão no dia do julgamento ajuda o cristão a ver a glória de Cristo, que é "seguir a Deus, com coração e alma, aonde quer que ele guie".[30]

---

28 Citado em Poythress, "Johannes Oecolampadius' Exposition of Isaiah, Chapters 36-37", 406.

29 Citado em Poythress, "Johannes Oecolampadius' Exposition of Isaiah, Chapters 36-37", 407.

30 Citado em Poythress, "Johannes Oecolampadius' Exposition of Isaiah, Chapters 36-37", 407-408.

PREGAÇÃO REFORMADA

3. Oecolampadius encoraja o crente à piedade pessoal. Aplica a lei como um guia para uma vida cristã que é capacitada pela fé em Cristo: "Os mandamentos de Deus são fáceis... Parece ser uma montanha árdua e uma subida muito difícil dar a própria vida pelos irmãos, fazer o bem aos inimigos, renunciar todas as coisas mundanas; mas nada é difícil para aquele que crê".[31] Ele chama os crentes a acharem o poder para obedecer por crescerem em seu entendimento do poder de Deus e da confiabilidade de suas promessas. Aplica exemplos dos heróis bíblicos para estimular a piedade em seus ouvintes. Explica os significados confortadores dos nomes de Deus, como "o Senhor Sabaoth" ("o Senhor dos exércitos"), escrevendo: "Todos os exércitos são servos dele, os celestiais e os terrenos, e ele pode enviá-los para a ajuda de seu próprio povo". Oecolampadius exorta os crentes a encorajarem uns aos outros por falarem o evangelho uns aos outros: "Vocês têm aqui o que deveriam anunciar, ou seja, a misericórdia, o poder e o advento de Cristo... Nós, que somos os verdadeiros anunciadores, dizemos: 'Eis o vosso Deus.'"[32]

4. Acima de tudo, Oecolampadius entende a pregação como a proclamação pessoal de Cristo. Isso resulta de sua opinião sobre as Escrituras. Ele diz: "Porque a Palavra de Deus é inspirada pelo Espírito Santo, posso afirmar que em todos os lugares o Espírito das Escrituras tem referência a Cristo em propósito, alvo e método". Portanto, o primeiro e fundamental ato do estudante da Escritura é chegar à Bíblia buscando a Cristo: "O sentido da Escritura não é dado a qualquer um, exceto àqueles que buscam a Cristo e aos quais

---

31 Citado em Poythress, "Johannes Oecolampadius' Exposition of Isaiah, Chapters 36-37", 409-410.

32 Citado em Poythress, "Johannes Oecolampadius' Exposition of Isaiah, Chapters 36-37", 410-411.

Pregadores da Reforma: Zuínglio, Bullinger e Oecolampadius

Cristo se revela".[33] Isto anda lado a lado com humilharmos a nós mesmos, porque Deus se revela para sua glória, e, quanto mais o conhecemos, tanto mais somos confrontados com nossa "impureza".[34]

CONCLUSÃO

Espero que essa breve consideração da vida e ministério de Zuínglio, Bullinger e Oecolampadius lhe tenha dado um apetite pela pregação bíblica e experiencial que Deus fomentou no século XVI. Os herdeiros contemporâneos da Reforma lembram-na muito corretamente por sua teologia. No entanto, essa teologia se propagou e tomou posse de nações por meio da pregação da Palavra de Deus, de coração para coração. Alicerçada na exposição da Escritura, um livro por vez, essa pregação tinha o alvo não somente de informar a mente, mas também de inflamar o coração com tristeza por nossos pecados e anseio pela glória do Salvador. Embora sejam frequentemente esquecidos, estes três homens foram fiéis em servir como luzes ardentes e resplandecentes nas situações em que Deus os colocou, e, como resultado, ainda falam à Igreja cinco séculos depois. Que Deus nos dê graça para sermos fiéis em nosso tempo, como eles o foram em seus dias.

---

33 Citado em Poythress, *Reformer of Basel*, 121.

34 Citado em Poythress, *Reformer of Basel*, 121-22.

CAPÍTULO 6

PREGADORES DA REFORMA: CALVINO

João Calvino sustentava uma opinião elevada sobre a pregação.[1] Ele chama o ofício de pregação de "a mais excelente de todas as coisas", recomendado por Deus para que seja mantido na mais alta estima. "Na igreja, não há nada mais notável e glorioso do que o ministério do evangelho", Calvino conclui.[2] Ao comentar Isaías 55:11, ele disse: "A Palavra sai da boca de Deus de uma maneira que, igualmente, sai da boca do homem; porque Deus não fala abertamente do céu, mas emprega homens como seus instrumentos".[3]

Calvino entendia a pregação como meio comum e normal de Deus para salvação e bênção. Ele disse que o Espírito Santo é o

---

1 Este capítulo foi adaptado de Joel R. Beek, "Calvin as a Experiential Preacher", *Puritan Reformed Journal 1*, no. 2 (July 2009): 131-54. Usado com permissão.

2 John Calvin, *Institutes of the Christian Religion*, trans. Ford Lewis Battles, ed. John T. McNeil, Library of Christian Classics, vols. 20-21 (Philadelphia: Westminster, 1960), 4.3.3; daqui para frente, *Institutes*.

3 John Calvin, *Commentaries of Calvin*, 45 vols. (Edinburgh: Calvin Translation Society, 1846-1851; repr., 22 vols., Grand Rapids, MI: Baker, 1979) [Isa. 55:11]; daqui para frente, *Commentary*.

PREGAÇÃO REFORMADA

"ministro interno" que usa o "ministro externo" na pregação da Palavra. O ministro externo "declara a palavra vocal, e esta é recebida pelos ouvidos", mas o ministro interno "comunica verdadeiramente o que é proclamado, [que] é Cristo".[4] Assim, Deus mesmo fala pelos lábios de seus servos, por meio de seu Espírito. "Onde quer que o evangelho seja pregado, é como se Deus mesmo viesse para o nosso meio", escreveu Calvino.[5] A pregação é o instrumento e a autoridade que o Espírito usa em sua obra salvadora de iluminar, converter e selar pecadores. "Há uma eficácia interior do Espírito Santo, quando manifesta seu poder nos ouvintes, para que aceitem um discurso [sermão] pela fé".[6]

Calvino ensinou que a Palavra pregada e o testemunho interior do Espírito devem ser distintos, mas não separados. A Palavra e o Espírito estão juntos organicamente. Sem o Espírito, a Palavra pregada apenas aumenta a condenação dos incrédulos. Por outro lado, Calvino admoestou aqueles que enfatizavam o Espírito sem a Palavra ou em detrimento da Palavra, dizendo que somente o espírito de Satanás se separa da Palavra.[7]

Esta ênfase sobre a pregação levou Calvino a ser ativo em várias frentes em Genebra, na Suíça, onde ministrou por muitos anos. Primeiramente, ele mostrou suas convicções por seu próprio exemplo. Calvino pregava o Novo Testamento nos domingos de manhã, os Salmos, no domingo à tarde, e o Antigo Testamento, em um ou dois dias da semana. Seguindo esta agenda durante seu último período de ministério em Genebra, de 1541 a 1564, Calvino

---

4 John Calvin, *Tracts and Treatise*, trans. Henry Beveridge (Grand Rapids, MI: Eerdmans, 1958), 1:173.

5 *Commentary* [Mt 26:24].

6 *Commentary* [Ez 26:24].

7 Willem Balke, "Het Pietisme in Oostfriesland", *Theologia Reformata* 21 (1978):320-27.

Pregadores da Reforma: Calvino

pregou quase 4.000 sermões, mais do que 170 por ano. Em seu leito de morte, ele falou de sua pregação como mais importante do que seus escritos.[8]

Em segundo, Calvino pregava frequentemente à sua congregação sobre a responsabilidade de ouvirem corretamente a Palavra de Deus. Ensinava a seu povo o espírito com que deviam chegar para o sermão, ao que atentar na pregação e como responder. Visto que, para Calvino, toda verdadeira pregação é pregação bíblica e que os ministros devem ser sensíveis à Palavra para pregarem somente o que Deus manda, as pessoas devem provar os sermões por este critério. Sermões não bíblicos devem ser rejeitados; sermões bíblicos devem ser aceitos como a Palavra de Deus e obedecidos. O alvo de Calvino era que as pessoas assimilassem a importância da pregação, aprendessem a desejar a pregação como bênção suprema e participassem tão ativamente no sermão quanto o próprio pregador. A atitude básica delas deveria ser de "prontidão para obedecer a Deus completamente e sem reservas".[9]

Calvino era motivado a enfatizar o ouvir proveitoso da Palavra porque acreditava que poucas pessoas ouviam bem. Eis uma avaliação típica de Calvino: "Se o mesmo sermão é pregado, digamos, a cem pessoas, vinte o recebem com a obediência de fé, enquanto os demais julgam-no sem valor, ou riem, ou assobiam, ou detestam-no".[10] Achei mais de 40 críticas semelhantes em seus sermões (especialmente em Deuteronômio), comentários (e.g., em Sl 119:101 e At 11:23) e nas *Institutas* (especialmente 3.21-24). Se

---

8 William Bouwsma, *John Calvin: A Sixteenth-Century Portrait* (New York: Oxford University Press, 1988), 29.

9 Citado em Leroy Nixon, *John Calvin: Expository Preacher* (Grand Rapids, MI: Eerdmans, 1950), 65.

10 *Institutes*, 3.24.12.

PREGAÇÃO REFORMADA

ouvir de maneira proveitosa era um problema nos dias de Calvino, quanto mais em nossos dias quando os ministros têm de competir pela atenção de sua congregação, com toda a enormidade de mídia que nos bombardeia todos os dias?

Em terceiro, o sistema genebrino que Calvino estabeleceu enfatizava a pregação. As *Ordenanças* genebrinas estipulavam que sermões deveriam ser pregados aos domingos em cada uma das três igrejas no romper do dia e, de novo, às nove horas da manhã. Depois que as crianças fossem catequizadas ao meio-dia, um terceiro sermão deveria ser pregado em cada igreja às três horas da tarde. Sermões semanais eram também programados nas três igrejas às segundas, às quartas e às sextas-feiras, em horas diferentes, para que fossem ouvidos um após o outro. Dessa maneira, as pessoas podiam receber três sermões em um dia, se desejassem. No tempo da morte de Calvino, pelo menos um sermão era pregado em cada igreja todos os dias da semana.

Os dons de Calvino e sua opinião elevada sobre a pregação, tanto na teologia quanto na prática, motivam-nos a estudar seus sermões. Neste capítulo, pretendo oferecer uma visão geral de como Calvino pregava, antes de focalizar-me mais estritamente nas questões de como ele pregava experiencialmente e como essa pregação interagia com doutrinas consequentes ou relacionadas, como a segurança da fé, a eleição e o autoexame.

A PREGAÇÃO DE CALVINO

Calvino pregou em série vários livros da Bíblia, esforçando-se para mostrar o significado de uma passagem e como ela deveria impactar a vida de seus ouvintes. Muito semelhante em estilo às homilias da igreja antiga, os sermões de Calvino não tinham divisões ou

Pregadores da Reforma: Calvino

pontos, exceto os que o texto ditava. Como Paul Fuhrmann escreveu: "São apropriadamente homilias como na igreja antiga: exposições de passagens bíblicas à luz da gramática e da história, [provendo] aplicação às situações da vida dos ouvintes".[11]

Calvino era um exegeta cuidadoso, um expositor hábil e um aplicador fiel da Palavra. Seus alvos ao pregar eram glorificar a Deus, fazer os crentes crescerem na graça e no conhecimento de Cristo Jesus e unir pecadores com Cristo, para que "homens sejam reconciliados com Deus pela remissão gratuita de seus pecados".[12] Este alvo de salvar pecadores mesclava-se inseparavelmente com sua ênfase em doutrinas bíblicas. Ele escreveu que ministros são "guardiães da verdade de Deus; isso quer dizer, de sua preciosa imagem, daquilo que diz respeito à grandeza da doutrina de nossa salvação e da vida do mundo".[13] Calvino admoestava frequentemente os ministros a manterem seguro esse tesouro por manejarem diligentemente a Palavra de Deus, esforçando-se sempre pelo ensino bíblico puro. Isso não excluía aplicar a Palavra aos acontecimentos na vida das pessoas. Calvino se sentia livre para aplicar seu sermão a esses acontecimentos de maneiras práticas, experienciais e morais.[14]

A imagem de um pregador como um mestre levou Calvino a enfatizar a importância de cuidadosa preparação de sermão. Como ele alcançou esse objetivo por si mesmo, em vista de sua frequência de pregação e elevada carga de atividades, permanece um mistério. Mas é óbvio que Calvino estudava com grande cuidado o texto que

---

11 Paul. T. Fuhrmann, "Calvin, Expositor of Scripture", Interpretation 6, no 2 (April 1952), 191.

12 *Commentary* [Jo 20:13].

13 John Calvin, *The Mystery of Godliness* (Grand Rapids, MI: Eerdmans, 1950), 122.

14 A. Mitchell Hunter, "Calvin as Preacher", *Expository Times 30*, no. 12 (September 1919): 563.

PREGAÇÃO REFORMADA

seria exposto e lia amplamente o que outros haviam dito sobre o texto. Ele pregava extemporaneamente, confiando muito em sua notável memória. E declarou muitas vezes que o poder de Deus podia ser melhor exibido em pregação extemporânea.

Essa é a razão por que não existem manuscritos dos sermões de Calvino. Pelo que sabemos, ele nunca escreveu qualquer sermão. A única razão de termos mais de dois mil sermões de Calvino é que um homem chamado Denis Raguenier os registrou com estenografia de 1549 à morte do escriba em 1560. Aparentemente, Calvino nunca tencionou que fossem publicados.

O tamanho médio dos textos que Calvino abordava em seus sermões era de quatro ou cinco versículos no Antigo Testamento e dois ou três versículos no Novo Testamento. Seus sermões eram razoavelmente curtos para seus dias (talvez, em parte, por causa de sua condição asmática) e duravam em média 35 a 40 minutos. Relata-se que Calvino falava "deliberadamente, muitas vezes com pausas longas que permitiam as pessoas pensarem", embora outros digam que ele deva ter falado rapidamente para completar seu sermão em tempo.[15]

O estilo de pregação de Calvino era claro e inequívoco. Num sermão intitulado "Pregação Pura da Palavra", Calvino escreveu: "Temos de evitar toda tagarelice inútil e nos mantermos no ensino claro, que é convincente".[16] A retórica por si mesma tem de ser evitada, embora a verdadeira eloquência, quando sujeita à simplicidade do evangelho, deva ser almejada. Quando Joachim Westphal acusou Calvino de "tagarelar" em seus sermões,

---

15 Philip Vollmer, *John Calvin: Theologian, Preacher, Educator, Statesman* (Richmond, VA: Presbyterian Committee of Publication, 1909), 124; George Johnson, "Calvinism and Preaching", *Evangelical Quarterly* 4, no. 3 (July 1932): 249.

16 *Mystery of Godliness*, 55.

Pregadores da Reforma: Calvino

Calvino replicou que se prendia ao ponto principal do texto e praticava "brevidade cautelosa".[17]

Os sermões de Calvino são abundantes de aplicação. Em alguns casos, a aplicação consome mais do que três vezes a exposição. Aplicações curtas e pungentes, entremeadas em seus sermões, instam, exortam e convidam constantemente pecadores a agir em obediência à Palavra de Deus. Calvino enfatizou que não "assistimos à pregação meramente para ouvir o que não sabemos, mas para sermos *encorajados* a cumprir com nossa obrigação".[18]

T. H. L. Parker sugere que os sermões de Calvino seguem um padrão:

1. Oração
2. Recapitulação do sermão anterior
3a. Exegese e exposição do primeiro ponto
3b. Aplicação do primeiro ponto e exortação à obediência do dever
4a. Exegese e exposição do segundo ponto
4b. Aplicação do segundo ponto e exortação à obediência do dever
5. Oração final, que contém um resumo breve e implícito do sermão

John Gerstner (1914-1996) ressaltou que, embora esta fosse a ordem estrutural que Calvino seguia frequentemente e talvez tencionasse seguir, ele se afastava dela "porque era tão ávido por

---

17 Citado em John C. Bowman, "Calvin as a Preacher", *Reformed Church Review* 56 (1909): 251-52.

18 Citado em Steven L. Lawson, *A Arte Expositiva de João Calvino* (São José dos Campos, SP: Fiel, 2008), 98.

PREGAÇÃO REFORMADA

chegar à aplicação, que muitas vezes a introduzia no meio da exposição. Em outras palavras, a aplicação era o elemento dominante na pregação de João Calvino, ao qual tudo mais estava subordinado".[19]

A ÊNFASE DE CALVINO SOBRE
A PIEDADE NA PREGAÇÃO

Calvino entendia a verdadeira religião como a comunhão entre Deus e o homem. A parte da comunhão que se move de Deus para o homem, Calvino a chamava de *revelação*; a parte da comunhão que se move do homem para Deus e que envolve a resposta obediente do homem, Calvino a chamava de *piedade*. A piedade funciona por meio da graça de Deus, pela fé, e envolve atos dedicados como confiança pura, adoração humilde, temor piedoso e amor incessante. As aplicações de Calvino na pregação tinham usualmente o alvo de suscitar tais atos.

Para Calvino, o alvo do pregador é promover a piedade, enquanto permanece consciente de que o ouvinte não pode produzi-la. O ouvinte é apenas o recebedor da piedade pela graça do Espírito Santo e não o autor da piedade. Apesar disso, o Espírito acompanha a Palavra com dons divinos de graças piedosas.

A piedade de Calvino, como sua teologia, era inseparável do conhecimento de Deus. O verdadeiro conhecimento de Deus resulta em atividade piedosa que vai além da salvação pessoal e envolve a glória de Deus. Onde a glória de Deus não é servida, não pode existir piedade. Este conhecimento de Deus impele à disciplina, à obediência e ao amor em cada esfera da vida do crente.

---

19 John H. Gerstner, "Calvin's Two-Voice Theory of Preaching", *Reformed Review* 13, no. 2 (1959): 22. Interessantemente, esta mesma ausência de forma está presente nas formas de sacramentos. Petrus Dathenus foi cuidadoso em oferecer-lhes um esboço mais definido para as versões holandesas da liturgia reformada.

Para Calvino, a lei dá ao amor seu mandato e conteúdo para nossos pensamentos, palavras e ações, para obedecermos a Deus em uma vida disciplinada, a fim de vivermos para sua glória. Na verdade, o amor é o cumprimento da lei. Portanto, para Calvino, a verdadeira piedade é tanto uma relação vertical (com Deus) quanto horizontal (com o homem) de amor e lei.

Portanto, graça e lei são proeminentes tanto na teologia quanto na pregação de Calvino. Guardar a lei é especialmente importante por causa de seu propósito supremo de levar-nos a consagrar toda a nossa vida a Deus. Lionel Greve escreveu: "A graça possui prioridade de tal maneira que a piedade de Calvino pode ser considerada uma qualidade de vida e uma resposta à graça de Deus que transcende a lei e, ao mesmo tempo, a inclui". Ele prossegue e conclui: "A piedade de Calvino pode ser designada 'piedade transcendente'. Transcende a criatura porque está fundamentada na graça, mas também inclui a criatura que é o sujeito da fidelidade. A criatura é o sujeito de uma maneira que sua piedade nunca é primariamente para seu bem-estar... O movimento geral da piedade de Calvino é sempre em direção a Deus. Os benefícios da bondade de Deus são meramente subprodutos do propósito principal – glorificar a Deus".[20]

A ênfase combinada de Calvino na glória de Deus e na piedade do crente operada pelo Espírito o levou a uma teologia da experiência cristã. Isso é muito compreensível, em vista de sua ênfase na obra do Espírito na vida do crente – que lhe ganhou o título de "o teólogo do Espírito Santo". Por isso, não devemos ficar

---

20 Lionel Greve, "Freedom and Discipline in the Theology of John Calvin, William Perkins, and John Wesley: An Examination of the Origin and Nature of Pietism" (PhD diss., Hartford Seminary Foundation, 1976), 149.

PREGAÇÃO REFORMADA

surpresos com o fato de que sua ênfase pneumatológica e experiencial da piedade transbordasse em seus sermões. A questão não é se Calvino era um pregador experiencial – isso é óbvio de seus sermões, comentários e até suas *Institutas*. A questão é: que papel a experiência desempenha em sua teologia e pregação?

CALVINO E A EXPERIÊNCIA

Em seus escritos, Calvino valoriza a experiência que está alicerçada na Escritura e procede da realidade viva da fé. Define, repetidas vezes, a experiência de crentes como além da expressão verbal. Por exemplo, ele escreve: "Essa é, portanto, uma convicção que não exige razões, um conhecimento com o qual a melhor razão concorda – em que a mente repousa, mais segura e constantemente do que em qualquer razão: um sentimento que, por fim, só pode ser gerado de revelação celestial. Falo de nada menos do que aquilo que o crente experimenta dentro de si mesmo – embora minhas palavras fiquem muito abaixo de uma explicação justa do assunto".[21] Calvino prossegue e diz que o reconhecimento de Deus por parte dos crentes "consiste mais em experiência viva do que em especulações vãs e pretensiosas". Mas ele se apressa a acrescentar: "De fato, com a experiência como nosso professor, achamos Deus justo como ele se revela em sua Palavra".[22]

A falsa experiência fabrica um deus que não se harmoniza com as Escrituras, mas a experiência verdadeira sempre flui das verdades da Escritura e as confirma. A Escritura Sagrada é coerente com a experiência sagrada e operada pelo Espírito, pois Calvino entendia que a Bíblia não é um livro de doutrinas abstratas ou escolásticas,

---

21 *Institutes*, 1.7.5.
22 *Institutes*, 1.10.2.

e sim um livro de doutrina que está arraigada na realidade e que instrui e transforma o viver diário. Portanto, a experiência desempenhava um papel importante na exegese de Calvino. Willem Balke escreveu: "A experiência pode servir como uma chave hermenêutica na explicação das Escrituras. A Bíblia nos coloca no centro da luta de fé, *coram Deo*, e, portanto, Calvino pode recomendar-se a si mesmo como exegeta, como o faz na introdução do Comentário sobre os Salmos (1557), visto que experimentara o que a Bíblia testifica".[23]

Calvino via a sua multiforme experiência como Reformador como uma qualificação importante para fazer exegese e pregar a Palavra de Deus. Embora tenha relacionado sua qualificação experiencial especificamente com os salmos, porque estes se relacionam melhor com o sofrimento do povo de Deus e são, na designação de Calvino, "Uma Anatomia de Todas as Partes da Alma", todos os seus sermões e comentários revelam que nenhum livro da Escritura poderia ser reduzido a mera doutrina.

Embora Calvino tenha atribuído um grande lugar para a experiência, em sua exegese e pregação, ele entendia que a experiência tem limitações importantes. Divorciada da Palavra de Deus, a experiência é totalmente não confiável e sempre incompleta. Calvino concluiu que as profundezas do coração humano, que é sempre um ponto focal para os místicos, não podem revelar o caminho para Deus. Pelo contrário, ele concordava com Martinho Lutero em que o único caminho para Deus é pela fé centrada na Palavra. O crente não aprende a conhecer a vontade de Deus

---

23 Willem Balke, "The Word of God and *Experientia* according to Calvin", em *Calvinus Ecclesiae Doctor*, ed. W. H. Neuser (Kampen: Kok, 1978), 22. Muito do que escrevi neste subtítulo e no seguinte é um resumo e adaptação do proveitoso esforço de Balke para esclarecer o entendimento de Calvino sobre o lugar da experiência na vida do crente.

PREGAÇÃO REFORMADA

com base em *"nuda experientia"*, Calvino disse, mas somente por meio do testemunho da Escritura.[24]

Se a Escritura não é o fundamento de nossa experiência de fé, Calvino disse, ficaremos apenas com sentimentos vagos que não têm apoio algum. A fé verdadeira, porém, apoia-se na Palavra. Não devemos avaliar a presença de Deus em nossa vida por nossa experiência, porque isso nos levaria rapidamente ao desespero. "Se medíssemos a ajuda de Deus de acordo com nossos sentimentos", Calvino escreveu, "a nossa fé logo vacilaria e não teríamos nem coragem nem esperança."[25]

Portanto, Calvino foi cuidadoso para não ser um experiencialista – ou seja, alguém que chama a atenção frequentemente para suas próprias experiências de uma maneira um tanto mística e puramente subjetiva. Ele entendia bem que a experiência deve ser definida pelo testemunho da Palavra escrita.

Calvino evitava tanto o experiencialismo quanto o escolasticismo árido. Ele não via a Bíblia como uma coleção de doutrinas. Em vez disso, Calvino via a Bíblia como "integrada à vida e à fé da igreja e dos indivíduos, no habitat natural de verificação da fé na existência cristã e eclesiástica."[26]

EXPERIENTIA FIDEI *OU* SENSUS FIDEI

A experiência ou senso da fé (*experientia fidei* ou *sensus fidei*), de acordo com Calvino, é também inseparável do ministério do Espírito Santo. Essa obra envolve iluminar e selar; a iluminação da mente

---

24 *Opera quae supersunt omnia*, ed. Guilielmus Baum, Eduardus Cunitz, and Eduardus Reuss, vols. 29-87 em Corpus Reformatorum (Brunsvigae: C. A. Schwetschke, 1863-1900), 31:424; daqui para frente, *CO*.

25 *CO*, 31:103.

26 Balke, "The Word of God and *Experientia* according to Calvin", 22.

pelo Espírito e sua obra eficaz no coração andam juntas. O selar do Espírito certifica a autoridade da Palavra e a realidade da obra salvadora do Espírito. Promove a confiança nas promessas divinas de misericórdia e a experiência destas promessas. Esta doutrina, Calvino disse, é "não de língua, e sim de vida. Não é assimilada somente pelo entendimento e pela memória, como o são outras disciplinas, mas é recebida apenas quando possui toda a alma e acha assento e lugar de descanso na afeição mais íntima do coração".[27]

Essa *experientia fidei* não é, portanto, uma parte da capacidade do próprio crente; é o efeito criativo do Espírito que usa a Palavra. Contém verdade objetiva e verdade subjetiva. O Espírito testifica tanto na Palavra de Deus quanto no coração do crente, e o crente ouve e experimenta a realidade deste testemunho. Por meio do testemunho objetivo e do subjetivo do Espírito, o crente é persuadido experiencialmente da absoluta verdade de Deus e de sua Palavra. Sendo feitos desejosos pelas operações poderosas do Espírito, o coração, a vontade e as emoções responderão em fé e obediência ao Deus trino. Visto que o Espírito é o Espírito do Filho, e a grande tarefa do Espírito é levar o crente a Cristo e, por meio dele, ao Pai, o centro da experiência de fé é, como João diz, ter "comunhão... com o Pai e com seu Filho" (1 Jo 1:3). A verdadeira experiência sempre leva à verdadeira comunhão e à *praxis pietatis*, à prática da piedade.

Isso não quer dizer que a verdadeira experiência é sempre facilmente descrita e entendida. A experiência de fé contém inúmeros paradoxos. Por exemplo, um paradoxo existe na vida de fé quando somos chamados a crer que Deus ainda está conosco, mesmo quando sentimos que ele nos deixou. Ou, como podemos crer que Deus se inclina favoravelmente para nós, quando, às vezes, ele nos

---

27 *Institutes*, 3.6.4.

PREGAÇÃO REFORMADA

despoja de toda consciência desse favor e parece adiar providencialmente o cumprimento de suas promessas misericordiosas?[28]

O crente pode experimentar essas aparentes contradições diariamente, Calvino disse. Pode sentir-se abandonado por Deus, mesmo quando sabe de coração que não está abandonado (Is 49:14-16). Essas experiências conflitantes transpiram no coração do crente e parecem, como a esperança e o temor, anular uma à outra. Se o temor assume a vantagem, Calvino escreveu, devemos apenas nos lançar totalmente nas promessas de Deus.[29] Essas promessas nos dão coragem para prosseguirmos, apesar das tentações para duvidarmos. Além do mais, é especialmente quando reconhecemos pela fé que Deus está presente, embora não o vejamos nem sintamos sua bondade e poder, que honramos verdadeiramente seu senhorio e sua Palavra.[30] Crer em Deus quando as experiências parecem anular suas promessas exige grande fé, mas é precisamente esta experiência de fé que capacita os crentes a permanecerem tranquilos quando todo mundo parece estar abalado.[31]

EXPERIÊNCIA E SEGURANÇA DE FÉ

A doutrina de Calvino sobre a segurança da fé reafirmava as convicções básicas de Lutero e de Zuínglio, manifestando também suas próprias ênfases.[32] À semelhança de Lutero e Zuínglio, Calvino disse que a fé nunca é apenas assentimento (*assensus*), mas

---

28 CO, 31:344.

29 CO, 31:548.

30 CO, 31:525.

31 CO, 31:703; 32:194.

32 Porções do restante deste capítulo foram condensadas e adaptadas de Joel R. Beeke, *The Quest for Full Assurance: The Legacy of Calvin and His Successors* (Edinburgh: Banner of Truth, 1999), 37-65.

Pregadores da Reforma: Calvino

envolve também conhecimento (*cognitio*) e confiança (*fiducia*). A fé repousa firmemente sobre a Palavra de Deus; sempre diz amém às Escrituras.[33] Portanto, a segurança tem de ser buscada *na* Palavra e flui *da* Palavra.[34] A segurança é inseparável da Palavra, como os raios solares são inseparáveis do sol.

A fé e a segurança são também inseparáveis de Cristo e da promessa de Cristo, pois a totalidade da Palavra escrita é a Palavra viva, Jesus Cristo, em quem todas as promessas de Deus são o "sim" e o "amém" (2 Co 1:20).[35] Calvino estimava as promessas de Deus como o fundamento da segurança, porque estas promessas são baseadas na própria natureza de Deus, que não pode mentir. As promessas são cumpridas por Cristo; por isso, Calvino direcionava os pecadores a Cristo e às promessas como se fossem sinônimos.[36] Visto que a fé obtém seu caráter da promessa sobre a qual descansa, a fé recebe o infalível selo da Palavra de Deus. Consequentemente, a fé possui segurança em sua própria natureza. Segurança, certeza, confiança: tal é a essência da fé.

Mais especificamente, Calvino argumentou que a fé envolve algo mais do que crer objetivamente na promessa de Deus; envolve segurança pessoal e subjetiva. Ao crer na promessa de Deus feita a pecadores, o verdadeiro crente reconhece e celebra que Deus é gracioso e benevolente para com ele em particular. A fé é um

---

33 Commentary [Jo 3:33; Os 43:3]; cf. K. Exalto, *De Zekerheid des Geloofs bij Calvijn* (Apeldoorn: Willem de Zwijgstichting, 1978), 24. Edward Dowey divorcia erroneamente as Escrituras e a segurança da fé quando afirma que o centro da doutrina da fé de Calvino é a segurança e não a autoridade das Escrituras. Para Calvino, a separação entre a Palavra de Deus e a segurança da fé é inconcebível. *The Knowledge of God in Calvin's Theology* (New York: Columbia University Press, 1965), 182.

34 *Commentary* [Mt 8:13; Jo 4:22].

35 *Commentary* [Gn 13:6; Lc 2:21].

36 *Institutes*, 3.2.32; *Commentary* [Rm 4:3, 18; Hb 11:7, 11].

PREGAÇÃO REFORMADA

conhecimento assegurado "da benevolência de Deus para *conosco...* revelado à *nossa* mente... selado em *nosso* coração".[37] Calvino escreveu: "Este é, de fato, o princípio cardeal da fé: não consideramos as promessas de misericórdia que Deus nos oferece como verdadeiras apenas fora de nós mesmos, não em nós; antes, nós as tornamos nossas por recebê-las interiormente".[38]

Portanto, como Robert Kendall observa, Calvino descreve, repetidas vezes, a fé como "certeza (*certitudino*), uma convicção firme (*solido persuasio*), segurança (*securitas*), segurança firme (*solida securitas*) e segurança plena (*plena securitas*)".[39] Embora a fé consista em conhecimento, é também caracterizada por segurança intensa de que é "uma possessão certa e segura das coisas que Deus nos prometeu".[40]

Calvino também enfatizou, em todos os seus comentários, que a segurança é integral à fé.[41] Na exposição de 2 Coríntios 13:5, Calvino afirmou que aqueles que duvidam de sua união com Cristo são réprobos: "[Paulo] declara que são *réprobos* todos os que duvidam se professam a Cristo e se fazem parte do seu corpo. Reconheçamos, portanto, que é fé verdadeira somente *aquela* que nos leva a repousar em segurança no favor de Deus, sem qualquer opinião vacilante, e sim com uma segurança firme e inabalável".[42]

Em toda a sua excelente exposição da doutrina da fé, Calvino repete estes temas: a incredulidade morre em dificuldade; a

---

37 *Institutes*, 3.2.7 – ênfase acrescentada.

38 *Institutes*, 3.2.16; cf. 3.2.42.

39 Robert T. Kendall, *Calvin and English Calvinism to 1649* (New York: Oxford University Press, 1979), 19; cf. Institutes, 3.2.6; 3.2.16; 3.2.22.

40 *Institutes*, 3.2.41.

41 *Commentary* [At 2:29; 1 Co 2:12].

42 *Commentary* [2 Co 13:5].

segurança é testada por dúvida; tentações severas, lutas e conflitos são normativos; Satanás e a carne atacam a fé; e a confiança em Deus é cercada de temor.[43] Calvino reconheceu espontaneamente que a fé não é mantida sem um conflito severo contra a incredulidade e que não é deixada imaculada pela dúvida e a ansiedade. Ele escreveu: "A incredulidade é, em todos os homens, sempre misturada com fé... Pois a incredulidade está tão profundamente arraigada em nosso coração, e somos tão inclinados para ela, que, sem luta intensa, somos incapazes de nos persuadir do que todos confessam com os lábios, ou seja, que Deus é fiel. Especialmente no que diz respeito à própria realidade, toda hesitação do homem revela fraquezas escondidas".[44]

Ao expor João 20:3, Calvino parece contradizer sua afirmação de que os verdadeiros crentes se reconhecem como tais, ao dizer que os discípulos tinham fé sem estarem cientes dela, quando se aproximaram do sepulcro vazio: "Havendo uma fé tão pequena ou quase fé nenhuma, tanto nos discípulos quanto nas mulheres, é impressionante que tivessem tão grande zelo; de fato, não é possível que sentimentos religiosos os tenham levado a procurar Cristo. *Alguma semente de fé, portanto, permaneceu no coração deles, mas ficou apagada por um tempo, de modo que não estavam cientes de terem o que tinham.* Portanto, o Espírito de Deus trabalha nos eleitos, usualmente, de uma maneira secreta.[45]

Isto nos leva a perguntar como Calvino pôde dizer que a fé é caracterizada por plena segurança e, ao mesmo tempo, admitir um tipo de fé que carece de segurança? As duas afirmações parecem

---

43 *Institutes*, 3.2.7; *Commentary* [Mt 8:25; Lc 2:40].

44 *Institutes*, 3.2.4; 3.2.15.

45 *Commentary* [Jo 20:3], ênfase acrescenta; cf. *Institutes*, 3.2.12.

PREGAÇÃO REFORMADA

antagônicas. A segurança é livre de dúvidas, mas não livre. Não hesita, mas pode hesitar. Contém segurança, mas pode ser assaltada por ansiedade. Os fiéis têm segurança, mas vacilam e tremem.

Calvino usa pelo menos quatro princípios para abordar esta questão complexa. Cada princípio coopera para explicar suas aparentes contradições.

Primeiro, Calvino faz distinção *entre a definição de fé e a realidade da experiência do crente*. Depois de explicar a fé nas Institutas como envolvendo "grande segurança", Calvino escreveu:

> Ainda alguém dirá: "Os crentes *experimentam* algo muito diferente: ao reconhecer a graça de Deus para com eles mesmos, são não somente tentados por inquietude, que lhes sobrevém com frequência, mas também são, repetidas vezes, abalados pelos mais graves terrores. As tentações são tão violentas que afligem suas mentes com tal intensidade que parecem incompatíveis com a certeza da fé". De acordo com isso, temos de solucionar esta dificuldade, se quisermos que a doutrina referida acima permaneça inabalável. Certamente, embora ensinemos que a fé *tem de ser* certa e segura, não podemos imaginar qualquer certeza que não esteja maculada por dúvida ou qualquer segurança que não seja atacada".[46]

Em resumo, Calvino fazia distinção entre o que a fé *deve* ser e o que a fé geralmente é na vida diária. Sua definição de fé serve como uma recomendação a respeito de como os crentes devem "pensar habitual e apropriadamente na fé".[47] A fé deve sempre

---

46 *Institutes*, 3.2.16-17, ênfase acrescentada.

47 Paul Helm, *Calvin and the Calvinists* (Edinburgh: Banner of Truth, 1982), 26.

almejar a plena segurança, ainda que não possa atingir esse ponto em sua experiência. Em princípio, a fé ganha a vitória (1 Jo 5:4); na prática, a fé reconhece que ainda não apreendeu totalmente a promessa de vitória (Fp 3:12-13).

No entanto, a prática da fé valida a fé que crê na Palavra. Calvino não estava interessado em experiências como o estava em validar a fé alicerçada na Palavra. A experiência confirma a fé, disse Calvino. A fé "exige certeza plena e firme, como a que os homens costumam ter de coisas experimentadas e provadas".[48]

Portanto, a pura experiência (*nuda experientia*) não é o alvo de Calvino, e sim a experiência alicerçada na Palavra, resultante do cumprimento da Palavra. Conhecimento experimental da Palavra é essencial.[49] Para Calvino, dois tipos de conhecimento são necessários: conhecimento pela fé (*scientia fidei*) que é recebido da Palavra, "embora ainda não seja plenamente revelada", e o conhecimento da experiência (*scientia experientiae*) "que resulta do cumprimento da Palavra.[50] A Palavra de Deus é tanto o primeiro quanto o segundo, porque a experiência nos ensina a conhecer a Deus como ele se declara em sua Palavra.[51] A experiência que não se harmoniza com a Escritura nunca é uma experiência de fé verdadeira. Em resumo, embora a experiência de verdadeira fé do crente seja mais fraca do que ele deseja, na Palavra há uma unidade essencial entre a percepção da fé (a dimensão *o que deveria ser* da fé) e a experiência (a dimensão *o que é* da fé).

---

48 *Institutes*, 3.2.15.

49 *Institutes*, 1.7.5.

50 *Commentary* [Jl 3:17; Zc 2:9]; cf. Charles Partee, "Calvin and Experience", *Scottish Journal of Theology* 26 (1973): 169-81, e Balke, "The word of God and *Experientia* according to Calvin", 23ff.

51 *Institutes*, 1.10.2.

PREGAÇÃO REFORMADA

O segundo princípio que nos ajuda a entender a tensão de Calvino quanto à segurança da fé é o princípio de *carne versus espírito*. Calvino escreveu:

> É necessário retornar àquela divisão de carne e espírito que mencionamos em outro lugar. Ela se revela mais claramente neste ponto. Portanto, o coração piedoso sente em si mesmo uma divisão, pois está parcialmente cheio de doçura procedente de seu reconhecimento da bondade divina, parcialmente em angústia procedente de uma consciência de sua calamidade; parcialmente descansa na promessa do evangelho, parcialmente treme ante a evidência de sua própria iniquidade; parcialmente se regozija ante a expectativa de vida, parcialmente estremece ante a morte. Esta variação surge de imperfeição da fé, visto que no decorrer da vida presente a fé nunca está tão bem em nós, de forma a sermos totalmente curados da enfermidade da incredulidade e totalmente cheios e possuídos de fé. Por isso, conflitos surgem quando a incredulidade, que permanece na carne, se levanta e ataca a fé que foi concebida interiormente.[52]

À semelhança de Lutero, Calvino estabeleceu a dicotomia "o que deveria ser/o que é" contra o pano de fundo do conflito espírito/carne.[53] Os cristãos experimentam esta tensão espírito/carne exatamente porque ela é instigada pelo Espírito.[54] Os paradoxos que permeiam a fé experiencial (e.g., Rm 7:14-25 na interpretação

---

52 *Institutes*, 3.2.18.

53 C. A. Hall, *With the Spirit's Word: The Drama of Spiritual Warfare in the Theology of John Calvin* (Richmond, VA: John Knox Press, 1970).

54 Victor A. Shepherd, *The Nature and Function of Saving Faith in the Theology of John Calvin* (Macon, GA; Mercer University Press, 1983), 24-28.

reformada clássica) acham solução nesta tensão: "De maneira que eu, de mim mesmo, com a mente [espírito], sou escravo da lei de Deus, mas, segundo a carne, da lei do pecado" (7:25).

Calvino afirmou a inabalável consolação do espírito lado a lado com a imperfeição da carne, porque elas são o que o crente encontra dentro de si mesmo. Uma vez que a vitória final do espírito sobre a carne se cumprirá somente em Cristo, o cristão luta perpetuamente nesta vida. O espírito do cristão enche-o "de deleite em reconhecer a bondade divina", ainda que sua carne ative sua inclinação natural para a incredulidade.[55] Ele é acossado por "lutas diárias de consciência", enquanto os vestígios da carne ainda permanecem.[56] O "estado presente" do cristão "está muito aquém da glória dos filhos de Deus", escreveu Calvino. "Fisicamente, somos pó e sombra, e a morte está sempre diante de nossos olhos. Estamos expostos a milhares de misérias... de modo que sempre achamos um inferno dentro de nós".[57] Enquanto ainda está na carne, o crente pode até mesmo ser tentado a duvidar de todo o evangelho.

Mesmo quando é afligido com dúvidas carnais, o espírito do crente confia na misericórdia de Deus, invocando-o em oração e descansando nele ao participar das ordenanças. Por estes meios, a fé ganha vitória sobre a incredulidade. "A fé triunfa finalmente sobre estas dificuldades que a atacam... e a colocam em perigo. [A fé é como] uma palmeira [que] se esforça contra todo obstáculo e cresce em direção ao alto".[58]

---

55 *Institutes*, 3.2.18.

56 *Commentary* [Jo 13:9].

57 *Commentary* [1 Jo 3:2]

58 *Institutes*, 3.2.17.

PREGAÇÃO REFORMADA

Em resumo, Calvino ensina que do *espírito* do crente procede esperança, alegria e segurança; da *carne*, temor, dúvida e ilusão. Embora o espírito e a carne operem simultaneamente, imperfeição e dúvida são integrais apenas à carne, não à fé. As obras da carne *acompanham* frequentemente a fé, mas não *se misturam* com ela. O crente pode perder batalhas espirituais ao longo do caminho da vida, mas não perderá a guerra final contra a carne.

Terceiro, apesar das tensões entre definição e experiência, espírito e carne, Calvino mantém que a fé e a segurança não são tão misturadas com a incredulidade, a ponto de o crente ficar apenas com probabilidade e não com certeza.[59] O menor germe de fé contém segurança em sua própria essência, mesmo quando o crente não é capaz de assimilar esta segurança devido à fraqueza. O cristão pode ser conturbado por dúvida e perplexidade, mas a semente da fé, implantada pelo Espírito, não pode perecer. Exatamente por ser a semente do Espírito, a fé retém segurança. Esta segurança aumenta e diminui em proporção ao aumento e ao declínio do exercício da fé, mas a semente da fé nunca pode ser destruída. Calvino diz: "A raiz da fé nunca pode ser arrancada do coração piedoso, mas, em vez disso, ela se apega tão rapidamente às partes mais profundas que, por mais que a fé pareça ser abalada ou inclinada desta ou daquela maneira, sua luz nunca é extinta ou apagada de tal modo que, pelo menos, não espreite como se estivesse debaixo das cinzas".[60]

Assim, Calvino explica "a segurança fraca em termos de fé fraca, sem, por meio disso, enfraquecer a ligação entre fé e segurança".[61]

---

59 Cornelis Graafland, *De Zekerheid van het geloof: Een onderzoek naar de geloof-beschouwing van enige vertegenwoordigers van reformatie en nadere reformatie* (Wageningen: H. Veenman & Zonen, 1961), 31n.

60 *Institutes*, 3.2.21.

61 A. N. S. Lane, "The Quest for the Historical Calvin", *Evangelical Quarterly* 55 (1983): 103.

Pregadores da Reforma: Calvino

A segurança é normativa, mas varia em grau e constância na consciência do crente a respeito dela. Portanto, ao responder ao crente fraco, um pastor não deve negar a ligação orgânica entre fé e segurança, e sim exortá-lo a buscar fé mais forte por meio do uso dos meios de graça, em dependência do Espírito.

EXPERIÊNCIA, A TRINDADE E ELEIÇÃO

Por meio de um quarto princípio, a saber, uma *estrutura trinitária* para a doutrina da fé e segurança, Calvino estimula o crente propenso à dúvida a avançar. Tão certamente quanto a eleição do Pai deve prevalecer sobre as obras de Satanás, a justiça do Filho, sobre a pecaminosidade do crente, e o testemunho assegurador do Espírito, sobre as enfermidades da alma, assim também a fé assegurada deve vencer e vencerá a incredulidade.

O arranjo de Calvino no Livro III das *Institutas* revela o movimento da graça da fé a partir de Deus para o homem e do homem para Deus. A graça da fé procede do Pai, no Filho e por meio do Espírito, pela qual o crente, por sua vez, é levado à comunhão com o Filho, pelo Espírito, e consequentemente é reconciliado com e anda em comunhão com o Pai.

Para Calvino, um complexo conjunto de fatores estabelece a segurança, principalmente a eleição do Pai e a preservação dos crentes em Cristo. Por isso, ele escreveu que "a predestinação, devidamente considerada, não abala a fé, mas, em vez disso, proporciona a melhor confirmação dela",[62] especialmente quando vista no contexto do chamado: "A firmeza de nossa eleição está ligada ao nosso chamado [e] é outro meio de estabelecer nossa segurança. A todos que [Cristo] recebe,

---

62 *Institutes*, 3.24.9.

PREGAÇÃO REFORMADA

diz-se que o Pai os confiou e deu a Cristo, a fim de guardá-los para a vida eterna".[63]

A eleição decretada é um fundamento seguro para a preservação e a segurança; não é friamente causal. Gordon Keddie escreveu: "A eleição nunca é vista, em Calvino, numa luz puramente determinista, em que Deus... é visto como 'um ídolo amedrontador de 'causalidade mecânica e determinista', e a experiência do cristão é reduzida ou a passividade covarde ou a ativismo frenético, enquanto espera para si mesmo uma revelação do decreto oculto de Deus. Para Calvino, como na Escritura, a eleição não ameaça, mas, antes, fundamenta a certeza de salvação".[64]

Esse fundamento só é possível num contexto centrado em Cristo. Por isso a ênfase contínua de Calvino em Cristo como o espelho da eleição, no qual devemos e, sem autoengano, podemos contemplar nossa própria eleição".[65]

A eleição remove os olhos do crente da desesperança de sua incapacidade de satisfazer qualquer condição para a salvação e focaliza-os na esperança de Jesus Cristo como a garantia de Deus de amor e misericórdia imerecidos.[66]

Por meio da união com Cristo, "a segurança de salvação se torna real e eficaz como a segurança da eleição".[67] Cristo se

---

63 *Institutes*, 3.24.6.

64 Gordon J. Keddie, "Unfallible Certenty of the Pardon of Sinne and Life Everlasting: The Doctrine of Assurance in the Theology of William Perkins", *Evangelical Quarterly* 48 (1976): 231; cf. G. C. Berkouwer, *Divine Election*, trans. Hugo Bekker (Grand Rapids, MI: Eerdmans, 1960), 10ff.

65 *Institutes*, 3.24.5; cf. John Calvin, *Sermons on the Epistle to the Ephesians* (repr., Edinburgh: Banner of Truth, 1973), 47; *Sermons from Job* (Grand Rapids, MI: Eerdmans, 1952), 41ff; *CO* 8:318-321; 9:757.

66 *Institutes*, 3.24.6; cf. William, "Calvin and Some Seventeenth Century English Calvinists" (PhD diss., duke University, 1961), 66.

67 Wilhelm Niesel, *The Theology of Calvin*, trans. Harold Knight (Grand Rapids, MI: Baker, 1980), 196; cf. *Institutes*, 3.1.1; Shepherd, *Faith in the Theology of John Calvin*, 51.

torna nosso em cumprimento da resolução de Deus para nos redimir e ressuscitar. Consequentemente, não devemos pensar em Cristo como "se mantendo distante e não habitando em nós".[68] Porque Cristo é por nós, contemplá-lo verdadeiramente é vê-lo formando em nós o que deseja nos dar, a si mesmo acima de tudo. Deus se fez "pequeno em Cristo", afirmou Calvino, para que possamos compreender e fugir para Cristo, o único que pode aquietar nossa consciência.[69] A fé tem de começar, repousar e terminar em Cristo. "A fé verdadeira está tão contida em Cristo, que não sabe, nem deseja saber qualquer outra coisa além dele", disse Calvino.[70] Portanto, "não devemos separar Cristo de nós mesmos ou nós mesmos dele".[71]

Dessa maneira cristológica, Calvino reduz a distância entre o decreto objetivo de Deus referente à eleição e a falta subjetiva do crente quanto à sua certeza de que é eleito. Para Calvino, a eleição responde, em vez de suscitar, à pergunta sobre segurança. Em Cristo, o crente vê a sua eleição; no evangelho, ele ouve a sua eleição.

No entanto, a pergunta permanece: como o eleito desfruta de comunhão com Cristo, e como essa comunhão produz segurança? A resposta de Calvino é pneumatológica: o Espírito Santo aplica Cristo e seus benefícios ao coração e à vida de pecadores culpados e eleitos, e por meio disso são assegurados, pela fé salvadora, de que Cristo lhes pertence, e eles pertencem a Cristo. O Espírito Santo confirma neles, de modo especial, a confiabilidade das promessas de Deus em Cristo. Assim, a segurança pessoal nunca é

---

68 *Institutes*, 3.2.24.

69 *Commentary* [1 Pd 1:20].

70 *Commentary* [Ef 4:13].

71 *Institutes*, 3.2.24.

PREGAÇÃO REFORMADA

divorciada da eleição do Pai, da redenção do Filho, da aplicação do Espírito e dos meios instrumentais da fé salvadora.

O Espírito Santo desempenha um grande papel na aplicação da redenção, diz Calvino. No caráter de Consolador e selo pessoal, o Espírito Santo assegura o crente de sua aceitação graciosa: "O Espírito de Deus nos dá um testemunho de que, ao ser nosso guia e mestre, o nosso espírito torna-se seguro da adoção de Deus; pois, de si mesma, a nossa mente, sem o testemunho precedente do Espírito, não poderia nos comunicar esta segurança".[72] A obra do Espírito Santo fundamenta toda a segurança de salvação sem depreciar o papel de Cristo, porque o Espírito é o Espírito *de Cristo*, que dá segurança ao crente, levando-o a Cristo e a seus benefícios e operando esses benefícios no crente.[73]

EXPERIÊNCIA E AUTOEXAME

No entanto, Calvino estava realmente cônscio de que uma pessoa pode achar que o Pai a confiou a Cristo, quando esse não é o caso. Uma coisa é ressaltar o papel de Cristo na economia salvífica e trinitária como o recebedor e o guardião dos eleitos; o centro, o autor e o fundamento da eleição; a garantia, a promessa e o espelho da eleição e da salvação do crente. Mas outra coisa bem diferente é a pessoa examinar se foi unida a Cristo pela fé verdadeira. Muitos que parecem ser de Cristo estão separados dele. Calvino disse: "Acontece diariamente que pessoas que pareciam ser dele se afastam dele novamente... Essas pessoas nunca

---

72 *Commentary* [Rm 8:16]; cf. *Commentary* [Jo 7:37-39; At 2:4; 3:8; 5:32; 13:48; 16:14; 23:11; Rm 8:15-17; 1 Co 2:10-13; 2 Co 1:21-22; Gl 3:2, 4:6; Ef 1:13-14; 4:30]; *Institutes*, 3.2.11, 34, 41; *Tracts and Treatises*, 3:253ff; J. K. Parratt, "The Witness of the Holy Spirit: Calvin, the Puritans and St. Paul", *Evangelical Quartely* 41 (1969): 161-168.

73 *Institutes*, 3.2.34.

Pregadores da Reforma: Calvino

aderiram a Cristo com a confiança genuína na qual a certeza de salvação foi estabelecida para nós".[74]

Calvino nunca pregou com o propósito de instilar em seu rebanho uma falsa segurança de salvação.[75] Muitos eruditos minimizam a ênfase de Calvino sobre a necessidade de uma percepção subjetiva e experiencial da fé e da eleição, por se referirem à prática de Calvino de se aproximar de sua congregação como pessoas já salvas. Eles estão errados. Embora Calvino praticasse o que chamamos de "um julgamento de caridade" (i.e., dirigir-se como salvos àqueles membros de igreja que têm um estilo de vida elogiável), vimos que ele também asseverava frequentemente que somente uma minoria recebia com fé salvadora a Palavra pregada. Ele disse: "Pois, embora todos, sem exceção, que ouvem a pregação da Palavra sejam ensinados, raramente um em dez prova-a; sim, raramente um dentre cem se beneficia ao ponto de ser capacitado a seguir num curso correto até ao fim".[76]

Para Calvino, muito do que parece fé não tem um caráter salvífico. Ele falou de uma fé que é desinformada, implícita, temporária, ilusória, falsa, um tipo de sombra, transitória e sob um manto de hipocrisia.[77] O autoengano é uma possibilidade real, disse Calvino. Porque os réprobos sentem frequentemente algo

---

74 *Institutes*, 3.24.7.

75 Cornelis Graafland, "'Waarheid in het Binnenst': Geloofszekerheid bij Calvijn en de Nadere Reformatie", em *Een Vaste Burcht*, ed. K. Exalto (Kampen: Kok, 1989), 65-67.

76 *Commentary* [Sl 111:101]. Mais do que trinta vezes em seu *Comentário* (e.g., At 11:23; Sl 15:1) e nove vezes no escopo das *Institutas*, 3.21-24, Calvino se refere ao pequeno número dos que possuem a fé vital.

77 *Institutes*, 3.2.3, 5, 10-11. Quanto ao pensamento de Calvino sobre a fé temporária, ver David Foxgrover, "'Temporary Faith' and the Certainty of Salvation", *Calvin Theological Journal* 15 (1980): 220-32; A. N. S. Lane, "Calvin's Doctrine of Assurance", *Vox Evangelica* 11 (1979): 45-46; Exalto, De Zekerheid des Geloofs bij Calvijn, 15-20, 27-30.

PREGAÇÃO REFORMADA

muito semelhante à fé dos eleitos, o autoexame é essencial.[78] Calvino escreveu: "Aprendamos a examinar a nós mesmos e a averiguar se possuímos aquelas marcas interiores pelas quais Deus distingue seus filhos dos estranhos, a saber, a raiz viva de piedade e fé".[79] Felizmente, os verdadeiramente salvos são libertos de autoengano por exame apropriado conduzido pelo Espírito Santo. Calvino disse: "Enquanto isso, os fiéis são ensinados a examinarem a si mesmos com solicitude e humildade, para que a segurança carnal não se insinue em lugar da segurança de fé".[80]

Mesmo no autoexame, Calvino enfatizava a Cristo. Ele disse que devemos examinar a nós mesmos para verificar se estamos colocando nossa confiança *somente em Cristo*, porque este é o fruto da experiência bíblica. Anthony Lane diz que, para Calvino, o autoexame não é "Eu estou *confiando* em Cristo", e sim "Eu estou confiando em *Cristo*?"[81] O autoexame deve sempre conduzir-nos a Cristo e à sua promessa. Nunca deve ser feito sem a ajuda do Espírito Santo, o único que pode iluminar a obra salvadora de Cristo na alma do crente. Sem Cristo, sem a Palavra e sem o Espírito Santo, disse Calvino, "se você contempla a si mesmo, é condenação certa".[82]

---

78 *Institutes*, 3.2.11.

79 *Commentary* [Ez 13:9]. Foxgrover mostra que Calvino relacionava a necessidade de autoexame a uma grande variedade de tópicos: conhecimento de Deus e de nós mesmos, julgamento, arrependimento, confissão, aflição, Ceia do Senhor, providência, dever, reino de Deus, etc. "John Calvin's Understanding of Conscience" (PhD diss., Claremont, 1978), 312ff; cf. J. P. Pelkonen, "The Teaching of John Calvin on the Nature and Function of the Conscience", *Lutheran Quarterly* 21 (1969): 24-88.

80 *Institutes*, 3.2.7.

81 Lane, "Calvin's Doctrine of Assurance", 46.

82 *Institutes*, 3.2.24.

CONCLUSÃO

Calvino foi um teólogo e pregador experiencial que se esforçou por manter em equilíbrio como as questões espirituais deveriam atuar na vida cristã, como elas realmente atuam e qual é o seu alvo final. Ele se guardou de excessos por se restringir aos limites da Escritura e por sempre vincular a obra experiencial do Espírito à Escritura. Ao mesmo tempo, Calvino usou a pregação experiencial como um meio para ministrar às necessidades dos crentes e como uma ferramenta discriminatória para incrédulos. Acima de tudo, toda a sua ênfase experiencial procurava levar o crente a glorificar a Trindade por meio de Jesus Cristo.

CAPÍTULO 7

PREGADORES DA REFORMA: BEZA

Teodoro de Beza, o sucessor de Calvino em Genebra, nasceu nas classes de menor nobreza.[1] Embora fosse 10 anos mais novo do que Calvino, Beza viveu 41 anos mais do

---

1 A respeito de Beza, ver Irena Dorota Backus, *The Reformed Roots of the English New Testament: The Influence of Theodore Beza on the English New Testament*, The Pittsburgh Theological Monograph Series 28 (Pittsburgh: Pickwick, 1980); Henry Martyn Baird, *Theodore Beza: The Counsellor of the French Reformation, 1519-1605*, Burt Franklin Research & Source Works Series 475 (Eugene, OR: Wipf & Stock, 2004); John S. Bray, *Theodore Beza's Doctrine of Predestination*, Bibliotheca Humanistica Et Reformatorica 12 (Nieuwkoop: De Graaf, 1975); Robert Letham, "Theodore Beza: A Reassessment", *Scottish Journal of Theology* 40, no. 1 (1987): 25-40; Jeffrey Mallinson, *Faith, Reason, and Revelation in Theodore Beza, 1519-1605*, Oxford Theological Monographs (Oxford: Oxford University Press, 2003); Scott M. Manetsch, *Theodore Beza and the Quest for Peace in France, 1572-1598* (Leiden: Brill, 2000); Tadataka Maruyama, *The Ecclesiology of Theodore Beza: The Reform of the True Church*, Travaux D'humanisme Et Renaissance no. 166 (Geneve: Droz, 1978); Ian McPhee, "Conserver or Transformer of Calvin's Theology? A Study of the Origins and Development of Theodore Beza's Thought, 1550-1570" (PhD diss., University of Cambridge, 1979); Richard A. Muller, *Christ and the Decree: Christology and Predestination in Reformed Theology from Calvin to Perkins* (Grand Rapids, MI: Baker, 1988); Jill Raitt, *The Eucharistic Theology of Theodore Beza: Development of the Reformed Doctrine*, AAR Studies in Religion no. 4 (Chambersburg, PA: American Academy of Religion, 1972); David Curtis Steinmetz, *Reformers in the Wings: From Geiler Von Kaysersberg to Theodore Beza*, 2nd ed. (Oxford: Oxford University Press, 2001); Kirk M. Summers, *Morality after Calvin: Theodore Beza's Christian Censor and Reformed Ethics* (New York: Oxford University Press, 2017); Shawn Dean Wright, "The Pastoral Use of the Doctrine of God's Sovereignty in the Theology of

PREGAÇÃO REFORMADA

que Calvino. Tornou-se o idoso patriarca do movimento da Reforma, pregando e ensinando até seus 80 anos.

Beza nasceu na França, mas foi para a Alemanha em 1534 para estudar Direito. Esse era o desejo de seu pai para ele, assim como o pai de Calvino quis que ele fizesse o mesmo. Ao completar sua graduação em Direito em 1539, Beza retornou a Paris para estabelecer uma prática advocatícia. Mas seu coração permanecia no humanismo, ou seja, em estudos clássicos, especialmente na poesia e literatura latina.

À semelhança de Ulrico Zuínglio, a conversão de Beza ao Protestantismo resultou de passar por uma crise de coração, mente e corpo. Aconteceu entre 1546 e 1548. Quando recobrou a saúde, os frutos de seu conflito interior com o pecado e sua subsequente alegria de seu livramento em Cristo se tornaram evidentes. Ele escreveu: "Desde o momento em que pude deixar meu leito, quebrei todos os laços que até então me prendiam. Reuni todos os meus pertences e deixei meu país, minha família e meus amigos, a fim de seguir a Cristo, indo espontaneamente para Genebra com minha esposa". Ele abandonou literalmente fama e fortuna. Em poucas palavras, Beza deixou sua vida inteira para trás quando conheceu a Cristo e seguiu rumo ao futuro desconhecido. Isso nos lembra Abraão saindo de sua terra, ao mandamento de Deus, mas não sabendo para onde estava indo.

Theodore Beza" (PhD diss., Southern Baptist Theological Seminary, 2001); *Our Sovereign Refuge: The Pastoral Theology of Theodore Beza*, Paternoster Biblical and Theological Monographs (Carlisle, UK: Paternoster, 2004); *Theodore Beza: The Man and the Myth* (Fearn, Ross-shire, Scotland: Christian Focus, 2015); Joel R. Beeke, "Theodore Beza's Supralapsarian Predestination", *Reformation and Revival Journal* 12, no. 2 (Spring 2003): 69-84; Theodore Beza, *The Christian Faith*, trans. James Clark (Lewes, UK: Focus Christian Ministries Trust, 1992); Théodore de Bèze, "The Potter and the Clay: The Main Predestination Writings of Theodore Beza", trans. Philip C. Holtrop (Grand Rapids, MI: Calvin College, 1982); Théodore de Bèze, *A Little Book of Christian Questions and Responses in Which the Principal Headings of the Christian Religion Are Briefly Set Forth*, trans. Kirk M. Summers, Princeton Theological Monograph Series 9 (Allison Park, PA: Pickwick, 1986).

Pregadores da Reforma: Beza

Beza chegou a Genebra no final de outubro de 1548 e foi recebido calorosamente por Calvino. Quando chegou ali, as autoridades francesas o baniram da França por três motivos: heresia; a venda de dois benefícios eclesiásticos que sua família lhe provera para sustento financeiro; e sua fuga para Genebra. Dois anos depois, em 1550, o governo francês confiscou todas as suas possessões restantes (ele era consideravelmente rico) e condenou-o a ser queimado na fogueira, se retornasse à França. Depois de uma pequena estadia em Genebra, Beza viajou para Lausanne e permaneceu ali como professor de grego de 1549 a 1558. Durante estes dez anos, manteve uma amizade íntima com Calvino e raramente publicou, se chegou a publicar, alguma coisa sem ter a aprovação de Calvino.

No outono de 1558, Beza retornou a Genebra, havendo aceitado o chamado para servir como professor da recém-estabelecida Academia de Genebra. Permaneceu em Genebra até sua morte, servindo como professor de Teologia de 1559 a 1599, quase 41 anos. Também foi o reitor de 1559 a 1563. Enquanto isso, teve uma participação muito ativa entre os pregadores em Genebra. Foi moderador da Companhia de Pastores de Genebra de 1564 a 1580.

Embora não tenha sido tão prolífico escritor quanto Calvino, poucos Reformadores produziram tão variado corpus literário como Beza. Além de escritos teológicos, ele compôs alguns poemas, sátiras, dramas e tratados polêmicos em latim. Escreveu gramáticas grega e francesa. Redigiu biografias e tratados políticos. E, de maneira mais notória, editou e comentou textos do Novo Testamento grego. Legou à Universidade de Cambridge um dos mais valiosos manuscritos antigos do Novo Testamento, chamado posteriormente de *Codex Bezae*.

PREGAÇÃO REFORMADA

Beza foi um bom polemista que defendeu a doutrina da Reforma em vários colóquios. Esteve no Colóquio de Poissy (1561-1562), onde defendeu a causa evangélica diante do Catolicismo Romano. Também buscou unidade entre luteranos e Reformadores em 1586, no Colóquio de Mumpelgart. Depois, no Colóquio de Berna (1587), Beza defendeu a doutrina da predestinação supralapsariana.

Os últimos anos de sua vida foram gastos em certa quietude. Ele morreu em 1605, sobrevivendo a todos os outros Reformadores por décadas. Enquanto Calvino, Martinho Lutero, Martin Bucer, Heinrich Bullinger, Pedro Mártir Vermigli e Guilherme Farel viviam apenas como nomes na memória de Genebra, Beza continuou sendo uma figura bastante ativa até o começo do século XVII. Apropriadamente, suas últimas palavras no leito de morte, dirigidas a um amigo, foram: "A cidade, em plena segurança e tranquila", refletindo seu amor por Genebra e seu bem-estar.

BEZA, PREGADOR DE CRISTO

A pregação de Beza tem sido negligenciada pelos eruditos, que tendem a se focalizar em sua teologia supralapsariana da predestinação. Entretanto, Scott Manetsch mostrou que a pregação ocupou um lugar central no ministério de Beza em Genebra. Manetsch escreveu: "Desde o tempo que chegou a Genebra, no outono de 1558, até quando a saúde frágil o obrigou a descer permanentemente do púlpito, em 1600, Beza pregou cerca de 4.000 sermões na Igreja de São Pedro".[2]

---

2 Scott M. Manetsch, "Onus Praedicandi: The Preaching Ministry of Theodoro Beza" (material não publicado, Calvin College and Seminary, n.d.), 1. Nesta seção, sou devedor à pesquisa de Manetsch, cuja maior parte está incluída em seu livro *Calvin's Company of Preachers: Pastoral Care and The Emerging of Reformed Church, 1536-1609* (Oxford: Oxford University Press, 2012).

Pregadores da Reforma: Beza

Destes milhares de sermões, existem apenas 87 agora. Como Manetsch observa, são "seus sermões sobre Cântico dos Cânticos (1586), seus sermões sobre a paixão de Jesus Cristo (1592) e seus sermões sobre a ressurreição de Jesus Cristo (1593)".[3] Poucos destes sermões foram traduzidos do francês para o inglês.[4]

Quando Beza chegou a Genebra, para ser professor e reitor na Academia, foi também eleito um ministro do evangelho. Tornou-se o principal ministro da maior igreja paroquial na cidade e o moderador da Companhia de Pastores quando Calvino morreu, em 1564. Portanto, Beza pregou em St. Pierre por mais de três décadas. Embora fosse assistido por um ou dois pastores, ele desempenhou um papel central na proclamação da Escritura em Genebra.[5]

As igrejas de Genebra praticavam um rigoroso programa de pregação regular. Aos domingos, realizavam cultos às 8h da manhã e, de novo, às 15h. E na Igreja de São Pedro havia um sermão matinal às 6h no verão e às 7h no inverno em pelo menos quatro dias da semana e, posteriormente, em todos os dias. Além desses cultos regulares, cultos especiais eram realizados frequentemente antes do amanhecer durante a semana. Durante uma determinada semana perto do fim da vida de Calvino, os pastores de Genebra pregaram 27 sermões. Os sermões duravam normalmente 60 minutos – marcados por uma ampulheta – embora, como notamos antes, o próprio Calvino pregasse sermões mais curtos, talvez devido ao seu amor por brevidade e por sua

---

3 Manetsch, "Onus Praedicandi: The Preaching Ministry of Theodoro Beza", 2.

4 Uma tradução do nono sermão de Beza sobre a ressurreição pode ser achada em Wright, *Our Sovereign Refuge*, 243-58.

5 Manetsch, "Onus Praedicandi: The Preaching Ministry of Theodoro Beza", 3.

PREGAÇÃO REFORMADA

condição asmática. Exigia-se que adultos e crianças assistissem pelo menos aos sermões de domingo, e as pessoas que não faziam isso eram repreendidas formalmente.[6]

Beza pregava usualmente uma ou duas vezes aos domingos com base no Novo Testamento e, regularmente, nos cultos da semana, com base no Antigo Testamento. Não conhecemos o programa de pregação de Beza nos mesmos detalhes que temos de Calvino, mas sabemos que em 1574 ele pregou toda a Epístola aos Hebreus e a Epístola de Tiago. Em 1578, Beza pregou todo o livro de Isaías. Em 1583, ele completou sua série a respeito do Cântico de Salomão e, depois, pregou sobre a morte e a ressurreição de Cristo por um ano ou dois. Ele também pregou sobre os Salmos (1579), Eclesiastes (1588) e Jó (1589).[7]

Podemos observar a elevada consideração de Beza para com a pregação em seu entendimento de como Deus dá seu Filho a pecadores eleitos. Ele disse que o Espírito Santo nos une a Cristo "em criar em nós, por sua bondade pura e misericórdia divina, aquilo que chamamos 'fé'... A fim de criar em nós este instrumento de fé, bem como nutri-la e fortalecê-la cada vez mais, o Espírito Santo usa dois meios comuns (sem comunicar-lhes seu poder, mas operando por meio deles): a pregação da Palavra de Deus e seus sacramentos".[8] Os sacramentos não funcionam separados da Palavra, mas, escreveu Beza, "são sinais certos, marcas visíveis... que representam para nossos sensos exteriores o que Ele nos diz em sua Palavra".[9] Portanto, os sacramentos "pertencem à Palavra e dependem dela...

---

6 Manetsch, "Onus Praedicandi: The Preaching Ministry of Theodoro Beza", 3-4.

7 Manetsch, "Onus Praedicandi: The Preaching Ministry of Theodoro Beza", 5-6.

8 Beza, *The Christian Faith*, 16 [4.3-4].

9 Beza, *The Christian Faith*, 51 [4.31].

os sacramentos nunca podem ser administrados legitimamente sem a Palavra".[10]

Beza acreditava que a pregação da Palavra é essencial à vida de fé. A pregação da lei fere a alma com culpa e temor. A pregação do evangelho cura a ferida com a graça de Cristo. Beza disse: "O Espírito Santo... usa esta pregação externa como um tubo ou um canal; ele vem, então, perfurar até às profundezas da alma".[11] Depois a pregação da lei chega ao crente de um modo diferente de como veio a ele antes de sua conversão, ou seja, "como um guia para nos ensinar as boas obras" que Deus planeja que façamos.[12]

Precisamos lançar fora aquela imagem de Beza como um teólogo frio que sondava as profundezas dos decretos divinos de uma maneira que recorria mais à filosofia grega do que à Bíblia. Quando palestrou sobre Jó 1, Beza afirmou a predestinação divina, mas rejeitou "aquela disposição inflexível e insensibilidade [falta de sentimento] dos estoicos", elogiando a tristeza de Jó como uma tristeza apropriada que não questionou a Deus.[13] Beza apresentou estes comentários para os alunos da Academia enquanto Genebra estava sitiada pelo duque de Savoia, afirmando assim tanto a fé nos propósitos soberanos de Deus quanto a tristeza pelas perdas experimentadas nesta vida.

Como pregador, Beza era caloroso, pastoral, simples e evangelizador. As pessoas podiam segui-lo facilmente e apreciavam seus sermões. Temos uma amostra disso nos livros agora disponíveis

---

10 Beza, *The Christian Faith*, 54 [4.35].

11 Beza, *The Christian Faith*, 48 [4.28].

12 Beza, *The Christian Faith*, 49 [4.29].

13 Jill Raitt, "Lessons in Troubled Times: Beza's Lessons on Job", em *Calvin and the State*, ed. Peter De Klerk, Colloquia on Calvin and Calvin Studies (Grand Rapids, MI: Calvin Studies Society, 1993), 26, 38.

PREGAÇÃO REFORMADA

em inglês, como *The Christian Faith* (A Fé Cristã). É um livro pequeno e de nível popular que abrange todas as doutrinas cristãs em cerca de 100 páginas. A caricatura de que homens que pregam a predestinação são frios, distantes e intelectuais fora de nosso alcance é refutada pelo exemplo de Beza, como também por William Perkins, como veremos.

Depois de um exame completo dos escritos de Beza, Shawn Wright conclui que o ministério de Beza foi caracterizado por esperança na guerra espiritual e consolo pela fé. No que diz respeito à esperança na guerra espiritual, Wright diz: "O principal interesse na vida de Beza era assegurar-se de que ele, seus paroquianos e seus alunos ficassem firmes em meio à batalha espiritual que rugia ao seu redor e chegassem com segurança à felicidade eterna". Ele também disse: "Para Teodoro de Beza, a completa soberania de Deus era uma doutrina confortadora".[14]

Isso não equivale a negar que Beza ensinava a predestinação. Sua obra *Tabula Praedestinationis* (1555) contém seu influente diagrama da ordem da salvação. Foi escrita provavelmente como um folheto polêmico para confrontar os argumentos de Jerome Bolsec (c. 1524-1584), um médico francês que se opôs fortemente a Calvino. O diagrama de Beza começa com o decreto de Deus. Após o decreto, ele lista os dois destinos de eleitos e de réprobos, incluindo todas as principais doutrinas da salvação – chamado, conversão, graça, fé, justificação, santificação e glorificação – culminando no céu para os crentes, e no inferno para os ímpios.

Com base na *Tabula*, alguns eruditos modernos acusam Beza de perder a piedade de Calvino baseada na Bíblia e centrada em Cristo. Mas eles não entendem a *Tabula* de acordo com sua função.

---

14 Wright, *Our Sovereign Refuge*, 232, 233.

Pregadores da Reforma: Beza

Não era um sermão para a igreja, e sim um tratado polêmico que respondia aos ataques à doutrina reformada da Predestinação. Beza o teria escrito de maneira diferente se sua intenção fosse pastoral.[15] Além disso, os críticos de Beza às vezes se prendem ao diagrama e não leem o próprio tratado, que é bastante centrado em Cristo. Beza diz no Capítulo 5 da *Tábula*: "Cristo é o segundo Adão celestial, o fundamento e a própria substância da salvação dos eleitos".[16] Portanto, mesmo no debate acadêmico sobre a predestinação, Beza tornou Cristo central.

Cristo é central à predestinação, em parte porque a salvação depende da obra expiatória do Mediador. Como Beza escreveu em outro sermão, Deus não salva por um mero ato de soberania, mas ele "une sua justiça soberana e sua misericórdia soberana" em Cristo, pois, "a fim de salvar aqueles que Deus destinou para a salvação, o Salvador tinha de ser Deus", para levar e exaurir a ira de Deus, e "tinha ainda de ser um verdadeiro filho de Adão", para ser uma garantia para homens caídos.[17] Conhecemos nossa predestinação para a vida eterna por meio de uma fé viva em Cristo, evidenciada por boas obras. Ele escreveu:

> Esta fé, eu digo, se apropria de Cristo, por meio de quem, sendo justificados e santificados, temos o gozo da glória para a qual fomos predestinados antes da fundação do mundo (Rm 8:30;

---

15 Richard A. Muller, "The Use and Abuse of a Document: Beza's *Tabula Praedestinationis*, the Bolsec Controversy, and the Origins of Reformed Orthodoxy", em *Protestant Scholasticism: Essays in Reassessment*, ed. Carl R. Trueman and R. Scott Clark (Carlisle, UK: Paternoster, 1999), 33-61.

16 Beza, *Tabula*, v. i., citado em John B. Roney and Martin I. Klauber, eds., *The Identity of Geneva* (Westport, CT: Greenwood Press, 1998), 60.

17 Theodore Beza, "Sermons sur l'Histoire de la Resurrection: Sermon 9", em Wright, *Our Sovereign Refuge*, 254.

PREGAÇÃO REFORMADA

Ef 1:3, 4)... A fé não é nada além daquilo pelo qual estamos certos de que possuímos a vida eterna; por ela, sabemos que, antes da fundação do mundo, Deus nos predestinou para possuir, por meio de Cristo, tão grande salvação e glória sobremodo excelente.[18]

BEZA, PREGANDO PARA A EXPERIÊNCIA HUMANA

Como Manetsch observou, Beza entendia que a vocação de um pastor era partilhar conhecimento, mas não à maneira de um professor de Teologia.[19] Beza não via o pregador como alguém que apenas explicava máximas teológicas, e sim como um pastor que cuida de seu rebanho. Beza escreveu:

> Em todos os tempos, os profetas, Jesus Cristo e os apóstolos falaram sempre e unicamente a linguagem do povo comum, para que fossem entendidos por todas as pessoas em sua nação... dizemos – e praticamos isso – que os pastores devem alimentar seu rebanho com a Palavra da Vida e que as ovelhas, por sua vez, devem saber e entender o que é proclamado, a fim de serem nutridas e consoladas por isso e serem acauteladas contra os lobos e os falsos profetas.[20]

Os pregadores têm o alvo de aplicar a verdade a almas viventes que eles conhecem por nome.[21] Beza disse: "Mas os pastores devem ir além [de ensinar doutrina]. Porque, ao pregarem, eles

---

18 Beza, *The Christian Faith*, 35 [4.19].

19 Manetsch, "Onus Praedicandi: The Preaching Ministry of Theodore Beza", 8.

20 Beza, *The Christian Faith*, iv.

21 Manetsch, "Onus Praedicandi: The Preaching Ministry of Theodore Beza", 8.

aplicam a doutrina às necessidades da igreja, ensinando, repreendendo, consolando e exortando, em público e em particular, de acordo com as necessidades... também fazem oração pública. Em resumo, eles vigiam noite e dia o seu rebanho, o qual alimentam, em público e em particular, com a Palavra da vida (At 20:20)".[22]

Beza acreditava que um ministro tem de ser um discípulo sincero de Cristo e um estudante cuidadoso da Bíblia. A primeira qualificação de um pregador é piedade pessoal e vida exemplar. Depois, ele deve labutar para extrair o significado do texto bíblico nas línguas originais, comparando passagens para fazer uma interpretação correta.[23] "A verdadeira humildade de espírito" exige receber tudo que a Escritura ensina, não apenas o que apela à nossa mente caída.[24] Por esse estudo, o pregador descobre "a doutrina que o Espírito Santo quer gravar no coração de cada pessoa".[25] Depois, o pregador não deve permitir que as críticas das pessoas o confinem "simplesmente a explicar seu texto e estabelecer algumas questões de doutrina"; em vez disso, ele deve aplicar o remédio a seus pacientes pelas "doces consolações" e fortes "repreensões", ainda que homens culpados entendam estas últimas como "insultos".[26]

Beza aconselhou um jovem ministro a ler regularmente toda a Bíblia em ordem, para crescer em discernimento espiritual. E aconselhou também que o ministro deve pregar as Escrituras com veracidade simples, evitando suas próprias especulações e opiniões e nunca tentando impressionar seus ouvintes com sua habilidade

---

22 Beza, *The Christian Faith*, 93 [5.26].

23 Manetsch, "Onus Praedicandi: The Preaching Ministry of Theodore Beza", 9.

24 Beza, "Sermon", em Wright, *Our Sovereign Refuge*, 251.

25 Beza, "Sermon", em Wright, *Our Sovereign Refuge*, 246.

26 Beza, "Sermon", em Wright, *Our Sovereign Refuge*, 246.

PREGAÇÃO REFORMADA

ou palavras requintadas. Ele deve guardar cuidadosamente sua língua ao admoestar pecadores, para que o que ele acha ser seu zelo pelo Senhor não demonstre ser a aspereza de sua paixão tola. Em todas as coisas, devemos ser diligentes em aplicar a verdade da Escritura à vida das pessoas, tanto no púlpito quanto em particular. Beza concluiu seu conselho com uma nota pessoal: "Receba todo este conselho de alguém que o ama".[27]

A fé recebe o evangelho simples. A simplicidade do evangelho ofende os homens, que esperam receber de Cristo até mesmo "magnificência" mundana e "triunfo" visível sobre os inimigos. Ao contrário, disse Beza, devemos estar "crendo de maneira simples no que foi bem confirmado para nós pela Escritura", cuja proclamação é "o instrumento muito poderoso de Deus na salvação de todos que creem (Rm 1:16)", embora o mundo a considere loucura.[28]

Beza não rejeitava todo o uso de habilidade retórica na pregação: "Digo isto não para criticar a elegância ou a graça de organizar as palavras de maneira ordeira e de usar palavras e expressões apropriadas e significativas – no ensinar, no exortar, no repreender ou no falar".[29] Ele recomenda uma "retórica sagrada", que evita fazer uma exibição, mas, em lugar disso, possui "seriedade" e "veemência" (ou contundência vigorosa) apropriadas às coisas divinas.[30]

O próprio Beza praticava uma forma de pregação muito direta e aplicada. Manetsch escreveu: "Em seu ministério de púlpito, vemos Beza funcionando como exegeta, teólogo, comentador

---

27 Citado em Manetsch, "Onus Praedicandi: The Preaching Ministry of Theodore Beza", 10. Ele está citando a carta de Beza a Louis Courant, July 2, 1601, em Archives Tronchin, fonds. Bèze, vol. 5, fol. 296-97.

28 Beza, "Sermon", em Wright, *Our Sovereign Refuge*, 244.

29 Beza, "Sermon", em Wright, *Our Sovereign Refuge*, 245.

30 Beza, "Sermon", em Wright, *Our Sovereign Refuge*, 245.

social, conselheiro pessoal e diretor de informação pública. Longe de ser elegante e especuladora, a pregação de Beza era direta e entusiasta, cuja intenção era despertar interesse, instilar convicção e compelir mudança em sua audiência".[31] Na verdade, sua denúncia dos pecados de Genebra e de sua apatia espiritual suscitava, às vezes, o ressentimento tanto dos membros da igreja quanto dos magistrados civis.[32]

Beza também abordava o que os puritanos chamariam, posteriormente, de casos de consciência, questões sobre discernir retidão e pecado. Por exemplo, quando pregou baseado nos relatos da ressurreição em Lucas 24,[33] Beza parou para considerar a distinção entre mentir (que é pecaminoso) e não revelar todo o pensamento (que é justificável, ainda que resulte em pessoas criarem falsas suposições). Ele usou esta distinção não somente para esclarecer textos sobre os caminhos do Senhor com os homens, mas também para abordar casos de guerra e espionagem.[34] O tratamento desses casos fornecia à consciência das pessoas na congregação um sistema bíblico de ética prática e sabedoria moral.

Definir limites entre certo e errado e soar a trombeta contra o pecado exige coragem e discernimento. Beza descreveu assim o chamado de um pastor fiel para se posicionar contra o pecado:

> Se ele quer agradar a homens, não é mais um servo de Deus (Gl 1:10). Portanto, de acordo com o conhecimento, ele pedirá a Deus um espírito de discrição para não reprovar imediatamente

---

31 Manetsch, "Onus Praedicandi: The Preaching Ministry of Theodore Beza", 12.

32 Manetsch, "Onus Praedicandi: The Preaching Ministry of Theodore Beza", 13-14.

33 Especificamente, a conduta de Cristo em Lucas 24:28: "Quando se aproximavam da aldeia para onde iam, fez ele menção de passar adiante".

34 Beza, "Sermon", em Wright, *Our Sovereign Refuge*, 256-57.

PREGAÇÃO REFORMADA

qualquer coisa sem saber e entender o fato que está reprovando. Em seguida, pedirá o verdadeiro uso da linguagem de Deus, não apenas para falar, mas para falar francamente como alguém deve falar (Ef 6:20). E, fechando seus ouvidos para ameaças e todo o respeito por pessoas, deve ouvir o Senhor que está admoestando-o à maneira de Isaías: "Clama a plenos pulmões, não te detenhas, ergue a voz como a trombeta e anuncia ao meu povo a sua transgressão e à casa de Jacó, os seus pecados" [Is 58:1].[35]

Ao mesmo tempo, Beza entendia que meras palavras, por mais verdadeiras que sejam, são insuficientes para vencer a cegueira natural do homem. Até os crentes precisam de mais graça para tornar seu conhecimento em conhecimento verdadeiro. Ele escreveu: "Mas nós, meus irmãos, que somos do número daqueles que receberam de Deus a graça de chamá-los das trevas para tão maravilhosa luz (1 Pe 2:9)... devemos aprender a pedir a Deus um aumento deste senso de sua luz".[36] Beza exortou os homens a orarem por luz e calor espiritual: "Devemos pedir ao Senhor que mude e corrija [nossa mente], porque ela é morta em relação à verdade (Ef 2:1). Ele nos dá vida, por dar-nos movimento e afeição desde o começo até o fim". Até aqueles que têm "olhos de fé" veem no máximo "com olhos embaçados ou completamente zarolhos".[37]

Com um verdadeiro equilíbrio experiencial, Beza clama por um cristianismo que é real tanto no coração quanto na conduta. Ele disse: "O Senhor não quer apenas que creiamos; ele quer que creiamos de coração... Nunca um homem será reconhecido como

---

35 Beza, "Sermon", em Wright, *Our Sovereign Refuge*, 246–47.

36 Beza, "Sermon", em Wright, *Our Sovereign Refuge*, 249.

37 Beza, "Sermon", em Wright, *Our Sovereign Refuge*, 250–51.

cristão diante de Deus, se não crê interiormente e não mostra isso com clareza no exterior".[38]

CONCLUSÃO

Beza guiou Genebra e o movimento reformado internacional através de um tempo de grande transição e provação. Seus ombros receberam o manto de Calvino, um dos principais reformadores da segunda geração. Ele administrou a academia onde os ministros reformados recebiam treinamento e, depois, saíam para o mundo. Como pastor, Beza teve de confortar e fortalecer pessoas em 1572, quando chegaram as horríveis notícias de que católicos romanos haviam assassinado milhares de cristãos reformados franceses e, depois, quando milhares de refugiados reformados lotaram Genebra. No entanto, em tudo isso, ele sustentou um ministério notável de pregação da Palavra de Deus, semana após semana – um testemunho de sua firme convicção de que o evangelho é o poder de Deus. Beza pregou seu último sermão em 13 de janeiro de 1600, na Igreja de São Pedro, e o texto foi convenientemente: "Faça-se a tua vontade, assim na terra como no céu".

---

38   Beza, "Sermon", em Wright, *Our Sovereign Refuge*, 251.

CAPÍTULO 8

INTRODUÇÃO À PREGAÇÃO PURITANA

O movimento puritano desde meados do século XVI até o final do século XVII tem sido chamado de a era de ouro da pregação.[1] Por meio da pregação e da publicação de sermões, os puritanos procuraram reformar a Igreja e a vida diária das pessoas.[2] Embora tenham fracassado em reformar a Igreja, foram bem-sucedidos em reformar vidas cotidianas, introduzindo, como diz Alexander F. Mitchell, "uma época de avivamento espiritual tão profunda e abrangente quanto a que, desde então, tem ocorrido na história das igrejas britânicas".[3]

Com poucas exceções, os ministros puritanos foram grandes pregadores que proclamaram amável e fervorosamente todo o

---

1 Tae-Hyeun Park, *The Sacred Rhetoric of the Holy Spirit: A Study of Puritan Preaching in a Pneumatological Perspective* (Apeldoorn: Theologische Unversiteit Apeldoorn, 2005), 4. Este capítulo é uma versão condensada de "Pregação Puritana I, II", Capítulos 41 e 42, em Joel R. Beeke and Mark Jones, *A Puritan Theology* (Grand Rapids, MI: Reformation Heritage Books, 2012). Usado com permissão.

2 J. I. Packer, apresentação a *Puritan Theology: A Reader*, ed. Edward Hindson (Grand Rapids, MI: Baker, 1976).

3 Alexander F. Mitchell, introdução a *Minutes of the Sessions of the Westminster Assembly of Divines*, ed. Alexander F. Mitchell and John Struthers (Edmonton: Still Waters Revival Books, 1991), xv.

PREGAÇÃO REFORMADA

desígnio de Deus revelado na Escritura. Nenhum grupo de ministros na história da Igreja já se equiparou à pregação prática, bíblica, doutrinária e experiencial deles.[4]

---

4 Quanto a livros e artigos adicionais sobre a pregação puritana, ver R. Bruce Bickel, *Light and Heat: The Puritan View of the Pulpit* (Morgan, PA: Soli Deo Gloria, 1999); J. W. Blench, *Preaching in England in the Late Fifteenth and Sixteenth Centuries* (Oxford: Basil Blackwell, 1964); John Brown, *Puritan Preaching in England* (London: Hodder & Stoughton, 1900); J. A. Caiger, "Preaching - Puritan and Reformed", em *Puritan Papers, Volume 2, 1960-1962,* ed. J. I. Packer (Phillipsburg, NJ: P&R, 2001), 161-85; Murray A. Capill, *Preaching with Spiritual Vigour* (Fearn, Ross-shire, Scotland: Mentor, 2003); Horton Davies, *The Worship of the English Puritans* (Morgan, PA: Soli Deo Gloria, 1997), 182-203; Eric Josef Carlson, "The Boring of the Ear: Shaping the Pastoral Vision of Preaching in England, 1540-1640", em *Preachers and People in the Reformations and Early Modern Period,* ed. Larissa Taylor (Leiden: Brill, 2003), 249-96; Mariano Di Gangi, *Great Themes in Puritan Preaching* (Guelph, ON: Joshua Press, 2007); Alan F. Herr, *The Elizabethan Sermon: A Survey and a Bibliography* (New York: Octagon, 1969); Babette May Levy, *Preaching in the First Half Century of New England History* (New York: Russell & Russell, 1967); Peter Lewis, *The Genius of Puritanism* (Grand Rapids, MI: Reformation Heritage Books, 2008); D. M. Lloyd-Jones, *The Puritans: Their Origins and Successors* (Edinburgh: Banner of Truth, 1987), 372-89; Irvonwy Morgan, *The Godly Preachers of the Elizabethan Church* (London: Epworth, 1965); Hughes Oliphant Old, *The Reading and Preaching of the Scriptures in the Worship of the Christian Church, Volume 4: The Age of the Reformation* (Grand Rapids, MI: Eerdmans, 2002), 251-79; *The Reading and Preaching of the Scriptures in the Worship of the Christian Church, Volume 5: Moderatism, Pietism, and Awakening* (Grand Rapids, MI: Eerdmans, 2004), 170-217; J. I. Packer, *A Quest for Godliness* (Wheaton, IL: Crossway, 1990), 163-76, 277-308; Park, *The Sacred Rhetoric of the Holy Spirit*; Joseph A. Pipa Jr., "Puritan Preaching", em *The Practical Calvinist,* ed. Peter A. Lillback (Fearn, Ross-shire, Scotland: Mentor, 2002), 163-82; John Piper, *The Supremacy of God in Preaching* (Grand Rapids, MI: Baker, 1990); Caroline F. Richardson, *English Preachers and Preaching 1640-1670* (New York: Macmillan, 1928); Michael F. Ross, *Preaching for Revitalization* (Fearn, Ross-shire, Scotland: Mentor, 2006); Leland Ryken, *Santos no Mundo* (São José dos Campos, SP: Fiel, 2013), 2ª ed., 161-190; Harry S. Stout, *The New England Soul: Preaching and Religious Culture in Colonial New England* (Oxford: Oxford University Press, 1986).
Dissertações que abordam a pregação puritana incluem Ruth Beatrice Bozell, "English Preachers of the 17th Century on the Art of Preaching" (PhD diss., Cornell University, 1939); Ian Breward, "The Life and Theology of William Perkins 1558-1602" (PhD diss., University of Manchester, 1963); Diane Marilyn Darrow, "Thomas Hooker and the Puritan Art of Preaching" (PhD diss., University of California, San Diego, 1968); Andrew Thomas Denholm, "Thomas Hooker: Puritan Preacher, 1568-1647" (PhD diss., Hartford Seminary, 1972); M. F. Evans, "Study in the Development of a Theory of Homiletics in England from 1537-1692" (PhD diss., University of Iowa, 1932); Frank E. Farrell, "Richard Sibbes: A Study in Early Seventeenth Century English Puritanism" (PhD diss., University of Edinburgh, 1955); Anders Robert Lunt, "The Reinvention of Preaching: A Study of Sixteenth and Seventeenth Century English Preaching Theories" (PhD diss., University of Maryland College Park, 1998); Kenneth Clifton Parks, "The Progress of Preaching in England during the Elizabethan Period" (PhD diss., Southern Baptist Theological Seminary, 1954); Joseph A. Pipa Jr., "William Perkins and the Development of Puritan Preaching" (PhD diss., Westminster Theological

As pessoas comuns ouviam com alegria a pregação puritana. Henry Smith (1560-1591), chamado às vezes de "o eloquente Crisóstomo dos puritanos", era tão popular como pregador que, como Thomas Fuller escreveu, "pessoas de boa qualidade traziam seus próprios bancos consigo, quero dizer suas pernas, para ficar de pé nos corredores".[5] Não é de se admirar que o ministro puritano tenha sido chamado de "o herói do puritanismo do século XVI".[6]

A pregação puritana era – e ainda é – transformadora. Brian Hedges diz que os pregadores puritanos "elevam nosso olhar para a grandeza de Deus. Abrem nossos olhos para a beleza e amabilidade de Cristo. Ferroam nossa consciência com a sutileza e a pecaminosidade do pecado. Deleitam e cativam a alma com o poder e a glória da graça. Sondam as profundezas da alma com grande discernimento bíblico prático e psicológico. Sustentam e fortalecem a alma em meio a sofrimento por exporem a doutrina da soberania de Deus. Fixam nossa visão e focalizam nossas afeições nas realidades eternas".[7]

Antes de examinarmos a pregação de puritanos específicos, começando no Capítulo 9, apresentarei a pregação puritana em geral. Limitarei esta apresentação a cinco temas: sua opinião

---

Seminary, 1985); Harold Patton Shelly, "Richard Sibbes: Early Stuart Preacher of Piety" (PhD diss., Temple University, 1972); David Mark Stevens, "John Cotton and Thomas Hooker: The Rhetoric of the Holy Spirit" (PhD diss., University of California, Berkeley, 1972); Lynn Baird Tipson Jr., "The Development of Puritan Understanding of Conversion" (PhD diss., Yale University, 1972); Cary Nelson Weisiger III, "The Doctrine of the Holy Spirit in the Preaching of Richard Sibbes" (PhD diss., Fuller Theological Seminary, 1984).

5 Citado em Winthrop S. Hudson, "The Ministry in the Puritan Age", em *The Ministry in Historical Perspectives*, ed. H. Richard Niebuhr e Daniel D. Williams (New York: Harper and Brothers, 1956), 185.

6 Michael Walzer, *The Revolution of the Saints: A Study in the Origins of Radical Politics* (Cambridge, MA: Harvard University Press, 1965), 119.

7 Brian G. Hedges, "Puritan Writers Enrich the Modern Church", *Banner of Truth* 529 (Outubro 2007): 5-10.

PREGAÇÃO REFORMADA

sobre a primazia da pregação, seu programa de pregação, sua paixão por pregação, seu poder na pregação e sua simplicidade na pregação.

A PRIMAZIA DA PREGAÇÃO

Os puritanos tinham um senso profundo de que Deus edifica sua Igreja principalmente pelo instrumento da pregação. Esse entendimento criou uma atmosfera em que a pregação ficava no centro da adoração e da devoção.

A essência da pregação é declarar a Palavra de Deus aos homens. John Preston nos oferece uma definição de pregação simples, funcional e tipicamente puritana: "uma interpretação ou um manejar público da Palavra, realizada por um embaixador ou ministro que fala ao povo em lugar de Deus, no nome de Cristo".[8]

Anthony Burgess (m. 1664) enfatizou que os ministros "têm de vestir cada sermão ante o espelho da Palavra; devem pregar como leem na Escritura".[9] Os ministros devem pregar somente a Palavra, Burgess diz, por três razões: (1) por causa de Deus – porque é a Palavra *dele* que os ministros estão proclamando, sua honra está em jogo, e ele vê com seriedade um ministro apresentar seus pensamentos no lugar dos dele; (2) por causa do homem – porque se a Palavra pregada não é a Palavra de Deus, ela perde todo o seu poder e alimento para os homens e se torna apenas feno e palha; e (3) por causa do próprio ministro – porque o pregador recebeu um ministério, não um "magistério"; ou seja, ele é chamado para ser um servo, não o Senhor; por isso, não deve colocar em perigo sua própria alma por apresentar suas próprias palavras,

---

8 Citado em Everett H. Emerson, *English Puritanism from John Hooper to John Milton* (Durham, NC: Duke University Press, 1968), 45.

9 Anthony Burgess, *The Scripture Directory, for Church Officers and People...* (London: Abraham Miller for T. U., 1659), 141; ver também John Mayer, *Praxis Theologica: or The Epistle of the Apostle St. James... Expounded* (London: R. Bostocke, 1629), 127.

Introdução à pregação puritana

mas deve lembrar-se de que Deus, e não ele mesmo, pode determinar melhor o que seus ouvintes necessitam.[10]

Os puritanos viam a pregação como a "principal obra" do ministro e o "principal benefício" dos ouvintes.[11] A pregação é a grande "ordenança de conversão" dada por Deus, eles diziam. Ninguém seria convertido sem ela. William Ames escreveu: "Pregar é a ordenança de Deus, santificada para gerar a fé, para abrir o entendimento, para atrair a vontade e as afeições a Cristo".[12] Thomas Cartwright (1535-1603) disse que a pregação é vitalmente necessária, se comparada simplesmente com a leitura da Bíblia. Ele escreveu: "Assim como o fogo atiçado dá mais calor, assim também a Palavra, como se fosse soprada pela pregação, flameja nos ouvintes mais do que quando é lida".[13]

Os puritanos admiravam-se de que um mero homem pudesse ser o porta-voz e embaixador do Deus trino e todo-poderoso. Richard Baxter escreveu: "Não é uma coisa irrelevante alguém ficar em pé diante de uma congregação e pregar uma mensagem de salvação ou condenação, da parte do Deus vivo, em nome de nosso Redentor".[14]

Além do Espírito Santo, o Cristo exaltado não outorga na terra

---

10 Burgess, *The Scripture Directory*, 142-44.

11 Robert Traill, "By What Means May Ministers Best Win Souls?", em *Select Practical Writings of Robert Traill* (Edinburgh: Printed for the Assembly's Committee, 1845), 120; Arthur Hildersham, *CLII Lectures Upon Psalm LI* (London: J. Raworth, for Edward Brewster, 1642), 732; Lewis, *Genius of Puritanism*, 37-43.

12 William Ames, *The Marrow of Theology*, trad. e ed. John D. Eusden (Boston: Pilgrim Press, 1968), 194.

13 Citado em Davies, *The Worship of the English Puritans*, 186; ver também John Owen, *An Exposition of the Epistle to the Hebrews*, ed. William H. Goold, 7 vols. (Edinburgh: Banner of Truth, 1991), 7:312-13; Nehemiah Rogers, *The True Convert* (London: George Miller for Edward Brewster, 1632), 71.

14 Richard Baxter, The Reformed Pastor, em *The Practical Works of Richard Baxter*, 4 vols. (Ligonier, PA: Soli Deo Gloria, 1990-1991), 4:383; daqui em diante, *Works*.

PREGAÇÃO REFORMADA

nenhum dom mais elevado do que o chamado para pregar à sua igreja do Novo Testamento, disse Richard Sibbes (1577-1635): "É um dom de todos os dons, a ordenança da pregação. Deus a valoriza muito, Cristo a valoriza muito, e nós também devemos valorizá-la muito".[15] Por isso, os puritanos colocavam o púlpito e não o altar no centro de suas igrejas, colocavam a pregação e não as ordenanças no centro de seu culto e consideravam o chamado pessoal ao ministério como essencial ao pregador.[16]

Essa perspectiva fazia de cada sermão uma ocasião momentosa. "Não há nenhum sermão que seja ouvido e não nos coloque mais perto do céu ou do inferno".[17] Um dos ouvintes de John Cotton (1584-1652) escreveu em resposta a um sermão: "O Sr. Cotton prega com tanta autoridade, demonstração e vida, que tenho a impressão de que, ao pregar com base em qualquer profeta ou apóstolo, eu não o ouço, eu ouço o próprio profeta ou apóstolo; sim, eu ouço o próprio Senhor Jesus Cristo falando ao meu coração".[18]

Os puritanos eram pregadores zelosos que tinham como alvo agradar a Deus, não às pessoas. Deus era testemunha deles. Todas as máscaras eram removidas; toda bajulação era detestada. Ouçam Baxter: "Em nome de Deus, irmãos, labutem para despertar os seus corações antes de virem, e, quando estiverem na obra, que vocês possam estar preparados para despertar os corações de pecadores. Lembrem-se de que eles precisam ser despertados ou condenados. E

---

15 Richard Sibbes, "The Fountain Opened", em *The Complete Works of Richard Sibbes*, ed. Alexander B. Grosart (Edinburgh: Banner of Truth, 1977), 5:509; daqui em diante, *Works*.

16 Lloyd-Jones, *The Puritans*, 380. Quanto ao ponto de vista puritano sobre o chamado ao ministério, ver Owen C. Watkins, *The Puritan Experience* (London: Routledge & Kegan Paul, 1972), 61-63.

17 John Preston, *A Pattern of Wholesome Words*, citado em Christopher Hill, *Society and Puritanism in Pre-Revolutionary England* (New York: Schocken, 1964), 46.

18 Roger Clap, *Memoirs of Captain Roger Clap*, citado em Alden T. Vaughan e Francis J. Bremer, eds., *Puritan New England: Essays on Religion, Society, and Culture* (New York: St. Martin's, 1977), 70.

Introdução à pregação puritana

um pregador indolente dificilmente os despertará... Falem ao seu povo como homens que têm de ser despertados ou aqui ou no inferno".[19]

PROGRAMA DE PREGAÇÃO

O senso de prioridade dos puritanos quanto à pregação levou-os a estabelecer um impressionante programa de reforma abrangente da igreja. Seu intenso amor a Cristo os motivou a gastarem sua vida na proclamação da Palavra de toda forma possível. Sibbes disse: "A pregação é a carruagem que leva Cristo para cima e para baixo pelo mundo".[20] Basicamente, os puritanos usavam uma abordagem de cinco aspectos para influenciar as pessoas e promover reforma pastoral por meio da pregação.

O primeiro era *reformar a própria pregação*, principalmente por pregarem onde quer que Deus lhes abrisse uma oportunidade. Posteriormente, daremos atenção ao ideal puritano ou ao estilo "claro" de pregação.

O segundo aspecto do programa de pregação puritano era *fazer palestras*, que não eram palestras acadêmicas, e sim tempos especialmente designados para pregação. Palestrantes, em contraste com o clérigo paroquial, eram contratados geralmente por apoiadores ricos, por um conselho de uma cidade ou pelas Associações de Advogados (as escolas de Direito em Londres) para pregarem e ensinarem em igrejas ou grupos de igrejas de mentalidade puritana, a fim de satisfazer ao apetite do povo que achava os ministros paroquiais vazios e não edificantes.[21]

---

19 Baxter, *The Reformed Pastor*, em *Works* 4:412, 426.

20 Sibbes, "The Fountain Opened", em *Works*, 5:508.

21 As origens e as variedades dos palestrantes são documentadas por Paul S. Seaver, *The Puritan Lectureships: The Politics of Religious Dissent, 1560-1662* (Stanford: Stanford University Press, 1970), 72–87; cf. Morgan, The Godly Preachers of the Elizabethan Church, 33–60; William Haller, The

PREGAÇÃO REFORMADA

Cargos de palestrante se tornaram cada vez mais populares em todo o primeiro século do Puritanismo (1560-1662). Surgiram em todas as partes da Inglaterra – em vilas e cidades pequenas, bem como em Cambridge, Oxford e, é claro, em Londres, onde mais de cem cargos de palestrante foram mantidos nas primeiras três décadas do século XVII. Muitos dos maiores puritanos serviram como palestrantes, como Ames, Paul Baynes (c. 1573-1617), Cartwright, Laurence Chaderton (c. 1536-1640), John "Decálogo" Dod (c. 1549-1645), John Field (1545-1588), Richard Greenham (c. 1542-1594), Arthur Hildersham (1563-1632), William Perkins, Preston e Sibbes.[22]

Um terceiro aspecto do programa de pregação puritano eram as *profetizações* – também chamadas de "exercícios" ou "exercícios piedosos". Profetizações eram um tipo de conferência bíblica que visava à educação contínua dos ministros.[23] De três a seis ministros pregariam sobre o mesmo texto, seguindo do mais novo para o mais velho. O último pregador resumia as descobertas e enfatizava os "usos" práticos das doutrinas que eram expostas. Um moderador sênior lideraria uma sessão de críticas aos sermões. Nestas sessões "ferro afia ferro", os ministros podiam aprimorar suas habilidades de exegética e de pregação.

Rise of Puritanism (Philadelphia: University of Philadelphia Press, 1972), 53, 330; Lloyd-Jones, The Puritans, 378.

22 Seaver, *The Puritan Lectureships*, 30-31; cf. Marshall M. Knappen, *Tudor Puritanism: A Chapter in the History of Idealism* (Chicago: University of Chicago Press, 1939), 221-22; Hill, *Society and Puritanism in Pre-Revolutionary England*, 80; Lewis, *Genius of Puritanism*, 61-62.

23 Ver especialmente Patrick Collinson, *The Elizabethan Puritan Movement* (London: Jonathan Cape, 1967), 168-76; Morgan, *The Godly Preachers of the Elizabethan Church*, 61-101. Quanto a considerações mais curtas, ver Knappen, *Tudor Puritanism*, 253-54; Pipa, "William Perkins and the Development of Puritan Preaching", 25-26; Daniel Neal, *History of Puritans* (Stoke-on-Trent, UK: Tentmaker, 2006), 1:181-82; Davies, *The Worship of the English Puritans*, 188-89.

Introdução à pregação puritana

Essas profetizações, que começaram nos anos 1520, em Zurique, foram importadas pelos primeiros puritanos nos anos 1550, usadas extensivamente no Christ's College por Chaderton e logo proliferaram em vários condados da Inglaterra. Desenvolveram-se a partir da necessidade de os ministros puritanos melhorarem sua pregação, embora fossem, às vezes, iniciadas por bispos que sentiam a necessidade de remediar a "pregação ignorante". As profetizações atingiram seu ápice em meados dos anos 1570, quando o público era convidado para assistir às reuniões. Em 1577, mediante o conselho do arcebispo de Canterbury, Edmund Grindal, a rainha Elizabeth – que via as profetizações como uma ameaça a seu controle sobre o Estado e a Igreja – encorajou seus bispos a proibirem-nas.[24] Nisso ela foi apenas parcialmente bem-sucedida. Algumas profetizações continuaram até o reinado de Jaime I, especialmente onde os bispos as toleravam.[25]

Quarto, a pregação puritana foi grandemente aumentada pela *impressão e publicação de sermões*. Os puritanos imprimiram muitos sermões em forma de livros, que se tornaram um importante meio de graça e comunicação. Nos anos 1560, nove volumes de sermões puritanos foram publicados; nos anos 1570, 69 volumes; nos anos 1580, 113 volumes; e nos anos 1590, 140 volumes.[26] A. F. Herr escreveu: "A impressão de sermões constituiu um grande negócio na Inglaterra elisabetana. Foi estimado que mais de 40% de todas as publicações lançadas naquele tempo foram de natureza religiosa ou filosófica, sendo evidente que sermões foram uma grande parte

---

24 S. E. Lehmberg, "Archbishop Grindal & the Prophesyings", *Historical Magazine of the Protestant Episcopal Church* 24 (1965): 87-145.

25 Collinson, *The Elizabethan Puritan Movement*, 168.

26 A. F. Herr, *The Elizabethan Sermon* (New York: Octagon, 1969), 27.

PREGAÇÃO REFORMADA

dessas publicações religiosas."[27] Muitos dos livros de sermões puritanos tiveram inúmeras edições em inglês, centenas de livros foram traduzidos para vários idiomas da Europa, como o holandês.[28] Esses livros eram lidos frequente e amplamente, e Deus os usou em muitas conversões e para o crescimento na graça de milhares de crentes.

Quinto, o programa puritano de pregação tomou a forma de *treinamento ministerial* que promovia a boa pregação. Os puritanos exigiam ministros de formação superior. Para realizar isso, os puritanos foram educados em universidades como Cambridge, Oxford, Trinity College em Dublin e Harvard College. Essas escolas foram uma força poderosa na formação de jovens com firmes convicções puritanas sobre a pregação.[29]

PAIXÃO POR PREGAÇÃO

O extensivo programa de pregação puritano foi motivado por uma paixão criada pelo Espírito de Deus. John F. H. New comenta: "A pregação, por boca ou por caneta, era vida para os puritanos".[30] Os puritanos amavam o evangelho de Cristo. Amavam proclamar todo o evangelho, e isso incluía, como Packer ressaltou, diagnosticar a miséria do homem e o assunto do pecado; enfatizar

---

27 Herr, *The Elizabethan Sermon*, 67.

28 Fred A. van Lieburg, "From Pure Church to Pious Culture: The Further Reformation in the Seventeenth-Century Dutch Republic", em *Later Calvinism: International Perspectives*, ed. W. Fred Graham (Kirksville, MO: Sixteenth Century Journal Publishers, 1994), 423-25; cf. C. W. Schoneveld, *Intertraffic of the Mind* (Leiden: Brill, 1983); Willem Jan op 't Hof, *Engelse pietistische geschriften in het Nederlands*, 1598-1622 (Rotterdam: Lindenberg, 1987).

29 Pipa, "William Perkins and the Development of Puritan Preaching", 24; Seaver, *The Puritan Lectureships*, 183; John Eliot, *New England's First Fruits*, citado em Perry Miller and Thomas H. Johnson, eds., *The Puritans*, rev. ed. (New York: Harper, 1963), 2:701; Knappen, *Tudor Puritanism*, 195, 218-19, 466-80; H. C. Porter, *Puritanism in Tudor England* (New York: MacMillan, 1970), 180-203, 223-27.

30 John F. H. New, *Anglican and Puritan: The Basis of Their Opposition, 1558-1640* (Stanford: Stanford University Press, 1965), 71.

Introdução à pregação puritana

o alvo da graça e da suficiência de Cristo em sua humilhação e exaltação; e oferecer graça com a proclamação das exigências de arrependimento e fé evangélicos.[31]

A pregação puritana envolvia declarar a redenção por focalizar a obra salvadora de todas as três pessoas da Trindade, enquanto, ao mesmo tempo, chamava pecadores à vida de fé e compromisso, advertindo que o evangelho condenará para sempre aqueles que persistirem na incredulidade e não se arrependerem. Thomas Manton disse:

> A suma do evangelho é esta: todos aqueles que, por arrependimento e fé verdadeiros, abandonarem realmente a carne, o mundo e o Diabo e se entregarem a Deus, o Pai, ao Filho e ao Espírito Santo, como seu criador, redentor e santificador, acharão a Deus como um pai que os receberá por seus filhos reconciliados, e, por amor a Cristo, lhes perdoará os pecados, e lhes dará sua graça, por meio de seu Espírito. E, se perseverarem neste caminho, Deus os glorificará no final e lhes dará a felicidade eterna; mas condenará os incrédulos, impenitentes e ímpios à punição eterna.[32]

Os puritanos amavam pregar Cristo – bíblica, doutrinária e tipologicamente.[33] Pregar Cristo com encanto e graça era a tarefa mais essencial do pregador puritano. Samuel Rutherford (1600-1661) disse que tinha apenas "uma alegria" além de Cristo, ou seja, "pregar Cristo".[34]

---

31 Packer, *A Quest for Godliness*, 170-75.

32 Thomas Manton, "Wisdom is Justified of Her Children", em *The Complete Works of Thomas Manton*, ed. T. Smith. (Worthington, PA: Maranatha, 1980), 2:102ff.

33 Ver Chad Van Dixhoorn, "Preaching Christ in Post-Reformation Britain", em *The Hope Fulfilled: Essays in Honor of O. Palmer Robertson*, ed. Robert L. Penny (Phillipsburg, NJ: P&R, 2008), 361-89.

34 *Letters of Samuel Rutherford*, ed. Andrew Bonar (London: Oliphants, [1904]), 420, 438 (cartas de 7 e 13 de julho de 1637).

PREGAÇÃO REFORMADA

-Os ministros puritanos amavam *preparar-se para pregar*. Gastavam longas horas perscrutando o significado do texto da Escritura em seu contexto. Eram pregadores expositivos e didáticos. Pregavam frequentemente passagens inteiras em sequência.

Os pregadores puritanos amavam *pregar para si mesmos*, antes e acima de tudo. Rejeitavam o profissionalismo frio. Os melhores sermões, eles diziam, são aqueles que o pregador prega antes de tudo para seu próprio coração. "Eu pregava o que sentia, o que sentia amargamente [dolorosamente]", escreveu John Bunyan. "De fato, tenho sido como alguém que lhes foi enviado de entre os mortos. Fui eu mesmo preso para pregar-lhes em cadeias; e levei em minha própria consciência aquele fogo do qual os persuadi a acautelarem-se".[35] Baxter o expressou nestes termos: "Pregue antes de tudo para si mesmo, antes de pregar para eles, e com grande zelo. Ó Senhor, salve a igreja de pastores mundanos que estudam e aprendem a arte do cristianismo e ministram, mas nunca tiveram a natureza divina e cristã, nem o princípio vital que deve fazer a distinção entre eles e seu serviço dos mortos".[36]

Eles também amavam *o ato de pregar*, não por causa do ato em si mesmo, mas porque acreditavam que Deus usa a pregação para salvar aqueles que têm de crer, ou, como Perkins disse, "para reunir a igreja e completar o número dos eleitos".[37] Não é surpreendente, portanto, que muitos puritanos, como Bunyan, tenham dito que preferiam ir para a cadeia a deixar de pregar. Quando lhe disseram que poderia ficar livre da cadeia se concordasse em parar de pregar,

---

35 Citado em Brown, *Puritan Preaching in England*, 146.

36 Baxter, "A Sermon Preached at the Funeral of Mr. Henry Stubbs", (1678), em *Works*, 4:974; cf. Murray A. Capill, *Preaching with Spiritual Vigour: Including Lessons from the Life and Practice of Richard Baxter* (Fearn, Ross-shire, Scotland: Christian Focus, 2003), 39-50.

37 Citado em Lloyd-Jones, *The Puritans*, 381.

Introdução à pregação puritana

Bunyan respondeu muitas vezes que, se fosse liberto, estaria pregando no dia seguinte.

Além disso, os puritanos amavam as pessoas para as quais pregavam e buscavam, diligentemente, a conversão e a edificação delas. Os pregadores puritanos entendiam que o ministro que possui grandes dons de pregação, e que falha em amar seu povo, fracassará miseravelmente em seu chamado. Sabiam que fracassar em amar é fracassar em tudo.

Os puritanos diziam que um ministro tem de esforçar-se para pregar e pastorear seu povo com tanto amor que reflita o amor do Pai retratado na recepção que o pai deu ao filho pródigo e em sua resposta ao irmão mais velho (Lc 15:11-32). Eles convidavam amorosamente os cristãos fracos e hesitantes a se aproximarem do Pai por meio de Cristo.[38] Baxter escreveu: "Todo o curso de nosso ministério deve ser seguido com amor compassivo por nosso povo... Quando as pessoas perceberem que você as ama sem fingimento [sinceramente], elas ouvirão qualquer coisa, suportarão qualquer coisa e o seguirão mais facilmente".[39]

PODER NA PREGAÇÃO

Os anglicanos, representando a igreja estabelecida na Inglaterra, achavam que os puritanos exageravam grandemente quanto ao papel do sermão na salvação, ao mesmo tempo que menosprezavam outros meios de graça.[40] Para a rainha Elizabeth e outros anglicanos, livros

---

38 Manton, "Exposition of the Lord's Prayer", em *Works*, 1:35, 50-51 [Matt. 6:6-8]; cf. Simon Ford, *The Spirit of Bondage and Adoption* (London: T. Maxey, for Sa. Gellibrand, 1655), 200; Samuel Petto, *The Voice of the Spirit: or, An Essay towards a Discovery of the Witnessings of the Spirit* (London: Livewell Chapman, 1654), 56-62.

39 Baxter, *The Reformed Pastor*, em *Works*, 4:394.

40 Davies, *The Worship of the English Puritans*, 16.

PREGAÇÃO REFORMADA

de homilias (essencialmente, sermões que eram lidos em voz alta) eram preferíveis a sermões pregados extemporaneamente, porque tais livros eram elaborados com mais cuidado e sujeitos a controle.

Por outro lado, os puritanos reclamavam que os anglicanos eram excessivamente retóricos, prolixos, metafísicos e moralistas, e não suficientemente evangélicos, experienciais e práticos.[41] Que contraste há entre a descrição urgente de Baxter sobre a pregação como "um homem moribundo [falando] a homens moribundos"[42] e os sermões anglicanos descritos criticamente como "citações da excelente Constituição de sua Igreja, ou de obediência passiva, ou uma exclamação contra o cisma, ou um discurso de moralidade, ou apenas exclamação contra vícios que a própria luz da natureza condena".[43] Após descrever os embelezamentos retóricos da pregação anglicana, John Owen escreveu: "Essas coisas não se harmonizam com a autoridade, a majestade, a grandeza e a santidade daquele que fala na palavra... o grande possuidor do céu e da terra!"[44]

A pregação puritana atingia a mente com clareza. Essa pregação era dirigida a pessoas como seres racionais. Os puritanos achavam que a mente era o palácio da fé. Recusavam-se a colocar a mente e o coração em oposição, ensinando que o conhecimento é o solo no qual o Espírito planta a semente da regeneração. Preston enfatizou que a razão é elevada na conversão; e Cotton Mather

---

41 Quanto a um estudo sobre a pregação anglicana na Inglaterra elizabetana, ver Pipa, "William Perkins and the Development of Puritan Preaching", 28-67; cf. Lloyd-Jones, *The Puritans*, 375, 381-83

42 Richard Baxter, *The Dying Thoughts of the Reverend Learned and Holy Mr. Richard Baxter*, Benjamin Fawcett (Salop: J. Cotton and J. Eddowes, 1761), 167.

43 *Plain Reasons for Dissenting from the Church of England*, 3rd ed. (London, 1736), 6, citado em Davies, *The Worship of the English Puritans*, 202. *Plain Reasons* foi publicado anonimamente, mas sabe-se que seu autor foi Charles Owen.

44 John Owen, *An Exposition of Hebrews* (Marshalltown, DE: The National Foundation for Christian Education, 1960), 1:52.

Introdução à pregação puritana

acrescentou que a ignorância é a mãe da heresia e não da devoção. Por isso, eles informavam a mente com conhecimento bíblico e argumentavam com a mente por meio de lógica bíblica.[45]

A pregação puritana confrontava a consciência pungentemente. Os puritanos consideravam a consciência dos pecadores como a "luz da natureza". A pregação franca nomeava pecados específicos; depois, fazia perguntas para levar à aceitação da culpa desses pecados na consciência de homens, mulheres e crianças. Os pregadores puritanos usavam o poder convincente da lei para colocar os pecadores desnudos na presença de Deus (Hb 4:12). Somente então, clamariam por serem revestidos com a justiça de Cristo. Por isso, os puritanos pregavam urgente, direta e especificamente à consciência, levando a sério a ordem de Cristo de que "em seu nome se pregasse arrependimento para remissão de pecados" (Lc 24:47).

A pregação puritana cortejava o coração amorosamente. A pregação deles era cheia de afeição, zelosa e otimista. Walter Cradock (c. 1606-1659) disse ao seu rebanho: "Não somos enviados para pegar escravos remadores para as galés ou um urso para a estaca. Ele nos envia para cortejar vocês como esposas, para se casarem com Cristo".[46] Os puritanos usavam a pregação cativante, apelo pessoal, oração fervorosa, argumentação bíblica, advertência solene, viver jubiloso – qualquer meio que pudessem usar – para afastar pecadores do caminho da destruição e convertê-los para Deus, por meio da mente, da consciência e do coração – nessa ordem. Samuel Willard (1640-1707) disse:

---

45 Quanto a um exemplo de puritanos argumentando com pecadores, ver Joseph Alleine, A *Sure Guide to Heaven* (Edinburgh: Banner of Truth, 1995), 30.

46 Citado em I. D. E. Thomas, comp., *The Golden Treasury of Puritan Quotations* (Chicago: Moody Press, 1975), 222. Ursos eram presos a estacas e, depois, forçados a lutar com cachorros no cruel esporte de rinhas de ursos, ao qual os puritanos se opunham frequentemente. Que contraste com um casamento!

PREGAÇÃO REFORMADA

As verdades da Palavra são aplicadas primeiramente ao Entendimento, pelo qual podemos saber o seu significado e discernir suas razões, pois aqui todas as Ações humanas começam; e, sendo provadas pelo Julgamento, devem ser passadas para a vontade, para a sua Eleição [decisão], pelo que abraça a verdade ordenada e fica persuadido por ela. E, a partir disso, ela é impressa nas Afeições.[47]

Os puritanos acreditavam que Deus usaria sua pregação poderosa como um instrumento para conquistar e converter pecadores. Ames escreveu: "A pregação não deve, portanto, ser morta, mas viva e eficaz, para que um incrédulo, chegando à congregação de crentes, seja atingido e como que traspassado pelo próprio ouvir da Palavra a fim de que dê glória a Deus".[48]

SIMPLICIDADE NA PREGAÇÃO

Em referência a estilo, os puritanos acreditavam na pregação simples. Esta simplicidade não significa anti-intelectualismo. Em vez disso, a simplicidade se refere a uma comunicação simples e clara da Bíblia para a mente; depois, para o coração; e, depois, para o exterior, para direcionar a conduta. Henry Smith disse: "Pregar de maneira simples não é pregar incultamente, nem confusamente, e sim clara e perspicazmente [com simplicidade], para que o mais simples que o ouve possa entender o que é ensinado, como se ouvisse o seu nome".[49] Cotton Mather escreveu em seu discurso fúnebre para John Eliot (1604-1690), um missionário puritano que

---

47 Citado em Perry Miller, *The New England Mind: The Seventeenth Century* (Boston: Beacon, 1961), 295; cf. Catecismo Maior de Westminster, P. 68.

48 Citado em Ryken, *Santos no Mundo*, 190.

49 Henry Smith, "The Art of Hearing", em *The Works of Henry Smith*, 2 vols. (Stoke-on-Trent, UK: Tentmaker, 2002), 1:337.

Introdução à pregação puritana

ministrou aos índios, que seu "modo de pregação era muito simples, tão simples que os próprios *cordeiros* podiam andar por seus discursos sobre aqueles textos e temas em que os *elefantes* podiam nadar".[50] Increase Mather (1639-1723) escreveu sobre a pregação de seu pai, Richard: "Sua maneira de pregar era simples e almejava atirar suas flechas não na cabeça das pessoas, mas no coração e na consciência delas".[51]

A primeira parte de um sermão puritano era exegético e expositivo; a segunda, doutrinária e didática; e a terceira era aplicação.[52] Primeiramente, a pregação puritana era *bíblica*, ou seja, uma exposição do texto da Bíblia. "O ministro fiel, à semelhança de Cristo, [é] aquele que prega nada além da Palavra de Deus", disse o puritano Edward Dering (c. 1540-1576).[53] Owen concordava: "O primeiro e principal dever de um pastor é alimentar seu rebanho por meio de pregação diligente da Palavra".[54] Millar Maclure comenta que "para os puritanos o sermão não é apenas dependente da Escritura; existe quase literalmente dentro da Palavra de Deus; o texto não está no sermão, mas o sermão está no texto... Em poucas palavras, ouvir um sermão é estar na Bíblia".[55]

---

50 Cotton Mather, *The Great Works of Christ in America: Magnalia Christi Americana* (London: Banner of Truth, 1979), 1:547-48. Quanto a uma bibliografia dos sermões e escritos de Eliot, ver Frederick Harling, "A Biography of John Eliot" (PhD diss., Boston University, 1965), 259-61.

51 Increase Mather, *The Life and Death of that Reverend Man of God, Mr. Richard Mather* (Cambridge, MA: S. G. and M. J., 1670), 31-32.

52 Miller, *The New England Mind: The Seventeenth Century*, 332-33.

53 Edward Dering, "Certaine godly and comfortable Letters, full of Christian consolation", em *M. Derings Workes* (New York: Da Capo, 1972), 456.

54 John Owen, "The Especial Duty of Pastors of Churches", em *The Works of John Owen*, ed. William H. Goold (repr., London: Banner of Truth, 1965), 16:74.

55 Millar Maclure, *The Paul's Cross Sermons, 1534-1642* (Toronto: University of Toronto Press, 1958), 165. A respeito de como os puritanos interpretavam a Escritura, ver Thomas Lea, "The Hermeneutics of the Puritans", *Journal of the Evangelical Theological Society* 39, no. 2 (Junho 1996): 271-84.

PREGAÇÃO REFORMADA

Segundo, a exposição da Escritura levou os puritanos a desenvolverem *doutrinas* claras e bem definidas. Perkins chamava doutrina de "a ciência de viver bem e abençoado para sempre".[56] Ames se referia à "doutrina ou ensino de viver para Deus".[57] Sinclair Ferguson escreve sobre os puritanos: "Para eles, a teologia sistemática era para o pastor o que o conhecimento de anatomia é para o médico. Somente à luz de todo o corpo de divindade (como eles a chamavam), um ministro poderia fazer um diagnóstico, prescrever remédio e, por fim, curar a doença espiritual daqueles que estavam infectados pelo corpo de pecado e morte".[58]

Packer descreveu a convicção dos puritanos: "À pergunta 'devemos pregar doutrina?', a resposta dos puritanos teria sido: 'Ora, o que mais existe para pregarmos?' A pregação doutrinária certamente aborrecia os hipócritas; mas é somente a pregação doutrinária que salvará as ovelhas de Cristo. O trabalho do pregador é proclamar a fé, não prover entretenimento para incrédulos".[59]

A pregação puritana reconhecia que toda doutrina bíblica se centraliza em Cristo.[60] De acordo com Thomas Adams (1583-1652),

---

56 William Perkins, "A Golden Chaine: or, the Description of Theologie", em *The Workes of that Famovs and VVorthy Minister of Christ in the Vniversitie of Cambridge*, Mr. William Perkins, 3 vols. (London: John Legatt, 1612-1613), 1:10.

57 Ames, *The Marrow of Theology*, 77.

58 Sinclair B. Ferguson, "Evangelical Ministry: The Puritan Contribution", em *The Compromised Church: The Present Evangelical Crisis*, ed. John H. Armstrong (Wheaton, IL: Crossway, 1998), 266.

59 Packer, *Quest for Godliness*, 284-85.

60 Thomas Taylor, *Christ Revealed: or The Old Testament Explained; A Treatise of the Types and Shadowes of our Saviour* (London: M. F. for R. Dawlman and L. Fawne, 1635) é a melhor obra puritana sobre Cristo no Antigo Testamento. Thomas Goodwin, "Christ Our Mediator", vol. 5 de *The Works of Thomas Goodwin* (Eureka, CA: Tanski, 1996), expõe habilmente textos importantes do Novo Testamento sobre a mediação de Cristo. Alexander Grosse, *The Happiness of Enjoying and Making a True and Speedy Use of Christ* (London: Tho: Brudenell, for John Bartlet, 1647) e Isaac Ambrose, *Looking Unto Jesus* (Harrisonburg, VA: Sprinkle, 1988) são cristologia experiencial de alta qualidade. Ralph Robinson, *Christ All and In All: or Several Significant Similitudes by which the Lord Jesus*

Introdução à pregação puritana

"Cristo é a soma de toda a Bíblia, profetizado, tipificado, prefigurado, exibido, demonstrado, a ser achado em cada página, quase em cada linha. E as Escrituras são, por assim dizer, as faixas que envolvem o infante Jesus".[61] "Pense em Cristo como a própria substância, essência, alma e escopo de toda a Escritura", disse Isaac Ambrose (1604-1664).[62] Robert Bolton (1572-1631) concordava: "Jesus Cristo é oferecido mais livremente, e sem exceção de pessoa, todo domingo, em todo sermão".[63] Pregar as doutrinas de Cristo os levava naturalmente a pregar também outras doutrinas relacionadas a Cristo, como as doutrinas do Deus trino, do pecado, da santificação e da autonegação.[64]

Terceiro, o ensino de doutrina levava à *aplicação*, chamada frequentemente de os "usos" do texto, que podia se tornar extenso, visto que o ministro aplicava a Escritura a vários ouvintes. O alvo era sempre incutir a Palavra no coração ou, como disse Baxter, "fixar a verdade em suas mentes, e a obra de Cristo em suas afeições".[65]

Christ is Described in the Holy Scriptures (1660; repr., Ligonier, PA: Soli Deo Gloria, 1992); Philip Henry, *Christ All in All, or What Christ is Made to Believers* (1676; repr., Swengel, PA: Reiner, 1976); e John Brown, *Christ: the Way, the Truth, and the Life* (1677; repr., Morgan, PA: Soli Deo Gloria, 1995) contêm sermões preciosos que exaltam Cristo em todas as suas relações com os crentes. John Owen, A Declaration of the Glorious Mystery of the Person of Christ (reprinted in vol. 1 of Works of Owen) é magnífico quanto à relação das naturezas de Cristo com sua pessoa. James Durham, *Christ Crucified; or The Marrow of the Gospel in 72 Sermons on Isaiah 53, 2 vols.* (Glasgow: Alex Adam, 1792) permanece inigualável como uma exposição bíblica da paixão de Cristo.

61 Thomas Adams, "Meditations upon the Creed", em *The Works of Thomas Adams* (1862; repr., Eureka, CA: Tanski, 1998), 3:224.

62 Isaac Ambrose, "Media: The Middle Things", em *The Works of Isaac Ambrose* (London: for Thomas Tegg & Son, 1701), 201.

63 Robert Bolton, *A Treatise on Comforting Afflicted Consciences* (Ligonier, PA: Soli Deo Gloria, 1991), 185.

64 Quanto a amostras escolhidas de pregação puritana sobre Deus, pecado, santificação e autonegação, ver, respectivamente, Stephen Charnock, *Discourses on the Existence and Attributes of God*, 2 vols. (Grand Rapids, MI: Baker, 1996); Jeremiah Burroughs, *The Evil of Evils* (Morgan, PA: Soli Deo Gloria, 1995); Walter Marshall, *The Gospel Mystery of Sanctification* (Grand Rapids, MI: Zondervan, 1954); Thomas Watson, *The Duty of Self-Denial* (Morgan, PA: Soli Deo Gloria, 1995), 1-37.

65 Baxter, *The Reformed Pastor*, em *Works*, 4:370.

PREGAÇÃO REFORMADA

Essas aplicações devem visar as pessoas certas ou, do contrário, podem causar mais danos espirituais do que benefícios. Portanto, a pregação puritana era marcada por uma *aplicação discriminatória* da verdade para os não cristãos e para os cristãos. Os pregadores puritanos se esforçavam para identificar as marcas da graça que distinguem a Igreja do mundo, os verdadeiros crentes dos crentes meramente professos, e a fé salvadora da fé temporária.[66] Thomas Shepard (1605-1649) em *The Ten Virgins* (As Dez Virgens), Matthew Mead (1629-1699) em *The Almost Christian Discovered* (O Quase Cristão Desmascarado), Jonathan Edwards em *Religious Affections* (Afeições Religiosas) e outros puritanos escreveram dezenas de obras para diferençar impostores de verdadeiros crentes.[67]

A pregação puritana tinha o alvo de ser transformadora. A parte de aplicação é "a vida da pregação", escreveu James Durham (c. 1622-1658): "Portanto, a pregação é chamada persuasiva, testificadora, suplicante, imploradora, requisitante, apeladora ou exortadora".[68] Os puritanos ensinavam que, quando a Palavra de Deus é pregada experiencialmente, o Espírito Santo usa-a para transformar indivíduos e nações.[69] O capitão John Spilman nos oferece um exemplo do poder transformador da pregação experiencial puritana:

> Quando eu vivia na condição carnal, desprezava os ministros de Cristo, especialmente os pastores que se demoravam

---

66 Thomas Watson, *The Godly Man's Picture* (Edinburgh: Banner of Truth, 1992), 20-188, apresenta 24 marcas da graça para autoexame.

67 Thomas Shepard, *The Parable of the Ten Virgins* (Ligonier, PA: Soli Deo Gloria, 1990); Matthew Mead, *The Almost Christian Discovered; Or the False Professor Tried and Cast* (Ligonier, PA: Soli Deo Gloria, 1988); Jonathan Edwards, *Religious Affections* (New Haven, CT: Yale University Press, 1959).

68 James Durham, *A Commentary Upon the Book of the Revelation* (Amsterdam: John Frederickszoon Stam, 1660), 260–66 [Ap 3:14–22].

69 Cf. Park, *The Sacred Rhetoric of the Holy Spirit*, 373-74.

Introdução à pregação puritana

na pregação. E não era capaz de suportar que alguém pregasse por muito tempo. Mas, finalmente, fui apanhado por um. E ele estava [pregando] em Hebreus 8:8, 10 sobre a nova aliança feita em Cristo, que foi aplicada a mim mesmo e me tocou profundamente.[70]

Tendo em vista transformar os ouvintes somente para a glória de Deus, os puritanos exortavam os pregadores a se conduzirem no temor do Senhor. O pregador deve andar em humildade, não alardeando suas capacidades. "Um estilo crucificado veste melhor o pregador de um Cristo crucificado", escreveu John Flavel. "As palavras são apenas servos do assunto. Uma chave de ferro capaz de soltar a trava é mais útil do que uma chave de ouro que não abrirá a porta que leva ao tesouro".[71]

EXIGÊNCIAS DA PREGAÇÃO

Por fim, a pregação puritana é inseparável do estilo de vida do ministro puritano. Esse estilo de vida deve manifestar três virtudes indispensáveis à pregação: dependência do Espírito Santo, santidade pessoal e um espírito de oração fervorosa.

Primeiramente, os ministros devem mostrar uma profunda dependência do Espírito Santo em tudo que dizem e fazem. Devem sentir intensamente sua incapacidade para levar alguém a Cristo, bem como a magnitude da conversão. "Deus nunca impôs sobre você a conversão daqueles aos quais ele o envia. Não. Proclamar o evangelho é o seu dever", disse William Gurnall (1616-1679) aos

---

70 John Spilman, *A Tabernacle for the Sun*, 4, citado em Owen C. Watkins, *The Puritan Experience: Studies in Spiritual Autobiography* (New York: Schocken, 1972), 58.

71 John Flavel, "The Character of a True Evangelical Pasto", em *The Works of John Flavel*, 6 vols. (1820; repr., London: Banner of Truth, 1968), 6:572.

PREGAÇÃO REFORMADA

ministros.[72] Os puritanos eram convictos de que tanto o pregador quanto o ouvinte são totalmente dependentes da obra do Espírito para efetuar a regeneração e a conversão em quem ele quiser.[73] Como Thomas Manton escreveu: "Os ministros batem à porta do coração dos homens, o Espírito vem com uma chave e abre a porta".[74]

Em segundo, a dependência do Espírito Santo exige que o ministro busque santidade em sua vida. Baxter disse: "Precisamos estudar diligentemente como viver bem e como pregar bem... Se o seu compromisso diário não for estudar seu próprio coração, subjugar corrupções e viver em dependência de Deus; se você não faz disto o seu próprio serviço com o qual se ocupa constantemente, tudo dará errado, e você matará de fome os seus congregantes [ouvintes]".[75] Owen escreveu: "Se um homem ensina corretamente e vive de maneira errada, mais ruirá na noite de sua vida do que ele edificou no dia de sua doutrina".[76]

Finalmente, os ministros devem se dedicar à oração, tanto em favor de si mesmos quanto de seu ministério. Robert Trail escreveu: "Alguns ministros de dons e talentos inferiores são mais bem-sucedidos do que alguns que estão muito acima deles em habilidades; não porque pregam melhor, e sim porque oram mais. Muitos bons sermões se perdem por falta de muita oração no escritório".[77]

---

72 William Gurnall, *The Christian in Complete Armour*, 2 vols. (London: Banner of Truth, 1964), 2:574; ver Baxter, "A Call to the Unconverted", em *Works*, 2:513.

73 Packer, *Quest for Godliness*, 296-99.

74 Thomas Watson, *A Body of Divinity* (1692; repr., Edinburgh: Banner of Truth, 2000), 221.

75 Baxter, *The Reformed Pastor*, em Works, 4:372, 425.

76 Owen, "Eschol, a Cluster of the Fruit of Canaan", em *Works*, 13:57.

77 Robert Traill, "Sermons Concerning the Throne of Grace", em *The Works of the Late Reverend Robert Traill*, 4 vols. (1810; repr., Edinburgh: Banner of Truth, 1975), 1:246.

CAPÍTULO 9

PREGADORES PURITANOS: PERKINS

Samuel Clarke nos oferece um exemplo impressionante do amor de William Perkins por evangelização.[1] Ele diz que um prisioneiro condenado subia para a forca, parecendo "meio morto", quando Perkins lhe falou: "O que foi, homem? Qual é o problema com você? Está com medo da morte?" O prisioneiro confessou que tinha menos medo da morte do que o que viria depois. "Por que você fala assim?", disse Perkins. "Desça novamente, homem, e você verá o que a graça de Deus fará para fortalecê-lo". Quando o prisioneiro desceu, ajoelharam-se juntos, de mãos dadas, e Perkins ofereceu "uma oração tão eficaz de confissão de pecados... que fez o miserável prisioneiro irromper em abundância de lágrimas". Convencido, o prisioneiro

---

1 Porções deste capítulo são condensadas de Joel R. Beeke, "William Perkins on Predestination, Preaching, and Conversion", em *The Practical Calvinist: An Introduction to the Presbyterian and Reformed Heritage: In Honor of Dr. D. Clair Davis*, ed. Peter A. Lillback (Fearn, Ross-shire, Scotland: Christian Focus, 2002), 183-213. Usado com permissão. Quanto a uma bibliografia de livros, dissertações e teses sobre Perkins, ver as notas daquele capítulo.

foi levado "bem para baixo, às portas do Inferno". Perkins lhe mostrou a gratuidade do evangelho em sua oração. Clarke escreve que os olhos do prisioneiro foram abertos para "verem como as linhas negras de seus pecados foram riscadas e apagadas com as linhas vermelhas do precioso sangue de seu Salvador crucificado, aplicando isso tão graciosamente à sua consciência ferida, que o fez irromper em nova torrente de lágrimas pela alegria da consolação interior que ele achou". O prisioneiro se levantou de seus joelhos, subiu alegremente a escada, deu testemunho da salvação no sangue de Cristo e suportou a sua morte com paciência, "como se visse a si mesmo realmente como liberto do Inferno que antes temia e visse o céu aberto para receber a sua alma, para grande regozijo dos espectadores".[2]

O principal pregador puritano da Inglaterra elisabetana, William Perkins, tem sido chamado de "pai do Puritanismo". Ele era uma ponte entre o pensamento reformado genebrino de João Calvino e Teodoro de Beza, e os puritanos ingleses que o seguiram.

Nascido em Warwickshire em 1558, viveu a juventude em indolência, profanidade e embriaguez.[3] Em 1577, entrou no Christ's College, em Cambridge. Obteve o grau de bacharel em 1581, e o de mestre em 1584. Enquanto aluno, experimentou uma conversão

---

2 Samuel Clarke, *The Marrow of Ecclesiastical History* (London: W. B., 1675), 416-17.

3 Thomas Fuller forneceu os fatos básicos que sabemos a respeito da vida de Perkins: *Abel Redevivus; or, The Dead Yet Speaking* (London: William Tegg, 1867), 2:145-54, e *The Holy and Profane State* (London: William Tegg, 1841); ver Ian Breward, "The Life and Theology of William Perkins" (PhD diss., University of Manchester, 1963); Breward, introdução e ed., *The Work of William Perkins*, Courtenay Library of Reformation Classics, vol. 3 (Abingdon, England: Sutton Courtenay, 1970); daqui para fente, *Work of Perkins*; Charles Robert Munson, "William Perkins: Theologian of Transition" (PhD diss., Case Western Reserve, 1971); J. R. Tufft, "William Perkins, 1558-1602" (PhD diss., Edinburgh, 1952).

Pregadores puritanos: Perkins

poderosa, iniciada quando ouviu por acaso uma mulher na rua advertir seu filhinho desobediente a não se tornar como o "bêbado Perkins".[4] Ele se converteu de seu pecado para Cristo e de uma fascinação por magia negra e ocultismo para a teologia.[5] Logo Perkins se uniu a irmandade espiritual de puritanos liderada por Laurence Chaderton, em Cambridge, onde aprendeu a doutrina reformada com orientação para a aplicação prática.[6]

De 1584 até sua morte por complicações de pedras no rim, em 1602, Perkins serviu como palestrante ou pregador na igreja paroquial Great St. Andrew, em Cambridge, um púlpito muito influente no outro lado da rua do Christ's College. Também serviu como um tutor no Christ's College de 1584 a 1595. Exigia-se que os tutores pregassem, ensinassem e orientassem alunos, agindo como "guias do aprendizado e guardiões das finanças, da moral e dos costumes".[7] Nas tardes de domingo, ele trabalhava como conselheiro, assistindo aos espiritualmente aflitos. "A doutrina da predestinação divina era o bálsamo que ele aplicava mais comumente aos abatidos que compartilhavam com ele suas inseguranças espirituais", escreveu Mark Shaw.[8]

---

4 Benjamin Brook, *The Lives of the Puritans* (Pittsburgh: Soli Deo Gloria, 1994), 2:129.

5 William Perkins, *The Workes of That Famovs and VVorthy Minister of Christ in the Vniuersitie of Cambridge*, Mr. William Perkins, 3 vols. (London: John Legatt, 1612–1613), 2:653; daqui para frente, *Works*.

6 Patrick Collinson, *The Elizabethan Puritan Movement* (Berkeley: University of California Press, 1967), 125; cf. Peter Lake, *Moderate Puritans and the Elizabethan Church* (Cambridge: Cambridge University Press, 1982); Munson, "William Perkins: Theologian of Transition", 18-25; William T. Costello, *The Scholastic Curriculum at Early Seventeenth-Century Cambridge* (Cambridge, MA: Harvard University Press, 1958), 146; James Bass Mullinger, *The University of Cambridge* (Cambridge: Cambridge University Press, 1884), 2:404.

7 Mark Curtis, *Oxford and Cambridge in Transition 1558-1642* (Oxford: Oxford University Press, 1965), 80.

8 Mark R. Shaw, "William Perkins and the New Pelagians: Another Look at the Cambridge Predestination Controversy of the 1590s", *Westminster Theological Journal* 58 (1996): 284.

PREGAÇÃO REFORMADA

Eventualmente, Perkins – um retórico, expositor, teólogo e pastor – tornou-se o principal arquiteto do jovem movimento puritano. Perkins tinha dons excepcionais de pregação e habilidade extraordinária para alcançar pessoas comuns com ensino e teologia simples. No tempo de sua morte, seus escritos vendiam mais do que os de Calvino, Beza e Heinrich Bullinger juntos.[9] Ele "moldou a piedade de toda a nação", disse H. C. Porter.[10] Onze edições póstumas das obras de Perkins, contendo quase 50 tratados, foram impressas por volta de 1635.[11] Seus escritos foram traduzidos para holandês, alemão, espanhol, francês, italiano, irlandês, galês, húngaro e tchecoslovaco.[12] A influência de Perkins continuou por meio de teólogos como William Ames, Richard Sibbes, John Cotton, John Preston e de muitos pregadores treinados em Cambridge mesmo depois de sua morte, incluindo os puritanos que lideraram a migração para a Nova Inglaterra, a fim de construírem uma cidade num monte para que o mundo visse.[13]

---

9 Louis B. Wright, *Middle-Class Culture in Elizabethan England* (Chapel Hill: University of North Carolina Press, 1935), 281-84; Ian Breward, "The Significance of William Perkins", *Journal of Religious History* 4 (1966): 116.

10 H. C. Porter, *Reformation and Reaction in Tudor Cambridge* (London: Cambridge University Press, 1958), 260. Porter afirma que mais de 50 dos 210 livros impressos em Cambridge entre 1585 e 1618 foram escritos por Perkins. *Reformation and Reaction in Tudor Cambridge*, 264.

11 Quanto a publicações modernas dos escritos de Perkins's, além da obra de Ian Breward, ed., *Work of Perkins*, ver Thomas F. Merrill, ed., *William Perkins, 1558-1602, English Puritanist-His Pioneer Works on Casuistry: "A Discourse of Conscience" and "The Whole Treatise of Cases of Conscience"* (Nieuwkoop: B. DeGraaf, 1966); daqui para frente, *Works on Casuistry*; William Perkins, *A Commentary on Galatians*, ed. Gerald T. Sheppard (New York: Pilgrim Press, 1989); *A Commentary on Hebrews 11*, ed. John H. Augustine (New York: Pilgrim Press, 1991); e *The Art of Prophesying*, ed. Sinclair B. Ferguson (Edinburgh: Banner of Truth, 1996).

12 Munson, "William Perkins: Theologian of Transition", 56-59.

13 Louis B. Wright, "William Perkins: Elizabethan Apostle of 'Practical Divinity'", *Huntington Library Quarterly* 3, no. 2 (1940): 194; Porter, *Reformation and Reaction in Tudor Cambridge*, 258-60; Samuel Morison, *The Intellectual Life of Colonial New England*, 2nd ed. (New York: New York University Press, 1956), 134; Perry Miller, *Errand into the Wilderness* (Cambridge, MA: Belknap Press, 1956), 57-59.

Pregadores puritanos: Perkins

PREDESTINAÇÃO PRÁTICA EM CRISTO

Perkins se preocupava principalmente com a conversão de almas e seu posterior crescimento na graça. Acreditava que um entendimento bíblico da soberana graça de Deus na predestinação é vital para consolo e segurança espiritual. É a esperança, a apreensão e a garantia da salvação para o verdadeiro crente.

Perkins articulou sua doutrina de predestinação em seu tratado *Armilla Aurea* (1590), traduzido do latim como *Uma Cadeia de Ouro* (1591).[14] A característica mais notável de *Uma Cadeia de Ouro* é a doutrina supralapsariana de Perkins quanto a uma predestinação dupla. Está descrita em seu famoso diagrama intitulado "A Survey or Table declaring the order of the causes of salvation and damnation according to Gods word" (Uma Pesquisa ou Tabela que declara a ordem ou as causas da salvação e da condenação de acordo com a palavra de Deus).[15] À semelhança do diagrama de Beza, embora mais detalhado, começa com Deus e seu decreto de predestinação; depois, é dividido em duas cadeias de causas para a execução da eleição e da reprovação. Traça a progressão ordeira dessas execuções desde o decreto eterno de Deus até à consumação final, quando todas as coisas terminam na glorificação de Deus.

Perkins acreditava que a predestinação é o meio pelo qual Deus manifesta a glória da Divindade fora de si mesmo para a raça humana. Ele retorna glória para si mesmo por meio de misericórdia para os eleitos e de justiça para os réprobos. A eleição é o decreto

---

14 Quanto a uma lista dos escritos de Perkins, ver Munson, "William Perkins: Theologian of Transition", 231-34; Donald Keith McKim, "Ramism in William Perkins" (PhD diss., University of Pittsburgh, 1980), 335-37.

15 Quanto a uma exposição do diagrama de Perkins, ver Cornelis Graafland, *Van Calvijn tot Barth: Oorsprong en ontwikkeling van de leer der verkiezing in het Gereformeerd Protestantisme* ('s-Gravenhage: Boekencentrum, 1987), 72-84.

PREGAÇÃO REFORMADA

de Deus "pelo qual, de sua livre vontade, ordenou certos homens para a salvação, para o louvor da glória de sua graça". A reprovação é "aquela parte da predestinação pela qual, de acordo com o mais espontâneo e justo propósito de sua vontade, Deus determinou rejeitar certos homens para a destruição e miséria eterna, e isso para o louvor de sua justiça".[16]

A doutrina da reprovação não é prejudicial; antes, é uma revelação proveitosa dos propósitos de Deus. A reprovação do Oleiro divino (Rm 9:21-24) tem de ser pregada para advertir os ímpios a fugirem e buscarem graça para obedecer à vontade revelada de Deus, bem como para o benefício dos eleitos, disse Perkins. Pregar a reprovação envolve mostrar quão longe um reprovado pode ir na aparência de "atos de graça". Exorta amorosamente os eleitos a seguirem os exercícios da graça e procurarem confirmar sua vocação e eleição em Cristo (2 Pe 1:10). Leva os ímpios a examinarem-se a si mesmos pelas marcas da eleição. E provê um antídoto para o orgulho e um fundamento para humildade e gratidão diante do Senhor, que escolheu os seus motivado unicamente por graça soberana.[17]

A eleição para a vida eterna não afeta ninguém à parte da obra de Jesus Cristo. Por isso, Perkins afirmou que, do ponto de vista de Deus, um homem réprobo não tem nenhuma possibilidade de salvação, porque não tem nenhuma ligação com Jesus Cristo na cadeia de ouro. Sem Cristo, o homem é totalmente desesperançado.

Cristo é o fundamento da eleição. É predestinado para ser o Mediador. É prometido aos eleitos. É oferecido por graça aos eleitos. Finalmente, ele é pessoalmente aplicado à alma dos eleitos em

16 Perkins, "The Order of the Causes of Salvation & Damnation", em *Works*, 1:24, 106.

17 Perkins, "A Treatise of Predestination", em *Works*, 2:620ff; cf. William Haller, *The Rise of Puritanism* (New York: Columbia University Press, 1938), 130-31; R. T. Kendall, *Calvin and English Calvinism to 1649* (Carlisle, UK: Paternoster, 1997), 67-74.

Pregadores puritanos: Perkins

todos os seus benefícios, naturezas, ofícios e estados.[18] O centro da tabela de Perkins é a obra de Cristo como "mediador dos eleitos". Perkins traçou linhas que conectam a obra de Cristo com o progresso da vida cristã, mostrando como a fé se apropria de Cristo e aplica-o à justificação e à santificação. Perkins tinha grande consciência do senso de combate espiritual do crente. À semelhança da eleição, a volição cristã e a obediência fiel são significativas apenas em Cristo. Portanto, Cristo é central à predestinação.

Deus realiza seu decreto em Cristo por meio de passos de amor. Aqui vemos a centralidade da pregação no ensino de Perkins. A chamada eficaz, a primeira parte do processo, representa a graça salvadora "pela qual um pecador, sendo arrancado do mundo, é introduzido na família de Deus".[19] A primeira parte da chamada eficaz é um ouvir correto da Palavra por parte daqueles que eram mortos em pecado; a sua mente é iluminada pelo Espírito com verdade irresistível. A pregação da Palavra realiza duas coisas: "a Lei mostra ao homem seu pecado e a punição, que é a morte eterna", e "o Evangelho mostra a salvação por Cristo Jesus, para os que creem".[20]

A segunda parte deste processo é o quebrantamento do coração do pecador. É "partido em pedaços para que seja preparado para receber a graça salvadora de Deus a ele oferecida". Deus estraçalha pecadores por meio da pregação de sua lei e do perfurar do coração com um senso de sua ira contra o pecado.[21]

O produto da chamada eficaz é a fé salvadora, que Perkins define como "uma faculdade miraculosa e sobrenatural do coração,

---

18 Perkins, "A Treatise of Predestination", em *Works*, 2:608.

19 Perkins, "The Order of the Causes of Salvation & Damnation", em *Works*, 1:77.

20 Perkins, "The Order of the Causes of Salvation & Damnation", em *Works*, 1:78.

21 Perkins, "The Order of the Causes of Salvation & Damnation", em *Works*, 1:79; cf. 2:13.

que apreende Cristo Jesus que está sendo aplicado pela operação do Espírito Santo, e recebendo-o para si mesmo".[22] Como Charles Munson disse: "Portanto, a fé salva o eleito não porque é uma virtude perfeita, e sim porque se apropria de um objeto perfeito, que é a obediência de Cristo. Não importa se a fé é fraca ou forte, pois a salvação repousa na misericórdia e nas promessas de Deus".[23] De acordo com Perkins, Deus "aceita primeiramente as próprias sementes e rudimentos da fé e do arrependimento, embora sejam, em medida, apenas como um grão de mostarda".[24]

Para Perkins, a salvação é um dom sobrenatural dado por Deus para capacitar o pecador a apropriar-se de Cristo com todas as suas promessas de salvação.[25] O objeto da fé não é o pecador, suas experiências ou a própria fé; é somente Jesus Cristo. A fé vê Cristo primeiramente como o sacrifício na cruz pela remissão dos pecados; depois, a fé aprende a experimentá-lo como força para lutar contra as tentações, como consolo numa tempestade de aflição e, por último, como tudo necessário nesta vida e na vida por vir.[26] Em resumo, a fé se mostra quando "cada pessoa aplica a si mesmo, particularmente, Cristo com seus méritos, por meio de uma persuasão interior, do coração, que não surge de outra maneira, senão pela certificação efetiva do Espírito Santo concernente à misericórdia de Deus em Cristo Jesus".[27] A fé não tem qualquer significado fora de Jesus Cristo. "A fé é... uma graça primordial de Deus, pela qual o homem é enxertado em Cristo e se torna um com

---

22 Perkins, "The Order of the Causes of Salvation & Damnation", em *Works*, 1:79.

23 Munson, "William Perkins: Theologian of Transition", 100.

24 Perkins, "The Order of the Causes of Salvation & Damnation", em *Works*, 1:79-80.

25 Perkins, "An Exposition of the Creed", em *Works*, 1:124.

26 Perkins, "An Exposition of the Creed", em *Works*, 1:124.

27 Perkins, "The Order of the Causes of Salvation & Damnation", em *Works*, 1:79.

Cristo, e Cristo, um com ele", Perkins disse.[28] Perkins definiu cinco passos na fé salvadora: conhecer o evangelho pela iluminação do Espírito de Deus; desejar o perdão; ter fome e sede da graça oferecida em Cristo Jesus; correr para o trono da graça para apropriar-se de Cristo; e aplicar, pela persuasão do Espírito, as promessas do evangelho para a própria pessoa.[29]

Uma vez que o pecador tenha sido chamado eficazmente à fé, ele é justificado pela fé. De acordo com Perkins, a justificação é a amorosa declaração de Deus de que todos aqueles que creem são considerados justos diante dele por meio da obediência de Cristo. O fundamento da justificação é a obediência de Cristo, expressa em "sua paixão na vida e na morte e em seu cumprimento da lei, combinada com aquela".[30] Cristo libera os eleitos da dívida de cumprirem a lei "cada momento, desde o nosso primeiro começo, tanto em relação à pureza de natureza quanto à pureza de ação", e de fazerem "satisfação pela quebra da lei". Cristo é nossa fiança para esta dívida, e Deus aceita sua obediência por nós, "sendo ela satisfação plena". A justificação consiste, portanto, em "remissão de pecados e imputação da justiça de Cristo".[31] A justificação é claramente um ato soberano e judicial do eterno beneplácito de Deus.

A santificação, a terceira parte deste processo, recebeu de Perkins mais atenção do qualquer outra parte. É uma parte essencial da salvação; com a fé, vem o arrependimento e a nova obediência numa verdadeira conversão.[32]

---

28 Perkins, "Cases of Conscience", em Works, 2:18.

29 Perkins, "The Order of the Causes of Salvation & Damnation", em *Works*, 1:79-80.

30 Perkins, "The Order of the Causes of Salvation & Damnation", em *Works*, 1:81-82.

31 Perkins, "A Commentary on the Epistle to the Galatians", em *Works*, 2:204 [Gl 2:15-16].

32 *Works on Casuistry*, 106-7.

PREGAÇÃO REFORMADA

Perkins definiu a santificação como aquela obra "pela qual um cristão é libertado, em sua mente, em sua vontade e em suas afeições, da tirania e da servidão ao pecado e a Satanás e, pouco a pouco, é capacitado, pelo Espírito de Cristo, a desejar e aprovar aquilo que é bom e a andar nisso". A santificação tem duas partes. "A primeira é a mortificação, quando o poder do pecado é continuamente enfraquecido, consumido e diminuído. A segunda é a vivificação, pela qual a justiça inerente é realmente colocada neles e, depois, aumentada continuamente".[33] Tudo isso depende de Cristo. Victor Priebe disse: "A santificação é, portanto, dependente de uma renovação contínua, quando o crente olha para fora de si mesmo e de suas obras para a pessoa de Cristo. A mortificação e a vivificação são evidência daquela realidade mais vital e definitiva – a união com Cristo, da qual depende toda a recepção da graça... É inquestionavelmente claro que a santificação é o resultado da atividade da graça divina no homem".[34]

Depois da santificação, vem o passo final: a glorificação. Esta parte do amor de Deus é "a perfeita transformação dos Santos à imagem do Filho de Deus", afirmou Perkins. A glorificação aguarda o cumprimento do julgamento final, quando os eleitos desfrutarão "bem-aventurança... pela qual Deus mesmo é tudo em todos os seus eleitos". Pela graça soberana, os eleitos serão introduzidos na glória perfeita, uma "excelência maravilhosa" que inclui contemplar a glória e a majestade de Deus, ser totalmente conformado com Cristo e herdar "os novos céus e a nova terra".[35]

---

33 Perkins, "A Treatise of Conscience", em *Works*, 1:541.

34 Victor L. Priebe, "The Covenant Theology of William Perkins" (PhD diss., Drew University, 1967), 141.

35 Perkins, "The Order of the Causes of Salvation & Damnation", em *Works*, 1:92, 94.

Em cada etapa, exceto na glorificação, Deus salva seus eleitos empregando meios, primariamente o meio da pregação de sua Palavra.

PREGAÇÃO RELACIONADA À PREDESTINAÇÃO

Perkins via a pregação como o "poderoso braço de Deus" para atrair os eleitos ou a carruagem na qual a salvação vem cavalgando até o coração dos homens. Ele definiu a pregação como "profetizar em nome e no lugar de Cristo, pelo que os homens são chamados ao estado de graça e conservados nele".[36] Em essência, o alvo de Perkins era ajudar pregadores a compreenderem sua responsabilidade como instrumentos de Deus para explicar a eleição e a aliança. Pregação biblicamente equilibrada é sobremodo importante, porque a Palavra pregada é o poder de Deus para a salvação, sem o qual não pode haver salvação.[37] Com esse elevado ponto de vista sobre a pregação, Perkins não hesitava em afirmar que o sermão é o clímax do culto público.

Pregar é a tarefa mais solene que um ser humano poderia realizar. É coisa séria tanto para o pregador quanto para o ouvinte. Questões eternas estão em jogo. Por consequência, o verdadeiro pregador nunca pode negligenciar preparação diligente ou a entrega simples e eficiente de um sermão.

Visto que os eleitos são conhecidos somente por Deus, Perkins admitia que todo aquele que ouvia um sermão podia ser potencialmente unido à graça do evangelho. Por isso, ele instava todo pecador a aceitar a oferta divina de salvação em Cristo. A promessa do evangelho tem de ser oferecida livremente a todo ouvinte

---

36 Perkins, "The Art of Prophecying", em *Works*, 2:646.
37 Perkins, "The Order of the Causes of Salvation & Damnation", em *Works*, 1:83.

PREGAÇÃO REFORMADA

como uma "joia preciosa", disse Perkins.[38] Ao mesmo tempo, explicou que há duas maneiras de considerar a eleição: "Uma especial, pela qual Deus conhece os que são seus. A outra é mais geral, pela qual reputamos todos os homens como eleitos que professam fé em Cristo, deixando os julgamentos secretos com Deus. Por isso, Paulo escreveu aos Efésios, Filipenses & [etc.] como eleitos. E os ministros da Palavra devem falar às suas congregações como ao povo eleito de Deus".[39]

Isso elimina eficazmente qualquer necessidade de o pregador determinar em sua congregação quem pode ser eleito e quem pode ser réprobo. Em vez disso, o pregador deve pregar tão claramente as marcas da graça salvadora, que, com a ajuda do Espírito Santo, o coração do pecador pode confirmar o julgamento de Deus concernente ao seu eterno bem-estar.

Perkins identificava a pregação como o caminho para "apropriar-se de Cristo", para "reparar a imagem de Deus" e para "formar Cristo no coração dos ouvintes".[40] Os eleitos não devem ser chamados por meio da pregação e, depois, negligenciados; antes, a pregação serve como um "convertedor" contínuo em reparar a imagem de Deus num crente.

De acordo com Perkins, a cadeia de ouro da salvação (chamada eficaz, justificação, salvação e glorificação) é aplicada aos eleitos por meio da pregação da aliança de Deus. Consequentemente, Perkins era interessado em pregar não somente a soberana graça de Deus para os eleitos desde a eternidade, mas também os atos pactuais da salvação de Deus na história e na experiência pessoal,

---

38 Citado em *Work of Perkins*, 300.

39 Perkins, "The Art of Prophecying", em *Works*, 2:646ff.

40 Perkins, "A Commentary on the Epistle to the Galatians", em *Works*, 2:289, 294 [Gl 4:16-17].

Pregadores puritanos: Perkins

pelos quais a eleição se realiza. Perkins se interessava grandemente por como este processo redentor e pessoal penetra a experiência do homem – como os eleitos respondem aos atos e às ofertas de Deus e como a vontade de Deus é realizada no coração dos eleitos.[41]

A ARTE DE PREGAÇÃO REFORMADA EXPERIENCIAL

Nenhum puritano foi mais preocupado com pregação do que Perkins. Detestando a substituição da "arte perdida" de pregação por "eloquência", Perkins liderou o movimento puritano em reformar a pregação. Ele fez isso em sua introdução aos alunos de Teologia em Cambridge; em seu manual sobre pregação, *The Art of Prophecying* (latim, 1592; inglês, 1602), que logo se tornou um clássico entre os puritanos; em sua defesa de um método e estilo simples de pregação em suas próprias atividades de púlpito; e, acima de tudo, em sua ênfase sobre a aplicação experiencial das doutrinas relacionadas à predestinação.

Joseph Pipa sugere três razões por que Perkins escreveu seu manual de pregação. Primeira, havia uma "escassez de pregadores capazes na Inglaterra elisabetana".[42] Apesar dos chamados para treinamento de pregadores já no tempo de William Tyndale, por volta de 1583 somente um sexto do clero inglês era licenciado para pregar; e mesmo em 1603, havia somente a metade de pregadores para o total de paróquias. Segunda, havia lacunas no curriculum universitário, com deficiências específicas em teologia, pregação e direção espiritual. Perkins escreveu seu livro-texto para ajudar a

---

41 Ver Donald K. McKim, "William Perkins and the Theology of the Covenant", em *Studies of the Church in History*, ed. Horton Davies (Allison Park, PA: Pickwick, 1983), 85-87; Priebe, "Covenant Theology of Perkins".

42 Joseph A. Pipa Jr., "William Perkins and the Development of Puritan Preaching" (PhD diss., Westminster Theological Seminary, 1985), 86.

PREGAÇÃO REFORMADA

preencher a lacuna em teologia prática. Terceira, Perkins almejava promover um estilo "simples" de pregação, ao contrário do estilo elaborado dos anglicanos da igreja alta.[43] Este último estilo acumulava citações de autoridades antigas, frequentemente em grego ou latim, com muitos trocadilhos, analogias surpreendentes e extravagantes, rimas e aliteração. Essa pregação "espirituosa" tendia a procurar agradar ao ouvido com arte e impressionar a mente com filosofia. Esse estilo acompanhava a crença de que a graça vinha primariamente por meio dos sacramentos, em contraste com a ênfase puritana sobre a Palavra como o principal meio de graça.[44]

O modelo de pregação de Perkins influenciou gerações posteriores. Ian Breward escreveu sobre Perkins: "Sua ênfase em simplicidade na pregação e sua defesa de um sermão estruturado de acordo com a doutrina, a razão e o uso foi aceita como ortodoxia homilética até ao final do século XVII e além".[45]

Vemos em *The Art of Prophecying* (A Arte de Profetizar), de Perkins, vários temas que contribuíram para a pregação reformada experiencial. Ilustrarei estes temas com exemplos de sua pregação extraídos de seu comentário em Gálatas, que é material de sermões editado para publicação.

Primeiro, Perkins manifesta uma opinião elevada quanto à Palavra de Deus. É suficiente: "tão completa que nada lhe pode ser acrescentada ou retirada, e isso é pertinente à sua própria finalidade". É pura: "sem engano ou erro". É autoritária: "a suprema e absoluta determinação de controvérsias da Igreja deve ser dada a ela". A Palavra é poderosa, capaz de discernir o espírito do homem

---

43 Pipa, "William Perkins and the Development of Puritan Preaching", 87-88.

44 Ver Pipa, "William Perkins and the Development of Puritan Preaching", 37-42.

45 Breward, introdução, *Work of Perkins*, 112.

e reger a consciência. A Bíblia é a Palavra: "A Escritura é a palavra de Deus escrita... por homens chamados diretamente para serem os agentes ou secretários do Espírito Santo". A essência de sua mensagem é o Cristo encarnado e sua obra salvadora. Portanto, o pregador deve se limitar às Sagradas Escrituras quanto a material para seu sermão, e, quando faz isso, ele é "a voz de Deus".[46]

O *Comentário em Gálatas* de Perkins sugere repetidas vezes uma opinião elevada das Escrituras. Por exemplo, ele disse: "É um princípio que não deve ser questionado, que os apóstolos e profetas, ao escrever e pregar, não podiam errar".[47] Os ensinos apostólicos são "a imediata e simples palavra de Deus", em "assuntos e palavras".[48] Perkins disse, portanto, que o evangelho de Paulo "não é humano, e sim divino; não é pregado por homem, e sim por autoridade divina".[49]

Segundo, Perkins exortava os pregadores a estudarem as Escrituras tanto sábia quanto acuradamente. Grande parte do seu manual ensina princípios de interpretação bíblica. Seu método de interpretação era: (1) *teológico*, edificado sobre um conhecimento fundamental da doutrina cristã que está no Credo dos Apóstolos, nos Dez Mandamentos e em outros grandes ensinos de teologia; (2) *amplamente bíblico*, vendo qualquer texto à luz do ensino total da Bíblia, em especial de livros-chave como Gênesis, Salmos, Isaías e João; (3) *histórico*, arraigando a interpretação nos escritos da igreja através dos séculos, obras que o pregador devia estar lendo; (4) *dependente*, pedindo a Deus que abrisse os olhos do pregador

---

46 Perkins, "The Art of Prophecying", em *Works*, 2:731-32.

47 Perkins, *Galatians*, 139 [Gl 3:1].

48 Perkins, *Galatians*, 4 [Gl 1:1].

49 Perkins, *Galatians*, 32 [Gl 1:12]

PREGAÇÃO REFORMADA

(Sl 119:18), porque "o principal intérprete da Escritura é o Espírito Santo"; (5) *literal e gramatical*, buscando o sentido natural das palavras e das sentenças e evitando leituras fantasiosas; (7) *retórico*, reconhecendo figuras de linguagem, como metáforas, ironia ou exemplos do falar de Deus por analogia com qualidades humanas.[50] Todos esses princípios têm o alvo de "abrir as palavras e sentenças da Escritura, para que o sentido natural e completo apareça".[51]

Considere como Perkins aplicou estes princípios em sua exposição de Gálatas 5:24: "E os que são de Cristo Jesus crucificaram a carne, com as suas paixões e concupiscências". Perkins começou por identificar o escopo do texto (seu propósito) como mostrando por que nenhuma lei coloca o homem espiritual sob condenação ou escravidão, conectando imediatamente o texto com o versículo anterior, "contra estas coisas não há lei" (Gl 5:23). Em seguida, interpretou o texto para dizer que (1) "um cristão é alguém que pertence a Cristo", (2) a carne "é a corrupção de toda a natureza do homem", ativa especialmente em "desejos incontroláveis e insaciáveis pelas coisas do mundo", (3) a obra do homem cristão é mortificar a carne.[52]

Terceiro, Perkins instruiu os pregadores a cristalizarem o significado do texto da Escritura em doutrina ou ensino distinto. Alguns textos expressam claramente uma doutrina. Em outros, o pregador pode deduzir doutrinas por meio de raciocínio e lógica corretos. Os exemplos de pessoas bíblicas podem indicar princípios que se aplicam a alguém que está em posição semelhante na família, no governo ou na igreja. Doutrinas inferidas da Bíblia, "por

---

50 Perkins, "The Art of Prophecying", em *Works*, 2:736-49.

51 Perkins, "The Art of Prophecying", em *Works*, 2:737.

52 Perkins, *Galatians*, 397-98 [Gl 5:24].

Pregadores puritanos: Perkins

consequência justa", devem ser confirmadas por alguns poucos testemunhos de outras passagens da Escritura, mas testemunhos meramente humanos não têm autoridade para provar um ensino.[53]

Já vimos como a interpretação de Perkins concernente a Gálatas 5:24 levou a três doutrinas claras. Depois, ele prosseguiu ao desenvolvimento destas doutrinas por recorrer aos ensinos mais abrangentes da Escritura. Por exemplo, Perkins listou cinco maneiras pelas quais o cristão pertence a Cristo: por direito de criação, por direito de redenção, pela outorga do Pai em eleição e na chamada eficaz, por propagação do sangue de Cristo e por nos entregarmos a ele no batismo.[54]

Ele também desenvolveu a doutrina bíblica de participação na crucificação de Cristo. É primeiramente o ato de Cristo, em que Cristo morreu em nosso lugar, na cruz, para que fôssemos crucificados com ele (Gl 2:20), e então aplica o poder desta morte ao coração daqueles que estão unidos com ele, selando estas realidades espirituais nos crentes por meio do batismo. Também é nosso ato, em que prendemos nossas próprias almas, trazemo-las a julgamento, condenamos nossos pecados, aplicamos a obra de Cristo a nós mesmos, confiando que ele morreu por nós e que nós morremos com ele, subjugamos nossos desejos pecaminosos com a Palavra de Deus, fugimos de todas as tentações e atacamos o pecado em suas primeiras incitações.[55] Em pequeno escopo, Perkins apresentou um excelente resumo da doutrina de morrer para o pecado em Cristo.

---

53 Perkins, "The Art of Prophecying," em *Works*, 2:750–51. Quanto ao elogio de Perkins, neste ponto, aos métodos ramistas de lógica para a interpretação da Escritura, ver Wilbur Samuel Howell, *Logic and Rhetoric in England, 1500-1700* (New York: Russell and Russell, 1961), 206-7.

54 Perkins, *Galatians*, 397 [Gl 5:24].

55 Perkins, *Galatians*, 399 [Gl 5:24].

PREGAÇÃO REFORMADA

Quarto, Perkins ensina que pregadores podem fazer aplicação conveniente da doutrina à vida das pessoas. A questão fundamental na aplicação é se o texto é lei ou evangelho. A lei define a justiça, expõe o pecado e pronuncia a maldição de Deus sobre o pecado. O evangelho revela Cristo e seus benefícios recebidos por uma fé que produz frutos.[56] O pregador pode também fazer uma aplicação doutrinária positiva, ensinando a verdade; uma aplicação doutrinária negativa, refutando o erro; uma aplicação prática positiva, chamando os homens a viverem bem; e uma aplicação prática negativa, chamando os homens a convertem-se da impiedade.[57]

Pregando sobre Gálatas 5:24, Perkins ofereceu "três usos" para seu primeiro ponto sobre pertencer a Cristo, um uso para o segundo ponto sobre a carne, quatro usos para seu terceiro ponto sobre como crucificar a carne por meio da crucificação com Cristo e, depois, terminou com mais três pontos breves sobre como fazer aplicações convenientes – onze pontos de aplicação para um único versículo da Escritura. Diferentemente de outras pregações puritanas, Perkins espalhava sabiamente suas aplicações durante toda a sua exposição, em vez de reservá-las todas para o final após extensas discussões doutrinárias.[58]

Veja o seu primeiro "uso" sobre pertencer a Cristo e observe como o evangelho coloca exigências práticas e experienciais a cristãos professos:

> Isto deve nos ensinar a renunciar [ou submeter] a nós mesmos
> a Cristo, a aceitar [ou permitir] que ele reine em nosso coração

---

56 Perkins, "The Art of Prophecying", em *Works*, 2:752.

57 Perkins, "The Art of Prophecying," in Works, 2:756-58.

58 Perkins, *Galatians*, 397-400 [Gl 5:24].

e a tomar sobre nós o jugo do evangelho. Mas, infelizmente, o contrário é o que ocorre com muitos de nós. Pois alguns vivem na transgressão da própria lei da natureza, longe de observarem o evangelho. Outros acham que é suficiente seguir o ensino da natureza. Se adoram a Deus de uma maneira geral, se vivem pacificamente, não prejudicando ninguém, e tencionam o bem (como eles dizem), então, tudo está bem: e o cumprir outros deveres é reputado meticulosidade estranha [ou legalismo perfeccionista]... Estes homens se contentam com o fato de que Cristo será deles, mas não serão de Cristo, nem aceitarão que Cristo exerça senhorio sobre eles.[59]

Outra chave que abre a aplicação é considerar a condição espiritual daqueles que ouvem o sermão. Perkins esquematizou os ouvintes em sete categorias.[60] Sua análise reflete o que chamamos de pregação discriminante, sermões que fazem aplicações distintas que têm por alvo condições espirituais diferentes. Os ouvintes podem ser:

1. *Incrédulos ignorantes e ineducáveis.* Estas pessoas precisam ouvir a doutrina da Palavra por ensino claro e racional, bem como por reprovação e pelo pungir de sua consciência.

2. *Incrédulos ignorantes e educáveis.* Devemos ensinar a estas pessoas as doutrinas fundamentais da religião cristã. Perkins recomendava que aprendessem de seu livro *Foundations of the Christian Religion* (Fundamentos da Religião Cristã), que aborda assuntos como arrependimento, fé, as ordenanças, a aplicação da Palavra, a ressurreição e o julgamento final.

---

59 Perkins, *Galatians*, 397 [Gl 5:24].

60 Perkins, "The Art of Prophecying", em *Works*, 2:752-56

PREGAÇÃO REFORMADA

3. Aqueles que têm algum conhecimento, mas não são humilhados. Para estes, o pregador deve proclamar especialmente a lei, para despertar tristeza e arrependimento pelo pecado, seguido pela pregação do evangelho.

4. Os humilhados. O pregador não deve se apressar para dar consolo a estas pessoas. Primeiramente, ele precisa determinar se a humildade resulta da obra salvadora de Deus arraigada em fé ou de mera convicção comum. Aos parcialmente humilhados, aqueles que ainda não estão despidos de justiça própria, a lei deve ser exposta ainda mais, embora temperada com o evangelho, para que, "sendo aterrorizados por seus pecados e com a meditação do julgamento de Deus, possam também, ao mesmo tempo, receber consolo pelo evangelho". Aos totalmente humilhados, "a doutrina da fé e do arrependimento e os consolos do evangelho devem ser promulgados [proclamados] e oferecidos".[61]

5. Aqueles que creem. Os crentes precisam aprender as doutrinas principais de justificação, santificação e perseverança, bem como a lei como a regra de conduta e não seu aguilhão e sua maldição. Antes da fé, a lei e a maldição têm de ser pregadas; depois da conversão, a lei sem a maldição.

6. Aqueles que são caídos, ou na fé, ou na prática. Estas pessoas se desviaram na fé, no conhecimento ou no apreender a Cristo. Se caíram em referência ao conhecimento, devem ser instruídos na doutrina específica da qual se afastaram. Se caíram em referência à apreensão de Cristo, devem examinar a si mesmas pelas marcas da graça e, depois, correr para Cristo como o remédio do evangelho. Os que caíram em referência à prática envolveram-se em

---

61 Perkins, "The Art of Prophecying", em *Works*, 2:754-55.

comportamento pecaminoso. Precisam ser levados ao arrependimento pela pregação da lei e do evangelho.

7. *Um grupo misto.* Isto pode se referir ao misto de crentes e incrédulos na igreja ou a indivíduos que tinham em si mesmos uma combinação das características dos seis primeiros tipos de ouvintes. Se a segunda possibilidade era o que Perkins tencionava comunicar, muita sabedoria é necessária para determinar quanto da lei e do evangelho deve ser apresentado aos ouvintes.

Perkins identificou suas aplicações de Gálatas 5:24 com frase discriminatórias, como "Se você for de Cristo", "Por meio disto vemos o que é um homem carnal" ou "Esta doutrina serve para condenar os protestantes confessos de nosso tempo".[62] Vimos antes, com base na primeira aplicação de Perkins sobre pertencer a Cristo, como ele abordava distintamente diferentes tipos de incrédulos: aqueles cujos pecados grosseiros violavam até as leis da natureza e aqueles que consideravam erroneamente sua civilidade exterior e sua religião geral como fé salvadora. Vimos também que Perkins não empregou o esquema exato de sete aspectos do seu manual de pregação, lembrando-nos que nem todo sermão precisa abordar cada tipo de aplicação a cada tipo de ouvinte. Em vez disso, a aplicação é norteada pelo conteúdo específico do texto bíblico e pelas necessidades da congregação.

Quinto, Perkins aconselhou os pregadores a entregarem seus sermões com liberdade, sinceridade e poder operados pelos Espírito. Recomendava que o pregador memorizasse o esboço de seu sermão e não se preocupasse com palavras específicas. O ministro deve esconder modestamente sua erudição, mas pregar com demonstração do Espírito (1 Co 2:1-5). Perkins explicou: "A

---

62 Perkins, *Galatians*, 398-99 [Gl 5:24].

PREGAÇÃO REFORMADA

demonstração do Espírito se dá quando o ministro da Palavra se comporta, no tempo da pregação, de um modo que todos, incluindo pessoas ignorantes e incrédulos, julguem que não é ele quem está falando, e sim o Espírito de Deus, nele e por meio dele". O pregador espiritual fala com simplicidade, clareza, temor da majestade de Deus e amor às pessoas. Ele evita palavras em grego e latim, histórias que visam entreter e gracejos. Em vez disso, o pregador manifesta dignidade, seriedade, habilidade de ensino e autoridade como mensageiro de Deus e "zelo, pelo qual, sendo muito desejoso da glória de Deus, ele se esforça para cumprir e executar o decreto de eleição concernente à salvação dos homens por seu ministério".[63] Nas mãos do Espírito Santo, o pregador é um instrumento para a realização do decreto divino de eleição.

A exposição escrita de Perkins sobre o livro de Gálatas apresenta as Escrituras com sinceridade, sobriedade, simplicidade, autoridade e aplicação. Thomas Goodwin (1600-1680) disse que, ao chegar a Cambridge, dez anos depois da morte de Perkins, a universidade ainda era "cheia do discurso do poder do ministério do Sr. William Perkins".[64] Sem dúvida, Perkins pregou com demonstração do Espírito.

Finalmente, Perkins exortava os ministros a pregarem Cristo. Ele concluiu dizendo: "A essência da essência. *Pregue Cristo, por Cristo, para o louvor de Cristo*".[65] Ao expor Gálatas 5:24, ele pregou o senhorio de Cristo sobre a alma salva; sua morte redentora pelos pecados; seu cuidado providencial para com seu povo e nossa

---

63 Perkins, "The Art of Prophecying," em Works, 2:758–61.

64 Thomas Goodwin, *"Memoir of Thomas Goodwin"*, em *The Works of Thomas Goodwin*, D.D., ed. John C. Miller (Edinburgh: James Nichol, 1862), 2:xiii-xiv.

65 Perkins, "The Art of Prophecying", em Works, 2:762.

Pregadores puritanos: Perkins

rendição a ele; sua vitória sobre nossos pecados na cruz e nossa imitação de Cristo por fé em sua obra consumada. A centralidade e a supremacia de Cristo permeavam a pregação de Perkins; e nisso ele é um modelo para todos nós.

CONCLUSÃO

Perkins ganhou os títulos de "calvinista escolástico e elevado" e "pai do pietismo".[66] Sua teologia afirmava a soberania divina no decreto de predestinação do Pai, a santificação feita por Cristo em favor dos eleitos e a obra salvadora do Espírito. Mas Perkins nunca se permitiu distorcer a soberania de um modo que negasse a ênfase prática e evangélica na atitude de o crente individual desenvolver sua própria salvação, como ouvinte da Palavra, seguidor de Cristo e guerreiro da consciência. Perkins entreteceu inseparavelmente a soberania divina, a piedade individual e a oferta de salvação feita no evangelho.

A ênfase de Perkins em doutrina sã e na reforma das almas influenciou o puritanismo por muitos anos depois de sua morte.[67] J. I. Packer escreveu: "O puritanismo, com seu complexo de interesses bíblicos, devocionais, eclesiásticos, reformadores, polêmicos e culturais amadureceu, poderíamos dizer, com Perkins, e começou a exibir caracteristicamente uma integridade de visão espiritual e uma maturidade de paciência cristã que jamais tinham sido vistas".[68]

---

66 Heinrich Heppe, *Geschichte des Pietismus und der Mystik in der reformierten Kirche namentlich in der Niederlande* (Leiden: Brill, 1879), 24-26.

67 Richard Muller, "William Perkins and the Protestant Exegetical Tradition: Interpretation, Style, and Method", em Perkins, *Commentary on Hebrews 11*, 72.

68 J. I. Packer, *An Anglican to Remember: William Perkins, Puritan Popularizer* (London: St. Antholin's Lectureship Charity, 1996), 4.

PREGAÇÃO REFORMADA

A pregação de Perkins, ouvida ou impressa, teve uma influência notável sobre pessoas de muitas nações. Seus sermões eram de muitas "cores", escreveu Thomas Fuller. Pareciam ser "totalmente lei e totalmente evangelho, totalmente cordiais e totalmente erosivos, conforme as diferentes necessidades das pessoas os apreendiam".[69] Perkins conseguiu alcançar muitos tipos de pessoas em várias classes, sendo "erudito, sistemático, sólido e simples ao mesmo tempo".[70] Como Fuller disse: "A sua igreja era a universidade e a cidade; portanto, o erudito podia ouvir sermões acadêmicos [bem elaborados], e o morador da cidade, sermões simples". Acima de tudo, Perkins viveu seus sermões: "Assim como a sua pregação era um comentário sobre o seu texto, assim também a sua prática era um comentário de sua pregação".[71]

---

69 Fuller, *Abel Redevivus*, 2:148.

70 Packer, *An Anglican to Remember*, 3.

71 Fuller, *Abel Redevivus*, 2:151.

CAPÍTULO 10

PREGADORES PURITANOS: ROGERS, SIBBES E PRESTON

Como vimos no capítulo anterior sobre William Perkins, uma "irmandade espiritual" se formou na Universidade de Cambridge no final do século XVI, unida por um interesse comum por promover a doutrina e a piedade reformadas.[1] Muitos dos homens desta irmandade compartilhavam de uma linhagem espiritual, uma árvore familiar de influência entre eles.

Laurence Chaderton tutoreou Perkins. Paul Baynes sucedeu Perkins – como Eliseu sucedeu a Elias com um porção dobrada do mesmo Espírito, disse William Ames.[2] A pregação de Baynes resultou na conversão de Richard Sibbes. Deus usou o ministério de Sibbes para converter John Cotton. Este, convencido de que deveria

---

1 Paul R. Schaefer, *The Spiritual Brotherhood: Cambridge Puritans and the Nature of Christian Piety* (Grand Rapids, MI: Reformation Heritage Books, 2011), 6; William Haller, *The Rise of Puritanism: Or, The Way to the New Jerusalem as Set Forth in Pulpit and Press from Thomas Cartwright to John Lilburne and John Milton, 1570-1643* (New York: Columbia University Press, 1947), 49ff.

2 William Ames, prefácio a Paul Baynes, *The Diocesans Tryall: Wherein All the Sinnewes of Doctor Dovvnhams Defence Are Bought into Three Heads, and Orderly Dissolved* ([London]: s.n., 1621), (sem paginação).

PREGAÇÃO REFORMADA

usar o estilo simples de pregação, fez isso com a jubilosa consequência de que John Preston foi tomado de convicção e, depois, se rendeu a Cristo. A pregação de Sibbes e Preston influenciou Thomas Goodwin, que chegou a Cristo depois de um sermão de funeral pregado por outro homem de Cambridge, Thomas Bainbridge (m. 1646). Em 1622, Chaderton resignou sua posição como mestre do Emmanuel College, para que Preston assumisse o seu lugar.

Havendo examinado a pregação de Perkins, passamos agora a considerar os ministérios de dois outros membros desta irmandade de Cambridge, Sibbes e Preston, e de um ministro mais antigo, Richard Rogers (1551-1618), que se graduou em Cambridge antes de Perkins começar a estudar ali e que ajudou a treinar Baynes para o ministério.

RICHARD ROGERS

Rogers nasceu em Essex e foi educado no Christ's College, graduando-se com um BA em 1571 e um MA em 1574.[3] Chaderton servia como professor no Christ's College desde 1567 e, portanto, influenciou Rogers por meio do ensino que ministrou, bem como de sua pregação na igreja St. Clement, em Cambridge. Rogers continuou a trabalhar fielmente em Essex por dois anos como um pároco e por 40 anos como professor em Wethersfield. Baynes permaneceu na casa de Rogers como seu pupilo em Wethersfield, o que ilustra o impacto de Rogers em treinar pregadores da Palavra de mentalidade espiritual.[4]

---

3 Sobre Rogers, ver Richard Rogers e Samuel Ward, *Two Elizabethan Puritan Diaries*, ed. M. M. Knappen, Studies in Church History Vol. II (Chicago: American Society of Church History, 1933); Haller, *The Rise of Puritanism*, 35-48; Irvonwy Morgan, *The Godly Preachers of the Elizabethan Church* (London: Epworth, 1965), 116-45, 150-52, 166-74.

4 Irvonwy Morgan, *Prince Charles's Puritan Chaplain* (London: Allen & Unwin, 1957), 40.

Pregadores puritanos: Rogers, Sibbes e Preston

Ele era um homem de grande erudição e muita piedade, humilde e pacífico em sua conduta. Dois de seus filhos e três de seus enteados se tornaram ministros puritanos. Seu neto, William Jenkyn (1613-1685), comparou-o a Enoque, porque ele andava com Deus e olhava para o céu.

No entanto, Rogers sofreu por causa de seu não conformismo. Quando o arcebispo de Canterbury, John Whitgift (1530-1604), exigiu conformação estrita com o uso do Livro de Oração Comum em 1583, Rogers e 26 outros ministros fizeram um requerimento de alívio. Todos eles foram suspensos do ministério até que estivessem dispostos a subscrever à exigência e a se conformarem totalmente. Depois, um nobre chamado Sir Robert Wroth interveio em favor de Rogers, que recebeu permissão de pregar novamente.

Em 1603, Rogers foi de novo suspenso de pregar e chamado a comparecer diante do arcebispo. Ele escreveu em seu diário: "Inquieta-me grandemente o fato de que, depois de labutar entre trinta e quarenta anos no ministério, sou agora considerado indigno de pregar; enquanto muitas pessoas indolentes e escandalosas gozam de seu sossego e liberdade".[5] Providencialmente, o arcebispo morreu no dia da proibição, e Roger foi libertado.

De acordo com uma história famosa, Rogers esteve certa vez na companhia de um homem que lhe disse: "Sr. Rogers, gosto de você e de sua companhia; só que você é muito preciso". Rogers respondeu: "Eu sirvo a um Deus preciso".[6] Quando Rogers morreu, em 1618, Stephen Marshall (c. 1594-1655) o sucedeu no cargo de professor em Wethersfield.

---

5 Citado em Benjamin Brooks, *Lives of the Puritans* (repr., Pittsburgh: PA: Soli Deo Gloria, 1994), 2:233.

6 Citado em Giles Firmin, *The Real Christian, or A Treatise of Effectual Calling* (London: for Dorman Newman, 1670), 67.

PREGAÇÃO REFORMADA

SERMÕES PRÁTICOS E EXPERIENCIAIS EM JUÍZES

Rogers é mais bem conhecido hoje por seu enorme comentário sobre o livro de Juízes.[7] É uma coleção de 103 sermões práticos e experienciais que ele pregou em Wethersfield. Por exemplo, no Sermão 74 (sobre Juízes 14:1-4), Rogers descreve a obra interior do Espírito Santo na conversão da alma: "Quando damos atenção à doutrina do Senhor Jesus, que é ensinada de maneira clara, correta e poderosa, o Senhor nos ilumina com graça e poder do Espírito Santo e nos dá outro coração para servi-lo (como ele disse em Ezequiel 36), que não tínhamos antes".[8]

Aqui, vemos a doutrina reformada da predestinação aplicada à experiência pessoal de salvação. Referindo-se, como Perkins, à "cadeia de ouro" de Romanos 8:30, Rogers diz: "Não há nenhuma outra maneira de buscarmos a certeza de nossa eleição" sem o "dom da fé e o santificador Espírito de Deus" em nossa chamada eficaz. Ele explica que "a predestinação é manifestada no tempo pela iluminação e pelo abrir do coração para receber as boas notícias do evangelho", para que "Cristo seja recebido pela fé" e "ao crente seja dado o Espírito Santo, que vivifica o coração com graça espiritual". Deus concede diferentes medidas de graça a pessoas diferentes, mas a obra de salvação é fundamentalmente a mesma.[9]

Deus age por meios, e a experiência de conversão ocorre em etapas. Com respeito aos princípios da fé salvadora, Rogers diz, à semelhança de Perkins, que primeiramente Deus "desperta neles

---

7 Richard Rogers, *A Commentary Vpon the Whole Booke of Ivdges* (London: by Felix Kyngston for Thomas Man, 1615); reimpresso como Richard Rogers, *A Commentary on Judges* (Edinburgh: Banner of Truth, 1983).

8 Rogers, *A Commentary on Judges*, 655-56 [Jz 14:1-4].

9 Rogers, *A Commentary on Judges*, 656 [Jz 14:1-4].

Pregadores puritanos: Rogers, Sibbes e Preston

um anseio sincero por estas graças, uma fome e sede especiais por elas", até que ele os traz "à certeza e segurança de salvação". Deus preserva e nutre esses desejos fortes por sua graça nos crentes, de modo que eles continuem a crescer e a servi-lo melhor.[10]

No mesmo sermão, Rogers apresenta conselhos práticos para filhos e pais em referência a acharem um cônjuge. Admoesta os ouvintes a não se casarem com um idólatra (que, para Rogers, significa um católico romano), argumentando que não é possível "que pessoas em jugo desigual possam desfrutar os principais benefícios do casamento", as coisas em que "devem consentir e concordar, todas as coisas boas, como conversar, orar e ler juntos e ter o mesmo pensamento". Isto exige não somente casar-se com alguém da mesma religião, mas também casar-se "no Senhor" (1 Co 7:39), ou seja, alguém que seja verdadeiramente um cristão piedoso e não um cristão professo "mau" e indecente".[11]

Os filhos não devem permitir que sua inexperiência juvenil os leve a grandes tristezas, mas, em vez disso, devem "buscar o consentimento de seus pais". Ao mesmo tempo, os pais não devem "exercer poder tirânico sobre seus filhos" ao ponto de compeli-los a se casarem com alguém contra a sua própria vontade. Escolher um cônjuge exige muita sabedoria, porque as pessoas podem manter aparências. Deve-se "conhecer tanto a disposição quanto o comportamento" do outro, olhando além da beleza exterior e das reações emocionais. Mas, "visto que o casamento é para a vida toda de um homem, convém que haja um gostar um do outro, para suportarem bem todas as moléstias [problemas], cruzes e adversidades que podem sobrevir aos

---

10 Rogers, *A Commentary on Judges*, 656 [Jz 14:1-4].

11 Rogers, *A Commentary on Judges*, 658-60 [Jz 14:1-4].

casais; mas, com este gostar, um do outro, precisa haver também boas qualidades e boas graças".[12]

Isto é apenas um exemplo, extraído de um sermão, de como Rogers expunha um livro da Bíblia, aplicando-o de uma maneira prática e experiencial a seus ouvintes.

CRISTIANISMO PRÁTICO

O livro mais famoso de Rogers em sua época era *Seven Treatises* (Sete Tratados – 1603), que por volta de 1630 estava na quinta edição. Um versão abreviada em 1618 (*The Practice of Christianity* – A Prática do Cristianismo) foi impressa como a quinta edição em 1635. Infelizmente, nenhuma destas versões foi reimpressa desde o século XVII.

Esta obra popular lançou o alicerce para um grande números de manuais puritanos sobre a vida cristã. O título completo (em linguagem moderna) é: *Seven Treatises Containing Such Direction as Is Gathered out of the Holy Scriptures, Leading and Guiding to True Happiness, Both in This Life and in the Life to Come, and May Be Called the Practice of Christianity* (Sete Tratados que Contêm Orientação Reunida das Escrituras Sagradas, que Levam e Guiam à Verdadeira Felicidade, Tanto Nesta Vida Quanto na Vida por Vir, e Pode Ser Chamada a Prática do Cristianismo).[13] Neste livro, temos outra amostra de quão prática e experiencial era a pregação de Rogers. William Haller escreveu: "Os *Sete Tratados* foi a primeira exposição importante do código de comportamento que expressava a concepção calvinista inglesa ou, falando mais amplamente, puritana da vida moral e espiritual. Como tal, esta obra inaugurou

---

12 Rogers, *A Commentary on Judges*, 660-61 [Jz 14:1-4].

13 Richard Rogers, *Seven Treatises, Containing Such Direction as Is Gathered Out of the Holie Scriptures, Leading and Guiding to True Happines, Both in This Life, and in the Life to Come: And May Be Called the Practise of Christianitie* (London: by Felix Kyngston, for Thomas Man, 1603).

Pregadores puritanos: Rogers, Sibbes e Preston

uma literatura cuja extensão e influência em todas as áreas da vida dificilmente podemos dimensionar".[14]

Sete Tratados é uma exposição em sete partes da verdadeira fé salvadora. No primeiro tratado, Rogers delineia as marcas daqueles que são os verdadeiros filhos de Deus. Descreve a conversão e como discernir a verdadeira fé salvadora. O segundo tratado apresenta a vida piedosa, marcada por guardar os mandamentos de Deus pela fé nas promessas de Deus.

O terceiro tratado ensina sobre os meios de ajudar e desenvolver a verdadeira piedade. Rogers fala dos meios públicos da pregação da Palavra, das ordenanças e das orações públicas. Há também meios privados da graça. Irvonwy Morgan escreveu: "Rogers distingue sete auxílios privados para a piedade. Primeiro, aqueles que são praticados individualmente, ou seja, vigilância, meditação e o que ele chamou de 'a armadura do cristão'; depois, aqueles que são praticados com as outras pessoas, ou seja, conferência [conversa piedosa] e exercício familiar [ou devoções familiares]; por último, aqueles que são comuns a ambos, ou seja, oração e leitura".[15] Há também os meios extraordinários de responder à providência de Deus: tempos solenes de ações de graça em períodos de bênçãos incomuns e tempos solenes de jejum em períodos de aflição incomuns.

O quarto tratado oferece oito razões pelas quais um cristão deve praticar as disciplinas diárias da piedade, chamando o leitor a andar com Deus em nove deveres diários. No quinto tratado, Rogers examina os obstáculos de andar com Deus, como Satanás, deixar o primeiro amor e concupiscência perversa e mundana. O sexto tratado oferece um ponto de vista agradável dos privilégios

---

14 Haller, *The Rise of Puritanism*, 36.

15 Morgan, *The Godly Preachers of the Elizabethan Church*, 129.

PREGAÇÃO REFORMADA

dos crentes e de como podemos desfrutá-los. No sétimo tratado, ele conclui o livro por responder a objeções.

Os Sete Tratados de Rogers nos recomenda um cristianismo que é tanto reformado quanto experiencial, caracterizado por uma mentalidade disciplinada e resoluta que age com discernimento espiritual. Comissiona o cristão a viver cada dia com uma perspectiva eterna, buscando primeiramente o reino de Deus e sua justiça. Rogers enfatiza o coração como a arena central onde batalhas são travadas e vencidas. Num conjunto de 663 páginas, Rogers explora estes assuntos em detalhes.

Vemos aqui o idealismo equilibrado da pregação experiencial reformada. Tem um alvo elevado; estabelece alvos eternos. Ao mesmo tempo, fala sobre obstáculos e guerra interior. É interessante comentar que o diário de Rogers mostra que ele nem sempre era bem-sucedido em governar sua própria vida de acordo com estes ideais. Por exemplo, em 12 de setembro de 1587, Rogers escreveu: "Mas nesta tarde senti um forte desejo de ter mais liberdade ao pensar em algumas coisas vãs das quais me afastara ultimamente. Cheguei a pensar que era grande servidão ser impedido de deleitar-me nas coisas em que eu tinha prazer... E assim vejo quão difícil é mantermos nossa mente em temor e fixa no Senhor, em algum bom dever, para ser pelo menos fortemente resoluta contra o mal".[16] Assim, ele também tinha problemas com uma mente divagante e pensamentos mundanos. Mas lutava para manter sua mente focada em Cristo.

Rogers estabeleceu um padrão para manter um cuidadoso andar em santidade. Por sua vez, essa piedade prática leva ao púlpito uma proclamação que exige alto nível de santidade da parte do povo e reconhece que sempre estamos aquém do ideal. Hoje,

---

16 Rogers and Ward, *Two Elizabethan Puritan Diaries*, 59-60.

pessoas são inclinadas a dizer: "Isso é legalismo; é elevado demais; é muito difícil". Querem um cristianismo fácil, com um Cristo que satisfaz todos os desejos imediatos delas. Podem tolerar alguma disciplina na vida exterior para atingirem seus alvos terrenos. Entretanto, é comum que usem a bandeira de "somente graça" para afirmarem que bênçãos espirituais advêm facilmente se a pessoa achar a chave correta, sem dor ou lutas contra o mal.

Elas esquecem que "a graça de Deus" nos ensina a negar "a impiedade e as paixões mundanas" e, em vez disso, a vivermos "sensata, justa e piedosamente", com os olhos fixos na "bendita esperança" da manifestação de Cristo, sendo zelosos "de boas obras", como Paulo nos ensinou (Tt 2:11-14). Os puritanos pregavam a disciplina pela graça e o autocontrole na esperança como modelos de pregação reformada bíblica e experiencial.

RICHARD SIBBES

Sibbes foi um dos grandes puritanos de sua época.[17] Influenciou grandemente a direção e conteúdo da pregação puritana na Inglaterra

---

17 A respeito de Sibbes, ver Bert Affleck, "The Theology of Richard Sibbes, 1577-1635" (PhD diss., Drew University, 1968); Stephen Paul Beck, "The Doctrine of Gratia Praeparans in the Soteriology of Richard Sibbes" (PhD diss., Westminster Theological Seminary, 1994); Mark Dever, *Richard Sibbes: Puritanism and Calvinism in Late Elizabethan and Early Stuart England* (Macon, GA: Mercer University Press, 2000); Frank E. Farrell, "Richard Sibbes: A Study in Early Seventeenth Century English Puritanism" (PhD diss., University of Edinburgh, 1955); Tae-Hyeun Park, *The Sacred Rhetoric of the Holy Spirit: A Study of Puritan Preaching in a Pneumatological Perspective* (Apeldoorn: Theologische Universiteit Apeldoorn, 2005); Harry Lee Poe, "Evangelistic Fervency among the Puritans in Stuart England, 1603-1688" (PhD diss., Southern Baptist Theological Seminary, 1982); Sidney H. Rooy, *The Theology of Missions in the Puritan Tradition: A Study of Representative Puritans, Richard Sibbes, Richard Baxter, John Eliot, Cotton Mather, and Jonathan Edwards* (Grand Rapids, MI: Eerdmans, 1965); Schaefer, *The Spiritual Brotherhood*; Harold Patton Shelly, "Richard Sibbes, Early Stuart Preacher of Piety" (PhD diss., Temple University, 1972); Beth E. Tumbleson, "The Bride and Bridegroom in the Work of Richard Sibbes, English Puritan" (MA thesis, Trinity Evangelical Divinity School, 1984); Cary N. Weisiger, "The Doctrine of the Holy Spirit in the Preaching of Richard Sibbes" (PhD diss., Fuller Theological Seminary, 1984); Chong-ch'on Won, "Communion with Christ: An Exposition and Comparison of the Doctrine of Union and Communion with Christ in Calvin and the English Puritans" (PhD diss., Westminster Theological Seminary, 1989).

PREGAÇÃO REFORMADA

e na América. Sibbes era natural de Suffolk, um condado puritano que produziu mais imigrantes notáveis para a Nova Inglaterra do que qualquer outro condado. Quando menino, amava ler e estudar. Seu pai esforçou-se por atraí-lo ao seu negócio de fabricar e consertar rodas, mas o rapaz comprava livros com toda recompensa que recebia.

Sibbes foi para Cambridge e graduou-se com um BA em 1599 e com um MA em 1602. Em 1603, foi convertido sob a pregação de Paul Baynes. Serviu como um tutor na faculdade, obteve seu bacharelado em divindade em 1610 e serviu no cargo de palestrante na igreja Holy Trinity, em Cambridge, de 1611 a 1616. Conforme notamos antes, a pregação de Sibbes ali influenciou Cotton e Goodwin. De 1617 a 1635, ele serviu como um preletor na Gray's Inn, em Londres. Em 1626, tornou-se o mestre do St. Catharine's Hall, em Cambridge, que lhe deu o título de doutor de divindade no ano seguinte. As pessoas se referiam a ele como "o Doutor celestial", por causa de sua pregação piedosa e sua conversa espiritual. Izaac Walton (c. 1594-1683) escreveu a respeito de Sibbes:

> Deste homem bendito, seja dado este justo louvor:
> O céu estava nele, antes que ele estivesse no céu.[18]

Sob a liderança de Sibbes, diversos puritanos receberam treinamento, incluindo os teólogos de Westminster John Arrowsmith (1602-1659), William Spurstowe (c. 1605-1666) e William Strong (m. 1654).

Mark Dever escreveu: "Para Sibbes, o cristianismo era uma história de amor", que começa com o amor de Deus por seu povo.[19]

---

18 Walton escreveu isto em sua cópia da obra de Sibbes *The Returning Backslider*. Stephen Martin, *Izaak Walton and His Friends* (London: Chapman & Hall, 1903), 174.

19 Dever, *Richard Sibbes*, 143.

Pregadores puritanos: Rogers, Sibbes e Preston

Embora Sibbes nunca tenha se casado, liderou uma família espiritual por cultivar uma notável rede de amigos que incluía líderes políticos e líderes religiosos. Era um homem gentil e agradável que não gostava de controvérsia, embora não hesitasse em opor-se ao Catolicismo Romano e ao Arminianismo. Acima de tudo, Sibbes se deleitava em resgatar pessoas para Cristo com cordas de amor.[20]

Mark Dever explica a centralidade da pregação na opinião de Sibbes quanto à salvação:

> Sibbes ensinava que o principal meio usado para preparar os corações de seus eleitos para a salvação era "o ministério do evangelho" [1:23-24; 2:63, 216; 7:404]. "Na religião, o ouvir gera o ver. No princípio, a morte veio pelo ouvido. Ouvindo Adão a serpente, que ele não devia ter ouvido, a morte veio pelo ouvido. Igualmente, a vida vem pelo ouvido" [4:251-52; cf. 3:367, 377, 386; 6:353, 380, 409; 7:198, 404-405, 434, 476].[21]

Sibbes acreditava que a pregação afetuosa de Cristo, em sua obra de salvação, é o principal meio pelo qual Deus gera e desenvolve afeições piedosas. Tornar Cristo conhecido em seus estados e ofícios é ordenança de Deus para abrir a mente e atrair a vontade e o coração para Cristo. Isto faz da pregação um dom precioso de Deus que devemos valorizar grandemente.[22]

Sibbes foi excelente como um pregador centrado em Cristo e experiencial. David Masson, biógrafo de John Milton, disse:

---

20 Richard Sibbes, "The Fountain Opened", em *The Works of Richard Sibbes* (Edinburgh: Banner of Truth, 2001), 5:505-6, daqui para frente, *Works*.

21 Dever, *Richard Sibbes*, 129. Inseri entre colchetes as referências a *Works*, de Sibbes, que se acham nas notas de rodapé de Dever.

22 Dever, *Richard Sibbes*, 155-56.

PREGAÇÃO REFORMADA

"Desde o ano de 1630 em diante, por 20 anos ou mais, parece que nenhuns outros escritos sobre teologia prática foram tão lidos entre as classes médias piedosas inglesas como os de Sibbes".[23] Haller disse que os sermões de Sibbes, "estavam entre os mais brilhantes e mais populares de todos os discursos da igreja puritana militante".[24]

CRISTO PREGADO ENTRE AS NAÇÕES

Uma fonte em que Sibbes revela seu ponto de vista sobre a pregação é *The Fountain Opened* (A Fonte Aberta), um coleção de seus sermões sobre 1 Timóteo 3:16, que diz: "Evidentemente, grande é o mistério da piedade: Aquele que foi manifestado na carne foi justificado em espírito, contemplado por anjos, pregado entre os gentios, crido no mundo, recebido na glória".[25] Sibbes abordou o ofício do pregador especialmente quando chegou na frase "pregado entre os gentios".[26]

Quando um rei é entronizado, tanto seus nobres quantos seus súditos comuns devem saber. Portanto, não basta que Cristo seja "visto de anjos", sua nobreza celestial. Seu reino tem de ser proclamado a todo o mundo, e todos os homens, chamados a se submeterem a Cristo. Ele deve ser pregado antes de poder ser "crido no mundo", escreveu Sibbes, porque "a fé é o interesse e o fruto da pregação".[27] Sibbes disse: "A pregação é a ordenança de Deus, santificada para gerar a fé, para abrir o entendimento, para atrair a

---

23 David Masson, *The Life of John Milton* (Cambridge: Macmillan and Co., 1859), 1:478.

24 Haller, *The Rise of Puritanism*, 152.

25 Porções desta seção foram adaptadas de Joel Beeke, "Puritan Preachers: Richard Sibbes", *Meet the Puritans*, 9 de junho, 2017, http://www.meet the puritans.com/blog/puritan-preachers-richard-sibbes. Usado com permissão.

26 Weisiger, "Doctrine of the Holy Spirit", 166-67.

27 Sibbes, "The Fountain Opened", em *Works*, 5:504.

vontade e as afeições a Cristo". Esta é a escada do céu em que devemos subir um degrau de cada vez: primeiro, a pregação; depois, a fé; depois, a oração (Rm 10:14-17).[28]

Sibbes defendia missões mundiais, embora em seus dias a exploração inglesa de outros continentes estivesse em sua infância.[29] Tomando as palavras "pregado entre os gentios", Sibbes disse ousadamente: "Portanto, temos uma base para a expansão do evangelho a todos os povos, porque os gentios têm agora interesse por Cristo; os comerciantes e aqueles que se dedicam à navegação podem, com bom sucesso, levar o evangelho a todos os povos". O evangelho, como o sol, está viajando de leste para oeste até que ilumine todas as nações.[30] Embora um povo seja "selvagem ou até bárbaro", os cristãos devem "labutar a fim de ganhá-los para Cristo". Com estas linhas, Sibbes convoca exploradores e mercadores a não obrigarem as pessoas a aceitarem o cristianismo pela força: "Não há algo tão voluntário como a fé. Ela deve ser produzida por persuasões, não por violência".[31] A pregação, e não a espada, é o meio pelo qual as nações acham Cristo, quer na Inglaterra, quer na Índia.

A pregação é o instrumento para a aplicação da redenção. Cristo é o remédio que tem de ser tomado, a roupa que precisa ser vestida, o alicerce sobre o qual devemos construir, um tesouro que precisa ser escavado, uma luz que têm de ser exposta, e um

---

28 Sibbes, "The Fountain Opened", em *Works*, 5:514.

29 Os espanhóis e os portugueses dominaram a exploração mundial nos séculos XV e XVI. Francis Drake (c. 1540-1596) foi o primeiro inglês a fazer uma circum-navegação, em 1577-1580. A tentativa frustrada de Walter Raleigh (c. 1554-1618) para estabelecer a primeira colônia inglesa na América do Norte começou em 1584. Jamestown foi estabelecida pela Companhia da Virgínia em 1607. Os mercadores ingleses obtiveram direitos de comércio com os governantes da Índia em 1617. Os peregrinos vieram para a Nova Inglaterra em 1620, e os puritanos, para Massachusetts em 1630.

30 Sibbes, "The Fountain Opened", em *Works*, 5:512.

31 Sibbes, "The Fountain Opened", em *Works*, 5:513.

PREGAÇÃO REFORMADA

alimento que deve ser comido. Por isso, o pregador deve "expor o mistério de Cristo" em suas naturezas; seus ofícios de Profeta, Sacerdote e Rei; seu estado de humilhação para realizar a salvação por nós; seu estado de exaltação para aplicar a nós a salvação; e suas promessas, que são "Cristo oferecido e distribuído".[32] Até quando ouvimos Sibbes pregar sobre pregação, sentimos a centralidade de Cristo e a utilidade de linguagem imaginativa e afetuosa.

Ele antecipa esta pergunta: "Nada deve ser pregado, senão Cristo?" E responde: "Nada, exceto Cristo ou que leva a Cristo". A lei serve a Cristo. As ameaças da lei prostram os homens, para que Cristo os levante. Deveres morais nos mostram o que significa andar de modo digno de Cristo (Cl 1:10). Sibbes disse: "As graças para estes deveres devem ser obtidas de Cristo; e as razões e os motivos de uma conversa [ou conduta] cristã devem proceder de Cristo e do estado ao qual Cristo nos levou". Com respeito ao evangelho, nada devemos acrescentar a Cristo, para que não nos afastemos dele por edificarmos sobre nossos próprios méritos. Este interesse por solus Christus levou Sibbes a opor-se ao Catolicismo Romano: "Por que a Igreja de Roma é tão errônea, não é porque ela se afasta de Cristo e se apega a outras coisas?"[33]

A pregação é mais do que ensino; é a linguagem do amor divino. Sibbes dizia que "não é suficiente pregar Cristo" apenas por ensinar às pessoas as doutrinas da Bíblia; antes, "deve haver também uma fascinação delas, porque pregar é também cortejar."[34] Sibbes comparou o pregador a um amigo do Noivo, que procura

---

32 Sibbes, "The Fountain Opened", em *Works*, 5:505.

33 Sibbes, "The Fountain Opened", em *Works*, 5:509-10.

34 Sibbes, "The Fountain Opened", em *Works*, 5:505.

Pregadores puritanos: Rogers, Sibbes e Preston

ganhar almas para se casarem com Cristo.[35] Por um lado, uma pessoa tem de entrar no casamento com olhos bem abertos, baseada no conhecimento real da outra pessoa. Por isso, o amigo do Noivo revela para a mulher tanto a sua necessidade urgente quanto a riqueza e a nobreza de seu Pretendente celestial.[36] Por outro lado, isto não é apenas uma questão intelectual; por isso, o pregador deve "apelar por um casamento", empregando todas as habilidades e poderes para cortejar uma noiva para Cristo.[37]

A linguagem matrimonial de Sibbes não anula a necessidade de pregação da lei e de suas maldições contra pecadores; na verdade, ela dá à pregação severa um propósito brando. A pregação do pecado e da miséria não é um fim em si mesmo; ela "abre o caminho para a pregação de Cristo". Porque até as comidas mais saborosas são rejeitadas por um estômago cheio (Pv 27:7). Sibbes questionava: "Quem se interessa por Cristo se não vê a necessidade por Cristo?" Mas a pregação dos terrores do julgamento divino deve proceder de um coração humilde e compassivo. Os pregadores devem "implorar" ou rogar aos pecadores que se reconciliem com Deus (2 Co 5:20). Na verdade, "Cristo mesmo se torna como que um suplicante, e o grande Deus do céu e da terra implora por nosso amor, que nos importemos com nossa alma de tal maneira que nos reconciliemos com ele". O fato de que devemos ser aqueles que rogam a Deus por misericórdia torna mais pungente o doce rogar de Deus a nós.[38] À semelhança de Paulo, que chorava pelos inimigos da cruz de Cristo (Fp 3:18), os ministros devem pregar

---

35 Quanto ao contexto bíblico para esta figura, ver Jo 3:29; 2 Co 11:2.

36 Sibbes, "The Fountain Opened", em *Works*, 5:514.

37 Sibbes, "The Fountain Opened", em *Works*, 5:506

38 Sibbes, "The Fountain Opened", em *Works*, 5:506.

PREGAÇÃO REFORMADA

com "tristeza e compaixão" pelos perdidos, "porque são guiados pelo Espírito de Cristo, que era pleno de compaixão".[39]

Ver a pregação como um cortejo divino ressalta também o poder do ministério da Palavra acima de outros meios de graça. Sibbes recomendou a leitura pessoal da Bíblia para se aprender a verdade, mas "a verdade exposta tem mais eficácia".[40] A pregação não somente oferece Cristo, mas, por meio da pregação, Cristo é dado ao coração: "Com ela, vai um poder – o Espírito envolvendo a ordenança da pregação – para fazer tudo". Por essa razão Paulo chamou a pregação do evangelho de "o ministério do Espírito" (2 Co 3:8).[41]

Algumas pessoas podem argumentar que já sabem o suficiente e não precisam de mais ensino. Sibbes disse: "A Palavra de Deus é pregada não para nos ensinar totalmente, e sim, quando o Espírito a acompanha, para operar graça necessária para fortalecer-nos em nosso homem interior (2 Co 4:16)". É muito difícil aprender como falar e pensar corretamente sobre as coisas de Deus – muito mais difícil do que aprender um negócio, para o qual um homem treina por vários anos. Mas a verdadeira religião não é apenas a capacidade de falar e pensar, e sim um conhecimento misterioso no coração. Não conhecemos realmente a graça de Deus até que a graça esteja conosco. Esta interiorização da graça é efetuada pela pregação: "A pregação é a carruagem que leva Cristo a todos os lugares do mundo. Cristo nos beneficia somente quando é pregado".[42] A pregação faz mais do que informar; pela graça de Deus, ela

---

39 Sibbes, "Exposition of Philippians Chapter III", em *Works*, 5:126.

40 Sibbes, "The Fountain Opened", em *Works*, 5:507.

41 Sibbes, "The Fountain Opened", em *Works*, 5:514.

42 Sibbes, "The Fountain Opened", em *Works*, 5:508.

nos une a Cristo.

A pregação é um ato profundamente relacional que une em Cristo o pregador e o ouvinte. Essa é parte da razão por que Deus resolveu que meros homens pregassem sua Palavra. Isso não significa que o pregador ganha seus ouvintes por carisma pessoal. O pregador os chama à "obediência à verdade". Apesar disso, na pregação, Deus tem por alvo "unir pessoa a pessoa com laços de amor". Ele não nos aterroriza com uma nuvem de fogo ou uma visitação de anjos, mas exalta seu poder por agir mediante a instrumentalidade de homens fracos como nós. É um socorro à "nossa fraqueza ter homens pregadores do evangelho que proclamam, de sua própria experiência, que eles mesmos receberam o conforto do evangelho". Quando Paulo e Pedro pregavam, eles o faziam como homens humilhados por seus pecados e estupefatos com a misericórdia de Deus. Essa pregação por pecadores redimidos dá muita esperança a pecadores temerosos.[43]

Portanto, Sibbes torna a pregação uma obra completamente experiencial, um triângulo vital que reúne Cristo, o pregador e os ouvintes. É uma rede amplamente estendida para alcançar as nações e um cortejar de almas pelo agente do Amante celestial. A pregação inclui ensino doutrinário e vai além disso, envolvendo as afeições e os compromissos mais fundamentais da vontade. Em tudo isto, o ministério da Palavra é um instrumento nas mãos do soberano e eletivo Deus da graça.

JOHN PRESTON

Preston nasceu em Northamptonshire.[44] Seu pai, um agricultor,

---

43 Sibbes, "The Fountain Opened", em *Works*, 5:507.

44 Sobre Preston, ver Thomas Ball, *The Life of the Renowned Doctor Preston*, ed. E. W. Harcourt

morreu quando ele tinha 12 anos. Estudou Filosofia e Medicina em Cambridge; recebeu seu BA em 1607 e seu MA em 1611. Quando era estudante, foi, com alguns amigos, escarnecer do estilo simples de pregação de Cotton. Este havia calculado o custo de rejeitar o estilo elegante anelado pela aristocracia. Mais tarde naquela noite, Preston bateu à porta de Cotton, procurando respostas quanto à salvação de sua alma. Os dois se tornaram amigos vitalícios.

Preston redirecionou seus estudos para Teologia e graduou--se com seu diploma de bacharel em divindade em 1620. Por volta de 1618, começou a servir como deão e catequista no Queen's College, em Cambridge. Por volta de 1620, Preston se tornou capelão de Carlos I, na época um jovem príncipe de Gales. Usou sua influência na corte para melhorar a sorte dos puritanos. De 1622 até sua morte em 1628, serviu como mestre do Emmanuel College, em Cambridge. Durante este mesmo período, também pregou na Lincoln's Inn, em Londres, sucedendo o poeta John Donne (1573-1631). Em 1624, Preston foi confirmado como preletor na Holy Trinity, conquistando de volta para os puritanos a mais influente posição de pregação em Cambridge, que se originara com Sibbes. Foi uma das últimas vitórias dos puritanos na corte.

Preston foi um instrumento em levantar outros pregadores, bem como em influenciar jovens pregadores. Goodwin, Thomas Shepard e Samuel Fairclough (1594-1677) foram grandemente impactados pela pregação de Preston.[45]

(London: Parker and Co., 1885); Jonathan Moore, *English Hypothetical Universalism: John Preston and the Softening of Reformed Theology* (Grand Rapids, MI: Eerdmans, 2007); Irvonwy Morgan, *Puritan Spirituality: Illustrated from the Life and Times of the Rev. Dr. John Preston* (London: Epworth, 1973); Morgan, *Prince Charles's Puritan Chaplain;* Schaefer, *The Spiritual Brotherhood;* Young Jae Timothy Song, *Theology and Piety in the Reformed Federal Thought of William Perkins and John Preston* (Lewiston, NY: Edwin Mellen Press, 1998); James F. Veninga, "Covenant Theology and Ethics in the Thought of John Calvin and John Preston" (PhD diss., Rice University, 1974).

45 Morgan, *Prince Charles's Puritan Chaplain,* 44-45.

Pregadores puritanos: Rogers, Sibbes e Preston

Embora Preston tenha morrido em idade jovem (quase 45 anos), deixou um rico legado de pregação em seus sermões escritos. Quando o bispo de Durham, Richard Neile (1562-1640), o ouviu pregar em 1627, queixou-se de que Preston pregava com muita certeza, "como se fosse familiar com Deus".[46] Acima de tudo, Preston foi um pregador de Cristo e da fé em Cristo. Ele disse: "Devemos agir como aqueles mordomos que colocam o pão e o sal sobre a mesa, não importando que haja outros pratos ali; devemos sempre pregar Cristo e persuadir você a crer nele".[47] Cristo é a essência, o ingrediente básico, da pregação. Depois da morte de Preston, onze volumes de seus sermões foram publicados, alguns dos quais passaram por dez ou mais edições. Surpreendentemente, nenhum publicador lançou um conjunto de suas obras em múltiplos volumes.

PREGANDO OS GRANDES TEMAS DO EVANGELHO

A pregação de Preston era mais tópica e mais organizada em categorias e questões teológicas do que as exposições bíblicas, versículo por versículo, de João Calvino. Hughes Oliphant Old escreveu:

> O texto é estudado abreviadamente, a fim de ser extraído dele um tema ou ensino específico; depois, esse tema é desenvolvido em vários pontos que são, em seguida, apoiados por vários argumentos, extraídos principalmente da Escritura. São ilustrados por exemplos e esclarecidos por comparações. Depois, finalmente são aplicados à vida da congregação. Neste aspecto, os sermões de Preston se assemelham aos do escolasticismo

---

46 Citado em Morgan, *Prince Charles's Puritan Chaplain*, 39.

47 John Preston, *The Breast-Plate of Faith and Love* (Edinburgh: Banner of Truth, 1979), 1:70. Esta é uma fac-símile da edição de 1634.

PREGAÇÃO REFORMADA

medieval... Preston toma geralmente um versículo e o desenvolve em um tema ou vários temas.[48]

Vemos um exemplo deste método em *The Breast-Plate of Faith and Love* (A Couraça da Fé e do Amor – 1630), que é uma afirmação clássica da espiritualidade puritana.[49] Na primeira seção do livro, Preston prega quatro sermões (117 páginas) sobre um único texto, Romanos 1:17: "Visto que a justiça de Deus se revela no evangelho, de fé em fé, como está escrito: O justo viverá por fé" (Rm 1:17). Ele desenvolve três doutrinas: (1) que a justiça é revelada e oferecida no evangelho a todos que quiserem recebê-la; (2) que pela fé nos tornamos participantes desta justiça; (3) que a fé possui graus, e todo cristão deve crescer de um grau para outro.[50] Podemos ver que Preston deriva estas doutrinas do texto, mas gasta pouco tempo em seus sermões estudando o significado do texto. Em vez disso, passa rapidamente a fazer perguntas sobre cada doutrina, às quais responde com outras passagens da Escritura. No primeiro ponto sobre a justiça revelada no evangelho, Preston pergunta: (1) por que esta justiça é revelada? (2) Como esta justiça salva? (3) Como ela é oferecida a nós? (4) A quem é oferecida? (5) Sobre quais qualificações é oferecida? (6) Como se torna nossa? (7) O que é exigido de nós quando a temos?[51] Essas perguntas são seguidas por duas advertências àqueles que rejeitam Cristo ou postergam recebê-lo e, depois, por três exortações para receberem a Cristo.[52]

---

48 Hughes Oliphant Old, *The Reading and Preaching of the Scriptures in the Worship of the Christian Church, Volume 4: The Age of the Reformation* (Grand Rapids, MI: Eerdmans, 1998), 284.

49 Old, *Reading and Preaching of the Scriptures*, 4:280-86.

50 Preston, *The Breast-Plate of Faith and Love*, 1:1-117, esp. 2, 31, 99.

51 Preston, *The Breast-Plate of Faith and Love*, 1:2-22.

52 Preston, *The Breast-Plate of Faith and Love*, 1:22-30.

Pregadores puritanos: Rogers, Sibbes e Preston

O resultado é pregação clara do evangelho, com aplicação. Oliphant Old comentou: "Estes sermões podem ser considerados sermões de evangelização. Seu alvo é a conversão daqueles a quem são dirigidos. Preston está totalmente cônscio de que prega para cristãos batizados, mas está interessado em que sua congregação entre na plena realidade de que seu batismo é um sinal e uma promessa".[53] Dirigido àqueles que estavam dentro da igreja, o ensino evangelizador de Preston se focalizava no significado da conversão, para fazer distinção entre os verdadeiros cristãos e os cristãos meramente nominais.

Em uma série de sermões baseada em 2 Timóteo 1:13, *A Pattern of Wholesome Words* (Um Padrão de Palavras Sadias), Preston descreve algumas de suas opiniões sobre a obra do pregador. Morgan observa que neste sermão vemos também Preston começando com a doutrina e, em seguida, desenvolvendo-a por responder a perguntas e objeções. Ele diz que os pregadores devem usualmente evitar citar os pais da igreja, embora algumas exceções sejam permitidas para escritores mais recentes, como Calvino. Mas devem estudar sobre aprendizado humano e digerir o material, para que possam pregar as mesmas verdades de maneira simples e útil, muito semelhante aos rebanhos que comem palha, mas produzem lã e leite adequados para os homens.[54]

O pregador é um embaixador que fala por Deus ao povo como seu representante público. Ele deve interpretar a Palavra, extraindo uma doutrina do texto, fundamentando-a com passagens da Escritura que a confirmem e, então, aplicá-la a tipos específicos de pessoas. O texto deve ser entendido de acordo com a gramática

---

53 Old, *Reading and Preaching of the Scriptures*, 4:281.
54 Morgan, *Puritan Spirituality*, 12-14.

PREGAÇÃO REFORMADA

própria, os artifícios retóricos, como metáforas, o escopo ou propósito do texto e a analogia da fé. Cada sermão tem de ser aplicado por derivar seus usos inerentes. Nestas coisas, Preston parece muito semelhante a Perkins em sua obra *Arte of Prophecying*. Podemos sentir seu treinamento médico no segundo plano, ao descrever como o pregador deve aplicar uma cura diferente à febre da lascívia, ao inchaço do orgulho, à paralisia da ira, à letargia da preguiça, ao humor da vanglória, à pleurisia da segurança e ao bafo repugnante da má linguagem.[55] Aplicações gerais não são tão proveitosas quanto referir-se a pecados específicos.

O ministro tem de pregar a Palavra. Os pregadores devem alimentar seus rebanhos, pregando as Escrituras pelo menos duas vezes no domingo e também catequizando. Morgan diz: "A Palavra tem de ser apresentada de uma maneira espiritual, simples e clara, fácil de ser seguida".[56] Contudo, o sermão não deve ser apenas um comentário ininterrupto sobre a Bíblia, e sim um discurso estruturado com pontos distintos. Diz-se que as pedras nos muros de Bizâncio eram tão bem ajustadas uma à outra, que os muros pareciam uma única pedra. Preston gracejou que, "embora isto seja um elogio em relação a um muro, não se aplica a um sermão".[57] Também, acautele-se de encher seu sermão com material estranho às Escrituras. Crianças podem pensar que ervas daninhas num campo de plantação são bonitas, mas o agricultor sabe que a colheita é menos frutífera. Até ao fazer ilustrações, o

---

55 Morgan, *Puritan Spirituality*, 13-14. "Humor", aqui, se refere provavelmente a um desequilíbrio nos fluidos do corpo, que a medicina daquele tempo acreditava produzir os temperamentos de melancólico, colérico, fleumático e sanguíneo.

56 Morgan, *Puritan Spirituality*, 14.

57 John Preston, *Riches of Mercy to Men in Mesiery, or Certain Excellent Treatises Concerning the Dignity and Duty of God's Children* (London: J. T., 1658), 303.

Pregadores puritanos: Rogers, Sibbes e Preston

melhor material pode ser achado na própria Bíblia, embora outras ilustrações sejam permitidas, contanto que não sejam apenas para agradar mentes fracas e levianas. Já vimos várias das ilustrações não bíblicas do próprio Preston.[58]

Em todas as coisas, o pregador trabalha como um instrumento do Espírito de Cristo. O pregador é totalmente dependente do Senhor em relação a quaisquer bons resultados que procedam de sua pregação. Preston disse:

> Quando Cristo se mostra a uma pessoa, é diferente de quando os ministros lhe mostram ou a leitura natural da Escritura lhe mostra. Quando Cristo se mostra por seu Espírito, esse mostrar atrai o coração da pessoa a anelar por Cristo. Do contrário, podemos pregar durante muito tempo e mostrar-lhes que estas coisas espirituais, estes privilégios estão preparados para vocês em Cristo; mas é o Espírito Santo que tem de escrevê-los no coração de vocês. Podemos apenas escrevê-los na mente de vocês.[59]

---

58 Morgan, *Puritan Spirituality*, 14-15.

59 Preston, *The Breast-Plate of Faith and Love*, 1:163.

CAPÍTULO 11

O DIRETÓRIO DE WESTMINSTER E A PREGAÇÃO

Duas vezes tive o privilégio de visitar a Câmara Jerusalém, na Abadia de Westminster, em Londres, onde a Assembleia de Westminster se reuniu. É um cômodo notavelmente pequeno, e pode-se imaginar os calorosos debates que aconteceram ali com várias dúzias de homens apinhados em seu interior. Quando os membros da assembleia, conhecidos como Divinos, se reuniram pela primeira vez em 1º de julho de 1643, talvez não pensassem que a assembleia duraria tão longo tempo. O parlamento os havia convocado apenas para revisarem os 39 Artigos da Igreja da Inglaterra. Eles almejavam estabelecer maior unidade teológica de acordo com o tratado feito entre os parlamentos da Inglaterra e da Escócia, conhecidos como a Liga e Aliança Solenes. Mas, de fato, a assembleia se reuniria por quase seis anos. Quando se reuniu para sua última sessão plenária, em 22 de fevereiro de 1649, a assembleia havia realizado mais de mil sessões e produzido

PREGAÇÃO REFORMADA

uma Confissão de Fé inteiramente nova, bem como o Catecismo Maior, o Catecismo Menor, a Forma de Governo Eclesiástico Presbiteral e o Diretório para Culto Público a Deus, e havia dado sua aprovação a uma nova versão métrica dos Salmos.[1]

Esses documentos, conhecidos como os Padrões de Westminster, gozaram de uma bênção divina incomum. O trabalho da Assembleia de Westminster tem direcionado um movimento internacional de cristianismo reformado de fala inglesa por uns 370 anos. Benjamin Warfield disse que os Padrões de Westminster são a "cristalização da própria essência da religião evangélica". Em referência à teologia, são "a afirmação mais rica, mais exata e mais segura, possuída pelo homem, de tudo que se inclui na religião evangélica e de tudo que deve ser salvaguardado, para que a religião evangélica persista no mundo". E, em referência à piedade, são "a essência expressa da religião vital".[2]

Neste capítulo, damos nossa atenção a um padrão específico: o Diretório para o Culto Público a Deus.[3] O diretório foi rascunha-

---

1 Todos estes documentos podem ser achados em *Westminster Confession of Faith* (Glasgow: Free Presbyterian Publications, 1994). Este livro contém outros documentos relacionados à Assembleia de Westminster, mas não elaborados por ela, como o Diretório Escocês de Culto Familiar. Este foi precedido pelo anônimo *Exercício Familiar ou O Culto de Deus em Famílias* (Edinburgh: Robert Bryson, 1641), composto talvez por Alexander Henderson. Foi adotado pela Igreja Escocesa em 1647. Tanto o Diretório de Culto Público a Deus quanto o Diretório de Culto Familiar lançaram o fundamento para o Diretório de Culto Presbiteriano Americano (1788); ver Stanley R. Hall, "The American Presbyterian 'Directory for Worship': History of a Liturgical Strategy" (PhD diss., University of Notre Dame, 1990), 80-83.

2 Benjamin B. Warfield, *The Significance of the Westminster Standards as a Creed* (New York: Scribner, 1898), 36.

3 Sobre o Diretório de Culto Público a Deus, ver Ian Breward, ed., *The Westminster Directory Being a Directory for the Publique Worship of God in the Three Kingdomes* (Bramcote, UK: Grove Books, 1980); J. A. Caiger, "Preaching – Puritan and Reformed", em *Puritan Papers: Volume Two, 1960-1962*, ed. J. I. Packer (Phillipsburg, NJ: P&R, 2001); Alan Clifford, "The Westminster Directory of Public Worship (1645)", em *The Reformation of Worship* (N.p.: Westminster Conference, 1989), 53-75; Mark Dever and Sinclair B. Ferguson, *The Westminster Directory of Public Worship* (Fearn, Ross-shire, Scotland:

280

O Diretório de Westminster e a pregação

do por uma subcomissão de quatro delegados escoceses e cinco teólogos ingleses, um dos quais era escocês de nascimento. Foi terminado em 27 de dezembro de 1644, tornando-se o primeiro documento produzido pela assembleia. No início de 1645, foi adotado sucessivamente pelo Parlamento inglês, pela Assembleia Geral da Igreja da Escócia e pelo Parlamento escocês. Em 17 de abril de 1645, o Parlamento inglês tornou o diretório o guia oficial de culto público, em vez do Livro de Oração Comum.[4] É claro que esta mudança foi anulada pela restauração da monarquia, em 1660, e pelo Ato de Uniformidade, em 1662. Todavia, nos anos 1690, o diretório subiu de novo em influência entre os não conformistas ingleses como guia de culto simples e bíblico.[5]

ZELO POR CULTO BÍBLICO E ESPIRITUAL

É impressionante que no meio de uma guerra civil e de grande revolução teológica, os teólogos de Westminster tenham dado prioridade ao assunto de culto, antes de escreverem a confissão e os catecismos. Investiram mais de 70 sessões, mais algumas reuniões de subcomissão, na escrita deste breve diretório.[6] Todavia,

---

Christian Heritage, 2008); Hall, "The American Presbyterian 'Directory for Worship", 31-80; "The Westminster Directory and Reform of Worship", em *Calvin Studies VIII: The Westminster Confession in Current Thought*, ed. John H. Leith, Colloquium on Calvin Studies (S.l.: Davidson College, 1996), 91-105; Thomas Leishman, *The Westminster Directory. Edited, with an Introduction and Notes by T. Leishman* (Edinburgh: Blackwood and Sons, 1901); Frederick W. McNally, "The Westminster Directory: Its Origin and Significance" (PhD diss., University of Edinburgh, 1958); Richard A. Muller and Rowland S. Ward, *Scripture and Worship: Biblical Interpretation and the Directory for Public Worship* (Phillipsburg, NJ: P&R, 2007); Iain H. Murray, "The Directory for Public Worship", em *To Glorify and Enjoy God: A Commemoration of the 350th Anniversary of the Westminster Assembly*, ed. John L. Carson and David W. Hall (Edinburgh: Banner of Truth, 1994), 169-91.

4 Acima de tudo, em relação à história subsequente, ele foi adotado como o manual litúrgico da Igreja da Escócia e dali saiu por todo o mundo.

5 Muller and Ward, *Scripture and Worship*, 90-92.

6 Hall, "The Westminster Directory and Reform of Worship", 91.

PREGAÇÃO REFORMADA

o culto sempre permanecera no centro da Reforma. Iain Murray escreveu: "De acordo com os reformadores e os puritanos, a mensagem do cristianismo não é apenas sobre como o homem é salvo; é sobre como Deus é *glorificado* na salvação do homem... 'A adoração a Deus', diz Calvino, 'é preferível à segurança de homens e de anjos'".[7]

O interesse fundamental dos reformadores e dos puritanos era que o culto fosse dirigido somente pelas Escrituras – a vontade de Deus e não pelas invenções dos homens (Mt 15:9). O diretório diz em seu prefácio: "Ao nosso encargo foi confiado expor as coisas que são de instituição divina em cada ordenança; e nos esforçamos por expor outras coisas de acordo com as regras da prudência cristã, em concordância com as regras gerais da Palavra de Deus".[8] Portanto, nosso culto é sempre uma resposta à Palavra de Deus. Devemos trazer ao Deus santo somente aquelas coisas que ele ordenou, pois, do contrário, presumimos e transgredimos contra a sua santidade. Como diz a Confissão de Westminster (21.1): "A maneira aceitável de adorar o Deus verdadeiro é instituída por ele mesmo e limitada por sua própria vontade revelada, para que ele não seja adorado de acordo com as imaginações e invenções dos homens ou com as sugestões de Satanás, sob qualquer representação visível, ou qualquer outra maneira não prescrita nas Escrituras sagradas".[9]

A centralidade da Palavra no culto também aparece nas amplas introduções que o Diretório para Culto Público a Deus oferece quanto à pregação. Stanley Hall disse que neste esquema

---

7 Murray, "The Directory for Public Worship", 172.

8 "The Directory for the Public Worship of God", em *Westminster Confession of Faith*, 374; ver Murray, "The Directory for Public Worship", 176-78; Muller and Ward, "Scripture and Worship", 96-98.

9 "Confession of Faith", em *Westminster Confession of Faith*, 89-90. A confissão cita Dt 12:32; Mt 15:9; At 17:25; Mt 4:9; Dt 4:15-20; Êx 20:4-6; Cl 2:23.

a pregação é "o centro unificador do culto".[10] Ainda que o diretório abranja quinze tópicos, mais do que um décimo de seu conteúdo é dedicado à "Pregação da Palavra". Somente a oração pastoral antes do sermão recebe mais atenção, e a seção consiste em uma única oração extensa. Na ordem de culto, o diretório coloca a pregação depois do chamado à adoração, de uma oração de abertura pela ajuda e bênção de Deus, de leituras consecutivas do Antigo e do Novo Testamento,[11] do canto de um salmo e do oferecimento de uma oração substancial pelo pastor. Depois do sermão, vem outra oração, o canto de outro salmo e, como necessário, a administração das ordenanças, concluindo com a bênção. Todas estas instruções para o culto público são ricas em verdade e sabedoria bíblicas, mas eu me focalizarei na pregação.

Eu seria relapso se ignorasse a longa oração antes do sermão, pois ela revela o profundo senso da assembleia quanto à dependência do pregador em relação ao Senhor. O sermão está envolto de oração. A pregação não acontece antes de o ministro haver confessado publicamente pecados contra Deus e a suficiência de Cristo como sacrifício e intercessor. Ele pede a Deus o derramamento do Espírito Santo. De fato, ele ora não apenas por sua própria congregação, mas pela evangelização de todas as nações e pela bênção divina sobre governantes e autoridades. Com anseio e desejo, o ministro busca o trono da graça por "comunhão com Deus" e "graça e ajuda eficaz para a santificação de seu santo domingo, o dia do Senhor, em todos os deveres deste dia".[12]

---

10 Hall, "The Westminster Directory and Reform of Worship", 98.

11 Hall nota que as leituras da Escritura são desconectadas do texto do sermão, talvez porque a leitura da Escritura fosse considerada uma ordenança distinta de sua pregação. Hall, "The Westminster Directory and Reform of Worship", 98.

12 "The Directory for the Public Worship of God", em *Westminster Confession of Faith*, 376-78.

PREGAÇÃO REFORMADA

Em seguida, busca especificamente auxílio para a pregação e o ouvir da Palavra. Confessando que "temos sido ouvintes inúteis em tempos passados e que agora não podemos de nós mesmos receber, como deveríamos, as coisas profundas de Deus", o ministro pede que Deus "derrame seu Espírito de graça", para que conheçam a Cristo, valorizem-no acima de tudo e anseiem pelas alegrias de estarem com ele no céu. Pede a Deus que dê a cada ouvinte sua porção da Palavra da vida, "com sabedoria, fidelidade, zelo... em evidência e demonstração do Espírito e de poder". Ele intercede pelos ouvintes da Palavra, rogando que Deus "circuncide" seus ouvidos e corações, tornando-os em solo bom para receberem a Palavra e frutificarem em toda boa obra.[13]

Claramente, os teólogos de Westminster entendiam a pregação não meramente como uma atividade humana, mas também como uma obra de Deus por meio do homem e, portanto, uma obra que exige preparação com oração humilde e fervorosa. Agora, consideraremos que tipo de pregação eles esperavam ter depois da oração.

AS DIREÇÕES DE WESTMINSTER PARA A PREGAÇÃO

Os teólogos começaram suas orientações para a pregação com uma afirmação consistente extraída das Escrituras: "Visto que a pregação da Palavra é o poder de Deus para a salvação, uma das obras mais importantes e mais excelentes pertinentes ao ministro do evangelho, deve ser realizada de tal modo que o obreiro não tenha de que se envergonhar e possa salvar a si mesmo e aqueles que o ouvem".[14]

---

13 "The Directory for the Public Worship of God", em *Westminster Confession of Faith*, 378-79.

14 "The Directory for the Public Worship of God", em *Westminster Confession of Faith*, 379; ver Rm 1:16; 2 Tm 2:15; 1 Tm 4:16.

284

O Diretório de Westminster e a pregação

Em pequeno escopo, o diretório estabelece um notável conjunto de princípios para a proclamação pública da Palavra de Deus. Podemos classificar o que segue no diretório como (1) preparação para a pregação, (2) introdução na pregação, (3) instrução na pregação, (4) aplicação na pregação, (5) adaptação na pregação, (6) dedicação do pregador e (7) cooperação entre os pregadores e mestres.[15] Consideremos cada um destes aspectos da pregação.

Preparação para a pregação

Antes de o sermão ser preparado, o pregador deve ser preparado. O diretório lista dons que qualificam um homem para a importante tarefa de pregação, começando com o conhecimento de grego e hebraico, das artes e ciências como "servas do conhecimento teológico" e de "todo o corpo de teologia", o que hoje é chamado teologia sistemática. J. A. Caiger comenta sobre esta última: "Observe este ponto de vista caracteristicamente puritano do conselho de Deus como um corpo de divindade, com todas as suas partes ajustadas, proporcionais e relacionadas adequadamente. O ministro do evangelho deve ser capaz de vê-lo no todo".[16] "Mas, acima de tudo", o diretório insiste, o pregador deve ser versado "na Escritura Sagrada, tendo seus sensos e coração exercitados nela acima dos crentes comuns". Esse conhecimento deve vir com "iluminação do Espírito de Deus e outros dons de edificação", ou seja, dons espirituais para comunicar a verdade de Deus em ministério público.

O Diretório para Culto Público a Deus se refere aqui às "normas para a ordenação". Elas são bastante exigentes de candidatos ao

---

15 "The Directory for the Public Worship of God", em *Westminster Confession of Faith*, 379-81. Todas as citações posteriores da seção referente à pregação, no diretório, são destas três páginas.

16 Caiger, "Preaching-Puritan and Reformed", 167.

PREGAÇÃO REFORMADA

ministério. Na Forma de Governo Eclesiástico Presbiteral, publicado no mesmo ano que o diretório, lemos que o presbitério deve exigir de um candidato à ordenação que leia das Escrituras em grego e hebraico, traduza uma porção para o latim e, talvez, mostre proficiência em lógica e filosofia. Deve demonstrar uma familiaridade com os principais escritores em teologia, ser capaz de explicar a doutrina ortodoxa e refutar erros contemporâneos, fazer exegese de um texto da Escritura, responder a problemas de consciência (questões sobre segurança e ética) e saber a cronologia da História Bíblica e da História do Cristianismo. Além de pregar diante do povo, o ministro do evangelho deve também apresentar um discurso em latim para o presbitério sobre alguma doutrina que lhe for designada.[17] (No século XVII, o latim era a língua internacional oficial do ministério, de escolas, universidades, escrita acadêmica, ciências e governo.)[18]

Depois, o candidato à ordenação deve ser examinado diante da congregação sobre a sua fé em Cristo, suas crenças Reformadas de acordo com as Escrituras, sua sinceridade e diligência quanto à "oração, leitura, meditação, pregação, ministração dos sacramentos, disciplina e cumprimento de todos os deveres ministeriais", seu zelo e sua fidelidade em relação à verdade e à unidade, seu cuidado do qual ele e sua família sejam exemplos para o rebanho, sua submissão humilde à correção e sua determinação para cumprir seu chamado, apesar de "dificuldades e perseguição".[19] Acadêmica e espiritualmente, essas são exigências rigorosas para um homem disciplinado e dotado que é condizente com este chamado sublime.

---

17 "The Form of Presbyterial Church Government", em *Westminster Confession of Faith*, 413.

18 O latim foi a língua oficial de documentos de governo na Inglaterra de 1066 a 1733.

19 "The Form of Presbyterial Church Government", em *Westminster Confession of Faith*, 414.

O diretório afirma que o homem de Deus não deve sossegar em seu treinamento, e sim continuar a "ler e estudar a Palavra" e "buscar, por meio de oração e um coração humilde" mais conhecimento e iluminação em seu preparo particular. Um pregador deve ser sempre um aluno que tem a Bíblia como seu livro-texto e o Espírito como seu professor. As orações públicas do ministro que rogam a assistência do Espírito devem ser apoiadas por suas orações em particular.

Cada sermão deve ser a pregação de um texto da Escritura. O pregador pode escolher seu texto bíblico topicamente, para abordar uma doutrina ou em uma ocasião especial, ou pode pregar um capítulo ou livro inteiro da Bíblia. O diretório não ordena nem um nem outro dos métodos; antes, dá ao pregador a liberdade para fazer "como achar conveniente". Notamos aqui que o ministro tem liberdade sobre os assuntos e as séries a respeito das quais prega. Mas, como Caiger observa, "é notável que a pregação para alguma ocasião especial também requer um exposição da Escritura".[20]

Isto nos leva agora a considerar o conteúdo do sermão. O diretório aborda isso com referência à introdução, instrução e aplicação.

Introdução na pregação

O diretório não aprova uma introdução longa e complicada; em vez disso, requer uma introdução sucinta e clara focalizada no texto da Escritura. O ministro pode desenvolver sua introdução a partir do próprio texto, de seu contexto, de um texto correlato ou do ensino geral da Escritura. Em outras palavras, pode ser uma introdução bíblica para um texto bíblico. Eu poderia acrescentar que

---

20 Caiger, "Preaching-Puritan and Reformed", 168.

PREGAÇÃO REFORMADA

a introdução também pode ser proveitosa para levar os ouvintes ao texto por começar com uma situação ou problema contemporâneo. Mas a assembleia encoraja o pregador a começar imediatamente na Bíblia, até mesmo na introdução.

O pregador deve apresentar os conteúdos do texto aos seus ouvintes, ou por um resumo, se o texto for longo (e.g., uma narrativa histórica ou uma parábola), ou por uma paráfrase, se o texto for curto. Ele deve ressaltar o "escopo" do texto, ou seja, seu propósito no contexto ou que finalidade o autor tinha em vista. Depois, o pregador deve falar à congregação os principais pontos de doutrina que se acham no texto. Fazer muitas divisões do texto ou usar "palavras obscuras" torna difícil que a congregação entenda e se lembre de todas as divisões e termos. Essa introdução prepara o ambiente para o ministro proclamar os ensinos daquela porção da Escritura.

Instrução na pregação

A espinha dorsal da pregação é extrair doutrinas da Bíblia. Cada doutrina sobre a qual o ministro prega tem de passar por três testes. Primeiro, deve ser "a verdade de Deus", ou seja, o ensino da Escritura Sagrada. Segundo, deve ser "fundamentada num texto, para que os ouvintes possam discernir como Deus ensina a partir do texto". Mesmo a pregação tópica deve ser expositiva porque toda doutrina deve estar alicerçada num texto que a ensine claramente. Terceiro, deve ser uma "daquelas doutrinas que tencionam e favorecem principalmente à edificação dos ouvintes". Em outras palavras, o pregador tem de deixar que o texto da Escritura e as necessidades das pessoas estabeleçam a agenda do sermão. Isso impede que o pregador proclame uma doutrina que está tangencialmente relacionada ao texto bíblico; ele deve pregar a ideia principal. Também

O Diretório de Westminster e a pregação

o guarda de pregar sobre assuntos especulativos que possam estar sendo discutidos em círculos acadêmicos, mas são irrelevantes às necessidades espirituais da congregação.

O diretório diz: "A doutrina deve ser expressa em termos claros". O pregador deve explicar coisas que podem não ser claras. Se a doutrina não é afirmada com clareza no texto, e sim deduzida do texto, o pregador deve mostrar convincentemente como a doutrina procede do texto. O alvo é que os ouvintes possam ter certeza de que esta doutrina é o ponto do texto da Escritura e que a sua consciência pode abraçá-la como a mensagem imperativa de Deus para eles.

Depois de afirmar a doutrina que está fundamentada no texto, o pregador deve desenvolvê-la para que tanto encha a mente quanto domine o coração. Os teólogos sugerem vários instrumentos para fazer isso. Pode envolver a explicação de "passagens correlatas da Escritura" que são "claras e pertinentes", a fim de confirmar a verdade em vista. Os teólogos dizem sabiamente que é melhor ter alguns poucos textos confirmadores, que falem direta e claramente sobre a questão do que ter muitos textos que apenas a abordem de maneira indireta. Esclarecer a doutrina pode exigir formular "argumentos e razões" que sejam "sólidos" e "convincentes". O pregador pode usar "ilustrações, que sejam cheias de luz" e "comuniquem a verdade ao coração dos ouvintes com deleite espiritual". As ilustrações não devem entreter, mas agir como servos humildes que levam deliciosa comida espiritual para a mesa a qual os convidados estão sentados. O pregador também pode achar proveitoso abordar "qualquer dúvida" que surja de uma aparente contradição na Escritura, de um conflito com a razão humana ou de qualquer coisa detestável ao preconceito humano. Responder objeções pode ser muito proveitoso, mas pode também se tornar uma lista

PREGAÇÃO REFORMADA

interminável de argumentos que não edificam. O pregador deve usar moderação e discernimento ao abordar essas questões.

Os puritanos foram excelentes em pregar doutrina, fazendo de cada sermão uma exploração na verdade bíblica. Contudo, ao desenvolver uma doutrina, pode-se perder de vista o texto da Escritura. É mais seguro prender-se ao texto e desenvolver os pontos principais do sermão a partir do próprio texto. Outra vez, isso permite que a Escritura estabeleça a agenda para a pregação. Às vezes, os puritanos fizeram isso muito bem, como no *Commentary on Galatians* (Comentário sobre Gálatas) de William Perkins, ou nos sermões de Thomas Manton sobre a Epístola de Tiago. Mas, às vezes, a pregação deles perdia sua estrita conexão com um texto da Escritura, como na ocasião em que Thomas Hooker pregou um série muito longa sobre Atos 2:37, impressa como várias centenas de páginas no décimo livro de sua obra *Application of Redemption* (Aplicação da Redenção). Isso é ótimo para um tratado teológico sobre um tema específico, mas não é a pregação da Escritura de uma maneira equilibrada.

Aplicação na pregação

O diretório aconselha: "Ele [o ministro] não deve se prolongar na doutrina geral, ainda que não esteja suficientemente esclarecida e confirmada; deve, antes, fazer uso especial dela por aplicação aos seus ouvintes". Essa é uma tarefa difícil, "que exige muita prudência, zelo e meditação". A carne do pregador evita aplicações espirituais, e os homens caídos acham ofensiva a aplicação da pregação. Mas o Espírito Santo usa frequentemente a aplicação para salvar pecadores e glorificar a Deus. Portanto, "ele deve se esforçar para fazê-la, de tal maneira que seus ouvintes sintam que a

Palavra de Deus é viva, poderosa e capaz de discernir os pensamentos e intenções do coração".[21]

A aplicação ocupa 40% das considerações do diretório sobre a pregação, deixando claro que é uma preocupação crucial no método de Westminster. A assembleia oferece seis formas de aplicação ou "usos" do texto:

1. *Instrução ou informação.* O pregador pode deduzir alguma consequência lógica "de sua doutrina" e "confirmá-la com alguns poucos argumentos firmes". Isto ajuda a congregação a ver cada doutrina como uma parte de todo o conselho de Deus. Reforça uma verdade com outra, ajudando as pessoas a desenvolverem uma perspectiva unificada e abrangente de toda a vida.

2. *Refutação de falsa doutrina.* Os teólogos advertiram contra ressuscitar "velhas heresias" ou expor desnecessariamente as pessoas ao mal. "Mas", disseram eles, "se o povo está em perigo de um erro, o ministro deve refutá-lo corretamente e esforçar-se para esclarecer os julgamentos e a consciência deles contra todas as objeções". Mark Dever escreveu: "Os pregadores não devem apenas ser encorajados a tratar de assuntos controversos. Na concepção puritana de pastorado, eles têm de fazer isso".[22]

3. *Exortação aos deveres.* Além de incutir os mandamentos de Deus nos seus leitores, o pregador deve explicar "os meios que contribuem para a realização desses mandamentos". Em outras palavras, devemos ordenar-lhes o que devem fazer e ensinar-lhes como fazê-lo por meio de Cristo e dos instrumentos pelos quais ele nos dá graça. Sinclair Ferguson diz: "Dever é uma palavra bastante mal entendida em nossa cultura moderna e leva consigo um aroma de legalismo.

---

21 Ver Hb 4:12.

22 Dever, "Preaching Like the Puritans", em *Westminster Directory of Public Worship*, 45.

PREGAÇÃO REFORMADA

Em contraste, o ministro puritano compreendia que a graça sempre leva aos deveres e os impõe. Nesse sentido, ele era um seguidor de Paulo: todos os seus imperativos estavam arraigados nos indicativos da graça; mas cada indicativo da graça dava, na pregação de Paulo, origem a um imperativo de obediência cheia de graça."[23]

4. *Admoestação pública.* O ministro deve pregar contra pecados específicos; e isso exige "sabedoria especial". O ministro deve expor a "natureza e a grandeza do pecado, com a miséria que o acompanha". Ele deve ajudar as pessoas a verem como esta tentação as cativa e o perigo que apresenta para elas. E deve mostrar-lhes "os remédios e a melhor maneira de evitá-la".

5. *Aplicação de consolo.* Ele deve oferecer consolo em geral "ou especificamente contra alguns problemas e aflições especiais". Aqui, o pastor deve ser um médico habilidoso da alma, aprendendo das Escrituras e da experiência sobre as aflições do coração. O ministro deve não somente unir consolo à aflição, mas também responder a "objeções que um coração atribulado e um espírito aflito possam sugerir em contrário". Pecadores culpados resistem aos consolos de Deus e precisam de ajuda para aceitá-los.

6. *Inquirição, para as pessoas examinarem-se a si mesmas.* Esta forma de aplicação leva as pessoas a perguntarem a si mesmas: já obtive esta graça? Já realizei este dever? Sou culpado desse pecado? Estou em perigo desse julgamento? Posso reivindicar legitimamente estas consolações? Este uso de inquirição, nas mãos de um pregador sábio e estudioso das Escrituras, torna a aplicação proveitosa. Faz cada ouvinte deixar de considerar abstratamente a verdade e aplicá-la à sua própria condição. Como resultado, pelo Espírito de graça, os ouvintes são estimulados à obediência,

---

23 Ferguson, "Puritans: Ministers of the World", em *Westminster Directory of Public Worship,* 29.

O Diretório de Westminster e a pregação

humilhados em relação ao pecado, angustiados por seu perigo ou fortalecidos com consolo, como é apropriado para eles.

Estas aplicações estão ligadas por lógica e inferência à doutrina. São estruturadas da seguinte maneira. Visto que a doutrina extraída do texto é verdadeira, o pregador tem de exortar seus ouvintes a (1) assegurarem-se das verdades adicionais que esta verdade comunica; (2) abjurarem os erros subsequentes que esta verdade contradiz; (3) fazerem qualquer coisa boa que esta verdade exija; (4) pararem de fazer ou evitarem coisas que esta verdade exija; (5) tomarem para si o encorajamento que esta verdade oferece; e (6) perguntarem a si mesmos em que condição se acham à luz desta verdade e quão intensamente estão decididos a viver por ela.

Claramente, a Assembleia de Westminster tinha em mente um sermão em que grande parte do tempo seria dado à aplicação. Mesmo num sermão que se estendesse por uma hora, como os puritanos eram acostumados a pregar, o desenvolvimento de dois ou três tipos de aplicação, conforme descrito acima, ocupava uma porção significativa da mensagem.

Adaptação na pregação

O diretório oferece um conjunto detalhado e exigente de diretrizes para pregar doutrina bíblica e fazer aplicação espiritual. Mas, neste ponto, a assembleia insere sabiamente uma nota de flexibilidade. O pregador não deve seguir rigidamente este método, mas adaptá-lo para que alimente melhor seu rebanho.

Se um ministro deriva três doutrinas de um texto, aborda cada uma delas em relação a todas as sete categorias de ouvintes sugeridas por Perkins (ver p.) e aplica-as de acordo com os seis "usos" do texto (ver p.), então cada sermão terá 126 aplicações. Por isso, o

PREGAÇÃO REFORMADA

diretório diz, o pregador não deve desenvolver "cada doutrina que está em seu texto". Deve também ser seletivo em suas aplicações baseado no conhecimento pessoal da congregação, obtido "por sua residência e conversa com seu rebanho". Aqui vemos a conexão essencial entre um ministério de pregação e um ministério relacional. Como o pregador pode saber o que "é mais necessário e oportuno" para o rebanho se não os conhece? Acima de tudo, ele deve especializar-se naquelas aplicações que "mais podem atrair a alma deles a Cristo, a fonte de luz, santidade e consolo". Crendo que Cristo é o centro da Bíblia e a resposta para as nossas necessidades, o pregador deve labutar para oferecer, em suas aplicações, o Pão da Vida.

O diretório diz: "Este método não é prescrito como necessário para todo homem ou cada texto". Os teólogos reconhecem a individualidade de cada servo de Cristo e a liberdade dos cristãos nos assuntos em que a Palavra de Deus não estabelece leis. Como Ferguson escreveu: "Clonagem homilética não era o propósito deles e não deve ser o nosso".[24] Contudo, seu método de instrução e aplicação, dizem os Divinos, é "constatado, por experiência, ser muitíssimo abençoado por Deus e bastante útil ao entendimento e à memória das pessoas". Por isso, nós o recomendamos.

Ainda mais importante do que o método de pregar é o homem que prega. Ele é "o servo de Cristo". E este fato levou os Divinos a definirem as qualidades de um ministro piedoso.

Dedicação do pregador

Os Divinos de Westminster afirmam sete características que devem marcar "todo o ministério" de um pregador piedoso. Ele deve servir a Cristo:

---

24 Ferguson, "Puritans: Ministers of the World", em *Westminster Directory of Public Worship*, 27.

O Diretório de Westminster e a pregação

1. Dolorosamente, não negligentemente. Na conversa dos Divinos, *doloroso* significa "com labor, labuta e trabalho árduo". Hoje podemos dizer *esmeradamente.* Eles não tinham qualquer tolerância para com um ministro preguiçoso ou para com alguém que negligenciasse seu verdadeiro chamado na Palavra e na oração para atender a outras atividades. Esta ética de trabalho é evidente dos padrões que eles estabeleceram para um ministro, que já vimos em "Preparação para a Pregação" (ver p.).

2. Claramente. O ministro deve falar a verdade com simplicidade, clareza e diretamente, para que até o inculto entenda. Os puritanos viam isto não como um alvo educacional, e sim como uma lei espiritual exemplificada pelo apóstolo Paulo, cujas palavras os puritanos citaram em apoio a esta regra: "Apresentando a verdade não com as palavras persuasivas de sabedoria humana, e sim em demonstração do Espírito e de poder, para que a cruz de Cristo não seja anulada".[25] Isto exige que o pregador evite "uso inútil" de linguagens estrangeiras no púlpitos, embora ele deva usar hebraico, grego e latim na preparação. Ele não deve seguir o estilo de pregação popular nos meios aristocráticos, manifestando sua esperteza por fazer jogos artísticos com palavras, significados e sons. Outros escritores devem ser citados "frugalmente", não importando quem eles sejam.

Joseph Pipa observa que o diretório toma um passo cauteloso e, de algum modo, controverso em permitir um uso limitado de palavras estrangeiras e citações nos sermões. Perkins havia permitido algumas citações, mas proibira palavras estrangeiras. Alguns dos membros da comissão que trabalharam no diretório quiseram proibir citações, argumentando que os ouvintes deveriam alicerçar sua fé nas Escrituras, não na autoridade de um homem. Alguns

---

25 Ver 1 Co 1:17; 2:1-5.

PREGAÇÃO REFORMADA

também argumentaram que não há nada necessário ou edificante em usar palavras hebraicas, gregas ou latinas no sermão. Conforme opinião geral, Samuel Rutherford afirmou que, assim como cozinhamos sopa em panelas grandes e a servimos em tigelas pequenas, assim também o pregador deve estudar com erudição humana, mas pregar com simplicidade total. Outros apoiavam um uso limitado de citações e das línguas antigas. Argumentavam que citações ajudam as pessoas a verem que o ministro não está pregando uma nova ideia ou sua própria opinião. Palavras ou frases estrangeiras podem ajudar o sermão a prender a mente de pessoas bem instruídas. O ministro não é agrilhoado pela exigência de que cada palavra do sermão deva ser proveitosa para cada ouvinte. No final, os Divinos condescenderam por dizerem que o pregador deve evitar o "uso inútil de línguas estrangeiras" e fazer apenas "frugalmente" citação das obras de meros homens.

3. Fielmente. Os Divinos pedem que o ministro pregue por motivos puros. Ele deve buscar a glória de Cristo, a salvação e a santificação dos homens e não "sua própria vantagem ou glória".[26] O ministro deve pregar todo o conselho de Deus, "não retendo nada que possa promover estas finalidades santas". Não deve mostrar parcialidade no púlpito, e sim dar a cada pessoa "sua própria porção", não ignorando os pobres, nem os fracos, não poupando os grandes de repreensões. Em outras palavras, ele deve pregar como um servo de Cristo e não como alguém que agrada a homens (Gl 1:10).

4. Com sabedoria. Pregar exige habilidade para formular tanto doutrina quanto aplicação de modo que "seja mais provável que prevaleça". Esta habilidade ou tática é crucial especialmente quando

---

26 Joseph A. Pipa Jr., "William Perkins and the Development of Puritan Preaching" (PhD diss., Westminster Theological Seminary, 1985), 203-5.

temos de reprovar o pecado. Ou preparando-se para ensinar, ou para repreender, ou para corrigir, ou para educar na justiça, o ministro deve estudar não somente a Bíblia, mas também sua audiência. Deve perguntar constantemente: "O que os cativará? O que os ganhará?"

A sabedoria também mostra a um ministro como pregar ousadamente, mas com respeito, "sem ira ou amargura". Assim, vemos que, por um lado, o pregador puritano não deve ser um homem que agrada a outros, mas, apesar disso e no temor de Deus, deve honrar todos os homens e, em especial, todos os que estão em autoridade. Ele deve pregar contra o pecado, mas evitar pregar motivado por sua ira pecaminosa ou sua frustração.

5. *Solenemente*. Em seu sentido antigo, a palavra *solene* refere-se à seriedade ou solenidade apropriadas à importância do assunto, em contrário à leviandade com que tratamos assuntos triviais ou irrelevantes. Há uma autoridade divina na mensagem bíblica, e, por isso, deve haver uma dignidade no mensageiro. Ele não deve ser um bobo da corte, um comediante ou um animador, mas deve evitar "todos os gestos, expressões e voz" que possam causar desprezo à sua autoridade. Depois, os Divinos de Westminster dizem no Catecismo Maior (P. 112) que o Terceiro Mandamento exige que "os nomes de Deus, seus títulos, atributos, ordenanças, a Palavra, sacramentos, oração" e outros meios de conhecê-lo sejam usados "santa e reverentemente" por todos os homens.[27] Sem dúvida, este mandamento impõe aos ministros reverência especial, porque sua atividade constante está nas coisas santas de Deus.

6. *Afetuosamente*. O povo deve ver que todas as coisas que seu pastor faz procedem de "seu zelo piedoso e desejo sincero de lhes fazer o bem". É maravilhoso se as pessoas de uma igreja, embora

---

27 "The Larger Catechism", em *Westminster Confession of Faith*, 198-99.

PREGAÇÃO REFORMADA

discordem de seu ministro quanto a certos assuntos, ainda puderem dizer: "Sei que meu pastor me ama. Ele quer realmente me fazer bem especialmente o bem eterno". Esse é o caráter do Bom Pastor, e não é por acaso que suas ovelhas ouvem sua voz e seguem-no (João 10).

7. *Sinceramente.* Tanto em público quanto em particular, o pregador deve servir com desejo ardente e espírito sincero, "como alguém ensinado por Deus e convencido, em seu próprio coração, de que tudo que ensina é a verdade de Cristo, andando aos olhos de seu rebanho como um exemplo para eles".

A Assembleia de Westminster tinha padrões elevados para os pregadores, mas também grandes expectativas em relação ao que o ministério desses homens pode realizar. "Assim a doutrina da verdade será preservada incorrupta, muitas almas serão convertidas e edificadas, e ele mesmo receberá consolos multiformes de seus labores mesmo nesta vida e, depois, a coroa de glória guardada para ele no mundo por vir."

COOPERAÇÃO ENTRE PREGADORES E MESTRES

Em uma nota de conclusão, o diretório encoraja os ministros que servem a fazerem arranjos para que possam usar suas forças para o maior benefício. O diretório reconhece que alguns homens são mais dotados em "doutrina" e outros em "exortação". Em uma igreja servida por dois ou mais pregadores, estes devem chegar a um acordo a respeito de como podem usar melhor seus dons.

A Forma de Governo Eclesiástico Presbiteral expande este conceito:

> O Senhor concedeu dons diferentes e exercícios diferentes, de acordo com esses dons, no ministério da Palavra. Embora estes

O Diretório de Westminster e a pregação

dons diferentes possam existir em e ser exercidos por um único ministro, havendo vários ministros na mesma congregação, eles podem ser designados a várias realizações, de acordo com os diferentes dons em que cada um deles é mais excelente. E aquele que é mais excelente em expor a Escritura, ensinar a sã doutrina e persuadir contraditores [polêmicos], do que faz em aplicação, e é consequentemente empregado nisso, pode ser chamado de um mestre ou um doutor... No entanto, se há apenas um ministro em uma igreja específica, ele deve realizar, na medida de sua capacidade, toda a obra do ministério.[28]

Com estas palavras, os Divinos estabelecem uma parceria entre "pastores e mestres", de modo que possam trabalhar juntos "para a edificação do corpo de Cristo" (Ef 4:11-12). Ainda que nunca devamos separar ensino de exortação (2 Tm 4:2), é sábio reconhecer a vontade do Espírito em dotar homens de maneiras diferentes (1 Co 12:11). Cada um deve ter seu lugar para servir.

CONCLUSÃO

A Assembleia de Westminster é lembrada por legar às gerações posteriores afirmações brilhantes do cristianismo bíblico reformado. Neste capítulo, vimos que os Divinos expressaram, em comparativamente poucas palavras, muita sabedoria sobre a pregação reformada experiencial. Eles tinham um ponto de vista elevado acerca da pregação porque tinham uma opinião elevada acerca da Palavra de Deus. Por meio da Palavra, o Espírito aplica Cristo à alma, edificando assim uma igreja viva de pecadores eleitos chamados à salvação. E os Divinos reconheceram que, no mistério da

---

28 "The Form of Presbyterial Church Government", em *Westminster Confession of Faith*, 401-2.

PREGAÇÃO REFORMADA

vontade de Deus, a pregação ocupa o lugar preeminente entre as várias maneiras pelas quais a Palavra de Deus chega aos homens.

Eles escreveram no Breve Catecismo (P. 90): "O Espírito de Deus torna a leitura, *mas especialmente a pregação da Palavra,* um meio eficaz de convencer e converter os pecadores e de edificá-los em santidade e conforto, por meio da fé, para a salvação".[29] Por esta razão, eles também exortaram as pessoas a estimarem a pregação. O Catecismo Maior (P. 160) diz: "Exige-se dos que ouvem a Palavra pregada que atendam a ela com diligência, preparação e oração; examinem pelas Escrituras o que ouvem; recebam a verdade com fé, amor, mansidão e prontidão de espírito, como a Palavra de Deus; meditem nela e conversem a seu respeito uns com os outros; escondam-na em seu coração e produzam os devidos frutos em sua vida".[30]

Que Deus nos dê mais pregadores e mais ouvintes como aqueles descritos pela Assembleia de Westminster, para que a Igreja floresça por meio de pregadores fiéis e do ouvir diligente da Palavra de Deus.

---

29 "The Shorter Catechism", em *Westminster Confession of Faith,* 312, ênfase acrescentada.

30 "The Larger Catechism", em *Westminster Confession of Faith,* 253.

CAPÍTULO 12

PREGADORES PURITANOS: GOODWIN E SHEPARD

Os puritanos pregaram a verdade doutrinária das Escrituras, porém fizeram mais do que isso. Pregaram a verdade com coração inflamado. John Rogers (c. 1572-1636) pregou em Dedham com tal zelo, que as pessoas costumavam dizer: "Venham, vamos a Dedham para obter um pequeno fogo".[1] Sidrach Simpson (c. 1600-1655) escreveu: "Alguns livros são como um dia gelado, claro, mas seco e frio", Rogers não – ele "era uma luz incandescente e brilhante, que tinha um coração inflamado de amor a Cristo, à verdade e às almas dos homens; suas palavras eram como chamas de fogo".[2] Um dia, Thomas Goodwin (nesse tempo, um jovem aluno em Cambridge) cavalgou até Dedham para ouvir Rogers pregar. Posteriormente, Goodwin narrou sua experiência a John Howe (1630-1705), que escreveu:

---

1 Citado em Oliver Heywood, "Life of Rev. J. Angier", em *The Whole Works of the Rev. Oliver Heywood* (Edinburgh: by John Vint for F. Westley, et al., 1827), 1:521.

2 Sidrach Simpson, "To the Reader", em *John Rogers, A Godly and Fruitful Exposition Upon All the First Epistle of Peter* (London: by John Field, 1650).

PREGAÇÃO REFORMADA

E, naquele sermão, ele [Rogers] passa para uma expostulação com as pessoas a respeito de sua negligência para com a Bíblia. (Tenho receio de que ela seja mais negligenciada em nossos dias.) Ele personifica Deus para o povo, dizendo-lhes: "Bem, há muito lhes tenho confiado a minha Bíblia; vocês a têm desprezado; ela fica em tais e tais casas toda coberta de poeira e teia de aranha. Vocês não se importam em examiná-la. Vocês usam minha Bíblia assim? Bem, vocês não terão mais a minha Bíblia". Ele pega a Bíblia de sua almofada e age como se fosse embora com ela, levando-a para longe deles. Mas, imediatamente, volta e personifica o povo para Deus, prostra-se de joelhos, chora e roga muito sinceramente: "Senhor, faça-nos qualquer outra coisa, mas não nos tire a Bíblia; mate nossos filhos, queime nossas casas, destrua nossos bens, mas nos poupe a Bíblia, não nos tire a Bíblia". Em seguida, ele personifica novamente Deus para o povo: "É isso mesmo que vocês querem? Bem, vou prová-los por mais um tempo; e aqui está a minha Bíblia para vocês. Verei como a usarão, se a amarão mais, se a valorizarão mais, se a observarão mais, se a praticarão mais e se viverão mais de acordo com ela". Mas por meio dessas ações (como o doutor [Goodwin] me disse), ele colocou toda a congregação numa postura tão estranha que Goodwin jamais havia visto em qualquer outra congregação, em toda a sua vida. O lugar se tornou um mero Boquim [Jz 2:4-5]; as pessoas em geral ficaram (por assim dizer) inundadas com suas lágrimas. E Goodwin me contou que ele mesmo, quando saiu para pegar o cavalo e partir, foi compelido a ficar apoiado no pescoço do cavalo e chorou por quinze minutos antes de poder montá-lo, tão estranha fora a impressão sobre ele e sobre o povo em geral ao haverem sido contestados dessa maneira quanto à negligência da Bíblia.[3]

Esse aluno, tomado por choro, Goodwin, se tornaria um poderoso pregador da Palavra. Neste capítulo, consideraremos os ministérios de Goodwin e Thomas Shepard, aprenderemos de seus exemplos e tentaremos "obter um pequeno fogo" para a nossa própria pregação.

THOMAS GOODWIN

Goodwin nasceu em 5 de outubro de 1600, perto de Yarmouth, em Norfolk, uma área conhecida pela resistência puritana à perseguição do governo.[4] Esse ambiente influenciou os piedosos pais de Goodwin, Richard e Catherine Goodwin. Eles fizeram o melhor

---

3 John Howe, "The Principles of the Oracles of God", em *The Works of the Rev. John Howe* (New York: John P. Haven, 1838), 2:1085.

4 Sobre Goodwin, ver Paul Blackham, "The Pneumatology of Thomas Goodwin" (PhD diss., University of London, 1995); John Brown, *Puritan Preaching in England: A Study of Past and Present* (New York: C. Scribner's Sons, 1900); Paul E. Brown, "The Principle of the Covenant in the Theology of Thomas Goodwin" (PhD diss., Drew University, 1950); Choon-Gill Chae, "Thomas Goodwin's Doctrine of the Sealing of the Holy Spirit: Historical, Biblical, and Systematic-Theological Analysis" (ThM thesis, Toronto Baptist Seminary, 2010); Gordon D. Crompton, "The Life and Theology of Thomas Goodwin, D.D." (ThM thesis, Greenville Theological Seminary, 1997); Stanley Fienberg, "Thomas Goodwin: Puritan Pastor and Independent Divine" (PhD diss., University of Chicago, 1974); Michael Scott Horton, "Christ Set Forth: Thomas Goodwin and the Puritan Doctrine of Assurance, 1600-1680" (PhD diss., Wycliffe Hall, Oxford and Coventry College, 1996); Mark Jones, "Why Heaven Kissed Earth: The Christology of Thomas Goodwin (1600-1680)" (PhD diss., University of Leiden, 2009); Thomas M. Lawrence, *Transmission and Transformation: Thomas Goodwin and the Puritan Project, 1600-1704* (Cambridge: University of Cambridge, 2002); Alexander McNally, "Some Aspects of Thomas Goodwin's Doctrine of Assurance" (ThM thesis, Westminster Theological Seminary, 1972); Harry Lee Poe, "Evangelistic Fervency among the Puritans in Stuart England, 1603-1688" (PhD diss., Southern Baptist Theological Seminary, 1982); Alexander Whyte, *The Spiritual Life: The Teaching of Thomas Goodwin as Received and Reissued* (London: Oliphants, 1918); Chong-ch'on Won, "Communion with Christ: An Exposition and Comparison of the Doctrine of Union and Communion with Christ in Calvin and the English Puritans" (PhD diss., Westminster Theological Seminary, 1989).

PREGAÇÃO REFORMADA

para educar seu filho para se tornar um ministro, por meio de exemplo pessoal e de prover-lhe a melhor educação clássica oferecida por escolas locais. Quando criança, Goodwin experimentou convicções de pecado e lampejos de alegria pelas coisas de Deus.

Aos 13 anos, Goodwin foi matriculado no Christ's College, em Cambridge. A memória de William Perkins ainda permeava Cambridge, e Richard Sibbes pregava regularmente na Holy Trinity Church. Mas, quando o tutor de Goodwin o impediu de receber a ceia, ele ficou ofendido, parou de assistir aos sermões e palestras de Sibbes, parou de orar e de ler as Escrituras e literatura puritana. Resolveu se tornar um pregador popular, para que fosse aceito por muitos na Igreja da Inglaterra que depreciava a pregação puritana.

Goodwin graduou-se com um BA, do Christ's College, em 1617. Em 1619, continuou seus estudos no St. Catherine's Hall, em Cambridge, graduando-se com um MA em 1620, e ali foi eleito um tutor e palestrante. Outros tutores que serviram ali foram John Arrowsmith, William Spurstowe e William Strong; todos viriam a trabalhar ao lado de Goodwin na Assembleia de Westminster. Esses homens, estimulados pela pregação de Sibbes e John Preston, incutiram na consciência de Goodwin a sua necessidade de abandonar suas fúteis exibições de retórica no púlpito e seguir Cristo. Em 2 de outubro de 1620, pouco antes de seu vigésimo aniversário, Goodwin se converteu por meio da pregação de Thomas Bainbridge sobre arrependimento. Em meditação, depois do sermão, as palavra de Ezequiel 16:6 levaram vida espiritual à alma de Goodwin: "Vive; sim... vive". De 1620 a 1627, ele lutou com dúvidas, mas chegou finalmente à segurança sólida pelo aconselhamento de um ministro piedoso.

Pregadores puritanos: Goodwin e Shepard

Logo depois desse tempo, em 1625, Goodwin foi licenciado como pregador. No ano seguinte, ajudou a trazer Sibbes para o St. Catherine's Hall, como mestre. Em 1628, Goodwin foi designado palestrante na Holy Trinity Church, sucedendo Sibbes e Preston, com a idade de 27 anos. De 1632 a 1634, Goodwin serviu como vigário na igreja. Muitas pessoas, incluindo alguns que posteriormente se tornaram pastores puritanos influentes, foram convertidas pela pregação e palestras de Goodwin em Cambridge. Depois, Goodwin foi obrigado a resignar seus ofícios, porque não estava disposto a se submeter aos artigos de conformidade do arcebispo de Canterbury, William Laud. Ele deixou Cambridge.

Durante meados de 1630, Goodwin adotou princípios independentes de governo eclesiástico, mormente pela influência de John Cotton. De 1634 a 1639, foi um pregador separatista em Londres. Em 1639, por causa das crescentes restrições contra a pregação, com ameaças de aprisionamento, Goodwin se refugiou na Holanda. Trabalhou em Arnhem, com outros ministros independentes bem conhecidos, servindo a uma igreja de mais de 100 pessoas que haviam fugido da perseguição de Laud.

Em 1641, depois do afastamento de Laud, Goodwin respondeu ao convite do Parlamento para que não conformistas retornassem à Inglaterra. Goodwin pregou diante do Parlamento em 27 de abril de 1642. Foi posteriormente designado um membro da Assembleia de Westminster, onde falou muitas vezes como representante de independência em distinção ao presbiterianismo.

Em 1650, Goodwin se tornou presidente do Magdalen College, em Oxford, e John Owen se tornou deão da Christ Church. Até o anglicano Lord Claredon teve de admitir que naquele tempo a universidade "produziu uma colheita de bem extraordinário e de

305

PREGAÇÃO REFORMADA

conhecimento saudável em todas as áreas de aprendizado".[5] Philip Henry (1631-1696), pai de Matthew Henry, o famoso comentador da Bíblia, reviu seus estudos em Oxford naqueles dias com recordações da piedade séria e da dedicação à oração praticadas no Magdalen College, no tempo de Goodwin.[6]

Os anos 1650 foram anos atarefados e frutíferos para Goodwin. Ele começou uma igreja independente. Foi recompensado com um doutorado em divindade em Oxford; fez parte de várias mesas examinadoras de homens para o ministério; ajudou a editar a Declaração de Fé de Savoy (1658), uma modificação Congregacionalista da Confissão de Westminster; e ministrou pessoalmente ao Lorde Protetor Oliver Cromwell.

Com a ascensão de Carlos II, em 1660, e a consequente perda de poder dos puritanos, Goodwin se sentiu compelido a deixar Oxford. Ele e a maioria das pessoas de sua congregação independente se mudaram para Londres, onde começaram outra igreja. Apesar de garantias no sentido contrário, o novo rei deu sua anuência aos atos estritos de conformidade. Em 1662, dois mil ministros piedosos foram expulsos da igreja nacional. Visto que Goodwin estava numa igreja independente e não detinha cargos designados pelo governo, ele não sofreu da "Grande Ejeção". Continuou pregando durante os muitos anos de perseguição de Carlos II. Também permaneceu com sua congregação em Londres durante a praga terrível, quando a maioria dos clérigos da igreja estabelecida abandonaram a cidade. Dedicou seus últimos anos à pregação, ao trabalho pastoral e à escrita.

---

5 Citado em George C. Brodrick, *A History of the University of Oxford* (London: Longmans, Green, and Co., 1886), 150.

6 J. B Williams and Matthew Henry, *The Lives of Philip and Matthew Henry* (Edinburgh: Banner of Truth, 1974), 1:19.

Pregadores puritanos: Goodwin e Shepard

Goodwin morreu em Londres aos 80 anos. Seu filho escreveu a respeito de seu pai piedoso: "Ele se alegrava nos pensamentos de que estava morrendo e de que estava indo ter uma comunhão plena e ininterrupta com Deus. 'Estou indo', ele disse, 'para as três Pessoas, com quem tenho tido comunhão".[7]

PREGANDO O CRISTO COMPASSIVO

Goodwin era um pregador afetuoso e profundamente cristocêntrico. Vários exemplos de sua pregação foram preservados para nós, incluindo 36 sermões que ele pregou com base em Efésios 1.[8] Hughes Oliphant Old escreveu: "Os sermões de Goodwin são um hino de louvor ao amor de Deus manifestado em Cristo. Apresentam a maravilha dos propósitos redentores de Deus. É nesse contexto que Goodwin expõe a doutrina da predestinação e a desenvolve em termos doxológicos... Goodwin é um exegeta admirável. Seus sermões estão cheios de exposições estritamente vinculadas ao texto grego".[9]

Para oferecer ao leitor uma amostra da pregação de Goodwin, veremos o seu sermão "O Coração de Cristo no Céu para Pecadores na Terra".[10] John Brown (1830-1922) escreveu: "O propósito do sermão de Goodwin era tornar intensamente real, para os homens aos quais falava, o Cristo que fora para além do campo de visão, para os céus – para fazê-los sentir que Cristo estava tão perto

---

7 Thomas Goodwin, "Memoir of Thomas Goodwin, D.D.", em *The Works of Thomas Goodwin* (Grand Rapids, MI: Reformation Heritage Books, 2006), 2:lxxiv; daqui para frente, *Works*.

8 Goodwin, "Exposition of the First Chapter of the Epistle to the Ephesians", em *Works*, vol. 1.

9 Hughes Oliphant Old, *The Reading and Preaching of the Scriptures in the Worship of the Christian Church, Volume 4: The Age of the Reformation* (Grand Rapids, MI: Eerdmans, 1998), 288.

10 Goodwin, *The Heart of Christ in Heaven to Sinners on Earth*, em *Works*, 4:93-150. Esta seção é adaptada de Joel R. Beeke, "Thomas Goodwin on Christ's Beautiful Heart", em *The Beauty and Glory of Christ* (Grand Rapids, MI: Reformation Heritage Books, 2011), 141-47.

PREGAÇÃO REFORMADA

deles em simpatia e relações pessoais de solicitude quanto como se pudessem olhar para a sua face".[11]

Goodwin centralizou sua discussão sobre o coração celestial e compassivo de Cristo em Hebreus 4:14-15: "Tendo, pois, a Jesus, o Filho de Deus, como grande sumo sacerdote que penetrou os céus, conservemos firmes a nossa confissão. Porque não temos sumo sacerdote que não possa compadecer-se das nossas fraquezas; antes, foi ele tentado em todas as coisas, à nossa semelhança, mas sem pecado". Essa passagem da Escritura, como Goodwin a entendeu, contém tanto um problema para a nossa fé em Cristo quanto uma solução.

Goodwin reconheceu que homens pecaminosos podem ficar ofendidos com as palavras "*grande* sumo sacerdote que penetrou os *céus*". Ele escreveu que podemos até pensar que, embora Cristo se lembre de nós enquanto no céu, "havendo se despido das fragilidades de sua carne que tivera aqui e vestido sua natureza humana com uma glória tão grande, ele não pode compadecer-se agora de nós, como o fez quando viveu em nosso meio aqui na terra, nem ser compassivamente afetado e tocado por nossas misérias". Sem dúvida, Cristo deixou para trás todas as recordações de sua fraqueza e sofrimento.[12]

Goodwin entendeu isso como uma "grande pedra de tropeço com a qual nos deparamos (e, no entanto, permanece não vista) nos pensamentos dos homens que estão no caminho para a fé". Cristo está ausente. Sem dúvida, seria melhor se pudéssemos falar com ele como o fizeram Maria e Pedro na terra. Cristo foi tão gentil com eles. "Mas agora ele se foi para um país distante e se vestiu de

---

11 Brown, *Puritan Preaching in England*, 107-8.

12 Goodwin, "The Heart of Christ in Heaven", em *Works*, 4:112.

Pregadores puritanos: Goodwin e Shepard

glória e imortalidade".[13] Cristo está sentado como Rei à direita de Deus, no céu. Sua natureza humana está radiante de glória. Como podemos nos aproximar destemidamente desse Rei? Como podemos esperar que ele, em seu poder e santidade perfeitos, nos tolere pacientemente quando somos tão fracos, insensatos e, acima de tudo, pecaminosos? Mas essa mesma passagem que fala da exaltação de Cristo também revela sua compaixão.

Contra este obstáculo à fé, Goodwin brandiu a espada do Espírito, a Palavra de Deus. Hebreus 4:15 nos diz que "não temos sumo sacerdote que não possa compadecer-se das nossas fraquezas". A misericórdia de Cristo é tão certa, que as Escrituras usam um negativo duplo para declarar categoricamente a verdade positiva: "*Não* temos sumo sacerdote que *não* possa compadecer-se".

Nossas enfermidades despertam a compaixão de Cristo. Goodwin argumentou, com base no contexto de Hebreus, que "fraquezas" incluem nossas dificuldades e nossos pecados. A Epístola aos Hebreus se dirige a pessoas que enfrentam pressão e perseguição. Portanto, "fraquezas" podem ser nossas dificuldades terrenas. Mas também são nossos pecados. Em Hebreus 5:2, lemos que um sumo sacerdote tinha de ser alguém "capaz de condoer-se dos ignorantes e dos que erram". Até nossa insensatez e nossas escolhas pecaminosas despertam a compaixão de Cristo.[14]

Goodwin fez uma comparação para incutir seu argumento. Ele escreveu para os crentes: "Os pecados de vocês movem Cristo mais à compaixão do que à ira... como o coração de um pai ama um filho que tem uma doença detestável ou como alguém age para com o membro de seu corpo que tem lepra: a pessoa não odeia o

---

13 Goodwin, "The Heart of Christ in Heaven", em Works, 4:95.

14 Goodwin, "The Heart of Christ in Heaven", em *Works*, 4:111-12.

PREGAÇÃO REFORMADA

membro do corpo, porque é sua carne, e sim a doença; e isso o faz ter ainda mais compaixão da parte afetada".[15] Se o seu filho se torna muito doente, você não o repreende, nem o despreza. Você chora com o filho e atende às suas necessidades. Igualmente, Cristo nos responde com compaixão, apesar de seu ódio por nossos pecados.

A compaixão de Cristo emerge de sua experiência humana pessoal. Hebreus 4:15 diz que "foi ele tentado em todas as coisas, à nossa semelhança, mas sem pecado". Um pouco antes, Hebreus 2:18 nos diz: "Pois, naquilo que ele mesmo sofreu, tendo sido tentado, é poderoso para socorrer [ajudar] os que são tentados". Goodwin explicou que, nos dias de sua carne, "Cristo levou ao coração, tão profundamente quanto possível, tudo que lhe sobreveio; não desprezou nenhuma cruz, de Deus ou dos homens; em vez disso, suportou e sentiu todo o peso dela. Sim, o coração de Cristo se tornou mais cordial em toda sorte de afeições do que qualquer das nossas afeições, em amor e em piedade; e isto o tornou 'um homem de dores', mais do que qualquer outro homem foi ou será".[16]

Hoje no céu, Jesus sabe, em sua natureza humana, tudo que acontece a seus membros na terra. Jesus diz à sua Igreja na terra: "Conheço as tuas obras, tanto o teu labor como a tua perseverança" (Ap 2:2). Isso é possível porque a natureza humana de Cristo foi cheia do Espírito Santo, e o Espírito serve como os olhos de Cristo em toda a terra (Ap 5:6). Conhecendo nosso sofrimento, ele se lembra de como se sentiu quando enfrentou sofrimentos semelhantes.[17] Sendo o Cristo que foi crucificado, ele conhece a experiência de culpa de pecado e o horror de enfrentar a ira de Deus

---

15 Goodwin, "The Heart of Christ in Heaven", em *Works*, 4:149.

16 Goodwin, "The Heart of Christ in Heaven", em *Works*, 4:141.

17 Goodwin, "The Heart of Christ in Heaven", em *Works*, 4:141-42.

contra o pecado. Embora não tenha pecado em sua pessoa, Cristo levou todos os pecados de todo o seu povo.[18] Seu conhecimento de nosso sofrimento, com a memória de seu próprio sofrimento, leva seu coração a transbordar de compaixão.

O Cristo glorificado possui ternura humana gloriosa. Cristo simpatiza conosco. Isso não significa que ele ainda está sofrendo no céu. Goodwin era um teólogo cuidadoso. Entendia que a humilhação de Cristo se completou na cruz e no sepulcro. Sua exaltação o colocou muito acima de todos os poderes terrenos. Sua natureza humana é glorificada e livre de todo sofrimento. Como, então, podemos dizer que ele "é tocado pelo sentimento de nossas enfermidades"?

Goodwin insistiu que este é um ato não de fraqueza, mas de poder do amor celestial. Ele escreve: "E embora possa ser objetado, que foi fraqueza. O apóstolo afirma que esse é o poder de Cristo, uma perfeição e força de amor certamente, nele, que a palavra [*capaz*] carrega; ou seja, que o torna capaz e poderoso de receber nossas misérias em seu coração, embora glorificado, e ser afetado por elas, como se sofresse conosco".[19]

Por um lado, não devemos pensar que Jesus sofre no céu, como sofreu na terra. Sim, ele permanece um homem que tem emoções e um corpo humano. Não é um espírito ou um fantasma. Todavia, Jesus não é mais sujeito a qualquer fragilidade, mortalidade, choro, exaustão ou temor, como o era na terra. Sua fragilidade foi substituída por uma capacidade e energia amplamente expandidas para as afeições de amor, porque a humanidade de Cristo é agora exaltada. Ele é Deus e homem. Como Deus, Cristo é infinito,

---

18 Goodwin, "The Heart of Christ in Heaven", em *Works*, 4:149.

19 Goodwin, "The Heart of Christ in Heaven", em *Works*, 4:112-13.

PREGAÇÃO REFORMADA

eterno e imutável. Mas, como homem, foi elevado a um novo nível de glória, em todos os aspectos. Goodwin disse: "Pois é certo que, como seu conhecimento foi ampliado ao entrar na glória, também suas afeições humanas de amor e compaixão foram ampliadas em solidez, força e realidade... 'O amor de Cristo', o Deus-homem, 'excede todo o entendimento' (Ef 3:19)".[20] Portanto, Cristo não está sendo ferido por nossos sofrimentos, mas sua alma humana responde a nossos sofrimentos com uma cordialidade bela e gloriosa.

Gordon Crompton resume o ensino de Goodwin desta maneira: "Cristo, como nosso Sumo Sacerdote não foi apenas tocado com os sentimentos de nossas enfermidades durante seu tempo na terra, levando somente a memória disso para o céu. Mas agora no céu, num estado glorificado, ele é tocado em seus próprios sentimentos por nós. Isso não é, de modo algum, um tipo de fraqueza. Pelo contrário, esta capacidade de sentir por nós é uma parte de seu poder. É uma perfeição e força de amor e graça".[21]

Em seguida, Goodwin examinou várias promessas do misericordioso coração de Cristo. Primeiramente, considera as promessas de compaixão que o Senhor Jesus fez *antes de sua morte*. Aqui, Goodwin se demora em João 13-17. Ele nos lembra de que esta passagem da Escritura começa com as seguintes palavras: "Ora, antes da Festa da Páscoa, sabendo Jesus que era chegada a sua hora de passar deste mundo para o Pai, tendo amado os seus que estavam no mundo, amou-os até ao fim" (Jo 13:1). Quando a mente de Jesus se fixou na sua exaltação iminente à glória suprema, Goodwin observa, "seu coração se derramou e se fixou em amor para com 'os seus':... 'os seus', uma expressão que denota a maior

---

20 Goodwin, "The Heart of Christ in Heaven", em *Works*, 4:143-46.

21 Crompton, "The Life and Theology of Thomas Goodwin, D.D.", 299.

proximidade, afetividade e intimidade fundamentada na propriedade [ou possessão]".[22] Foi precisamente nesta ocasião que Jesus
lavou os pés dos discípulos. Tudo isso demonstra que a glorificação de Cristo não diminuiu, e sim aumentou, as expressões de seu
amor e graça para com seu povo.

Jesus disse em João 14-16 que ascenderia ao céu para assegurar nossa felicidade como crentes. Foi preparar um lugar para
nós. E retornará como um noivo para levar sua noiva amada para
sua residência final. Nesse ínterim, Cristo não deixará sua noiva
sozinha no mundo, como um órfão. Ele a confiou aos cuidados
de seu "mais querido amigo", o Consolador. Nas palavras de Goodwin, Jesus nos disse que o Espírito Santo nos consolaria com
"nada além das histórias de meu amor", porque ele não falaria de
si mesmo, mas como enviado da parte de Cristo. Cristo mesmo
prometeu orar por nós, no céu, enquanto não retorna. E demons-
trou seu compromisso de orar por nós ao interceder naquele
ocasião, como vemos em João 17.[23]

Cristo também nos dá segurança de sua compaixão *depois de
sua ressurreição*. Goodwin pergunta: "Ora, quando Cristo voltou do
outro mundo, dentre os mortos, vestido daquele coração e corpo
que deveria vestir no céu, que mensagem ele envia primeiro a seus
discípulos?" A resposta está em João 20:17, onde lemos que Jesus
chamou os discípulos de "meus irmãos" e disse: "Subo para meu
Pai e vosso Pai". Que doces palavras de graça enviadas a homens
que o haviam negado e abandonado em sua hora mais sombria! Ele
prometeu interceder por nós como um irmão intercede com seu
Pai em favor do resto da família. Depois, quando Jesus apareceu

---

22 Goodwin, "The Heart of Christ in Heaven", em *Works*, 4:96-97.

23 Goodwin, "The Heart of Christ in Heaven", em *Works*, 4:98-103.

PREGAÇÃO REFORMADA

aos discípulos, suas primeiras palavras foram: "Paz seja convosco!" (Jo 20:19, 21). Mesmo depois da ressurreição, o coração de Cristo permaneceu cheio de misericórdia e interesse por pecadores.[24]

Sem dúvida, Cristo repreendeu seus discípulos. Mas, por quê? Lucas 24:25 diz: "Então, lhes disse Jesus: Ó néscios e tardos de coração para crer tudo o que os profetas disseram". Goodwin escreve: "Somente porque eles não quiseram crerem nele... seu desejo é nada mais do que ter pessoas que creem nele; e isso agora quando glorificado". Quando Jesus restaurou Pedro, depois de sua queda, ordenou-lhe: "Apascenta os meus cordeiros" (Jo 21:15). Cristo exigiu isso de Pedro como a forma de mostrar seu amor por Cristo. Goodwin comenta: "Seu amor se derrama sobre as suas ovelhas, sobre almas a serem convertidas".[25] O coração de Cristo glorificado ainda pulsa em favor de pecadores.

Em seguida, Goodwin apresenta as garantias da compaixão de Cristo que vieram *com a ascensão*. Quando Cristo subiu ao céu, Goodwin ressalta, seu último ato na terra foi pronunciar uma bênção sobre os discípulos (Lc 24:50-51). Depois, seu primeiro ato oficial como o Rei entronizado foi derramar o Espírito Santo sobre a sua Igreja (At 2:33). Portanto, todas as obras do Espírito Santo testificam do amor presente de Cristo por sua Igreja. Um ministro prega o evangelho pelo Espírito? É por causa do amor de Cristo por pecadores. O Espírito compele você a orar? É porque Cristo está orando por você. O Novo Testamento expressa o amor de Cristo por pecadores? Foi tudo escrito, "desde que Cristo está no céu, por meio de seu Espírito".[26]

---

24 Goodwin, "The Heart of Christ in Heaven", em *Works*, 4:104-5.

25 Goodwin, "The Heart of Christ in Heaven", em *Works*, 4:106.

26 Goodwin, "The Heart of Christ in Heaven", em *Works*, 4:107-8.

Com o relato da gloriosa aparição de Cristo a Saulo na estrada para Damasco, Goodwin oferece outra garantia do amor de Cristo a pecadores. Paulo explica por que Jesus o salvou em 1 Timóteo 1:15-16: "Fiel é a palavra e digna de toda aceitação: que Cristo Jesus veio ao mundo para salvar os pecadores, dos quais eu sou o principal. Mas, por esta mesma razão, me foi concedida misericórdia, para que, em mim, o principal, evidenciasse Jesus Cristo a sua completa longanimidade, e servisse eu de modelo a quantos hão de crer nele para a vida eterna". Goodwin comenta: "É específico, você percebe, para assegurar a todos os pecadores, até ao fim do mundo, do amor de Cristo para com eles".[27]

A última garantia proposta por Goodwin vem do registro das últimas palavras de Cristo no final da Bíblia. O Espírito e a noiva clamam que Cristo volte à terra. Então, Jesus responde: "Aquele que tem sede venha, e quem quiser receba de graça a água da vida" (Ap 22:17). Goodwin escreve: "Pecadores não podem desejar que Cristo venha a eles, mas Cristo deseja que venham a ele... expressando, assim, quanto seu coração anseia por eles".[28]

Deve ficar evidente a partir dessa amostra da pregação de Goodwin que seus sermões eram exegéticos e teológicos em conteúdo e método. No entanto, o que é mais impressionante é como eles são cheios de experiência e de sentimento, até mesmo em discutir o ministério celestial do Cristo exaltado. A este respeito, são um modelo para a pregação experiencial da Palavra de Deus, levando a Igreja a exclamar: "Quão doces são as tuas palavras ao meu paladar! Mais que o mel à minha boca" (Sl 119:103).

27 Goodwin, "The Heart of Christ in Heaven", em *Works*, 4:108.
28 Goodwin, "The Heart of Christ in Heaven", em *Works*, 4:109.

THOMAS SHEPARD

Shepard nasceu em 5 de novembro de 1605, em Northamptonshi-re.[29] Nesse mesmo dia, as autoridades britânicas frustraram a "Conspiração da Pólvora", que tramava explodir a Câmara dos Lordes, matar o rei Jaime I e abrir o caminho para um monarca católico romano ascender ao trono. O pai de Shepard era um merceeiro. Sua mãe faleceu quando ele tinha quatro anos de idade, e seu pai, quando ele tinha dez anos. Infelizmente, sua madrasta foi severa com ele; e seu primeiro professor de escola foi muito cruel. Mas seu irmão mais velho cuidou dele.

Shepard foi para o Emmanuel College, em Cambridge. Por um tempo, negligenciou a religião e conviveu com alunos dados a lascívia, orgulho, jogos de azar e bebedeira. Mas a pregação de Preston cativou a consciência de Shepard, que, ouvindo sobre a abundância da graça de Deus em 1 Coríntios 1:30, recebeu a Cristo. Também mostrou grande respeito por Goodwin, que servia como tutor da universidade nesse tempo, ao escrever: "O Dr. Preston e o Sr. Goodwin foram os homens mais capazes em pregar Cristo nesta época tardia".[30] Graduou-se com um BA em 1624 e

---

29 A respeito de Shepard, ver John A. Albro, *The Life of Thomas Shepard* (Boston: Massachusetts Sabbath School Society, 1847); Richard A. Hasler, "Thomas Shepard, Pastor-Evangelist (1605-1649): A Study in the New England Puritan Ministry" (PhD diss., Hartford Seminary, 1964); Richard A. Humphrey, "The Concept of Conversion in the Theology of Thomas Shepard (1605-1649)" (PhD diss., Drew University, 1967); James William Jones, "The Beginnings of American Theology: John Cotton, Thomas Hooker, Thomas Shepard and Peter Bulkeley" (PhD diss., Brown University, 1970); Doris G. Marquit, "Thomas Shepard: The Formation of a Puritan Identity" (PhD diss., University of Minnesota, 1978); Michael McGiffert, ed., *God's Plot: Puritan Spirituality in Thomas Shepard's Cambridge*, rev. ed. (Amherst: University of Massachusetts Press, 1994); Urian Oakes, *An Elegie Upon the Death of the Reverend Mr. Thomas Shepard* (Aiken, SC: W. L. Washburn, 1902); William K. B. Stoever, *A Faire and Easie Way to Heaven: Covenant Theology and Antinomianism in Early Massachusetts* (Middletown, CT: Wesleyan University Press, 1978); Alexander Whyte, *Thomas Shepard, Pilgrim Father and Founder of Harvard: His Spiritual Experience and Experimental Preaching* (Grand Rapids, MI: Reformation Heritage Books, 2007).

30 Shepard, "Autobiography", em McGiffert, *God's Plot*, 49.

Pregadores puritanos: Goodwin e Shepard

um MA em 1627. Por alguns anos, serviu num ministério pastoral e como um palestrante, mas foi convocado, repetidas vezes, pelo arcebispo Laud para responder acusações de não conformismo. Havendo sido influenciado por Thomas Hooker, Shepard o seguiu, cruzando o Atlântico, para a Nova Inglaterra em 1635. Sua esposa morreu quatro meses depois de tuberculose. Shepard se casou, depois, com a filha de Hooker, Joanna, em 1637. Ele mesmo sofria de uma enfermidade crônica.

Estabelecendo-se em Newtown (renomeada Cambridge em 1638), no estado de Massachusetts, Shepard ajudou a começar o Harvard College em 1636. À sua instigação, a colônia começou a levantar fundos de bolsas para alunos. Ele desempenhou um papel importante nos debates sobre antinomianismo que eram desencadeados por alguns membros da igreja de Cotton, em especial por Anne Hutchinson. Também incentivou os esforços missionários de John Eliot direcionados aos nativos americanos. Embora tenha morrido jovem (25 de agosto de 1649), aos 43 anos, sua influência continuou por meio de seus escritos. Jonathan Edwards citou posteriormente escritos de Shepard mais de 70 vezes em sua obra prima sobre a conversão, *A Treatise on the Religious Affections* (Um Tratado sobre as Afeições Religiosas).[31]

As obras de Shepard estão reunidas em três volumes.[32] Suas obras mais famosas são *The Sincere Convert* (O Convertido Sincero, 1640), *The Sound Believer* (O Crente Saudável, 1645) e *The Parable of the Ten Virgins* (A Parábola das Dez Virgens, 1660).[33]

---

31 Introdução a Jonathan Edwards, *The Works of Jonathan Edwards*, vol. 2, *Religious Affections*, ed. John E. Smith (New Haven, CT: Yale University Press, 1959), 54.

32 Thomas Shepard, *The Works of Thomas Shepard*, 3 vols. (New York: AMS Press, 1967).

33 Todas estas três obras têm sido reimpressas pela Soli Deo Gloria.

PREGAÇÃO REFORMADA

Também existe em forma impressa a sua autobiografia, parte de seu diário e profissões públicas de conversão feitas por aqueles que procuravam ser membro em sua igreja.[34] Shepard se dedicou a revelar os caminhos enganosos do pecado e de Satanás, para que as pessoas os combatessem. Aludindo ao significado histórico de seu dia de nascimento, ele disse: "Quando uma conspiração de pólvora é descoberta, o perigo é quase passado".[35]

Com respeito a seus escritos, poucas notas de cautela são apropriadas. Primeira, Alguns de seus livros são anotações que pessoas fizeram de seus sermões e publicaram sem a sua revisão. Portanto, deve-se perguntar se as palavras impressas refletem as palavras faladas de Shepard. Segunda, os livros de Shepard podem ser fatigantes em suas exigências escrupulosas colocadas sobre a alma. Consciências fracas podem cair em autocondenação desnecessária por lê-los. Terceira, os livros de Shepard contêm uma doutrina que a maioria dos puritanos rejeitou vigorosamente: a ideia de que, antes que uma pessoa possa ser salva, ela deve submeter-se contenciosamente ao julgamento de Deus, ainda que Deus a envie para o inferno. Os puritanos ensinavam em geral que, a fim de confiar somente em Cristo para a salvação, um pessoa tem de reconhecer que Deus seria totalmente justo em condená-la ao inferno por seus pecados. Contudo, eles consideravam uma abominação e uma contradição esperar que alguém ficasse contente em ir para o inferno.

Apesar dessas cautelas, há muita coisa de valor na pregação de Shepard, como o próprio Edwards acreditava. Por isso, nos voltaremos agora a considerar sua pregação evangelística.

---

34 McGiffert, *God's Plot*, 149–225.

35 Shepard, "The Sincere Convert", em *Works*, 1:68.

CONVERSÃO SINCERA E VERDADEIRA

Os livros *The Sincere Convert* e *The Sound Believer* parecem ser duas partes de uma série completa sobre a salvação pessoal. Shepard organizou *The Sincere Convert* de acordo com seis princípios que tencionavam não meramente "ampliar o entendimento", e sim "agir principalmente nas afeições". Eles são:

1. Há um único Deus muito glorioso.
2. Este Deus criou toda a humanidade no princípio em Adão, num estado bastante glorioso.
3. Toda a humanidade está agora caída desse estado e num abismo insondável de pecado e miséria.
4. O Senhor Jesus Cristo é o único meio de redenção deste estado.
5. Aqueles que são salvos por Cristo deste estado horrível são muito poucos, e estes poucos são salvos com muita dificuldade.
6. A maior causa por que tantos morrem e perecem neste estado procede deles mesmos.[36]

Shepard foi especialmente intencional em remover as desculpas dos homens para não virem a Cristo. Phyllis Jones e Nicholas Jones escreveram: "Os sermões enfatizam tão completamente as inúmeras maneiras pelas quais alguém impede a sua própria salvação, que os dois últimos princípios abrangem metade do livro".[37] Mais precisamente, o sexto princípio ocupa 40% do livro,

---

36 Shepard, "The Sincere Convert", em *Works*, 1:8.

37 Phyllis M. Jones and Nicholas R. Jones, eds., *Salvation in New England: Selections from the Sermons of the First Preachers* (Austin: University of Texas Press, 1977), 61.

PREGAÇÃO REFORMADA

desenvolvendo em quatro pontos a ideia de que "todo homem que perece é seu próprio matador ou assassino", ou seja, por meio de "ignorância obscurecida" de seu estado espiritual, "segurança carnal" em sua escravidão ao pecado, "confiança carnal" em seu poder para salvar a si mesmo pelas boas obras e "presunção ousada" por meio de uma fé falsa.[38]

A estes seis princípios, Shepard acrescenta mais três, expostos em *The Sound Believer*:

1. Os atos de poder salvadores de Cristo incluem convicção, compunção, humilhação e fé. Cada um destes responde aos quatro meios pelos quais os homens causam sua própria condenação.

2. O estado bendito dos crentes em sua justificação, reconciliação, adoção, santificação, acesso em oração e glorificação.

3. É necessário que todos os crentes vivam em amor e obediência.[39]

Quase metade do livro (44%) consiste na discussão de Shepard sobre convicção, compunção e humilhação, as preparações divinas para a fé salvadora.

Podemos ver que nestes dois livros, Shepard resume o evangelho em sua necessidade, essência, método de recepção e benefícios. Este resumo mostra a qualidade graciosa e cristocêntrica da pregação de Shepard. Ao mesmo tempo, notamos sua ênfase em levar pecadores não convertidos à experiência de seus pecados, para que possam ver a si mesmos como totalmente culpados por sua

---

38 Shepard, "The Sincere Convert", em *Works*, 1:68.
39 Shepard, "The Sound Believer", em *Works*, 1:115-284.

Pregadores puritanos: Goodwin e Shepard

condenação e totalmente incapazes de salvar a si mesmos. Insistir que os não convertidos admitam tanto a sua culpabilidade quanto a sua incapacidade é uma marca da pregação Reformada experiencial clássica. Essa pregação leva os homens a desesperançarem-se do ego e a olharem somente para Cristo. É nisto que Hooker e Shepard são excelentes. Mas é precisamente nisto que eles tendiam a ir longe demais, exigindo uma submissão tão completa à vontade de Cristo como mera preparação para a conversão, que até mesmo crentes maduros poderiam questionar da própria sinceridade deles. Por isso, outros puritanos, como Giles Firmin (1614-1697), os censurariam posteriormente.[40]

Consideremos agora como Shepard expõe as maneiras pelas quais pecadores que perecem perpetuam sua "segurança carnal", mesmo quando sabem algo sobre o seu estado perdido. São maneiras pelas quais o coração das pessoas permanece "duro e sonolento", ainda que a mente entenda sua miséria, e a alma "não se importe grandemente em sair dessa miséria". Enquanto você considera estes dez artifícios da segurança carnal, imagine o que seria estar na congregação como um hipócrita complacente, enquanto Shepard remove as racionalizações ímpias de seu coração, expondo você a julgamento.

1. A ira de Deus não parece real para pecadores que perecem. O pleno significado da ira divina está reservado para o dia do julgamento. Julgamentos menores e advertências da Palavra não os impressiona com o horror pelo fogo vindouro. "Enquanto as flechas de Deus não atingirem o coração dos homens, eles nunca procurarão a Jesus Cristo por si mesmos" (Ec 8:11)." Como

---

40 Giles Firmin, *The Real Christian, or A Treatise of Effectual Calling* (London: for Dorman Newman, 1670).

PREGAÇÃO REFORMADA

no caso de Faraó, as pragas de Deus podem induzi-los temporariamente a clamar, mas, logo que a praga é removida, o coração deles se endurece novamente.[41]

2. Eles colocam o dia mau longe de si. Dizem a si mesmos que têm muito tempo para se arrependerem depois. "Portanto, eles dizem: Alma, come e bebe, segue teus esportes, copos, rainhas [namoradas]; tens um tesouro de tempo que não será gasto em muitos anos (Is 22:12-13)." Assim como a cera não derrete se o fogo não está perto, assim também os corações não amolecem se a ira de Deus não parece estar perto deles.[42]

3. "Eles pensam que podem suportar a ira de Deus." O Deus de justiça provocado não é visto "tão terrível como realmente é". Pecadores não creem nas advertências proféticas que "apresentam a ira de Deus como algo insuportável" (e.g., Na 1:6). Por isso, eles dizem insensatamente que "terão sua liberdade de ação no pecado, e, se Deus os condenar, isso é apenas insignificante".[43]

4. Eles não têm conhecimento experiencial de um estado melhor. Uma mulher que conhece o amor e o caráter de seu marido chora quando ele tem de sair em viagem, mas pecadores não derramam uma lágrima quando Deus está ausente deles. Por quê? Shepard explica:

> Nunca provaram a doçura da presença de Deus. É estranho ver os homens terem mais contentamento [satisfação] em seus copos e cartas, comidas e cachimbos, cachorros e falcões do que na comunhão com Deus e com Cristo, na Palavra, na oração,

---

41 Shepard, "The Sincere Convert", em *Works*, 1:89.

42 Shepard, "The Sincere Convert", em *Works*, 1:89-90.

43 Shepard, "The Sincere Convert", em *Works*, 1:90.

na meditação, que são fardos e prisão para eles. Qual é a razão disso? Não há mais doçura na presença do sorriso de Deus em Cristo do que numa prostituta imunda? Sim; mas eles não conhecem o valor, a doçura e a bondade satisfatória de Deus.[44]

5. Os prazeres do pecado entre eles e suas almas preguiçosas detestam a dificuldade da conversão. Como Israel, preferem os alhos, as cebolas da escravidão no Egito a lutar por sua entrada na Terra Prometida. Talvez tenham tentado orar e ouvir as Escrituras, mas acharam isso difícil, e agora, com um "espírito irritável e emburrado" retornam às suas concupiscências prazerosas. "Portanto, os homens andam no caminho largo, porque o outro caminho, que conduz à vida, é apertado [difícil] e estreito; ser tão rigoroso é uma praga, um fardo, uma prisão; os homens preferem ficar quase uma hora sentados no tronco a ficar uma hora em oração".[45]

6. "O forte e estranho poder do pecado" governa a alma dos pecadores não convertidos. Têm de servir ao pecado, como prisioneiros que tiveram de submeter-se a seus carcereiros. São soldados do pecado e têm recebido seu pagamento (os prazeres do pecado) e, portanto, devem seguir seu capitão até à "ruína eterna". Eles "têm de servir e servirão suas concupiscências", ainda que "o dia da condenação seja amanhã". São como os sodomitas que, mesmo depois de os anjos os ferirem com cegueira, ainda tatearam à procura da porta de Ló.[46]

7. Pecadores que perecem se desesperam da misericórdia de Deus. Como Caim, são "banidos da face de Deus". Embora Deus

---

44 Shepard, "The Sincere Convert", em *Works*, 1:91.

45 Shepard, "The Sincere Convert", em *Works*, 1:91-92.

46 Shepard, "The Sincere Convert", em *Works*, 1:92.

PREGAÇÃO REFORMADA

lhes prometa vida com base na submissão, eles se convencem de que isso não pode ser verdade. Perdem sua vida em suicídio espiritual. Estranhamente, o desespero deles os confirma em seu curso pecaminoso até o fim.[47]

8. Eles "nutrem uma falsa, cega e bajuladora esperança quanto à misericórdia de Deus". Sabem que sua situação é péssima, mas ainda nutrem alguma esperança de que Deus os salvará, ainda que "fiquem seguramente" no pecado. Essas pessoas usam a esperança de misericórdia de Deus não para se lançarem em arrependimento, e sim para cultivarem uma passividade ímpia. "Esperam que Deus lhes seja misericordioso; pois, do contrário, não podem fazer nada, senão pecar".[48] Aqui vemos um exemplo de como um pregador da predestinação não desculpa a passividade, mas culpa a pessoa passiva por não fazer tudo que pode para achar misericórdia.

9. Eles se aproximam da Palavra arrogantemente. Não a ouvem para ouvir Deus falar. "Os homens não colocam seu coração sob o martelo da Palavra de Deus, para ser quebrado; nunca trazem sua consciência para ser ferida... Os homens se colocam acima da Palavra, e seu coração, acima do martelo. Eles vêm não para que o ministro os humilhe, e sim para julgá-lo ou pegar alguma coisa excelente da Palavra; e assim permanecem insensatos durante todos os seus dias". Como uma vereda pisada repetidas vezes, o coração deles, exposto frequentemente a sermões, "torna-se endurecido pela Palavra".[49]

10. Esses pecadores que perecem não meditam diariamente sobre a ira de Deus ou sobre a horrível natureza do pecado. Não

---

47 Shepard, "The Sincere Convert", em *Works*, 1:92.

48 Shepard, "The Sincere Convert", em *Works*, 1:92.

49 Shepard, "The Sincere Convert", em *Works*, 1:92-93.

mastigam, nem engolem o remédio; por isso, ele nunca os afeta. Lidam superficialmente com a Palavra, que logo lhes deixa a mente.[50]

Em seguida, Shepard ressoa o estridente chamado de advertência:

Despertem, portanto, todos vocês, criaturas dormentes. Sintam a sua miséria, para que possam sair dela. Não sabem que a condição de vocês é nada [péssima] e que a condenação será terrível, se perecerem? O seu coração está secretamente seguro, embora esteja tão condenavelmente morto, tão desesperadamente insensível, que não têm nenhum ânimo para sair dessa condição? O quê! Sem lágrimas? Sem suspirar? Você pode carregar todos os seus pecados em suas costas, como Sansão carregou as portas da cidade e as menosprezou? Pode ver o inferno diante de si, mas, apesar disso, se arriscará? Você é pior do que uma besta que não podemos espancar nem guiar para o fogo, se houver uma maneira de escapar? Ó, ponha seu coração a lamentar e chorar por suas misérias; quem sabe, então, o Senhor se compadeça de você? Mas, ó coração endurecido! Você pode chorar por perdas e cruzes, por bens e casas queimados, mas, quando não tiver a Deus, e a imagem dele estiver destruída, e tudo houver acabado, você não poderá lamentar.[51]

Esses lidares claros e sinceros com os pecadores afetaram muitas pessoas. A amargura do pecado torna Cristo realmente doce. E afirma-se que muitos acharam Cristo por ouvirem a pregação de Shepard.

---

50 Shepard, "The Sincere Convert", em *Works*, 1:93.

51 Shepard, "The Sincere Convert", em *Works*, 1:93.

CONCLUSÃO

Nosso breve mergulho nos sermões de Goodwin e Shepard confirma a asseveração de que os puritanos não somente ensinaram um sistema doutrinário, mas também tentaram ajudar seus ouvintes a sentirem as trevas horríveis do pecado e serem atraídos à beleza radiante de Cristo. Nós também não devemos pensar que Goodwin pregava apenas Cristo e que Shepard pregava apenas o pecado. Shepard pregou sobre a glória de Deus, a redenção de Cristo, a oferta gratuita do evangelho a todas as pessoas, a fé em Cristo e os benefícios da união com Cristo.[52] Goodwin publicou um tratado de 550 páginas sobre a culpa e o mal do pecado.[53] Ambos os homens declararam todo o conselho de Deus, embora cada sermão e cada série tivessem uma ênfase diferente.

Como pregadores, Goodwin e Shepard tiveram características em comum: ambos pregaram doutrina de uma maneira afetuosa. Os sermões de Goodwin sobre o coração de Cristo no céu estão cheios de empatia, à medida que ele descreve a gloriosa compaixão de nosso Senhor por seu povo sofredor. Seus sermões ajudaram as pessoas a irem além do conhecimento da mente e sentirem a cativante realidade do amor de Cristo por elas. De modo semelhante, nos lidares de Shepard com as desculpas dos pecadores, sentimos que o pregador olha de alguma maneira para o nosso coração à luz da Escritura. Ali, ele trava guerra contra o engano do pecado e tudo que se levanta contra o conhecimento de Deus e a obediência de Cristo (2 Co 10:4-5). Enquanto a eficácia da pregação sempre depende do Espírito Santo, a pregação experiencial é o meio pelo qual o coração de Deus, revelado na Escritura, cativa o coração do pregador e fala ao coração dos ouvintes.

---

52 Shepard, "The Sincere Convert", em *Works*, 1:9-17, 46-52; "The Sound Believer", em *Works*, 1:190–274.

53 Goodwin, "An Unregenerate Man's Guiltiness before God", em *Works*, vol. 10.

CAPÍTULO 13

PREGADORES PURITANOS: BUNYAN

John Bunyan pregou com um coração humilhado pela glória de Deus e renovado pela graça de Deus.[1] Por um lado, Bunyan tinha profunda consciência de que Deus é "aquela Majestade incompreensível, em comparação com quem, todas as nações são menos do que uma gota de água num balde".[2] Mas Bunyan também se maravilhou da misericórdia deste grande Deus, escrevendo: "Ver um príncipe rogando a um mendigo para que receba uma esmola seria uma visão estranha; ver um rei suplicando a um traidor para que aceite misericórdia seria uma visão mais estranha do que a anterior; mas ver Deus rogando a um pecador para

---

1 Este capítulo é adaptado do capítulo 43 em Joel R. Beeke and Mark Jones, *A Puritan Theology: Doctrine for Life* (Grand Rapids, MI: Reformation Heritage Books, 2012), 711-24. Usado com permissão. Quanto aos vários pensamentos e citações úteis, sou devedor ao artigo de John Harris "Moving the Heart: the Preaching of John Bunyan", apresentado na Conferência Westminster 1988, publicado em *Not by Might nor by Power* (London: Westminster Conference, 1989), 32-51. Também desejo agradecer a Kyle Borg pela ajuda em pesquisa.

2 John Bunyan, *A Treatise of the Fear of God*, em *The Works of John Bunyan*, ed. George Offor (1854; repr., Edinburgh: Banner of Truth, 1991), 1:437-38; daqui para frente, *Works*.

PREGAÇÃO REFORMADA

que ouça Cristo dizer: 'Estou à porta e bato', com um coração cheio e um céu cheio de graça para dar àquele que abrir, é uma visão tal que deslumbra os olhos de anjos".[3]

Esta combinação de temor para com Deus e esperança em seu amor é crucial à pregação. Hoje testemunhamos uma erosão de pregação bíblica.[4] Em sua biografia de George Whitefield (1714-1770), Arnold Dallimore (1911-1998) clamou por pregadores bíblicos:

> [Precisamos] de homens poderosos nas Escrituras: sua vida é dominada por um senso da grandeza, da santidade e da majestade de Deus; sua mente e seu coração brilham com as grandes doutrinas da graça... homens que estão dispostos a serem loucos por amor a Cristo, que suportarão a reprovação e a mentira, que labutarão e sofrerão e cujo desejo supremo não será receber os louvores da terra, e sim ganhar a aprovação do seu Senhor, quando comparecerem diante de seu impressionante trono de julgamento. Serão homens que pregam com corações humilhados e olhos cheios de lágrimas.[5]

Precisamos desses ministros hoje. Mas, ainda que a Igreja hesite e os púlpitos esfriem, a história do cristianismo nos mostra que o Senhor nunca abandonou sua Igreja. Em cada geração, levantou homens que atacaram as portas do inferno com a simplicidade da

---

3 John Bunyan, *Saved by Grace*, em *Works*, 1:350.

4 T. David Gordon afirmou que, em sua opinião, menos de 30% dos que são ordenados ao ministério em igrejas reformadas podem pregar sequer um sermão medíocre. *Why Johnny Can't Preach* (Phillipsburg, NJ: P&R, 2009), 11.

5 Arnold Dallimore, *George Whitefield: The Life and Times of the Great Evangelist of the 18th Century Revival* (Edinburgh: Banner of Truth, 2009), 1:16.

Pregadores puritanos: Bunyan

sabedoria do céu. Para nós, o passado é um farol de esperança em que achamos encorajamento para nosso próprio tempo.

Em meio aos pregadores puritanos saudáveis, Bunyan se coloca entre os faróis mais elevados de esperança procedente do passado, porque tinha a capacidade, dada por Deus, de engajar a mente e o coração por meio de sua pregação. Foquemos Bunyan como um pregador – em especial, como um pregador que alcançava o coração.

BUNYAN, O PREGADOR

O rei Carlos II perguntou certa vez a John Owen, "o príncipe dos puritanos", por que ele ia ouvir a pregação de Bunyan, o inculto latoeiro de Bedford. Owen respondeu: "Vossa majestade, permita-me dizer: se eu pudesse ter as habilidades de pregação do latoeiro, eu rejeitaria espontaneamente toda a minha erudição".[6]

Em 1655, ante a solicitação de vários irmãos de sua igreja local, o Bunyan de 27 anos de idade começou a pregar a várias congregações em Bedford, embora ele mesmo ainda fosse afligido por dúvidas sobre o seu estado eterno. Sobre essa pregação inicial, ele escreveu: "Os terrores da lei e a culpa de minhas transgressões estavam fortemente em minha consciência. Eu pregava o que sentia, o que, de fato, sentia dolorosamente; e pregava mesmo estando naquela condição em que minha pobre alma lamentava e tremia de perplexidade... Fui eu mesmo preso pregar-lhes em cadeias, levando em minha própria consciência aquele fogo do qual eu os persuadia a acautelarem-se".[7]

6 Andrew Thomson, "Life of Dr. Owen", em *The Works of John Owen*, ed. William H. Goold (1850-1853; repr., Edinburgh: Banner of Truth, 1965-1968), 1:xcii.

7 Bunyan, *Grace Abounding to the Chief of Sinners*, em *Works*, 1:42. Cf. Christopher Hill, *A Tinker and a Poor Man: John Bunyan and His Church, 1628-1688* (New York: Knopf, 1989), 103-4.

PREGAÇÃO REFORMADA

Centenas de pessoas iam ouvir Bunyan, o que o deixava admirado. Ola Winslow escreveu: "Não acreditando, a princípio, que Deus falaria por meio dele 'ao coração de qualquer homem', Bunyan chegou à conclusão de que isso podia ser verdade; e seu sucesso se tornou uma reafirmação".[8] Anne Arnott diz que Bunyan "era um pecador salvo pela graça, que pregava a outros pecadores com base em sua própria experiência nas trevas. 'Tenho sido como alguém que lhes foi enviado de entre os mortos', ele disse. 'Não tinha pregado por muito tempo até que algumas pessoas começaram a ser tocadas pela Palavra e serem fortemente afligidas em sua mente ante a compreensão da grandeza de seu pecado e de sua necessidade de Jesus Cristo'".[9]

Dentro de dois anos, Bunyan começou a pregar menos sobre o pecado e muito mais sobre Cristo. Como Gordon Wakefield disse:

> [Bunyan exaltava Cristo] em seus "ofícios", ou seja, em tudo que ele podia fazer pela alma humana e pelo mundo – Cristo como a alternativa salvadora às falsas seguranças de ter e gastar ou de filosofias de autointeresse ímpio. E, em consequência disso, "Deus me levou a algo do mistério da união com Cristo" [Bunyan disse], e isto ele também chegou a pregar, a união, que era o âmago da espiritualidade calvinista.[10]

A pregação de Bunyan não mais apresentou somente "uma palavra de admoestação", mas também edificação e consolo para os crentes. Isso fortaleceu grandemente seu senso interior de

---

8 Ola Winslow, *John Bunyan* (New York: MacMillan, 1961), 75.

9 Anne Arnott, *He Shall with Giants Fight* (Eastbourne, UK: Kingsway, 1985), 67.

10 Gordon Wakefield, *Bunyan the Christian* (London: HarperCollins, 1992), 32.

Pregadores puritanos: Bunyan

chamado, contribuindo grandemente para persuadi-lo de que estava proclamando a verdade.

Assim, Deus amadureceu a pregação de Bunyan com um equilíbrio evangélico de lei e evangelho. Bunyan havia descoberto que, na igreja de Cristo, há "música no lar, música no coração e música também no céu, pela alegria de que estamos aqui".[11] Essa não era uma mudança de legalismo para antinomianismo. A alegria induzida pelo evangelho aumentou o senso de Bunyan quanto à presença de majestosa graça de Deus, porque a graça de Deus é graça gloriosa. Bunyan disse: "Não há nada no céu ou na terra que pode *pasmar* tanto o coração como a graça de Deus".[12] A fé em Cristo não relaxa a postura do crente para com o pecado; antes, renova a determinação do crente para lutar contra o pecado até o fim. Bunyan disse: "A fé é um princípio de vida... um princípio de força, pelo qual a alma se opõe à sua lascívia, ao Diabo e a este mundo e os vence".[13]

Embora pregasse numa casa de fazenda em 1660, cinco anos depois de haver começado a pregar a Palavra de Deus, Bunyan foi preso sob a acusação de pregar sem uma licença do rei. Ainda que Bunyan não fosse, certamente, rebelde ou envolvido em política, parece que a pequena nobreza do condado de Bedfordshire considerou a pregação de Bunyan como "perigosa e instigadora", "acendia o descontentamento que muitos sentiam com o regime e a igreja restaurados".[14] Sir Henry Chester, um juiz local, argumentou contra Bunyan ainda mais fortemente: "Ele é uma peste; não existe no condado outra pessoas como ele".[15] O Sr. Bunyan foi

---

11 Bunyan, *The Pilgrim's Progress . . . The Second Part*, em *Works*, 3:198.

12 Bunyan, *The Water of Life*, em *Works*, 3:546 – ênfase no original.

13 Bunyan, *Christian Behaviour*, em *Works*, 2:551.

14 Hill, *A Tinker and a Poor Man*, 106-7.

15 Citado em Hill, *A Tinker and a Poor Man*, 108.

PREGAÇÃO REFORMADA

lançado na prisão, onde fez cadarços e escreveu prolificamente por doze anos e meio (1660-1672).

Bunyan foi casado por vários anos com uma mulher cujo nome é desconhecido, e tiveram quatro filhos (inclusive um que era cego). A esposa de Bunyan morreu em 1658, mas, antes de sua prisão, ele se casou com uma mulher piedosa chamada Elizabeth. Ela apelou repetidas vezes pela libertação de Bunyan, baseado em seu cuidado de quatro crianças e num aborto recente. O juiz presidente lhe dizia que convencesse Bunyan a parar de pregar. Ela respondia: "Meu Senhor, ele não deixará de pregar enquanto puder falar".[16] Bunyan ofereceu entregar às autoridades legais as anotações de todos os seus sermões, para assegurar-lhes que não estava pregando subversivamente de maneira alguma. Mas isso também foi inútil. Portanto, Bunyan permaneceu na prisão por violar a lei que exigia a participação de adultos nos cultos de adoração da Igreja da Inglaterra pelo menos uma vez por mês ("conformidade ocasional") e proibia reuniões religiosas ("conventículos") não autorizados por aquela igreja.[17]

Durante o seu aprisionamento, Bunyan manteve um amor intenso por pregação. Ele escreveu: "Quando, pela boa mão de meu Deus, preguei livremente, por cinco ou seis anos seguidos, sem qualquer interrupção, o bendito evangelho de nosso Senhor Jesus Cristo... o Diabo, aquele velho inimigo da salvação do homem, lançou mão de sua oportunidade para inflamar o coração de seus vassalos... para que, no final, eu fosse repreendido pela autoridade de um juiz e fosse detido e entregue à prisão".[18] Quando lhe per-

---

16 Citado em Bunyan, "A Relation of the Imprisonment of Mr. John Bunyan", em *Works*, 1:61.

17 Bunyan, "A Relation of the Imprisonment of Mr. John Bunyan", em *Works*, 1:57, 59.

18 Bunyan, "A Relation of the Imprisonment of Mr. John Bunyan", em *Works*, 1:50.

Pregadores puritanos: Bunyan

guntaram o que faria se fosse liberto da prisão, ele respondeu: "Se eu fosse liberto da prisão hoje, pregaria de novo o evangelho amanhã, com a ajuda de Deus".[19] Em outra ocasião, ele disse: "Nem culpa, nem o inferno podem me tirar de minha obra".[20] Ele chegou ao ponto de afirmar que "não podia ficar contente, a menos que estivesse no exercício de meu dom".[21]

Em toda a sua adversidade, a Palavra de Deus era um fogo ardente no coração de Bunyan. De fato, ele até antecipou que morreria por causa dessa Palavra. Ele escreveu: "Foi por causa da Palavra e do caminho de Deus que estive nesta condição, [e] resolvi não me afastar dela... Era meu dever permanecer leal à Palavra de Deus, quer me abençoasse ou não, quer me salvasse no final. Por isso, pensei, saltarei para a eternidade mesmo às escuras, para tudo ou nada, venha o céu, venha o inferno; Senhor Jesus, se tu quiseres, pega-me; se não, me arriscarei por teu nome".[22]

Em 1661 e de 1668 a 1672, certos carcereiros permitiram que deixasse a prisão às vezes para pregar. George Offor (1787-1864) comentou: "Diz-se que muitas das congregações batistas no condado de Bedforshire devem sua origem às pregações de meia-noite de Bunyan".[23] Mas os anos de prisão foram tempos de provações árduas. Bunyan experimentou o que os personagens Cristão e Esperança, de *O Peregrino*, sofreram às mãos do gigante Desespero, que lançou os peregrinos "numa masmorra bem escura, suja e desanimadora".[24] Bunyan sentiu especialmente a dor da separação de sua esposa e de

---

19 Bunyan, "A Relation of the Imprisonment of Mr. John Bunyan", em *Works*, 1:57.

20 Bunyan, Grace Abounding, em *Works*, 1:42.

21 Bunyan, Grace Abounding, em *Works*, 1:41.

22 Citado em Hill, *A Tinker and a Poor Man*, 109.

23 George Offor, "Memoir of John Bunyan", em Bunyan, *Works*, 1:lix.

24 Bunyan, Pilgrim's Progress, em *Works*, 3:140.

seus filhos, especialmente Mary, "minha criança pobre e cega", descrevendo essa dor como "retirar a carne de meus ossos".[25]

A popularidade de Bunyan como pregador não diminuiu em seus último dias. Ele visitava Londres frequentemente, "onde", Robert Southey (1774-1843) diz, "sua reputação era tão grande, que, se fosse anunciada a sua vinda, a casa de reuniões em Southwark, na qual pregava geralmente, não caberia metade das pessoas que iriam ouvi-lo. Três mil pessoas se reuniam ali; e não menos do que 1.200 nos dias de semana e nas manhãs de inverno às 7h da manhã".[26]

Bunyan pregava tanto para o coração quanto para a mente das pessoas. Sem dúvida isso era possível porque ele era pessoalmente familiarizado com tentações, pecados e temores e experimentara a graça de Deus em Jesus Cristo de uma maneira poderosa. Em sua introdução a *Some Gospel Truths Opened* (Algumas Verdades Evangélicas Expostas) de Bunyan, John Burton escreveu sobre o seu autor: "Ele havia, por graça, subido estes três degraus celestiais, ou seja, a união com Cristo, a unção do Espírito e a experiência de tentações de Satanás que preparam um homem para a poderosa obra de pregar o evangelho, mais do que todo o aprendizado universitário e diplomas que ele poderia ter obtido".[27]

Bunyan tinham uma consideração elevada pelo ofício de pregador. Quando Cristão, de *O Peregrino*, chega à casa de Intérprete, este lhe mostra um quadro de um pregador, "uma pessoa bem séria", que tinha os olhos "erguidos ao céu, o melhor dos livros em sua mão". Bunyan escreveu: "A Lei da Verdade estava escrita em

---

25 Bunyan, *Grace Abounding*, em *Works*, 1:48.

26 Robert Southey, "A Life of John Bunyan", em *John Bunyan, Pilgrim's Progress* (London: John Murray and John Major, 1830), lxxiii.

27 Bunyan, "Some Gospel Truths Opened", em *Works*, 2:141.

Pregadores puritanos: Bunyan

seus lábios, e suas costas, voltadas para o mundo; estava de pé, como quem suplica aos homens, e havia uma coroa de ouro sobre sua cabeça". O Intérprete diz a Cristão o que este quadro representa: "É para mostrar-lhe que sua função é conhecer e revelar coisas obscuras aos pecadores... Isso lhe mostra que, desdenhando e desprezando as coisas do presente, por amor ao serviço que presta a seu Senhor, ele está certo de que terá a glória como recompensa no mundo por vir".[28] Para Bunyan, isto era o ideal do que um pregador deve ser. Para Bunyan, o pregador é o guia espiritual autorizado por Deus. Wakefield escreveu:

> O Intérprete explica, em metáforas do Novo Testamento, que este homem gera filhos (espirituais), sofre para trazê-los ao nascimento e, depois, é sua ama. A postura deste homem, seu recurso bíblico e a verdade escrita em seus lábios deixam claro que "sua função é conhecer e revelar coisas obscuras aos pecadores". Ele abre os segredos divinos de misericórdia e julgamento. E tem de fazer isto com base em renúncia deste mundo e numa crença de que sua recompensa está no mundo por vir, porque aqui ele pode receber desprezo, zombaria e perseguição, como Bunyan e muitos outros recebem sob o governo dos Stuarts.[29]

O amor de Bunyan pela pregação não se limitava a palavras; ele também tinha um zelo fervoroso pela alma de seus ouvintes. Amava pregar *e* amava a alma das pessoas. Ele disse: "Em minha pregação, tenho realmente estado em dores e tenho, por assim dizer, dores de parto para gerar filhos para Deus; também não podia

---

28 Bunyan, Pilgrim's Progress, em *Works*, 3:98.

29 Wakefield, *Bunyan the Christian*, 34.

PREGAÇÃO REFORMADA

ficar satisfeito, a menos que frutos aparecessem em minha obra".[30] Em outra obra, ele escreveu: "Se qualquer daqueles que foram despertados por meu ministério retrocedem depois disso, como às vezes muitos retrocedem, posso dizer verdadeiramente que sua perda foi para mim mais do que se um de meus próprios filhos, gerado de meu corpo, tivesse ido para sua sepultura".[31] Bunyan era também impressionado com a grandeza da alma: "A alma e a sua salvação são coisas tão grandes e tão maravilhosas. Nada é uma questão de preocupação como é – e deve ser – a alma de cada um de vocês. Casa e terras, negócios e honra, lugares e promoções, o que eles representam para a salvação?"[32]

Se algum homem foi realmente chamado para o ministério do evangelho, esse homem foi Bunyan. O Espírito Santo lhe deu bênção divina, e ele não podia, sem uma grave violação de consciência, pôr de lado esses dons. Mesmo quando ficou preso, gastou boa parte de seu tempo ajustando seus sermões pregados à forma de livros. Christopher Hill conclui: "Parece que todos os seus escritos publicados antes de *Graça Abundante* foram derivados de seus sermões e provavelmente a maior parte do que ele publicou posteriormente". Hill especula que os sermões falados de Bunyan fossem talvez muito mais pessoais e demonstrativos do que suas obras publicadas. E acrescenta: "Podemos também supor que os coloquialismos, os toques rústicos que sobrevivem na dignidade da forma impressa podem ter desempenhado uma parte mais ampla em suas palavras faladas".[33]

---

30 Bunyan, *Grace Abounding*, em *Works*, 1:43.

31 Bunyan, Grace Abounding, em *Works*, 1:43.

32 Bunyan, "The Greatness of the Soul and Unspeakable of the Loss Thereof", em *Works*, 1:105.

33 Hill, *A Tinker and a Poor Man*, 104-5.

UM CORAÇÃO QUE REVERENCIA
A PALAVRA DE DEUS

O fundamento inabalável da pregação de Bunyan era a sua convicção de que a Bíblia não é a palavra de homens, e sim a Palavra de Deus.[34] Os profetas e os apóstolos "falaram por inspiração divina".[35] Bunyan escreveu: "Todas as Escrituras Sagradas são as palavras de Deus" (2 Tm 3:16; 2 Pe 1:21).[36] E disse que a Escritura "é a verdade como se realmente Deus falasse a você do céu por entre as nuvens".[37]

Bunyan reverenciava a Bíblia, em parte porque entendia que, sendo a Palavra de Deus, é a verdade inerrante. Ele disse: "Deve ser chamada de uma Palavra temível, por causa da sua verdade e da sua fidelidade". Cristo ensinou que as Escrituras não podem falhar (Jo 10:35). Elas são a "escritura da verdade" e "as verdadeiras palavras de Deus" (Dn 10:21; Ap 19:9).[38] Os apóstolos foram "dotados com o Espírito Santo" para que, "quanto à sua doutrina, fossem infalíveis, e fosse impossível que errassem; quem despreza a doutrina dos apóstolos despreza o próprio Deus".[39]

Portanto, a própria majestade de Deus troveja em sua Palavra. Bunyan escreveu num poderoso ímpeto de textos bíblicos: "A palavra de um rei é como o rugido de um leão. Onde a palavra do rei está, a autoridade está ali. O que acontecerá, então, quando Deus, o grande Deus, rugir de Sião e proferir a sua voz de Jerusalém, a

---

34 Esta seção é abreviada e adaptada de Joel R. Beeke and Paul M. Smalley, *John Bunyan and the Grace of Fearing God* (Phillipsburg, NJ: P&R, 2016), ISBN 978-1-62995-204-8, pp. 102-115, com permissão de P&R Publishing Co., P.O. Box 817, Phillipsburg, NJ 08865, www.prpbooks.com.

35 Bunyan, *A Few Sighs from Hell, Or, The Groans of a Damned Soul*, em *Works*, 3:707.

36 Bunyan, *A Confession of My Faith*, em *Works*, 2:601.

37 Bunyan, *A Few Sighs from Hell*, em *Works*, 3:720.

38 Bunyan, *Treatise on the Fear of God*, em *Works*, 1:443.

39 Bunyan, *The Holy City*, em *Works*, 3:417.

PREGAÇÃO REFORMADA

voz que abalará não somente a terra, mas também o céu... A voz do Senhor é poderosa, a voz do Senhor é cheia de majestade" (Pv 19:12; Ec 8:4; Jl 3:16; Sl 29:4).[40]

Crer na Palavra de Deus é um ato de adoração a Deus (At 24:14).[41] Bunyan aconselhou: "Mantenha a autoridade da Palavra sempre perto de sua consciência. Tema o mandamento como o mandamento de um Deus poderoso e glorioso e como o mandamento de um pai amável e piedoso [cheio de compaixão]".[42]

Somente na autoridade da Palavra de Deus, podemos saber como servir a Deus. Bunyan disse: "Zelo sem conhecimento é como um cavalo impetuoso [cheio de ânimo] e sem olhos, como uma espada nas mãos de um louco". Sem a Palavra, não temos sabedoria (Is 8:20).[43] A obra do Diabo consiste em dar aos homens uma opinião pobre das Escrituras e encorajá-los a depender do que está em sua mente e em seu coração.[44] As pessoas não podem determinar o que é certo baseadas apenas em circunstâncias e oportunidades que a providência lhes apresenta. O único caminho seguro que devemos seguir é a Palavra de Deus.[45]

Bunyan se firmava na suficiência das Escrituras para guiar as pessoas nas coisas espirituais. No que diz respeito à salvação de uma pessoa, Bunyan disse: "Cristãos, vocês não estão nisto para seguir seus sentimentos e pensamentos, mas a própria Palavra de Deus... Devem dar mais crédito a uma única sílaba da Palavra do evangelho escrito do que a todos os santos e anjos no céu e na

---

40 Bunyan, *Treatise on the Fear of God*, em *Works*, 1:443.

41 Bunyan, *Instruction for the Ignorant*, em *Works*, 2:683

42 Bunyan, *Treatise on the Fear of God*, em *Works*, 1:485.

43 Bunyan, *Christian Behaviour*, em *Works*, 2:554.

44 Bunyan, *Some Gospel Truths Opened*, em *Works*, 2:136; *A Few Sighs from Hell*, em *Works*, 3:710.

45 Bunyan, *Exposition on ... Genesis*, em *Works*, 2:482.

Pregadores puritanos: Bunyan

terra".[46] Portanto, a Palavra é "a regra de adoração", e substituí-la por tradições humanas para dirigirem nossa adoração é grande afastamento de Deus.[47] Bunyan disse: "As Escritura Sagradas são, por si mesmas, sem o acréscimo de invenções humanas, capazes" de capacitar plenamente os servos de Deus, tornar os perdidos sábios "para a salvação pela fé em Jesus Cristo" e ensinar as pessoas sobre como adorar a Deus e viver de maneira justa em relação aos homens" (2 Tm 3:14, 17).[48]

Bunyan acreditava que uma falta de reverência para com a Palavra de Deus era a causa de "todas as desordens" de coração, vida, conduta e igreja. Todos os pecados começam com "afastar-se da Palavra de Deus". Ele citava Provérbios 13:13: "O que despreza a palavra a ela se apenhora, mas o que teme o mandamento será galardoado". A Palavra é nossa vida e nossa segurança (Sl 17:4; Pv 4:20-22). Em cada época, os ímpios rejeitam a Palavra de Deus e seguem suas paixões e orgulho, mas perecerão e serão contados como insensatos (Jr 8:9; 44:16).[49]

Se cremos realmente que a Bíblia é a Palavra de Deus, então devemos ser dispostos a obedecer a esta Palavra e proclamá-la quando os homens se opõem a ela. Bunyan escreveu: "Isto repreende aqueles que estimam as palavras e as coisas dos homens mais do que as palavras de Deus, bem como pessoas que se afastam de seu respeito e obediência à Palavra de Deus pelos prazeres ou ameaças dos homens". Reconhecer a autoridade divina da Bíblia não é suficiente; o crente precisa estar disposto a resistir ao mundo por

---

46 Bunyan, *The Doctrine of the Law and Grace Unfolded*, em *Works*, 1:562.

47 Bunyan, *The Jerusalem Sinner Saved: Or, Good News for the Vilest of Men*, em *Works*, 1:69

48 Bunyan, *A Confession of My Faith*, em *Works*, 2:601.

49 Bunyan, *Treatise on the Fear of God*, em *Works*, 1:444.

PREGAÇÃO REFORMADA

seguir as Escrituras. Do contrário, as temíveis palavras de Cristo se aplicarão a ele: "Porque qualquer que, nesta geração adúltera e pecadora, se envergonhar de mim e das minhas palavras, também o Filho do Homem se envergonhará dele, quando vier na glória de seu Pai com os santos anjos" (Mc 8:38).[50]

Reverência à Palavra de Deus coloca o pregador em seu devido lugar. O pregador é apenas um canal da verdade de Deus. É como uma "nuvem" que obtém sua água do mar e a derrama sobre a terra. "Os ministros devem obter sua doutrina de Deus" e "devem transmitir o que sabem de Deus para o mundo".[51] Como os pastores nas Montanhas Deleitáveis, os pregadores fiéis devem ter os nomes de "Conhecimento, Experiência, Vigilância e Sinceridade", dando aos seus rebanhos uma perspectiva equilibrada, para que vejam tanto os perigos terríveis de falsas doutrinas e mundanismo, quanto a gloriosa esperança do céu.[52]

Quando pregava, Bunyan era "frequentemente tentado ao orgulho e a exaltações de coração". O Senhor agiu misericordiosamente contra essas tentações de várias maneiras. Bunyan escreveu que Deus lhe mostrava todos os dias algo do "mal de meu próprio coração" e as "multidões de corrupções e fraquezas" que existiam nele. Deus usou também as Escrituras para lembrar a Bunyan que, sem amor, dons e habilidades são nada (1 Co 13:1-2). Bunyan aprendeu a ver sua pregação como um "violino" que Cristo tocava para fazer música para a igreja. Um mero violino será orgulhoso? Ele também se lembrava de que os dons espirituais passarão, mas o amor durará para sempre (1 Co 13:8). Pessoas podem ser capazes

---

50 Bunyan, *Treatise on the Fear of God*, em *Works*, 1:444.

51 Bunyan, *The Pilgrim's Progress... The Second Part*, em *Works*, 3:203

52 Bunyan, *The Pilgrim's Progress*, em *Works*, 3:143-45.

de pregar, mas irem para o inferno no final. Pessoas que têm poucos dons em conhecimento ou em discurso podem ter mil vezes mais graça do que outras que podem pregar como anjos; e, por conseguinte, as pessoas de poucos dons podem ser mais agradáveis a Deus. Bunyan concluiu: "Uma pequena graça, um pequeno amor e um pouco do verdadeiro temor a Deus são melhores do que todos estes dons".[53]

Bunyan também aprendeu a pensar em sua pregação à luz das necessidades da Igreja e da aproximação do julgamento vindouro. O pregador é ajudado a "ser pequeno aos seus próprios olhos" quando lembra "que seus dons não são seus, e sim da igreja; que, por causa dos dons, ele se torna um servo da igreja; que também prestará contas de sua mordomia ao Senhor Jesus e que fazer uma boa prestação de contas será uma coisa bendita". Por isso, Bunyan escreveu: "Que todo os homens... se valorizem pouco com o temor do Senhor; dons são realmente desejáveis; mas, apesar disso, dons pequenos e graça grande são melhores do que dons grandes e graça nenhuma". Somente a graça leva à glória.[54]

ENTENDENDO O CORAÇÃO

Habilidades de oratória não tornaram Bunyan um pregador poderoso, embora ele tivesse certamente os dons necessários para a pregação da Palavra. Nem diplomas de Cambridge ou de qualquer outra universidade, porque ele não tinha nenhum. Bunyan tinha uma fé viva e experiencial, que o tornou familiarizado com todo o escopo dos problemas e afeições religiosos. Ele experimentou coisas que não podem ser aprendidas de um livro escolar, mas somente

53 Bunyan, *Grace Abounding*, em *Works*, 1:44-45.
54 Bunyan, *Grace Abounding*, em *Works*, 1:45.

PREGAÇÃO REFORMADA

como um aluno da fé viva. Isso foi o que tornou Bunyan uma arma poderosa nas mãos de Deus para destruir fortalezas. Conforme sua própria admissão, ele pregava o que sentia.[55] Embora muito mais pudesse ser dito sobre a história espiritual de Bunyan, me restringirei a poucas áreas e recomendarei a leitura posterior sobre ele em sua autobiografia *Grace Abounding to the Chief of Sinners* (Graça Abundante para o Principal dos Pecadores), onde ele expõe sua mente e seu coração.

Terror

Examinando a sua própria condição espiritual, Bunyan comentou que, desde a infância, como sua iniquidade tinha "poucas iguais".[56] Aos nove anos de idade, Bunyan relembra que foi "grandemente afligido, enquanto dormia, com as apreensões de demônios e espíritos ímpios".[57] Mas, apesar destes sonhos inquietantes, Bunyan continuou a se deleitar no pecado e em companhias ímpias. Quando jovem e casado, Bunyan ficou sob a convicção de pecado, em específico no que diz respeito a como levianamente ele havia tratado o domingo. Sim, esta convicção não resultou em transformação verdadeira; em vez disso, endureceu seu coração para a graça. Bunyan disse: "Eu era convencido de que jamais obteria qualquer outro consolo além do que conseguia no pecado".[58]

A crítica de uma mulher ímpia e um encontro com um cristão professo levaram Bunyan a uma mudança exterior. Pela avaliação

---

55 Bunyan, *Grace Abounding*, em *Works*, 1:42.

56 Bunyan, *Grace Abounding*, em *Works*, 1:6.

57 Bunyan, *Grace Abounding*, em *Works*, 1:6.

58 Bunyan, *Grace Abounding*, em *Works*, 1:8-9.

Pregadores puritanos: Bunyan

de alguns homens, ele se tornou uma nova pessoa quando abandonou alguns de seus pecados inquietantes. No entanto, mesmo nesta condição, Bunyan disse, ele "não conhecia Cristo, nem a graça, nem a fé, nem a esperança".[59] Apesar do louvor externo, Bunyan conhecia sua própria hipocrisia e ficou dominado por temor, em especial o temor da morte. Em sua autobiografia, fala sobre um tempo em que desejou ver o sino de uma igreja ressoar. Mas, quando ficou em pé na parte de baixo da torre, começou a temer que o sino caísse e o esmagasse. Por isso, ele se posicionou embaixo da viga principal. Depois, começou a preocupar-se com o fato de que a viga principal pudesse cair; por isso, foi para a porta do campanário. Em seguida, ficou persuadido de que todo o campanário poderia cair sobre ele; por isso, saiu completamente do prédio da igreja.[60]

Bunyan também fala sobre um dia antes de sua conversão em que ouviu quatro mulheres em Bedford falarem sobre as tentações de Satanás e da esperança do novo nascimento. Ouvindo a conversa às escondidas, Bunyan experimentou uma profunda aflição em sua alma: "Percebi que, em todos os meus pensamentos sobre a religião e a salvação, o novo nascimento nunca passara por minha mente; também não conhecia o consolo da Palavra e da promessa, nem o engano e a falsidade de meu próprio coração ímpio".[61] Bunyan visitou Bedford para ouvir cristãos envolvidos em conversa mútua sobre a Escritura e experiência espiritual, resultando em "um grande abrandamento e ternura de coração, que me fizeram cair sob a convicção daquilo que, pela Escritura, eles afirmaram".[62]

---

59 Bunyan, *Grace Abounding*, em *Works*, 1:9.

60 Bunyan, *Grace Abounding*, em *Works*, 1:10.

61 Bunyan, *Grace Abounding*, em *Works*, 1:10.

62 Bunyan, *Grace Abounding*, em *Works*, 1:11.

PREGAÇÃO REFORMADA

Mas, ainda nesse tempo, os terrores da lei e a culpa por suas transgressões pesavam fortemente na consciência de Bunyan.[63]

Dúvida

No meio de muitas tentações, Bunyan experimentou a mão protetora do Senhor. A Bíblia se tornou gradualmente preciosa para ele. No entanto, quanto mais ele lia, tanto mais reconhecia sua ignorância. Neste estado de incredulidade, Bunyan compreendeu que estava com medo de reconhecer sua falta de fé. Mas, apesar disso, não ficou contente até que chegou a certo conhecimento da fé. "Isto estava sempre passando por minha mente", ele disse.[64] Enquanto Bunyan continuava lutando, foi tomado de preocupações sobre o seu estado eterno: "Comecei a ver minha alma atacada por novas dúvidas sobre minha felicidade futura, especialmente com preocupações sobre se eu era eleito? Mas, como eu poderia ser eleito se o dia da graça já havia passado?"[65]

Mesmo quando a graça estava em operação na alma de Bunyan, dúvidas continuavam a assaltá-lo: "Com angústia, eu clamava a Deus que fosse misericordioso para comigo; mas, depois, eu era amedrontado de novo com pensamentos como estes; pensava que Deus zombava destas minhas orações, dizendo... 'Este pobre infeliz anseia por mim como se eu não tivesse nada a fazer com a minha misericórdia, a não ser outorgá-la a pessoas como ele'", Bunyan escreveu. "Ah! Pobre tolo! Como você está enganado!"[66]

---

63 Bunyan, *Grace Abounding*, em *Works*, 1:42.

64 Bunyan, *Grace Abounding*, em *Works*, 1:12.

65 Bunyan, *Grace Abounding*, em *Works*, 1:13.

66 Bunyan, *Grace Abounding*, em *Works*, 1:19.

Graça

Apesar dos tempos de terror e dúvida, Bunyan experimentou gradualmente a graça de Deus. Ele escreveu: "O Senhor se revelou mais plena e graciosamente para mim; e, de fato, ele não somente me libertou da culpa que, por estas coisas, estava na minha consciência, mas também da própria imundície resultante; porque a tentação foi removida e a minha mente foi restaurada".[67] A partir desse tempo, a impiedade e a blasfêmia de seu coração o impeliam a correr para o sangue de Cristo que tornara Deus seu amigo no pacto de reconciliação.

Em 1651, um grupo de mulheres tementes a Deus apresentou Bunyan a John Gifford, o pastor delas em Bedford. Bunyan achou ajuda específica em um sermão que Gifford pregou sobre Cântico dos Cânticos 4:1: "Como és formosa, querida minha, como és formosa". Ele também descobriu bênção em ler o comentário de Martinho Lutero sobre Gálatas, no qual achou sua própria experiência "ampla e profundamente abordada, como se o livro [de Lutero] houvesse sido escrito a partir de meu coração".[68] Depois, enquanto Bunyan caminhava por um campo, certo dia, a justiça de Cristo foi revelada à sua alma, e ele foi liberto para sempre. Bunyan escreveu sobre aquele dia inesquecível:

> Um dia, ao passear no campo, com algumas manchas em minha consciência, temendo não estar ainda tudo certo no relacionamento com Deus, esta sentença caiu repentinamente sobre minha alma: tua justiça está no céu. E, além disso, parece que vi, com os olhos da alma, Jesus Cristo à

---

67 Bunyan, Grace *Abounding*, em *Works*, 1:19.

68 Bunyan, *Grace Abounding*, em *Works*, 1:22.

PREGAÇÃO REFORMADA

direita de Deus; lá, eu digo, como minha justiça. De modo que, onde quer que eu estivesse, o que quer que eu estivesse fazendo, Deus não poderia dizer que queria a minha justiça, porque ela já estava diante dele. Também vi que não era a boa disposição de meu coração que tornava melhor a minha justiça, nem a má disposição que tornava pior a minha justiça; porque a minha justiça era o próprio Jesus Cristo, o mesmo ontem, hoje e para sempre.

Ora, as minhas cadeias caíram realmente de minhas pernas. Fui liberto de minhas aflições e grilhões; minhas tentações também se foram; de modo que, a partir daquele tempo, as temíveis passagens de Deus pararam de me inquietar. Fui para casa regozijando-me, pela graça e o amor de Deus...

Vivi muito tranquilamente, por algum tempo, em paz com Deus por meio de Cristo. Oh! Pensei: Cristo! Cristo! Não havia nada além de Cristo diante de meus olhos. Agora, eu não somente olhava para este e outros benefícios de Cristo, como seu sangue, sepultamento e ressurreição, mas também o considerava um Cristo total!...

Foi glorioso ver a sua exaltação, o valor e a prevalência de todos os benefícios de Cristo, por causa disto: agora, eu podia olhar para ele e reconhecer que todas aquelas graças de Deus que eram novas em mim assemelhavam-se a moedas de poucos centavos que os ricos levavam em seus bolsos, enquanto seu ouro estava em seus cofres em casa. Oh! Reconheci que meu ouro estava num cofre, em casa! Em Cristo, meu Senhor e Salvador! Agora, Cristo era tudo.[69]

---

69 Bunyan, *Grace Abounding*, em *Works*, 1:36.

Pregadores puritanos: Bunyan

Portanto, por experiência pessoal, Bunyan conhecia o pecado, a convicção, a tentação, dúvida, temor, Satanás, perdão e graça. Ele escreveu: "Quando Deus mostra a um homem o pecado que ele cometeu, o inferno que ele merece, o céu que ele está perdendo e que Cristo, a graça e o perdão podem ser dele, isso o tornará sério, isso o tornará comovido, isso quebrantará seu coração... E este é o homem cujo coração, vida, conversa e tudo mais ficarão engajados nas questões da salvação eterna de sua alma preciosa e imortal".[70] A experiência pessoal de Bunyan era a vida de sua pregação. Suas palavras não eram meramente exercício retórico, e sim as palavras de alguém que vira a excessiva pecaminosidade do pecado e a gloriosa verdade do evangelho da graça. Bunyan pregava como um homem movido por Deus. Pela graça, ele descobrira Jesus Cristo, que "possui tanta beleza e tanta glória, que todos os que o veem devem amá-lo e temê-lo".[71]

PREGANDO PARA O CORAÇÃO

Conhecimento experiencial levou Bunyan a direcionar as flechas de sua pregação ao coração das pessoas. Porque é pelo coração que uma pessoa "entende, quer, sente, raciocina e julga",[72] Bunyan buscava, de propósito, apresentar em sua pregação uma "palavra despertadora" ao entendimento, à vontade, as afeições, à razão e ao julgamento.[73] Winslow escreveu: "Bunyan

---

70 Bunyan, "The Acceptable Sacrifice", em *Works*, 1:719.

71 Bunyan, *The Holy War*, em *Works*, 3:299.

72 Bunyan, "The Greatness of the Soul", em *Works*, 1:108.

73 Embora apenas um tratado nas obras de Bunyan seja designado como sermão, muitos de seus outros escritos eram sermões modificados ou, pelo menos, refletiam a maneira como ele pregava. Por isso, tomei a liberdade de usar muitos de seus escritos para fazer as conclusões sobre a maneira como ele pregava.

PREGAÇÃO REFORMADA

tinha o dom de ser capaz de colocar compulsão emocional por trás de suas palavras e sabia como enfatizar o aqui e o agora da urgência para seus ouvintes".[74]

Preparando-se principalmente com uma Bíblia e uma concordância, alicerçando profundamente seus sermões nas Escrituras, Bunyan pregava o que sentia e anelava para seus ouvintes. Ele escreveu: "Que os que me ouviram falar neste dia vejam como eu vejo o que o pecado, a morte, o inferno e a maldição de Deus realmente são; e o que a graça, a misericórdia e o amor de Deus são, por meio de Jesus Cristo!"[75] Para assimilarmos melhor como ele pregava ao coração, examinemos três particularidades da pregação de Bunyan: era participativa, apelativa e exaltava Cristo.

Pregação participativa

Bunyan acreditava que os ouvintes da pregação deveriam ser participantes, não espectadores. Para esse fim, dirigia-se usualmente aos ouvintes muito pessoalmente, usando em geral a segunda pessoa. Era direto, descrevendo frequentemente vários casos de consciência. Também era ilustrativo e simples, para que até as pessoas comuns o ouvissem alegremente.[76] Wakefield disse: "Bunyan era coloquial e simples quando confrontava seus ouvintes com os assuntos de vida e morte, céu e inferno", usando muitas vezes expansões imaginativas e santificadas da Escritura. Por exemplo, quando pregou sobre João 6:37 que afirma: todos os que o Pai deu a Cristo "virão a ele, Bunyan transformava a palavra "virão" em um personagem que tinha esse nome. Ele respondia às contestações

---

74 Winslow, *John Bunyan*, 75.

75 Bunyan, *Grace Abounding*, em *Works*, 1:42.

76 John Brown, *Puritan Preaching in England* (London: Hodder & Stoughton, 1900), 149.

dos duvidosos apreensivos por assegurar-lhes que não precisavam se preocupar, porque 'Virão resolveu tudo isso'".[77] Em todas essas maneiras e muitas outras, Bunyan atraía seus ouvintes ao sermão para que se tornassem participantes.

Exemplos da direitura de Bunyan na pregação são inúmeros. Em seu sermão para "pecadores de Jerusalém" (i.e., grandes pecadores, comparáveis às pessoas que viviam em Jerusalém e rejeitaram a Cristo), Bunyan retratou a pregação de Pedro:

> *Pedro:* Arrependam-se, e cada um de vocês seja batizado em nome de Jesus Cristo para remissão dos pecados, e receberão o dom do Espírito Santo.
>
> *Contestador:* "Sou um dos que tramou para tirar a vida de Cristo. Posso ser salvo por ele?"
>
> *Pedro:* Cada um de vocês.
>
> *Contestador:* "Fui um dos que deu falso testemunho contra ele. Há graça para mim?"
>
> *Pedro:* Para cada um de vocês.
>
> *Contestador:* "Fui um dos que gritou: crucifica-o, crucifica-o; e desejei que Barrabás, o assassino, vivesse em lugar de Cristo. O que você acha que acontecerá comigo?"
>
> *Pedro:* Estou pregando arrependimento e remissão de pecados para cada um de vocês, diz Pedro.
>
> *Contestador:* "Fui um dos que cuspiu na face de Cristo quando compareceu diante de seus acusadores. Também fui um dos que zombaram dele, quando, em angústia, sangrava pendurado na cruz. Há lugar para mim?"
>
> *Pedro:* Para cada um de vocês, diz Pedro.

---

77 Wakefield, *Bunyan the Christian*, 38-39.

PREGAÇÃO REFORMADA

Contestador: "Fui um daqueles que, nos últimos momentos de Cristo, lhe deu fel e vinagre para beber. Por que não devo esperar a mesma coisa quando angústia e culpa estiverem sobre mim?"

Pedro: Arrependam-se destas impiedades, e eis aqui a remissão de pecados para cada um de vocês.

Contestador: "Eu o xinguei, eu o injuriei, eu o odiei e me alegrei em vê-lo sendo zombado pelos outros. Pode haver esperança para mim?"

Pedro: Há, para cada um de vocês. "Arrependam-se, e cada um de vocês seja batizado em nome de Jesus Cristo para remissão dos pecados, e receberão o dom do Espírito Santo."[78]

Os escritos de Bunyan sugerem que ele pregava por colocar diante de seus ouvintes evidências poderosas de pecado e de graça e por exortá-los a dar um veredito. Isso não quer dizer que Bunyan via a pregação da Palavra como subserviente ao julgamento dos ouvintes; em vez disso, ele procurava desarmar seus ouvintes por mostrar-lhes claramente seu pecado e sua miséria, revelando em seguida as glórias da graça. Desta maneira, Bunyan forjava uma conexão íntima com seus ouvintes. Ele escreveu: "Agradeço a Deus por me haver dado certa medida de afeição e compaixão pelas almas, e isso me impeliu a trabalhar com grande diligência e prontidão para achar a palavra que poderia, se Deus a abençoasse, cativar e despertar a consciência".[79]

Bunyan argumentava ardentemente com seus ouvintes para que respondessem à verdade do pecado, bem como às promessas

---

78 Bunyan, "The Jerusalem Sinner Saved", em *Works*, 1:71-72.

79 Bunyan, *Grace Abounding*, em *Works*, 1:41.

Pregadores puritanos: Bunyan

de perdão e graça. Ele disse: "Pobre pecador, desperte. A eternidade está chegando. Deus e seu Filho, ambos estão vindo para julgar o mundo. Desperte, você ainda está dormindo, pobre pecador? Vou soar a trombeta ao seu ouvido mais uma vez! Em breve, os céus se tornarão numa chama ardente; a terra e as obras que ela contém serão consumidas. Depois, os ímpios irão para a perdição. Você não ouve isto, pecador?"[80] Bunyan não satisfazia apenas com afirmar a verdade; ele "soava a trombeta" perante seus ouvintes, compelindo-os a responder. Ele pregava: "Pecador, aceite o conselho. Pergunte de novo a si mesmo: 'Já vim a Jesus Cristo?' Desta única pergunta, 'Já vim a Jesus Cristo?' dependem céu e inferno em relação a você. Se você pode dizer: 'Já vim', Deus aprovará isso, dizendo: homem feliz, homem feliz é você! Mas, se você ainda não veio, o que pode torná-lo feliz? De fato, pode ser feliz um homem que, por não vir a Jesus para ter vida, deve ser condenado no inferno?"[81]

Bunyan encorajava o autoexame que perscruta o coração. Não deixava que seus ouvintes se satisfizessem apenas com ouvir boas palavras e instigava-os a procurar a verdade de coração. Por isso, ele advertia: "Ah! Amigos, considerem que agora há esperança de misericórdia, mas depois não haverá. Agora Cristo está oferecendo misericórdia a vocês, mas depois ele não o fará. Agora há os servos dele que suplicam a você que realmente aceite a sua graça; mas, se perder a oportunidade que é colocada em sua mão, você mesmo implorará depois e nenhuma misericórdia lhe será dada".[82]

Em toda a sua pregação, Bunyan instava os ouvintes a responderem à Palavra pregada. Um sermão não era uma palestra de sala

---

80 Bunyan, "The Strait Gate", em *Works*, 1:386.

81 Bunyan, "Come and Welcome to Jesus Christ", em *Works*, 1:296.

82 Bunyan, "A Few Sighs from Hell", em *Works*, 3:702.

PREGAÇÃO REFORMADA

de aula. Em vez disso, o sermão atraía o pecador a envolver as capacidades de seu coração e exigia uma resposta. Havia uma urgência e prontidão no sermão de Bunyan. Não lhe bastava apenas declarar a verdade e esperar que ela produzisse uma resposta no futuro. Assim como o ferreiro sabe que tem de malhar o ferro enquanto está quente, assim também Bunyan exigia uma resposta imediata. Não podia descansar até que cada pessoa que o ouvia respondesse à mensagem. Não podia se dar ao luxo de ver seus congregantes irem para casa, adiando o que deveria ser feito naquele momento. Sua exortação era: "Hoje, se ouvirdes a sua voz, não endureçais o vosso coração" (Hb 4:7).

Pregação apelativa

Ciente do poder das tentações de Satanás, Bunyan escreveu: "Oh! O rugir e a fúria deste leão e o ódio que ele manifesta contra o Senhor Jesus e contra aqueles que são comprados pelo sangue de Jesus!"[83] Em um sentido, os pastores têm algo a aprender dos ardis de Satanás. Satanás vive para atormentar a alma, para induzir o coração dos homens a abandonarem Cristo e seduzi-los a se renderem ao pecado e à tentação. A melhor maneira de reagirmos aos apelos de Satanás é os pregadores "superarem o Diabo em seu próprio golpe".[84] Por isso, Bunyan não somente colocava a vida e a morte diante das pessoas, mas também implorava, de todas as maneiras possíveis, que abandonassem o pecado e recebessem a vida em Cristo.

Em seu apelo, Bunyan pintava terríveis quadros de palavras sobre a condenação eterna. Ele disse: "Em minha pregação da

---

83 Bunyan, "The Jerusalem Sinner Saved", em *Works*, 1:96.
84 Bunyan, "The Law and Grace Unfolded", em *Works*, 1:572.

Palavra, notei em especial esta única coisa, ou seja, que o Senhor me guiou a começar onde sua Palavra começa com os pecadores; isto é, condenar toda a carne, expor e declarar que a maldição de Deus, pela lei, pertence realmente a todos os homens e domina todo homem que vêm ao mundo, por causa do pecado".[85] De novo: "A alma que está perdida nunca se achará novamente, nunca se recuperará novamente, nunca será redimida novamente. Seu banimento de Deus é eterno; o fogo em que ela queima e com o qual tem de ser atormentada é um fogo eterno, uma queima eterna. Isso é apavorante". Bunyan prosseguiu: "Ora, conte as estrelas, conte as gotas de água, conte as folhas de grama que estão em toda a terra, se você puder; no entanto, você gastará menos tempo para fazer isso do que para contar os milhares de milhões de milhares de anos que a alma condenada permanecerá no inferno".[86]

Frequentemente, Bunyan personificava Deus, Cristo e o pecador condenado ao inferno, à medida que apelava a pecadores que se voltassem para Cristo e vivessem. Isto é especialmente verdadeiro em seu sermão que compara com uma figueira estéril uma pessoa que afirma ser um cristão, mas não produz frutos. Ouça Bunyan apelar:

> Morte, vem e fere esta figueira. E, assim, o Senhor abala este pecador e o lança rapidamente num leito de morte, dizendo: Leva-o, morte; ele tem abusado de minha paciência e tolerância, esquecendo que elas deveriam tê-lo levado ao arrependimento e aos seus frutos. Morte, leva embora esta figueira, leva este professo estéril para o inferno! Com isto, a morte vem ao quarto,

---

85 Bunyan, *Grace Abounding*, em *Works*, 1:42.
86 Bunyan, "The Greatness of the Soul", em *Works*, 1:124.

PREGAÇÃO REFORMADA

com olhares sombrios; sim, e o inferno a acompanha para o lado da cama. Ambos fitam o professo estéril e começam a tocá-lo. Um deles o fere com dores no corpo, com dor na cabeça, com dor nas costas, falta de ar, desmaio, tontura, tremor no joelho, dor no peito e quase todos os sintomas de um homem que está além de qualquer recuperação. Agora, enquanto a morte está atormentando o corpo desta maneira, o inferno está lidando com a mente e a consciência, afligindo-as com suas angústias, lançando nelas centelhas de fogo e ferindo com tristezas e temores de condenação eterna o espírito desta pobre criatura. E agora ele começa a pensar consigo mesmo e a clamar a Deus por misericórdia. Senhor, poupa-me! Senhor, poupa-me! Não, diz o Senhor, você tem sido uma provocação para mim nestes três anos. Quantas vezes você já me desapontou? Quantas ocasiões você gastou em vão? Quantos sermões e outras misericórdias eu, de minha paciência, lhe concedi? Mas não tiveram nenhum proveito. Leva-o, morte![87]

Bunyan descreveu a morte do professo estéril tão poderosamente que sentimos como se estivéssemos ao lado de seu leito. Como Erroll Hulse (1931-2017) disse: "Bunyan descreveu tão bem a ilustração da figueira sendo derribada, que, no final, ficamos com os ecos do machado e das horrorosas agitações e engasgos de morte do impenitente".[88]

Enquanto Bunyan apelava para que as pessoas vissem a severidade do pecado e do inferno, também apresentava as misericórdias de Deus. Ele insistia: "Levante seus olhos um pouco mais e veja:

---

87 Bunyan, "The Barren Fig Tree", em *Works*, 3:579-80.

88 Erroll Hulse, *The Believer's Experience* (Haywards Heath, Sussex, UK: Carey, 1977), 64.

354

Pregadores puritanos: Bunyan

há o trono de graça e misericórdia ao qual você deve vir e pelo qual deve ser salvo".[89] E acrescentou: "Pecador desejoso, as promessas que você achar na palavra de Cristo, leve-as para onde puder, e não as corrompa; o sangue e os méritos de Cristo garantem todas elas. Podemos nos aventurar corajosamente sobre o que a Palavra diz ou sobre qualquer consequência verdadeira que pode ser extraída dela... Admita-a como inerrante, para que você, quem quer que seja, se estiver vindo, venha".[90]

Se Satanás não descansa nem um momento em pleitear pela alma dos homens, os pregadores também não devem descansar em seu grande dever de apelar à alma dos homens. E em todo o nosso apelar, devemos nos empenhar para mostrar o pecado como horrível e detestável e apresentar Cristo como totalmente desejável (Ct 5:16), porque o nosso inimigo se esforça em fazer o oposto. A capacidade de Bunyan para apelar com o coração se devia grandemente à sua própria jornada espiritual. Por causa de sua experiência com o peso do pecado e da culpa, Bunyan podia argumentar com aqueles que estavam sob convicção. Porque ele havia provado a graça divina, podia igualmente oferecer as misericórdias de Deus em Cristo. Em resumo, Bunyan escreveu:

> Pelo espaço de dois anos, clamei contra os pecados dos homens e contra seu estado temível por causa de seus pecados. Depois desse tempo, o Senhor veio à minha alma, com paz e consolo permanentes por meio de Cristo, pois ele me deu muitas descobertas agradáveis de sua graça bendita por meio dele... Ainda prego o que vi e senti. Agora, portanto, labuto muito mais para

---

89 Bunyan, "The Saint's Privilege and Profit", em *Works*, 1:647.

90 Bunyan, "Come and Welcome", em *Works*, 1:263.

apresentar Jesus Cristo em todos os seus ofícios, relações e benefícios para o mundo.[91]

Ouça um exemplo. Bunyan personificou um grande pecador, dizendo: "Diga quando estiver de joelhos: Senhor, eis aqui um pecador de Jerusalém! Um pecador dos maiores! Um daqueles cujo fardo é do maior volume e do maior peso! Alguém que não pode suster-se por muito tempo sem afundar no inferno, sem a tua mão apoiadora... Identifique-se com Madalena ou com Manassés, para que possa banquetear-se como o fazem pecadores semelhantes a Madalena e Manassés!"[92]

Pregação que exalta a Cristo

O alvo singular de um coração dominado pela graça é exaltar e magnificar Jesus Cristo como o Cristo da Palavra revelada e o Cristo da experiência pessoal baseada nessa Palavra. Bunyan era excelente em ambos.[93] Ele focou especificamente em Cristo e nas riquezas de sua graça, compelindo os ouvintes a exaltarem seu Salvador. Ele pregou: "Ó, Filho de Deus! A graça estava em todas as lágrimas; a graça veio borbulhando do teu lado, com teu sangue; a graça se manifestou em cada palavra de teus lábios amorosos. A graça veio de onde o chicote te espancou, de onde os espinhos te feriram, de onde os cravos e a lança te perfuraram. Ó, bendito Filho de Deus! Tu és graça realmente! Riquezas insondáveis de graça! Graça suficiente para deixar anjos admirados, graça para tornar

---

91 Bunyan, *Grace Abounding*, em *Works*, 1:42.

92 Bunyan, "The Jerusalem Sinner Saved", em *Works*, 1:89.

93 Austin Kennedy DeBlois, "England's Greatest Protestant Preacher", em *John Bunyan, the Man* (Philadelphia: Judson, 1928), 156-57.

pecadores felizes, graça para pasmar demônios".[94] Para Bunyan, isso é graça perseverante, porque ela nunca perecerá.[95]

A primeira paixão de Bunyan era exaltar a Cristo por pregá-lo doutrinariamente, com amor e grandeza teológica:

> Pois conheci minha pregação, especialmente quando me engajei na doutrina da vida por meio de Cristo, sem obras, como se um anjo de Deus houvesse permanecido às minhas costas para me encorajar. Oh! Isso foi com tal poder e tal evidência celestial sobre a minha própria alma, enquanto labutava para explicá-la, demonstrá-la e incuti-la na consciência dos outros, que não podia me contentar em dizer: "Creio e estou certo disso". Parecia-me que eu estava mais do que certo (se é lícito eu dizer que as coisas que eu afirmava naquele tempo eram verdadeiras).[96]

A pregação de Bunyan não era apenas doutrinária, lidando com as importantes questões da fé; era também doxológica, louvando a Deus e reivindicando o louvor de corações despertados. Esta ênfase doxológica deve também ser característica da pregação contemporânea. Nas palavras de William Perkins: "Pregar Cristo, por Cristo e para o louvor de Cristo".[97]

Para Bunyan, exaltar a Cristo significava muito mais do que louvá-lo apenas porque ele nos converte. Em última análise, Bunyan tinha em mente que o salvo exaltará a Cristo na glória, para sempre:

---

94 Bunyan, "Saved by Grace", em *Works*, 1:346.

95 Ver Robert Alan Richey, "The Puritan Doctrine of Sanctification: Constructions of the Saints' Final and Complete Perseverance as Mirrored in Bunyan's *The Pilgrim's Progress*" (ThD diss., Mid--America Baptist Theological Seminary, 1990).

96 Bunyan, *Grace Abounding*, em *Works*, 1:42, citado em DeBlois, "England's Greatest Protestant Preacher", 158.

97 William Perkins, *The Art of Prophesying* (Edinburgh: Banner of Truth, 2002), 79.

PREGAÇÃO REFORMADA

Naquele tempo teremos visões perfeitas e eternas de Deus e de seu bendito e único Filho, Jesus Cristo... Naquele tempo nossas afeições serão sempre uma chama de amor ardente por Deus e seu Filho, Jesus Cristo... Naquele tempo nossa consciência terá aquela paz e aquela alegria que nem língua, nem pena de homem, nem anjos podem expressar... Naquele tempo nossa memória será ampliada para reter todas as coisas que nos aconteceram neste mundo... e como Deus fez todas as coisas cooperarem para a sua glória e para o nosso bem, para o encanto eterno de nosso coração.[98]

Bunyan ensinava que essa exaltação é possível somente pelo gracioso ministério interior do Espírito na alma do crente:

Por meio deste Espírito, chegamos a ver a beleza de Cristo, sem a qual nunca o desejaríamos e certamente viveríamos em negligência dele e pereceríamos. Por meio deste Espírito, somos ajudados a louvar a Deus de maneira aceitável; mas, sem ele, é impossível sermos ouvidos para a salvação. Por meio deste Espírito bendito, o amor de Deus é derramado em nosso coração, e nosso coração é direcionado ao amor de Deus.[99]

Finalmente, Bunyan enfatizava repetidas vezes que essa salvação gloriosa e exaltadora de Cristo deve nos mover, com anseio zeloso e entusiástico, em direção a Deus. Isto deve ser especialmente verdadeiro quando captamos uma visão da afeição e da sinceridade do convite de Deus para irem a Cristo e participarem deste Salvador glorioso. Bunyan pregou:

---

98 Bunyan, "Saved by Grace", em *Works*, 1:341-42.
99 Bunyan, "Saved by Grace", em *Works*, 1:346.

Pregadores puritanos: Bunyan

Ó pecador! O que dizes? Gostarias de ser salvo? Não desejas intensamente? Teu coração não anseia por ser salvo? Então, *vem*. "O Espírito e a noiva dizem: Vem! Aquele que ouve, diga: Vem! Aquele que tem sede venha, e quem quiser receba de graça a água da vida" (Ap 22:17).[100]

CONCLUSÃO

Bunyan experimentou os fracassos e as vitórias da vida cristã. Sua alma fora quebrantada pelo pecado, mas ele também bebeu profundamente das riquezas da graça de Jesus Cristo. Sua jornada espiritual o capacitou a encontrar pecadores e santos onde eles estavam. Podemos aprender muito deste famoso pregador puritano. Enquanto as igrejas nos Estados Unidos enfraquecem à medida que os púlpitos se tornam palcos para humoristas, contadores de histórias e psicólogos populares, o latoeiro de Bedford permanece um memorial notável do poder do Espírito em dias de negligência e morte espiritual. É admirável ver como Deus usa as coisas tolas e fracas deste mundo para envergonhar os sábios. A faculdade de Bunyan foi a masmorra; sua biblioteca, a Bíblia. Vestido da armadura de Efésios 6, ele apareceu com poder para lutar contra o príncipe das trevas.

Deus abençoou Bunyan com capacidades extraordinárias, até mesmo no nível humano e natural. Havia muitos outros latoeiros na Inglaterra naqueles dias, dentre os quais, sem dúvida, alguns eram cristãos dedicados, mas somente um Bunyan. Seus dotes verbais, poderes de imaginação e realizações admiráveis, como um autodidata, mostram a mão providencial de Deus que o enriqueceu muito acima do pregador mediano para alcançar

---

100 Bunyan, "Saved by Grace", em *Works*, 1:342.

a mente e o coração de pecadores e de santos. Essa capacitação divina não explica totalmente seu sucesso e utilidade como pregador, mas teve seu lugar nisso.

A pregação penetrante de Bunyan tinha um estilo claro e vívido, que o tornava cativante à pessoa comum, mas poderosamente eloquente, envergonhando o mais requintado orador. Bunyan era um pescador de homens que evangelizava e um excelente pregador experiencial, que convidava calorosamente os pecadores a virem a Cristo e proclamava enfaticamente o que os cristãos deveriam experimentar, bem como o que eles realmente experimentavam em sua peregrinação espiritual. Os três elementos da pregação que estudamos – participativa, apelativa e exaltadora de Cristo – são apenas algumas das armas poderosas que Bunyan usava para atingir o coração das pessoas. São, em parte, o que deu à pregação de Bunyan tão grande força celestial e, com a bênção do Espírito, produziu grande fruto.

Histórias sobre os frutos da pregação de Bunyan são abundantes. Conversões notáveis aconteceram sob seu ministério. Arnott nos oferece um exemplo: "Bunyan foi pregar numa igreja de um vilarejo. Não estando bem por causa de bebida, um erudito de Cambridge falou que resolveu "ouvir o latoeiro tagarelar". Por isso, foi à igreja para rir, mas ficou para ouvir, e, como resultado, ele mesmo foi convertido e se tornou um pregador".[101]

Embora Bunyan fosse um pregador incomumente dotado, o mesmo Espírito do qual ele dependia ainda está operando na igreja de Jesus Cristo hoje. A vida e o ministério de Bunyan nos lembram que, nas mãos de Deus, a pregação é uma arma poderosa. Como John Harris disse, para Bunyan "a batalha é pelo coração

---

101 Arnott, *He Shall with Giants Fight*, 69.

Pregadores puritanos: Bunyan

das pessoas – sua mente está nas trevas porque seu coração está em cativeiro. A realidade dessa condição terrível levava Bunyan a usar toda arma de seu arsenal para atacar a fortaleza e penetrar no homem interior", quando pregava ao coração.[102] Como Charles H. Spurgeon disse, se queremos "causar um incêndio que colocará fogo nas florestas do erro e aquecerá toda alma desta terra fria",[103] devemos pregar com fogo do inferno por trás de nós e a glória do céu à nossa frente. Por todos os meios, devemos nos esforçar para convidar nossos ouvintes a que tenham parte no drama divino de amar sua alma e apelar para que se unam a Cristo, a fim de exaltarem o rei Jesus para sempre. Que o Espírito se agrade em nos dar homens como Bunyan que, sendo dominados pela livre e soberana graça de Deus, brilham com a verdade divina e estão dispostos a serem reputados como loucos, suportar prisões e desafiar o poder da própria morte por amor a Cristo.

---

102 Harris, "Moving the Heart: the Preaching of John Bunyan", 50.

103 Charles H. Spurgeon, *Lectures to My Students* (Pasadena, TX: Pilgrim Publications, 1990), 1:83.

CAPÍTULO 14

INTRODUÇÃO À REFORMA HOLANDESA POSTERIOR

A Reforma penetrou inicialmente na Holanda por meio de influências luteranas (1517) e, depois, por influências de anabatistas (1531). Entretanto, de 1545 em diante, a Reforma seguiu a trajetória Calvinista ou Reformada.[1] O Catecismo de Heidelberg, uma forte afirmação de crenças reformadas experienciais, foi escrito em alemão em 1563, traduzido para o holandês naquele mesmo ano e publicado em holandês com um saltério métrico em 1566. Poucos meses depois, já estava sendo pregado regularmente nas igrejas. Em 1568, o catecismo recebeu a bênção do Sínodo de Wessel.

No entanto, o movimento reformado holandês não chegou à realização plena até que foi cultivado pela *Nadere Reformatie* ("Reforma Posterior"), um movimento principalmente dos séculos

---

1 Quando a uma consideração mais detalhada sobre a Segunda Reforma Holandesa, ver o apêndice em Joel R. Beeke, *The Quest for Full Assurance: The Legacy of Calvin and His Successors* (Edinburgh: Banner of Truth, 1999), 286-309.

PREGAÇÃO REFORMADA

XVII e XVIII que correspondeu ao puritanismo inglês[2] e foi fortalecido pelo Sínodo de Dort (1618-1619). Antes de considerarmos alguns dos pregadores experienciais reformados holandeses, apresentaremos a *Nadere Reformatie* holandesa e o Sínodo de Dort.

A REFORMA HOLANDESA POSTERIOR

A *Nadere Reformatie* data desde Willem Teellinck (1579-1629), chamado frequentemente de o pai do movimento, até os seus últimos excelentes contribuintes, Alexander Comrie (1706-1774) e Thodorus van der Groe (1705-1784). Os eruditos oferecem a seguinte definição de *Nadere Reformatie*:

> A *Nadere Reformatie* é aquele movimento dentro da Igreja Reformada Holandesa durante os séculos XVII e XVIII, que, como reação ao declínio ou à ausência da fé viva, fez tanto da experiência pessoal de fé quanto da piedade questões de importância crucial. A partir dessa perspectiva, o movimento formulou iniciativas de reforma substanciais e procedurais, submetendo-as às devidas agências eclesiásticas, políticas e sociais, e deu prosseguimento a estas iniciativas numa reforma mais ampla da igreja, da sociedade e do estado, tanto em palavras como em obras.[3]

A expressão *Nadere Reformatie* é um problema para falantes da língua inglesa, porque a palavra holandesa *nadere* não

---

2 Partes desta seção são adaptadas de "Introduction to the Dutch Further Reformation", em Joel R. Beeke and Randall J. Pederson, *Meet the Puritans: With a Guide to Modern Reprints* (Grand Rapids, MI: Reformation Heritage Books, 2006), 741-44.

3 C. Graafland, W. J. op't Hof, and F. A. van Lieberg, "Nadere Reformatie: opnieuw een poging tot begripsbepaling", em *Documentatieblad Nadere Reformatie* 19 (1995): 108. A tradução deste parágrafo para o inglês é de Bartel Elshout, *The Pastoral and Practical Theology of Wilhelmus à Brakel* (Grand Rapids, MI: Reformation Heritage Books, 1997), 9.

Introdução à Reforma Holandesa Posterior

torna possível uma tradução exata em inglês. Literalmente, *Nadere Reformatie* significa uma reforma mais próxima, mais íntima, mais precisa. Sua ênfase estava na elaboração da Reforma, mais intensamente, na vida das pessoas, no culto da igreja e na sociedade em geral. Embora algumas obras falem de "Segunda Reforma" Holandesa, é melhor falar em "Reforma Posterior" Holandesa. Esta última expressão reflete a continuidade que este movimento sentia e ressaltava com a história anterior da Reforma na Holanda.

A Reforma Holandesa Posterior tem sido chamada também de "Puritanismo Holandês". À primeira vista, esta descrição parece útil, porque a *Nadere Reformatie* é a contraparte holandesa da puritanismo inglês. A ligação entre estes movimentos é forte, tanto histórica quanto teologicamente. Keith Sprunger mostrou que durante o século XVII, dezenas de milhares de crentes anglo-escoceses de persuasão puritana viviam na Holanda. Esses crentes representavam cerca de 40 congregações e 350 ministros.[4]

Os Divinos do puritanismo inglês e da Reforma Holandesa Posterior respeitavam uns aos outros. Enriqueciam-se mutuamente por meio de contatos pessoais e de seus escritos, tantos os seus tratados em latim quanto os muitos livros traduzidos de inglês para holandês. Willem Jan op't Hof diz que de 1598 a 1622 sessenta obras puritanas inglesas foram traduzidas para holandês e impressos num total de 114 edições. William Perkins superou todos os outros escritores ingleses (71 edições de 29 obras traduzidas). Um teólogo holandês, Gisbertus Voetius (1589-1676), possuía 30 obras puritanas em latim e 270 em inglês. Op't Hof estima que

---

4 Keith L. Sprunger, *Dutch Puritanism: A History of English and Scottish Churches of the Netherlands in the Sixteenth and Seventeenth Centuries* (Leiden: Brill, 1982).

PREGAÇÃO REFORMADA

260 novas traduções em 580 edições apareceram de 1623 a 1699.[5] Mais livros teológicos reformados foram impressos na Holanda no século XVII do que em todos os outros países juntos. Os teólogos puritanos ingleses e os da Reforma Holandesa Posterior tinham alvos semelhantes: fomentar a piedade experiencial e a precisão ética nas pessoas, igrejas e nações.

Apesar de aparências semelhantes, o puritanismo inglês e a *Nadere Reformatie* desenvolveram histórica e teologicamente identidades distintas. Embora o puritanismo inglês tenha sido a principal influência sobre a Reforma Posterior – especialmente em sua ênfase sobre a necessidade de uma vida de piedade prática congregacional e individual, não foi a influência exclusiva. Fatores não ingleses também contribuíram.

Em alguns aspectos, o movimento holandês foi mais puritano do que o próprio puritanismo inglês. Jonathan Gerstner diz: "Na Inglaterra de perspectiva reformada, exceto durante um curto período sob o governo de Cromwell, sempre houve coisas grosseiramente antibíblicas a serem combatidas: a presença de bispos, ritos supersticiosos no Livro de Oração Comum, vestes, etc. Na Holanda, nenhuma destas coisas estava presente, e a tarefa foi muito mais sutil. Defensores do *status quo* não eram tão claramente não reformados como na Inglaterra. Foi neste contexto que se tornou importante o espírito do puritanismo.[6]

Os Divinos da Reforma Holandesa Posterior estavam menos interessados em reformar o governo e a igreja do que seus irmãos ingleses. E os holandeses se inclinavam a enfatizar a teologia como

---

5 Willem Jan op't Hof, *Engelse pietistische geschriften in het Nederlands* (Rotterdam: Lindenberg, 1993), 636-37, 640, 645.

6 Jonathan N. Gerstner, *The Thousand Generation Covenant: Dutch Reformed Covenant Theology and Group Identity in Colonial South Africa* (Leiden: Brill, 1991), 77-78.

Introdução à Reforma Holandesa Posterior

uma ciência, enquanto os ingleses enfatizavam os aspectos práticos da teologia. Apesar disso, a essência da Reforma Holandesa Posterior se equipara realmente à ênfase do puritanismo inglês sobre a prática de espiritualidade reformada autêntica.

Felizmente, vários livros da Reforma Holandesa Posterior foram traduzidos recentemente para o inglês, como os clássicos da série Espiritualidade Reformada.[7] Também foi traduzida a "quintessência" da literatura do movimento, *The Christian's Reasonable Service* (O Culto Racional do Cristão), escrito por Wilhelmus à Brakel.[8]

MINISTÉRIO EXPERIENCIAL NA HOLANDA

A Reforma Posterior reivindicava ortodoxia, crenças bíblicas e espiritualidade vigorosa e pessoal que produz obediência prática e vital. Podemos ver a ênfase experiencial deste movimento nas definições de fé e boas obras formuladas por Wihelmus Schortinghuis (1700-1750):

P. Em que consiste a fé genuína?

R. (1) Em um conhecimento literal e, especialmente, experiencial das verdades do evangelho, de Deus, de si mesmo, de

---

7 Godefridus Udemans, *The Practice of Faith, Hope, and Love*, ed. Joel R. Beeke, trans. Annemie Godbehere (Grand Rapids, MI: Reformation Heritage Books, 2012); Guilelmus Saldenus and Wilhelmus à Brakel, *In Remembrance of Him: Profiting from the Lord's Supper*, ed. James A. De Jong, trans. Bartel Elshout (Grand Rapids, MI: Reformation Heritage Books, 2012); Jodocus van Lodensteyn, *A Spiritual Appeal to Christ's Bride*, ed. Joel R. Beeke, trans. Bartel Elshout (Grand Rapids, MI: Reformation Heritage Books, 2010); Wilhelmus Schortinghuis, *Essential Truths in the Heart of a Christian*, ed. James A. De Jong, trans. Harry Boonstra and Gerrit W. Sheeres (Grand Rapids, MI: Reformation Heritage Books, 2009); Jean Taffin, *The Marks of God's Children*, ed. James A. De Jong, trans. Peter Y. De Jong (Grand Rapids, MI: Baker Academic, 2003); Willem Teellinck, *The Path of True Godliness* (Grand Rapids, MI: Baker Academic, 2003); Gisbertus Voetius and Johannes Hoornbeeck, *Spiritual Desertion*, ed. M. Eugene Osterhaven, trans. John Vriend and Harry Boonstra (Grand Rapids, MI: Baker Academic, 2003); Jacobus Koelman, *The Duties of Parents*, ed. M. Eugene Osterhaven, trans. John Vriend (Grand Rapids, MI: Baker Academic, 2003).

8 Wilhelmus à Brakel, *The Christian's Reasonable Service*, 4 vols., ed. Joel R. Beeke, trans. Bartel Elshout (Grand Rapids, MI: Reformation Heritage Books, 1995-1999).

PREGAÇÃO REFORMADA

Cristo e do caminho de graça (Is 53:11); (2) um assentimento espontâneo e caloroso (Jo 3:33); e (3) uma confiança que acha refúgio com Deus em Cristo (Is 27:5; Pv 18:10; Sl 2:12).[9]

P. Quais são as marcas das boas obras?
R. As boas obras que agradam verdadeiramente a Deus não são aquelas que fazemos para satisfazer à nossa própria vontade e prazer (Mt 15:9), e sim aquelas que fazemos com base na fé por meio de nossa união com Cristo (Rm 14:23; Jo 15:1-3), de acordo com a lei de Deus (Sl 119:4-5; Is 8:20; Gl 6:16) e para a honra de Deus (1 Co 10:31).[10]

Jean Taffin (c. 1529-1602), um precursor da Reforma Posterior, ressaltou a centralidade de pregarmos sobre a obra de Deus entre os fiéis. A marca preeminente de uma igreja, ele disse, é "a pregação pura da Palavra de Deus". Por meio da pregação bíblica, as ovelhas ouvem a voz de seu Pastor (Jo 10:27). Taffin disse: "Pela administração de sua Palavra, Deus oferece, certamente, paz, graça, salvação e vida".[11] Deus fala com uma voz viva por meio do pregador, revelando sua vontade de salvar pecadores. "Deus, que é a Verdade, revela seu conselho e sua vontade concernente à nossa adoção e salvação, na pregação do evangelho".[12]

Schortinghuis disse que "um ministro verdadeiro" é uma pessoa dotada e chamada pelo Senhor, "que busca ganhar almas para o reino e as pastoreia no poder de Cristo, por servir com amor,

---

9 Schortinghuis, *Essential Truths in the Heart of a Christian*, 89.

10 Schortinghuis, *Essential Truths in the Heart of a Christian*, 98.

11 Taffin, *The Marks of God's Children*, 36.

12 Taffin, *The Marks of God's Children*, 42.

Introdução à Reforma Holandesa Posterior

seriedade e fidelidade em todas as áreas de seu serviço (Jo 21:15-17; 1 Tm 3:1-7)". Isto o envolve em "orar fervorosamente" por si mesmo e pela igreja e pregar as Escrituras com discernimento fiel e demonstração do "Espírito e poder".[13]

Herman Witsius (1636-1708) se referiu a cada aluno de seminário e cada ministro como um "teólogo" no sentido mais amplo e no verdadeiro sentido da palavra – alguém que discursa sobre Deus. Ele escreveu: "Um verdadeiro teólogo é um discípulo humilde das Escrituras. Mas, como a Palavra de Deus é a única regra de fé, é necessário que nossos teólogos, para entenderem-na de uma maneira espiritual e salvadora, entregue-se ao ensinamento interno do Espírito Santo. Portanto, aquele que é um discípulo das Escrituras tem de ser também um discípulo do Espírito".[14] Isso o capacita a ensinar outros, como um homem ensinado por Deus, não "por mera especulação, e sim por experiência real", para que possa abrir as correntes subterrâneas da Palavra de Deus", "para que uma fonte transbordante de água, que jorra para a vida eterna, irrompa e mate a sede de seus irmãos.[15]

Os pregadores não são apenas mestres e sim consoladores evangélicos. Voetius disse que "os ministros da Palavra" devem ser os melhores amigos daqueles que sofrem de aflições de consciência, pois "estes devem, acima de tudo, ser equipados com o dom e a arte de consolação."[16] Um de seus alunos, Johannes Hoornbeeck (1617-1666), escreveu que almas derrotadas precisam de alguém

---

13 Schortinghuis, *Essential Truths in the Heart of a Christian*, 128.

14 Herman Witsius, *On the Character of a True Theologian*, ed. J. Ligon Duncan III (Greenville, SC: Reformed Academic Press, 1994), 35.

15 Witsius, *On the Character of a True Theologian*, 38

16 Voetius and Hoornbeeck, *Spiritual Desertion*, 47.

PREGAÇÃO REFORMADA

para "falar-lhes ao coração".[17] Aqueles que vivenciam as trevas acham grande ajuda no companheirismo de pessoas piedosas, em especial um ministro que é tanto "apto para consolar" quanto "poderoso nas Escrituras".[18] O treinamento de ministros deve ser, como Voetius disse, "piedade unida a conhecimento". Quando serviu como professor de teologia em Utrecht, ele considerava sua vocação "tratar de maneira prática e ortodoxa da ciência de teologia, que é prática por natureza.[19] Assim, esses teólogos casavam o estudo diligente com a piedade prática, rejeitando tanto a teologia insensível quanto a atividade negligente. Como Hoornbeeck disse: "Não há prática sem teoria".[20]

Em tempos modernos, a palavra *teologia* sugere frequentemente debates abstratos, filosóficos e irrelevantes. Mas estes teólogos entendiam a teologia como uma maneira de viver entusiasta. Witsius escreveu: "Por teólogo refiro-me a alguém que, imbuído de um conhecimento substancial das coisas divinas extraído do ensino de Deus mesmo, declara e exalta, não somente em palavras, mas em todo o curso da vida, as maravilhosas excelências de Deus e, assim, vive totalmente para a sua glória". Esse homem não se preocupa com intermináveis "sutilezas de questões curiosas", e sim com "a dedicada contemplação de Deus e de seu Cristo". Ministros desta qualidade pregavam de tal modo, que, "incutindo na mente uma representação exata das coisas sagradas, inflamavam a alma com seu amor".[21]

---

17 Voetius and Hoornbeeck, *Spiritual Desertion*, 79.

18 Voetius and Hoornbeeck, *Spiritual Desertion*, 153.

19 Gisbertus Voetius, *Ta asketika sive Exercitia Pietatis* (Gorinchem: Vink, 1654), 3, citado em Joel R. Beeke, *Gisbertus Voetius: Toward a Reformed Marriage of Knowledge and Piety* (Grand Rapids, MI: Reformation Heritage Books, 1999), 14.

20 Johannes Hoornbeeck, *Theologiae Practicae* (Utrecht, Versteegh, 1663), 1:85, citado em Beeke, *Gisbertus Voetius*, 20.

21 Witsius, *On the Character of a True Theologian*, 27.

Introdução à Reforma Holandesa Posterior

Tal ensino requer homens que conheçam a Deus experiencialmente. Witsius escreveu: "E como, eu pergunto, é possível que ele conheça a verdade que está em Jesus, se não for inflamado pelo amor de Jesus e santificado pela verdade de Deus?" O ministro precisa ter um "verdadeiro gosto" pelas coisas celestiais e uma conduta celestial à imagem de Cristo. Deve "anelar pelas coisas que são de cima e eternas", vendo com desprezo as riquezas, honras e prazeres deste mundo. Todo pregador deve ser humilhado pela vocação santa que Deus lhe fez. Mas, à semelhança de Witsius, não deve "perder a coragem", nem "abaixar o padrão exato do dever", mas, em vez disso, "pela graça de Deus", ele não deve "poupar esforços" para ser um fiel servo do Senhor.[22]

A pregação do evangelho é a mão de Deus estendendo a pecadores a obra salvadora de Cristo. Pregadores da Reforma Holandesa Posterior se regozijavam no pensamento de que a soberana misericórdia de Deus se estende a pecadores a partir de Cristo por meio da Palavra pregada. Taffin orou:

> Mas, ó Deus gracioso, quando éramos filhos da ira, teus inimigos e rendidos a todo o mal, tiveste compaixão de nós, pecadores infelizes e deploráveis. Voltaste teus olhos de misericórdia e favor em nossa direção. Entregaste o teu querido e amado Filho, Jesus Cristo, à morte vergonhosa e maldita na cruz, por nós. Enviaste teu santo evangelho, a mensagem bendita e jubilosa de nossa salvação. Acompanhaste esse evangelho com teu Espírito Santo, para iluminar-nos, atrair-nos a ti mesmo e dar-nos uma participação nos tesouros do teu reino e a vida eterna. Estendeste a tua mão do céu até às profundezas do inferno para nos resgatar e

---

22 Witsius, *On the Character of a True Theologian*, 44-48.

PREGAÇÃO REFORMADA

nos tornar teus filhos benditos. Fizeste tudo isso de acordo com o bom prazer de tua vontade, mostrando misericórdia àqueles para os quais quiseste ser misericordioso.[23]

Havendo considerado a Reforma Holandesa Posterior e sua ênfase experiencial, nos voltamos em seguida à principal afirmação doutrinária promulgada durante este período na Holanda e suas implicações para o ministério da Palavra.

OS CÂNONES DE DORT

O Sínodo de Dort (ou Dordrecht, uma cidade no Sul da Holanda) foi convocado para resolver a controvérsia que assolava as igrejas holandesas. Um professor em Leiden, chamado Jacob Armínio (1560-1609), se afastara da fé reformada em diversos pontos. Suas ideias encontraram ampla aceitação e receberam o apoio de alguns líderes governamentais importantes, que pressionaram igrejas locais a adotarem as opiniões de Armínio. Depois da morte de Armínio, seus seguidores, "os remonstrantes", elaboraram sua "Remonstrância", resumindo suas objeções aos ensinos da fé reformada em cinco pontos. Apresentaram esse resumo ao governo em 1610, buscando revisar a Confissão Belga e o Catecismo de Heidelberg. Essa controvérsia assumiu conotações políticas, e logo a guerra civil ameaçou a paz da nação. Em 1617, os Estados Gerais (o parlamento holandês) convocaram um sínodo nacional para lidar com o desafio dos remonstrantes.

O Sínodo de Dort se reuniu em 154 sessões, de novembro de 1618 a maio de 1619. Embora fosse um sínodo nacional com 62 delegados de igrejas holandesas, também incluiu 27 delegados

---

23 Taffin, *The Marks of God's Children*, 141-42.

Introdução à Reforma Holandesa Posterior

estrangeiros que representavam igrejas reformadas de oito países. Produziu os Cânones de Dort; *cânone* se refere a um veredito autoritário sobre uma questão de doutrina ou disciplina eclesiástica.

Estes cânones são chamados popularmente de cinco pontos do calvinismo, mas esta é uma designação errada em vários sentidos. Primeiramente, os delegados não teriam se identificado como "calvinistas", e sim como cristãos reformados, vendo João Calvino como um entre muitos dos bons mestres na Reforma. Em segundo, o sínodo organizou os cânones em quatro títulos, e não cinco, porque acreditava que a pecaminosidade humana e a graça regeneradora tinham de ser consideradas juntas. Por isso, os cânones ("Títulos de Doutrina") III e IV foram combinados em um só. Em terceiro, os cânones não oferecem uma apresentação completa da teologia reformada, mas apenas a resposta da ortodoxia aos erros dos remonstrantes. Portanto, os Cânones de Dort são a resposta reformada aos cinco pontos do arminianismo e se restringem à soteriologia, ou seja, a doutrina da salvação.

Os arminianos declararam em sua remonstrância e explicaram ao Sínodo de Dort:

1. Que Deus decretou eternamente salvar crentes em Cristo que perseverarem até o fim e condenar não crentes. Ele não elegeu ninguém para a vida eterna sem prever a fé, a obediência e a perseverança futura deles. Não há em Deus nenhuma vontade oculta de salvar apenas alguns homens, mas somente aquela vontade, proclamada no evangelho, de salvar todos os homens.

2. Que Cristo morreu por todos os homens e obteve a salvação para todos eles, mas apenas os crentes desfrutam realmente dessa salvação. A morte de Cristo reconciliou toda a raça humana com Deus. Como resultado, o Pai pode fazer convenientemente

PREGAÇÃO REFORMADA

uma aliança de graça com pecadores, sob a condição de que creiam que Cristo morreu por eles.

3. Que um homem não pode, de sua livre vontade, produzir fé ou qualquer graça salvadora. Ele tem de ser nascido de novo pelo Espírito Santo. Mas o pecador pode obter fé e regeneração por ouvir a Palavra de Deus, arrepender-se de seus pecados e desejar a graça. Como observou Cornelis Venema, os remonstrantes ensinavam que "o homem pecador tem de predispor-se para receber e cooperar com a graça de Deus, a fim de ser salvo".[24]

4. Que o homem não pode fazer qualquer bem à parte da graça de Deus, mas essa graça não é irresistível. Por sua Palavra e seu Espírito, Deus dá o poder para crer, mas o homem é capaz de desprezar esta graça e rejeitar a fé e, assim, perecer. Todo aquele que ouve a Palavra de Deus recebe graça suficiente para crer para a salvação, se assim quiser.

5. Que crentes possuem em Cristo tudo de que precisam para perseverar, mas, se forem negligentes, podem perder a graça de Deus e retornar para o mundo. Não é incomum crentes caírem no pecado em que perdem a fé e a justificação, embora possam ser convertidos e salvos de novo. Portanto, nenhum crente pode ter certeza de que nunca cairá e será, por fim, condenado.[25]

O Sínodo de Dort respondeu a estas afirmações com sabedoria pastoral e equilíbrio teológico admiráveis. Os cânones refletem profundeza bíblica, zelo evangelístico e gratidão calorosa.

---

24 Cornelis P. Venema, *But for the Grace of God: An Exposition of the Canons of Dort* (Grandville, MI: Reformed Fellowship, 2011), 61.

25 Ver a Remonstrância em Philip Schaff, *The Creeds of Christendom: With a History and Critical Notes* (New York: Harper, 1877), 3:545-49; e "The Opinions of the Remonstrants", em Homer C. Hoeksema, *The Voice of Our Fathers: An Exposition of the Canons of Dordrecht* (Grand Rapids, MI: Reformed Free Publishing Association, 1980), 103-9.

Introdução à Reforma Holandesa Posterior

Merecem nossa leitura e ponderação. Em resumo, contra os arminianos, o sínodo declarou:

1. Que Deus, por sua misericórdia, enviou seu Filho para salvar pecadores e enviou pregadores para anunciarem que todo aquele que se arrepender e crer em Cristo será salvo. Mas apenas aqueles que Deus escolheu se arrependerão e crerão, porque sua conversão é um dom de Deus. Deus não escolheu salvá-los porque eles creem; eles creem porque Deus os escolheu.

2. Que Deus entregou seu Filho para satisfazer à justiça de Deus pelos pecados dos eleitos de Deus. A morte de Cristo é de valor infinito; portanto, a promessa do evangelho deve ser pregada a todos. Mas era a vontade de Deus que a morte de Cristo redimisse apenas os eleitos, que serão, certa e completamente, salvos, apesar do pecado e de Satanás.

3/4. Que, embora todos os homens ainda retenham sua mente e sua vontade, a alma está tão completamente morta, que eles não podem nem desejam vir a Deus, nem podem dispor-se a fazer isso. Deus não dá aos homens o poder para crer se eles assim escolherem; em vez disso, Deus os ressuscita da morte do pecado e renova a mente e o coração deles, para que escolham crer.

5. Que os crentes têm muitas fraquezas remanescentes e podem, infelizmente, cair no pecado. Contudo, Deus permanece misericordioso, de acordo com seu propósito de amor eterno. Ele os preserva, para que não se afastem, mas perseverem na fé. Embora os crentes possam experimentar dúvidas sobre a sua salvação, é possível desfrutarem de consolo e inabalável certeza de salvação e de vida eterna.

Como resultado das resoluções do sínodo, os ministros arminianos foram removidos de seus púlpitos. Liderados por Simão

PREGAÇÃO REFORMADA

Episcópio (1583-1643), eles continuaram fora da igreja nacional e obtiveram direito de tolerância na Holanda em 1625. Com o passar do tempo, muitos deles caíram nos erros grosseiros de Socianismo e Unitarismo, negando as doutrinas da Trindade e da expiação vicária por meio do sangue de Cristo.

Não é propósito deste livro explicar e defender os ensinos de Dort. Mas eu os recomendo enfaticamente ao leitor para estudo subsequente. Comece por ler os próprios cânones. Estão cheios de verdade e sabedoria bíblica. Depois, leia bons materiais de estudo sobre os cânones.[26] Visto que o propósito deste capítulo é ilustrar a pregação reformada experiencial, vamos agora considerar o que o sínodo ensinou sobre o ministério da Palavra.

OS CÂNONES DE DORT E A PREGAÇÃO DA PALAVRA

Os Cânones de Dort são famosos por seus pronunciamentos doutrinários sobre a graça soberana de Deus para pecadores, mas Peter De Jong comenta que limitar o trabalho do sínodo à teologia é "um engano evidente". Antes e depois de abordar o arminianismo, o sínodo lida com várias outras questões levantadas pelas igrejas, e a "pregação nas igrejas constituía um dos seus principais interesses".[27]

Primeiramente, o sínodo reafirmou o costume de pregar sobre o Catecismo de Heidelberg. A pregação do catecismo foi introduzida

---

26 Sobre os Cânones de Dort, ver Peter Y. De Jong, ed., *Crisis in the Reformed Churches: Essays in Commemoration of the Great Synod of Dort, 1618-1619* (Grand Rapids, MI: Reformed Fellowship, 1968); Hoeksema, *Voice of Our Fathers*; P. G. Feenstra, *Unspeakable Comfort: A Commentary on the Canons of Dort* (Winnipeg: Premier Printing, 1997); Cornelis Pronk, *Expository Sermons on the Canons of Dort* (St. Thomas, ON: Free Reformed Publications, 1999); William Twisse, *The Doctrine of the Synod of Dort and Arles, Reduced to the Practise* (Amsterdam: Successors of G. Thorp, 1631); Venema, *But for the Grace of God*; Joel R. Beeke, *Vivendo para a Glória de Deus: Uma Introdução à Doutrina Reformada* (São José dos Campos, SP: Fiel, 2010).

27 Peter Y. De Jong, "Preaching and the Synod of Dort", em *Crisis in the Reformed Churches*, 120-21.

Introdução à Reforma Holandesa Posterior

em 1566 por Pieter Gabriël (m. 1573) e se tornou obrigatória às igrejas em 1586. O próprio catecismo foi adequado para exposição semanal, quando foi dividido em 52 Dias do Senhor. Todavia, a negligência congregacional e a estafa pastoral ameaçaram a sobrevivência desta prática. O sínodo afirmou: "Nos diferentes lugares, os ministros explicarão no domingo, regularmente no sermão da tarde, a suma da doutrina cristã abrangida no catecismo que, no presente, é aceito nas igrejas da Holanda, de modo que seja completado a cada ano, de acordo com a divisão do próprio catecismo feita para este propósito".[28] O Sínodo acrescentou que os sermões devem ser "breves e de compreensão fácil por causa dos incultos".[29] Assim, os Cânones de Dort expressam a preocupação de que as pessoas recebam instrução nos padrões doutrinários da igreja, por meio de pregação regular do catecismo. Como vimos num capítulo anterior, o Catecismo de Heidelberg expressa o cristianismo experiencial reformado com grande fervor e profundidade.

Em segundo, o Sínodo de Dort recomendou a pregação da predestinação. Os teólogos rejeitaram a ideia de que a predestinação seja uma noção irrelevante e abstrata, ou, pior, uma ideia prejudicial que é melhor permanecer quieta. Foi pregada pelos profetas do Antigo Testamento, pelos apóstolos do Novo Testamento e por Cristo mesmo. Portanto, os cânones dizem, a doutrina da eleição deveria ser pregada, "contanto que fosse pregada com reverência, no espírito de discrição e piedade, para a glória do santíssimo nome de Deus e para fortalecimento e consolo de seu povo, sem tentar inutilmente investigar os caminhos secretos do Altíssimo"

---

28 "Church Order," 3.68, em *Doctrinal Standards, Liturgy, and Church Order*, ed. Joel R. Beeke (Grand Rapids, MI: Reformation Heritage Books, 2003), 187.

29 Citado em De Jong, "Preaching and the Synod of Dort", 121.

PREGAÇÃO REFORMADA

(1:14).[30] Os pregadores devem se prender estritamente à Palavra e pregá-la ao coração dos ouvintes. As doutrinas da eleição e da reprovação não promovem o pecado, o fatalismo ou o desespero, mas, em vez disso, podem e devem ser pregadas "para a glória do Nome divino, para a santidade de vida e para a consolação de almas aflitas", como dizem os cânones em suas considerações finais.

Venema disse: "Deus se agradou, para a edificação e a salvação de seu povo, de revelar nas Escrituras a verdade concernente à sua graça eletiva em Cristo. Não pregar o que a Palavra ensina sobre este assunto seria infidelidade e ingratidão de nossa parte". Mas ele faz este alerta: "A pregação da eleição tem de ser disciplinada cuidadosamente pela Palavra de Deus, não declarando nada além do que Deus mesmo se agradou em revelar-nos na Palavra".[31]

Em terceiro, o sínodo declarou que as doutrinas da graça, que os cânones expõem em cinco títulos, têm implicações enormes para a pregação. Os cânones apresentam a perspectiva bíblica sobre a graça salvadora de Deus que molda o motivo e a forma como pregamos a Palavra. No que escrevo em seguida, sob três títulos, ofereço algumas das lições dos cânones quanto à pregação.

A PREGAÇÃO É UM MEIO DA GRAÇA SOBERANA

Os cânones dizem: "Visto que todos os homens pecaram em Adão, estão sob a maldição e merecem a morte eterna, Deus não teria sido injusto por deixá-los, todos, perecer e entregá-los à condenação por causa do pecado" (1.1). Mas o coração de Deus transbordou de misericórdia, e ele enviou seu Filho para salvar pecadores (1.2).

---

30 "The Canons of Dort", head 1, article 1, em *Doctrinal Standards*, 97. Referências adicionais aos cânones são anotadas no texto pelo número do título de doutrina e do artigo. Note que os títulos 3 e 4 são combinados, resultando numa referência como 3/4.1.

31 Venema, *But for the Grace of God*, 32-33.

Além disso, os cânones dizem, "para que homens sejam levados a crer, Deus envia misericordiosamente os mensageiros destas maravilhosas notícias a quem ele quer e quando lhe apraz. Por meio destes ministros, os homens são chamados ao arrependimento e à fé em Cristo crucificado" (1.3). Portanto, desde o seu início, os Cânones de Dort exaltam a pregação como o meio pelo qual a misericórdia de Deus satisfaz em Cristo às necessidades de homens perdidos. Cornelis Pronk disse: "Quando falamos sobre a eleição, devemos começar com o fato de que Cristo é pregado e oferecido gratuitamente a pecadores perdidos".[32]

Os eleitos de Deus não são distinguidos por qualquer superioridade existente em sua natureza ou temperamento, e sim pelo efeito da Palavra neles. Deus decretou outorgar seus eleitos a Cristo e "chamá-los e atraí-los de modo eficaz à sua comunhão, por meio de sua Palavra e de seu Espírito" (1.7). Portanto, a pregação bíblica cheia do Espírito desempenha um papel central na chamada eficaz para Cristo. Também é um meio pelo qual Deus preserva sua graça nos crentes, para que eles perseverem (5.14). Quando caem no pecado, Deus, "por sua Palavra e por seu Espírito, os renova certa e eficazmente para arrependimento" (5.7). A combinação de Palavra e Espírito lembra os ministros que a pregação exige a bênção do Espírito Santo para ser eficaz em evangelização e edificação.

Já vimos que Deus é soberano no envio de um pregador a um povo específico (1.3). O Sínodo de Dort nega enfaticamente que Deus envia o ministro da Palavra a um povo porque ele é "melhor e mais digno do que outro ao qual o evangelho não foi comunicado". Pelo contrário, é "mera e unicamente o beneplácito de Deus" que

---

32 Pronk, *Expository Sermons on the Canons of Dort*, 19.

PREGAÇÃO REFORMADA

governa o envio do pregador a um povo específico (1.r9).[33] Logo, quando um pregador sai para servir a uma comunidade, pode confiar que está ali pela vontade soberana de Deus.

A menos que Deus envie um pregador do evangelho, não há esperança de salvação. Nem "a luz da natureza", nem a "lei" moral podem salvar um pecador. Deus salva o pecador "pela operação do Espírito Santo por intermédio da Palavra ou do ministério de reconciliação" (3/4.6). Esta última expressão é uma referência à pregação do evangelho descrita em 2 Coríntios 5:18-21:

> Ora, tudo provém de Deus, que nos reconciliou consigo mesmo por meio de Cristo e nos deu o ministério da reconciliação, a saber, que Deus estava em Cristo reconciliando consigo o mundo, não imputando aos homens as suas transgressões, e nos confiou a palavra da reconciliação. De sorte que somos embaixadores em nome de Cristo, como se Deus exortasse por nosso intermédio. Em nome de Cristo, pois, rogamos que vos reconcilieis com Deus. Aquele que não conheceu pecado, ele o fez pecado por nós; para que, nele, fôssemos feitos justiça de Deus.

No meio de uma afirmação confessional sobre a graça soberana que predestina, somos lembrados que pregadores devem apelar aos pecadores que venham a Cristo.

Quando Deus envia um pregador, isso é uma graça imensa para as pessoas que o ouvem. Elas não devem tentar intrometer-se nas razões de Deus para ignorar outros e dar-lhes o evangelho. Nem devem pensar que eram "superiores" ou "estavam fazendo melhor uso da luz da natureza". Pelo contrário, devem reconhecer

---

33 A anotação 1.r9 significa título de doutrina 1, rejeição 9.

Introdução à Reforma Holandesa Posterior

as misericórdias de Deus para com elas, com "corações humildes e agradecidos" (3/4.7).

A PREGAÇÃO FAZ UMA OFERTA SINCERA DE CRISTO A TODOS OS HOMENS

A eleição de Deus permanece um segredo até que produz fruto na conversão. Portanto, o pregador tem de proclamar o evangelho a todos que o ouvem. Os cânones dizem: "Além disso, a promessa do evangelho é que todo aquele que crê em Cristo crucificado não pereça, mas tenha a vida eterna. Esta promessa, acompanhada da ordem de arrepender-se e crer, deve ser proclamada e declarada, indiscriminadamente e sem distinção, a todas as nações e a todas as pessoas às quais Deus, por seu beneplácito, envia o evangelho" (2.5). A expressão "indiscriminadamente e sem distinção" é um pleonasmo e significa que o evangelho deve ser proclamado a qualquer pessoa e a todos igualmente e se aplica tanto à promessa quanto à ordem do evangelho. Significa que o ministro não tem o direito de tentar imaginar que a pessoa não convertida pode ou não ser um eleito, mas que deve enfatizar para todos os seus ouvintes seu *dever* de abandonar o pecado e crer em Cristo.

Os cânones fazem esta afirmação no meio do ensino sobre a doutrina da "expiação limitada" ou redenção definida. Algumas pessoas acham que pregar o evangelho exige que digamos às pessoas: "Cristo morreu por você. Creia nisto e você será salvo". Com base nisto, acusam aqueles que creem que Cristo redimiu seus eleitos de não serem capazes de pregar o evangelho livremente a todos os homens. Mas aqui os cânones ensinam tanto a redenção de um povo específico quanto o convite do evangelho para que todos venham a Cristo. Como Pronk ressaltou, os apóstolos "não

PREGAÇÃO REFORMADA

chamavam pecadores a crer que Cristo morreu por eles; os apóstolos chamavam pecadores a crer em Cristo".[34] Atos 16:31 diz: "Crê no Senhor Jesus e serás salvo, tu e tua casa". Em nenhuma passagem do Novo Testamento, vemos Cristo ou seus discípulos dizendo às pessoas "Cristo morreu por você". Em vez disso, a evangelização bíblica declara que Cristo morreu por pecadores e promete salvar todos que crerem nele.

O chamado do evangelho expressa o convite sincero de Deus para que todos os pecadores venham a Cristo. Os cânones dizem: "Todos os que são chamados pelo evangelho são chamados genuinamente. Porque Deus mostra sincera e verdadeiramente em sua Palavra o que lhe é agradável, ou seja, que os chamados obedeçam ao convite. Além disso, Deus promete seriamente a vida eterna e descanso para todos que vierem a ele e crerem nele" (3/4.8). Cristo é "oferecido" verdadeiramente no evangelho, embora muitos homens que são "chamados pelo ministério da Palavra" o rejeitem (3/4.9). Por isso, o ministro proclama uma chamada sincera da parte de Deus no sentido de que todos os homens se arrependam, oferecendo-lhes Cristo como o único Salvador dos pecadores.

Alguns cristãos reformados rejeitam erroneamente o ensino da livre oferta do evangelho. Discutem nosso entendimento dos Cânones de Dort e até sua tradução.[35] Por exemplo,

---

34 Pronk, *Expository Sermons on the Canons of Dort*, 128.

35 Homer Hoeksema levanta questões sobre a tradução e a interpretação dos cânones 3/4.8 em *Voice of Our Fathers*, 485-86. As palavras *genuinamente*, *sinceramente* e *seriamente* traduzem, todas, a mesma palavra latina (*serio*). Hoeksema se opõe especialmente a *sinceramente*, mas os léxicos de latim admitem tanto *seriamente* quanto *sinceramente* como traduções corretas. Ver Ethan Allen Andrews, *A Copious and Critical Latin-English Lexicon* (New York: Harper & Brothers, 1851), 1401; Leo F. Stelten, *Dictionary of Ecclesiastical Latin: With an Appendix of Latin Expressions Defined and Clarified* (Peabody, MA: Hendrickson, 1995), 245. Ele está certo, porém, em afirmar que a tradução "obedeçam ao convite" é uma paráfrase do latim (*ad se veniant*), que numa tradução melhor seria "venham a Ele". Quanto ao texto em latim dos cânones 3/4.8, ver *Acta Synodi Nationalis, In nomine*

Homer Hoeksema se opõe ao que identifica como "deturpação da chamada do evangelho em uma oferta de salvação geral e bem intencionada".[36] Em vez disso, ele insiste em que a chamada do evangelho é "uma exigência ou uma ordem".[37] Como as Escrituras dizem, Deus ordenou "aos homens que todos, em toda parte, se arrependam" (At 17:30). Mas os cânones também dizem corretamente que Cristo é "oferecido" por meio do evangelho (3/4.9). Hoeksema diz que a palavra traduzida por "oferecido" (latim, *offero*) não denota "um convite bem intencionado", mas significa "apresentado ou mostrado".[38] Mas *oferecer* significa frequentemente colocar algo diante de alguém para sua aceitação ou rejeição, como em oferecer comida ou um presente. "Bem intencionado" é outra maneira de dizer "sincero" ou "genuíno" – que é a maneira pela qual os cânones descrevem a chamada do evangelho. E um *convite* é um chamado a vir. A Bíblia apresenta o evangelho como um convite para o banquete de Deus (Pv 9:1-5; Lc 14:16-24). Deus chama pessoal, sincera e seriamente todos os homens a virem a ele e acharem salvação por crerem em seu Filho.

Fidelidade à Bíblia, no que diz respeito a este assunto, como em muitos outros, suscita a acusação de contradição ou incoerência. Os arminianos acusam os reformados de prejudicarem a evangelização. Por outro lado, Hoeksema reclama que os Divinos em Dort "não estavam em seu melhor" e sofreram de "uma falta

---

Domini nostri Iesv Christi, Autoritate Illvstr. et Praepotentvm DD. Ordinvm Generalivm Foederati Belgii Provinciarvm, Dordrechti Habitae Anno MDCXVIII et MDCXIX (Lvgdvni Batavorvm: Isaaci Elzeviri, 1620), 257.

36 Hoeksema, *Voice of Our Fathers*, 489.

37 Hoeksema, *Voice of Our Fathers*, 492.

38 Hoeksema, *Voice of Our Fathers*, 499-500.

PREGAÇÃO REFORMADA

de clareza" nestes artigos.[39] Pelo contrário, creio que foram bastante claros. Entenderam duas verdades bíblicas e se recusaram a deixar que qualquer delas fosse ignorada. De Jong escreveu: "Na verdade, os reformados não tentaram resolver o que lhes parecia incompreensível. Mas enfatizaram a responsabilidade do homem e a soberania de Deus conforme ensinadas nas Escrituras".[40]

Isto tem implicações tremendas para a pregação, uma vez que os ministros falam como representantes de Deus. Um pregador reformado que afirma a predestinação deve oferecer Cristo a todos que ouvem o evangelho, apresentando chamados sinceros para que venham a Cristo e sejam salvos. G. H. Kersten escreveu: "A Palavra tem de ser pregada a todos, sem exceção; o evangelho tem de ser oferecido aos convertidos e aos não convertidos. Alguns se opõem a isto como se tornássemos a oferta de graça muito geral. Mas o Senhor Jesus o ordenou. 'Muitos são chamados, mas poucos, escolhidos' (Mt 22:14)".[41]

Peter Feenstra disse: "Os Cânones de Dort enfatizam que Deus é sério quando nos chama a vir a ele. O Senhor não tem prazer na morte de ninguém, e sim em que o pecador se converta de seu caminho e viva (Ez 18:23, 30-32)".[42] Ainda que Deus, por causa do propósito maior de sua glória, tenha decretado que somente os eleitos se voltem para ele, continua sendo verdade que ele não se deleita na destruição, mas tem prazer no arrependimento de pecadores, não importando quem sejam. Se negarmos isto, corremos o risco de negar a própria bondade de Deus.

---

39 Hoeksema, *Voice of Our Fathers*, 487.

40 De Jong, "Preaching and the Synod of Dort", 130.

41 G. H. Kersten, *Reformed Dogmatics: A Systematic Treatment of Reformed Doctrine* (Grand Rapids, MI: Netherlands Reformed Book and Publishing Committee, 1980), 369.

42 Feenstra, *Unspeakable Comfort*, 115.

Introdução à Reforma Holandesa Posterior

No entanto, esta verdade não exige que preguemos como um arminiano. Os cânones dizem que Deus não oferece graça salvadora aos homens para que a recebam por "sua própria livre vontade, que se une à graça que é oferecida" para torná-la eficaz (2.r6). Deus não oferece a "fé" aos pecadores, para que a aceitem ou a rejeitem. Em vez disso, ele oferece Cristo a todos, ordena a fé como dever de todos e opera a fé em alguns – Deus "produz tanto a vontade de crer quanto o ato de crer" (3/4.14). Os demais rejeitam a Cristo como uma escolha determinada por sua própria vontade corrupta.

O homem deve ser culpado por sua condenação. Deus deve ser louvado pela salvação. Deus "chama os homens pelo evangelho", e não é culpa dele que os homens "se recusem a vir e a serem convertidos". Pelo contrário, eles mesmos são culpados por rejeitarem a Palavra e por recusarem permitir que ela cause "uma impressão permanente em seu coração" (3/4.9). Quando pessoas se arrependem e creem, isso não acontece por causa do "exercício apropriado da livre vontade", e sim por causa do Deus eletivo que "as resgata do poder das trevas e as transporta para o reino do seu próprio Filho" (3/4.10).

Os arminianos adotaram a doutrina bíblica da chamada do evangelho para todos os homens, mas, depois, por meio de raciocínio humano distorcido, usaram-na de modo errado para negarem igualmente as doutrinas bíblicas da total incapacidade do homem e da soberania de Deus. Os cânones adotam ambos ensinos bíblicos: a livre oferta do evangelho e a chamada eficaz de Deus em pecadores desamparados. Venema disse:

> É interessante notar que a linguagem dos cânones, que descreve
> a chamada séria e genuína que Deus faz por meio do evangelho,

é quase idêntica à linguagem empregada pelos remonstrantes em seu quarto artigo. Mas os autores reformados dos cânones se recusaram a seguir a "lógica" dos remonstrantes ou arminianos, que extraíram a conclusão de que todos os pecadores devem ser capazes de obedecer às exigências do evangelho.[43]

A PREGAÇÃO É UM CANAL DE PODER SOBRENATURAL

As doutrinas da depravação total do homem e da onipotente graça divina indicam que a pregação não é meramente um exercício de comunicação e persuasão humanas. A pregação eficaz é um evento sobrenatural. Deus "não somente faz o evangelho ser pregado externamente aos homens e ilumina poderosamente a sua mente, pelo Espírito Santo... mas também, pela eficácia do mesmo Espírito regenerador, Deus penetra os recessos mais interiores do homem. Deus abre e fecha, amolece o coração endurecido... infunde novas qualidade na vontade, que, embora estivesse morta, ele vivifica" (3/4.11). Deus não meramente oferece à vontade, "pela pregação externa do evangelho, por persuasão moral", opções que podem ser aceitas ou rejeitadas pelos homens. Ele opera um milagre sobrenatural no coração, de modo que "seja dito corretamente que foi o próprio homem que creu e se arrependeu" (3/4.12).

Aqui chegamos a outra objeção que as pessoas fazem contra a graça irresistível. Pronk explicou: "A acusação é que os calvinistas creem que os eleitos são salvos contra a sua vontade e que o homem é como uma marionete arrastada pelos cabelos até Cristo". No entanto, como Pronk também disse, na realidade todo homem resiste à graça de Deus, até que a graça vença esta resistência

---

43 Venema, *But for the Grace of God*, 66n1.

Introdução à Reforma Holandesa Posterior

em seus eleitos.[44] Os cânones afirmam "que, onde a rebelião e a resistência carnal prevaleciam antes, uma obediência disposta e sincera começa a reinar, na qual a verdadeira restauração espiritual e liberdade de nossa vontade consistem" (3/4.16). Deus não salva pecadores contra a vontade deles. Em vez disso, Deus salva a vontade deles, toda a sua alma, do poder dominante do pecado. Não devemos pensar que Deus obstrui a liberdade de nossa vontade. Deus torna livre a vontade do escravizado, com a verdadeira liberdade de Cristo. Os cânones ressaltam corretamente que negar que Deus vence a resistência na vontade do homem é negar que Deus é todo-poderoso (3/4.r8). Pelo contrário, exercemos fé ou cremos "segundo a eficácia da força do seu poder" (Ef 1:19). E nossa própria vida e piedade são dons do poder de Deus (2 Pe 1:3).

A pregação é um instrumento na conversão porque o homem é um ser racional e volitivo, como Deus o criou. A obra sobrenatural de regeneração "não trata os homens como máquinas ou robôs" (3/4.16). A influência do Deus todo-poderoso opera pelo "uso de meios", em especial "o uso do evangelho", que é a "semente da regeneração". Portanto, os ministros devem realizar fielmente "o exercício da Palavra, os sacramentos e a disciplina", não tentando a Deus por procurarem separar sua graça de seus meios. Quanto mais séria e fervorosamente pregarmos, tanto mais provavelmente Deus agirá: "Porque a graça é dada por meio de admoestação; e, quanto mais prontamente realizamos nosso dever, tanto mais usualmente esta bênção de Deus opera em nós e tanto mais diretamente sua obra avança. A ele somente toda a glória é devida para sempre, tanto pelos meios quanto pelo fruto e eficácia salvíficos. Amém" (3/4.17).

---

44 Pronk, *Expository Sermons on the Canons of Dort*, 264.

PREGAÇÃO REFORMADA

Venema disse: "A confiança maravilhosa da pregação do evangelho, de acordo com os Cânones, é que Deus se agrada em atrair, por estes meios, seu povo, sem falhar".[45] Portanto, que os pregadores se encorajem! A obra de evangelização não é principalmente nossa, e sim a obra do Deus trino.[46] Como De Jong ressaltou, a pregação nunca deve ser reduzida "a um esforço por parte do pregador que pode muito bem se mostrar infrutífero". Deus enviou seu Filho para realizar sua vontade salvadora. Deus envia o pregador aonde quer que deseje. Deus envia o Espírito para tornar a pregação eficaz para salvar quem quer que ele deseje.[47] *Sola gratia! Soli Deo gloria!*

Havendo iniciado com o Cristo crucificado, que é Aquele que nós pregamos, os Cânones de Dort terminam por invocar o Senhor, que dá o dom de pregação, prega em nossa pregação e incute nos corações a nossa pregação:

> Que o Senhor Jesus Cristo, o Filho de Deus, o qual está sentado à direita do Pai e dá seus dons aos homens, santifique-nos na verdade. Que ele traga à verdade aqueles que se desviaram dela, feche a boca dos caluniadores [falsos acusadores] da sã doutrina e equipe os ministros fiéis de sua Palavra com o Espírito de sabedoria e discrição, para que tudo que falarem seja para a glória de Deus e para a edificação daqueles que os ouvem. Amém.

---

45   Venema, *But for the Grace of God*, 75.

46   Venema, *But for the Grace of God*, 92-95.

47   De Jong, "Preaching and the Synod of Dort", 127.

CAPÍTULO 15

PREGADORES HOLANDESES: TEELLINCK, VAN LODENSTEIN E À BRAKEL

No capítulo anterior, apresentei a Reforma Holandesa Posterior. Neste capítulo examinarei brevemente três de seus muitos e grandes pregadores, começando com um dos fundadores do movimento e prosseguindo, depois, para dois homens que serviram durante os anos dourados do movimento.

WILLEM TEELLINCK

Willem Teellinck, chamado frequentemente "o pai da Reforma Holandesa Posterior", nasceu em 4 de janeiro de 1579, na Zelândia.[1] Era o mais novo de oito filhos de uma família

---

1 Esta breve seção sobre a vida de Teellinck é uma adaptação condensada de Joel R. Beeke, "Introduction to Willem Teellinck", em *Willem Teellinck, The Path of True Godliness*, ed. Joel R. Beeke, trans. Annemie Godbehere (Grand Rapids, MI: Baker Academic, 2003), 11-29, e de Joel R. Beeke and Randall J. Pederson, *Meet the Puritans: With a Guide to Modern Reprints* (Grand Rapids, MI: Reformation Heritage Books, 2006), 782-86. Quanto a outras obras sobre Teellinck em inglês, ver Arie De Reuver, *Sweet Communion: Trajectories of Spirituality from the Middle Ages through the Further*

PREGAÇÃO REFORMADA

proeminente e piedosa. Seu pai, Joost Teellinck, morreu quando Willem tinha quinze anos de idade. Sua mãe, Johanna de Jonge, sobreviveu ao marido por quinze anos, mas vivia enferma quando Willem era jovem. Willem foi bem educado em sua juventude; estudou Direito na Universidade St. Andrews, na Escócia, e na Universidade de Poitiers, na França, onde obteve um diploma em Direito em 1603.

No ano seguinte, Teellinck gastou nove meses com a comunidade puritana na Inglaterra, residindo com uma família piedosa em Banbury. Foi profundamente impressionado por seu contato com a piedade puritana vivida no culto familiar, orações particulares, discussões de sermões, observância do domingo, jejuns, comunhão espiritual, autoexame, piedade sincera e boas obras. Isto resultou em sua conversão. Um zelo pela verdade de Deus e a piedade puritana nasceu em seu coração e nunca mais foi apagado.

Durante sua permanência na Inglaterra, Teellinck conheceu Martha Greendon, uma jovem puritana de Derby que se tornou sua esposa e retornou com ele para a Holanda. Ela compartilhava de seu alvo de viver a *praxis pietatis* (prática da piedade) puritana na vida familiar, bem como no ministério eclesiástico – e além. Juntos, resolveram trazer para a Holanda a maneira puritana de se pensar e viver. Este impacto foi abrangente. Três dos filhos deles se tornaram ministros reformados, e uma filha se casou com um ministro.

Reformation, trans. James A. De Jong (Grand Rapids, MI: Baker Academic, 2007), 105-60; Fred Ernest Stoeffler, *The Rise of Evangelical Pietism* (Leiden: Brill, 1965), 127-33. Em holandês, ver W. J. Op't Hof, *Willem Teellinck* (1579-1629): *Leven, Geschriften En Invloed* (Kampen: De Groot Goudriaan, 2008); W. J. Op't Hof, C. A. De Niet, and H. Uil, *Eeuwout Teellinck in Handschriften* (Kampen: De Groot Goudriaan i.s.m. Stichting Studie der Nadere Reformatie, 1989); M. Golverdingen, *Avonden Met Teellinck: Actuele Thema's Uit Zijn Werk* (Houten: Den Hertog, 1993); Willem Jodocus Matthias Engelberts, *Willem Teellinck* (Amsterdam: Ton Bolland, 1973); Harm Bouwman, *Willem Teellinck En De Practijk Der Godzaligheid* (Kampen: Kok, 1928).

Pregadores holandeses: Teellinck, van Lodenstein e à Brakel

Teellinck edificou sua família por seu exemplo piedoso. Ele era hospitaleiro e filantrópico, mas enfatizava a simplicidade nas mobílias, roupas e comida do lar. Geralmente, conduzia as conversas nos tempos de refeições em uma direção espiritual. O culto familiar era praticado escrupulosamente à maneira puritana. Uma ou duas vezes por ano, os Teelincks observavam um dia de oração e jejum da família. Ele considerava esta prática útil para levar a si mesmo e a sua família a se dedicarem totalmente a Deus.

Teellink estudou por mais dois meses em Leiden. Foi ordenado ao ministério pastoral em 1606 e serviu à paroquia de Burgh-Haamstede, na ilha de Duiveland, por sete anos frutíferos. Houve várias conversões, porém, muito à semelhança de seu antecessor, Godefridus Udemans (c. 1581-1649), lutou contra a vida da localidade, que era rude e indisciplinada. As minutas do presbitério daquele tempo abordavam frequentemente os problemas de abuso de álcool, profanação do domingo, brigas, participação no carnaval e um espírito de desordem.

Em 1610, Teellinck visitou a Inglaterra para renovar os laços com seu colegas puritanos Thomas Taylor (1576-1632), John Dod e Arthur Hildersham. Durante essa estadia, Teellinck pregou para a congregação holandesa em Londres. De 1613 até sua morte em 1629, serviu como pastor em Middelburg, uma cidade florescente que possuía seis igrejas reformadas – quatro holandesas, uma inglesa e uma francesa. As pessoas eram atraídas ao ministério de Teellinck por causa de sua pregação e conversa sinceras, visitação e catequização, viver piedoso, comportamento altruísta e escritos simples e práticos. Ele demonstrava sua convicção de que um pastor deve ser a pessoa mais piedosa na congregação – e sua piedade envolvia autonegação. Por exemplo, quando uma praga assolou

PREGAÇÃO REFORMADA

Middelburg em 1624, ele não somente exortou as pessoas ao arrependimento público e particular, mas também visitou inúmeros lares infectados, embora instasse os outros a que não se colocassem em risco por fazerem isso.

O trabalho árduo de Teellinck em Middelburg produziu fruto. Cinco anos depois de sua chegada, ele escreveu à sua congregação em seu *Noodwendig Vertoogh* ("Discurso Urgente"): "Temos muitas razões para agradecer ao Senhor. Vocês vêm à igreja em grande número todo domingo; os prédios de nossas quatro igrejas não podem conter todas as pessoas. Muitas de nossas famílias podem ser chamadas de 'pequenas igrejas'. Há boa ordem em conformidade com boas regras. Muitos de vocês usam diligentemente os meios de graça e ouvem com alegria as nossas admoestações para praticarem a piedade". Apesar disso, ele ficava angustiado com a indiferença em e além de seu rebanho. A "dor e angústia constantes" que levava em seu coração por causa de negligência espiritual e carnalidade que prevaleciam na igreja e na sociedade, fizeram-no usar suas prodigiosas energias e dons para falar e escrever, a fim de realizar uma reforma abrangente em cada esfera da vida. Arie De Reuver escreveu: "Ele tinha a convicção de que esta prática espiritual deveria envolver toda a vida: coração e lar, igreja e governo civil, educação e cuidado médico, vocação e tempo de lazer... A plenitude de vida tinha um único centro, ou seja, a comunhão pessoal com Deus".[2]

Teellinck morreu relativamente jovem, aos 50 anos, em 8 de abril de 1629, depois de uma longa batalha com a saúde debilitada. Embora nunca houvesse ensinado teologia em uma universidade ou pregado com palavras eloquentes, ele moldou a piedade de toda a Reforma Holandesa Posterior. Seu ministério exemplificou suas

---

2 De Reuver, *Sweet Communion*, 110.

Pregadores holandeses: Teellinck, van Lodenstein e à Brakel

palavras: "Verdadeiramente, a Palavra de Deus é a espada do Espírito e o meio para destruir o reino das trevas e fortalecer o reino da graça (Ef 6:17)".[3]

PREGAÇÃO SIMPLES E PRÁTICA

Em sua pregação, Teellinck permeou o cenário holandês com a seriedade dos puritanos ingleses. Seus sermões focavam na prática da piedade; ele pregava constantemente sobre a necessidade de arrependimento. Tinha o dom de repreender e pronunciar os julgamentos de Deus, enquanto, ao mesmo tempo, atraía as pessoas ao amor de Deus e as cortejava para Cristo. Teellinck rejeitava usar trivialidades no púlpito, que incluíam expressões floreadas e ilustrações insignificantes. Ele era franco e ousado em se expressar, chegando ao ponto de rispidez.

Teellinck acreditava que a sã doutrina pode produzir fruto genuíno quando aplicada com a lógica correta. Toda doutrina contém material para reprimenda, refutação, advertência e consolação. Essas devem ser aplicadas de maneira retórica para penetrar a consciência. Por exemplo, num sermão sobre o amor de Cristo (2 Co 5:14), ele passa rapidamente da exegese para um desenvolvimento minucioso da doutrina, apresentando-a com grande ardor e amor a Deus. Depois, faz aplicações completas e detalhadas, às vezes na forma de perguntas e respostas. Teellinck pregava com grande seriedade e repreendia o pecado com zelo. Ele não tinha medo de citar pecados específicos de sua comunidade ou de queixar-se da negligência do povo quanto ao dia do Senhor. Também não permitia que pecadores se apegassem às suas desculpas não confrontadas. Quando repreendeu um bêbado, o homem lhe disse que

---

3 Teellinck, *The Path of True Godliness*, 163.

PREGAÇÃO REFORMADA

cuidasse de sua própria vida e zombou: "Cerveja não é fermentada para gansos". O ministro respondeu seriamente: "Isso é verdade, meu amigo, mas o inferno também não foi criado para gansos".[4]

Os sermões de Teellinck sondavam a experiência humana. Pregando sobre o pecado que ainda permanece no crente (Rm 7:24), disse que a diferença entre o incrédulo e um crente é semelhante à que existe entre a meia-noite e o alvorecer. O incrédulo não tem luz espiritual, mas o crente tem uma mistura, quando a luz irrompe nas trevas. De fato, cada parte de nosso ser contém tanto luz quanto trevas.[5] Teellinck estimulava a imaginação e as afeições por comparar o pecado a um monstro que tinha os olhos no lugar dos ouvidos e a boca na testa, a vermes consumindo um cadáver em decomposição e a um urso rasgando um homem.[6] Os santos "veem a odiosidade deste Monstro", ele disse, e preferem morrer a satisfazerem seus apetites, embora o mundo viva a alimentá-lo.[7] O exemplo de Paulo nos mostra que este monstro horrível "habita até mesmo o melhor e mais santo de todos".[8] Apesar disso, nos filhos de Deus, esta corrupção natural não senta "num trono, governando e ordenando como um rei, mas permanece, por assim dizer, estirada num cavalete de tortura", onde o Espírito opera para enfraquecê-la dia após dia até à morte.[9] A presença deste "monstro enganoso e mortal" em nós,

---

4 Citado em Engelberts, *Willem Teellinck*, cap. 5.

5 Willem Teellinck, *Pauls Complaint Against His Naturall Corruption: With the Meanes How to Bee Deliuered from the Power of the Same: Set Forth in Two Sermons Vpon the 24 Verse of the 7 Chapter of His Epistle to the Romanes*, trans. Christopher Harmar (London: by Iohn Dawson for Iohn Bellamie, 1621), 3-4.

6 Teellinck, *Pauls Complaint*, 4-7.

7 Teellinck, *Pauls Complaint*, 11-12, 36-37.

8 Teellinck, *Pauls Complaint*, 18.

9 Teellinck, *Pauls Complaint*, 20.

Pregadores holandeses: Teellinck, van Lodenstein e à Brakel

constantemente, exige que os crentes "andem em cautela e circunspecção", como uma cidade mantém vigilância contra um exército sitiante e traidores no interior de suas muralhas.[10]

No entanto, ele oferece este consolo: aqueles que se entristecem sinceramente com o pecado e lutam para mortificá-lo pelo Espírito são os verdadeiros filhos de Deus.[11] Eles têm "um sentimento e um conhecimento experiencial da miséria que surge do pecado", e isso os impele a "buscar nosso livramento do pecado por meio de Jesus Cristo".[12] Eles têm verdadeira fé em Cristo, não meras palavras, e sim a fé que os atrai ao Médico para serem curados por "seu sangue, o remédio de nossa alma". A fé salvadora consiste em negarem sua própria sabedoria, vontade e desejos pecaminosos, entregando-se a Cristo para serem governados por ele e sua Palavra e crendo que ele os salvará, conforme promete.[13]

Deus chama o cristão a buscá-lo em devoção bíblica, que Teellinck chama de "a prática da bem-aventurança divina".[14] Os verdadeiros crentes devem resolver exaltar diariamente o Senhor em todos os aspectos da vida, no lar, no trabalho ou na igreja. Deus é "simplesmente o melhor", uma "fonte", um "oceano", um "sol", "a fonte pura de tudo que desejamos" e "melhor do que a própria vida".[15] Teellinck disse: "Quando os pregadores pregam que os homens devem morrer para o mundo e crucificar o velho homem, etc., a intenção deles não é fazer os homens perversos ou miseráveis por meio disso (como alguns imaginam); antes, o propósito deles

---

10 Teellinck, *Pauls Complaint*, 23.

11 Teellinck, *Pauls Complaint*, 29, 43-44.

12 Teellinck, *Pauls Complaint*, 46.

13 Teellinck, *Pauls Complaint*, 57-64.

14 Citado em De Reuver, *Sweet Communion*, 114.

15 Citado em De Reuver, *Sweet Communion*, 117, 126-28.

PREGAÇÃO REFORMADA

com isso é apenas trazer aos homens a verdadeira felicidade que todos nós buscamos".[16] O crente avança num "constante movimento em direção a Deus", assim como o fogo sobe, por natureza, em direção ao céu, com calor intenso. O crente faz isso pelos "estímulos e movimentos do bom Espírito de Deus".[17] Mas este Espírito não se acha divorciado da Palavra escrita. Aqui, vemos a centralidade da Escritura e a prioridade da pregação na espiritualidade de Teellinck. De Reuver escreveu: "A Bíblia Sagrada é o ponto de contato com o Espírito Santo... O sopro do Espírito é derramado na Bíblia e a 'permeia'. Como resultado, cada página e cada versículo exala os movimentos sagrados do Espírito".[18] Portanto, a vida de ouvir a Palavra, ler a Palavra e meditar na Palavra é uma vida de espiritualidade vibrante. O pregador serve como um estímulo capacitado pelo Espírito para a devoção dos santos centrada em Deus.

Além de abordar a experiência interior, Teellinck era um pregador prático que abordava os eventos correntes. Por exemplo, quando os holandeses se alegraram com a captura do tesouro de navios espanhóis pelo almirante Piet Hein, ele pregou que as riquezas deste mundo são falsas e apenas as riquezas de Cristo são reais (1 Tm 6:17-19). Ele também expressou críticas, por meio da pregação, contra luxo no vestir, leitura de livros impróprios, bebida excessiva, dançar, viajar no domingo, intemperança no comer e negligência de jejuns. Acima de tudo, Teellinck deplorava letargia espiritual na igreja e procurou edificar os crentes em sua fé santíssima e sua nova vida em Cristo.

---

16 Willem Teellinck, *The Resting Place of the Minde: That Is, A Propovnding of the Wonderful Prouidence of God, Whereupon a Christian Man Ought to Rest and Repose Himself, Euen When All Outward Meanes of Helpe Are Cut Off from Him* (London: by Iohn Haviland for Edward Brewster, 1622), 35.

17 Citado em De Reuver, *Sweet Communion*, 122.

18 De Reuver, *Sweet Communion*, 123.

No aspecto de homilética, Teellinck foi influenciado por William Perkins, que defendia o "método simples" de pregação puritana. Depois de fazer a exegese de um texto, Teellinck extraía várias doutrinas, explicava como estas doutrinas deveriam beneficiar o ouvinte por consolo e admoestação e, em seguida, aplicava a sabedoria colhida do texto aos ouvintes salvos e aos não salvos. Embora não fosse um orador eloquente, era um pregador eficaz. Depois de ouvi-lo pregar em poucas ocasiões, Gisbertus Voetius disse que desejava que ele mesmo e todos os pregadores holandeses copiassem a maneira de pregar poderosa de Teellinck.

A Holanda ainda não estava pronta para Teellinck como a Inglaterra estivera para Perkins. Sua pregação contra ortodoxia morta o colocou sob suspeita da parte de alguns Reformados. Por outro lado, os arminianos o censuravam por sua devoção à ortodoxia reformada e se ressentiam de sua popularidade com os leigos. Apesar dessa oposição, Teellinck foi lamentado por milhares quando morreu.

JODOCUS VAN LODENSTEIN (1620-1677)

Jodocus van Lodenstein foi tanto um pregador quanto um poeta na era dourada da história holandesa.[19] Nasceu em 6 de fevereiro de

---

19   Esta breve seção sobre a vida de van Lodenstein é uma adaptação condensada de Joel R. Beeke, "Introduction to Jodocus van Lodenstein", em van Lodenstein, *A Spiritual Appeal to Christ's Bride*, ed. Joel R. Beeke, trans. Bartel Elshout (Grand Rapids, MI: Reformation Heritage Books, 2010), 11-31. Quanto a outras obras sobre van Lodenstein em inglês, ver Carl J. Schroeder, *In Quest of Pentecost: Jodocus Van Lodenstein and the Dutch Second Reformation* (Lanham, MD: University Press of America, 2001); Iain S. Maclean, "The First Pietist: An Introduction and Translation of a Communion Sermon by Jodocus Van Lodenstein", em *Calvin Studies VI*, ed. John H. Leith (Davidson, NC: Davidson College, 1992), 15-34; Stoeffler, *The Rise of Evangelical Pietism*, 141-48. Em holandês, ver Pieter Proost, *Jodocus van Lodenstein* (Amsterdam: J. Brandt, 1880); Marinus J. A. de Vrijer, *Lodenstein* (Baarn: Ten Have, 1947); D. Slagboorn, *Jodocus van Lodenstein* (Utrecht: De Banier, 1966); J. C. Trimp, *Jodocus van Lodenstein: Predikant en Dichter* (Kampen: De Groot Goudriaan, 1987). Uma fonte primária de informação sobre van Lodenstein é a biografia de Evardus vander Hooght (1696). Na seção seguinte, apoio-me muito em Schroeder.

PREGAÇÃO REFORMADA

1620, em Delft, na província da Holanda do Sul, na Holanda Ocidental. Delft estava situada ao longo do rio Schie, entre Roterdã e Haia.[20] Seus pais eram ambos de famílias aristocráticas e proeminentes.

Van Lodenstein era sensível, cuidadoso e musical. A piedade foi seu alvo desde a juventude. Ele até fez um voto de castidade em seus anos de pré-adolescência, para que pudesse servir ao Senhor resolutamente por toda a sua vida.[21] Jodocus sofria de infecções crônicas; e tinha um severo distúrbio de fala, que Deus curou graciosamente.[22] Seus pais o criaram para viver um vida de santidade.[23] Quando jovem, ouviu a pregação do grande puritano inglês Thomas Hooker e desenvolveu um amor pelos puritanos que o levou a ser chamado ao ministério e orientou sua pregação sobre o arrependimento.[24]

Aos dezesseis anos, van Lodenstein entrou na Academia de Utrecht, onde teve Voetius como professor.[25] Depois de graduar-se em Utrecht, retornou ao lar porque não havia nenhuma paróquia vazia. Seu pai tomou as providências para que ele estudasse línguas orientais em Franeker, tendo como professor o pietista alemão Johannes Cocceius (1603-1669), com quem viajou e estudou por dois anos. Durante esse tempo, sentia fortemente o peso do chamado ao ministério.[26]

---

20 "Delft", em Encyclopædia Britannica, http://www.britannica.com/EBchecked/topic/156478/Delft.

21 Schroeder, *In Quest of Pentecost*, 17; ver também Cornelis Graafland, "Jodocus van Lodenstein (1620-1676)", em *De Nadere Reformatie: Beschrijving van haar voornaamste vertegenwoordigers*, ed. Willem van't Spijker ('s-Gravenhage: Uitgeverij Boekencentrum, 1986), 86.

22 Schroeder, *In Quest of Pentecost*, 80.

23 Schroeder, *In Quest of Pentecost*, 24.

24 Schroeder, *In Quest of Pentecost*, 19.

25 Schroeder, *In Quest of Pentecost*, 20.

26 Schroeder, *In Quest of Pentecost*, 22.

Pregadores holandeses: Teellinck, van Lodenstein e à Brakel

De 1644 a 1650, van Lodenstein pastoreou uma congregação na pequena cidade de Zoetermeer. Ali teve de lutar contra facções na igreja, desleixo na observância do domingo, materialismo, resistência à sua pregação sobre o arrependimento e acusações de legalismo e arminianismo.[27] Em 1650, aceitou um chamado para uma congregação de aproximadamente 1.200 pessoas em Sluis, Flandres, na província de Zelândia. Ali as pessoas eram simpáticas às tendências pietistas, devido à pregação anterior de Teellinck e Udemans. Van Lodenstein formou um laço íntimo com a congregação.[28]

Mas seu tempo ali foi encurtado por outro chamado, desta vez de Utrecht, onde serviu de 1653 até sua morte em 1677. Serviu com Voetius como um dos ministros da *Domkerk* (a Igreja da Torre), um prédio de igreja enorme que podia acomodar vários milhares de adoradores.[29] Ele ficou muito atarefado pregando aos domingos e durante a semana; ensinando classes sobre o Catecismo de Heidelberg e a Confissão de Fé Belga; dando palestras sobre espiritualidade com base nos escritos de Teellinck e William Ames, encorajando a congregação a ler e memorizar a Bíblia e visitando milhares de membros, especialmente os pobres, órfãos e enfermos.[30] Enquanto esteve em Utrecht, van Lodenstein reuniu o famoso "Círculo de Utrecht", incluindo Johannes Teellinck (c. 1623-1694), filho de Willem Teellinck, e Theodorus à Brakel (1608-1669), autor de várias obras edificantes e pai do famoso Wilhelmus à Brakel.

Ele experimentou várias provações nos anos 1670. Primeiramente, os franceses conquistaram Utrecht em junho de 1672, fazendo da *Domkerk* o local de celebração diária da missa romana.

---

27 Schroeder, *In Quest of Pentecost*, 24-28.

28 Schroeder, *In Quest of Pentecost*, 33-37.

29 Schroeder, *In Quest of Pentecost*, viii.

30 Schroeder, *In Quest of Pentecost*, 41-42, 84-86.

PREGAÇÃO REFORMADA

Quando forçados a se retirar, os franceses tomaram van Lodenstein e outros 13 líderes holandeses como reféns, em 16 de novembro de 1673, levaram-nos em carroças por três dias de clima nevoso e os prenderam por três meses, até que um grande resgate foi pago.[31] Em segundo, em julho de 1674, uma tempestade horrível assolou a Holanda, fazendo com que uma grande parte do teto da *Domkerk* ruísse e deixando muitas pessoas desabrigadas. Em terceiro, em junho de 1675, um colega que labutava pela Reforma Posterior, Jacobus Koelman (1631-1695), foi removido de seu púlpito e banido da região de Flandres.[32] Van Lodenstein fez o que pôde para apoiá-lo.

Em 1º de novembro de 1676, seu mentor, colega e amigo Voetius morreu. O próprio van Lodenstein ficou enfermo na primavera de 1677 e morreu em 10 de agosto. Em seus últimos dias, ele disse: "É suficiente para mim que eu saiba e creia que Deus é a plenitude e suficiência de todas as coisas... No Senhor Jesus Cristo há plenitude de graça, e eu descanso naquela aliança que é imutável".[33] Sua influência foi perpetuada em seus sermões e poesia, como ficou evidente um século depois nos escritos pessoais de Eilardus Westerlo (1738-1790), um ministro reformado holandês na América do Norte.[34]

PREGADOR DE SANTIDADE VITAL EM UNIÃO COM CRISTO

Van Lodenstein era um pregador cativante. Voetius disse certa vez: "Nosso colega van Lodenstein pode fazê-lo como nenhum de nós

---

31 Schroeder, *In Quest of Pentecost*, 60-62; Teunis Brienen, "Jodocus van Lodenstein", em *De Prediking van de Nadere Reformatie* (Amsterdam: Ton Bolland, 1974), 1.4.2.a.

32 Schroeder, *In Quest of Pentecost*, 65-66.

33 Citado em Schroeder, *In Quest of Pentecost*, 109.

34 Robert A. Naborn, "Eilardus Westerlo (1738-1790): From Colonial Dominee to American Pastor" (PhD diss., Vrije Universiteit Amsterdam, 2011), 1:101; 2:158.

Pregadores holandeses: Teellinck, van Lodenstein e à Brakel

pode dizer ou fazer".[35] Sua pregação era simples e direta. Evitava introduções longas sobre os detalhes históricos de um texto. M. Eugene Osterhaven (1915-2004) disse: "Suas mensagens eram elaboradas ao redor de Cristo, o dom do Espírito Santo e a necessidade e realidade de renovação".[36] Seu principal foco era aplicação, em especial a necessidade de conversão e santificação.[37]

Van Lodenstein via a Reforma como doutrinariamente sã, mas incompleta em relação à prática.[38] Equiparou a Reforma à Ezequiel no vale de ossos secos (Ez 37). A Reforma renovou boas doutrinas, mas estas doutrinas eram apenas os ossos secos de um esqueleto que ainda precisava ter carne.[39] Portanto, a Reforma da doutrina precisava da obra prática e aplicável do Espírito produzindo um viver piedoso. A Igreja ainda não estava tão purificada quanto deveria.[40] O resultado foi uma ortodoxia fria e morta acrescida de cristãos nominais que não experimentaram a verdade e não cultivavam a santidade. Acreditava que, de algumas maneiras, a Reforma ficou tão aquém nessa área que, sob a fé reformada, a igreja estava pior do que quando sofria sob a autoridade de Roma. De fato, ele disse que "a Reforma sem o Espírito tem levado a uma deformação pior, porque vidas não têm sido transformadas".[41] Podemos parafraseá-lo por dizer que reforma sem transformação é deformação.

---

35 Citado em Schroeder, *In Quest of Pentecost*, viii.

36 Citado em Schroeder, *In Quest of Pentecost*, viii.

37 Graafland. "Jodocus van Lodenstein", 110; ver também A. J. Onstenk, "Lodenstein, Jodocus van", em *Biografisch Lexicon voor de Geschiedenis van het Nederlandse Protestantisme*, ed. D. Nauta, et al. (Kampen: Kok, 1988), 3:253.

38 Graafland, "Jodocus van Lodenstein", 91.

39 Graafland, "Jodocus van Lodenstein", 89.

40 Graafland, "Jodocus van Lodenstein," 113.

41 Citado em Maclean, "The First Pietist", 16.

PREGAÇÃO REFORMADA

Cristo ensinou: "E a vida eterna é esta: que te conheçam a ti, o único Deus verdadeiro, e a Jesus Cristo, a quem enviaste" (Jo 17:3). Por isso, van Lodenstein pregava: "O conhecimento que é referido em nosso texto vem pela iluminação do alto. Uma pessoa não pode produzi-lo, assim como não pode produzir o nascer do sol". É conhecimento experiencial: "Assim como o alimento é experimentado ao comer, assim também o Senhor compartilha a si mesmo conosco e nos permite sentir quem ele é". É conhecimento transformador: "Disto segue-se necessariamente que a pessoa viva para Deus. Mostre-me alguém que conhece a Deus, e eu lhe mostrarei alguém que faz e é tudo para o Senhor".[42] Como pode ser isso? Cristo "nos envia o Espírito Santo, que opera em nossa alma a graça que nos renova; do contrário, não poderíamos ver o reino de Deus [Jo 3:5]... Ele opera a fé em nossa alma, unindo-nos mais e mais ao nosso Salvador... E nos torna frutíferos".[43]

Van Lodenstein exortava as pessoas a não descansarem na doutrina e no culto reformado, e sim que se esforçassem por reforma perpétua na alma. De fato, parece que ele foi o primeiro autor a empregar a linguagem de ser sempre reformado, afirmando que um homem sábio "não teria chamado a igreja Reformada de *reformata*, ou reformada, e sim *reformanda*, ou sendo reformada", pois estar "sempre assim ocupada" produziria "uma igreja pura", "exata na verdade" e "santa na prática".[44] Michael Bush diz que, com essas pa-

---

42 Jodocus van Lodenstein, "Eternal Life", citado em Schroeder, *In Quest of Pentecost*, 163.

43 Jodocus van Lodenstein, "Fifteenth Sermon", citado em Schroeder, em *Quest of Pentecost*, 179.

44 Citado em Michael Bush, "Calvin and the Reformanda Sayings", em *Calvinus sacrarum literarum interpres: Papers of the International Congress on Calvin Research*, ed. Herman J. Selderhuis (Göttingen: Vandenhoeck and Ruprecht, 2008), 286. Bush também mostra que Jacobus Koelman citou seu professor, Johannes Hornbeeck, ao dizer que "devemos ser chamados Reformando, e não apenas Reformado, para que estejamos sempre reformando, se quisermos ser Reformados e dignos desse nome". "Calvin and the Reformanda Sayings", 287. Portanto, a ideia já era compartilhada entre alguns dos primeiros voetianos.

Pregadores holandeses: Teellinck, van Lodenstein e à Brakel

lavras, van Lodenstein não advogava mudança na teologia da igreja para adequar-se aos tempos; "pelo contrário, o problema para eles é que era impossível manter a pureza de fé da igreja e a santidade na prática sem vigilância constante".[45] A consequência do fracasso em continuar a Reforma foi apatia espiritual, que já era prevalecente na Holanda. Portanto, a pregação de van Lodenstein enfatizava continuamente a necessidade de mais reforma.[46] Mas, embora fosse crítico das deficiências da Reforma, era profundamente reformado. Nunca divorciou sua pregação pietista e mística da verdade da Reforma. Em vez disso, suas tendências pietistas e místicas serviram para fomentar a causa dos primeiros reformadores.

Carl Schroeder notou seis características da pregação de van Lodenstein: (1) ele era bíblico; (2) era fiel às confissões reformadas; (3) falava com grande autoridade; (4) pregava profeticamente; (5) enfatizava o arrependimento; (6) desencorajava a observância de dias de festa da igreja.[47] Ele pregava tanto a lei quanto o evangelho, usando a lei para convencer cristãos nominais de hipocrisia, preguiça, mundanismo e interesse próprio – e, depois, chamá-los a Cristo.[48] Para aqueles que eram convertidos, oferecia as promessas de Deus. Com esta espada de dois gumes, van Lodenstein pregava de uma maneira discriminatória, classificando sua congregação numa variedade de categorias, como era típico dos pregadores da escola de Voetius e outros proponentes da *Nadere Reformatie*[49].

---

45 Bush, "Calvin and the Reformanda Sayings", 299.

46 Graafland, "Jodocus van Lodenstein", 88.

47 Schroeder, *In Quest of Pentecost*, 71-76.

48 Brienen, "Jodocus van Lodenstein", 1.4.2.b.

49 Quanto a um resumo sobre o método de classificação da pregação, ver Joel R. Beeke, ed., *Forerunner of the Great Awakening: Sermons by Theodorus Jacobus Frelinghuysen (1691-1747)*, The Historical Series of the Reformed Church in America, no. 36 (Grand Rapids, MI: Eerdmans, 2000), xxx-xxxiv.

PREGAÇÃO REFORMADA

Van Lodenstein chamava as pessoas a tomarem a cruz, negarem a si mesmas e seguirem Cristo. Essa transformação de vida era o fruto da morte de Cristo (2 Co 5:14-15). Ele pregou: "Quando um homem é transportado para o reino do Filho, o reino do amor do Pai (Cl 1:13), por meio de Cristo, que, como Mediador, era servo do Pai (Is 53:11), esse homem se torna possessão de Deus. Os redimidos devem viver e trabalhar continuamente por esta gloriosa realidade... Se, portanto, Jesus morreu por nós, devemos morrer para nós mesmos, a fim de vivermos para Deus".[50]

Com estas opiniões firmes sobre a santificação, van Lodenstein colocou sua marca na *Nadere Reformatie*. Ele e outros exigiam um compromisso mais profundo com Cristo, pois somente esse compromisso poderia livrar a igreja de superficialidade e falta de santidade. Por pregar sermões sobre arrependimento cada mês, van Lodenstein esperava que sua congregação não somente abraçasse a verdade com sua mente, mas também a experimentasse em cada aspecto de sua vida. Schroeder escreveu a respeito de van Lodenstein: "Ele tanto exibia quanto ensinava um compromisso forte com um processo de crescimento em devoção a Cristo que esclarece o que é a santificação conforme ensinada no Novo Testamento. Poucos que o ouviam regularmente no culto vespertino de domingo deixavam de sentir seu senso de urgência nestas questões".[51]

Em 1659, os estresses da vida (uma falta de santificação em seus congregantes, dificuldades com os magistrados e falta de renovação em toda a Holanda) lançaram van Lodenstein numa profunda crise pessoal. A melancolia espiritual o levou a olhar para dentro de si mesmo e ver que a única coisa que ele podia controlar

---

50 Van Lodenstein, *A Spiritual Appeal to Christ's Bride*, 42.

51 Schroeder, *In Quest of Pentecost*, 44.

Pregadores holandeses: Teellinck, van Lodenstein e à Brakel

era sua devoção pessoal a Cristo. Isso o levou a adotar mais individualismo. Neste tempo, ele também aprendeu mais sobre o que chamou de "a linguagem do amor".[52]

Em busca de consolação, van Lodenstein se voltou a Cântico dos Cânticos. Banqueteava-se nestes cânticos de amor. Também foi influenciado pelos escritos medievais de Bernard of Clairvaux (1090-1153) e Thomas à Kempis (c. 1380-1471). Nestes escritos e no Cântico dos Cânticos, van Lodenstein aprendeu como desenvolver e cultivar devoção pessoal a Jesus.[53] Ele via o Cântico dos Cânticos como uma obra que retratava a câmara interior em que Deus e a alma do crente se uniam. Esta união não é a união de um rei com seu povo, e sim de um rei com sua noiva. Em ligar-se a Cristo em amor como o Noivo perfeito, a noiva espiritual é levada a autonegação, reconhecendo que Deus é todo-suficiente e que o homem em si mesmo é nada.[54]

Para van Lodenstein, a bela linguagem de Cântico dos Cânticos expressava os preciosos benefícios de Cristo para a sua noiva e os anseios da noiva espiritual pelo Noivo. Van Lodenstein enfatizou especificamente os aspectos reais do Noivo do crente. Por designar o Noivo como *Rei*, Lodenstein ressaltou a imensa atratividade, majestade e glória de Cristo, bem como a necessidade da noiva de prestar honra, serviço e sujeição.[55]

Ele equiparou o que acontece nas câmaras interiores do Rei ao amor empático de Cristo e à comunhão íntima do crente com

---

52 Schroeder, *In Quest of Pentecost*, 79.

53 Schroeder, *In Quest of Pentecost*, 81-86; cf. Trimp, *Jodocus van Lodenstein*, 194-200.

54 Izaäk Boot, *De Allegorische Uitlegging van het Hooglied voornamelijk in Nederland: Een Onderzoek naar de Verhouding tussen Bernard van Clairvaux en de Nadere Reformatie* (Woerden: Zuijderduijn, 1971), 179-80.

55 Van Lodenstein, *A Spiritual Appeal to Christ's Bride*, 147.

PREGAÇÃO REFORMADA

ele. Por meio de comunhão espiritual com Cristo, a noiva crente prova os primeiros frutos da comunhão celestial. Quando a noiva vê a glória de Deus na face de Cristo Jesus, na câmara interior do Rei, ela não vê mais a si mesma e, em lugar disso, é conformada incessantemente à imagem de Cristo e se torna mais plenamente segura da fidelidade e amor imutáveis do Rei por ela. Ela, então, ama a Deus com toda a sua mente, alma e ser, e o deseja por causa dele mesmo, vendo-o como totalmente deleitável.[56]

A pregação de van Lodenstein exemplificava a doutrina reformada, o chamado ao arrependimento, a renovação pelo Espírito Santo, a busca de piedade e comunhão mística com Cristo. Em van Lodenstein, vemos a pulsação da Reforma Holandesa Posterior.

Em seguida, consideraremos o filho de um dos colegas de van Lodenstein, cujas obras influenciaram grandemente gerações de famílias holandesas piedosas.

WILHELMUS À BRAKEL

Wilhelmus à Brakel, o filho do pastor reformado Theodorus à Brakel, nasceu em 2 de janeiro de 1635.[57] Ele e suas cinco irmãs foram criados

---

56 Boot, *De Allegorische Uitlegging*, 182-83.

57 Quanto a fontes em inglês sobre Wilhelmus à Brakel, ver W. Fieret, introdução biográfica a Wilhelmus à Brakel, em à Brakel, *The Christian's Reasonable Service: In Which Divine Truths Concerning the Covenant of Grace Are Expounded, Defended Against Opposing Parties, and Their Practice Advocated, as Well as the Administration of This Covenant in the Old and New Testaments* (Ligonier, PA: Soli Deo Gloria, 1992), 1:xxxi-lxxxi; Bartel Elshout, *The Pastoral and Practical Theology of Wilhelmus à Brakel: A Brief Evaluation of The Christian's Reasonable Service* (Grand Rapids, MI: Reformation Heritage Books, 1997); De Reuver, *Sweet Communion*, 231-58; Richard A. Muller, *After Calvin: Studies in the Development of a Theological Tradition*, Oxford Studies in Historical Theology (Oxford; New York: Oxford University Press, 2003), 175-89; Stoeffler, *The Rise of Evangelical Pietism*, 153-56; Lydia Kim-Van Daalen, "Wilhelmus à Brakel's Spirituality of Virtues and Its Implications for Soul Care", *Puritan Reformed Journal* 3, no. 1 (January 2011): 279-303; Jonathan Holdt, "Wilhelmus a Brakel's Use of Doctrine in Calling Sinners to Repentance and Faith", *Puritan Reformed Journal* 3, no. 2 (July 2011): 267-90; Paul M. Smalley, "Satisfied with the Lord's All-Sufficiency: Wilhelmus à Brakel on Joy," *Puritan Reformed Journal* 3, no. 2 (July 2011): 235-66. Em holandês, ver F. J. Los, *Wilhelmus à*

Pregadores holandeses: Teellinck, van Lodenstein e à Brakel

num lar notavelmente piedoso. Wilhelmus foi convertido quando menino, talvez pela pregação de seu pai e pelas orações e súplicas de sua mãe. Estudou na escola de latim em Leeuwarden e entrou na Academia Franeker quando tinha 19 anos de idade, em 1654. Ao completar os estudos em 1659, o presbitério de Leeuwarden o admitiu ao ministério. Devido a uma falta de postos vagos na época, Wilhelmus continuou seus estudos teológicos por alguns poucos anos em Utrecht, sob a instrução de Voetius e Andreas Essenius (1618-1677).

Wilhelmus à Brakel serviu a cinco congregações na igreja nacional da Holanda, durante um ministério de quase 50 anos. Seu primeiro cargo foi em Exmorra, na província de Frísia (1662-1665), uma congregação difícil por causa da indiferença espiritual predominante. Durante seu ministério ali, casou-se com Sara Nevius, viúva de Henricus Veegen, que fora um pastor reformado em Benthuizen. A sua segunda congregação em Stavoren (1665-1670) era maior e foi um pastorado mais frutífero. Em seguida, à Brakel foi para a cidade portuária florescente de Harlingen (1670-1673), onde seu ministério e os de seus três colegas foram notavelmente abençoados com muitas conversões. De 1673 a 1683, à Brakel serviu à grande congregação reformada em Leeuwarden, que se reunia em três prédios diferentes, tinha seis ministros e milhares de membros.

Durante este tempo, envolveu-se em uma controvérsia. Foi admoestado pelo presbitério por promover conventículos, ou seja, reuniões de piedosos para conferência (compartilhar experiências) e exortação mútua. Assumiu uma posição contra as autoridades civis, argumentando que o governo não tinha o direito de remover um

---

Brakel (Leiden: Groen en Zoon, 1991); W. Fieret, *Theodorus à Brakel, Wilhelmus à Brakel En Sara Nevius* (Houten: Den Hertog, 1988); H. F. Sorge, "Genadeverbond En Genaldeleven: Een Onderzoek Naar De Inhoud En Betekenis Van Het Genadeverbond Volgens De 'Redilijke Godsdienst' Van Wilhelmus à Brakel (1635-1711)" (s.n., 1998).

PREGAÇÃO REFORMADA

ministro de seu púlpito. Por esse ato corajoso, ganhou o respeito de muitas pessoas. Também debateu com um ministro cocceiano sobre a aliança de graça e a interpretação correta do Salmo 8.

Depois de 21 anos de ministério na Frísia, à Brakel aceitou um chamado em 1683 para Roterdã, onde permaneceu pelo resto de sua vida. Roterdã, uma das maiores cidades da república, tinha uma população de 55.000 habitantes e foi um grande campo de trabalho. Ali, a obra de à Brakel foi também muito abençoada na edificação dos piedosos na fé e na conversão de não salvos. Também entrou em mais controvérsias, opondo-se aos ensinos de Jean de Labadie (1610-1674) e seus seguidores que fomentavam a separação da igreja nacional para formar uma igreja pura. Novamente à Brakel tomou uma posição contra a interferência do governo na igreja.

À Brakel dedicou seus anos tranquilos, na década de 1690, para produzir sua *magnum opus*, intitulada *De Redelijke Godsdienst* (1700), traduzida como *The Christian's Reasonable Service* (O Culto Racional do Cristão). Tornou-se quase tão popular nos círculos holandeses quanto *O Peregrino* nos círculos ingleses. No culto em família, um agricultor holandês típico do século XVII lia "um pouco do pai Brakel" toda noite depois de ler as Escrituras. Quando terminava toda a obra, voltava ao início e fazia sua leitura completa novamente. O livro combina teologia sistemática em um nível simples com ética prática e devoção pessoal.

No verão de 1711, à Brakel ficou bastante enfermo. Quando lhe perguntaram, em seu leito de morte, como sua alma estava, ele respondeu: "Muito bem. Posso descansar em meu Jesus. Estou unido a ele e esperando sua vinda para mim. Enquanto isso, submeto-me tranquilamente a ele". Wilhelmus à Brakel morreu em 30 de outubro de 1711, aos 76 anos de idade.

Wilhelmus à Brakel foi um importante líder popular que representava a Reforma Holandesa Posterior de mentalidade puritana. Era tão amado entre seu povo por seu ministério paternal, tanto no púlpito como na obra pastoral, que muitos o chamavam carinhosamente de "Pai Brakel". Esse título honroso tem permanecido até hoje nos lares de muitas pessoas na Holanda que ainda leem sua obra clássica e apreciam a tradição puritana experiencial e pietista que ele representou tão competentemente.

O PREGADOR ENTUSIASTA
DA VERDADE VIVIFICANTE

Wilhelmus à Brakel era conhecido em seus dias como um pregador eficaz e poderoso que podia deter pessoas, aos milhares, encantadas com eloquência e pregação intensa. Seu método de pregar era sempre cristocêntrico, aplicável e experiencial. Promovia autoexame baseado na Bíblia e centrado em Cristo e advertia frequentemente contra os pecados de zombaria e mundanismo.

Em *The Christian's Reasonable Service* (O Culto Racional do Cristão), à Brakel oferece ao pregador as seguintes orientações sobre a preparação e a entrega de sermões:

1. "Ele deve procurar lembrar-se, de maneira vívida, de que Deus o enviou, que sobe ao púlpito como embaixador de Deus, que fala em nome de Deus e que, para a congregação, ele é a boca do Senhor. Isto deve fazê-lo tremer e temer."

2. Deve se lembrar de que o ministério da Palavra é o "poder de Deus para a salvação e o meio pelo qual Deus transporta almas do reino do Diabo e do poder das trevas para a sua maravilhosa luz e, portanto, para o reino do Senhor Jesus". Ele deve moldar cuidadosamente seu conteúdo e seu comportamento em direção a esse alvo.

PREGAÇÃO REFORMADA

3. "Deve ter o coração de um pregador, ou seja, temor do Senhor, amor ao povo e um senso profundo de sua incapacidade, apesar de todos os seus estudos. Ele deve, "antecipadamente, orar muito" por um "coração santificado, por ser livre de agradar a homens, pela presença de Deus, por palavras sábias e "conversão, consolo e edificação de almas".

4. "Deve primeiramente aplicar a seu próprio coração os assuntos a serem pregados, procurando ser levado à atitude para a qual deseja atrair outros e, assim, falar de coração a coração".

5. "Deve usar toda a sua erudição para formular os assuntos a serem pregados, a fim de que os expresse da maneira mais clara e mais poderosa. Todavia, enquanto ele usa sua erudição, deve ocultar a sua erudição no púlpito." No entanto, à Brakel admitia a explicação do significado de palavras hebraicas e gregas na Bíblia.

6. "Deve selecionar o assunto para consideração (precedido por oração) que julga ser conveniente para sua congregação, bem como às circunstâncias e eventos do momento. Se ele considera um capítulo, um livro ou uma epístola sequencialmente, deve haver, porém, ocasião para a pregação de textos livres."

7. "Em toda a sua pregação, seu objetivo deve ser tocar os corações e, assim, enquanto atinge o coração, aplicar isto para confortar e encorajar."

8. "Havendo realizado sua tarefa, ele deve descer do púlpito como Moisés desceu do monte, de modo que seu temor a Deus e à grandeza dessa tarefa possam ser manifestos em sua face e que, após descer do púlpito, não comece imediatamente uma conversa sobre outros assuntos ou pergunte quais são as novidades." Wilhelmus não recomendava ser frio ou insensível, mas advertia contra descer à leviandade e ao mundanismo depois do sermão.

Pregadores holandeses: Teellinck, van Lodenstein e à Brakel

O temor a Deus e o senso das implicações eternas da Palavra deveriam permear o dia do Senhor.

9. "Ao chegar em casa, ele deve ir diretamente para seu quarto e considerar com que atitude pregou. Deve se humilhar diante de Deus em relação ao que faltou, agradecer ao Senhor por sua ajuda e orar pela bênção sobre a Palavra para si mesmo e para a congregação."[58]

Não temos muitos dos sermões de à Brakel. Existem apenas uns quinze sermões.[59] Seu método normal era estudar cuidadosamente e depois pregar sem notas. Sua pregação se centralizava nos lidares de Cristo com a alma na aliança de graça. Ele fez uso poderoso de metáforas bíblicas, como ser "mortos nos pecados" (Ef 2:5). Também apresentava seus sermões num esboço bem estruturado. Quando pregou sobre Efésios 4:30 ("E não entristeçais o Espírito de Deus, no qual fostes selados para o dia da redenção"), seguiu um esboço como este:

I. A ordem (v. 30a)
   A. A Pessoa santa: o Espírito que aplica a salvação e dá santidade.
   B. A obra má: não entristeça o Espírito Santo.
   C. A explicação: o que significa entristecer o Espírito.
II. A razão (v. 30b)
   A. Selo: a confirmação de que pertencemos a Deus (Ef 1:13; 2 Co 1:22).
   B. Permanência: selados até ao dia da redenção.
III. As aplicações

---

58 à Brakel, *The Christian's Reasonable Service*, 2:138-39.

59 A descrição seguinte dos sermões de à Brakel se baseia na análise de Brienen, *De Prediking Van De Nadere Reformatie*, 118-25.

PREGAÇÃO REFORMADA

Ele aplicava seus sermões de uma maneira que distinguia as diferentes condições espirituais de seus ouvintes. Em alguns sermões, isto era feito de uma maneira simples, mas em outros era bem minucioso. Em seu sermão a respeito de entristecer o Espírito, classificou seus ouvintes em cinco categorias de pessoas não convertidas e quatro categorias de filhos de Deus. Categorizou os não crentes como ignorantes, indiferentes, cristãos casuais, pessoas que levam os outros a tropeçar ou pessoas que estão em busca da salvação. E categorizou os crentes como desencorajados por não experimentarem a Deus, encorajados mas tentados, temerosos por uma consciência excessivamente ativa e duvidosos de sua salvação. Para cada categoria de pessoas, ele falou diretamente e procurou fazer uma aplicação apropriada.

Em última análise, o zelo de à Brakel por aplicar a pregação resultou de sua confiança no poder da Palavra de Deus. Podia falar com autoridade porque pregava a Palavra de Deus. Ele escreveu que, "onde o evangelho é pregado, os corações são conquistados e levados à sujeição à Escritura. Quanto mais aqueles que confessam a verdade da Escritura forem suprimidos e perseguidos, tanto mais a Palavra exercerá seu poder". O poder divino da Bíblia se mostra pela "maravilhosa luz com a qual Deus ilumina a alma, pela mudança interna e externa que engendra e pela maneira como enche o crente de alegria indizível e doce consolação. Ela os capacita a suportar toda a perseguição em amor e com alegria, bem como a renderem-se espontaneamente à morte".[60] A fé no Deus da Bíblia fez de à Brakel um pregador ousado e eficiente.

---

60 à Brakel, *The Christian's Reasonable Service*, 1:32.

CAPÍTULO 16

PREGAÇÃO REFORMADA HOLANDESA NA AMÉRICA: FRELINGHUYSEN

Nos dois capítulos anteriores, examinamos a Reforma Holandesa Posterior e alguns de seus pregadores proeminentes. Agora começamos a transição daquela época para o tempo do Grande Avivamento na Inglaterra e na América. Neste capítulo, consideramos um pregador do século XVIII nas colônias americanas.

Theodorus Jacobus Frelinghuysen (1691-1747) já foi descrito como o precursor ou catalizador do Grande Avivamento.[1] Embora seja menos conhecido do que Jonathan Edwards, George Whitefield, John (1703-1791) e Charles Wesley (1707-1788), a maneira

---

1 Este capítulo é adaptado de Joel R. Beeke e Cornelis Pronk, "Biographical Introduction", em *Forerunner of the Great Awakening: Sermons by Theodorus Jacobus Frelinghuysen (1691-1747)*, ed. Joel R. Beeke (Grand Rapids, MI: Eerdmans, 2000), vii-xxxviii. Usado com permissão. Quando a outras fontes sobre Frelinghuysen, ver Scott Maze, *Theodore Frelinghuysen's Evangelism: Catalyst to the First Great Awakening* (Grand Rapids, MI: Reformation Heritage Books, 2011); F. J. Schrag, "Theodorus Jacobus Frelinghuysen, the Father of American Pietism", *Church History* 14 (1945): 201-216; James Tanis, *Dutch Calvinistic Pietism in the Middle Colonies: A Study in the Life and Theology of Theodorus Jacobus Frelinghuysen* (The Hague: Martinus Nijhoff, 1967). Quanto a uma bibliografia de muitas outras fontes, ver *Forerunner of the Great Awakening*, 335-39.

PREGAÇÃO REFORMADA

de pregar de Frelinghuysen e sua experiência de avivamentos menores preparam o caminho para as grandes obras que aconteceriam nas colônias. Edwards sabia a respeito do ministério de Frelinghuysen e se referiu a ele como um ministro holandês "muito piedoso", "eminente e bem-sucedido" pelo qual Deus enviara chuvas de bênção divina.[2] Quando Whitefield o conheceu em 1739, o inglês escreveu em seu diário o seguinte a respeito de Frelinghuysen:

> Ele é um velho e digno soldado de Cristo e esteve no começo da grande obra que eu creio o Senhor está realizando nestas partes. Tem sofrido forte oposição da parte de irmãos carnais, mas Deus apareceu diante dele de uma maneira surpreendente e o tornou mais do que vencedor por meio de seu amor. Há muito ele aprendeu a temer somente a Deus, que pode destruir tanto o corpo quanto a alma no inferno.[3]

Ao mesmo tempo, Frelinghuysen foi criticado tão severamente que escreveu, em tom desafiante, na traseira de seu trenó, o seguinte poema, para que todos o vissem à medida que ele o guiasse:

> Nem a língua, nem a pena de alguém
> Podem me fazer diferente do que sou
> Falem calúnia! Falem sem parar
> Em vão, falem todas as suas calúnias.[4]

---

2 Jonathan Edwards, "A Faithful Narrative", em *The Works of Jonathan Edwards*, vol. 4, *The Great Awakening*, ed. C. C. Goen (New Haven, CT: Yale University Press, 1972), 156; "To the Reverend John Erskine", letter of June 28, 1751, em *The Works of Jonathan Edwards*, vol. 16, *Letters and Personal Writings*, ed. George S. Claghorn (New Haven, CT: Yale University Press, 1998), 376.

3 *George Whitefield's Journals* (London: Banner of Truth, 1960), 352 [Tues., Nov. 20, 1739].

4 Citado em Beeke e Pronk, "Biographical Introduction", xix.

Pregação reformada holandesa na América: Frelinghuysen

Quem era este homem que provocou tanta admiração e tanta oposição? Filho de um pastor reformado alemão e da filha de um ministro em Vestfália, Frelinghuysen foi batizado em 6 de novembro de 1692. Foi admitido à membresia comungante da igreja aos 17 anos de idade. Estudou filosofia e teologia no *gymnasium* reformado em Hamm e completou seus estudos teológicos na universidade de Lingen. Ali Frelinghuysen abraçou a matiz voetiana de teologia reformada e da experiência vital. Também se especializou em língua holandesa para que pudesse pregar entre os holandeses.

Seu primeiro pastorado durou apenas 14 meses, terminando depois que uma inundação terrível empobreceu tanto o povo que não puderam mais sustentar um ministro. Depois de um curto período como um dos diretores de uma escola de latim na Holanda, foi convidado pelo presbitério de Amsterdam a assumir um cargo pastoral em Raritan (Nova Jérsei). Aceitou, pensando talvez que fosse uma província não distante na Holanda. Quando soube que era no outro lado do oceano, sentiu-se convencido pelo Salmo 15:4 a manter sua palavra de aceitação, crendo que Deus abençoa o homem que "jura com dano próprio e não se retrata".

Também foi influenciado por uma reunião providencial com um ministro piedoso que o encorajou a difundir a religião vital na América. Colonos holandeses haviam chegado ao Novo Mundo no início do século XVII, mas poucos ministros haviam ido junto para os servir. O presbitério não permitia que pastores fossem treinados nas colônias, e poucos ministros estavam dispostos a cruzar o Atlântico. Portanto, a vida espiritual da colônia estava muito fraca. Abraham Messler (1800-1882), que traduziu vários dos sermões de Frelinghuysen e, posteriormente, tornou-se um de seus sucessores, disse: "Devemos lembrar que a necessidade de um novo

PREGAÇÃO REFORMADA

coração fora quase totalmente perdida de vista e que o formalismo e a justiça própria prevaleciam quase universalmente. Cristãos não se envergonhavam de ridicularizar a experiência cristã, e muitos haviam se tornado bastante resolutos em opor-se a ela".[5]

Após despedir-se de parentes e amigos, Frelinghuysen partiu para o Novo Mundo em setembro de 1719, chegando em janeiro de 1720. Imediatamente, sua forte ênfase na regeneração e sua crítica à satisfação em luxos materiais afastaram dois ministros importantes, Gualtherus DuBois (1671-1751) e Henricus Boel (1692-1754).

Frelinghuysen continuou a assumir suas responsabilidades, cuidando de quatro pequenas congregações ao longo do rio Raritan, que desembocava numa baía ao sul da cidade de Nova Iorque. Ele pregava um chamado perscrutador ao arrependimento e aplicava padrões estritos para excluir os não convertidos da Ceia do Senhor. Durante um momento de Ceia, quando Frelinghuysen viu aproximarem-se da mesa algumas pessoas que ele havia admoestado a não participarem, disse: "Vejam! Vejam! Até as pessoas do mundo e os impenitentes estão vindo para comer e beber juízo para si!"[6] Várias outras pessoas que se aproximavam da mesa pensaram que o ministro se referia a elas e retornaram a seus assentos.

Previsivelmente, as ações disciplinares de Frelinghuysen e seus consistórios (os oficiais de suas igrejas) embaraçaram muitas pessoas na congregação, especialmente os ricos. Eles apresentaram sua reclamação a ministros Reformados influentes em Nova Iorque, cujas opiniões diferiam das de Frelinghuysen. Alguns ministros ficaram ao lado dos reclamadores – mais notavelmente, DuBois

---

5 Abraham Messler, *Forty Years at Raritan: Eight Memorial Sermons* (New York: A. Lloyd, 1873), 30.

6 Citado em Beeke e Pronk, "Biographical Introduction", xvi-xvii.

Pregação reformada holandesa na América: Frelinghuysen

e Boel, que desde o início tinham impressões negativas de Frelinghuysen. Eles levantaram fortes acusações contra Frelinghuysen, que respondeu à altura. As questões se tornaram extremamente tensas quando Frelinghuysen se referiu abertamente a colegas que se opunham a ele, incluindo DuBois e Boel, como ministros não convertidos. Outros pastores, como Guiliam Bartholf (1656-1726), Bernardus Freeman (1660-1743) e Cornelius Van Santvoord (1687-1752), apoiaram-no, mas alertaram-no a não ser tão crítico e severo. Acharam que sua conduta carecia de tato e que seus padrões para a Ceia do Senhor eram exigentes demais.

O conflito criou facções nas igrejas Reformadas Holandesas. Um grande grupo de membros de igreja acusaram Frelinghuysen de heresia. Os *Klagers* ("Reclamantes"), como foram chamados, se voltaram para Dominie[7] Boel e seu irmão Tobias, um advogado, em busca de ajuda e conselho. Em vez de aconselhar os *Klagers* a seguirem os princípios de Mateus 18:15-17 e da Ordem da Igreja Reformada no lidar com suas ofensas, os irmãos Boel ficaram ao lado dos *Klagers*; e isso provocou a ira dos consistórios de Frelinghuysen. Os consistórios redigiram uma intimação (*daagbrief*), que foi enviada aos *Klagers*. Nesta convocação, os *Dagers* ("Intimadores"), como ficaram conhecidos, listaram os erros de seus oponentes e advertiram que, se não retirassem suas acusações, seriam excomungados. Posteriormente, na primavera de 1723, os consistórios de Frelinghuysen emitiram duas intimações adicionais aos agitadores. Cada intimação ameaçava excomunhão àqueles que não se arrependessem e não voltassem para a igreja.

---

7 Na América, durante muitos anos, um ministro reformado holandês era chamado "dominie" (holandês, *dominee*), um título de respeito que significa "senhor" (latim, *dominus*), carregando, porém, mais da conotação de "professor" ou "ministro".

PREGAÇÃO REFORMADA

Quando nenhuma resposta foi recebida até setembro, os consistórios controlados pelos *Dagers* excomungaram unanimemente quatro dos principais líderes da oposição. Esta ação abalou muitas pessoas em toda a comunidade Reformada Holandesa. O presbitério de Amsterdam, que tinha de agir com cautela como juiz, estava a milhares de quilômetros de distância.

Em 1725, os *Klagers* responderam finalmente às intimações em uma *klagte* ("queixa") – um documento de 146 páginas dirigido ao Presbitério de Amsterdam. A *klagte*, escrita provavelmente pelos irmãos Boel, foi assinada por 64 chefes de famílias que representavam quase 25% da membresia das quatro congregações de Frelinghuysen. A *klagte* detalhava quase toda crítica concebível a Frelinghuysen, apresentando-o como um tirano com tendências homossexuais, um falso mestre e um cismático. Para acrescentar lenha na fogueira, os *Klagers* decidiram frustrar os esforços de Frelinghuysen por impedi-lo de entrar em dois prédios da igreja.

Ele reagiu por chamar os *Klagers* de "ímpios" e "a escória destas quatro congregações".[8] Frelinghuysen e seus apoiadores sustentaram que estavam apenas procurando manter a igreja pura, por exercerem as chaves da disciplina – tanto a chave da pregação quanto a chave da excomunhão – como o Dia do Senhor 31 do Catecismo de Heidelberg os orientava a fazer. Disseram que mais da metade dos signatários da *klagte* nunca havia feito uma profissão de fé e os advertiram de que "a ira de Deus e a condenação eterna permaneciam sobre eles".[9] Consequentemente, embora o Artigo 76 da Ordem da Igreja afirmasse que "ninguém será excomungado sem

---

8 Citado em Beeke e Pronk, "Biographical Introduction", xxii.

9 Citado em Beeke e Pronk, "Biographical Introduction", xxii.

a comunicação prévia do Presbitério",[10] Frelinghuysen defendeu suas ações por apelar ao Artigo 86, que declarava que mudanças podiam ser feitas na Ordem da Igreja, se o bem-estar da igreja exigisse – o presbitério estava no outro lado do oceano.

A controvérsia se estendeu por vários anos, impactando severamente a saúde mental e emocional de Frelinghuysen. Por fim, em 18 de novembro de 1733, as igrejas servidas por Frelinghuysen adotaram onze "Artigos de Paz", que foram lidos a partir dos púlpitos nos primeiros três domingos de 1734 e enviados a Amsterdam para aprovação final. Os artigos, que os *Klagers* subscreveram, afirmavam que os consistórios deviam perdoar as falhas dos *Klagers* e anular sua excomunhão, contanto que aceitassem Frelinghuysen como um ministro reformado ortodoxo e retornassem à igreja. Embora a oposição de Boel a Frelinghuysen e aos avivamentos tenha continuado, DuBois fez as pazes.

Apesar do criticismo incessante, Frelinghuysen realizou fielmente seu labor. Não somente pregou, mas também treinou pregadores. O mais notável entre eles foi o primeiro tradutor dos sermões de Frelinghuysen, Hendrik Visscher, cujos próprios sermões foram publicados e estimados durante anos por pietistas reformados no vale do Raritan. Frelinghuysen também treinou vários homens para o ministério ordenado (incluindo Samuel Verbryck, John Goetachius e Thomas Romeyn) e defendeu o estabelecimento de um seminário teológico na colônia. Depois de muita insistência da parte de Frelinghuysen e seus aliados, o presbitério atendeu seus pedidos em favor da pregação em inglês e do treinamento de ministros na América. Além disso, ele se

---

10   "Church Order of Dordrecht (1618-1619)", em *The Psalter* (Grand Rapids, MI: Eerdmans, 1991), 188.

comunicava com ministros anglicanos e presbiterianos de mentalidade semelhante, promovendo o avivamento e a pregação experiencial na região.

Embora sua pregação perscrutadora tenha ofendido algumas pessoas, Deus a usou para convencer outras e levá-las ao conhecimento salvífico de Cristo. Parece que mais de 300 pessoas foram convertidas durante o ministério de Frelinghuysen nas congregações em Nova Jérsei, além de outras pessoas que não eram de suas igrejas. Esses números se tornam mais significativos quando consideramos que o número total de comungantes em 1726 era de aproximadamente vinte pessoas. Houve vários pequenos avivamentos no ministério de Frelinghuysen que preparam o caminho para o Grande Avivamento.

A pregação de Frelinghuysen era ricamente bíblica, contendo um fluxo uniforme de muitas citações da Escritura. Às vezes, seu coração transbordava em declarações das maravilhosas misericórdias de Deus em sua aliança com os eleitos. Outras vezes, enfatizava aos não convertidos seu estado horrível e seu futuro apavorante. Em seguida, focaremos dois aspectos da pregação de Frelinghuysen: seu chamado para que cristãos nominais se chegassem a Cristo e seu método de classificar os ouvintes.

CHAMANDO OS COMPLACENTES À CONVERSÃO

A área do vale do Raritan em Nova Jérsei foi colonizada, em grande parte, por agricultores holandeses atraídos pelo solo rico. Ainda que a maioria deles mostrasse mais interesse em melhorar sua condição econômica do que em buscar crescimento espiritual, eles esperavam pela chegada de seu novo pregador. Mas logo compreenderam que não tinham recebido um ministro reformado

Pregação reformada holandesa na América: Frelinghuysen

comum. Frelinghuysen pregou seu sermão inaugural em 31 de janeiro de 1720 com base em 2 Coríntios 5:20: "De sorte que somos embaixadores em nome de Cristo, como se Deus exortasse por nosso intermédio. Em nome de Cristo, pois, rogamos que vos reconcilieis com Deus". O sermão causou uma agitação quando o novo ministro deixou claro que pretendia trabalhar entre eles "em nome de Cristo" – ou seja, com seriedade e ênfase no exame pessoal, como se o próprio Cristo estivesse entre eles.

Se os paroquianos reformados holandeses do vale do Raritan ficaram surpresos com os sermões perscrutadores e com a obra pastoral intensa de seu ministro, Frelinghuysen não ficou menos surpreso com seus paroquianos mundanizados. Embora houvesse previsto seu baixo nível de espiritualidade, por causa de rumores que ouvira na Holanda, descobriu logo que a situação era muito pior do que esperava. William Demarest comentou que "ele achou que uma grande lassidão de costumes prevaleceu durante seu pastorado... que, enquanto corridas de cavalo, jogos de apostas, devassidão e vários tipos de grosseria eram comuns, a [igreja] era frequentada de acordo com a conveniência, e a religião consistia em mero cumprimento formal da rotina do dever".[11] Em palavras simples, Frelinghuysen compreendeu que muitos de seus paroquianos não mostravam os frutos da conversão. A espiritualidade prática – "a vida de Deus na alma do homem"[12] – estava amplamente ausente. Ignorância geral e impiedade ostensiva eram abundantes.

Consequentemente, a pregação de Frelinghuysen se focalizava na conversão de pecadores, e não na nutrição dos crentes. Ele

---

11 William Demarest, "Biographical Sketch", em *Theodorus Jacobus Frelinghuysen, Sermons* (New York: Board of Publication of the Reformed Protestant Dutch Church, 1856), 7.

12 Esta descrição memorável é o título da famosa obra escrita pelo teólogo escocês Henry Scougal (1650-1678).

PREGAÇÃO REFORMADA

ensinava que uma profissão exterior e uma vida correta não são suficientes para a salvação. O Espírito Santo tem de revelar ao pecador seu estado deplorável e sua condição de perdido antes que Deus, por sua vez, leve o pecador convencido a Cristo, para receber misericórdia e salvação. Num sermão sobre Isaías 66:2, "O Pobre e Contrito Templo de Deus", ele disse:

> Em um espírito contrito acham-se um senso profundo e uma percepção clara do pecado... Inquietude [ansiedade] e tristeza de coração.. uma sincera e espontânea confissão de pecado. Por causa da grandeza de seus pecados, o pecador não sabe para onde olhar ou para onde se voltar. Apesar disso, ele coloca a sua dependência na graça que Deus pode exercer por meio de seu Filho. Assim, o contrito de espírito foge da maldição da lei para o evangelho... Portanto, o pecador é levado para fora de si mesmo até a soberana graça de Deus em Cristo, para obter reconciliação, perdão, santificação e salvação.[13]

Frelinghuysen ensinava que somente aqueles que *experimentam* os frutos da conversão são verdadeiramente salvos. Esses frutos incluem, de acordo com o Catecismo de Heidelberg, não somente o conhecimento do pecado e sua miséria, mas também a experiência de livramento em Cristo, resultando num estilo de vida de gratidão e santificação para com Deus. Em seu sermão "O Caminho de Deus com seu Povo no Santuário", Frelinghuysen convidou os pecadores a virem a Cristo imediatamente e os advertiu contra o pecado: "Se você está exausto do pecado e deseja sinceramente

---

13 Frelinghuysen, "The Poor and Contrite God's Temple", em *Forerunner of the Great Awakening*, 14-16.

achegar-se a Deus, por meio de Cristo, então, venha".[14] Depois, no mesmo sermão, apresentou a Deus como correndo para encontrar-se com aqueles que se arrependeram, assim como o pai do filho pródigo correu para encontrá-lo em seu retorno. Em outro sermão, disse: "Jesus está diante de nós com braços abertos, chamando pecadores e ímpios ao arrependimento. Oh! Que todo aquele que sente os seus pecados e seu estado de condenação diante de Deus renda-se ao Senhor Jesus!"[15]

Frelinghuysen disse que uma verdadeira experiência de salvação jubilosa em Cristo resultará necessariamente numa vida de santificação cristã, uma vida de total submissão à Palavra de Deus, "marcada por um culto novo e de coração".[16] Progresso na santificação grata é possível somente quando o crente busca continuamente a Cristo para obter forças em sua luta contra o pecado interior e em seu esforço para orientar sua vida pela Palavra de Deus. Os temas voetianos da porta estreita e do caminho "apertado" ou difícil, da vida de exatidão, da escassez de pessoas que são salvas, da prioridade de motivos internos que causam a prática externa e outros temas reaparecem muitas vezes nos sermões de Frelinghuysen.

Embora os membros das igrejas de Frelinghuysen não se opusessem a essas doutrinas reformadas e bíblicas, muitos se ressentiam de sua aplicação desta teologia experiencial à alma deles. Se ele houvesse se referido às pessoas de fora da igreja como não regeneradas, hipócritas egoístas, os membros da igreja teriam concordado. Mas Frelinghuysen deixava claro que falava com seus

14 Frelinghuysen, "The Way of God with His People in the Sanctuary", em *Forerunner of the Great Awakening*, 131.

15 Frelinghuysen, "The Miserable End of the Ungodly", em *Forerunner of the Great Awakening*, 104.

16 Frelinghuysen, "The Believer's Well-Founded Expectation of Future Glory", em *Forerunner of the Great Awakening*, 185.

PREGAÇÃO REFORMADA

próprios paroquianos. Por exemplo, em um sermão, ele aplicou a lição de um terremoto em termos bem claros:

> Venham cá, vocês que estão tranquilos no pecado; vocês que são carnais e mundanos; vocês, adúlteros e bordeleiros; vocês, homens e mulheres orgulhosos e altivos; vocês, buscadores de prazeres; vocês, beberrões, apostadores, recusadores ímpios e desobedientes do evangelho; vocês, hipócritas e dissimuladores. Como acham que o Senhor lidará com vocês?... Encham-se de terror, seus porcos imundos, adúlteros e bordeleiros. Sem o verdadeiro arrependimento, vocês viverão com demônios impuros. Todos os que gastam sua vida em concupiscência vil serão lançados no fogo que é mais intenso do que o de Sodoma e Gomorra.[17]

Frelinghuysen via claramente a maioria de seus membros como não regenerados e destinados ao inferno. Isso era muito desagradável para eles aceitarem, em especial quando Frelinghuysen os advertia contra sua maneira casual de virem à Ceia do Senhor. Em seu sermão "Um Comungante Aceitável", ele disse:

> Ouvintes mui amados que têm vindo frequentemente à mesa do Senhor, vocês sabem que os não convertidos não podem participar? Então, vocês já examinaram, com cuidado extremo, se já nasceram de novo?... Portanto, pensem e guardem na mente esta verdade. Lembrem-se de que, embora tenham moralidade e sejam exteriormente religiosos, se ainda não são regenerados

---

17 Frelinghuysen, "The Great Earthquake: Emblem of Judgment upon Enemies of the Church", em *Forerunner of the Great Awakening*, 226-28.

e destituídos de vida espiritual, não têm nenhuma autorização de aproximarem-se da Mesa da graça.[18]

CLASSIFICAÇÃO NA PREGAÇÃO PARA APLICAÇÃO DIRETA

Em 1726, um ano depois da publicação da *klagte*, Gilbert Tennent (1703-1764), um jovem ministro presbiteriano, chegou a New Brunswick, em Nova Jérsei, para trabalhar entre os colonos de fala inglesa. O jovem pregador logo ganhou a admiração e a amizade de seu vizinho, Dominie Frelinghuysen. Tennent ficou impressionado pela vitalidade de muitas conversões que estavam acontecendo sob a pregação de seu colega holandês e sentiu-se desanimado por seus próprios labores, aparentemente infrutíferos. Em seu diário, escreveu:

> Quando cheguei lá, quase sete anos depois [de Frelinghuysen], tive o privilégio de ver muitos dos frutos de seu ministério... Isso e a carta que ele me enviou sobre a necessidade de manejar corretamente a Palavra e dar às pessoas sua porção no devido tempo, por meio da bênção divina, estimularam-me à grande seriedade nos labores ministeriais.[19]

O que havia no estilo de pregação de Frelinghuysen que levou, com a bênção do Espírito, a tantas conversões? Visscher, amigo e auxiliar de Frelinghuysen, descreveu-o como "seu excelente talento de extrair um assunto de outro e expor, assim, o estado e a condição de

---

18 Frelinghuysen, "The Acceptable Communicant", em *Forerunner of the Great Awakening*, 40-41.

19 Citado em Milton J. Coalter Jr., *Gilbert Tennent, Son of Thunder: Case Study of Continental Pietism's Impact on the First Great Awakening in the Middle Colonies* (New York: Greenwood, 1986), 16-17.

PREGAÇÃO REFORMADA

seus ouvintes para si mesmos".[20] Em outras palavras, Frelinghuysen era excelente em *pregação discriminatória*. Como ele disse em "Deveres dos Atalaias nos Muros de Sião", um sermão de ordenação para um colega: "Embora eu não prescreva um método de pregação para ninguém, acredito que a aplicação deva ser discriminatória, adaptada aos vários estados de todos os ouvintes (Jd 20-21; Jr 15)".[21]

Tennent aprendeu rápido e logo se tornou excelente em pregação discriminatória. Enfatizando a necessidade de regeneração, ele desafiava seus ouvintes a examinarem se possuíam a evidência bíblica do novo nascimento.

O ministério de Tennent se tornou cada vez mais ligado com o de Frelinghuysen. Em uma ocasião, combinaram cultos de adoração em línguas inglesa e holandesa. Os *Klagers* acusaram que, por permitir que "este dissidente inglês"[22] (i.e., Tennent, um presbiteriano) pregasse e ministrasse as ordenanças em sua igreja, Frelinghuysen estava violando a Ordem da Igreja Reformada Holandesa e, assim, solapando a autoridade do Presbitério de Amsterdam. Vendo a si mesmos como guardiões da ortodoxia holandesa, deploraram a ecumenicidade de Frelinghuysen como inimiga da verdadeira religião reformada holandesa. Como tradicionalistas ortodoxos, apelaram ao Presbitério de Amsterdam, dizendo: "Temos de ser cuidadosos para manter as coisas numa maneira holandesa em nossas igrejas".[23]

Por outro lado, o alvo de Frelinghuysen era a conversão de pecadores. Quem quer que compartilhasse dessa visão era seu amigo,

---

20 Citado em Tanis, *Dutch Calvinistic Pietism*, 69.

21 Frelinghuysen, "Duties of Watchmen on the Walls of Zion", em *Forerunner of the Great Awakening*, 280.

22 Citado em Beeke and Pronk, "Biographical Introduction", xxvi.

23 Citado em Beeke and Pronk, "Biographical Introduction", xxvii.

Pregação reformada holandesa na América: Frelinghuysen

independentemente dos vínculos denominacionais, contextos étnicos e linguísticos, limites paroquiais e distinções sociais. Ironicamente, sua recusa de fazer discriminação entre grupos nacionais ou étnicos vinha diretamente de seu compromisso de fazer discriminação entre os verdadeiros crentes e os incrédulos em sua pregação.

Frelinghuysen era excelente em fazer distinção entre a verdadeira e a falsa religião. Desenvolveu esta habilidade com a ajuda de mentores pietistas holandeses que dividiam a congregação em vários estados e condições de alma e, depois, faziam na pregação aplicações pessoais a cada grupo. Pioneiros deste método de classificação no pietismo holandês foram Jean Taffin, Godefridus Udemans e Willem Teellinck. Esta prática de classificação se expandiu e se desenvolveu no círculo de pregadores voetianos, como Jodocus van Lodenstein, Wilhelmus à Brakel e Bernardus Smytegelt (1665-1739). Esses Divinos da *Nadere Reformatie* representaram a nata do pietismo holandês.

O principal mentor de Frelinghuysen, Johannes Verschuir (1680-1737), pertencia a este círculo de pregadores voetianos. Verschuir fazia distinção entre vários grupos de frequentadores de igreja, que precisavam – todos – ser alcançados pelo pregador: (1) o cristão forte (*sterk Christen*), que é convertido e atingiu um grau de maturidade na vida espiritual; (2) o cristão preocupado (*bekommerde Christen*), que também é convertido, mas luta com muitas dúvidas e não tem segurança de fé; (3) os instruídos (*letterwyse*), que não são convertidos, mas instruídos e amigos da verdade, embora não conheçam sua experiência e seu poder; (4) os ignorantes (*onkunde*), que não são convertidos, nem instruídos, mas que ainda podem ser persuadidos a aprender, porque têm inteligência natural.[24]

24 Beeke and Pronk, "Biographical Introduction", xxxi.

PREGAÇÃO REFORMADA

Os sermões de Frelinghuysen mostram que ele seguia geralmente o método de classificação de Verschuir. Dedicava mais de sua pregação ao aconselhamento do cristão preocupado, em vez do cristão forte. Podemos concluir que Frelinghuysen acreditava que a maioria dos verdadeiros crentes, em sua congregação, pertencia a esta categoria. A maior parte de suas advertências se dirigia aos "instruídos". Ele os via como estando em grande perigo, porque eram "quase cristãos", não longe do reino de Deus. Andavam com cristãos e falavam como cristãos, mas não possuíam o novo nascimento. Apesar de sua moralidade e confissão da verdade exteriores, pereceriam se a morte os levasse.

No âmago da teologia de Frelinghuysen – e da teologia da Reforma Holandesa Posterior – estava a convicção de que a regeneração é uma coisa indispensável. Em um sermão típico, Frelinghuysen exortava seus ouvintes a examinarem se possuíam as evidências do novo nascimento. Bem relacionado a isso estava o chamado à conversão, pelo qual Frelinghuysen não se referia à conversão diária do crente, e sim à conversão inicial do não salvo. Ele usava a palavra *conversão* no sentido intercambiável de *regeneração* ou *novo nascimento*.

Frelinghuysen pregava que o novo nascimento tinha de ser experiencial. Isso significa que um convertido tinha de saber que passara da morte para a vida, e esperava-se que ele fosse capaz de relatar o que Deus fizera por sua alma. Estas duas ênfases no ministério de Frelinghuysen – a necessidade do novo nascimento e as várias classificações dos frequentadores de igreja – impressionaram Tennent, Whitefield e outros pregadores de avivamento.

Tudo isso era coerente com a teologia da pregação de Frelinghuysen. Na aplicação do sermão "Deveres dos Atalaias", ele expressou sobre seu dever como pregador:

Pregação reformada holandesa na América: Frelinghuysen

A igreja inclui todos os tipos de pessoas: pessoas ímpias e não convertidas, pessoas de boa moral e cristãos em aparência e confissão. Esse último grupo é o maior, porque "muitos são chamados, mas poucos escolhidos". Há também pessoas convertidas na igreja. Estas incluem aqueles que são bebês na graça bem como os que estão mais avançados. Cada grupo tem seus desejos e necessidades. Devemos pregar para cada grupo e lidar com ele de acordo com sua condição, como Jeremias 15:19 diz. Muitos teólogos zelosos têm mostrado quão perigosas podem ser aplicações gerais (Ez 13:19-20).[25]

De acordo com Teunis Brienen, que escreveu sua tese de doutorado sobre o método de classificação usado pelos pregadores da *Nadere Reformatie*, essa abordagem variou a partir do método de João Calvino e outros dos primeiros Reformadores, que dividiam os membros da igreja em apenas duas categorias: crente e incrédulos.[26] Calvino não era ignorante das diferenças entre crentes fortes e crentes fracos ou de que houvesse vários tipos e graus de incrédulos, mas não formulou distinções tão detalhadas como os representantes posteriores da *Nadere Reformatie*.

A diferença entre os primeiros teólogos reformadores, como Calvino, e os pós-reformadores, como Frelinghuysen, se deve em parte aos contextos diferentes em que pregaram. Os reformadores pregaram, como John Macleod ressaltou, para "uma geração de crentes nos quais o evangelho da graça gratuita de Deus, na justificação, irrompeu em toda a sua maravilha como algo completamente

---

25 Frelinghuysen, "Duties of Watchmen on the Walls of Zion", em *Forerunner of the Great Awakening*, 280-81.

26 Teunis Brienen, *De Prediking Van De Nadere Reformatie* (Amsterdam: Ton Bolland, 1974), 5-25.

PREGAÇÃO REFORMADA

novo".[27] Os pós-reformadores, como Frelinghuysen, pregaram várias gerações depois, num tempo em que muitos julgavam o mero assentimento às verdades da Escritura como suficiente para a salvação. Neste ambiente, tornou-se essencial distinguir com clareza entre fé salvadora e fé histórica, por colocar uma ênfase mais forte no autoexame, nas marcas da graça e na classificação dos ouvintes em vários grupos.

Brienen disse que os puritanos ingleses não foram tão longe quanto sua contraparte holandesa em fazer distinções entre os vários ouvintes.[28] Isso pode explicar por que Tennent e Whitefield ficaram impressionados com a pregação de Frelinghuysen. Seu método de classificar os ouvintes e suas aplicações perscrutadoras da alma iam além do que eles estavam acostumados a ouvir. James Tanis concluiu: "A pregação de Tennent era o método de Frelinghuysen aperfeiçoado... O método de pregar de Whitefield foi grandemente afetado por esta instrução e, assim, a tocha de Frelinghuysen passou da Frísia oriental para Tennent e, deste, para Whitefield".[29]

CONCLUSÃO

O método de classificação da pregação de Frelinghuysen era bíblica? Brienen exagera em rejeitar o método de classificação, mas está correto em ressaltar o perigo de o método ir além da Escritura. A Bíblia define *geralmente* apenas uma distinção entre os ouvintes; ela diz que as pessoas respondem à Palavra ou com fé ou com incredulidade. Embora a Escritura reconheça diferentes

---

27 John Macleod, *Scottish Theology in Relation to Church History since the Reformation* (Edinburgh: Banner of Truth, 1974), 28.

28 Brienen, *De Prediking Van De Nadere Reformatie*, 331.

29 Tanis, *Dutch Calvinistic Pietism*, 80-81.

Pregação reformada holandesa na América: Frelinghuysen

estágios na vida de fé, bem como vários graus de incredulidade, ela não apóia um sistema tão detalhado em que cada pessoa é colocada *habitualmente* numa categoria separada. Por outro lado, não devemos esquecer que os propósitos bíblicos e positivos dessa categorização eram focalizar a necessidade do novo nascimento, fomentar o crescimento na graça por meio de instrução, advertência e encorajamento específicos e ressaltar o perigo de enganar-se a si mesmo em relação à eternidade. O método de classificação tem o seu lugar, contanto que não seja exagerado ao ser forçado para fora do texto que está sendo exposto. Quando as aplicações da pregação não são controladas pelo texto, o método de classificação tende a produzir repetição ou, ainda pior, a promover os critérios do próprio pregador para autoexame e não os critérios da Escritura.

Apesar de suas fraquezas e erros, Frelinghuysen foi usado poderosamente pelo Senhor na edificação da igreja na América. Heinrich Melchior Mühlenberg (1711-1787), um pietista luterano que viajou pelas Colônias do Centro em 1759, falou de Frelinghuysen como "um pregador convertido holandês que foi o primeiro nestas partes a insistir no verdadeiro arrependimento, na fé viva e na santificação e que teve muito sucesso".[30] Deus é soberano e realiza os seus propósitos por meio de uma variedade de instrumentos, até mesmo defeituosos.

Embora Frelinghuysen não tivesse um caráter pacífico, era um homem de profunda convicção espiritual e coragem tremenda. Personificava as palavras finais do prefácio redigido para uma coleção de suas sermões: *Laudem non quæro; culpam non tiemo*

---

30 Citado em Randall H. Balmer, *A Perfect Babel of Confusion: Dutch Religion and English Culture in the Middle Colonies* (Oxford: Oxford University Press, 1989), 122.

PREGAÇÃO REFORMADA

("Não busco louvor; não temo culpa").[31] Em questões concernentes à verdade, ele não hesitava; "Prefiro sofrer milhares de mortes", ele dizia a seu rebanho, "a não pregar a verdade".[32] Frelinghuysen era um orador eloquente, um teólogo hábil e um pregador experiencial zeloso. "Pelo fervor de sua pregação", Leonard Bacon escreveu, "deveria ganhar o sinal de glória de trazer o Grande Avivamento".[33] Durante todo o seu longo ministério em Nova Jérsei, Frelinghuysen serviu como o homem de Deus daquele tempo para anunciar várias colheitas abundantes que promoveram a piedade espiritual reformada.

Tanis concluiu: "Sua influência no desenvolvimento de estruturas da teologia americana foi enorme. Seu papel foi o de um transmissor entre o Velho e o Novo Mundo; sua grande contribuição foi a introdução nas Colônias do Centro daquele pietismo que levava em si mesmo".[34]

A idade geralmente amadurece, abranda e santifica as pessoas. Em seus últimos anos, Frelinghuysen se tornou cada vez mais consciente de suas imperfeições. Tornou-se menos crítico dos outros e compreendeu que, às vezes, tornara a vida desnecessariamente difícil para si mesmo e para outros. Inquietava-o crescentemente o fato de que havia tratado alguns de seus colegas com desdém e pediu desculpas por chamar alguns deles de não convertidos. Esforços de reconciliação entre Frelinghuysen e DuBois foram bem-sucedidos; numa reunião de avivamento em 1741, em que Whitefield pregou, ambos os ministros sentaram na plataforma. Que experimentemos

---

31 Citado em Demarest, "Biographical Sketch", 8.

32 Frelinghuysen, "The Acceptable Communicant", em *Forerunner of the Great Awakening*, 40.

33 Leonard W. Bacon, *A History of American Christianity* (New York: Christian Literature Co., 1897), 81.

34 Tanis, *Dutch Calvinistic Pietism*, 97.

Pregação reformada holandesa na América: Frelinghuysen

em nossos dias de divisão mais unidade espiritual com todos os que amam o Senhor Jesus Cristo em sinceridade e que anseiam por avivamentos como os que Deus concedeu nos dias de Frelinghuysen, Tennent e Whitefield.

Poucas pessoas se mantiveram neutras para com Frelinghuysen. Sua perscrutadora teologia da regeneração, sua exigência de que os convertidos vivessem de uma maneira santa e correta e seu zelo por manter a igreja pura resultaram em muitos amigos e muitos inimigos. No final, porém, o trabalho, o zelo e a piedade incansáveis de Frelinghuysen foram bem-sucedidos. Até muitos de seus ex-inimigos chegaram a aceitá-lo, pois não podiam negar os frutos de seu ministério. Seu ministério ressalta para nós a importância de suportar dificuldades como bons soldados de Jesus Cristo e de manter a mão no arado ao fazer a obra do reino.

CAPÍTULO 17

PREGADORES DO SÉCULO XVIII: HALYBURTON, EDWARDS E DAVIES

A fim de ilustrar a pregação Reformada experiencial de uma maneira que toca o coração, consideramos exemplos notáveis de pregadores da Reforma, do Puritanismo Inglês e da Reforma Holandesa Posterior. Atravessamos dois séculos e falamos sobre vários pregadores específicos. Mas, antes de deixarmos esta seção do livro, precisamos dar atenção a pregadores de fala inglesa nos séculos XVIII, XIX e XX. Embora talvez não possamos dar a estes fiéis servos de Deus o seu devido crédito – isso deve esperar até o julgamento final –, nos beneficiaremos de notar como a tocha continua a ser passada de geração a geração.

Neste capítulo, focalizaremos três pregadores do século XVIII. Começamos com um homem que morreu na primeira parte desse século; em seguida, consideraremos dois pregadores que serviram a Deus por volta do tempo do Grande Avivamento.

PREGAÇÃO REFORMADA

THOMAS HALYBURTON

Thomas Halyburton (1674-1712) nasceu em 25 de dezembro em Dupplin, no condado de Perthshire, na Escócia.[1] Seu pai morreu quando ele tinha sete anos de idade. Sua mãe o criou por um tempo na Holanda, para escapar de perseguição. Enquanto estudava na Universidade de Edimburgo e, depois, na Universidade St. Andrews, começou a sofrer de uma imobilidade que debilitava os braços e as pernas, mas graduou-se nesta segunda universidade com um MA em Teologia, em 1696. Durante seus estudos, passou por uma luta profunda com o racionalismo cético do Deísmo. Chegou finalmente a Cristo em 1698. Serviu uma igreja em Fife, perto de St. Andrews, por dez anos, mas sua saúde decaiu. Tornou-se professor de teologia em St. Andrews em 1710, mas faleceu com a idade de 37 anos em 23 de setembro de 1712. A seu pedido, foi sepultado ao lado de Samuel Rutherford, porque desejava ver a alegria de Rutherford quando ambos ressuscitassem dos mortos no segundo advento de Cristo.

Halyburton é conhecido por três grandes obras. A primeira é suas *Memórias*, que, em profundeza espiritual, se equipara à *Graça*

---

1 Sobre Halyburton, ver as introduções a cada volume em Thomas Halyburton, *The Works of Thomas Halyburton*, 4 vols. (Aberdeen: James Begg Society, 2000-2005). Esta edição compilada recentemente contém o seguinte: *Volume 1: Faith and Justification*, que inclui um tratado sobre a natureza da fé, outro sobre a ordem da regeneração e da justificação e um terceiro sobre o ato de justificação de Deus; *Volume 2: Faith and Salvation*, que contém a obra clássica de Halyburton, *The Great Concern of Salvation*, que é uma abordagem notável e experiencial a respeito de como o Espírito Santo opera a salvação em pecadores; *Volume 3: Faith and Revelation*, que contém sua obra magna contra o deísmo; e *Volume 4: Faith and Experience*, que contém sua famosa autobiografia. A autobiografia de Halyburton foi reimpressa anteriormente como *Memoirs of Thomas Halyburton*, ed. Joel R. Beeke, intro. Sinclair B. Ferguson (Grand Rapids, MI: Reformation Heritage Books, 1996). Ver também John D. Nicholls, "Thomas Halyburton, 1674-1712", em *Faith and Ferment* (London: Westminster Conference, 1982), 32-49; Hugh Cartwright, "Faith and Assurance in the Teaching and Experience of Thomas Halyburton (1674-1712)", *Scottish Bulletin of Evangelical Theology 11*, no. 2 (Autumn 1993): 109-28; Edgar Primrose Dickie, "Thomas Halyburton", *Scottish Journal of Theology 5*, no. 1 (Março 1952): 1-13.

Abundante ao Principal dos Pecadores de John Bunyan, e às *Confissões* de Agostinho. Nela, Halyburton descreve seu livramento em termos de uma visão transformadora de Deus por meio das Escrituras, a "iluminação do conhecimento da glória de Deus, na face de Cristo. " (2 Co 4:6), que criou a fé e o tornou um novo homem.[2] John Mcleod diz que, enquanto Jonathan Edwards nos dá uma das afirmações clássicas, na teologia reformada, sobre a "realidade da luz espiritual", a descrição de Halyburton sobre o "caráter desta luz" é digna de permanecer ao lado da abordagem de Edwards.[3] Ele diz também que Halyburton foi considerado como um dos maiores teólogos da Escócia, um homem do mesmo nível que o Divino holandês Herman Witsius, e um dos que beberam da mesma fonte que o teólogo inglês John Owen bebeu.[4]

A segunda grande obra que Halyburton escreveu é um defesa intelectual clássica contra o deísmo, intitulada *Religião Natural Insuficiente*. Ele critica os esforços do Lorde Edward Herbert (m. 1648) para ignorar a revelação divina e fundamentar a religião nos princípios naturais de crença numa deidade, reverência, moralidade, arrependimento de pecado e expectativa do julgamento futuro. John Nicholls escreveu sobre o livro de Halyburton:

> Seu argumento é franco: a religião natural, defendida por Herbert, é insuficiente porque não nos dá conhecimento claro de Deus, do caminho de felicidade ou da natureza do pecado... A religião natural é insuficiente para oferecer motivos eficazes

---

2 Thomas Halyburton, *Memoirs of the Rev. Thomas Halyburton*, ed. Joel R. Beeke (Grand Rapids, MI: Reformation Heritage Books, 1996), 94-112.

3 John Macleod, *Scottish Theology in Relation to Church History since the Reformation* (Edinburgh: Banner of Truth, 1974), 119.

4 Macleod, *Scottish Theology in Relation to Church History since the Reformation*, 117-18, 124.

PREGAÇÃO REFORMADA

para os deveres, para revelar os meios de obter o perdão e para erradicar ou subjugar nossas inclinações naturais para o pecado... [Nenhuma] evidência ou argumento racional pode substituir o poder de autoautenticação das Escrituras aplicadas pelo Espírito Santo.[5]

Vemos a pregação experiencial de Halyburton especialmente em seu terceiro livro, *O Grande Interesse de Salvação*. É um maravilhoso volume experiencial que ressalta a obra do Espírito na alma, com referência à miséria, ao livramento e à gratidão. Halyburton disse: "Quem quer que considere sua condição presente, logo perceberá que seu maior interesse e sua principal preocupação está em três perguntas importantes: 'O que tenho feito' (Jr 8:6); 'O que farei para ser salvo?' (At 16:30); 'O que darei ao Senhor?' (Sl 116:12)."[6] Frederick Leahy falou sobre este livro: "É impressionante ver quão clara e diretamente ele fala nestes sermões. Há uma simpatia e afeição em cada linha, e sua abordagem da Escritura é completa... Ele fala a partir do coração".[7]

Em declarar a miséria do homem caído, o método de Halyburton começa com Deus. Ele apresenta sabiamente a doutrina do pecado em seu contexto teocêntrico por desenvolver os seguintes princípios:

- Deus é o Soberano absoluto e independente do mundo.
- Deus prescreveu leis para todas as suas criaturas, pelas quais ele as governa.

---

5 Nicholls, "Thomas Halyburton, 1674-1712", 42.

6 Halyburton, *The Great Concern of Salvation*, em *Works, Volume 2, Faith and Salvation*, 29.

7 Frederick S. Leahy, review of Halyburton, *Faith and Salvation*, em *Banner of Truth 475* (April 2003): 26.

Pregadores do século XVIII: Halyburton, Edwards e Davies

- O grande Legislador do mundo anexou recompensas e punições a essas leis.
- As suas leis são santas, justas, boas e espirituais.[8]

Depois, explica que o pecado é qualquer falta de conformidade com a leis de Deus em pensamento, palavra, atos e condição do coração. Todas as transgressões da lei surgem de desprezo à autoridade de Deus. O pecado sempre traz consigo a contaminação da alma, com sujeira moral e culpa ou obrigação de sofrer a penalidade da maldição da lei de Deus. Todas as pessoas são envolvidas no pecado, independentemente de sua idade, religião, classe social, geração ou época da história.[9]

Para dar a seus leitores uma ideia do horror do pecado, Halyburton os exorta a considerar:

- *A lei de Deus:* "Veja o Deus santo, sublime e exaltado revelando sua mente e vontade em duas tábuas, que contêm normas seguras, boas, santas, justas, espirituais e muito vantajosas... Veja o pecado quebrando, ou seja, despedaçando estas duas tábuas, num sentido pior do que o sentido expresso quando Moisés as quebrou... É insignificante para você pisotear, espezinhar a santa e justa lei de Deus, que é a imagem perfeita de toda a sua santidade e pureza imaculada?"
- *A natureza de Deus:* "Contemple a natureza do grande Deus, a sede de toda majestade, glória, beleza e excelência... A criatura mais insignificante e aparentemente mais deformada no mundo, o inseto rastejante, leva em sua natureza nada realmente

---

8 Halyburton, "The Great Concern of Salvation", em *Works*, 2:31-34.

9 Halyburton, "The Great Concern of Salvation", em *Works*, 2:34-38.

PREGAÇÃO REFORMADA

contrário à natureza de Deus; o pecado, somente o pecado, está em oposição a Deus".

- *As ameaças de Deus:* Veja o pecado em sua verdadeira luz, "na ameaça da lei, e veja ali que estimativa Deus atribui ao pecado e o que ele realmente é. Todo o poder do céu, a ira, a vingança e a fúria de Deus estão direcionados, todos, para o pecado".
- *Os julgamentos de Deus:* "O que você acha de todos estes males, misérias e angústias lamentáveis?... Quem trouxe todos estes filhos do orgulho, os quais, não muito tempo atrás, estranhamente, agitaram-se à luz da glória belicosa para os lados do abismo? Quem encheu os cemitérios de corpos sobre corpos, pais e filhos, altos e baixos, ricos e pobres, de todos os sexos, classes, idades e graus? Certamente o pecado fez isto."
- *A condenação de Deus:* "Veja os pobres coitados, em grupos, sofrendo eternamente naquela fonte de enxofre, bradando sob a intolerável e eterna angústia de seus espíritos... toda faculdade de sua alma, toda junta de seu corpo se enche da fúria do Deus eterno. Contemple e fique admirado com esta visão terrível e apavorante. E tenha nisto uma visão do pecado".
- *O Filho de Deus crucificado:* Veja "quais são os pensamentos de Deus sobre o pecado. É tão altamente oposto à natureza de Deus que as entranhas de afeição que ele tinha pelo Filho de seu amor, a quem honrou sobremaneira quando a voz veio da glória excelsa e disse: 'Este é meu Filho amado, em quem me comprazo', não foram capazes de impedir a mão de justiça inexorável [inflexível] de golpeá-lo, ou seja, matá-lo, pelos pecados do mundo eleito".[10]

---

10 Halyburton, "The Great Concern of Salvation", em *Works*, 2:44-48.

Pregadores do século XVIII: Halyburton, Edwards e Davies

Às pessoas convencidas de seu pecado e miséria, Halyburton dizia: "Crê no Senhor Jesus e serás salvo, tu e tua casa' (At 16:31). Este Senhor Jesus Cristo é Deus e homem em uma única pessoa e, por isso, é acessível. Ele pode se identificar tanto com Deus quanto com os homens, pois é comovido com um senso de nossas fraquezas".[11]

Halyburton dizia que Cristo é tudo de que um pecador necessita. Ele é o Profeta chamado por Deus, a própria Palavra de Deus, e comissionado a falar com pecadores convencidos para satisfazer seus desejos, e isso não de uma maneira terrível, mas como um homem semelhante a eles. Cristo é o Sacerdote santo, misericordioso e fiel ordenado por juramento de Deus, para oferecer o sacrifício expiatório a Deus pelos pecados e interceder diante dele pelos pecadores. Cristo é o Rei estabelecido por Deus com poder e autoridade para decretar as leis de seu reino, levar seu povo à obediência espontânea, proteger seus súditos de todos os ataques, vencer todos os seus inimigos e sujeitar a si mesmo todo o universo.[12]

Portanto, Cristo pode dar ao pecador alívio do mal tríplice que o oprime. Primeiro, Halyburton escreveu, o homem "é extremamente ignorante, completamente nas trevas, quanto à vontade e à mente de Deus". Cristo, o Profeta, traz o pecador "para a sua maravilhosa luz", revelando Deus e sua graça. Em segundo, "o homem é oprimido por culpa; é somente no ofício sacerdotal de Cristo que o pecador pode achar alívio contra isto", porque somente o sangue de Cristo pode purificar nossa consciência da culpa de obras mortas. Em terceiro, o homem é "escravizado pelo pecado" e, portanto, não somente "fraco", mas também "indisposto a se tornar disposto".

---

11 Halyburton, "The Great Concern of Salvation", em *Works*, 2:188; cf. 189-90.

12 Halyburton, "The Great Concern of Salvation", em *Works*, 2:191-95.

PREGAÇÃO REFORMADA

Cristo, o Rei, pode transformar pecadores desobedientes em servos de Deus dispostos, sábios e justos.[13]

Aqui está um Cristo que é tanto capaz de salvar pecadores quanto disposto a salvar pecadores, porque foi enviado pelo Pai para fazer sua obra. Pecadores olham para Deus e perguntam como podem achegar-se a tão grande majestade. A justiça exige a morte deles; a santidade exclui tudo que é impuro; e a própria voz de Deus os destruiria. Mas o Sacerdote satisfez a justiça pelos pecadores; o Rei tem o poder de purificar nossa impureza pelo Espírito; e o Profeta traz a mensagem de boas novas em cordialidade humana.[14]

Satanás e suas forças de trevas ameaçam o pecador com ataques devastadores contra a sua alma, Halyburton escreveu: "Eles o acusam de coisas que ele não pode negar. Atacam-no com maquinações profundas que ele não pode revelar. Caem sobre ele com uma força que ele não é capaz de resistir". Mas, como Sacerdote, Cristo dá ao crente uma resposta para todas as acusações de Satanás. Como Profeta, Cristo "lhe dá sabedoria para escapar das armadilhas de Satanás". E, como Rei, Cristo lhe dá poder "pelo qual ele se torna mais do que vencedor".[15]

De fato, em seus ofícios, Cristo satisfaz cada aspecto da necessidade humana. Ele abre a mente cega e enche-a de luz. Aquieta a consciência culpada e enche-a de paz. Subjuga a vontade e enche-a de contentamento nele mesmo. De toda maneira, Halyburton pregou que Cristo é um Salvador todo-suficiente.[16]

---

13 Halyburton, "The Great Concern of Salvation", em *Works*, 2:196.

14 Halyburton, "The Great Concern of Salvation", em *Works*, 2:197-98.

15 Halyburton, "The Great Concern of Salvation", em *Works*, 2:198.

16 Halyburton, "The Great Concern of Salvation", em *Works*, 2:198-99.

Depois de chamar pecadores a confiar neste grande Salvador, Halyburton gastou o último quarto (cerca de 100 páginas) de *O Grande Interesse de Salvação* chamando pecadores a servir o seu Senhor. Ele comentou que um crente (1) deve servir a Deus "deliberada, resoluta e espontaneamente", (2) deve servir primeiramente a Deus mesmo antes que possa engajar outros em servi-lo e (3) "se esforçará para engajar também a sua família".[17]

O verdadeiro serviço para Deus consiste em fazer a sua vontade, não seguindo nossas imaginações: "O preceito do Senhor é a medida de obediência do servo. Nunca achamos o Senhor aprovando alguém por fazer o que não lhe ordenou".[18] Esse serviço tem de ser feito sob a autoridade da lei e do Legislador. Deve também ser feito "em o nome do Senhor Jesus" (Cl 3:17), e isso significa sob a sua ordem, por sua força, mediante sua aceitação com o Pai e para sua glória.[19]

Se alguém perguntasse: "Quem é o Senhor, para que eu o sirva?", Halyburton respondia que ele é "um grande Rei", infinitamente mais nobre do que os reis da terra, muitos dos quais são "escravos das mais vis concupiscências". Além disso, ele é "um bom Senhor", que concede a seus servos uma obra "adequada e razoável", abençoa os fiéis com "abundância", sendo também "tolerante, compassivo e misericordioso para com os erros de seus servos", se não "persistem obstinadamente neles".[20]

Portanto, o cristão sincero lhe perguntará: eu sou realmente um servo do Senhor? Tenho um coração reto que teme o Senhor?

---

17 Halyburton, "The Great Concern of Salvation", em *Works*, 2:312.

18 Halyburton, "The Great Concern of Salvation", em *Works*, 2:315.

19 Halyburton, "The Great Concern of Salvation", em *Works*, 2:316.

20 Halyburton, "The Great Concern of Salvation", em *Works*, 2:328-29.

PREGAÇÃO REFORMADA

Meu olho é puro em buscar "a glória de Deus e a sua satisfação, que é realmente um tesouro celestial" ou meu olho é corrompido por alvos mundanos? Sigo uma regra segura, ou seja, somente a Escritura, não lhe fazendo acréscimos nem retirando qualquer coisa dela? A minha mão é diligente, servindo a Deus com toda a minha força? Meu serviço agrada a Deus?[21]

Assim, vemos que Halyburton pregava uma rica mensagem de miséria, livramento e gratidão. Sua pregação era altamente estruturada e organizada, mas ele não era teorista. Pregou como alguém que havia passado por testes e tentação profundos, mas perseverara no combate santo.

Em seguida, passamos àquele que talvez seja o pregador mais famoso na história da América do Norte.

JONATHAN EDWARDS

A literatura sobre Jonathan Edwards é colossal.[22] Aqui podemos apenas investigar de modo superficial o ministério deste grande homem. Ele nasceu em 5 de outubro de 1703, em East Windsor, no estado de Connecticut.[23] Era filho do pastor puritano Timothy Edwards. Sua mãe, Esther, era filha de Solomon Stoddard, o grande pregador da Nova Inglaterra. Jonathan graduou-se com dois diplomas teológicos, que incluíram o estudo de línguas clássicas, lógica e filosofia natural: um BA de Yale, em 1720; e

---

21 Halyburton, "The Great Concern of Salvation", em *Works*, 2:341-44.

22 Quanto a uma bibliografia anotada com milhares de fontes publicadas sobre Edwards, ver M. X. Lesser, *Reading Jonathan Edwards: An Annotated Bibliography in Three Parts*, 1729-2005 (Grand Rapids, MI: Eerdmans, 2008).

23 Sobre a biografia de Edwards, ver George M. Marsden, *Jonathan Edwards: A Life* (New Haven, CT: Yale University Press, 2003); Iain H. Murray, *Jonathan Edwards: A New Biography* (Edinburgh: Banner of Truth, 1987).

um MA, em 1722. Durante este período, o congregacionalismo da Nova Inglaterra sofria de desvios notáveis para o anglicanismo arminianos. Edwards se posicionou como um defensor da doutrina reformada. Ele havia resistido à doutrina da soberania divina até que foi transformado, em 1721, por um doce senso da amabilidade de Deus como "o Rei eterno, imortal, invisível" (1 Tm 1:17).

Edwards vestiu o manto de ministro como assistente de seu avô em Northampton, no vale do rio Connecticut, na parte central de Massachusetts. Stoddard morreu em 1729, deixando Edwards como único ministro na igreja. Durante seu ministério ali, viu notáveis movimentos do Espírito de Deus em 1734-1735 e, de novo, em 1740-1743, manifestações locais do amplo avivamento conhecimento como Grande Avivamento. Edwards pregou em muitos lugares durante este derramamento do Espírito e recebeu em seu púlpito o anglicano evangélico George Whitefield. Escreveu tanto para defender o avivamento quanto para discernir a verdadeira religião operada pelo Espírito de suas falsificações não salvadoras. Seu *Tratado Concernente às Afeições Religiosas* (1746) é um dos livros mais importantes já escrito sobre as marcas distintivas da verdadeira piedade. Edwards também editou e publicou o *Diário de David Brainerd* (1749), a obra de um homem cujos esforços sacrificiais para alcançar os índios americanos inspiraram pessoas nos séculos posteriores para evangelizarem o mundo.

Infelizmente, os avivamentos não impediram a igreja de remover Edwards de seu ofício em 1750. Uma controvérsia surgiu porque ele chegara a crer, ao contrário de seu falecido avô, que a Ceia do Senhor não é uma "ordenança que converte", e, portanto,

PREGAÇÃO REFORMADA

somente aqueles que confessam ser regenerados devem participar da ordenança. Em 1751, ele se tornou pastor de colonos ingleses e missionário para os índios americanos em Stockbridge, na fronteira leste de Massachusetts. Edwards já era um escritor teológico estabelecido, mas seus anos ali produziram alguns de seus maiores livros, incluindo seus tratados *Liberdade da Vontade* (1754) e *Pecado Original* (1758). Em 1758, a Faculdade de Nova Jérsei (renomeada posteriormente como Universidade de Princeton) o convidou para se tornar seu presidente. Logo depois de sua chegada, uma inoculação de varíola se tornou mortal, e o grande teólogo faleceu em 22 de março de 1758.

Suas obras foram reunidas em várias formas ao longo dos anos. Os dois conjuntos mais usados em nossos dias são a edição de dois volumes, publicada por Edward Hickman em 1834 e reimpressa pela Banner of Truth Trust,[24] e a edição de Yale, publicada em 26 volumes no decorrer de cinco décadas (1957-2008), que está agora disponível com outras fontes online.[25]

Embora os tratados teológicos de Edwards sejam estudados frequentemente, atenção crescente é dada a seus sermões.[26]

---

24 Jonathan Edwards, *The Works of Jonathan Edwards*, ed. Edward Hickman, 2 vols. (Edinburgh: Banner of Truth, 1974); daqui para frente, *Works* (Banner of Truth).

25 Ver The Jonathan Edwards Center at Yale University online, http://edwards.yale.edu/.

26 Sobre Edwards e a pregação, ver *The Salvation of Souls: Nine Previously Unpublished Sermons on the Call of Ministry and the Gospel by Jonathan Edwards*, ed. Richard A. Bailey and Gregory A. Wills (Wheaton, IL: Crossway, 2002); *The Sermons of Jonathan Edwards: A Reader*, ed. Wilson H. Kimnach, Kenneth P. Minkema, and Douglas A. Sweeney (New Haven, CT: Yale University Press, 1999); John H. Gerstner, *The Rational Biblical Theology of Jonathan Edwards*, 3 vols. (Powhatan, VA; Orlando, FL: Berea Publications; Ligonier Ministries, 1991), 1:480-540; 3:1-49; Charles L. Geschiere, "Taste and See That the Lord Is Good: The Aesthetic-Affectional Preaching of Jonathan Edwards" (ThM thesis, Calvin Theological Seminary, 2008); Wilson H. Kimnach, introdução a *The Works of Jonathan Edwards*, vol. 10, *Sermons and Discourses*, 1720-1723, ed. Wilson H. Kimnach (New Haven, CT: Yale University Press, 1992), 1-258; Samuel T. Logan, "Jonathan Edwards and the 1734-35 Northampton Revival", em *Preaching and Revival* (London: Westminster Conference, 1984), 57-85;

Wilson Kimnach diz que os sermões de Edwards eram "o cubo" no qual seus outros interesse e atividades se centravam, "como muitos dos raios de uma roda".[27] Mesmo não sendo o mais comovente orador, os sermões de Edwards eram excelentes em seu conteúdo doutrinário e espiritual. John Gerstner (1914-1996) disse sobre a sua pregação: "Do ponto de vista de exegese profunda e consistente, articulação de doutrina clara e profunda e aplicação perscrutadora, completa e fervorosa, nunca achei alguém igual a Edwards".[28]

Edwards é mais bem conhecido por seu sermão "Pecadores nas Mãos de Um Deus Irado", no qual ele verbalmente suspende seus ouvintes sobre o abismo do inferno para incutir neles o terrível perigo de resistir ao chamado de Deus para se arrependerem e crerem. No entanto, também pregou "O Céu É Um Mundo de Amor", um discurso glorioso em que ele se esforça para descrever o indescritível amor de Deus que inunda os espíritos que habitam na presença celestial de Cristo. Michael McClymond e Gerald McDermott comentam: "Edwards é mais bem conhecido por sua pregação de 'terror'. Isso é lamentável, pois ele era obcecado com a beleza de Deus e não com sua ira".[29]

Nesta seção, tocaremos num tema da pregação experiencial reformada de Edwards: a oferta gratuita do evangelho.

Glenn T. Miller, "The Rise of Evangelical Calvinism: A Study in Jonathan Edwards and the Puritan Tradition" (ThD diss., Union Theological Seminary, 1971), 227-383; Michael J. McClymond and Gerald R. McDermott, *The Theology of Jonathan Edwards* (Oxford: Oxford University Press, 2012), 494-512; Patrick Pang, "A Study of Jonathan Edwards as a Pastor-Preacher" (DMin thesis, Fuller Theological Seminary, 1990); Douglas A. Sweeney, *Jonathan Edwards and the Ministry of the Word: A Model of Faith and Thought* (Downers Grove, IL: IVP Academic, 2009).

27 Kimnach, introdução a *The Works of Jonathan Edwards*, vol. 10, 3.

28 Gerstner, *The Rational Biblical Theology of Jonathan Edwards*, 1:480.

29 McClymond and McDermott, *The Theology of Jonathan Edwards*, 497.

PREGAÇÃO REFORMADA

GRANDE CULPA NÃO É OBSTÁCULO

Talvez em algum tempo no início de seu ministério em Northampton,[30] Edwards tenha pregado sobre o Salmo 25:11: "Por causa do teu nome, SENHOR, perdoa a minha iniquidade, que é grande". Ele intitulou seu sermão de "Grande Culpa Não É obstáculo ao Perdão do Pecador Arrependido".[31] Depois de examinar brevemente o texto e seu contexto, Edwards extrai esta doutrina: "Se nos achegamos verdadeiramente a Deus para obter misericórdia, a grandeza de nosso pecado não será impedimento algum para o perdão". O pecador não tem nenhuma esperança de perdão baseado em sua justiça ou dignidade própria, mas somente na glória e na graça de Deus. De fato, o pecador faz da grandeza de sua iniquidade a base de seu apelo por salvação, porque isso mostra quanto ele precisa da graça de Deus.[32]

Edwards começa com uma explicação do que significa "ir a Deus para obter misericórdia". Exige, primeiramente, que "vejamos nossa miséria e sejamos sensíveis de nossa necessidade de misericórdia". Do contrário, a noção de misericórdia de Deus é mero disparate. Portanto, aquele que busca misericórdia deve ter um senso de que a lei de Deus o amaldiçoa e de que a ira de Deus permanece sobre ele por causa da culpa de seus pecados. Precisa compreender que uma coisa terrível é ter a Deus como inimigo. E precisa admitir que Deus tem de salvá-lo, pois, do contrário,

---

30 Sereno Edwards Dwight (1786-1850), bisneto de Edwards e editor de suas obras, datou o sermão como de aproximadamente antes de 1733 (Miller, "The Rise of Evangelical Calvinism", 276.).

31 "Great Guilt No Obstacle to the Pardon of the Returning Sinner", em *Works of Jonathan Edwards Online*, vol. 47, *Sermons, Series II, 1731-1732* (Jonathan Edwards Center at Yale University, 2008), 422-28, http://edwards.yale.edu/archive?path=aHR0cDovL2Vkd2FyZHMueWFsZS5lZHUvY2d pLWJpbi9uZXdwaGlsby9nZXRvYmplY3QucGw/Yy40NTozOS53amVv; daqui para frente, *WJE Online*, 47. O sermão pode ser achado também em Edwards, *Works (Banner of Truth)*, 2:110-13.

32 Edwards, "Great Guilt No Obstacle", em *WJE Online*, 47:422.

448

a sua situação é verdadeiramente desesperadora.[33] Em segundo, aquele que busca misericórdia deve sentir que não é digno da misericórdia de Deus. Ele se aproxima de Deus como um mendigo, não exigindo o que merece (porque merece apenas ira e condenação), e sim "prostrado ao chão aos pés da misericórdia". Em terceiro, aquele que busca misericórdia deve vir "em e por meio apenas de Jesus Cristo". Deve esperar em Cristo, confiando "no que ele é, no que fez e no que sofreu". Deve confiar que Cristo é o único Salvador e que o sangue de Cristo "purifica de todo o pecado".[34] Se o pecador vem desta maneira a Deus em busca de misericórdia, a grandeza de seus pecados não é um obstáculo para que Deus o perdoe completamente.

Depois, Edwards produz cinco argumentos para convencer pecadores de que o caminho está verdadeiramente aberto para acharem misericórdia, se vieram desta maneira:

1. A misericórdia de Deus é "suficiente para o perdão dos maiores pecados", porque "sua misericórdia é infinita". A infinitude está muito acima tanto de coisas grandes como de coisas pequenas. Edwards usa ilustrações para enfatizar seu argumento. O Deus infinito está muito acima tanto dos anjos e de reis como de mendigos e do verme mais abismal da terra. A infinita misericórdia de Deus tanto pode perdoar os maiores pecados ou milhares pecados quanto pode perdoar o menor pecado.

2. A satisfação de Cristo é "suficiente para remover a maior culpa". Seu sangue "nos purifica de todo pecado" (1 Jo 1:7). Quem crê nele "é justificado de todas as coisas" (At 13:39). A honra da majestade e da santidade de Deus exige satisfação pelo pecado, mas Cristo

---

33 Edwards, "Great Guilt No Obstacle", em *WJE Online*, 47:422-23.

34 Edwards, "Great Guilt No Obstacle", em *WJE Online*, 47:423.

sofreu e pagou toda a dívida para satisfazer a justiça, de modo que seja totalmente coerente com os atributos de Deus que ele perdoe aqueles que por meio de Cristo buscam misericórdia. Cristo é a "propiciação" para que Deus seja "justo e o justificador daquele que tem fé em Jesus" (Rm 3:25-26). Cristo se tornou "maldição" por pecadores, assim ele nos redimiu "da maldição da lei" (Gl 3:13).

3. "Cristo não se recusará a salvar os maiores pecadores" que vêm corretamente em busca de misericórdia, porque o seu "ofício é ser um Salvador de pecadores". Ele veio para ser o médico de almas infectadas de pecado (Mt 9:12-13), e nenhum "médico de compaixão" se recusa a tratar pessoas que mais necessitam de sua cura, se ele tiver a capacidade de ajudá-las.

4. Deus glorifica sua graça por meio da salvação de grandes pecadores. Edwards diz: "A grandeza da graça divina aparece muito mais nisto: que Deus, por meio de Cristo, salva os maiores ofensores. Quanto maior é a culpa de qualquer pecador, tanto mais gloriosa e maravilhosa é a graça manifestada em seu perdão". Portanto, onde "abundou o pecado", é glorioso para a graça superabundar (Rm 5:20). Cristo salvou Paulo com este propósito: glorificar a si mesmo como o Salvador de grandes pecadores (1 Tm 1:13).

5. Edwards conclui: "O perdão é oferecido tanto aos maiores pecadores quanto aos demais pecadores, se vierem corretamente a Deus para receber misericórdia. Os convites do evangelho são sempre em termos universais, como: Ó! Todos vós, os que que tendes sede; Vinde a mim, todos os que estais cansados e sobrecarregados; Quem quiser receba de graça. E a voz da sabedoria é dirigida aos homens em geral – Pv 8:4: 'A vós outros, ó homens, clamo; e a minha voz se dirige aos filhos dos homens'. Não é dirigida a homens de moralidade ou a homens religiosos, e sim aos

homens. E Cristo promete em João 6:37: 'O que vem a mim, de modo nenhum o lançarei fora'".[35]

Depois, Edwards exorta os pecadores a fazerem "uso apropriado deste assunto", ou seja, se a consciência de alguém está carregada de culpa, deve "ir imediatamente a Deus por meio de Cristo para receber misericórdia". Pecadores que vão a Deus da maneira prescrita no evangelho podem ter certeza disto: "Os braços de misericórdia estão bem abertos para recebê-los". Edwards diz: "Se você está disposto, pode ir livremente e receber alívio, lançando todo os seus fardos em Cristo e descansando nele".[36]

Edwards termina por responder objeções que pecadores podem levantar contra esta oferta gratuita. Nestas objeções, vemos o método de classificação pelo qual Edwards divide seus ouvintes em categorias e se dirige a cada uma delas. Primeiramente, alguém pode argumentar que gastou sua vida no pecado e agora tem apenas sua velhice para oferecer a Deus. Edwards responde por perguntar: onde Deus afirma, em alguma passagem da Bíblia, que todos podem vir a ele, exceto os velhos? Enganamos a nós mesmos se pensamos que Deus aceita jovens pecadores porque eles podem oferecer sua vida para servir ao Senhor. Ele adverte: "Um espírito de justiça própria está na base desse tipo de objeção". Nada temos a oferecer a Deus que nos torne mais dignos; portanto, podemos ir a ele quando somos mais indignos".[37]

Em segundo, alguém pode replicar que tem pecado como um réprobo por rejeitar a verdade e resistir às convicções do Espírito Santo, talvez com espírito arrogante e odioso. Edwards responde:

---

35 Edwards, "Great Guilt No Obstacle", em *WJE Online*, 47:423-25.

36 Edwards, "Great Guilt No Obstacle", em *WJE Online*, 47:425-26.

37 Edwards, "Great Guilt No Obstacle", em *WJE Online*, 47:426.

PREGAÇÃO REFORMADA

"Não há nenhum pecado peculiar dos réprobos, exceto o pecado contra o Espírito Santo". Nenhum outro é ensinado nas Escrituras, e não ousamos ir além da Escritura. Se um pecador pensa que a misericórdia de Deus não é suficiente para perdoar seus pecados ou que o sangue de Cristo não é suficiente para purificá-lo, então ele ainda não viu a glória do Salvador. Embora a persistência no pecado e a dureza de coração tornem menos provável que um pecador venha a Cristo, Edwards diz, "se vir a Cristo e unir-se com ele é o desejo de seu coração, você não será aceito menos prontamente porque cometeu esses pecados".[38]

Em terceiro, alguém pode argumentar que "prefere esperar até que se torne melhor", porque não "ousa ir a Cristo" até que conserte seus caminhos. Edwards responde com uma reprimenda: "Considere quão irracionalmente você está agindo. Está se esforçando para se preparar para seu próprio salvador... E isto não é o mesmo que roubar de Cristo a glória de ser seu único Salvador?" Se um pecador quer vir a Cristo, Edwards diz, deve admitir que jamais poderá fazer de si mesmo alguém mais digno. Deve admitir que Cristo é suficiente para salvá-lo. Tem de ir a Cristo como um paciente que vai ao médico para que Cristo o torne melhor. Edwards diz: "Não diga: Perdoa a minha iniquidade porque não é tão grande como era; mas, como o salmista no texto, diga: 'Perdoa a minha iniquidade, que é grande'".[39]

Deus se agradou em usar este tipo de pregação para abençoar muitos ouvintes. Edwards não meramente chamava pecadores a Cristo. Ele lhes mostrava o que significa vir a Cristo. E lhes apresentava razões para crer que Cristo não os lançaria fora, caso

---

38 Edwards, "Great Guilt No Obstacle", em *WJE Online*, 47:426-27.

39 Edwards, "Great Guilt No Obstacle", em *WJE Online*, 47:427-28.

fossem a ele. Abordou as dúvidas e objeções deles, limpando sua mente de desculpas para que sentissem toda a força da oferta gratuita do evangelho.

Em seguida, consideramos um contemporâneo de Edwards, mais jovem, que ministrou amplamente na Virgínia e, posteriormente, se tornou o sucessor de Edwards em Princeton.

SAMUEL DAVIES

Samuel Davies (1723-1761) foi um brilhante pregador presbiteriano na Virgínia colonial.[40] Nasceu em 3 de novembro de 1723 em uma família galesa que residia em Delaware. Em 1732, sua mãe deixou a igreja batista e se uniu à igreja presbiteriana. Ele recebeu sua primeira educação do ministro daquela igreja. Aos 12 anos, Davies experimentou convicção, e aos 15 anos, uniu-se à igreja mediante profissão de fé. Estudou para o ministério na Pensilvânia, sob a instrução de Samuel Blair (1712-1751), um erudito em latim e poderoso pregador treinado no "Log College" de William Tennent

---

40 Sobre Davies, ver Samuel Davies, *The Reverend Samuel Davies Abroad: The Diary of a Journey to England and Scotland, 1753-55*, ed. George William Pilcher (Urbana: University of Illinois Press, 1967); William Henry Foote, *Sketches of Virginia: Historical and Biographical, First Series* (Richmond, VA: John Knox Press, 1966), 157-307; Barbara Ann Larson, "A Rhetorical Study of the Preaching of the Reverend Samuel Davies in the Colony of Virginia from 1747-1759" (PhD diss., University of Minnesota, 1969); Iain H. Murray, *Revival and Revivalism: The Making and Marring of American Evangelicalism 1750-1858* (Edinburgh: Banner of Truth, 1994), 1-31; George W. Pilcher, *Samuel Davies: Apostle of Dissent in Colonial Virginia*, 1st ed. (Knoxville: University of Tennessee Press, 1971); James H. Smylie, "Samuel Davies: Preacher, Teacher, and Pastor", em *Colonial Presbyterianism: Old Faith in a New Land: Commemorating the 300th Anniversary of the First Presbytery in America*, ed. S. Donald Fortson (Eugene, OR: Pickwick, 2007), 181-97; William B. Sprague, "Memoir", em *Samuel Davies, Sermons of Samuel Davies*, 3 vols. (Pittsburgh: Soli Deo Gloria, 1993), 1:11-29; Geoffrey Thomas, "Samuel Davies and the God of Wonders", em *Triumph through Tribulation* (London: Westminster Conference, 1998), 119-34; Ernest Trice Thompson, *Presbyterians in the South* (Richmond, VA: John Knox Press, 1963), 1:53-61. Quanto a uma breve apresentação sobre Davies, ver Thomas Talbot Ellis, "Samuel Davies: Apostle of Virginia" and "Samuel Davies: Characteristics of His Life and Message", http://www.puritansermons.com/ pdf/sdavies2.pdf; ambos são reimpressos de *Banner of Truth* nos. 235-236 (April-May 1983).

PREGAÇÃO REFORMADA

(1673-1746), precursor do Seminário Teológico de Princeton. Durante seu tempo como aluno, o Grande Avivamento floresceu na América. Blair viu um tempo de avivamento em sua própria cidade, e Whitefield também esteve e pregou lá. Davies foi licenciado para pregar em 1746 pelo Presbitério de New Castle da "Nova Luz" (favorável ao avivamento), em Delaware. Ele se casou, mas, no decorrer de um ano, sua esposa experimentou tantas complicações no parto, que ela e seu bebê morreram. O próprio Davies era magro e de saúde frágil.

Em 1747, foi ordenado como um evangelista para servir no estado da Virgínia, particularmente no Condado de Hanover. A Igreja da Inglaterra era a religião estabelecida da colônia, e havia tensões entre anglicanos e dissidentes. Era exigido por lei que os dissidentes obtivessem aprovação do governo para seu ministério e suas casas de reunião e que pagassem dízimos à Igreja da Inglaterra. Mas, apesar desta falta de liberdade religiosa, Davies evitava cuidadosamente criticar os anglicanos em sua pregação pública, escolhendo, antes, focalizar-se na glória de Deus, no evangelho da graça, na vida de piedade operada pelo Espírito e nas grandes realidades de céu e inferno. Este tipo de pregação atraiu muitas pessoas para fora do anglicanismo, que, no século XVIII, tornou-se caracterizado, em geral, por um espírito apático, racionalismo e pregação de mera moralidade.

Saúde frágil e depressão por causa da morte da esposa e do filho forçaram Davies a se retirar para a Pensilvânia, depois de alguns poucos meses de ministério. Mas ele continuou a pregar e, depois de um ano, recebeu uma carta de centenas de chefes de famílias que residiam no Condado de Hanover, chamando-o para ser o seu pastor. Davies retornou à Virgínia em 1748 para começar um ministério de doze anos ali. Ele se casou de novo, com uma mulher de uma família anglicana proeminente em Williamsburg. Ele se alegrava em sua esposa, a quem apelidou de "Chara" (palavra grega que significa "alegria".

Davies tinha pouco dinheiro e uma "paróquia" enorme. Mas era muito contente com sua vida de estudar e pregar em vários lugares de reunião espalhados pelo interior do condado. Influenciou ricos e pobres, anglicanos e presbiterianos, igualmente. Seus labores incluíam educar e prover livros para escravos negros, centenas dos quais frequentavam as reuniões. Patrick Henry, o grande orador republicano e um dos pais fundadores dos Estados Unidos, ouviu a pregação de Davies quando era adolescente e ficou impressionado com sua habilidade de falar em público.

Davies apreciava seu ministério. Escreveu para seu cunhado e amigo: "Posso lhe dizer que sou tão feliz quanto a criação talvez possa me tornar; desfruto de todas as coisas necessárias e da maioria das conveniências da vida. Tenho um escritório tranquilo, como um refúgio das agitações e barulho do mundo ao meu redor; os mortos respeitáveis me esperam em minha biblioteca para me entreter e me aliviar da insensatez de mortais sobreviventes".[41] Também escreveu poesias, incluindo o hino "Grande Deus de Maravilhas" e foi talvez o primeiro escritor de hinos americano.[42]

Em 1753, seus estudos com "os mortos respeitáveis" lhe granjearam um MA em Teologia da Faculdade de Nova Jérsei. Posteriormente, naquele mesmo ano, ele e o filho de William Tennent, Gilbert, foram enviados pela faculdade à Inglaterra para pregar

---

41 Citado em Pilcher, *Samuel Davies: Apostle of Dissent in Colonial Virginia*, 37.

42 Samuel Davies, *Collected Poems of Samuel Davies*, 1723-1761, ed. Richard Beale Davis (Gainesville, FL: Scholars' Facsimiles & Reprints, 1968).

e levantar fundos para a instituição. A missão foi muito bem-sucedida, conseguindo muito dinheiro e obtendo do rei Jorge II a confirmação de que o Ato de Tolerância se aplicava aos dissidentes na colônia da Virgínia. Em seu retorno, Davies e seus colegas colonos britânicos foram envolvidos na traumática Guerra Franco-Indígena, na qual um jovem coronel chamado George Washington se distinguiu em batalha.[43]

Em 1758, recebeu um chamado para substituir o recém-falecido Edwards como presidente da Faculdade de Nova Jérsei. Seu presbitério recusou liberá-lo, e ele sentiu que seu colega Samuel Finley (1715-1766) era mais qualificado para o trabalho. Apesar disso, em 1759, o Sínodo de Nova Iorque e Filadélfia o liberou de seu pastorado, e ele aceitou o chamado para a presidência da faculdade. Infelizmente, sua saúde frágil, combinada com perigosas práticas médicas de sangria, resultou na sua morte em 4 de fevereiro de 1761, dezoito meses depois de sua chegada. Finley pregou o sermão no funeral de Davies e o sucedeu como presidente da faculdade. O próprio Davies havia escolhido o texto para o funeral, Romanos 14:7-8: "Porque nenhum de nós vive para si mesmo, nem morre para si. Porque, se vivemos, para o Senhor vivemos; se morremos, para o Senhor morremos. Quer, pois, vivamos ou morramos, somos do Senhor".

Davies viveu apenas 37 anos, dos quais somente 14 ou 15 foram gastos em ministério público. Mas sua vida breve teve uma influência profunda de bem duradouro. Sua poesia foi amplamente apreciada, e seus hinos têm sido cantados por séculos desde sua morte. Defendeu a tolerância religiosa na Virgínia e lançou o alicerce para a liberdade de consciência no Novo Mundo. Acima

---

43 Davies, *Sermons*, 3:101.

Pregadores do século XVIII: Halyburton, Edwards e Davies

de tudo, sua pregação afetou muitos em seus dias, e seus sermões foram reimpressos e estudados em várias gerações por leigos e pastores. D. Martyn Lloyd-Jones chegou a dizer que Davies foi o "maior pregador" que a América já produziu – e Lloyd-Jones tinha grande respeito por Edwards.[44] É lamentável que este homem seja tão pouco conhecido em nossos dias, mesmo entre ministros reformados e presbiterianos.

Vamos observar alguns de seus grandes temas ao proclamar a Palavra do Senhor.

CONVENCER O MUNDO DO PECADO, DA JUSTIÇA E DO JUÍZO

Barbara Larson mostrou que a pregação de Davies sobre a reconciliação com Deus começava com pregação para convicção. Ele acreditava que pecadores tinham de ser despertados para sua condição pecaminosa, alertados de seu perigo no pecado e convencidos de sua incapacidade para salvarem a si mesmos.[45] Isto exige que o pregador fale contra pecados atuais e contra o pecado como uma deformação inerente da alma. Davies disse:

> Devemos alertá-los com uma visão imparcial do estado em que entram no mundo; dizer-lhes que foram criados em iniquidade e concebidos em pecado; que, como nascidos da carne, são apenas carne, que é (como o termo significava geralmente na linguagem do Novo Testamento) degenerada e corrupta; que em sua carne não habita nenhuma coisa boa; que eles são,

---

44 David Martyn Lloyd-Jones, *Knowing the Times: Addresses Delivered on Various Occasions, 1942-1977* (Edinburgh: Banner of Truth, 1989), 263.

45 Larson, "Preaching of the Reverend Samuel Davies", 139-40.

PREGAÇÃO REFORMADA

todos, por natureza, filhos da ira; que, por causa da desobediência de Adão, seu pai comum e representante federal, eles são,
todos, constituídos judicialmente pecadores; e, por sua ofensa,
o julgamento veio sobre todos eles para a condenação.[46]

O pregador deve "ressoar aquele trovão chocante do Sinai aos
ouvidos deles" e advertir que a ira de Deus arde no "abismo de fogo
abaixo, clamando para engoli-los". O pregador deve "perseguir" o
pecador com "a insuficiência de seus melhores esforços para fazer
expiação por seu pecado".[47] Neste aspecto, Davies permanece na
mesma tradição reformada e puritana de Halyburton e Edwards.

Davies também pregava a clássica doutrina Reformada da justificação pela fé. Ele explicou que a "justiça de Deus" (Rm 1:17)
é o dom de "uma justiça completa, perfeita, espiritual e divina,
e não de uma justiça pobre, imperfeita e insuficiente de homens
pecaminosos e culpados". Ele disse: "É chamada frequentemente de a justiça de Cristo, e consiste em sua obediência; 'por meio
da obediência de um só, muitos se tornarão justos' (Rm 5:19)".[48]
Portanto, Davies pregava que "o esquema de salvação... apresenta o
Senhor Jesus como substituto no lugar dos culpados, suportando
a punição devida ao pecado deles e obedecendo à lei de Deus em
lugar deles; e apresenta nosso Soberano ofendido como disposto a
reconciliar-se com suas criaturas culpadas, por causa disso".[49]

A fim de ser justificado diante de Deus, por meio da obra
expiatória de Cristo, cada um tem de exercer "fé justificadora

---

46 Citado em Larson, "Preaching of the Reverend Samuel Davies", 140.

47 Citado em Larson, "Preaching of the Reverend Samuel Davies", 141-43.

48 Davies, *Sermons*, 2:646.

49 Davies, *Sermons*, 2:653.

em Cristo", porque essa fé é o instrumento pelo qual Deus imputa a justiça de Cristo a pecadores. De acordo com Davies, essa fé justificadora tem dois componentes: primeiro, "uma completa persuasão da verdade" do evangelho "baseada no testemunho de Deus"; segundo, "uma aprovação de coração do caminho de salvação por meio de Cristo; uma dependência prazerosa e espontânea de toda a alma na justiça de Cristo; uma escolha livre e vigorosa dessa justiça e uma concordância entusiasta com todos os termos do evangelho".[50] Davies enfatizou que a fé salvadora envolve a mente, a vontade e as afeições – é um ato de crer, escolher e regozijar-se. O crente justificado não mais se exercita na religião impelido por "dolorosa compulsão de temor, horror e necessidade", e sim "porque eu vejo tua glória, ó amável Salvador" (cf. 2 Co 4:6).[51]

No entanto, em abandonar os horrores da ira divina, o crente nunca vai além do temor do Senhor. Pregando sobre Isaías 66:2, Davies lembra a seus ouvintes que o Senhor olha com favor para aquele "que treme da minha palavra". Ele disse que as pessoas que estão na graça salvadora ouvem na Palavra de Deus "as realidade mais tremendas". O homem piedoso treme ante o "poder" da Palavra, não apenas "ante o terror, mas também ante a autoridade da Palavra". É a Palavra do Deus vivo. Este homem não é como as demais pessoas "que consideram a palavra de Deus como não mais do que (com horror eu o digo) a palavra de uma criança ou de um insensato". Ao contrário, Davies disse: "O homem piedoso considera-a voz de Deus que criou todas as coisas e cuja glória é tão profunda que uma solenidade profunda deve apossar-se daqueles

---

50 Davies, *Sermons*, 2:652, 654.

51 Davies, *Sermons*, 2:655.

PREGAÇÃO REFORMADA

que são admitidos para ouvi-lo falar".[52] Essa prostração do coração ante a Palavra do grande Rei é muito conveniente tanto para o pregador quanto para o povo.

CONCLUSÃO:

Halyburton, Edwards e Davies trabalharam como bons e fiéis servos do Senhor. Pregaram as Escrituras, ensinaram as doutrinas da graça e aplicaram a verdade ao coração – primeiro, ao seu próprio e, depois, ao coração de seus ouvintes. Enquanto admiramos os conteúdos de seus sermões em forma impressa, também reconhecemos que na pregação deles havia mais do que pode ser expresso por papel e tinta. Estes homens pregaram a Palavra como quem estava "perante Deus e Cristo Jesus, que há de julgar vivos e mortos, pela sua manifestação e pelo seu reino" (2 Tm 4:1). O Espírito de temor do Senhor (Is 11:2) os impeliu a falar. Isto lhes deu grande autoridade e poder. Mas os humilhou quando falavam. Que Deus nos ensine hoje a pregar "em demonstração do Espírito e de poder" (1 Co 2:4).

---

52 Davies, Sermons, 1:224-25.

CAPÍTULO 18

PREGADORES DO SÉCULO XIX: ALEXANDER, M'CHEYNE E RYLE

O século XIX foi um tempo de grande mudança nas igrejas da Inglaterra e dos Estados Unidos. Este período teste-munhou uma explosão de missões mundiais quando William Carey (1761-1823), Henry Martyn (1781-1812), Ado-niram Judson (188-1850), Hudson Taylor (1832-1905) e muitos outros lideraram ondas de missionários protestantes para campos ao redor do mundo. Ao mesmo tempo, as igrejas sofreram ataque tanto dos desafios dos novos cultos e seitas quanto dos ácidos fi-losóficos do darwinismo e da alta crítica alemã. No meio destes eventos notáveis, Deus levantou uma torrente de pregadores fiéis que pregaram doutrina reformada para o coração. Neste capítulo, examinaremos três grandes personagens do século XIX: um pastor e teólogo americano, um ministro escocês e um bispo anglicano.

ARCHIBALD ALEXANDER

Archibald Alexander nasceu em 17 de abril de 1772, perto de Lexington, na Virgínia.[1] Cresceu como membro de uma família

---

1 Sobre Archibald Alexander, ver James W. Alexander, *Life of Archibald Alexander* (New York:

PREGAÇÃO REFORMADA

presbiteriana escoto-irlandesa na fronteira americana, vivendo numa casa de madeira e memorizando o Breve Catecismo de Westminster. Foi também influenciado pelos escritos do puritano inglês John Flavel. Depois de uma luta demorada com dúvida e convicção de pecado, converteu-se aos 17 anos.

Alexander já havia começado a estudar sob a orientação de William Graham (1745-1799) na Liberty Hall Academy (atualmente, Washington and Lee University). Continuou esses estudos depois de sua conversão, tendo em vista tornar-se um ministro. Graham lhe ensinou a teologia que havia aprendido de John Witherspoon (1723-1794), presidente da Faculdade de Nova Jérsei (hoje Universidade de Princeton) e o único ministro a assinar a Declaração de Independência. Alexander continuou a estudar escritores puritanos, como John Owen, William Bates (1625-1699), Thomas Boston e Jonathan Edwards. Depois de servir como um evangelista itinerante na Virgínia e na Carolina do Norte, foi ordenado como um pastor fixo em 1794. Em 1796, tornou-se presidente da Faculdade Hampden-Sidney, na Virgínia, enquanto continuava a pregar em várias igrejas. Foi chamado a servir como o pastor da grande Igreja Presbiteriana de Pine Street, na Filadélfia, em 1807. Ali, fundou uma sociedade para pregação em ruas e visitação evangelística.

Scribner, 1854); David B. Calhoun, *Princeton Seminary* (Edinburgh: Banner of Truth, 1994); Stephen Clark, "Archibald Alexander: The Shakespeare of the Christian Heart", em *The Voice of God* (London: Westminster Conference, 2003), 103-20; James M. Garretson, *Princeton and Preaching: Archibald Alexander and the Christian Ministry* (Edinburgh: Banner of Truth, 2005); James M. Garretson, ed., *Princeton and the Work of the Christian Ministry*, 2 vols. (Edinburgh: Banner of Truth, 2012); Lefferts A. Loetscher, *Facing the Enlightenment and Pietism: Archibald Alexander and the Founding of Princeton Theological Seminary* (Westport, CT: Greenwood, 1983). Quanto a uma breve introdução a Alexander e seus escritos sobre piedade, ver Archibald Alexander, *"A Scribe Well-Trained": Archibald Alexander and the Life of Piety*, ed. James M. Garretson (Grand Rapids, MI: Reformation Heritage Books, 2011).

Pregadores do século XIX: Alexander, M'Cheyne e Ryle

Em 1808, Alexander começou a reivindicar a fundação de um seminário para treinar ministros presbiterianos. Dois anos depois, foi recompensado com um diploma de Doutor em Divindade pela Faculdade de Nova Jérsei. Em 1812, a Assembleia Geral da Igreja Presbiteriana o designou como primeiro professor do recém-instituído Seminário Teológico de Princeton. Serviu ali por 29 anos, principalmente como professor de teologia didática e polêmica.

A pequena escola floresceu e produziu muito fruto. W. J. Grier (1902-1983) escreveu: "Suas aulas em Princeton cresceram de nove alunos no primeiro ano até que, pelo tempo de sua morte, 1.837 rapazes haviam estudado a seus pés".[2] Seus colegas Charles Hodge e Samuel Miller (1769-1850) o tinham na mais elevada estima. Havia uma linda unidade em Princeton, resultante do espírito humilde dos professores e da devoção comum às verdades das Escrituras. O filho de Hodge, Archibald Alexander Hodge (1823-1886; cujo nome testifica do amor do pai para com o professor Alexander), escreveu:

> Tenho tido uma ampla experiência com professores e pastores e, estou certo, nunca vi quaisquer outros três que, juntos, se aproximassem deste trio em absoluta singularidade de pensamento, em simplicidade e sinceridade piedosa, em total altruísmo e devoção à causa comum, preferindo em honra um ao outro. Verdade e franqueza era a atmosfera que respiravam; lealdade, coragem e doçura era o espírito de suas vidas.[3]

---

2 W. J. Grier, "Biographical Introduction", em Archibald Alexander, *Thoughts on Religious Experience* (London: Banner of Truth, 1967), xiv.

3 Archibald Alexander Hodge, *The Life of Charles Hodge: Professor in the Theological Seminary, Princeton, N.J.* (New York: C. Scribner's Sons, 1880), 378.

PREGAÇÃO REFORMADA

Alexander estabeleceu para o seminário um padrão que combinava estudos bíblicos rigorosos nas línguas originais, pregação vibrante com esperanças de verem avivamento espiritual, apego fiel à teologia reformada dos Padrões de Westminster e de Francis Turretin (1623-1687), defesa da verdade da fé com os instrumentos da Escola Escocesa de Senso Comum e promoção de piedade fervorosa e experiência cristã. O "Propósito do Seminário" afirmava que a escola tinha o alvo de "unir... piedade de coração... com aprendizado sólido, crendo que religião sem aprendizado ou aprendizado sem religião, nos ministros do evangelho, deve, em última análise, ser prejudicial à igreja".[4]

Alexander e seus colegas no Seminário Teológico de Princeton treinaram homens em teologia Reformada e os engajaram nas controvérsias teológicas da época, como o debate sobre a "Nova Teologia" defendida por Charles Finney (1792-1875).[5] Mas Alexander também escreveu livros para ensinar as verdades básicas da Bíblia, para chamar os filhos à conversão, para oferecer leituras para o culto doméstico e esclarecer as experiências de pecado e graça do cristão – alguns desses livros ainda são reimpressos, lidos e apreciados em nossos dias.[6] James Garretson escreveu: "Alexander trabalhou incansavelmente para incutir a importância da presença e da prática da piedade na geração em que viveu".[7]

---

4 "History of the Seminary," Princeton Theological Seminary website (Princeton, NJ), http://www.ptsem. edu/about/history.

5 Ver os artigos escritos por Archibald Alexander, Charles Hodge, et al. em *Princeton Versus the New Divinity: The Meaning of Sin, Grace, Salvation, Revival: Articles from the Princeton Review* (Edinburgh: Banner of Truth, 2001).

6 Archibald Alexander, *A Brief Compendium of Bible Truth*, ed. Joel R. Beeke (Grand Rapids, MI: Reformation Heritage Books, 2005); *The Way of Salvation: Familiarly Explained in a Conversation Between a Father and His Children* (Philadelphia: Presbyterian Board of Publication, 1839); *Evangelical Truth: Practical Sermons for the Christian Home* (Birmingham, AL: Solid Ground Christian Books, 2004); *Thoughts on Religious Experience*.

7 Garretson, introdução a Alexander, "A Scribe Well-Trained", 25.

Pregadores do século XIX: Alexander, M'Cheyne e Ryle

Na promoção da piedade na igreja, Alexander arou, plantou, cultivou e colheu os campos de Deus com a ferramenta da pregação. Ficou conhecido pela prioridade que dava à preparação do sermão e por sua eficiente simplicidade de estilo. No seminário, ensinava seus alunos a evitarem "discussões históricas, filosóficas ou políticas" e, em vez disso, a pregarem "todo o sistema de teologia", especialmente as "grandes verdades", nossos "deveres morais", "experiência, aflições e tentações cristãs" e respostas para "almas despertadas".[8]

Para saborearmos um pouco da pregação experiencial de Alexander, examinaremos um sermão que ele pregou em abril de 1791, diante do Presbitério de Lexington, na Virgínia, a fim de obter sua licença para pregar.[9] Embora este sermão tenha sido pregado muito cedo na carreira de Alexander, posteriormente ele lembrou: "O ponto de vista extraído do assunto não é materialmente diferente do que devo adotar agora".[10]

PREGANDO FÉ VIVA OU FÉ MORTA

Alexander inicia seu sermão por reconhecer que as Escrituras ensinam que muitas pessoas, em nações cristãs professas, possuem um tipo de fé "que evidentemente não é a 'fé que atua pelo amor' (Gl 5:6) e purifica o coração (At 15:9)". Portanto, Alexandre pretende "distinguir claramente entre uma fé viva e uma fé morta". Ele faz isso por mostrar a diferença entre as *causas* destes dois tipos de fé, as *naturezas* que elas *possuem* e os *efeitos* que produzem.[11]

---

8 Loetscher, *Facing the Enlightenment and Pietism*, 237-38.

9 O manuscrito do sermão está nas coleções do Seminário Teológico de Princeton. Foi publicado como Archibald Alexander, "A Treatise in Which the Difference Between a Living and a Dead Faith Is Explained, 1791", *Banner of Truth 335-36* (September 1991): 39-54. Também apareceu na *Banner of Sovereign Grace Truth* 2, no. 6 (July/August 1994): 145; 2, no. 7 (September 1994): 181-82; 2, no. 8 (October 1994): 204-6.

10 Alexander, *Life of Archibald Alexander*, 110.

11 Alexander, "A Living and a Dead Faith", 40.

PREGAÇÃO REFORMADA

Primeiramente, a *causa* de uma fé viva é o Espírito Santo: "Uma fé viva é produzida pelo Espírito de Deus, pois na Escritura é chamada de 'a fé das operações do Espírito de Deus' (Cl 2:12).[12] Também se diz que ela é dom de Deus (Ef 2:8); também se diz que Cristo é o seu autor (Hb 12:2). Mas a fé morta é produzida meramente pelos esforços da natureza humana, sem a assistência do Espírito de Deus".[13] O verdadeiro crente sabe que não pode produzir em si mesmo a fé salvadora, porque o Espírito Santo o convenceu de seu pecado e incredulidade (Jo 16:8). Somente o poder do Criador do universo pode fazer a luz do conhecimento da glória de Deus na face de Cristo resplandecer no coração do pecador (2 Co 4:6). Mas o homem que possui uma fé morta pensa que tem o poder para crer em Cristo. Na verdade, ele pode pensar que sempre creu em Cristo, porque foi criado na igreja e sempre aceitou as verdades que lhe foram ensinadas.

Em segundo, a *natureza* de uma fé viva é "uma crença inabalável e assimiladora das verdades da revelação" que "está firmemente estabelecida no coração e influencia a vontade e as afeições de tal maneira que se torna um princípio de ação governante". Por contraste, uma fé morta é "nada mais do que uma noção vazia ou uma opinião especulativa" que "está apenas no cérebro e não produz nenhum efeito real no coração". Uma fé viva é uma visão espiritual pela qual o crente "vê as coisas eternas e invisíveis como realidades solenes", mas uma fé morta é uma simples ideia.[14]

Uma fé viva recebe a Cristo, todo o homem recebe todo o Cristo: "A fé viva se apropria de Cristo, escolhe-o como seu Salvador

---

12 Colossenses 2:12 se refere "à fé da operação de Deus, que o ressuscitou dos mortos".

13 Alexander, "A Living and a Dead Faith", 40-41.

14 Alexander, "A Living and a Dead Faith", 42.

Pregadores do século XIX: Alexander, M'Cheyne e Ryle

adequado, recebe-o como sua porção, confia nele e depende dele para sua salvação, rende-se a ele para ser governada de acordo com sua vontade, alegra-se e deleita-se nele acima de todas as outras coisas".[15] Mas "os homens naturais são incapazes de perceber a beleza e a excelência de Jesus Cristo e do caminho de salvação por meio dele" e, portanto, "nunca podem escolhê-lo e descansar nele como seu Salvador".[16] Uma fé morta sempre leva a alma a confiar em algo que existe nela mesma.

Em terceiro, o *efeito* da fé "é, sem dúvida, a parte mais importante e mais necessária da distinção entre uma fé viva e uma fé morta, porque é somente pelos seus frutos que podemos determinar que nossa fé é a operação do Espírito de Deus ou que é salvadora em sua natureza".[17] Alexander, reconhecendo que não poderia escrever um livro inteiro que listasse cada graça cristã como uma marca que distingue uma fé viva de uma fé morta, selecionou alguns temas centrais para focalizar: amor, humildade e santidade. Nesta seção, ouvimos ecos de *Afeições Religiosas*, de Edwards. Consideremos o que Alexander ensina sobre o amor como fruto de uma fé viva.

Uma fé viva produz amor a Deus: "A fé atua pelo amor e purifica o coração" (ver Gl 5:6; At 15:9). O amor "é a própria essência da religião, sem o qual, o apóstolo diz, o exercício de todos os dons e o cumprimento de todos os deveres não têm nenhum proveito (1 Co 13:1-3)". Uma fé morta pode impulsionar homens a amarem a Deus, porque creem que Deus será bondoso para com eles, mas isso não é melhor do que um amor que os ímpios têm por seus amigos (Mt 5:46). Eles amam um deus de sua própria imaginação, como fazem

---

15 Alexander, "A Living and a Dead Faith", 43.

16 Alexander, "A Living and a Dead Faith", 44.

17 Alexander, "A Living and a Dead Faith", 46.

PREGAÇÃO REFORMADA

os homens que pensam que Deus é somente misericórdia e não justiça. Esse tipo de amor é "nada mais do que amor próprio".[18]

Somente uma fé salvadora vem com uma "percepção" da "excelência da natureza de Deus e da "beleza da santidade". Essa percepção capacita os homens a exercerem "verdadeiro amor a Deus", ou seja, a "amá-lo por sua excelência". A visão que desperta amor da amabilidade de Deus vem por meio do evangelho: "O caráter moral de Deus, como vemos na face de Jesus Cristo, é o objeto e o fim correto desta afeição". Evidências desse amor aparecem em amor por todos que possuem a imagem moral de Deus. O crente tem um amor especial pelo povo "nascido" de Deus (1 Jo 5:1), seus irmãos e irmãs em Cristo, "porque eles são santos e têm a imagem de Deus". Ele também ama a lei de Deus, "que é santa, justa, boa e um transcrito de caráter moral [de Deus]". O crente se deleita na lei de Deus, em seu coração (Rm 7:22) e guarda os mandamentos de Deus impelido por amor a ele (Jo 14:21; 1 Jo 5:3).[19]

Uma fé viva também produz amor benevolente para com o próximo (Mc 12:31). Isso inclui "aquele dever importante e altruísta de amar nossos inimigos, suportar injúrias, fazer o bem àqueles que nos odeiam, abençoar e orar por aqueles que nos amaldiçoam". O verdadeiro crente deseja especialmente que a humildade "obtenha o favor e a amizade de Deus", porque sabe que a "felicidade deste mundo" é uma coisa insignificante, se comparada com a eternidade. O verdadeiro crente é disposto a se sacrificar como Cristo (2 Co 8:9) e Paulo (Rm 9:3), não apenas por seus amigos, mas também por seus inimigos.[20]

---

18 Alexander, "A Living and a Dead Faith," 47-48.

19 Alexander, "A Living and a Dead Faith", 47-48.

20 Alexander, "A Living and a Dead Faith", 49-50.

A pessoa que tem uma fé morta "limita seu amor e seus bons desejos a seu próprio grupo" e rejeita amargamente "todos que diferem dela". Embora todos os homens finjam amar a humanidade, seu "coração é tão fechado, que nem mesmo estenderão as mãos para ajudar os outros quando estão em necessidade nesta vida". Mas a religião pura que é imaculada diante de Deus consiste em visitar os órfãos e as viúvas em sua aflição (Tg 1:27).[21]

Vemos aqui a pregação discriminatória sendo realizada com sabedoria bíblica, ajudando pessoas a examinarem a si mesmas para confirmarem se Cristo está nelas. Vemos também como Alexander pintou um retrato de cristianismo prático e experiencial que consiste em fé e amor. Sendo um teólogo por vocação, Alexander nunca perdeu sua paixão de pregar Cristo e compartilhou essa paixão com outras gerações de homens que se formaram no Seminário de Princeton.

ROBERT MURRAY M'CHEYNE

Hoje você pode visitar a igreja St. Peter em Dundee, na Escócia, onde Robert Murray M'Cheyne pregou. É um prédio admirável, planejado para acomodar quase mil pessoas; mas, ainda assim, a acústica torna possível ouvir um pregador falar sem amplificação, em voz normal, até mesmo na parte de trás da galeria.

M'Cheyne nasceu em Edimburgo, na Escócia, em 21 de maio de 1813.[22] Seu pai era um advogado da prestigiosa

---

21 Alexander, "A Living and a Dead Faith", 49-50.

22 Sobre M'Cheyne, ver *Memoir and Remains of Robert Murray M'Cheyne*, ed. Andrew A. Bonar (Edinburgh: Banner of Truth, 1966); William Lamb, *M'Cheyne from the Pew: Being Extracts from the Diary of William Lamb*, ed. Kirkwood Hewat (Belfast: Ambassador, 1987); David Robertson, *Awakening: The Life and Ministry of Robert Murray McCheyne* (Milton Keynes, UK: Authentic Media, 2004); Alexander Smellie, *Robert Murray McCheyne* (London: National Council of Evangelical Free Churches, 1913); John C. Smith, *Robert Murray M'Cheyne* (London: E. Stock, 1910); L. J. van

PREGAÇÃO REFORMADA

Sociedade de Advogados do Selo de Sua Majestade. Estudou na Universidade de Edimburgo, começando em 1827 e ganhando prêmios em todas as classes que frequentava. Também mostrava muita habilidade em poesia e ginástica. A morte de seu piedoso irmão mais velho David em julho de 1831 e a leitura de *Suma do Conhecimento Salvífico*, de David Dickson (1583-1663) levaram à sua conversão. Estudou sob a instrução de Thomas Chalmers (1780-1847). Em 1º de julho de 1835, foi licenciado para pregar e começar a servir como assistente de John Bonar. E, depois, foi para a igreja St. Peter, em Dundee, sendo ordenado em 24 de novembro de 1836. O cenário urbano de Dundee e sua implacável devoção de M'Cheyne ao ministério prejudicaram ainda mais sua frágil saúde.

M'Cheyne tinha um grande coração evangelizador, entristecendo-se pelas almas que pereciam ao seu redor. Também tinha uma paixão pelas doutrinas da Confissão de Fé de Westminster, vendo com preocupação o crescente movimento de "moderatismo" na Igreja da Escócia. Sua saúde frágil o levou a tirar em 1838 um ano de descanso do ministério em Dundee. Ante o encorajamento de Robert S. Candlish (1806-1873), M'Cheyne foi com Andrew Bonar (1810-1892) e Alexander Keith (1781-1880) em uma viagem missionária à Palestina, para verificar um possível ministério entre os judeus. Ao retornar da viagem, sentiu-se muito doente, mas se alegrou em ouvir que Deus visitara sua congregação em Dundee com avivamento por meio do ministério de William Chalmers Burns

---

Valen, *Constrained by His Love: A New Biography on Robert Murray McCheyne* (Fearn, Ross-shire, Scotland: Christian Focus, 2002). Quanto a uma breve e bem ilustrada introdução sobre M'Cheyne, ver Derek Prime, *Robert Murray McCheyne: In the Footsteps of a Godly Scottish Pastor*, Travels With series (Leominster, UK: Day One, 2007).

(1815-1868). Sua humildade se mostrou em que ele se alegrou com o fato de que o avivamento viera à sua igreja por meio de outro ministro, assim como teria se alegrado se tivesse vindo por meio de seu ministério.

Retornando à Igreja St. Peter, em Dundee, M'Cheyne continuou seu vibrante ministério ali e nos arredores. A obra divina de avivamento prosseguiu. M'Cheyne escreveu: "Tem havido indicações evidentes da presença do Espírito de Deus entre meu povo querido, em muitas noites – mais às quintas à noite, eu acho, do que aos domingos. Alguns dos que encontrei aparentemente despertaram sem meios muito diretos. Um bom número de moças operárias ainda está chorando por causa do Senhor Jesus".[23] Entretanto, M'Cheyne estava ficando cada vez mais fraco. Além do ofício de ministrar no avivamento contínuo, surgiram as pressões de controvérsia crescente na Igreja da Escócia. Sua saúde teve mais um golpe quanto uma barra quebrou num equipamento de ginástica, fazendo-o cair de costas a vários pés de altura.

Em fevereiro de 1843, foi enviado pela Igreja da Escócia para pregar o evangelho nas regiões pobremente evangelizadas de Deer e Ellon. Em três semanas, pregou em 24 localidades, às vezes mais do que uma vez no mesmo lugar. Retornando exausto ao lar, deparou-se com a febre tifoide assolando os lares de muitos. Persistiu em visitar os lares dos infectados, ao mesmo tempo que mantinha o rigor de seus outros deveres ministeriais. Exausto e fraco, também foi infectado. Em 25 de março de 1843, aos 29 anos de idade, M'Cheyne entrou na experiência imediata do que escreveu em seu hino "Quando Este Mundo Passageiro Acabar":

---

23 Carta para W. C. Burns (Set. 1840), em M'Cheyne, *Memoir and Remains of Robert Murray M'Cheyne*, 288.

Quando ante o trono eu estiver,

Vestido de beleza não minha,

Quando te contemplar como és,

Amar-te com coração impecável,

Então, Senhor, saberei plenamente –

Somente então – o quanto eu devo.

EXPONDO A EXPERIÊNCIA DO CRENTE

Os sermões de M'Cheyne infundiam fogo operado pelo Espírito em estruturas de pensamento e palavras elaboradas cuidadosamente. Por exemplo, considere seu sermão sobre Romanos 7:22-25: "Porque, no tocante ao homem interior, tenho prazer na lei de Deus; mas vejo, nos meus membros, outra lei que, guerreando contra a lei da minha mente, me faz prisioneiro da lei do pecado que está nos meus membros. Desventurado homem que sou! Quem me livrará do corpo desta morte? Graças a Deus por Jesus Cristo, nosso Senhor. De maneira que eu, de mim mesmo, com a mente, sou escravo da lei de Deus, mas, segundo a carne, da lei do pecado".

Este sermão é caracterizado por forte ênfase experiencial e esboço claro. M'Cheyne observou: "Um crente é conhecido não por sua paz e alegria, e sim por sua luta e aflição". Por isso, escolheu pregar um sermão discriminatório sobre "a guerra do cristão, para que você saiba se é um soldado de Cristo".[24] Ele estrutura sua mensagem em três pontos principais, cada um com subpontos:

Podemos descrever sua mensagem assim:

I. Um crente tem prazer na lei de Deus: "No tocante ao homem interior, tenho prazer na lei de Deus" (v. 22).

---

24 M'Cheyne, *Memoir and Remains of Robert Murray M'Cheyne*, 428.

A. Antes de um homem vir a Cristo, ele odeia a lei de Deus: "O pendor da carne é inimizade contra Deus, pois não está sujeito à lei de Deus, nem mesmo pode estar" (Rm 8:7).

1. Os homens não convertidos odeiam a lei de Deus porque ela é pura: "Puríssima é a tua palavra; por isso, o teu servo a estima" (Sl 119:140).

2. Eles odeiam a lei de Deus por causa de sua abrangência: "O teu mandamento é ilimitado" (Sl 119:96). Ela se estende a todas as ações exteriores deles, visíveis e escondidas; estende-se a cada palavra frívola que os homens falam; e penetra os recessos mais profundos do coração deles.

3. Eles odeiam a lei de Deus por causa de sua imutabilidade: "Até que o céu e a terra passem, nem um i ou um til jamais passará da Lei, até que tudo se cumpra" (Mt 5:18). Se a lei de Deus mudasse, diminuísse suas exigências ou desaparecesse, os homens ímpios ficariam satisfeitos.

B. Quando um homem vem a Cristo, tudo isto muda: "Quanto amo a tua lei! É a minha meditação, todo o dia" (Sl 119:97). Isto tem duas causas:

1. A lei não é mais um inimigo. O homem pode dizer: "Cristo [me] redimiu da maldição da lei, tornando-se maldição por [mim]" (Gl 3:13).

2. O Espírito escreve a lei no coração. Esta é a promessa: "Depois daqueles dias, diz o SENHOR: Na mente, lhes imprimirei as minhas leis, também no coração lhas inscreverei; eu serei o seu Deus, e eles serão o meu povo" (Jr 31:33). Vir a Cristo remove o temor que o homem tinha em relação à lei, mas é o Espírito Santo vindo ao coração que o faz amar a lei.

PREGAÇÃO REFORMADA

Em seguida, M'Cheyne aplica seu primeiro ponto de uma maneira evangelística. Ele exorta: "Ó pecadores, venham e entreguem o coração a Cristo, para que ele escreva neles a sua santa lei". E adverte: "Se morrerem com o coração como ele é agora, o coração de vocês será marcado como ímpio por toda a eternidade".[25]

II. Um crente sente uma lei opositora em seus membros: "Vejo, nos meus membros, outra lei que, guerreando contra a lei da minha mente, me faz prisioneiro da lei do pecado que está nos meus membros" (Rm 7:23).

A. É "outra lei", muito diferente da lei de Deus. É uma "lei do pecado" (v. 25), uma lei que ordena o crente a cometer pecado. É a mesma lei que em Gálatas é chamada de "a carne": "a carne milita contra o Espírito" (Gl 5:17).

B. Esta lei está "guerreando". Esta lei nos membros não está quieta, em descanso, está sempre lutando. Nunca pode haver paz no seio de um crente. Há paz com Deus, mas guerra constante contra o pecado. M'Cheyne comparou o pecado remanescente com um exército que fica quieto apenas quando está se preparando para uma emboscada e com um vulcão ativo que pode entrar em erupção a qualquer hora.

Em seguida, M'Cheyne aplica o segundo ponto de maneira experiencial. Ele recomenda o autoexame: "Você já experimentou esta luta? É uma evidência clara de filhos de Deus". Para qualquer que esteja "gemendo sob esta guerra", ele oferece as seguintes orientações: seja humilde e aceite o fato de que, mesmo depois de

---

25 O ponto I aparece em M'Cheyne, *Memoir and Remains of Robert Murray M'Cheyne*, 428-30.

receber o perdão e o Espírito Santo, seu coração continua sendo uma fonte de pecado; seja dependente de Jesus, aprendendo a partir desta guerra que você precisa do sangue de Cristo todos os dias até ao fim; e não fique desanimado, porque todos que Cristo salva têm um coração como este. Portanto, continue o bom combate da fé, apesar de todos os reveses.[26]

III. Um crente engajado nesta guerra toma certas ações.

A. Ele se sente desventurado: "Desventurado homem que sou!" (Rm 7:24). Aqui, M'Cheyne lida com o paradoxo da experiência cristã. Por um lado, "Neste mundo, não há ninguém tão feliz quanto o crente; ele veio a Cristo e achou descanso". Por outro lado, ele sente a praga em seu próprio coração" e "a abominação do pecado", como "uma víbora no coração".

B. Ele busca livramento: "Quem me livrará?" (v. 24). O crente se sente como um prisioneiro dos tempos antigos, condenado a ficar acorrentado a uma carcaça. Aqui, M'Cheyne soa de novo uma nota discriminadora: "Qual é a situação de vocês, queridos ouvintes? A corrupção que sentem em seu íntimo os impele ao trono da graça? Ela os faz invocar o nome do Senhor?... Ah! Lembrem-se, se a lascívia pode operar em seu coração, e vocês podem ficar contentes com isso, vocês não são das ovelhas de Cristo".

C. Ele dá graças pela vitória: "Graças a Deus por Jesus Cristo, nosso Senhor" (v. 25). Apesar da corrupção e da guerra no íntimo, "somos mais que vencedores, por meio daquele que nos amou" (Rm 8:37).

---

26 O ponto II aparece em M'Cheyne, *Memoir and Remains of Robert Murray M'Cheyne*, 430-32.

PREGAÇÃO REFORMADA

M'Cheyne termina com uma linda nota de exultação em Jesus Cristo. Ele diz:

> Sim, mesmo nas menores batalhas, podemos olhar para Jesus e clamar: "Graças a Deus". No momento em que uma alma que geme sob a corrupção coloca os olhos em Jesus, nesse momento seus gemidos são mudados para canções de louvor. Em Jesus, você descobre uma fonte que purifica a culpa de todo o seu pecado. Em Jesus, você descobre graça suficiente, graça que o sustenta até o fim, e uma promessa segura de que o pecado será em breve erradicado completamente. "Não temas, porque eu te remi; chamei-te pelo teu nome, tu és meu." Ah! Isso torna o nosso gemido em canções de louvor! Quão frequentemente um salmo começa com gemido e termina com louvores! Essa é a experiência diária de todo o povo do Senhor. É a sua? Provem a si mesmos por meio disto. Oh! Se não conhecem a canção de louvor do crente, nunca lançarão, com eles, suas coroas aos pés de Jesus. Queridos crentes, contentem-se em gloriar-se em suas fraquezas, para que o poder de Cristo descanse sobre vocês. Glória, glória, glória ao Cordeiro![27]

A pregação de M'Cheyne estava alicerçada em sua busca fervorosa de santidade em Cristo. Nisto, foi um exemplo para os ministros. Ele disse: "Quão diligentemente o oficial da cavalaria mantém sua espada limpa e afiada; ele limpa cada mancha com o maior cuidado. Lembrem que vocês são a espada de Deus – instrumento dele... Não são os grandes talentos que

---

27 O ponto III aparece em M'Cheyne, *Memoir and Remains of Robert Murray M'Cheyne*, 432-34.

Pregadores do século XIX: Alexander, M'Cheyne e Ryle

Deus abençoa, e sim grande semelhança com Jesus. Um ministro santo é uma arma temerosa nas mãos de Deus".[28] M'Cheyne escreveu a um colega ministro:

> Tenho aprofundado a minha convicção de que, se somos instrumentos nessa obra, devemos ser purificados de toda a impureza da carne e do espírito [2 Co 7:1]. Oh! Clamem por santidade pessoal, proximidade constante de Deus pelo sangue do Cordeiro! Aqueçam-se em seus raios – repousem nos braços de amor – sejam cheios do Espírito... Não julguem qualquer pecado como trivial; lembrem que ele terá consequências eternas. Oh! Tenham o coração que busca santidade perfeita, como o de [David] Brainerd – para serem santos como Deus é santo – puro como Cristo é puro... Quão mais úteis poderíamos ser, se apenas fôssemos mais livres de orgulho, autoadmiração, vaidade pessoal ou algum pecado secreto que nosso coração conhece!"[29]

Havendo discutido os ministérios de pregação de um americano e de um escocês, vamos considerar agora a pregação de um inglês que foi um bispo da Igreja da Inglaterra.

JOHN CHARLES RYLE

Quando vim para Grand Rapids, somente algumas poucas pessoas dos mais de mil membros de nossa igreja estavam lendo clássicos espirituais. Certa noite, mostrei um volume de *Meditações nos Evangelhos*, escrito por J. C. Ryle (1816-1900).[30] Eu disse que desejava

---

28 Letter to Daniel Edwards (Oct. 2, 1840), em M'Cheyne, *Memoir and Remains of Robert Murray M'Cheyne*, 282.

29 Letter to Burns, em M'Cheyne, *Memoir and Remains of Robert Murray M'Cheyne*, 289.

30 J. C. Ryle, *Expository Thoughts on the Gospels*, 7 vols. (1856-1869; repr., Edinburgh: Banner of Truth, 2009).

PREGAÇÃO REFORMADA

que todos lessem estes livros. Mais de 150 famílias se inscreveram. Logo, muitos em nossa igreja estavam falando sobre estes livros. Dezesseis anos depois, uma mulher me disse que ainda os estava lendo e que, toda vez que chegava ao fim do evangelho de João, ela começava de novo no evangelho de Mateus. Ryle tinha esse tipo de legibilidade popular e apelo espiritual em seus escritos.

Ryle nasceu em 10 de maio de 1816, em Macclesfield, no noroeste da Inglaterra.[31] Sendo filho de um banqueiro rico, prosseguiu para se tornar um bom erudito e atleta na Universidade de Oxford e parecia destinado à grandeza no mundo financeiro ou político. Mas Deus tinha um chamado diferente para sua vida. A riqueza de seu pai desapareceu em 1841, quando seu banco faliu. Da noite para o dia, a família perdeu seu dinheiro, sua casa e propriedades que valiam meio milhão de libras. Durante os vinte anos seguintes, Ryle ajudou seu pai a pagar a enorme dívida da família.

Ryle poderia ter se desesperado completamente se Deus não o tivesse apresentado às riquezas mais duradouras. No verão de 1837, enquanto caçava, ele praguejou em voz alta e foi repreendido por um amigo, que lhe disse: "Pense, arrependa-se e ore". Começou a fazer isso, em especial quando ficou doente posteriormente naquele ano. Num domingo à tarde, participou de um culto público e passou da morte para a vida quando ouviu a lição bíblica sendo lida devagar e claramente em Efésios 2: "Porque pela graça sois

---

31 Sobre Ryle, ver M. Guthrie Clark, *John Charles Ryle, 1816-1900: First Bishop of Liverpool* (London: Church Book Room Press, n.d.); Ian D. Farley, *J. C. Ryle, First Bishop of Liverpool: A Study in Mission amongst the Masses* (Carlisle, UK: Paternoster, 2000); Marcus L. Loane, *John Charles Ryle, 1816-1900* (London: Hodder & Stoughton, 1983); J. I. Packer, *Faithfulness and Holiness: The Witness of J. C. Ryle* (Wheaton, IL: Crossway, 2002); Eric Russell, *J. C. Ryle: That Man of Granite with the Heart of a Child* (Fearn, Ross-shire, Scotland: Christian Focus, 2008); J. C. Ryle, *J. C. Ryle, a Self-Portrait: A Partial Autobiography*, ed. Peter Toon (Swengel, PA: Reiner, 1975); Peter Toon and Michael Smout, *John Charles Ryle: Evangelical Bishop* (Cambridge: J. Clarke, 1976).

salvos, mediante a fé; e isto não vem de vós; é dom de Deus".[32] Mais tarde na vida, disse que as verdades da pecaminosidade do pecado, da perfeita substituição de Cristo em favor dos pecadores, da necessidade do novo nascimento pelo Espírito Santo, da indispensabilidade de uma vida de santidade, da necessidade de separar-se do mundo e da supremacia da Bíblia "pareceram brilhar sobre mim como raios solares no inverno de 1837... Em minha opinião, nada pode explicar isso, exceto a soberana e livre graça de Deus".[33]

Enriquecido em Cristo e empobrecido entre os homens, Ryle achou uma nova vocação. Em 1842, foi ordenado ao ministério da Igreja da Inglaterra e serviu a paróquias interioranas em Suffolk. De 1844 a 1861, foi pároco de Helmingham (população: 300) e de 1861 a 1880, vigário de Stradbroke (população: 1.300). Sua primeira esposa, Matilda, morreu em 1848, depois de apenas três anos de casamento; sua segunda esposa, Jessie, vivia quase constantemente num pobre estado de saúde e morreu em 1860, após dez anos de casamento. Casou-se pela terceira vez, com Henrietta, que morreu em 1889, onze anos antes de Ryle falecer. Ryle também sofria de saúde ruim e, como notamos antes, de problemas financeiros prolongados. Apesar disso, em 1880, aos 64 anos de idade, foi designado bispo de Liverpool, pela intervenção do primeiro ministro Benjamin Disraeli. E serviu ali como bispo por 20 anos.

Ryle era um pastor dedicado, um escritor dotado e um administrador muito eficiente. Como bispo, focou em elevar a escala de pagamentos e as pensões de pastores e não em construir uma catedral. Promoveu a leitura dos puritanos e pregadores semelhantes do século XVIII. Tornou-se um líder do anglicanismo

---

32 Toon and Smout, *John Charles Ryle*, 26-27.

33 Citado em Packer, *Faithfulness and Holiness*, 28.

PREGAÇÃO REFORMADA

evangélico. Hoje, Ryle é mais bem conhecido pelos mais de 200 folhetos e 20 livros que escreveu (muitos folhetos eram, na época, livretes de 15 a 30 páginas). Em nossos dias, além das *Meditações nos Evangelhos*, o seu livro mais popular talvez seja *Santidade*, que consiste em artigos que escreveu para defender as doutrinas bíblicas do pecado e da santificação.[34]

Quando Ryle começou sua vocação como pregador, seus sermões, conforme sua própria admissão, eram muito requintados e floreados em estilo. Entretanto, por ministrar a agricultores, aprendeu a falar de maneira mais simples e direta. Dividia seus pensamentos em sentenças curtas e seu material de sermões, em seções pequenas. Fazia aplicações em cada sermão. Também pregava com urgência espiritual, repetia palavras-chave e ilustrava conceitos abstratos com histórias de naufrágios, guerras e rainhas compassivas, a fim de envolver pessoalmente seus ouvintes.[35]

Numa palestra para ministros, publicada como Simplicidade na Pregação, Ryle incentivou pregadores a lerem bons modelos da língua inglesa. O melhor modelo é a própria Bíblia, mas ele também disse aos pregadores que lessem outros modelos sagrados e profanos, desde John Bunyan a William Shakespeare, desde John Flavel a Patrick Henry. Mas os acautelou de que "a linguagem muda com os anos".[36] Portanto, devemos também aprender como nosso povo fala, por falarmos com eles. Ryle aconselhou: "Não deixe de falar com os pobres e visite seu povo de casa em casa. Sente

---

34 Este clássico tem sido reimpresso em vários formatos, incluindo J. C. Ryle, *Santidade sem a Qual Ninguém Verá o Senhor*, 2ª ed. (São José dos Campos, SP: Fiel, 2016). A edição mais curta está contida em J. I. Packer, *Faithfulness and Holiness*, 89-246.

35 Farley, *J. C. Ryle, First Bishop of Liverpool*, 6-7, 34-37.

36 J. C. Ryle, *Simplicity in Preaching: A Few Short Hints on a Great Subject* (London: William Hunt, 1882), 43-44.

PREGANDO O VERDADEIRO CRISTIANISMO

Para que tenhamos um senso da pregação de Ryle, vejamos brevemente a coleção de sermões intitulada *O Verdadeiro Cristão*, publicada originalmente como *A Carreira Cristã* (1900). Ali, encontramos "O Caráter do Verdadeiro Cristão", um sermão sobre João 10:27: "As minhas ovelhas ouvem a minha voz; eu as conheço, e elas me seguem". Ryle expõe seu texto, frase por frase, de uma maneira simples e clara.

Seu primeiro ponto é que o Senhor Jesus Cristo compara os verdadeiros cristãos a ovelhas. Ryle gasta um tempo significativo desenvolvendo esta comparação. Ele diz: "Ovelhas são as criaturas mais dóceis, quietas e inofensivas que Deus criou". Por isso, os cristãos devem ser humildes, gentis e amáveis. Ryle adverte que, se as pessoas mordem e devoram umas às outras como lobos, temos todo o direito de repreendê-las por não agirem como membros do rebanho de Cristo e dizer-lhes que precisam nascer de novo. Ovelhas são também os animais "mais úteis" para o homem. De modo semelhante, os cristãos são caracterizados por fazerem o bem e falarem uma "palavra agradável da parte do Senhor", quando podem. Ryle acrescenta: "Ovelhas amam estar juntas; não gostam de estar sozinhas". Igualmente os cristãos devem se deleitar em estar com crentes de mesmo pensamento com quem possam compartilhar seus sentimentos e experiências. Além disso, ovelhas são, "de todos os animais, os mais desamparados" e os "mais prontos a se

---

37 Ryle, *Simplicity in Preaching*, 45.

desgarrarem". Os cristãos almejam a perfeição, mas ficam aquém disso. Também as ovelhas são "facilmente amedrontadas". Os verdadeiros crentes têm um "temor piedoso" que "prova que eles sentem seu próprio desamparo", mas a "confiança presunçosa" nos leva a questionar se uma pessoa é realmente uma ovelha de Cristo. Por último, as ovelhas não chafurdam na lama como porcos. Os cristãos se distinguem do mundo por tentarem evitar a imundície do pecado.[38] Nisto vemos a pregação realista de Ryle, que usava metáforas agradáveis para fazer distinção entre os verdadeiros cristãos e os hipócritas e mundanos.

O segundo ponto de Ryle é que nosso Senhor os chama de "minhas ovelhas". Seu povo é "sua propriedade". Isto proporciona grande consolo aos crentes, porque, "assim como os homens são cuidadosos e zelosos em relação a seus bens terrenos e não permitem que sejam danificados e perdidos, assim também nosso Senhor e Salvador é cuidadoso com as almas que lhe pertencem". Por que estas ovelhas são dele? Ryle explica que elas pertencem a Cristo por "eleição", porque o Pai nos escolheu e nos deu a Cristo antes da fundação do mundo. Embora os homens possam "abusar" desta doutrina, ainda é uma doutrina que conforta a alma... cheia de consolação agradável, prazerosa e indescritível" para aqueles que "sentem, realmente, em si mesmos a operação do Espírito de Cristo". As ovelhas são de Cristo também por "compra". Cristo as redimiu da morte e do inferno com o elevado preço de seu próprio sangue. São de Cristo também por "adoção". Cristo colocou nelas o seu Espírito e as tornou parte de sua família. De novo, Ryle aplica este ponto como forma de consolo: "Ó crente, você pode, às vezes, ficar desanimado e abatido, mas... se você

---

38 J. C. Ryle, *The True Christian* (Grand Rapids, MI: Baker, 1978), 111-18.

pertence realmente ao número das ovelhas de Cristo, tem boa razão para se regozijar".[39]

Seu tempo está passando, e ele ainda não abordou muito de seu texto; por isso, ele "tem de apressar-se e seguir" para seu terceiro ponto. Cristo diz: "As minhas ovelhas ouvem a minha voz". Ryle explica que isto não é "o mero ouvir dos ouvidos", e sim "o ouvir com o coração, o ouvir com atenção; o crer no que é ouvido, o agir resolutamente de acordo com o que é crido". Embora a voz de Cristo possa falar em advertências da consciência ou em aflições da providência, sua voz pode ser ouvida "clara e distintamente" na "leitura da Escritura ou na pregação do evangelho". As verdadeiras ovelhas de Cristo antes eram "tolas e desobedientes", mas por fim elas ouviram a voz de Cristo, aceitaram e creram em suas promessas. Agora, a Palavra de Cristo é "verdadeira regra de vida" para elas e "alimento e bebida de sua alma". Assim, "nenhuma música é tão doce aos ouvidos delas" como a voz de Jesus na Palavra escrita ou pregada.[40]

O quarto ponto de Ryle é o que Cristo diz sobre as suas ovelhas: "Elas me seguem". Ryle diz: "Seguir a Cristo, essa é a grande marca dos cristãos". Mas o que isto significa? "Seguir a Cristo é colocar confiança implícita nele como nosso Redentor, Salvador, Profeta, Sacerdote, Rei, Líder, Comandante e Pastor e andar em seus caminhos sinceramente. É tomar a nossa cruz e inserir o nosso nome entre o seu povo, olhar para o Cordeiro como nosso Guia e segui-lo aonde quer que for." O melhor dos cristãos pode, às vezes, ser descuidado no seguir a Cristo, distraído e desviado por trivialidades do mundo. Mas, comparados com o mundo, estão seguindo

---

39 Ryle, *The True Christian*, 118-19.

40 Ryle, *The True Christian*, 119-21.

PREGAÇÃO REFORMADA

a Cristo e "estão determinados a seguir em frente até o fim e a dizer: Nenhum outro além de Cristo, tanto na vida quanto na morte, no tempo e na eternidade".[41]

Ryle termina o sermão por incutir em seus ouvintes a necessidade de "autoexame", exortando-os a perguntarem: "Sou uma ovelha do rebanho de Cristo ou não? Ouço a sua voz ou não? Eu o sigo ou não?" Ryle os desarma das desculpas de que não estão fazendo pior do que o resto do mundo e de que Deus não pode ser tão rígido em exigir respostas afirmativas a essas perguntas pessoais, pois, do contrário, poucos seriam salvos. Em seguida, Ryle apela abertamente que eles se arrependam: "Lembre-se, então, neste dia, eu lhe digo, que Deus está disposto a recebê-lo, se você resolver pensar por si mesmo e não se preocupar com o mundo, se você quiser ouvir a voz do Senhor Jesus e segui-lo, se estiver em sinceridade e vier a ele para receber perdão e seu Espírito Santo, ele lhe dará o desejo do coração, e você nunca perecerá, mas terá a vida eterna".[42]

Em Ryle, vemos pregação simples, franca e compreensível que oferecia Cristo a todos e demonstrava a diferença entre pessoas salvas e o mundo perdido. Sua pregação não era perfeita. Mesmo neste sermão, ele se estendeu demais em sua comparação dos crentes com ovelhas (cerca de metade do sermão) e teve de correr um pouco nos ensinos mais explícitos de João 10:27. Houve algumas sobreposições entre o terceiro e o quarto ponto. Apesar disso, sua pregação era bíblica e corajosa, ousando dizer às pessoas que não viviam como ovelhas de Cristo que elas não eram salvas. Havia ternura nas palavras de Ryle, compaixão tanto

---

41 Ryle, *The True Christian*, 121-22.

42 Ryle, *The True Christian*, 123-25.

Pregadores do século XIX: Alexander, M'Cheyne e Ryle

pelos salvos como pelos perdidos. Ele honrava a Deus e sua Palavra, e Deus honrou a pregação de Ryle.

Um jornalista visitou a igreja em Helmingham em março de 1858, observou a congregação de aproximadamente 160 pessoas e seu ministro de 41 anos de idade e escreveu: "O sermão foi o mais longo com o qual já me deparei, mas a seriedade de comportamento do pregador, o fluxo contínuo de ideias, a linguagem simples e vigorosa e as maravilhosamente hábeis e poderosas ilustrações fizeram o tempo passar muito agradavelmente, e nós, que por aquela hora, pelo menos, não tínhamos mais nada a demandar nossa atenção, ficamos quase tristes quando terminou".[43] Embora não devamos pregar tão demoradamente ao ponto de cansar nosso povo e privá-los de seu jantar, peçamos a Deus que nos dê tal simplicidade, clareza, ousadia e imaginação na pregação da Palavra, que as pessoas fiquem realmente "quase tristes" quando terminarmos.

---

43 Citado em Russell, *J. C. Ryle*, 58, 63.

CAPÍTULO 19

PREGADORES DO SÉCULO XX: WISSE E LLOYD-JONES

O século XX experimentou mudanças surpreendentes. As mais óbvias foram talvez as mudanças tecnológicas, desde o automóvel Modelo T ao ônibus espacial, desde a máquina de escrever manual a computadores portáteis. Durante este período, o mundo foi transformado de uma coletânea de comunidades relativamente isoladas numa economia global, com informação e imagens transitando pela Internet em velocidades fenomenais. Podemos curar mais doenças do que em tempos anteriores e podemos destruir uma cidade inteira com uma única explosão termonuclear.

Este século foi também o palco de desenvolvimentos extraordinários, bons e maus, na vida da igreja visível. Ela viu o declínio desastroso das principais denominações protestantes para algo semelhante a paganismo cristianizado; a ascensão do movimento pentecostal; o renascimento fundamentalista e evangélico; a chegada do tempo das igrejas africanas e asiáticas; o obscurecimento doutrinário e a diluição moral do evangelicalismo; a estimulante redescoberta da teologia puritana e reformada.

No meio de todas estas mudanças, porém, os cristãos viram que tanto Deus quanto a natureza humana permanecem os mesmos. Enfrentamos os mesmos problemas fundamentais. A pregação da obra de Cristo por nós e de sua obra em nós continua a oferecer a única resposta genuína para as nossas necessidades mais profundas. Graças a Deus, o Espírito Santo levantou vários ministros fiéis no século XX para levarem a tocha de seus antecessores na pregação reformada experiencial.

Neste capítulo, examinaremos dois desses pregadores, um dos quais é pouco conhecido entre as pessoas de língua inglesa, mas estimado nos círculos holandeses conservadores, ao passo que o outro talvez seja o pregador evangélico mais amplamente reconhecido do século XX.

GERARD WISSE

Pouco tempo atrás, eu estava lendo um livro recém-traduzido do holandês para o inglês, quando estava de férias com minha família. Eu me vi culpado, mas confortado. Fiquei abstraído de tudo que me cercava e comecei a chorar de alegria. O que eu estava lendo? Tinha em mãos *Christ's Ministry in the Christian* (O Ministério de Cristo no Cristão), escrito por Gerard Wisse.

Wisse foi criado na Holanda por pais dedicados às antigas doutrinas Reformadas da graça.[1] Ainda quando menino, tinha anseios

---

1 Quanto a fontes em inglês sobre Wisse, ver H. van der Ham, "Biographical Sketch", em Gerard Wisse, *Christ's Ministry in the Christian: The Administration of His Offices in the Believer*, trans. Bartel Elshout and William Van Voorst (Sioux Center, IA: Netherlands Reformed Book and Publishing, 1993), ix-xii; David H. Kranendonk, "Vital Balance: The Pursuit of Professors J. J. Van Der Schuit, G. Wisse, and L. H. Van Der Meiden" (MDiv thesis, Puritan Reformed Theological Seminary, 2004).

Pregadores do século XX: Wisse e Lloyd-Jones

pela salvação e se deleitava em oração e na leitura da Palavra de Deus. Lia John Bunyan e Wilhelmus à Brakel. Em 1892, começou estudos teológicos em Kampen, sob a instrução de professores Reformados ortodoxos como Herman Bavinck. Foi ordenado em 1898 como um ministro das *Gereformeerde Kerken in Nederland* (GKN). Esta denominação havia sido formada por cristãos que se separaram da oficial Igreja Reformada Holandesa em duas cisões, em 1834 e 1886, esta última sob a liderança de Abraham Kuyper (1837-1920).

Em 1920, Wisse deixou a GKN por causa de preocupação com a doutrina da regeneração presumível[2] e de uma crescente tendência para o intelectualismo frio. Uniu-se à *Christelijke Gereformeerde Kerk in Nederland* (CGK), um grupo também arraigado na cisão de 1834.[3] Em 1926, publicou um livro ricamente experiencial traduzido para o inglês sob o título *Godly Sorrow* (Tristeza Piedosa).[4] De 1928 a 1936, Wisse serviu como professor de apologética, filosofia e homilética no seminário da CGK em Apeldoorn. Depois, voltou ao ministério pastoral enquanto continuava a ensinar e escrever. Em seu tempo de vida, Wisse produziu cerca de 140 obras publicadas. Proferiu advertências fortes contra o fascismo e contra o comunismo soviético. Aposentando-se em 1946, permaneceu ativo como autor e palestrante até sua morte em 19 de novembro de 1957. Doze dias

---

Quanto a fontes em holandês, ver H. van der Ham, *Professor Wisse: Aspecten Van Leven En Werk* (Kampen: De Groot Goudriaan, 1993); Gerard Wisse, *Memoires: Onvergetelijke Bladzijden Uit Mijn Levensboek* (*Houten*/Utrecht: Den Hertog, 1982).

2 É a crença de que todas as pessoas batizadas na infância são regeneradas pelo Espírito Santo, a menos que no desenvolvimento subsequente mostrem sinais ao contrário. O alvo é livrar os membros fiéis da igreja de terem de perguntar: "Eu sou nascido de novo?"

3 Imigrantes nos Estados Unidos formaram a Igreja Cristã Reformada (oriundos das GKN) e as Igrejas Reformadas Livres da América do Norte (oriundos da CGK). Em 2004, a Igreja Reformada Holandesa, a GKN e a Igreja Luterana Evangélica se uniram para formar a Igreja Protestante na Holanda, um membro holandês do Conselho Mundial de Igrejas.

4 Gerard Wisse, *Godly Sorrow* (St. Thomas, ON: Free Reformed Publications, 1998).

PREGAÇÃO REFORMADA

antes de sua morte, fez uma palestra sobre o significado do lançamento do Sputnik 1 à órbita terrestre pela União Soviética.

Em seu livro *Godly Sorrow*, Wisse explica a importância da religião experiencial:

> A questão central para nós todos é a experiência da regeneração espiritual pelo amor de Deus. Os filhos de Deus são todos participantes do conhecimento experiencial de miséria, livramento e gratidão. Pode haver variação em grau e medida, mas, pela graça do Espírito, eles aprendem a entender que não há nada de si mesmos e que tudo é dEle – assim, eles podem aparecer diante de Deus em Sião (Sl 84:7).[5]

Wisse diz: "Conhecimento e experiência devem ser distinguidas, mas nunca separadas". Conhecimento de Deus, do pecado e da salvação é "o meio" que necessitamos para entrar na genuína experiência espiritual. Mas, "sem as operações interiores do Espírito, estamos perdidos, apesar de todo o nosso conhecimento". Por outro lado, toda experiência precisa ser testada pela Palavra de Deus.[6]

Wisse centraliza sua descrição experiencial de piedade em Jesus Cristo. Vemos isto em seu *Christ's Ministry in the Christian* (O Ministério de Cristo no Cristão), que tinha o subtítulo de *The Administration of His Office in the Believer* (A Administração de seu Ofício no Crente).[7] O livro desenvolve como o ofício tríplice de

---

5 Wisse, *Godly Sorrow*, 9.

6 Wisse, *Godly Sorrow*, 10.

7 O subtítulo reflete o título original em holandês, *De Ambetelijke Bediening van den Christus in de Geloovigen* (A Administração dos Ofícios de Cristo no Crente). Foi escrito inicialmente como uma série de artigos, iniciada em fevereiro de 1936 no periódico *De Wekker* e, depois, publicada como um livro em 1937.

490

Cristo nos traz o conhecimento tríplice ensinado no Catecismo de Heidelberg.[8] Oferece-nos tanto um exemplo da pregação experiencial quanto um paradigma para o cristianismo experiencial.

Para entender o livro, imagine uma grade ou matriz de três por três. Ao lado das três colunas, escreva os três ofícios de Cristo: Profeta, Sacerdote e Rei. Sobre as colunas, escreva o conhecimento tríplice do Catecismo de Heidelberg: miséria, livramento e gratidão. Cada parte da matriz representa uma faceta de como a mediação de Cristo se relaciona com nossa experiência.

	Miséria	Libertação	Gratidão
Profeta	1. Cristo, nosso Profeta, opera uma experiência de nossa miséria.	2. Cristo, nosso Profeta, opera uma experiência de nossa libertação.	3. Cristo, nosso Profeta, opera uma experiência de nossa gratidão.
Sacerdote	4. Cristo, nosso Sacerdote, opera uma experiência de nossa miséria.	5. Cristo, nosso Sacerdote, opera uma experiência de nossa libertação.	6. Cristo, nosso Sacerdote, opera uma experiência de nossa gratidão.
Rei	7. Cristo, nosso Rei, opera uma experiência de nossa miséria.	8. Cristo, nosso Rei, opera uma experiência de nossa libertação.	9. Cristo, nosso Rei, opera uma experiência de nossa gratidão.

Esta matriz é essencialmente a lista de conteúdo do livro, exceto que Wisse se refere nos títulos dos capítulos à libertação como "redenção" e à gratidão como "santificação". É importante notar, porém, que, para Wisse, "redenção" não se refere à obra objetiva de Cristo por nós, mas à sua aplicação objetiva a nós. Cristo

---

8 "Primeiro, como são grandes meus pecados e miséria; segundo, de que modo sou liberto de todos os meus pecados e miséria; terceiro, de que modo devo ser grato a Deus por essa libertação."

PREGAÇÃO REFORMADA

age como Mediador tanto "objetivamente em nosso favor diante do Pai" quanto "subjetivamente dentro de nós".[9] Esta última obra é o assunto de *Christ's Ministry in the Christian* (O Ministério de Cristo no Cristão).

Não posso explorar sistematicamente a doutrina de Wisse nesta breve consideração, mas quero apresentar sua perspectiva experiencial. Meu propósito é encorajar o leitor a pregar como Wisse pregava, de uma maneira cristocêntrica e experiencial.

O método de Wisse aborda toda a vida cristã. É possível ver o conhecimento tríplice como estágios da experiência cristã (convicção de miséria, conversão por libertação e consagração crescente em gratidão). Wisse reconhece que em cada etapa um dos ofícios de Cristo é mais "proeminente" do que os outros. No começo, "o pecador perdido ficará sujeito, num senso mais direto, ao ministério profético". Depois, Cristo "como Fiador e Sacerdote" é considerado mais e mais necessário. Seu "ministério real" é "a peça suprema da vida experiencial", à medida que os crentes avançam como guerreiros e peregrinos que necessitam do Rei "para guiá-los em meio a todos os seus inimigos até os portões daquela esplêndida cidade de Deus".[10]

No entanto, as experiências de miséria e libertação continuam e se aprofundam à medida que o crente anda com Deus em gratidão.[11] De modo semelhante, os ofícios de Cristo, Wisse diz, são "intercalados", e a matriz representa "uma ordem econômica e não uma ordem cronológica".[12] Nunca vamos além de nossa ne-

---

9 Wisse, *Christ's Ministry in the Christian*, 4.

10 Wisse, *Christ's Ministry in the Christian*, 70.

11 Wisse, *Christ's Ministry in the Christian*, 27.

12 Wisse, *Christ's Ministry in the Christian*, 70-71.

cessidade do Profeta e do Sacerdote. Todas as nove categorias na matriz representam dimensões da experiência normal do crente em relação à obra de Cristo até ao final.

Assim, Wisse torna a espiritualidade cristã ricamente centrada em Cristo, do início ao fim. Ele escreve: "A administração dos ofícios de Cristo é um daqueles assuntos que tem de ser estimado como sendo de importância suprema para o assunto da vida de graça... O Espírito Santo, que estabelece a Igreja e habita nela, administra toda a salvação por meio deste funcionamento dos três ofícios de Cristo".[13]

Por ligar a experiência cristã à mediação de Cristo, Wisse protege a Igreja de introspecção legalista e morbidez. Embora a lei nos aflija com miséria, por mostrar-nos a nobreza de Deus e a abominação de nosso pecado, é *Cristo* quem usa a lei para operar esta sensibilidade do pecado em nós. Portanto, sabemos que Deus não tenciona destruir-nos com desespero, e sim ferir-nos como um cirurgião, para que nos cure e nos salve.[14] De fato, é uma função do ministério sacerdotal de Cristo que esta "revelação" da alma dos pecadores não o condene e não o consuma, e sim o humilhe para seu bem.[15] Quando o pecador se levanta com autojustificativas e hostilidade para com o Legislador santo, o Rei "quebra a resistência interior nele contra esta obra reveladora" com o agradável e irresistível poder de sua graça.[16] Wisse escreve: "Cristo age com tal poder inexprimível e amoroso, que a alma é conquistada na forma mais gloriosa. Neste ponto, a grande perda de Satanás não é apenas

---

13 Wisse, *Christ's Ministry in the Christian*, 4.

14 Wisse, *Christ's Ministry in the Christian*, 9-10.

15 Wisse, *Christ's Ministry in the Christian*, 43.

16 Wisse, *Christ's Ministry in the Christian*, 71.

a própria alma, mas também o fato de que ela se torna disposta a ser conquistada e desejosa por tudo que antes rejeitava".[17] Unir a experiência de miséria com a mediação de Cristo consola tristezas amargas com um doce intento de salvar de toda tristeza.

Além disso, este unir de nossas experiências com os ofícios de Cristo nos lembra que não podemos edificar nossa vida em nossa experiência de libertação, mas tão somente em Cristo. Nosso Profeta revela que somente ele é nosso verdadeiro fundamento. Como Wisse diz: "Precisamos aprender, repetidas vezes, que não podemos viver com base em nossa conversão, nem com base no fato de sermos convertidos. A fonte da vida espiritual de redenção não é, em última análise, qualquer uma de nossas experiências, por mais verdadeiras e divinas que sejam tais experiências... Somente Deus em Cristo é a fonte".[18] Mas as experiências são reais. Cristo traz "seu leite e seu vinho celestial aos lábios da alma", para que, em provar as iguarias de Cristo, "anelemos cada vez mais por ele, que é o [nosso] todo Formoso".[19]

O desejo por Cristo marca a distinção entre as "operações comuns do Espírito Santo" e sua obra salvadora. "A pessoa que foi verdadeiramente convertida se verá atraída ao Senhor Jesus". Somente "Cristo como Sacerdote" pode nos libertar de "uma maneira correta".[20] Nossa libertação não vem de nenhum "princípio arraigado" em nós mesmos, mas tão somente pela obra do "Intercessor, o Cristo vicário e sacerdotal que está no trono de justiça de Deus". Por meio do seu Espírito, Cristo opera em seu povo um desejo e

---

17 Wisse, *Christ's Ministry in the Christian*, 75.

18 Wisse, *Christ's Ministry in the Christian*, 23.

19 Wisse, *Christ's Ministry in the Christian*, 24.

20 Wisse, *Christ's Ministry in the Christian*, 45-46.

Pregadores do século XX: Wisse e Lloyd-Jones

um deleite de ser liberto "de uma maneira que é totalmente compatível com a justiça de Deus".[21] Em última análise, "este correr para Cristo não procede de vermos nossa miséria, mas, pelo contrário, de vermos a Cristo" em "sua beleza adorável", de uma "maneira fascinante"[22] e atraente.

A fé aproxima, e o amor busca união. Estes desejos santos acham consumação na "aplicação plena desta libertação", quando o "Espírito Santo, como Espírito de graça, traz Cristo à alma e une a alma a Cristo".[23] Aqui Wisse parece falar da união com Cristo não precisamente como o dom do Espírito na regeneração, pois essa já se tornou conhecida pelos desejos sagrados que produz. Ele escreve de maneira experiencial sobre o começo da "comunhão bendita com Deus" em Cristo, nosso Sacerdote, "um conhecer, possuir, desfrutar e glorificar a Deus por meio de Deus".[24]

No entanto, a atração do Sacerdote reconciliador encontra oposição intensa. Wisse ressalta que os pecadores não somente resistem a serem convertidos de seu pecado, mas também resistem a serem libertos dele. Os homens preferem atormentarem-se com disciplinas religiosas absurdas a serem salvos por graça. Aqui, Cristo vem como o "Rei ressuscitado" para nos conquistar, o Senhor "plena e inteiramente autorizado a exigir e realizar a libertação de seus redimidos".[25] Cristo mostra que é nosso Rei especialmente quando "lança fora nossa incredulidade e faz a fé triunfar".[26]

---

21 Wisse, *Christ's Ministry in the Christian*, 47-48

22 Wisse, *Christ's Ministry in the Christian*, 51.

23 Wisse, *Christ's Ministry in the Christian*, 49

24 Wisse, *Christ's Ministry in the Christian*, 52.

25 Wisse, *Christ's Ministry in the Christian*, 80.

26 Wisse, *Christ's Ministry in the Christian*, 81.

PREGAÇÃO REFORMADA

Libertação produz gratidão. Em relação à gratidão, Cristo, nosso Profeta, continua seu ministério por ensinar a seu povo mais sobre o pecado, as aflições, o evangelho e a lei.[27] Cristo lhes mostra o Deus trino como o foco da vida. Ensina-lhes a repugnância da corrupção remanescente, para que busquem continuamente a Deus em oração. Ilumina-os para que vejam a bondade de Deus oculta em suas aflições. Como resultado, eles não pensam falsamente que Deus os está condenando e não murmuram contra ele, mas, em vez disso, recebem o ensinamento divino para se tornarem completamente dele. O seu Mestre celestial os leva mais fundo nos mistérios evangélicos da salvação. Assim, eles veem como as riquezas da graça se traduzem em piedade prática. Cristo lhes abre os olhos para verem a amabilidade da lei de Deus e o que significa guardar os mandamentos de Deus, isolando-os do antinomianismo. Nosso Profeta dirige seu povo não ao cristomonismo (como se Deus fosse apenas Cristo); em vez disso, ele os ajuda a orientarem sua vida para o Deus trino: Pai, Filho e Espírito Santo.[28] Por meio do sacerdócio de Cristo, tornamo-nos templos santos e sacrifícios vivos para Deus.[29]

Como Rei, Cristo exerce sua autoridade sobre nós para nos levar à essência da vida "voltada para Deus": obediência. De uma maneira que vai de experiencial à prática, Wisse afirma que a "essência da religião" não é misticismo, e sim "servir a Deus... o Deus trino". Obediência era a obra de Adão no Paraíso, e obediência era a obra de Cristo na cruz. Mas Wisse não faz separação entre dever e deleite: "Obediência a Deus é o anseio da alma que está

---

27 Ver Catecismo de Heidelberg, P. 114, 115.

28 Wisse, *Christ's Ministry in the Christian*, 25-37.

29 Wisse, *Christ's Ministry in the Christian*, 57, 65.

Pregadores do século XX: Wisse e Lloyd-Jones

apaixonada por Deus". Wisse diz: "Obediência não é apenas um *dever*, mas também um *privilégio*; consequentemente, abrange o misticismo da nova vida".[30] Portanto, o nosso Rei "tornará cativos todos os pensamentos... quebrará a força da concupiscência pecaminosa, aplacará e regulará as nossas paixões". Ele estimula "nossa lealdade a ele como nosso Rei". Veste-nos com "armadura espiritual". Leva-nos ao combate. Corteja-nos a desejar ninguém mais, senão ele mesmo como nosso Noivo. Mantém-nos fiéis na perseguição. Recompensa nosso serviço.[31]

Por fim, Cristo tornará seu povo em profetas, sacerdotes e reis com ele, para que sejam "plena, exclusiva e inteiramente de Deus, por Deus e para Deus". Wisse diz que possuir esse ofício é "o aspecto central, essencial, maior e mais importante da aliança", porque "Deus mesmo atuará por meio deles".[32] Wisse escreve sobre o ofício que os crentes têm com Cristo de uma maneira semelhante à que poderíamos pensar sobre os homens como portadores da imagem de Deus.

Abordamos levemente a matriz de nove pontos da teologia de Wisse quanto à experiência cristã. Mas, apesar disso, o leitor pode perceber as riquezas da abordagem dele quanto ao cristianismo reformado experiencial. O esquema de três ofícios de Cristo nos capacita a notar como o ministério total de Cristo se aplica a todas as nossas necessidades. O conhecimento tríplice de miséria, libertação e gratidão ilumina nossa experiência de uma maneira bastante realista. Entretecidos numa matriz, estes nove pontos de conhecimento nos ajudam a glorificar a Cristo em toda a nossa

---

30 Wisse, *Christ's Ministry in the Christian*, 89-90.

31 Wisse, *Christ's Ministry in the Christian*, 91-92.

32 Wisse, *Christ's Ministry in the Christian*, 94-95.

PREGAÇÃO REFORMADA

experiência. À semelhança do quadro de classificação de ouvintes de William Perkins, esta abordagem da experiência cristã não deve controlar nossa pregação, mas é ricamente sugestiva de como podemos fazer um amplo leque de aplicações.

D. MARTYN LLOYD-JONES

David Martyn Lloyd-Jones nasceu em Cardiff, no sul do País de Gales, em 20 de dezembro de 1899.[33] Foi criado dentro da Conexão Metodista Calvinista Galesa,[34] os descendentes presbiterianos de pregadores do Grande Avivamento como Daniel Rowland (1711-1790), Howell Harris (1714-1773) e William Williams (1717-1791).[35] Infelizmente, a pregação dessa igreja havia se degenerado em contar histórias sentimentais, quase uma forma de entretenimento religioso, sob a suposição de que toda pessoa na igreja já era um cristão.

Após concluir seus estudos de medicina no Hospital de São Bartolomeu, em Londres, começou uma carreira promissora como assistente de Thomas Horder, um médico de pessoas importantes, incluindo a família real. Durante 1924 e 1925, Deus iluminou

---

33 Sobre Lloyd-Jones, ver Iain H. Murray, *David Martyn Lloyd-Jones: The First Forty Years, 1899-1939* (Edinburgh: Banner of Truth, 1982); Iain H. Murray, *David Martyn Lloyd-Jones: The Fight of Faith, 1939-1981* (Edinburgh: Banner of Truth, 1990); John Brencher, *Martyn Lloyd-Jones (1899-1981) and Twentieth-Century Evangelicalism* (Carlisle, UK: Paternoster, 2002); Christopher Catherwood, ed., *Martyn Lloyd-Jones: Chosen by God* (Westchester, IL: Crossway, 1986); Christopher Catherwood, *Martyn Lloyd-Jones: A Family Portrait* (Eastbourne, UK: Kingsway, 1995); Bethan Lloyd-Jones, *Memories of Sandfields: 1927-1938* (Edinburgh: Banner of Truth, 1983). Quanto a apresentações breves sobre Lloyd-Jones, ver Philip H. Eveson, *Martyn Lloyd-Jones: In the Footsteps of the Distinguished Welsh Evangelist, Pastor and Theologian*, Travels With series (Leominster, UK: DayOne, 2004); J. I. Packer, "David Martyn Lloyd-Jones", em *Collected Shorter Writings of J. I. Packer*, vol. 4 (Carlisle, UK: Paternoster, 1998), 4:61–87.

34 Conhecida hoje como a Igreja Presbiteriana de Gales.

35 Ver John Morgan Jones and William Morgan, *The Calvinistic Methodist Fathers of Wales*, trans. John Aaron (Edinburgh: Banner of Truth, 2008).

Pregadores do século XX: Wisse e Lloyd-Jones

a alma do jovem médico, dando-lhe uma consciência de pecado que culminou em sua conversão a Cristo. Diagnosticar problemas de saúde o levou a entender que as pessoas, incluindo a elite aristocrática, tinham problemas mais profundos que não podiam ser curados pela medicina moderna. O problema era muito pior do que biológico e comportamental; Lloyd-Jones compreendeu que estava morto em pecado. Quando Deus lhe deu vida em Cristo, começou a falar contra o pecado com a ousadia de um profeta.

Lloyd-Jones sentiu uma compulsão sagrada para pregar. Em 1926, decidiu abandonar a medicina. Ignorando o caminho denominacional típico de educação em seminário que dava acesso ao ministério numa igreja estabelecida, ele se apresentou imediatamente como candidato para missões no sul do País de Gales. Evangelizar era sua paixão. De 1927 a 1938, Lloyd-Jones serviu como pastor ordenado, Metodista Calvinista, da missão da igreja em Sandfields, Aberavon, um área pobre perto de Swansea. A igreja cresceu de 93 membros para 530, com uma frequência de aproximadamente 850 pessoas.

Em seguida, Lloyd-Jones foi chamado para servir como pastor auxiliar e, em 1943, tornou-se sucessor de G. Campbell Morgan (1863-1945) na Westminster Chapel, em Londres. Ali Lloyd-Jones pregava para uma congregação enorme, mas uma congregação que foi devastada pelos longos anos e aflições da Segunda Guerra Mundial. Por isso, teve de reedificar a igreja, que tinha mais de 1.500 pessoas no tempo em que se aposentou, em 1968. Certa vez, durante a guerra, uma bomba caiu por perto, enquanto Lloyd-Jones pregava, danificando o teto da igreja. Ele teve de interceder junto às autoridades para salvar o prédio de demolição. Lloyd-Jones era conhecido por muitos simplesmente como "o Doutor", tanto por causa de sua formação médica quanto por sua autoridade como um "mestre" (que é o significado latino antigo de *doutor*).

Pregava quase todo domingo pela manhã e à noite, exceto durante férias longas, em julho e agosto; e dava palestras nas sextas-feiras à noite. Também viajava pela Inglaterra durante a semana, para manter compromissos de pregação em muitos lugares. Ofereceu direção e apoio à Inter-Varsity Christian Fellowship, à Comunhão Internacional de Estudantes Evangélicos, à Evangelical Library, à Westminster Fellowship (uma comunhão de ministros), à Banner of Truth Trust em sua obra de reimprimir literatura puritana, às conferências Puritan/Westminster, ao British Evangelical Council e ao Movimento Evangélico de Gales.

Em 1968, Lloyd-Jones se aposentou da Westminster Chapel, depois de passar por uma cirurgia de câncer bem-sucedida. Gastou mais tempo com seus netos, continuou a viajar e pregar e trabalhou na publicação de seus sermões, como os sermões sobre a Epístola aos Efésios e aos Romanos.[36] Em 1969, Lloyd-Jones visitou os Estados Unidos e ministrou palestras no Westminster Seminary que foram publicadas como *Pregação e Pregadores*.[37] Até 1976, permaneceu quase tão ativo no púlpito quanto esteve durante os seus anos como ministro na Westminster Chapel. Morreu de câncer em 1º de março de 1981.

Muitas pessoas consideram Lloyd-Jones o maior pregador do século XX. Vamos considerar algumas das características de sua pregação e conselhos sobre o ministério da Palavra.

---

36 David Martyn Lloyd-Jones, *An Exposition of Ephesians*, 8 vols. (Grand Rapids, MI: Baker, 1972); David Martyn Lloyd-Jones, *Romans*, 14 vols. (Grand Rapids, MI: Zondervan, 1970-2003).

37 D. Martyn Lloyd-Jones, *Pregação & Pregadores*, 2ª ed. (São José dos Campos, SP: Fiel, 2008).

PREGANDO A GLÓRIA DE DEUS

Uma característica definidora da pregação de Lloyd-Jones era que seus ouvintes saíam sentindo-se grandemente reduzidos a seus próprios olhos ante a imensa majestade de Deus em Cristo. J. I. Packer lembra o Doutor como "um leão, feroz nas questões de princípio, austero em sua seriedade, capaz, em sua juventude, tanto de rosnar quanto de rugir quando seu argumento exigia". Mas, pessoalmente, era "prazerosamente tranquilo... radiante e espirituoso em grau máximo". Seus argumentos públicos eram "severos ao ponto de esmagar, mas sempre com paciência evidente e bom humor", mesmo quando pessoas tolas o provocavam. Pregava com todo o seu vigor e com "a vivacidade e a autoridade dadas por Deus, o que em tempos passados era chamado de *unção*".[38]

Packer lembra que o ouviu pregar no inverno de 1948-1949, observando que "senti e vi, como nunca antes, a glória de Cristo e de seu evangelho como a única salvação do homem moderno e aprendi, por experiência, por que o protestantismo histórico vê a pregação como o supremo meio de graça e de comunhão com Deus". Lloyd-Jones "nunca falava de maneira fingida", mas sempre "falava como um debatedor que defendia um argumento" ou "como um médico que fazia um diagnóstico". Como Isaías, sua pregação prendia homens que pensavam ser grandes e Deus, pequeno e os fazia erguer os olhos para ver que eram pequenos e Deus, grande. Packer diz: "Nunca conheci alguém cujo falar comunicava tão grande senso da realidade de Deus".[39]

Iain Murray repete alguns conselhos que Lloyd-Jones lhe deu por telefone, quando Murray tinha de preparar-se para falar

---

38 Packer, "David Martyn Lloyd-Jones", 4:82-84.

39 Packer, "David Martyn Lloyd-Jones", 4:84-85.

sobre "A Pregação Calvinista Evangelística É Necessária?" O Doutor lhe disse:

> A superficialidade da evangelização moderna não é o resultado de uma ênfase exagerada na justificação; antes, resulta da não pregação da lei, da profundeza do pecado e da santidade de Deus. O evangelho estava sendo pregado nos termos de um oferta de um amigo e ajudador. A característica da evangelização calvinista é que a majestade e a glória de Deus são colocadas em primeiro lugar, em vez de alguns benefícios proporcionados ao homem.[40]

Palestrando a alunos no Westminster Seminary, Lloyd-Jones perguntou: "O que é a pregação? É a lógica pegando fogo... É teologia em chamas... A pregação é a teologia expressando-se por meio de um homem que está em chamas". Em seguida, perguntou: "Qual é a principal finalidade da pregação?" e respondeu: "Dar a homens e mulheres o senso de Deus e de sua presença".[41] E explicou:

> Posso perdoar um homem por um mau sermão; posso perdoar o pregador por quase qualquer coisa se ele me der o senso da presença de Deus, se ele der algo para a minha alma, se me der o senso de que, embora ele seja inadequado em si mesmo, está lidando com algo mui profundo e glorioso, se ele me der um vislumbre da majestade e da glória de Deus, do amor de Cristo, meu Salvador, e da magnificência do evangelho.[42]

---

40 Murray, *David Martyn Lloyd-Jones: The Fight of Faith, 1939-1981*, 732.

41 D. Martyn Lloyd-Jones, *Pregação & Pregadores*, 2ª ed. (São José dos Campos, SP: Fiel, 2015), 95.

42 Lloyd-Jones, *Pregação & Pregadores*, 95.

PREGANDO A VERDADE DA ESCRITURA SAGRADA

Lloyd-Jones tinha bom conhecimento dos avanços científicos da era moderna. Ele era um médico brilhante. Mesmo depois de seu chamado ao ministério, continuou a seguir os desenvolvimentos no mundo médico. Em um sermão sobre 1 Tessalonicenses 1, Lloyd-Jones disse que ouvia o clamor constante de vozes dizendo que, "devido aos avanços do conhecimento e, em específico, da ciência, nos deparamos com uma situação que nunca antes a igreja cristã enfrentou em sua grande e longa história". E prossegue explicando que nos é dito que as pessoas modernas não entendem palavras teológicas, como *justificação* e *santificação*, por isso temos de aprender a como nos comunicar com elas. Como resultado, já nos anos 1960, a igreja foi pressionada a "aprender os métodos de grandes anúncios de negócios" e a "modernizar tudo".[43]

Contra esta tendência e seu imperativo de suposta relevância, Lloyd-Jones afirma: "O problema que nos confronta é precisamente o problema que sempre confrontou a igreja cristã" – o mundo "nunca muda", mas sempre "odeia Deus". O mundo usa terminologia diferente, mas as diferenças estão apenas na superfície. O que muda, infelizmente, é o estado da igreja. Mas a indiferença e a hostilidade do mundo não são "novas ou singulares". O apóstolo Paulo chegou a Tessalônica com sua pequena equipe missionária e se deparou com uma sociedade pagã imersa em imoralidade e ignorante da Bíblia – muito semelhante ao mundo moderno.[44] O apóstolo reagiu com o ministério da Palavra e do Espírito: "Porque o nosso evangelho não chegou até vós tão somente em palavra,

---

43 David Martyn Lloyd-Jones, "Not in Word Only", em *Tony Sargent, The Sacred Anointing: The Preaching of Dr. Martyn Lloyd-Jones* (Wheaton, IL: Crossway, 1994), 260.

44 Lloyd-Jones, "Not in Word Only", 261.

PREGAÇÃO REFORMADA

mas, sobretudo, em poder, no Espírito Santo e em plena convicção" (1 Ts 1:5). Da mesma maneira, a fim de evangelizar os perdidos hoje, a Igreja precisa "da mensagem e do poder do Espírito nela".[45] Os apóstolos não chegaram a Tessalônica com protestos anti-guerra, agendas políticas ou discursos vagos sobre indescritíveis experiências de Deus. Chegaram com doutrina. Portanto, a igreja contemporânea deve ter essa mesma atitude, apesar da triste reali-dade de que vivemos numa época em que as pessoas não gostam de doutrina, teologia, definições e pensamento claro e cuidadoso.[46] Mas, quando foi que os homens gostaram da verdade?

A mensagem que pagãos precisam ouvir começa com Deus, como vemos em 1 Tessalonicenses 1:9-10: "Pois eles mesmos, no tocante a nós, proclamam que repercussão teve o nosso ingresso no vosso meio, e como, deixando os ídolos, vos convertestes a Deus, para servirdes o Deus vivo e verdadeiro e para aguardardes dos céus o seu Filho, a quem ele ressuscitou dentre os mortos, Jesus, que nos livra da ira vindoura". Antes mesmo de falar-lhe sobre Cristo e a salvação, as pessoas precisam ouvir sobre o Deus verdadeiro. Lloyd--Jones adverte: "Começamos com nós mesmos, nossas necessidades e, depois, sempre queremos algo para nos satisfazer. O cristianismo nunca começa com o homem. Sempre começa com Deus".[47] Depois, avança para Cristo, sua morte, ressurreição e salvação.

Lloyd-Jones pregou: "Somos tão apressados em dizer: venha a Jesus, e as pessoas não vêm a Jesus. Sabe por quê? Posso dizer--lhe. Elas nunca viram qualquer necessidade de Jesus". Podem estar buscando felicidade emocional, a cura de seu corpo, orientação,

---

45 Lloyd-Jones, "Not in Word Only", 263.

46 Lloyd-Jones, "Not in Word Only", 264-65.

47 Lloyd-Jones, "Not in Word Only", 268.

Pregadores do século XX: Wisse e Lloyd-Jones

soluções para problemas terrenos, mas, se não virem a glória de Deus e sua santa lei, não virão a Cristo".[48]

O meio de pregar doutrina que se centraliza em Deus, em Cristo, é pregar as Escrituras Sagradas. Lloyd-Jones vê um lugar para palestras, mas pregar não é palestrar com versículos da Bíblia anexados. Pregar é "sempre expositivo". Ou seja, sempre deriva sua mensagem e seus pontos principais de uma passagem da Bíblia.[49]

A "regra áurea" de preparação do sermão é que o pregador deve lidar honestamente com o significado do texto. Ele não pode pegar uma ideia ou frase da Bíblia e depois dizer o que quiser. Também não pode dar um relato erudito sobre o texto, enquanto negligencia a "ideia central" de seu "significado espiritual". É notável como os homens podem evitar a pregação de Cristo e sua cruz e acabarem num assunto secundário que negligencia a verdadeira mensagem da passagem em seu contexto. Um texto como 2 Timóteo 2:8: "Lembra-te de Jesus Cristo, ressuscitado de entre os mortos, descendente de Davi, segundo o meu evangelho" é deturpado numa asseveração de mera experiência ("meu evangelho" é interpretado no sentido de que o único evangelho importante é aquele do qual a pessoa se apropriou). Enquanto isso, a ressurreição de Jesus é negligenciada, quando não é negada francamente. Pregar a verdadeira mensagem da Escritura exige "percepção espiritual" ou "unção" do Espírito Santo (1 Jo 2:20, 27).[50]

Lloyd-Jones se tornou conhecido por suas séries expositivas de sermões sobre livros da Bíblia, como Romanos, Efésios e 1 João ou sobre passagens longas como o Sermão do Monte. Há grande sabedoria

---

48 Lloyd-Jones, "Not in Word Only", 270.

49 Lloyd-Jones, *Pregação & Pregadores*, 182.

50 Lloyd-Jones, *Pregação & Pregadores*, 185-89.

PREGAÇÃO REFORMADA

em pregar as Escrituras de forma contínua para a edificação dos santos. No entanto, o fato de que Lloyd-Jones pregava frequentemente sermões evangelísticos nos domingos à noite é menos apreciado. Em geral, cada uma dessas mensagens evangelísticas expunha um texto bíblico escolhido para a ocasião, sem fazer parte de uma série.[51]

Ele defende um pouco de liberdade em selecionar um texto para o sermão, para evangelização ou para edificação. E adverte os pregadores contra agendarem de antemão o que pregarão nos seis meses seguintes e se prenderem rigidamente ao plano. Às vezes, um texto falará poderosamente à alma do pregador. Quando isso acontecer, Lloyd-Jones aconselha, o pregador deve escrever um esboço e alguns pensamentos e guardá-los para ocasião futura. Às vezes, vários textos se aglutinarão num tema que o pregador pode transformar numa série, como Lloyd-Jones fez com seus sermões que se tornaram seu livro *Depressão Espiritual*. O calendário, as crises atuais no mundo ou acontecimentos catastróficos podem oferecer oportunidades de pregar a Palavra de Deus para influenciar diretamente o que as pessoas estão pensando.

O pregador deve ser sensível às necessidades de seu povo. Isso inclui não pregar uma série que é profunda e extensa demais para a congregação seguir. Mas a pregação deve ser sempre a Palavra de Deus.[52] Vale a pena notar que Lloyd-Jones começou sua obra expondo uma série relativamente curta e simples de sermões publicados posteriormente como *Sermões Expositivos sobre 2 Pedro*.[53] Ele se alegrou em começar dessa maneira e, assim, treinar o seu

---

51 Iain H. Murray, introduction to *David Martyn Lloyd-Jones, Old Testament Evangelistic Sermons* (Edinburgh: Banner of Truth, 1995), vii-viii, xi; ver Lloyd-Jones, *Pregação & Pregadores*, 62, 141-42.

52 Lloyd-Jones, *Pregação & Pregadores*, 175-83.

53 D. M. Lloyd-Jones, *Expository Sermons on 2 Peter* (Edinburgh: Banner of Truth, 1983).

Pregadores do século XX: Wisse e Lloyd-Jones

povo para um tipo de pregação mais desenvolvida que achamos em seus sermões sobre Romanos e Efésios.

PREGANDO COM A UNÇÃO DO ESPÍRITO SANTO

Não basta levar a Palavra; tem de haver também o Espírito. Lloyd-Jones diz que, quando Paulo escreveu que a Palavra chegou "em poder, no Espírito Santo e em plena convicção" (1 Ts 1:5), ele não estava se referindo apenas à experiência dos ouvintes, mas também ao pregador. Paulo pregou "no poder do Espírito Santo".[54] Lloyd-Jones enfatizou a necessidade de pregar a verdade por motivo de compreensão doutrinária. Como ele disse: "Quando cheguei à Inglaterra, o evangelicalismo era não teológico, pietista e sentimental".[55] Contudo, nos anos 1960, enfatizou que as pessoas que abraçaram a ortodoxia não devem descansar nela; precisam da obra do Espírito Santo em experiência pessoal, especialmente para segurança de salvação.[56] A Igreja precisa tanto de um entendimento claro da verdade bíblica quanto de uma aceitação entusiasta da experiência espiritual.

Cristianismo experiencial não é apenas um resultado de pregação; é uma qualificação essencial para o pregador. Como Paulo explicou aos tessalonicenses, ele pregou com pureza de coração, não buscando agradar a homens (1 Ts 2:3-5). Lloyd-Jones gostava de humor, mas ele disse: "Não posso imaginar o apóstolo Paulo pulando para uma plataforma, contando algumas anedotas para fazer a congregação sentir-se bem e, depois, entretê-los com frivolidades apenas para manipular os sentimentos deles". Ao contrário, ele cita 1 Coríntios 2:4: "A minha palavra e a minha pregação não

---

54 Lloyd-Jones, "Not in Word Only", 273.

55 Citado em Carl Henry, "An Interview", em Catherwood, *Martyn Lloyd-Jones*, 102.

56 Iain H. Murray, *Lloyd-Jones: Messenger of Grace* (Edinburgh: Banner of Truth, 2008), 230.

PREGAÇÃO REFORMADA

consistiram em linguagem persuasiva de sabedoria, mas em demonstração do Espírito e de poder".[57]

O mesmo Espírito agiu nos ouvintes de Paulo, para que recebessem a mensagem não como as palavras de homens, e sim como a Palavra de Deus (1 Ts 2:13). Como resultado, eles se converteram dos ídolos para servirem ao Deus vivo com fé, esperança e amor, até em face de perseguição (1 Ts 1:3, 6, 9). Somente o Espírito Santo pode produzir essa mudança; somente ele pode convencer de pecado, iluminar a alma e dar vida aos mortos. Este tipo apostólico de pregação do evangelho é pregar no Espírito Santo e um instrumento de regeneração pelo Espírito.[58]

Devemos pregar a graça soberana da regeneração e pregar com fé, crendo nela. Lloyd-Jones disse certa vez a Murray: "A evangelização moderna afirma a regeneração, mas não crê realmente nela. A verdadeira pregação calvinista mostra a completa incapacidade do homem e considera a humilhação do homem como a principal parte de sua obra. Se isso não é admitido, a verdadeira glória da salvação não pode nem começar a ser medida".[59]

Lloyd-Jones sabia que a pregação nos envolve numa parceria ou cooperação misteriosa com o Deus todo-poderoso. Por esta razão, apesar de toda a sua experiência em escrever e pregar sermões, Lloyd-Jones confessou em 1967 que "pregar é um grande mistério para mim". Algumas vezes Deus outorga uma liberdade e poder que tem pouco a ver com nossas preparações e capacidades. Mas a pregação sempre dá a impressão de ser "uma tarefa impossível". Vem com "o elemento de temor, de responsabilidade tremenda"; há "o

---

57   Lloyd-Jones, "Not in Word Only", 274.

58   Lloyd-Jones, "Not in Word Only", 275-76.

59   Citado em Murray, *David Martyn Lloyd-Jones: The Fight of Faith, 1939-1981*, 733.

Pregadores do século XX: Wisse e Lloyd-Jones

senso de temor, o senso de pavor". O pregador não pode ser enviado por si mesmo. Ele é enviado por Deus por meio do chamado da igreja (Rm 10:15). O pregador capacitado pelo Espírito fala, como Paulo confessou em 1 Coríntios 2:3, "em fraqueza, temor e grande tremor". Grandes pregadores, como Paulo ou George Whitefield, nunca entravam tranquilamente na pregação. Alarmavam-se com sua indignidade e a solene majestade de Cristo.[60]

A pregação é também uma interação pessoal entre o pregador e a congregação. Não é verdade que o pregador desaparece e somente Deus é visto. Lloyd-Jones concordava com Phillips Brooks (1835-1891) em que a pregação é "a verdade mediada por uma pessoa". Ele disse:

> O homem todo está envolvido na pregação... Não é meramente o que o homem diz, é a maneira pela qual ele o diz – este envolvimento total do homem; seu corpo está envolvido, cada parte dele, cada faculdade está envolvida na verdadeira pregação, toda a personalidade do indivíduo. E, ao mesmo tempo, como eu disse, a congregação está também fazendo sua contribuição. Aqui estão pessoas de mentalidade espiritual, vieram preparadas e estão sob a influência do Espírito. E, assim, estas duas coisas se unem. Há uma unidade entre o pregador e os ouvintes, e há uma transação recíproca. Isso é, para mim, verdadeira pregação.[61]

A pregação é um triângulo espiritual pelo qual Deus traz o pregador e os ouvintes para mais perto dele mesmo e um do outro. O Espírito Santo está agindo, o pregador sente uma "compulsão" santa,

---

60 David Martyn Lloyd-Jones, *Knowing the Times: Addresses Delivered on Various Occasions, 1942-1977* (Edinburgh: Banner of Truth, 1989), 258-62.

61 Lloyd-Jones, *Knowing the Times*, 273.

PREGAÇÃO REFORMADA

e o povo está "preso e atento" pela verdade. Isto é muito diferente de pregar apenas porque é domingo e porque é nosso dever. É um trabalho de amor. O amor nos compele a estudar e a organizar nossos pensamentos. Mas Lloyd-Jones diz que embelezar nossos sermões apenas para "atrair pessoas" não é amor, e sim "prostituição".[62]

Pregar é entregar uma "palavra da parte de Deus", não no sentido de revelação direta, e sim como o resultado de estudar a Escritura e, depois, proferir a verdade da Escritura "em demonstração do Espírito e de poder" (1 Co 2:4). O pregador é um agente de Deus, sendo ele mesmo "levado" por Deus a "este âmbito do Espírito, e Deus está dando uma mensagem ao povo por meio deste homem". Ele não está preso a suas notas ou a seguir uma forma perfeita, mas fala com um "liberdade" santa, "deixando detalhes incompletos" ou interrompendo-se a si mesmo de maneiras que ninguém esperaria de um tratado teológico bem elaborado. Deus lhe dá discernimentos e fogo até no ato de pregar que ele não tinha antes.[63] Como resultado, o pregador pode dizer: "Estou pregando, não eu, estou sendo usado por Deus; estou sendo um instrumento, Deus está me usando para falar a estas pessoas. Sou um embaixador de Deus, sou um enviado e estou ciente desta grande responsabilidade – mas está tudo bem, sou capacitado a fazer isso por causa de sua graça e do poder que ele é suficientemente gracioso para me dar".[64]

Este é o mistério divino da pregação como Lloyd-Jones descreveu e como experimentou durante uma vida de ministério no púlpito.

---

62 Lloyd-Jones, *Knowing the Times*, 273-74.

63 Lloyd-Jones, *Knowing the Times*, 276-77.

64 Lloyd-Jones, *Knowing the Times*, 277.

PARTE 3

PREGAÇÃO EXPERIENCIAL HOJE

CAPÍTULO 20

PREGANDO COM EQUILÍBRIO

Em 1982, Lech Walesa foi libertado pelo governo polonês depois de onze meses de aprisionamento. Ele disse: "Estou solto numa corda bamba, sob a qual há um pátio de prisão, e esta corda bamba foi engraxada. Não tenho a intenção de cair".[1] Walesa liderou o movimento polonês Solidariedade através da corda bamba, e oito anos depois assumiu o cargo de presidente da Polônia, quando acontecia a sua transição de estado-satélite da União Soviética para liberdade e democracia.

De muitas maneiras, o pregador Reformado experiencial sempre anda numa corda bamba engraxada. Ele pode achar que, para manter sua firmeza em um aspecto do cristianismo, precisa afrouxar em outro aspecto. Ao tentar não cair no semipelagianismo, pode cair no hipercalvinismo. Ao procurar evitar o emocionalismo, deve acautelar-se de cair no intelectualismo frio. O pecado e

---

1 Ruth E. Gruber, "Walesa: Playing It Cool, Cautious, Cagey", UPI, Nov. 15, 1982, https://www.upi.com/Archives/1982/11/15/Walesa-playing-it-cool-cautious-cagey/5818406184400/.

PREGAÇÃO REFORMADA

Satanás não facilitam o andar na corda. Mas o pregador deve abraçar todo o conselho de Deus que impacta todo o homem.

Já explicamos os princípios básicos da pregação reformada experiencial. Também ilustramos a pregação reformada experiencial com o estudo de servos de Deus fiéis dos últimos cinco séculos. Agora, o nosso alvo é aplicar estes princípios e ilustrações à obra de praticar a pregação reformada experiencial. Isso não significa que consideraremos a mecânica de preparação do sermão; muitos outros livros tratam desse assunto. Em vez disso, nesta última seção, consideraremos algumas lições práticas sobre como pregar de maneira experiencial em nossos dias.

Neste capítulo, discutirei como pregar com equilíbrio. Há quatro áreas que exigem equilíbrio cuidadoso e vigilante para manter um tipo saudável de pregação experiencial. Em algumas destas áreas, os pregadores têm de abranger dois opostos aparentes. Se abandonarmos um ou outro, não seremos bem-sucedidos.

ABRANGENDO TANTO OS ELEMENTOS OBJETIVOS QUANTO OS SUBJETIVOS DO CRISTIANISMO

Nosso Senhor Jesus Cristo orou: "E a vida eterna é esta: que te conheçam a ti, o único Deus verdadeiro, e a Jesus Cristo, a quem enviaste" (Jo 17:3). Esta é a verdade objetiva: a realidade do "único Deus verdadeiro". Num mundo em que as pessoas adoram uma multidão de deuses e ídolos, o Senhor afirma que, apesar do que pensamos, há apenas um único Deus. Além disso, este Deus enviou ao mundo seu Revelador, para torná-lo conhecido – "Jesus Cristo", que pôde dizer: "Manifestei o teu nome" (vv. 3, 6). Deus deu a Cristo um povo para que ele salvasse; e Cristo era capaz de dizer naquela noite sombria de sua vida: "Eu te glorifiquei na terra, consumando a obra que me confiaste para fazer" (v. 4). Portanto, o pregador cristão tem de girar em torno do foco objetivo da verdade sobre Deus em Cristo e sua obra salvadora realizada em favor de seu povo.

Ao mesmo tempo, há uma experiência subjetiva: o conhecimento deste Deus pela alma humana. Este conhecimento não é meramente um exercício intelectual; é conhecimento vivificante e transformador, é "vida eterna". O povo de Cristo não somente sabe a respeito desta obra *por eles*, mas têm o próprio Cristo *neles* (vv. 23, 26). Este conhecimento de Deus em Cristo vivifica a alma de tal modo que os verdadeiros crentes se tornam obedientes à Palavra de Deus (v. 6), são separados do mundo (v. 14), são santificados na verdade (v. 17), são enviados ao mundo com a Palavra de Cristo (vv. 18, 20) e são unidos como um corpo de irmãos e crentes em Cristo (vv. 22-23). Portanto, a pregação tem de girar em torno do foco subjetivo da experiência de Deus em Cristo.

OS FOCOS GÊMEOS AO REDOR DOS QUAIS A PREGAÇÃO GIRA

O subjetivo deve ser arraigado no objetivo. A verdade tem de levar à experiência. Charles Bridges escreveu: "A experiência cristã é a influência da verdade doutrinária nas afeições".[2] Experiência divorciada de verdade objetiva é ilusão. Se perdemos o foco objetivo de nossa fé, fazemos deuses de nós mesmos e adoramos nossas experiências. A vida eterna não é apenas sentimentos e ações; é conhecer "a ti, o único Deus verdadeiro, e a Jesus Cristo, a quem enviaste". A fé olha para fora da alma para receber o Cristo que é o que não somos e fez por nós o que não podíamos fazer.

---

2 Charles Bridges, *The Christian Ministry: With an Inquiry into the Causes of Its Inefficiency* (Edinburgh: Banner of Truth, 1967), 259.

PREGAÇÃO REFORMADA

No entanto, no cristianismo, o objetivo sempre tem o subjetivo como alvo. Este era um axioma dos antigos teólogos de Princeton: "A verdade está em harmonia com a bondade". Bridges disse que a vida do cristianismo "consiste não na exposição, e sim na aplicação da doutrina ao coração, para a santificação e o consolo do cristão sincero".[3] Verdade sem experiência vital é vaidade e hipocrisia. Se perdemos o foco subjetivo do cristianismo, temos a religião do homem natural. Sim, podemos ser capazes de descrever com exatidão a realidade objetiva de Deus e Cristo. Mas não temos nenhum envolvimento pessoal com essa realidade. A morte de Cristo tem de se tornar nossa morte, e sua vida, nossa vida. Este é o alvo da redenção: que ele seja o nosso Deus, e nós sejamos o seu povo.

Portanto, a pregação deve permanecer na órbita destes dois focos, o objetivo e o subjetivo. Por exemplo, quando pregamos sobre a segurança de salvação, devemos ensinar nosso povo a descansar nas promessas objetivas sobre Cristo (2 Co 1:19-20) e levá-los a examinar subjetivamente a si mesmos para verificar se Cristo está neles (2 Co 13:5). Por meio de evidências subjetivas da regeneração, o Espírito dá testemunho a nós e torna as promessas de Cristo reais para nós em nossa experiência. Sem esse autoexame, as promessas podem ser deturpadas em pretextos para presunção carnal e autoengano. Por outro lado, se não instruímos as pessoas a afastarem-se de sua justiça própria para confiar no que Cristo fez, o autoexame se degenera em servidão à introspecção legalista, e a segurança se torna alicerçada nas areias movediças da experiência. A verdadeira segurança de salvação exige tanto os elementos objetivos quanto os subjetivos.

---

3 Bridges, *The Christian Ministry*, 260.

PERMANECENDO EQUILIBRADO
NUM MUNDO DE DESEQUILÍBRIO

Vivemos atualmente num clima inundado de subjetivismo e relativismo. Os cristãos enfrentam um grave perigo de aceitar um misticismo egocêntrico no lugar da fé cristã histórica. A imaginação e leituras devocionais sentimentais guiam experiências particulares de Deus; música, estímulos visuais e histórias emocionais guiam experiências de adoração. Às vezes, o tema de "Cristo em nós" (distinto de "Cristo por nós") se torna tão proeminente, que as igrejas seguem os alegados profetas modernos, pregadores-celebridades e "revelações" pessoais, em vez de seguirem as Escrituras Sagradas.

Nessa atmosfera, seria fácil para nós, especialmente como cristãos reformados, achar retiro numa fortaleza intelectual de conhecimento doutrinário sobre o que Cristo fez por nós. Poderíamos nos gloriar no fato de que temos a verdade, ensinamos a verdade e defendemos a verdade. Mas nos gloriamos realmente em conhecer Cristo? Uma coisa é gloriar-nos altivamente em nosso conhecimento de Cristo. Outra coisa é gloriar-nos humildemente em Cristo como nossa sabedoria e justiça. Podemos confessar a verdade, mas poderia ser dito a nosso respeito o que Jesus disse: "Conhecereis a verdade, e a verdade vos libertará" (Jo 8:32)? Somos sábios nos caminhos de combate espiritual contra o mundo, a carne e o Diabo? Acautelemo-nos de uma fé meramente histórica que tem anuência à verdade, mas não tem raízes em Cristo. Devemos pregar de uma maneira que exalta tanto Cristo por nós quanto Cristo em nós.

Não devemos separar o objetivo do subjetivo. Essa separação é inaceitável por causa da natureza de Deus. Deus é a grande realidade objetiva, sendo a própria verdade infinita. Mas ele é também a grande realidade pessoal, amor infinito que se envolve com nossa vida todos os dias. A tentação de focalizar-se exclusivamente ou no objetivo ou no subjetivo, em negligência de um ou de outro, é uma maneira pela qual o engano do pecado procura entorpecer nosso coração para a realidade. Na Escritura, Deus nunca nos apresenta a verdade de uma maneira fria e desvinculada. Sua luz sempre brilha com calor – o fogo do amor santo. Quando pregamos fielmente as Escrituras, descobrimos que os elementos objetivos e subjetivos se mesclam, e os subjetivos sempre fluem dos objetivos.

EXEMPLOS DE PREGAÇÃO COM EQUILÍBRIO DE OBJETIVO E SUBJETIVO

Por exemplo, considere Tito 3:1-8. A passagem começa com a exortação de Paulo a Tito para lembrar os crentes a se submeterem às autoridades governantes, engajarem-se em boas obras e se relacionarem gentilmente com todas as pessoas, não difamando, nem contendendo (vv. 1-2). Isto é muito prático. Convida-nos a considerar as dificuldades experienciais de submeter-nos a líderes injustos e amar homens perversos.

Logo depois, Paulo faz uma afirmação clássica da corrupção humana (v. 3) e da regeneração pelo Espírito derramado por intermédio do Filho, por causa do imerecido amor de Deus (vv. 4-7). Esta parte da passagem é completamente doutrinária. Mas é também experiencial. Ele nos dá um fundamento para a conduta ordenada no começo do capítulo. Conhecer a graça de Deus que nos foi dada apesar de nosso pecado nos motiva a que tenhamos um relacionamento de humildade e paciência com os outros. Também suscita perguntas sobre o que é o "lavar regenerador e renovador do Espírito Santo" (v. 5). Como uma pessoa sabe que o experimentou?

Em seguida, Paulo diz: "Fiel é esta palavra, e quero que, no tocante a estas coisas, faças afirmação, confiadamente, para que os que têm crido em Deus sejam solícitos na prática de boas obras. Estas coisas são excelentes e proveitosas aos homens" (v. 8). Em outras palavras, a doutrina da salvação, quando assimilada de maneira experiencial, produz uma vida focalizada em fazer zelosamente o bem aos outros. Se queremos ser fiéis em nossa pregação desse texto, nos veremos constantemente abordando tanto as questões doutrinárias quanto as experienciais.

Quando pregamos a verdade objetiva de uma maneira experiencial, fazemos mais do que apresentar proposições abstratas. Sendo chamados ao ministério da Palavra, representamos a Deus. Portanto, quando pregamos Tito 3:4, sobre a "benignidade" e o "amor" de Deus, nosso Salvador, devemos falar aos crentes com a mesma afeição que Deus tem por eles (Fp 1:8). Quando pessoas estão temerosas, desanimadas ou fracas, precisam de mais do que ideias. Precisam de consolo sólido. Precisam ver o inalterável e fiel amor de Deus por elas. Comunicamos isto não meramente pelas verdades objetivas que proclamamos, mas também pela maneira subjetiva em que as proclamamos. Devemos falar com a ternura de uma mãe que amamenta e o amor firme de um pai, compartilhando com eles a verdade e abrindo a nossa própria alma para eles (1 Ts 2:7-8, 11-12).

OS ELEMENTOS OBJETIVOS E SUBJETIVOS NA PREGAÇÃO EVANGELÍSTICA

Considere como a pregação do evangelho deve incluir tanto as verdades objetivas da Escritura quanto as experiências subjetivas do coração. Para pregar fielmente, devemos ensinar as verdades

PREGAÇÃO REFORMADA

sobre Deus, o pecado, Cristo e a salvação, mas também devemos exortar os homens a se arrependerem e crerem. Se, na ausência de qualquer instrução doutrinária substancial, chamamos as pessoas a virem a Cristo, eles não saberão porque devem vir ou quem Cristo é. Virão a um ídolo de sua própria imaginação para satisfazerem as necessidades de sua natureza pecaminosa. Se apenas ensinamos às pessoas as verdades do evangelho, mas nunca as exortamos a que respondam, não seguimos o exemplo de Cristo e dos apóstolos, que ordenavam a "todos" os homens, "em toda parte", que "se arrependam" (Mc 1:15; At 20:21; 26:20). Também lhes damos a falsa impressão de que todos já são salvos (ou por sua própria bondade, ou por participarem dos meios da graça) ou de que são salvos apenas por entenderem a verdade e não por receberem a Cristo como Salvador.

É sempre um engano pensar que a pregação da verdade do evangelho é objetiva, enquanto a pregação do chamado do evangelho é meramente subjetiva. Ambas são objetivas, e ambas são subjetivas. Quando pregamos sobre Deus, devemos magnificar sua majestade de uma maneira que desperte as afeições de temor e reverência. Pregar sobre o pecado não deve ser apenas informar, mas também atingir as consciências e abalar almas culpadas. Pregar Cristo não pode ser fiel se não encanta e atrai pecadores com sua linda pessoa e sua obra plenamente suficiente. Além disso, ao pregar o chamado do evangelho, não podemos supor que as pessoas já sabem quem Deus é, o que Cristo fez para nos salvar ou o que a fé e o arrependimento significam. Em um mundo cheio de falsificações espirituais, elas precisam de olhos para distinguir entre fazer uma aceitação de Cristo e achar refúgio em falsa religião que condena a alma. De modo semelhante, se apenas descrevemos a fé e o arrependimento, mas nunca os recomendamos e os ordenamos, cortamos as mãos e os pés do evangelho. A genuína pregação experiencial busca os homens e se esforça para alcançar o coração deles.

Com toda probabilidade, você se verá em perigo de resvalar para um lado ou para o outro. Conheça a si mesmo. Se, em suas devoções, você lê tratados teológicos do século XVII escritos por William Ames ou Francis Turretin, talvez precise se esforçar para enfatizar mais o experiencial. Num sermão, não passe mais do que dez minutos sem fazer alguma aplicação, pois, se isso ocorrer, você perderá a atenção das pessoas. Por outro lado, se seus livros acumulam poeira enquanto você passa tempo conversando com os não crentes na cafeteria, de forma que eles pensam que você trabalha ali, então você pode ser tentado a negligenciar o estudo e a proclamação da verdade objetiva. Independentemente de suas forças e fraquezas, labute para controlá-las e abrace ambos os elementos em sua pregação e em sua vida. Neste respeito, é bom ter amigos de ministério que são diferentes de você – ferro afia ferro. Seus irmãos podem ser capazes de lhe mostrar onde você falha, e você tem muito a aprender das habilidades e experiência deles.

ABRANGENDO A SOBERANIA DE DEUS E A RESPONSABILIDADE DO HOMEM

Suponhamos que você esteja pregando Mateus 11. E chega aos "ais" e advertências dos versículos 20-24, onde o Filho do Homem denuncia as cidades da Galileia por não se arrependerem de seus pecados, apesar de ouvirem-no pregar o evangelho e verem-no operar milagres. Cristo diz que "haverá menos rigor para" cidades ímpias e pagãs como Tiro e Sidom, no dia do julgamento, do que para estas cidades impenitentes que foram tão privilegiadas com os meios de graça. Cristo afirma fortemente a obrigação do homem de se arrepender quando ouve o evangelho e a sua culpabilidade por recusar-se a fazer isso.

Em seguida, nos versículos 25 a 27, Cristo louva o Pai porque ocultou estas verdades dos sábios e as revelou aos insensatos, como lhe aprouve. Cristo também diz que ninguém conhece o Pai, senão o Filho e aquele a quem o Filho quiser revelá-lo. O Senhor nega aos homens toda a capacidade de conhecerem verdadeiramente a Deus e perceberem espiritualmente a verdade do evangelho. Se alguém conhece mesmo a Deus pelo evangelho, Cristo atribui isso totalmente à vontade de Deus, e à obra de Cristo, e à obra do Espírito com a Palavra. Ordena os homens a tomarem sobre si o jugo dele e submeterem-se à autoridade dele. Jesus se oferece como um Senhor "manso e humilde" que dá descanso à alma de todos os que se colocam sob o senhorio dele. Aqui temos um oferecimento espontâneo do evangelho.

Como você pregará esses textos? Talvez uma pergunta melhor seja: você se sente livre para pregar toda a mensagem de Mateus 11:20-30 de todo o seu coração? Você pode pregar a responsabilidade do homem por seu pecado, a soberania de Deus em determinar como salvará e o oferecimento espontâneo do evangelho por Cristo a pecadores cansados, com o mesmo entusiasmo e sinceridade? Elas são, todas, verdades bíblicas.

PROCLAMAÇÃO SINCERA DE SOBERANIA E RESPONSABILIDADE

Uma característica dos antigos pregadores reformados era que pregavam a responsabilidade do homem com plena convicção e a soberania de Deus com plena convicção. Eles se prendiam a tudo

Pregando com equilíbrio

que a Escritura ensina. Não acreditavam que pregar a responsabilidade humana é anular a soberania divina ou que pregar a soberania de Deus é anular a responsabilidade humana. Temos de pregar ambas, como eles o faziam, com toda a convicção.

Muito frequentemente as pessoas pensam que a soberania de Deus e a responsabilidade humana são polos opostos, como frio e calor – mais de um significa menos do outro. Até mesmo falar em equalizar estas duas doutrinas pode nos enganar, como se, quando um braço da balança sobe, o outro tem de descer, e, portanto, não devemos enfatizar demais nem um nem outro. Na realidade, elas não são opostas ou inimigas. Em resposta à pergunta "Como reconciliamos estas duas doutrinas?", Charles H. Spurgeon disse: "Eu nunca reconcilio dois amigos".[4] Ambos os aspectos da verdade do evangelho são ensino das Escrituras.

Tanto a soberania de Deus quanto a responsabilidade do homem estão arraigadas na natureza de Deus e sua relação com suas criaturas. Como Rei, Deus governa sobre os homens em todas as atividades deles. Está sempre no controle, dirigindo todos os eventos para realizar seus propósitos bons e sábios. Como Juiz, Deus reputa todos os homens responsáveis por suas ações. Ele está sempre avaliando as pessoas conforme os padrões de sua lei justa.

A soberania divina e a responsabilidade humana são detestadas e resistidas pelo homem caído. O pecador aspira livrar-se do reino de Deus e ser senhor de seu destino e o capitão de sua própria sorte. Ele prefere ir para o inferno, por sua própria escolha, a ir para o céu como alguém cujas escolhas estão sujeitas à vontade do Rei do céu. O pecador detesta o Juiz, e seu coração grita contra os

---

4 Charles H. Spurgeon, Sermon No. 239, "Jacob and Esau" (Rom. 9:13), em *The New Park Street Pulpit* (1859; repr., Pasadena, TX: Pilgrim Press, 1975), 5:120.

PREGAÇÃO REFORMADA

céus: "Quem você pensa que é?" Se tivéssemos liberdade para fazer isso, todos rejeitaríamos as doutrinas da soberania de Deus e da responsabilidade humana e nos proclamaríamos os reis e os juízes de todas as coisas e livres para viver como desejássemos.

Portanto, a fim de pregar para a glória de Deus, devemos pregar tanto a soberania de Deus sobre o homem quanto a responsabilidade do homem sob o governo de Deus. Seremos tentados a usar uma doutrina como desculpa para negar a outra. A pregação pode mudar de maneira sutil. O coração se posiciona com uma ou outra destas doutrinas. Como resultado, sempre que ela aparece em nossa pregação, nós a restringimos com várias qualificações. A pregação deixa de ser o "sim e amém" à Palavra, e em vez disso, torna-se meramente "sim, mas..." Embora não o reconheçamos abertamente, os nossos ouvintes entendem a situação: nós cremos realmente apenas numa parte do que a Bíblia ensina. Essa é a tragédia.

DEIXANDO A ESCRITURA ESTABELECER A AGENDA

Devemos pregar todo o conselho de Deus sem apologia e sem tristeza ou reservas. Lembre: somos apenas os mensageiros de Deus e ministros da sua Palavra. Permita que o texto da Escritura estabeleça a agenda.

Alguns textos revelam uma conjunção notável da soberania divina e responsabilidade humana, e isto é o que devemos pregar. Por exemplo, considere o relato das pragas de granizo e gafanhotos enviadas contra o Egito (Êx 9:13-10:20). O texto começa com a admirável declaração da soberania de Deus. Ele diz que suas pragas cairão não somente sobre os corpos e possessões dos egípcios, mas também sobre o "coração" de Faraó (v. 14). Em outras palavras, a pior praga é o endurecimento do coração de Faraó (9:12), que

Deus havia dito aconteceria diante de Moisés sempre que ele se apresentasse a Faraó (4:21). Deus não é frustrado pela obstinação de Faraó; Deus o levantou para demonstrar seu poder por destruir seus inimigos (9:16). Portanto, devemos pregar que Deus endurece alguns de seus inimigos para glorificar a si mesmo em destruí-los.

No entanto, isto não é desculpa para o pecado de Faraó. O rei egípcio confessou: "Esta vez pequei" (9:27), mas, depois que a praga foi retirada, o texto diz que ele "tornou a pecar e endureceu o coração" (9:34). Moisés lhe traz a Palavra do Senhor: "Até quando recusarás humilhar-te perante mim? Deixa ir o meu povo, para que me sirva" (10:3). Quando os gafanhotos vêm, Faraó confessa novamente: "Pequei contra o SENHOR... Agora, pois, peço-vos que me perdoeis o pecado" (10:16-17). Temos de pregar que os pecadores são responsáveis por seus pecados contra Deus. Precisamos dizer-lhes que Deus odeia o pecado deles e confrontá-los com a loucura do pecado. Devemos exortá-los a confessar, buscar perdão e (ao contrário de Faraó) abandonar verdadeiramente seu pecado.

Isso significa que o texto muda de opinião quanto à soberania de Deus? Nem um pouco. No meio destas confissões e exortações, o Senhor diz a Moisés: "Vai ter com Faraó, porque lhe endureci o coração e o coração de seus oficiais, para que eu faça estes meus sinais no meio deles" (10:1). Por trás do pecado obstinado dos ímpios está a mão soberana de Deus, que ordena essas coisas para sua glória. Esta doutrina serve para encorajar os santos e confrontar os ímpios com as reivindicações de Deus, porque nos lembra que os propósitos de Deus não podem ser frustrados. Ainda que resistamos a Deus até ao fim, ele manifestará sua glória por meio de nós. Perderemos esta preciosa aplicação de consolo, se tivermos medo de pregar a absoluta soberania de Deus sobre os pecadores.

PREGAÇÃO REFORMADA

É legítimo proteger nossos sermões de incompreensões. Por exemplo, quando pregamos um texto que afirma fortemente a soberania de Deus, é sábio explicar que Deus não é o autor do pecado. Deus nunca tem prazer no pecado, nem leva as pessoas a pecarem. Como Faraó reconheceu: "O Senhor é justo" (9:27). Mas acautele-se de diluir tanto a ideia de que Deus endurece pecadores em seus pecados, que você perca o senso do controle intencional e propositado que está presente no texto. Deus entrega pessoas ao domínio do pecado como uma punição judicial (Rm 1:24, 26, 28; 2 Ts 2:10-11).

NUNCA SE ENVERGONHE DA PALAVRA DE DEUS

Outros textos enfatizam uma doutrina, mas quase não mencionam outra. De novo, você deve permitir que um texto específico da Escritura controle a ênfase de seu sermão. Nunca fique envergonhado com ou por causa da Palavra de Deus, como se alguns versículos contradissessem outros. Deixe que toda a Bíblia fale a uma só voz, porque é a voz de Deus, e Deus é a própria verdade. Considere Ezequiel 18:30-32:

> Portanto, eu vos julgarei, a cada um segundo os seus caminhos, ó casa de Israel, diz o Senhor Deus. Convertei-vos e desviai-vos de todas as vossas transgressões; e a iniquidade não vos servirá de tropeço. Lançai de vós todas as vossas transgressões com que transgredistes e criai em vós coração novo e espírito novo; pois, por que morreríeis, ó casa de Israel? Porque não tenho prazer na morte de ninguém, diz o Senhor Deus. Portanto, convertei-vos e vivei.

Pregando com equilíbrio

Como você pregaria este texto de uma maneira reformada experiencial? Primeiro, você deve resistir à tentação de achar uma maneira fácil de evitar o texto. Jonathan Edwards o pregou para as tribos de nativos em Stockbridge, Massachusetts, em 1754.[5] Em vez disso, deixe o texto afetar os ouvintes. Pregue que (1) o Senhor Deus julgará cada homem de acordo com seus caminhos, (2) o Senhor Deus ordena que cada homem se arrependa de todos os seus pecados e (3) o Senhor Deus não tem prazer na morte de pecadores. Nenhuma destas verdades contradiz a doutrina da eleição divina incondicional ou da depravação total do homem.

Até a exortação "criai em vós coração novo" é proveitosa à pregação reformada. Não ensina a capacidade humana, e sim a responsabilidade humana, em específico a obrigação absoluta de voltar-nos dos pecados de nosso coração para abraçar a Deus e sua justiça com amor verdadeiro. Devemos arrancar o pecado do âmago do nosso ser. Ezequiel tinha dito que os pecadores tinham "coração dissoluto" (Ez 6:9). A lei exige incessantemente que amemos a Deus de todo o nosso coração. João Calvino disse: "Portanto, Deus exige deles uma renovação completa, para que não somente conformem sua vida ao governo da lei, mas também temam sinceramente a Deus, visto que ninguém pode produzir fruto bom se não tiver uma raiz viva".[6] Devemos insistir nesta exigência para os pecadores a fim de mostrar-lhes tanto a sua culpa, por não se arrependerem, quanto sua incapacidade de salvarem a si mesmos. A pregação popular

---

5 Manuscrito do Sermão Nº 1120, Ezequiel 18:30-32, pregado em junho de 1754 aos índios de Stockbridge, listado (mas não publicado) em http://edwards.yale.edu/research/sermon-index/canonical?chapter=18 &book=26.

6 John Calvin, *Commentaries of Calvin*, various translators and editors, 45 vols. (Edinburgh: Calvin Translation Society, 1846-1851; repr., 22 vols., Grand Rapids, MI: Baker, 1979) [Ez 20:31-32]; daqui para frente, *Commentary*.

PREGAÇÃO REFORMADA

faz a conversão parecer fácil, uma mera decisão ou ato da vontade. A pregação bíblica deixa claro que a conversão é impossível para o homem, mas possível com Deus, pois exige uma reorientação radical dos motivos e desejos mais profundos do coração.

Como disse Calvino, Deus ordena os homens a terem coração novo "para que homens, convencidos de pecado, cessem de lançar a culpa em outras pessoas" e, "no que concerne aos eleitos, quando Deus lhes mostra seu dever, e eles reconhecem que não podem realizá-lo, correm em busca da ajuda do Espírito Santo, para que a exortação exterior se torne um tipo de instrumento que Deus usa para dar a graça de seu Espírito".[7] A princípio, um pecador pode detestar e odiar a soberania de Deus. Mas, quando convencido de sua responsabilidade de arrepender-se e de sua incapacidade para fazer isso, a soberania de Deus se torna o mais agradável dos atributos, porque somente um Salvador soberano pode nos ajudar.

Outra armadilha que devemos evitar é pregar o texto e, depois, acrescentar tantas qualificações que ele perde sua força. Pregue a ideia principal de cada texto. Depois da *Nadere Reformatie* holandesa, tornou-se comum um pregador oferecer uma breve exposição de um texto, mas, depois, gastar a maior parte de seu tempo inserindo tudo que o texto não dizia. Pregadores que caem nesta armadilha acabam tentando pregar todo o conselho de Deus em cada sermão. No aspecto de eficácia, esta abordagem geral pode anular o impacto de um texto específico da Escritura.

Imagine um homem que prega o texto de Isaías 55:6-7: "Buscai o SENHOR enquanto se pode achar, invocai-o enquanto está perto. Deixe o perverso o seu caminho, o iníquo, os seus pensamentos; converta-se ao SENHOR, que se compadecerá dele, e volte-se para o

---

7 *Commentary* [Ez 20:31-32].

Pregando com equilíbrio

nosso Deus, porque é rico em perdoar". Ele fala algumas palavras sobre arrependimento e nossa obrigação de nos arrependermos. Mas, depois, inconfortável com a responsabilidade humana, o pregador coloca sua ênfase no fato de que o arrependimento é impossível e que Deus é soberano em dar a graça do arrependimento. O que ele fez? Impôs ao texto uma tensão que ele não contém. Diminui a força do texto em seu chamado ao arrependimento, dando aos ouvintes uma desculpa aparentemente boa para sua falta de arrependimento.

Portanto, a fim de pregar de maneira experiencial, nunca sacrifique a soberania de Deus e a responsabilidade do homem. Enfatize o que seu texto específico enfatiza. Em alguns sermões, é permissível focalizar-se totalmente na glória da soberania de Deus; em outros, colocar a ênfase sobre a responsabilidade humana; e ainda em outros, expor ambas as doutrinas. Pregar todo um livro da Bíblia lhe dará a oportunidade para apresentá-las de acordo com o equilíbrio da sabedoria divina. Se você não está pregando um livro todo, seja cuidadoso em escolher textos de sermões que não negligenciam uma ou outra destas doutrinas. Deixe que sua pregação, no decorrer de semanas, inclua amplas referências a ambas. Ainda que sua congregação seja desequilibrada na direção de arminianismo ou hipercalvinismo, eles precisam ouvir a apresentação e a afirmação bíblicas de ambas as verdades. Pregação sem equilíbrio produz discórdia e divisões, pois algumas pessoas concordarão com você, enquanto outras tentarão corrigir seu desequilíbrio com seus próprios desequilíbrios.

O PODER E A LIBERDADE DE PREGAÇÃO REFORMADA EQUILIBRADA

Abranger a soberania divina e a responsabilidade humana dá poder à pregação eficaz. Jean-Daniel Benoit, em seu estudo do

PREGAÇÃO REFORMADA

ministério pastoral de Calvino, abordou a questão de por que a teologia reformada não leva a um fatalismo paralisante. Ele pergunta: "Por que o calvinismo, ao contrário, tem sido uma escola de energia e se manifestado na história como um tremendo poder dinâmico?" E responde: "Ninguém afirmou a soberania de Deus tão firmemente quanto Calvino; ninguém afirmou a responsabilidade humana mais do que ele".[8]

Assumir a responsabilidade por nosso ministério da Palavra em submissão à soberania de Deus também nos animará como pregadores. Embora somente Deus possa tornar frutífera a semente do evangelho, há uma maneira misteriosa pela qual os pregadores entram no processo como "cooperadores... de Deus" (1 Co 3:9). Não pregamos insensivelmente, como faziam os filósofos estoicos. Pelo contrário, seguimos o exemplo de Paulo, que pregava com amor, muitas vezes com lágrimas nos olhos (At 20:31). Um dos maiores evangelistas de todos os tempos foi George Whitefield. Sua alma estava inundada nos escritos de pregação reformada experiencial dos puritanos. Deus usou a pregação de Whitefield para avivar a Igreja e salvar milhares de pecadores. Uma característica de sua pregação eram suas lágrimas. Ele disse: "Vocês me culpam por chorar, mas como posso impedi-las, quando não choram por si mesmos, embora suas almas imortais estejam à beira da destruição".[9]

Somente o Espírito Santo produz o novo nascimento, com liberdade soberana (Jo 3:8). Mas Paulo disse aos gálatas: "Meus filhos,

---

8 Jean-Daniel Benoit, *Calvin in His Letters: A Study of Calvin's Pastoral Counseling Mainly from His Letters* (Appleford, England: Sutton Courtenay, 1986), 83, citado em Jean-Marc Berthoud, "John Calvin and the Spread of the Gospel in France", em *Fulfilling the Great Commission* (London: Westminster Conference, 1992), 44.

9 Citado em Joseph Belcher, *George Whitefield: A Biography* (New York: American Tract Society, [1857]), 507.

por quem, de novo, sofro as dores de parto" (Gl 4:19). As palavras "de novo sofro as dores de parto" sugerem que, quando Paulo os evangelizou pela primeira vez, labutou como uma mãe o faz no parto. Que grau mais intenso de dor poderia haver? Devemos, igualmente, assumir a responsabilidade de labutar em nossa pregação – não só estudando e escrevendo sermões, mas também pleiteando com os pecadores por sua conversão, com uma energia que nos exaure, enquanto Deus opera poderosamente (Cl 1:29). Podemos nos esforçar humilde e esperançosamente quando cremos que a soberania de Deus não retornará vazia para ele (Is 55:10-11).

ABRANGENDO ELEMENTOS BÍBLICOS, DOUTRINÁRIOS, EXPERIENCIAIS E PRÁTICOS NA PREGAÇÃO REFORMADA

A pregação tem muitas dimensões. A experiência cristã é apenas uma delas. Se a negligenciarmos, nossos sermões ficarão empobrecidos. Mas, se tentarmos transformar a experiência cristã na parte mais importante de nossa pregação, os nossos sermões ficarão terrivelmente desequilibrados e serão apresentações incompletas do que as Escrituras ensinam.

Considere as dimensões do sermão de Pedro no dia de Pentecostes (At 2:14-40). Sua pregação é *bíblica*, citando Joel 2, Salmo 16 e Salmo 110 e aludindo a outros textos do Antigo Testamento. Em alguns pontos, ele explica um texto que citou. Por exemplo, Pedro mostra como as palavras de Davi afirmando que Deus não "deixarás a minha alma na morte, nem permitirás que o teu Santo veja corrupção" (v. 27) não podem ser aplicadas a Davi (que morreu e cujo corpo sofreu decadência), mas apontam proficamente para a ressurreição de Cristo (vv.

PREGAÇÃO REFORMADA

27-31). Pedro faz isto por meio de teologia bíblica, apelando às promessas da aliança de Deus com Davi.

A pregação de Pedro é também doutrinária, afirmando e declarando o "determinado desígnio e presciência de Deus" (v. 23), o decreto soberano de Deus, pelo qual ele usou as mãos de homens ímpios para levar seu Filho à morte por nossa salvação (vv. 22-23). Pedro ensina a ressurreição de Cristo e sua exaltação à direita de Deus (vv. 32-33) como fatos históricos e demonstração de que, pela vontade de Deus, Jesus é "Senhor e Cristo", capacitado com toda a plenitude do Espírito Santo (vv. 33, 36). Portanto, o sermão de Pedro aborda as doutrinas do decreto eterno, de sua execução em providência, da promessa da aliança de Deus, da encarnação de Cristo, de seu ministério na terra, de sua humilhação na morte como uma oferta pelo pecado e de sua exaltação em sua ressurreição e ascensão ao trono no céu, bem como a pessoa e a obra do Espírito Santo em relação à pessoa e à obra de Cristo.

O sermão no dia de Pentecostes é também *experiencial* em conteúdo, explicando e justificando, com base nas Escrituras Sagradas, a experiência de derramamento do Espírito Santo sobre os discípulos (v. 16). É experiencial em sua discriminação espiritual, declarando a impiedade daqueles que mataram Jesus como inimigos de Deus e de seu Cristo, mas confortando e elogiando aqueles que se arrependeram e se identificaram com Cristo como recipientes do Espírito (v. 38). Também é experiencial em seu efeito, atingindo o coração de muitos ouvintes, de modo que clamam: "Que faremos [para sermos salvos]?" (v. 37).

O sermão de Pedro é também *prático*, ordenando a seus ouvintes: "Arrependei-vos, e cada um de vós seja batizado em nome de Jesus Cristo para remissão dos vossos pecados" (v. 38). A aplicação

Pregando com equilíbrio

é muito maior do que a mensagem registrada em Atos, porque o texto diz que Pedro os exortou com "muitas outras palavras" para salvá-los "desta geração perversa" (v. 40).

Pense em quão incompleto seria o sermão de Pedro sem todos estes elementos. E se todo o sermão fosse apenas experiencial em sua ênfase? Sem o apelo ao testemunho da Escritura, Pedro não teria autoridade diante de seus patrícios judeus. Sem a dimensão prática, ele não daria resposta à pergunta urgente: que devemos fazer para sermos salvos? Sem a dimensão doutrinária, os ouvintes de Pedro não veriam que os fenômenos espirituais do Pentecostes indicavam que o plano soberano de Deus culmina em Jesus, que, como o Cristo ressurreto, está entronizado como Senhor de todos. O sermão não se centralizaria em Cristo, mas apenas em fenômenos ou conceitos abstratos.

Precisamos pregar sermões enriquecidos por todos estes elementos: bíblico, doutrinário, experiencial e prático. Em sua congregação, pode haver pessoas que pensam que a pregação genuína consiste em apenas um ou dois destes elementos. Você pode sofrer críticas por estar "desperdiçando tempo" ao introduzir os outros elementos. Mas apegue-se às suas convicções, suportando com paciência essas queixas. Há algo em todos estes quatro elementos operando juntos que se harmoniza com os verdadeiros crentes.

Seja paciente com aqueles que o criticam por lhes oferecer pregação reformada experiencial equilibrada. Ame-os. Lembre-se de que eles podem não ter tido os benefícios dos livros que você leu e do ensino que você recebeu. Quanto tempo demorou para que você chegasse ao entendimento da pregação que você tem agora? Dê-lhes tempo. Com o passar dos anos, a pregação trará mais equilíbrio à vida deles, que sentirão fome da pregação que é bíblica, doutrinária, experiencial e prática e a valorizarão.

ABRANGENDO DIVERSIDADE NA APLICAÇÃO

Em 1 Tessalonicenses 5:14, Paulo ordena: "Exortamo-vos, também, irmãos, a que admoesteis os insubmissos, consoleis os desanimados, ampareis os fracos e sejais longânimos para com todos". Aqui, a Escritura nos chama a aplicar diferentemente a verdade de Deus a pessoas em condições espirituais diferentes, mas sempre com amor. Vimos nos capítulos anteriores como William Perkins e os Divinos holandeses empregaram vários esquemas de classificação para manejar corretamente a Palavra e dar a cada ouvinte sua porção própria. Estes esquemas colocavam pessoas em categorias de condição espiritual, para que o pregador fizesse aplicações específicas a cada uma. Esses métodos têm a força dessa aplicação, mas também envolvem os perigos de rigidez e repetição na aplicação.

John Jennings (c. 1687-1723), um ministro não conformista e tutor de Philip Doddridge (1702-1751), escreveu um folheto que abordava a "pregação específica" que é muito proveitoso a este respeito.[10] Jennings não encerrou pessoas em categorias, mas, em vez disso, classificou a situação espiritual delas e lembrou que devemos dirigir-nos a elas de maneira específica. Em cada sermão, ele disse, "pode surgir, na aplicação de maior parte dos assuntos, pensamentos distintamente apropriados" à grande variedade de caráteres e pessoas"; e aplicações "vívidas" e "específicas" para cada caso "são as partes mais pessoais, mais importantes e mais úteis da aplicação".[11] Ele deu vários exemplos. De acordo com Jennings, os ministros devem, às vezes:

1. Repreender "zombadores e refutar contraditores, como as Escrituras o fazem com palavras como: "Vede, ó desprezadores,

---

10 John Jennings, "Of Particular and Experimental Preaching", em *The Christian Pastor's Manual*, ed. John Brown (1826; repr., Ligonier, PA: Soli Deo Gloria, 1991), 47-62.

11 Jennings, "Of Particular and Experimental Preaching", 52-53.

maravilhai-vos e desvanecei" (At 13:41); ou: "Insensato! O que semeias não nasce, se primeiro não morrer" (1 Co 15:36).

2. Dirija-se a pecadores ignorantes e mundanos de uma maneira que os deixe temerosos do que pode acontecer se não se arrependerem: "Ai dos que andam à vontade" (Am 6:1); ou: "Homens de dura cerviz e incircuncisos de coração" (At 7:51).

3. Mostre Cristo para pecadores que se veem condenados: "Se quereis perguntar, perguntai; voltai, vinde" (Is 21:12); ou: "Arrependei-vos, e cada um de vós seja batizado em nome de Jesus Cristo para remissão dos vossos pecados, e recebereis o dom do Espírito Santo" (At 2:38).

4. "Argumente com os moralistas" que confiam em sua própria justiça, mostrando que "todos nós somos como o imundo, e todas as nossas justiças, como trapo da imundícia" (Is 64:6); ou: "Visto que ninguém será justificado diante dele por obras da lei, em razão de que pela lei vem o pleno conhecimento do pecado" (Rm 3:20).

5. "Repreenda e exponha hipócritas presunçosos": "Mostra-me essa tua fé sem as obras... Até os demônios creem e tremem" (Tg 2:18-19).

6. "Fortaleça e encoraje cristãos que têm pouco vigor": "Porquanto vos tendes tornado tardios em ouvir. Pois, com efeito, quando devíeis ser mestres, atendendo ao tempo decorrido, tendes, novamente, necessidade de alguém que vos ensine, de novo, quais são os princípios elementares dos oráculos de Deus; assim, vos tornastes como necessitados de leite e não de alimento sólido" (Hb 5:11-12).

7. Anime cristãos relapsos que estão despertados, exortando-os a serem vigilantes e permanecerem nas coisas duradouras, para que não morram (Ap 3:2).

PREGAÇÃO REFORMADA

8. Encoraje crentes "perseguidos e afligidos" por invocar a promessa de Deus: "Quando passares pelas águas, eu serei contigo; quando, pelos rios, eles não te submergirão; quando passares pelo fogo, não te queimarás, nem a chama arderá em ti" (Is 43:2).

9. Ensine cristãos maduros e firmes, exortando-os a serem compassivos para com os fracos: "Acolhei ao que é débil na fé... Quem come não despreze o que não come; e o que não come não julgue o que come, porque Deus o acolheu" (Rm 14:1, 3).

10. Mostre Cristo para aqueles que "lamentam" sob um senso de sua pecaminosidade: "Todos nós andávamos desgarrados como ovelhas; cada um se desviava pelo caminho, mas o SENHOR fez cair sobre ele a iniquidade de nós todos" (Is 53:6); ou: "Filhinhos meus, estas coisas vos escrevo para que não pequeis. Se, todavia, alguém pecar, temos Advogado junto ao Pai, Jesus Cristo, o Justo" (1 Jo 2:1).

11. Console os "penitentes" quebrantados e humildes, lembrando-lhes que Deus disse: "O homem para quem olharei é este: o aflito e abatido de espírito e que treme da minha palavra" (Is 66:2).

12. Oriente aqueles que carecem de "direção", exortando-os a orar: "Tomara sejam firmes os meus passos, para que eu observe os teus preceitos" (Sl 119:5) e lembrando-lhes que, "se... algum de vós necessita de sabedoria, peça-a a Deus, que a todos dá liberalmente e nada lhes impropera; e ser-lhe-á concedida" (Tg 1:5).

13. Ajude aqueles que sofrem abandono espiritual, exortando-os a buscarem a Deus em sua aflição: "Quem há entre vós que tema ao SENHOR e que ouça a voz do seu Servo? Aquele que andou em trevas, sem nenhuma luz, confie em o nome do SENHOR e se firme sobre o seu Deus" (Is 50:10).[12]

---

12 Jennings, "Of Particular and Experimental Preaching", 53-58.

Isto não significa que cada sermão deve abordar treze casos espirituais diferentes. Estudar cada texto da Escritura e conhecer as pessoas para as quais você prega indicará algumas possibilidades apropriadas de aplicação em cada sermão. Entretanto, listas como essa são úteis porque nos capacitam a parar e examinar nossos sermões para verificar se nossas aplicações alcançam um grande âmbito de casos espirituais. Ao fazer aplicações, é fácil nos prendermos a uma rotina, abordando sempre os mesmos casos ou os mesmos problemas espirituais. Cultive a diversidade.

Isaac Watts (1674-1748) recomendou o folheto de Jennings, observando: "Quão mais eficazmente a Palavra de Deus impacta a consciência, quando cada ouvinte se vê descrito sem que o pregador tenha conhecimento pessoal dele? Quando uma palavra de convicção, conselho ou consolo é proferida tão pertinentemente ao seu próprio caso, que ele a recebe como dirigida a si mesmo?"[13]

CONCLUSÃO

Iniciei este capítulo com um chamado a buscarmos equilíbrio na pregação e terminei com um chamado a buscarmos riqueza e diversidade. Faço isso porque o equilíbrio surge de abraçarmos a riqueza da Escritura em sua inteireza. Quando estamos lidando com a verdade objetiva e a experiência subjetiva; com a soberania divina e responsabilidade humana; com a pregação bíblica, doutrinária, experiencial e prática ou aplicações dirigidas a várias condições espirituais de crentes e não crentes, a solução não é "ou/ou" e sim "tanto/quanto". Como resultado, quando pregamos várias porções da Escritura, oferecemos à congregação um banquete

---

13 Isaac Watts, prefácio (1723) a John Jennings, *Two Discourses: The First, Of Preaching Christ; The Second, of Particular and Experimental Preaching* (Boston: n.p., 1740), x.

PREGAÇÃO REFORMADA

nutritivo com muitos pratos. A congregação não fica em perigo de tornar-se enfermiça ou moribunda porque falta em sua dieta espiritual um nutriente ou elemento importante. Em vez disso, a igreja cresce em direção à maturidade holística, "à medida da estatura da plenitude de Cristo" (Ef 4:13).

CAPÍTULO 21

A APLICAÇÃO COMEÇA NO PREGADOR

Você não pode se tornar um pregador experiencial por mero conhecimento intelectual ou conhecimento de livros. Então, a pergunta que surge é: como os homens do passado se tornaram pregadores experienciais eficazes? E como podemos fazer isso hoje? Como tenho mostrado neste livro, grande parte do tornar-se um pregador experiencial melhor está em tornar-se um melhor aplicador da Palavra de Deus. Portanto, temos grande necessidade de aplicação da Palavra a nosso próprio coração e vida.

John Broadus (1827-1895) diz que a aplicação não "é meramente um anexo" acrescentado ao ensino; antes, "é a principal coisa a ser feita" – o alvo de toda a pregação.[1] O que é a aplicação? Broadus diz que é mostrar "como o assunto se aplica às pessoas ouvintes, que instruções práticas a pregação lhes oferece, que

---

1 John A. Broadus, *A Treatise on the Preparation and Delivery of Sermons*, ed. Edwin C. Dargan (New York: A. C. Armstrong & Son, 1898), 245.

PREGAÇÃO REFORMADA

exigências práticas lhes faz". Observe a ênfase em ser prático, pela qual ele quer dizer "impactar os sentimentos e a vontade" com uma força focalizada para conduzir o ouvinte numa direção específica.[2]

Como um pregador se desenvolve em sua capacidade de fazer aplicação espiritual aos seus ouvintes? Para responder a essa pergunta, precisamos perguntar e responder a mais perguntas, como:

- Que tipo de ministério leva à aplicação eficaz (cap. 21)?
- Como aplicamos áreas específicas de doutrina (cap. 22)?
- Como devemos pregar Cristo e o evangelho ao coração (cap. 23)
- Como podemos pregar de modo a promover santidade na vida de nossos ouvintes (cap. 24)?

Nos capítulos seguintes, discutiremos essas questões. Neste capítulo, abordaremos a primeira: que tipo de ministério leva à aplicação eficaz? Para responder, precisamos deixar de lado o próprio sermão e considerar como todo o nosso ministério pode capacitá-lo (ou impedir) a aplicar as Escrituras de maneira experiencial?

A aplicação eficaz da verdade de Deus à experiência humana exige um estilo de vida de andar com Deus, estudo contínuo, aprender sobre a natureza humana, falar sincero e de coração, orar continuamente pela unção do Espírito Santo e cultivar motivação pura. Vamos examinar cada um destes elementos.

ANDAR ÍNTIMO COM DEUS

A vida e o ministério são inseparáveis. A Escritura Sagrada descreve o caráter de Barnabé por dizer que ele "era homem bom, cheio do Espírito Santo e de fé"; e, em seguida, a Escritura diz que

---

2 Broadus, *The Preparation and Delivery of Sermons*, 246.

A aplicação começa no pregador

"muita gente se uniu ao Senhor" (At 11:24). Este homem de vida cheia do Espírito transbordou num ministério frutífero capacitado pelo Espírito. Então, como podemos esperar que ministremos uma pregação espiritual se não formos homens espirituais? James Braga escreveu: "A pregação que aquece o coração e estimula a experiência não nasce na fria atmosfera de intelectualismo, e sim na comunhão íntima e contínua com o Senhor".[3] Se os nossos sermões devem irradiar luz e calor, primeiramente a nossa vida deve resplandecer. Isso não é apenas misticismo, e sim um chamado a que cultivemos ardor informado biblicamente, gerado a partir de uma comunhão íntima com Deus.

Thomas Brooks (1608-1680) disse: "A vida de um pregador deve ser um comentário de sua doutrina; sua prática deve ser a contraparte de seu sermão. As doutrinas celestiais devem sempre ser adornadas com um estilo de vida celestial".[4]

Você não pode ser um pregador experiencial eficaz, se vive distante de Deus. É simplesmente impossível. Você não pode fingir por muito tempo um relacionamento íntimo com Deus. Talvez possa ser um ministro visitante em outra igreja por um domingo ou dois e se sair muito bem, mas, depois de pouco tempo, as pessoas saberão que você não está sendo verdadeiro. A verdade aparecerá.

Sabemos disso, como pastores. Você pode visitar o lar de alguém e ficar bastante impressionado. Mas, depois de algumas semanas, um jovem daquela família busca aconselhamento, e você descobre que a vida naquele lar é um desastre. De modo

---

3 James Braga, *How to Prepare Bible Messages*, rev. ed. (Portland, OR: Multnomah, 1981), 207. Sou devedor a Braga por vários pensamentos neste capítulo.

4 Thomas Brooks, "Epistle Dedicatory", em "The Crown and Glory of Christianity: Or, Holiness, the Only Way to Happiness", em *The Works of Thomas Brooks*, ed. Alexander B. Grosart (Edinburgh: Banner of Truth, 2001), 4:24.

PREGAÇÃO REFORMADA

semelhante, as pessoas da igreja saberão a verdade sobre você. Isso é especialmente verdadeiro em relação àqueles com quem você trabalha de perto, como os membros da liderança ou colegas de cargo.

Depois de haver servido na igreja por vários anos, as pessoas terão ouvido seus melhores sermões (e alguns de seus piores). A novidade e a empolgação já terão ido há muito tempo. No entanto, se você vive em intimidade com Deus, e seu povo o percebe, isso cobrirá uma multidão de suas imperfeições e fraquezas. Eles também serão capazes de dizer: "Pelo menos temos um homem de Deus no púlpito". Quando têm um respeito fundamental por você, estarão dispostos a ouvir o que você tem a dizer, ou melhor, o que a Palavra de Deus tem a dizer por meio de você.

John Owen disse que um ministro precisa de uma "experiência do poder das coisas que pregamos para os outros". E prosseguiu: "Nenhum homem prega tão bem para os outros, senão aquele que prega primeiramente para seu próprio coração... A menos que ele ache o poder da pregação em seu próprio coração, não poderá ter qualquer confiança de que terá poder no coração dos outros. É mais fácil trazermos nossa mente à pregação do que trazermos o nosso coração".[5]

Você irradia cristianismo genuíno e autêntico? Essa é uma pergunta fundamental para um pastor cristão. Quando não há autenticidade, nada pode compensá-la – nenhuma quantidade de talento ou habilidade exegética. Um andar sincero com Deus não é suficiente, mas é absolutamente essencial e fundamental para tudo mais.

Para vivermos em intimidade com Deus, precisamos nós mesmos fazer uso constante dos meios de graça. Há muitas disciplinas a serem cultivadas na vida cristã, e eu recomendaria uma em específico:

---

5 John Owen, "The Duty of a Pastor", em *The Works of John Owen*, ed. William H. Goold (New York: Robert Carter & Bros., 1851), 9:455.

meditação nas Escrituras. Para ser um pregador experiencial, você tem de estar nas Escrituras, e as Escrituras, em você. Esse é o caminho para oração eficaz e uma vida produtiva. Nosso Senhor disse: "Se permanecerdes em mim, e as minhas palavras permanecerem em vós, pedireis o que quiserdes, e vos será feito. Nisto é glorificado meu Pai, em que deis muito fruto; e assim vos tornareis meus discípulos" (Jo 15:7-8). A meditação na Palavra é o único substituto de seguir o mundo e o único meio para beber das fontes da água da vida – a vida bendita (Sl 1:1-3).

Portanto, seja diligente em ler a Bíblia para alimentar sua alma todos os dias. Seja sistemático em ler a Bíblia, para que leia regular e continuamente toda a Escritura. Ela é toda inspirada por Deus e proveitosa para o homem de Deus. A Palavra de Deus é a pulsação de nossa santificação, a vida de nossa alma e o fundamento de nosso ministério. Jesus advertiu às pessoas de seus dias: "Errais, não conhecendo as Escrituras nem o poder de Deus" (Mt 22:29). Que tragédia se nosso povo tiver de falar isso sobre o nosso ministério. Em vez disso, devemos ser capazes de dizer como o profeta: "Achadas as tuas palavras, logo as comi; as tuas palavras me foram gozo e alegria para o coração" (Jr 15:16). Sua esposa, seus filhos e seus melhores amigos dizem que você é um homem que ama a Palavra de Deus como as pessoas amam suas comidas favoritas?

Comer é uma metáfora adequada para meditação. Temos de fazer mais do que olhar para o que está em nossos pratos. Devemos ingeri-lo, mastigá-lo, digeri-lo e assimilá-lo. De maneira quase idêntica, alimentamos nossa alma com a Palavra. Thomas Manton escreveu: "A fé emagrece e morre de fome se não for alimentada com meditação contínua nas promessas".[6]

---

6 Thomas Manton, "Sermon 1 on Genesis 24:63", em *The Complete Works of Thomas Manton* (London: James Nisbet, 1874), 17:270.

PREGAÇÃO REFORMADA

Quero oferecer-lhe algumas orientações puritanas para a meditação.[7] Ore pela ajuda do Espírito Santo. Você pode usar o Salmo 119:18: "Desvenda os meus olhos, para que eu contemple as maravilhas da tua lei". Leia uma porção das Escrituras. Focalize-se em um versículo ou uma doutrina derivada de um versículo ou passagem específica, algo aplicável à sua vida. Repita o versículo ou a doutrina para si mesmo várias vezes, para gravá-lo em sua memória. Pense sobre o que ele significa e como você pode ilustrá-lo. Pregue a verdade para si mesmo para despertar suas afeições para com Deus. Dirija sua vontade para a vontade de Deus. Transforme suas meditações em orações e canções ao Senhor. Escrever seus pensamentos e orações em um diário também é útil. Escrever num diário centraliza e esclarece nossos pensamentos. Também cria um registro valioso dos lidares de Deus com sua alma e pode encorajar você e posteriormente seus filhos.

A meditação entretece a Bíblia na textura de nossa alma. Transmite verdadeira sabedoria para a batalha espiritual. O Salmo 119:97-99 diz: "Quanto amo a tua lei! É a minha meditação, todo o dia! Os teus mandamentos me fazem mais sábio que os meus inimigos; porque, aqueles, eu os tenho sempre comigo. Compreendo mais do que todos os meus mestres, porque medito nos teus testemunhos". A meditação também fomenta nossas orações. Capacita-nos a orar a Palavra de Deus em retorno para ele, e Deus ama ouvir sua própria voz.

ESTUDE LIVROS

Ler e meditar as Escrituras para alimentar a nossa alma é necessário, mas ler e estudar para aguçar, informar e expandir sua mente é

---

7 Condensado de "The Puritan Practice of Meditation", em Joel R. Beeke, *Puritan Reformed Spirituality* (Darlington, England: Evangelical Press, 2006), 73-100.

A aplicação começa no pregador

também muito importante. Esdras 7:9 diz sobre Esdras que "a boa mão do seu Deus" esteve "sobre ele". Deus fez coisas grandiosas por meio de Esdras. Por quê? O versículo 10 explica: "Porque Esdras tinha disposto o coração para buscar a Lei do Senhor, e para a cumprir, e para ensinar em Israel os seus estatutos e os seus juízos". Embora Esdras já fosse um "escriba versado na Lei de Moisés" (v. 6), estava decidido a buscar e a estudar a Palavra de Deus. Como ele, nunca devemos parar de estudar.

Como um homem chamado a se dedicar à doutrina, o pregador deve se engajar no estudo teológico com maior rigor do que o cristão comum. Assim como um carpinteiro ou um mecânico compra ferramentas, assim também o pregador deve comprar livros e formar uma biblioteca. Permita que grandes mestres do passado se tornem seus mentores. Selecione um mestre, como João Calvino, Richard Sibbes ou John Bunyan e leia seus escritos por um ano ou mais, absorvendo sua teologia e, em especial, seus sermões. Leia sua biografia para aprender sobre sua vida. No seminário você investe grande quantidade de tempo e dinheiro em sentar-se aos pés de uns poucos professores. Depois do seminário, por que não continuar sua educação com os escritos de Puritanos e Reformadores?

Seria especialmente encorajador dar-se ao estudo de antigos livros Reformados experienciais. Esses livros tanto informarão sua mente quanto enriquecerão seu coração. Não é uma coincidência que o âmago deste livro consista no exame dos ministérios de Divinos Reformadores, Puritanos e da Reforma Holandesa Posterior. Vivemos numa época de incomparável acesso a grandes obras antigas em inglês. Faça uso pleno dessa oportunidade. Muitos livros que pastores leem podem vencer disputas de popularidade de curta duração, mas não têm

PREGAÇÃO REFORMADA

essência bíblica ou profundeza espiritual. Enquanto bons livros Reformados estão sendo escritos agora, pouco respiram a atmosfera do céu como aqueles dos escritores antigos. Isso não é ser nostálgico. Muitos destes homens escreveram em tempos em que o Espírito Santo foi derramado em grau singularmente elevado na igreja, para sua reforma e avivamento.

A melhor maneira de tornar sua leitura proveitosa é mesclá--la com oração. Em outras palavras, leia um livro por um pouco e depois ore sobre o que você leu; depois, leia mais um pouco e ore novamente. Esta maneira de lidar com a leitura ajuda-o a pensar sobre o que leu e engaja o poder de Deus para levar seu estudo à fruição na sua vida e na vida de outras pessoas. Você também se beneficiaria de sublinhar, ou de escrever nas margens, ou de fazer um esboço enquanto lê. (Se você está lendo um livro antigo, use uma lapiseira para que a tinta não se espalhe nos anos vindouros e venha a obscurecer o texto.) Se você não parar para orar e fazer anotações a fim de manter-se engajado mental e espiritualmente, pode chegar à conclusão de que seus olhos viram o conteúdo das páginas, mas você não tirou proveito delas.

Para diversificar seus estudos, pense em si mesmo como alguém que atua em três níveis de ministério. O primeiro nível almeja as pessoas significativamente abaixo de você (não espiritualmente e sim intelectualmente). Estudos para este nível de ministério incluem preparação para catequizar filhos nas doutrinas básicas da fé ou para evangelizar pessoas numa cadeia ou em trabalhos missionários. Estudar e ensinar as expressões mais básicas da fé, como o Catecismo de Heidelberg, ou preparar mensagens sobre os aspectos simples do evangelho aguçará a sua capacidade de expressar verdade bíblica em termos simples e concisos. Esse é um grande

A *aplicação começa no pregador*

dom. Alguns teólogos brilhantes teriam sido muito mais úteis se tivessem sido capazes de comunicar-se com mais simplicidade.

O segundo nível inclui suas funções ministeriais regulares, como preparar um sermão ou ensinar uma classe de adultos. Nunca pressuponha que você já sabe o suficiente para escrever sua própria mensagem. Amplie e aprofunde seu entendimento com os pensamentos de homens sábios. Leia comentários e sermões sobre o texto e porções de obras teológicas e experienciais que abordam tópicos específicos considerados em sua mensagem. Ler biografia cristã também enriquecerá sua pregação com ilustrações e lhe dará um conhecimento mais profundo do coração humano e dos problemas da vida.

O terceiro nível (no qual a maioria dos ministros falha) envolve aqueles que estão num nível além de você. A preparação para o ministério neste nível pode significar ler livros e ouvir palestras sobre um assunto que você conhece pouco. Pode envolver ler livros ou artigos escritos num nível acadêmico desafiador. É difícil, mas, se não fizer alguma coisa para se desenvolver, você estagnará. A ironia é que ler livros difíceis o estimulará. Se você não o fizer, pode sentir-se entediado. A mente que não é desafiada é como um corpo que não está sendo exercitado; o resultado é estagnação e deterioração.

ESTUDE AS PESSOAS

Uma dos grandes áreas do estudo teológico é a natureza humana. Mas aprendemos sobre a natureza humana não somente por estudar livros, mas também por observar pessoas com os óculos espirituais do Livro. A sabedoria de Deus nos dá discernimento para extrair as profundezas dos homens. Provérbios 20:5 diz: "Como águas profundas, são os propósitos do coração do homem, mas o homem de inteligência sabe descobri-los".

PREGAÇÃO REFORMADA

Conhecer as pessoas começa com autoconsciência. Aqui se aplica o dito popular: "Conhece-te a ti mesmo". Se queremos ajudar os outros, temos de estudar nosso próprio coração. Para falarmos com sabedoria à experiência de outros, precisamos entender como nossa própria alma age e reage. Ao entrar em luta contra nosso orgulho, desejos mundanos, egocentrismo e incredulidade, descobrimos as distorções e sinuosidades do coração. Ao procurar consolo em nossas tristezas, aprendemos o que consola a amargura. Pessoas existem em grande variedade, mas são fundamentalmente as mesmas. Conhecer-se a si mesmo torna você perceptível para com as outras pessoas. Quando nos recusamos a combater nossos próprios pecados e os ignoramos hipocritamente, as traves em nossos olhos nos impedem de ver o que os outros necessitam (Mt 7:3-5).

Isso não é fácil. As Escrituras advertem: "Enganoso é o coração, mais do que todas as coisas, e desesperadamente corrupto; quem o conhecerá?" (Jr 17:9). Neste ponto, podemos concordar com Benjamin Franklin, que escreveu: "Há três coisas extremamente duras: o aço, um diamante e conhecer a si mesmo".[8] Não queremos naturalmente conhecer a nós mesmos como realmente somos. Afagamos nossas ilusões. Mas a Escritura Sagrada penetra e expõe o coração. Hebreus 4:12 diz: "Porque a palavra de Deus é viva, e eficaz, e mais cortante do que qualquer espada de dois gumes, e penetra até ao ponto de dividir alma e espírito, juntas e medulas, e é apta para discernir os pensamentos e propósitos do coração".

O pregador sábio também observa cuidadosamente a conduta e as necessidades de vários grupos na igreja: os idosos e os jovens,

---

8 Benjamin Franklin, *Autobiography, Poor Richard, Letters,* ed. Ainsworth D. Spofford (New York: D. Appleton, 1904), 295.

A aplicação começa no pregador

os homens e as mulheres, bem como os diferentes grupos étnicos e sociais. Aqui, novamente, devemos ir além das alegrias comuns da conversação. Tenha um interesse genuíno pelas pessoas. Faça perguntas inteligentes e ouça as respostas que você recebe. Brinque com as crianças. Visite os idosos. Descubra o que é importante para eles. Aprenda o que os magoa e o que os tenta. Ganhe a confiança e mantenha a confiança deles. Ame a todos, e eles se abrirão cada vez mais para você com o passar do tempo.

Phillips Brooks escreveu: "Estas três regras parecem ter em si a totalidade prática de toda a questão. Imploro que você se lembre delas e as aplique com toda a sabedoria que Deus lhe dá. Primeira, tenha menos congregações quanto puder [ou seja, permaneça num lugar por muito tempo]. Segunda, conheça a sua congregação tão completamente quanto puder. Terceira, conheça a sua congregação tão ampla e profundamente, que, em conhecê-la, você conheça a humanidade".[9]

Embora você nunca deva dirigir a aplicação de um sermão a uma pessoa específica na igreja, entender as pessoas enriquecerá imensuravelmente a sua pregação. O que é ser um jovem adulto e receber um comentário impudico e embaraçoso dos colegas? O que acontece na alma de um homem ao perder seu emprego aos quarenta anos de idade e ainda continuar desempregado dois anos depois? Como um avô se sente quando seus netos estão sofrendo por causa do divórcio dos pais? Como uma mulher adulta acha conforto quando está exausta por ser a principal cuidadora de um parente idoso? Você tem de aprender estas coisas por observar, ouvir e amar.

Lembre-se: um sermão não é uma performance. É um presente para alguém. Para quem você está dando este sermão?

9   Phillips Brooks, *Lectures on Preaching* (New York: E. P. Dutton, 1891), 190.

PREGAÇÃO REFORMADA

Frequentemente, olho para toda a congregação antes de pregar e deixo que um senso de suas necessidades se derrame sobre mim como uma onda. Paulo escreveu aos filipenses: "Porque vos trago no coração" (Fp 1:7). Também disse: "Dou graças ao meu Deus por tudo que recordo de vós" (v. 3). Um teste de quanto você conhece e ama seu povo são as suas orações particulares em favor deles. Você deve orar regularmente pelo rol de membros, mencionando nominalmente as necessidades de cada pessoa. Então, você se levantará de seus joelhos e entrará no púlpito com o poder de amor e compaixão.

ORE EM DEPENDÊNCIA CONTÍNUA DO ESPÍRITO

Nosso Senhor nos ensinou que o Espírito dá vida; a carne para nada aproveita (Jo 6:63). Se uma pessoa não é nascida do Espírito, não pode ver as realidades do reino (Jo 3:3, 5). Ninguém pode ser salvo sem uma confissão genuína de que Jesus é Senhor, mas ninguém pode fazer essa confissão à parte do Espírito Santo (Rm 10:9; 1 Co 12:3). Braga diz: "Em última análise, a persuasão é totalmente a obra do Espírito Santo".[10]

A igreja precisa de pregadores cheios do Espírito. Somente quando somos cheios do Espírito é que falamos a Palavra de Deus com intrepidez (At 4:31). Miqueias exclamou: "Eu, porém, estou cheio do poder do Espírito do SENHOR, cheio de juízo e de força, para declarar a Jacó a sua transgressão e a Israel, o seu pecado" (Mq 3:8). Um grande navio pode ser carregado de tesouros, mas não irá a lugar algum se o vento não encher suas velas. Somente o vento do Espírito pode soprar os tesouros da Escritura até os portos dos corações dos homens. Thomas Watson diz: "Os

---

10 Braga, *How to Prepare Bible Messages*, 211.

A aplicação começa no pregador

ministros batem à porta do coração dos homens; o Espírito vem com uma chave e abre a porta".[11]

Portanto, devemos orar. Paulo escreveu: "Finalmente, irmãos, orai por nós, para que a palavra do Senhor se propague e seja glorificada, como também está acontecendo entre vós" (2 Ts 3:1). Robert Traill observa que alguns ministros de menor habilidade podem ser mais bem-sucedidos do que outros que têm mais dons, "não porque pregam melhor, e sim porque oram mais". Ele comenta: "Muitos sermões bons se perdem por falta de mais oração no estudo".[12]

Façamos apelos a Deus antes de os fazermos às pessoas. Conta-se a história de como Gryffyth de Caernarvon foi pregar num lugar no País de Gales. A congregação estava reunida, mas o pregador estava ausente. Por isso, enviaram uma criada para buscá-lo no quarto em que estava. Ela voltou e disse que achava que o Sr. Gryffyth não viria logo, porque, pela porta, ela o ouvira dizer a alguém: "Não irei se não fores comigo". "Sim", respondeu o homem que a enviara, "ele virá, e garanto que o Outro virá também". E, quando Gryffyth foi, o Espírito foi realmente com ele e deu poder extraordinário para transformar vidas.[13]

J. C. Weststrate, meu primeiro instrutor em teologia, costumava dizer que precisamos de oração no estudo e no púlpito. Ele não estava se referindo à oração pastoral pública no culto de

---

11 Thomas Watson, *Body of Practical Divinity*, em *The Select Works of the Rev. Thomas Watson* (New York: Robert Carter, 1855), 148.

12 Robert Traill, "By What Means May Ministers Best Win Souls?", em *The Works of the Late Reverend Robert Traill* (Edinburgh: J. Ogle, M. Ogle, J. Steven, R. Ogle, T. Hamilton, and T. Johnson, 1810), 1:246.

13 Paxton Hood, *Christmas Evans: The Preacher of Wild Wales* (London: Hodder and Stoughton, 1881), 9-10.

adoração. Mesmo quando estamos pregando, devemos continuar numa atitude de dependência do Senhor em oração. Se Neemias lançou orações curtas e pungentes ao céu quando atendeu publicamente aos negócios do rei (Ne 2:4), não deveríamos nós lançar ao céu, durante o culto, orações curtas e secretas como: "Ajuda-me, Senhor" ou: "Dá-me liberdade e poder, Senhor"? Sempre que sentirmos a nossa incapacidade ou a falta de atenção da congregação – ou, por outro lado, sempre que tivermos uma liberdade incomum da parte do Espírito – busquemos a bênção do Senhor em nossa pregação.

Somente Deus pode fazer a seara amadurecer, mas podemos orar por chuva. Isaac Watts disse: "Regue a semente plantada, não somente com oração, mas também com oração secreta. Suplique a Deus com importunação [com urgência] que ele não permita que você trabalhe em vão".[14]

Efésios 6:18 diz que devemos orar "com toda oração e súplica, orando em todo tempo no Espírito e para isto vigiando com toda perseverança e súplica por todos os santos". Nesse versículo, a parte mais difícil para implementarmos talvez seja "com toda perseverança". Uma coisa é iniciar um ministério com oração fervorosa. Outra coisa é manter oração fervorosa depois que você clamou por doze peixes, mas sente como se, em vez disso, houvesse recebido doze pedras – ou doze serpentes. Cristo entende esta tentação e nos ensina, pelo contraste do juiz injusto, que devemos "orar sempre e nunca esmorecer" (Lc 18:1). Nosso Pai não é uma deidade cruel e insensível, e sim um Pai verdadeiro para seus filhos, que ouve os clamores deles e lhes dá o que necessitam (Lc 11:11).

---

14 Isaac Watts, "Rules for the Preacher's Conduct", em *The Christian Pastor's Manual*, ed. John Brown (1826; repr., Ligonier, PA: Soli Deo Gloria, 1991), 232.

A aplicação começa no pregador

É impressionante que, logo depois da parábola do juiz injusto, achamos outra parábola sobre oração: o fariseu e o publicano (Lc 18:9-14). Será que a tentação para desistirmos de orar com todo o nosso coração surge de nosso orgulho e justiça própria? Não pensamos às vezes: "Será possível que Deus não me dará o que lhe tenho pedido, depois de tudo que tenho feito por ele e tudo que tenho orado"? Cristo nos diz: "Todo o que se exalta será humilhado; mas o que se humilha será exaltado" (Lc 18:14). Se deixarmos que o fardo de orações não respondidas nos prostre em humildade diante de Deus, ele nos honrará no devido tempo. Frequentemente as demoras de Deus nos levam a orar menos por bens visíveis e mensuráveis e mais pelo Espírito Santo. Essas orações serão respondidas no tempo certo, porque Deus se agrada em nos dar o reino (Lc 11:13; 12:32). Não desistam, irmãos. Perseverem em oração.

FALE NATURALMENTE A PARTIR DO CORAÇÃO

Depois dos tópicos espirituais que já consideramos neste capítulo, falar sobre a voz de alguém pode parecer pedante. Mas não somos anjos. Não podemos nos comunicar por telepatia. Temos corpo, nossos ouvintes têm voz; a voz e o ouvido cumprem um papel crucial na comunicação. Faça todo esforço possível para evitar qualquer coisa fingida ou artificial; em vez disso, comunique afeições piedosas de seu coração por meio dos tons de sua voz.

Alguns professores de homilética diriam que você deve pregar num tom normal e conversacional ou até mesmo um tom casual. Num sermão pode haver pontos em que isso seja mais apropriado. Mas a pregação é muito diferente de uma conversa normal com um amigo no sofá. Falamos de coisas eternas como mensageiros de Cristo. Não estamos apenas *compartilhando*. Estamos *proclamando* a mensagem

PREGAÇÃO REFORMADA

que nos foi dada, como arautos autorizados do Rei. Portanto, devemos falar num tom que leva um senso de seriedade, humildade e amor mesclado com autoridade. Braga diz: "Não há eloquência maior do que a fala natural e graciosa que flui de um coração caloroso e amoroso".[15]

Paulo escreveu: "Conhecendo o temor do Senhor, persuadimos os homens" (2 Co 5:11). Solenidade e seriedade em nossa voz não são coisas que produzimos apenas por demanda, como um ator pode produzir. Essas qualidades devem resultar de termos nosso coração tomados pelo temor do Senhor e uma consciência do julgamento inevitável de todos os homens pelo Senhor Jesus Cristo (v. 10). Essa reverência sagrada impele os pregadores a "exortar" e "orar", ou seja, a rogar solenemente e apelar aos homens que se reconciliem "com Deus" (v. 20). Isto não é um rogar lastimoso e choramingão. É o apelo imperativo e amoroso de "embaixadores de Cristo", pelos quais o Senhor fala (v. 20). O "dia da salvação" está presente (6:2), e o dia de julgamento está chegando.

Albert Martin diz: "A urgência genuína é a mãe da verdadeira eloquência".[16] Ele compara a pregação a um homem que está tentando acordar pessoas para escaparem de um prédio em chamas. É uma metáfora apropriada. Se formos confusos e incoerentes, ninguém entenderá nosso aviso. Mas, se formos casuais e sempre tranquilos ou até mesmo apologéticos, nenhum dos ouvintes acreditará seriamente que estão em perigo terrível – ainda que nossas explicações sobre a natureza do fogo sejam bastante claras.

Hesito em criticar qualquer homem pelo tom de sua voz. Mas, se amamos as pessoas para as quais pregamos, devemos procurar falar de uma maneira que atraia e prenda a atenção delas. Alguns de nós, por

---

15 Braga, *How to Prepare Bible Messages*, 211.

16 Albert N. Martin, *What's Wrong with Preaching Today?* (Edinburgh: Banner of Truth, 1967), 26.

A aplicação começa no pregador

personalidade ou tradição, tendemos a pregar com vozes que são incômodas ou desagradáveis para ouvir – falando muito tranquilamente, lamentando, gritando ou resmungando de maneira monótona. Em geral, você não deve ser autoconsciente quanto à sua voz quando prega; deixe-a expressar naturalmente o seu coração. Mas, se você descobrir que fala habitualmente de uma maneira que é um obstáculo para as pessoas ouvirem a Palavra, então, faça um esforço para mudar.

Seu alvo deve ser parecer você mesmo no púlpito, não uma imitação de outra pessoa. Porque falar é sua vocação dada pelo Senhor, ajuste seu instrumento vocal para servir bem ao Compositor. Desenvolva um tom de voz forte e sério que você possa manter, um tom que engaje a atenção do ouvinte. Seja sensível às pessoas e ao que estão acostumadas a ouvir. Seja sensível também aos seus limites, para não esgotar sua voz. Lembre que a pregação não é uma corrida de velocidade. Você é um corredor de maratona que precisa ritmar sua voz para alcançar a distância de várias décadas de pregação.

CULTIVE MOTIVAÇÃO PURA

Abordarei a santidade pessoal no capítulo seguinte, mas aqui, à medida que entramos na última parte de nossa consideração de um ministério versátil que promove aplicação experiencial, quero abordar o assunto de pureza de motivação no ministério. O pregador tem de ser um visionário centrado em Deus; e Cristo nos ensina: "Bem-aventurados os limpos de coração, porque verão a Deus" (Mt 5:8). Sem pureza de coração, o alvo de nosso ministério é agradar aos homens, não a Deus, e já temos a nossa recompensa (Mt 6:5). No dia de julgamento, que decepção isso será!

Martin identifica três áreas principais de motivação para o pregador: o temor do Senhor, o amor à verdade de Deus e o amor às

PREGAÇÃO REFORMADA

pessoas.[17] Primeiramente, devemos temer a Deus. Estudamos e pregamos o verdadeiro caráter de Deus? John Brown escreveu: "Tudo a respeito de Deus é adequado para encher a mente de reverência".[18] Pregamos o Cristo crucificado? Brown disse: "Nada é tão adequado para colocar no coração o temor do Senhor, que guardará os homens de ofenderem-no, como uma visão iluminada da cruz de Cristo".[19] Em nenhum outro lugar vemos os atributos da glória de Deus, em especial sua justiça e sua graça mostrada a pecadores, brilharem mais intensamente do que na morte de Cristo por nossos pecados.

O temor do Senhor é uma força poderosa para impelir adiante nosso ministério: "E assim, conhecendo o temor do Senhor, persuadimos os homens" (2 Co 5:11). É a nossa sabedoria, porque "o temor do SENHOR é o princípio da sabedoria" (Sl 111:10). Embora, como Jeremias, possamos nos sentir como crianças, o Senhor nos diz: "Não temas diante deles" e promete: "Pelejarão contra ti, mas não prevalecerão; porque eu sou contigo... para te livrar" (Jr 1:6, 8, 17, 19). À semelhança de Ezequiel, embora nos deparemos com homens que são "de fronte obstinada" e coração endurecido, o Senhor pode nos dar uma fronte como diamante a fim de pregarmos para eles (Ez 3:7-9).

Por outro lado, o temor do homem "arma ciladas" (Pv 29:25). Martin escreveu: "Um dos elementos da pregação poderosa é pregar como um homem que foi liberto. Liberto do quê? Dos efeitos enleantes do temor do homem".[20] Pregadores eficazes podem, às vezes, se sentir como se tivessem cercado de temores, mas, pela graça de Deus, resistem a seus temores e se tornam mais do que vencedores.

---

17 Martin, *What's Wrong with Preaching Today?* 16-19.

18 John Brown, *Expository Discourses on the First Epistle of the Apostle Peter* (New York: Robert Carter and Brothers, 1855), 321 [1 Pe 2:17].

19 Brown, *The First Epistle of Peter,* 325 [1 Pe 2:17].

20 Martin, *What's Wrong with Preaching Today?* 17.

A aplicação começa no pregador

Seus olhos estão fixos em Cristo. Brown disse: "Pouco importa para eles que o mundo os reprove, se o Senhor os aprova; pouco importa para eles que o mundo os aprove, se o Senhor os reprova".[21] Quando John Knox foi sepultado depois de uma vida cheia de ousadia em face de oposição e perigo, o Conde de Morton disse: "Aqui jaz um homem que, em sua vida, nunca temeu a face de homens".[22] Deus permita que esse mesmo elogia seja verdadeiro a nosso respeito.

Em segundo, o pregador deve amar a verdade da Escritura. A maioria de nós ama a paz, mas o Senhor diz: "Amai... a verdade *e* a paz" (Zc 8:19). Aqueles que sacrificam a verdade por amor à paz perdem ambas, mas a Bíblia diz: "Grande paz têm os que amam a tua lei" (Sl 119:165).

Vivemos numa época em que as pessoas estão perecendo porque não receberam "o amor da verdade para serem" salvas (2 Ts 2:10). Não somos diferentes de nossos antepassados. Deus falou por meio de Oseias: "O meu povo está sendo destruído, porque lhe falta o conhecimento. Porque... rejeitaste o conhecimento, também eu te rejeitarei" (Os 4:6). Jeremias registrou as palavras do Senhor: "Recusam conhecer-me" (Jr 9:6).

No entanto, o pregador sábio reconhece que a única coisa da qual vale a pena gloriar-se não é dinheiro, inteligência ou poder, e sim que conhecemos o Senhor (Jr 9:23-24). O pregador piedoso ama a verdade não porque ensiná-la é seu trabalho, não motivado por orgulho intelectual, nem para promover sua posição teológica específica. Ele ama a verdade porque ama a Deus, e, pela verdade de Cristo, Deus traz os homens à comunhão consigo. Embora para

---

21 Brown, *The First Epistle of Peter*, 103 [1 Pe 1:17].

22 Citado em David Calderwood, *The History of the Kirk of Scotland*, ed. Thomas Thomson (Edinburgh: Wodrow Society, 1843), 3:242.

PREGAÇÃO REFORMADA

alguns essa verdade seja o aroma de vida e para outros, o cheiro de morte, o ministério de pregação espalha o conhecimento de Cristo onde quer que possa (2 Co 2:14-16).

Em terceiro, devemos amar as pessoas. Nosso coração deve se voltar para as pessoas com um anseio de vê-las glorificar a Deus e desfrutá-lo para sempre. Devemos nos importar genuinamente com elas, e não vê-las como peões que precisam ser movidos no tabuleiro, para ganharmos o moderno jogo ministerial de "sucesso" por meio de números. Se você não ama as pessoas, rogo sinceramente que você deixe o ministério – ou nunca entre nele. Como você pode ser um embaixador de Cristo se não compartilha do amor de Cristo? Sem amor, todo o nosso conhecimento é nada; de fato, somos nada (1 Co 13:2).

Charles Bridges escreveu: "O amor é a grande marca distintiva de nosso ofício. O amor exibe a salvação fluindo do seio da misericórdia divina. O amor mostra um Pai muito compassivo, um Salvador que derramou seu sangue e um Consolador fiel, para que o espírito de cada discurso seja 'Deus é amor'".[23] Mesmo quando pronunciamos julgamento divino contra o pecado, devemos fazê-lo com um coração quebrantado, compassivo e reverente. Não merecemos o mesmo julgamento? Então, falemos com humildade e simpatia, não com arrogância, como se nós mesmos fossemos o Juiz santo.

O amor é a essência da vida divina. E o amor torna a nossa pregação mais vívida. Bridges disse: "O amor é a vida, o poder, a alma e o espírito da eloquência no púlpito".[24] O amor nos dá a

---

23 Charles Bridges, *The Christian Ministry: With an Inquiry into the Causes of Its Inefficiency* (Edinburgh: Banner of Truth, 1967), 333.

24 Bridges, *The Christian Ministry*, 337.

A aplicação começa no pregador

afeição compassiva de uma mãe e a firme benevolência de um pai (1 Ts 2:7, 11). O amor capacita especialmente a pregação quando enxerga as pessoas pelos olhos eternos, como ovelhas que não têm pastor, exaustas e desamparadas – em necessidade urgente, mas sem Deus e sem Cristo no mundo. Martin disse: "Devemos ter esse amor que nos levará a um senso de responsabilidade para fazer tudo que pudermos para mostra-lhes a vida da verdade de Cristo".[25] Não podemos fazê-los viver, mas podemos expressar nossa vida em um ministério cheio de vida.

É verdade que seu amor por um rebanho cresce à medida que você gasta os anos cuidando dele. Os desapontamentos e as discordâncias podem realmente aprofundar o vínculo quando vocês perseveram e os compreendem juntos. É muito semelhante ao amor que se aprofunda entre um pai e seus filhos no passar dos anos. Por isso, um aluno de seminário ou um pastor jovem raramente tem pelas pessoas a profundeza de afeição que um veterano deve ter. Mas o elemento essencial tem de estar lá.

Somente o amor nos motiva a perseverar em chamar as pessoas a se reconciliarem com Deus e andarem intimamente com ele. Não é um chamado fácil. Philip Doddridge disse: "Meu desejo não é entreter um auditório [audiência] com trivialidades agradáveis, o que é comparativamente fácil. Meu desejo é chegar à consciência deles, despertá-los para um senso real de seus interesses espirituais, trazê-los a Deus e mantê-los continuamente perto dele. E isso, pelo menos para mim, é uma coisa extremamente difícil".[26]

---

25 Martin, *What's Wrong with Preaching Today?* 18.

26 Citado em Job Orton, *Memoirs of the Life, Character, and Writings, of the Late Rev. Philip Doddridge* (Edinburgh: Waugh and Innes, M. Ogle, R. M. Tims and James Duncan, 1825), 80.

PREGAÇÃO REFORMADA

Mas o amor é o sacrifício mais recompensador no mundo. Ao final, veremos nosso sacrifício como nada e o sacrifício de Cristo como nossa recompensa. David Livingstone (1813-1873), um famoso missionário que serviu na África, disse:

De minha parte, nunca cessei de me regozijar com o fato de que Deus me designou para esse ofício. Pessoas falam do sacrifício que fiz em gastar muito de minha vida na África. Pode ser chamado de sacrifício aquilo que é apenas uma pequena parcela de uma dívida tão grande que devo a Deus e nunca poderei pagar? É sacrifício aquilo que traz sua própria recompensa bendita em atividade saudável, a consciência de fazer o bem, e uma esperança brilhante de um destino glorioso no porvir? Longe de mim tal ideia! Longe de mim tal pensamento! Enfaticamente, não há sacrifício algum. Antes, é um privilégio. Ansiedade, doença, sofrimento ou perigo de vez em quando, com um precedente das conveniências e caridades comuns desta vida, podem nos fazer parar, levar o espírito a vacilar e a alma a desanimar; mas que isso seja apenas por um momento. Todas essas coisas são nada quando comparadas com a glória que será revelada em e para nós. Nunca fiz sacrifício algum".[27]

CONCLUSÃO

Você deseja ser um pastor cujos sermões se conectem com seu rebanho e capacitem-no a pregar de seu coração para o coração deles? Ande intimamente com Deus, estude livros e as pessoas, fale de coração, ore em dependência do Espírito e cultive motivação pura.

---

27 Citado em W. Garden Blaikie, *The Personal Life of David Livingstone* (New York: Fleming H. Revell, 1880), 243.

CAPÍTULO 22

PREGAÇÃO EFICAZ SOBRE DEUS E O HOMEM

A doutrina de Deus e a doutrina do homem são dois pilares da pregação evangélica. João Calvino inicia suas *Institutas da Religião Cristã* dizendo: "Quase toda a sabedoria que possuímos, ou seja, sabedoria verdadeira e sã, consiste em duas partes: o conhecimento de Deus e de nós mesmos".[1] O Breve Catecismo de Westminster (P. 3) diz que "as Escrituras ensinam, principalmente, o que o homem deve crer sobre Deus e o dever que Deus requer do homem".[2] Em um sentido, conhecer a Deus e conhecer a nós mesmos envolve toda a teologia. Agostinho disse: "Desejo conhecer a Deus e a alma. Nada mais? Absolutamente nada".[3]

---

1 John Calvin, *Institutes of the Christian Religion*, trans. Ford Lewis Battles, ed. John T. McNeill, Library of Christian Classics, vols. 20-21 (Philadelphia: Westminster, 1960), 1.1.1; daqui para frente, *Institutes*.

2 *Westminster Confession of Faith* (Glasgow: Free Presbyterian Publications, 1994), 287.

3 Augustine, "Soliloquies," 1.2.7, em *Earlier Writings*, ed. John H. S. Burleigh, Library of Christian Classics, vol. 6 (Philadelphia: Westminster, 1953), 26.

PREGAÇÃO REFORMADA

O conhecimento de Deus e do homem é a pulsação da experiência cristã. Para Calvino, o conhecimento autêntico não consiste meramente na aceitação passiva da verdade na mente, e sim num conhecimento experiencial no coração. Ele diz: "De fato, não diremos que, falando apropriadamente, Deus é conhecido onde não há religião ou piedade". Por "piedade", ele quer dizer "aquela reverência unida com amor a Deus que o conhecimento de seus benefícios produz".[4] Em conhecer a Deus, sentimos "horror e espanto" e conhecemos a nós mesmos em nosso "estado inferior"; nosso autoconceito se dissipa como névoa no clarear do dia e começamos a ver nossa "estupidez, incapacidade e corrupção".[5] Sem uma visão bíblica de Deus e do homem, nossos pensamentos sobre ele são pequenos, e nossos pensamentos a respeito de nós mesmos são elevados.

Pregar a verdade sobre Deus e o homem é uma característica definidora do ministério reformado experiencial. É também um aspecto central da aplicação correta do texto bíblico, visto que a aliança tem o alvo de produzir um povo que "todos me conhecerão, desde o menor até ao maior deles, diz o SENHOR" (Jr 31:34). Se nossa pregação deixa nosso povo informado de princípios para a vida, mas ignorante do Deus trino, fracassamos.

No capítulo anterior, introduzi a questão de como podemos nos tornar mais eficazes na aplicação de nossos sermões. Embora o poder da aplicação proceda do Espírito, podemos moldar nossa vida e nosso ministério de uma maneira que, em vez de entristecer o Espírito, nos harmonize com seus propósitos e conquiste seu apoio soberano (2 Cr 16:9). No capítulo anterior, abordei a

---

4 *Institutes*, 1.2.1.

5 *Institutes*, 1.1.3.

pergunta "Que tipo de ministério leva à pregação eficaz?" Neste capítulo, considerarei outra pergunta: "Como você deve aplicar áreas específicas de doutrina?" Focaremos especialmente nas doutrinas de Deus e do homem.

PREGAÇÃO EXPERIENCIAL
DA DOUTRINA DE DEUS

Quem é a pessoa mais importante no Antigo Testamento? É Adão? Abraão? Moisés? Davi? Não é nenhum deles. A pessoa mais importante no Antigo Testamento – e no Novo – é Deus. Se a Bíblia fosse uma peça de teatro, Deus seria o personagem principal, e a luz do holofote estaria sempre sobre ele. Wayne Grudem disse sabiamente: "Toda a Bíblia é sobre Deus! Portanto, devemos sempre perguntar: 'O que este texto nos ensina sobre Deus?'"[6]

Em seu comentário sobre Gênesis 1, Derek Kidner diz: "Não é por acaso que *Deus* é o sujeito da primeira sentença da Bíblia, pois esta palavra domina todo o capítulo e atrai a atenção em cada ponto da página: é usada cerca de 35 vezes nos versículos da história. A passagem, na verdade, o Livro, é principalmente sobre ele; lê-lo com qualquer outro interesse primário (o que é bastante possível) é lê-lo de modo errado".[7]

Deus falou nove vezes a Moisés que o propósito de suas grandes obras em tirar Israel do Egito era que o povo soubesse "que eu sou o SENHOR" (Êx 6:7; 7:5, 17; 8:22; 10:2; 14:4, 18; 16:12; 29:46). O conhecimento de Deus é a única coisa digna

6 Wayne Grudem, "Right and Wrong Interpretation of the Bible: Some Suggestions for Pastors and Bible Teachers", em *Preach the Word: Essays on Expository Preaching in Honor of R. Kent Hughes*, ed. Leland Ryken and Todd Wilson (Wheaton, IL: Crossway, 2007), 68.

7 Derek Kidner, *Genesis* (Downers Grove, IL: InterVarsity Press, 1967), 43.

PREGAÇÃO REFORMADA

de que nos gloriamos (Jr 9:24). Conhecer a Deus é sabedoria (Pv 9:10). Conhecer a Deus dá coragem (Dn 11:32). Conhecer a Deus causa amor fiel (Os 6:6; cf. 1 Jo 4:19). Conhecer a Deus é vida eterna (Jo 17:3). Conhecer a Deus é a fonte de graça, paz, piedade e vida (2 Pe 1:2-3). Tudo isto acontece porque ele é o Deus vivo, o Santo, a glória, as riquezas, a força e a herança de seu povo.

Conta-se a história de um menino que foi ouvir a pregação de George Whitefield. Depois, ele ficou doente, e seu pai o assistiu no leito de morte. O menino disse a seu pai que não tinha medo de morrer. Quando seu pai lhe perguntou por que não, o menino respondeu: "Quero ir para a presença do grande Deus do Sr. Whitefield".[8] Nada pode fortalecer uma pessoa como uma grande visão do grande Deus. "Consolai, consolai o meu povo, diz o vosso Deus" (Is 40:1). Como? Lembrando-lhes de que seu Deus é tão grande que todas as nações são diante dele como "um pingo que cai de um balde" (Is 40:15). Diga-lhes que "o eterno Deus, o Senhor, o Criador dos fins da terra, nem se cansa, nem se fatiga"; de fato, "não se pode esquadrinhar o seu entendimento" (Is 40:28). Ele é a nossa força.

Portanto, quando pregamos a Bíblia, se queremos fazer isso de uma maneira fiel tanto à Bíblia quanto às necessidades de nossos ouvintes, temos de proclamar constantemente a glória de Deus. Isso não nega que outras doutrina assumem, às vezes, o primeiro plano, como a santificação, a expiação, o batismo e o fim dos tempos. Mas todas as doutrinas servem para manifestar a

---

8 A. S. Billingsley, *The Life of the Great Preacher, Reverend George Whitefield, "prince of Pulpit Orators": With the Secret of His Success, and Specimens of His Sermons* (Philadelphia, New York: P. W. Ziegler & Company, 1878), 167-68.

resplandecência cintilante de nosso Deus glorioso. Isto não é relegar o evangelho de Cristo; antes, é reconhecer que o evangelho serve especialmente para magnificar o Deus trino. O evangelho nos diz: "Eis aí está o vosso Deus" (Is 40:9) e anuncia: "O teu Deus reina" (Is 52:7). A pregação do evangelho é um instrumento nas mãos de Deus para produzir no coração a luz "do conhecimento da glória de Deus na face de Cristo" (2 Co 4:6). A santificação acontece quando nós, "contemplando, como por espelho, a glória do Senhor, somos transformados, de glória em glória, na sua própria imagem" (2 Co 3:18). Aquilo que pregamos deve brilhar com a glória de Deus, pois, do contrário, não pregamos nem correta nem eficazmente.

A pregação experiencial da glória de Deus alcança as afeições do coração. A pregação eficaz não somente dá às pessoas informações sobre Deus; ela glorifica a Deus. Thomas Watson explica que glorificar a Deus significa:

- *Apreciação:* colocar Deus no ápice de nossos pensamentos. Ele diz: "Em Deus, há tudo que pode causar tanto admiração quanto deleite... nele, há uma constelação de todas as belezas". Glorificamos a Deus quando somos "admiradores de Deus".
- *Adoração:* adorar a Deus "de acordo com o padrão prescrito em sua Palavra".
- *Afeição:* amar a Deus com "um amor de deleite... à semelhança de um homem que fixa o coração no seu tesouro". Watson escreve que esse amor é "exuberante" em seu jorro, "superlativo" em dar a Deus o nosso melhor, "intenso e ardente" como um fogo.

PREGAÇÃO REFORMADA

- *Sujeição:* dedicar-nos a Deus e ao seu serviço com "obediência áurea".[9]

A fim de pregarmos de modo a glorificar a Deus, temos de nos gloriar em Deus enquanto pregamos. John Piper diz que a pregação é "exultação expositiva".[10] Exultar é regozijar-se grandemente em triunfo ou sucesso. Podemos acrescentar que a pregação é admiração expositiva de Deus, adoração expositiva de Deus, afeição expositiva para com Deus e sujeição expositiva a Deus. De fato, às vezes é lamentação expositiva quanto aos nossos pecados em contraste com este Deus belo e santo. Mas a pregação autêntica é sempre uma chama de adoração que se eleva do pavio da alma do pregador, imergida no óleo do Espírito, na lâmpada da Escritura.

Phillips Brooks disse que a verdade tem de engajar toda a pessoa, se queremos pregá-la verdadeiramente. Ele escreveu: "Verdade por meio de personalidade é a nossa descrição de pregação autêntica. A verdade tem de vir realmente por meio da pessoa, não somente por seus lábios, não meramente ao seu entendimento ou por meio de sua caneta. Tem de vir pelo seu caráter, suas afeições, todo o seu ser moral e intelectual".[11] Precisa haver a verdade: "Se alguma pregação já teve grande poder, foi a pregação de doutrina".[12] Mas precisa haver também uma

---

9 Thomas Watson, "Man's Chief End to Glorifie God", em *A Body of Practical Divinity, Consisting of Above One Hundred Seventy Six Sermons on the Lesser Catechism Composed by The Reverend Assembly of Divines at Westminster: With a Supplement of Some Sermons on Several Texts of Scripture* (London: Thomas Parkhurst, 1692), 1-2.

10 John Piper, "Preaching as Expository Exultation for the Glory of God", em Mark Dever, et al., *Preaching the Cross* (Wheaton, IL: Crossway, 2007), 113; ver também John Piper, *Exultação Expositiva: A Pregação Cristã como Adoração* (São José dos Campos, SP: Fiel, 2019).

11 Phillips Brooks, *Lectures on Preaching* (New York: E. P. Dutton, 1891), 8.

12 Brooks, *Lectures on Preaching*, 129.

personalidade dominada pela verdade: "O que está no sermão tem de estar primeiramente no pregador".[13] Portanto, as verdades sobre Deus têm de encher nossa alma. Devemos arder com a chama de Deus, se queremos acender outros.

PREGANDO OS ATRIBUTOS DE DEUS

Uma maneira bastante proveitosa de aplicar a doutrina de Deus à experiência cristã é por meditar nos atributos de Deus. Em si mesmo, Deus é um Ser simples, o "Eu Sou". Os atributos de Deus não são partes de Deus; são Deus. Ele existe em tal simplicidade que as Escrituras podem dizer não somente que Deus é espiritual, brilha com luz e ama as pessoas, mas que "Deus é Espírito" (Jo 4:24), "Deus é luz" (1 Jo 1:5) e "Deus é amor" (1 Jo 4:8). Visto que somos criaturas de mente finita, não podemos compreender Deus em sua essência; por isso, ele se relevou faceta por faceta, em atributos distintos, mas inseparáveis.[14]

Assim como a luz do sol pode ser refratada nas cores distintas do arco-íris por meio de um prisma, assim também podemos considerar a beleza de Deus como refratada por meio do prisma de sua Palavra em diferentes atributos de sua natureza. Como os puritanos entendiam, contemplar os atributos de Deus é um deleite agradável, não somente no exercício de nossa mente, mas também nos santos prazeres de ver as perfeições de Deus – que é nosso para desfrutarmos agora mesmo na aliança e será nosso para desfrutarmos de uma maneira mais plena para sempre.[15]

---

13 Brooks, *Lectures on Preaching*, 109.

14 Wilhelmus à Brakel, *The Christian's Reasonable Service* (Ligonier, PA: Soli Deo Gloria, 1992), 1:89.

15 Ver a epístola introdutória a Stephen Charnock, *The Existence and Attributes of God*, em *The Complete Works of Stephen Charnock* (Edinburgh: James Nichol, 1854), 1:123.

PREGAÇÃO REFORMADA

Existe hoje uma tendência a depreciar o valor de conhecer os atributos de Deus. Por que isto acontece até na igreja? Primeiramente, as pessoas podem *não ter autoconhecimento*. Se conhecêssemos a nós mesmos, nossa necessidade urgente e nossa pobreza, então buscaríamos ardentemente as riquezas de Deus. Muito frequentemente os nossos olhos são ofuscados pelas capacidades humanas e bens materiais. Cristo achou a igreja de Laodiceia tão inútil quanto água morna, "pois dizes: Estou rico e abastado e não preciso de coisa alguma, e nem sabes que tu és infeliz, sim, miserável, pobre, cego e nu" (Ap 3:17). Somos cheios de nós mesmos porque não anelamos conhecer a Deus. Provérbios 27:7 diz: "A alma farta pisa o favo de mel, mas à alma faminta todo amargo é doce". Em nosso coração, sabemos que a glória de Deus expõe nosso vazio e nossa corrupção, e, por isso, em alguma medida, nós (como o mundo) preferimos as trevas à luz (Jo 3:19-20).

Em segundo, as pessoas podem sofrer de *ignorância proposital de Deus*. O pecado cria um forte preconceito contra conhecer a Deus. Os incrédulos não consideram o conhecimento de Deus como algo que vale a pena possuir e suprimem o conhecimento que possuem (Rm 1:18, 28). Até alguns crentes falham no uso diligente dos meios de graça para conhecer melhor a Deus. Embora tenham tempo para se tornarem tão sábios como mestres, ainda precisam de leite porque não podem receber o alimento sólido da Palavra (Hb 5:12).

Em terceiro, as pessoas podem permitir que o *temor incrédulo* os detenha. Elas permitem que Satanás abafe seu desejo de conhecer a Deus, com a sugestão de que as perfeições de Deus ainda são contra nós. Não adotam e não praticam a "ousadia e acesso com confiança" a Deus que temos por meio da fé em Cristo (Ef 3:12).

Às vezes, quando os crentes dizem que acham entediante a doutrina de Deus, acham secretamente a glória de Deus incômoda e desconcertante – sua consciência culpada precisa ser purificada outra vez no sangue de Cristo. Por isso, querem pensar sobre qualquer outra coisa.

Em quarto, as pessoas podem deleitar-se em *indolência espiritual*. Elas acham que a conversão é o fim, não vendo que a conversão é apenas o começo de uma grande jornada para a glória de Deus. Frequentemente, as pessoas se acomodam com pouco e acabam em mediocridade complacente. Não prosseguem no conhecimento de Cristo (Fp 3:8-14). Embora ricas em Cristo, vivem em pobreza experiencial. São preguiçosos espirituais, indolentes demais para pegar a comida que está diante deles e colocá-la na boca (Pv 19:24; 26:15).

Em quinto, as pessoas podem cair em *experiencialismo*. Transformam a experiência cristã em um ídolo, entristecendo o Espírito por não viverem sua verdadeira experiência para a glória de Deus. Procuram agarrar ápices emocionais, enquanto negligenciam as dimensões bíblicas, doutrinárias e práticas da fé. Ironicamente, podem desprezar a experiência cristã autêntica e ordinária porque estão cativados por experiências falsas e extremas.

Apesar de todos esses obstáculos, conhecer a Deus em Cristo é a vida do crente (Jo 17:3). Quando as janelas do céu se abrem para revelar a glória de Deus, o vento do céu sopra em nossa alma, nos refrescando e nos renovando. Conhecendo o nosso Redentor, descobrimos que ele veio habitar entre nós na intimidade do Espírito Santo (Êx 29:46; Ef 2:22). Tornamo-nos seu templo vivo e clamamos com o salmista: "A minha alma suspira e desfalece pelos átrios do SENHOR; o meu coração e a minha carne exultam pelo Deus vivo... Pois um dia nos teus átrios vale mais que mil; prefiro estar à porta da casa do meu Deus a permanecer nas tendas da perversidade" (Sl 84:2, 10). A alma do crente anseia pelo Deus vivo (Sl 42:1-2).

Pregar o texto da Escritura nos leva naturalmente a refletir sobre os atributos de Deus. Por exemplo, podemos estar pregando sobre o Salmo 23:6: "Bondade e misericórdia certamente me seguirão todos os dias da minha vida". As palavras *certamente* e *todos os dias da minha vida* levam o crente a pensar na imutabilidade de seu Deus. Podemos dizer à congregação:

Davi não podia afirmar, e realmente não afirmou, que ele mesmo nunca vacilaria na fé nem falharia na obediência, mas proferiu sua convicção de que a bondade do Senhor nunca seria afastada dele. Suas inabaláveis expectativas não estavam direcionadas à felicidade temporal, à grandeza terrena ou à glória da coroa real de Israel, mas o desejo supremo e a firme confiança de seu coração estavam fixos na aquisição da felicidade espiritual, das riquezas eternas e de um reino celestial.

Davi confiava implicitamente num Deus que cumpre a aliança para ter o suprimento constante de bênçãos espirituais indispensáveis e eternas; e não foi desapontado em sua confiança produzida pelo Espírito. Um Pai que decreta a aliança por deleite soberano, um Mediador que ratifica a aliança por meio de sangue vicário e um Espírito que sela a aliança por aplicação celestial são o fundamento inabalável sobre o qual o "certamente" de Davi estava baseado. De fato, o Deus da aliança era mais do que o desejo de Davi, era também a sua experiência. Davi fora guiado pessoalmente pelo Messias redentor às correntes de

Pregação eficaz sobre Deus e o homem

águas do favor eterno de Deus, onde o Pai se revelou como reconciliado e apaziguado na justiça de Cristo.

Os fundamentos da inviolável segurança que garante o "certamente" de Davi e a bênção eterna de cada crente estão unicamente no Ser trino que coloca seu selo em sua própria afirmação: "Eu lhes dou a vida eterna; jamais perecerão, e ninguém as arrebatará da minha mão" (Jo 10:28).[16]

Em seguida, podemos falar-lhes sobre as "duas preciosas e inexoráveis escoltas celestiais" que "me seguirão todos os dias da minha vida – ou seja, bondade e misericórdia".[17] Aqui, novamente, o texto da Escritura nos leva a uma consideração dos atributos de Deus. Podemos falar à igreja sobre a bondade e misericórdia de Deus como características de sua essência, como bênçãos derramadas em comum sobre todas as suas criaturas, e como a bondade e misericórdia especiais e salvadoras mostradas aos eleitos:

(1) Deus é bondade (Mc 10:18). O significado saxão original da palavra inglesa "Deus" é "o Bem". Deus é perfeito. Sua bondade é uma com sua perfeição absoluta. Ele não é bondade relativa, como comparado à maldade, pois não pode ser comparado com qualquer coisa ou qualquer pessoa. Ele é puro Bem, Bem essencial, Bem absoluto, Bem infinito, Bem perfeito. Não precisa se tornar nada. Sua bondade é suficiente, todo-suficiente, autossuficiente (Is 40:28-31). Como Thomas Manton escreveu habilmente:

---

16 Joel R. Beeke, *Jehovah Shepherding His Sheep: Sermons on the Twenty-Third Psalm* (Sioux Center, IA: Netherlands Reformed Book and Publishing, 1982), 348-49.

17 Beeke, *Jehovah Shepherding His Sheep*, 351.

Ele é originalmente bom, bom em si mesmo, o que ninguém mais é; porque todas as criaturas são boas apenas por participação e comunicação com Deus. Ele é essencialmente bom; não somente bom, mas também a própria bondade; o bem da criatura é uma qualidade acrescentada; em Deus, é sua essência. Ele é infinitamente bom; o bem da criatura é apenas uma gota, mas em Deus há um oceano infinito ou acumulado de bem. Ele é eterna e imutavelmente bom, porque não pode ser menos do que é; assim como não pode haver nenhum acréscimo feito a Deus, também não pode haver nenhuma diminuição.

(2) Deus manifesta sua bondade comum e sua misericórdia comum sobre toda a sua criação e criaturas, até sobre homens réprobos (Sl 33:5; 136:25). "O Senhor é bom para todos, e as suas ternas misericórdias permeiam todas as suas obras" (Sl 145:9).

(3) É a bondade e a misericórdia salvadora de Deus, fluindo dele mesmo como Bondade e Misericórdia, que Davi tinha em mente quando confessou que estes dois benefícios do pastoreio de Jeová seriam as escoltas celestiais que o acompanhariam em toda a sua jornada vitalícia até as portas da bem-aventurança eterna. Nesse sentido especial, a bondade e a misericórdia são inseparáveis (Sl 136). A bondade supre na carência espiritual; a misericórdia tem compaixão na miséria espiritual e perdoa a transgressão. A bondade acompanha para suprir; a misericórdia acompanha para perdoar. Thomas Watson escreveu profusamente sobre a misericórdia divina:

O grande desígnio da Escritura é apresentar Deus como misericordioso. A Escritura apresenta Deus em vestes brancas

Pregação eficaz sobre Deus e o homem

de misericórdia mais do que em vestes salpicadas de sangue; com seu cetro de ouro mais do que com sua vara de ferro. A misericórdia é o atributo estimado de Deus, no qual ele mais se deleita. A abelha dá mel naturalmente; ela pica somente quando provocada. Igualmente, Deus não pune até que não possa mais suportar. Assim como a misericórdia de Deus torna felizes os santos, também deve torná-los humildes. A misericórdia não é o fruto de nossa bondade, e sim o fruto da bondade de Deus. A misericórdia é uma esmola [caridade aos pobres] que Deus dá. Não têm motivo algum para orgulhar aqueles que vivem das esmolas da misericórdia de Deus.[18]

Creio que você pode ver como o texto nos leva naturalmente a meditar nos atributos de Deus de uma maneira experiencial. Talvez as citações de Manton e Watson sejam extensas demais para serem lidas no púlpito, mas esses trechos são dois exemplos de pregar sobre os atributos de Deus.

Irmãos, incluam os atributos de Deus em sua pregação! Ensinem ao povo que Deus não somente mostra misericórdia, ele "tem prazer na misericórdia" (Mq 7:18). A misericórdia está no próprio coração de Deus. Isso pode muito bem colocar em liberdade alguma alma oprimida por um senso da ira divina contra pecados, oprimida mesmo confiando no Mediador com uma fé fraca.

Ensinem-lhes a infinitude, a eternidade, a imutabilidade e a incompreensibilidade de Deus. Deixem que o coração deles seja humilhado e sua inclinação para o pecado seja enfraquecida à luz

---

18 Beeke, *Jehovah Shepherding His Sheep*, 351-52, 354-55. Note que as citações dos puritanos foram abreviadas; ver Thomas Manton, Sermão 2 sobre Marcos 10:17-27, em *The Complete Works of Thomas Manton* (London: James Nisbet, 1874), 16:428–31; Watson, "The Mercy of God", em *Body of Practical Divinity*, 53-54.

PREGAÇÃO REFORMADA

da indescritível majestade de Deus. John Owen disse: "Pensa muito na excelência da majestade de Deus e na tua infinita e inconcebível distância dele. Muitos pensamentos sobre isso podem encher-te com um senso de tua própria vileza e pode ter um efeito destrutivo e profundo na raiz de qualquer pecado interior... Pensa muito nessa natureza, para reduzir o orgulho de teu coração e manter tua alma humilde dentro de ti".[19]

Para aqueles que acham que a doutrina de Deus não tem importância prática para a vida, enfatizamos que o contrário é verdadeiro, especialmente quando vemos a Deus por meio de sua autorrevelação em Jesus Cristo. Uma visão da glória de Deus em Cristo dá poder à santificação. Owen disse corretamente: "Aquele que tem pensamentos levianos sobre o pecado nunca teve grandes pensamentos sobre Deus".[20] Em sentido contrário, ele também disse: "Nenhum homem pode ter, pela fé, uma visão real desta glória, mas dela procederá virtude, em poder transformador, para mudá-lo para 'a mesma imagem' (2 Co 3:18)".[21]

Consideramos o primeiro pilar da pregação evangélica: a doutrina de Deus. Agora, seguimos para a consideração do segundo pilar: a doutrina do homem.

PREGAÇÃO EXPERIENCIAL
DA VERDADE SOBRE O HOMEM

Vivemos numa época de ataques impressionantes à doutrina bíblica sobre o homem. A teoria da macroevolução nega a origem

---

19 John Owen, "Mortification of Sin in Believers", em *The Works of John Owen*, ed. William H. Goold (New York: Robert Carter & Brothers, 1851), 6:63.

20 Owen, "An Exposition upon Psalm CXXX", em *Works*, 6:394.

21 Owen, "The Glory of Christ", em *Works*, 1:292.

do homem como uma criação especial feita à imagem de Deus. Também apoia implicitamente a eliminação de pessoas que consideramos indesejáveis ou inferiores, como é evidente tanto no nazismo antissemita como na indústria do aborto. O ambientalismo radical obscurece a distinção entre homens e animais, tratando estes como se fossem nossos iguais. Às vezes, seus adeptos consideram a humanidade como uma praga num planeta primitivo, e não como mordomos que foram encarregados do governo e do cuidado da terra. O feminismo e o ativismo homossexual tratam a sexualidade e o casamento como meras construções sociais que podem ser modificadas à vontade, sem levar em conta o desígnio do Criador ou o temor de seus juízos.

O arminianismo popular (que se apoia mais em Pelágio do que em Armínio) afirma que as pessoas são capazes de escolher Deus por seu livre-arbítrio, como se a queda do homem não tivesse afetado significativamente a alma, nem a houvesse tornado morta em pecado. O teísmo aberto vai mais além ao confundir o Criador soberano com suas criaturas dependentes, insistindo em que os homens são criadores com Deus (ou deus), que tem de esperar para descobrir o que o homem do futuro criará. A teologia protestante liberal e seu rebento mais novo em algumas partes do amorfo movimento da Igreja Emergente rejeitam as ideias de que pecadores estão sob a ira de Deus e de que Cristo propiciou a ira divina por colocar-se no lugar deles. O que é especialmente impressionante é a presença ampla destes erros na igreja visível.

No meio de toda esta confusão, a cultura ocidental manifesta uma crescente instabilidade, falta de identidade e desenraizamento. Muitos corações clamam: "Quem sou eu? Por que estou aqui? E por que minha vida é assim?" Infelizmente, o pós-modernismo e o

PREGAÇÃO REFORMADA

ceticismo desenfreado têm levado algumas pessoas a acreditar que não há respostas para essas perguntas. Pessoas ficam desnorteadas e desamparadas, como ovelhas sem um pastor (Mt 9:36) e fazem o que é certo a seus próprios olhos (Jz 17:6; 21:25).

Nesta confusão que criamos, a Bíblia declara uma mensagem clara sobre a humanidade. Temos de pregar não somente sobre Deus, mas também sobre o homem. A doutrina bíblica sobre o homem é rica em conteúdo, mas aqui focarei em dois aspectos principais: nossa criação como obra-prima de Deus e nossa ruína na queda.

PREGANDO A OBRAS-PRIMAS DE DEUS

Pessoas podem ficar surpresas em saber que pregadores reformados conservadores têm algo positivo a dizer sobre a raça humana. Não somos ministros que pregam a depravação e condenação? Sim, mas a tradição reformada também honra o homem como singular entre as obras de Deus. Depois de apresentar a nossa miséria no pecado, o Catecismo de Heidelberg (P. 6) pergunta: "Deus criou o homem tão ímpio e perverso?" E responde: "Não, de maneira alguma. Deus criou o homem bom e à sua imagem, em verdadeira justiça e santidade, para que ele conheça devidamente a Deus, seu Criador, o ame de coração e viva com ele em felicidade eterna, para glorificá-lo e louvá-lo".[22] Mesmo depois da queda, alguns traços da imagem natural de Deus ainda permanecem, embora a imagem sobrenatural de sua justiça esteja totalmente apagada. Calvino reconheceu que o homem caído retém muitos dons excelentes de Deus, incluindo habilidade em lei civil, ciência, lógica, medicina, matemática e nas artes visuais.

---

22 Joel R. Beeke, ed., *Doctrinal Standards, Liturgy, and Church Order* (Grand Rapids, MI: Reformation Heritage Books, 2003), 29.

Pregação eficaz sobre Deus e o homem

Onde encontramos essas habilidades, devemos dar graças ao Espírito de Deus, que opera em toda a criação.[23]

Permita-me sugerir várias razões por que a pregação reformada experiencial deve incluir a doutrina da origem nobre do homem. Estas razões também afetam o modo como podemos aplicar esta doutrina.

1. *Fomentar confiança e gratidão para com Deus.* O relato de Gênesis 1 nos diz repetidas vezes que o que Deus fez era bom, e, depois de fazer o homem, Deus viu que era "muito bom" (Gn 1:31). A constituição do homem criado, que é capaz de conhecer a Deus e a nós mesmos, glorifica a Deus e nos ajuda a conhecê-lo. Calvino disse: "Devemos agora falar da criação do homem, não somente porque, entre todas as obras de Deus, ele é o mais nobre e mais admirável exemplo de sua justiça, sabedoria e bondade, mas também porque, como dissemos no começo, não podemos ter um conhecimento claro e completo de Deus se não for acompanhado de um conhecimento de nós mesmos".[24]

Embora a queda nos tenha privado da glória maior de nosso estado original, ainda "devemos atribuir à bondade de Deus o que foi deixado em nós".[25] Isso nos chama a depender de Deus quanto às nossas capacidades naturais para a vida diária. Também repreende o ingrato autoconceito dos homens: "Eles têm dentro de si uma oficina agraciada com incontáveis obras de Deus e, ao mesmo tempo, um depósito repleto de riquezas inestimáveis. Deveriam, portanto, irromper em louvores a ele, mas, na verdade, estão inchados e intumescidos com muito mais orgulho".[26]

---

23 *Institutes*, 2.2.15-16.

24 *Institutes*, 1.15.1.

25 *Institutes*, 2.2.17.

26 *Institutes*, 1.5.4.

PREGAÇÃO REFORMADA

2. Encorajar a excelência nas vocações terrenas. O cristianismo não deprecia os labores do cientista, do legislador, do contabilista, da dona de casa e do agricultor. O cristianismo os eleva. Calvino escreveu que "o conhecimento de tudo que é mais excelente na vida" vem a nós "pelo Espírito de Deus". Portanto, Deus quer que façamos uso das ciências naturais e de todas as disciplinas acadêmicas, ainda que a verdade seja descoberta por homens ímpios.[27] Na criação, Deus conferiu ao homem uma dignidade que faz de nosso trabalho uma vocação nobre para administrar o mundo, e não uma labuta enfadonha (Sl 8:6). Isso deve nos motivar a fazer nosso trabalho com coração cheio de louvor (Sl 8:1, 9), porque "Deus mesmo mostrou, pela ordem da criação, que criou todas as coisas por causa do homem".[28]

3. Condenar a injustiça de maltratar as pessoas. Abuso e atrocidades cometidas contra pessoas estão frequentemente arraigadas numa visão falsa da origem do homem. Se estamos no mesmo nível das galinhas, então, por que não matar uns aos outros? Mas Gênesis 9:6 proíbe o assassinato precisamente porque os homens são feitos à imagem de Deus. De modo semelhante, Tiago 3:9 expõe a hipocrisia de adorar a Deus e amaldiçoar os homens "feitos à semelhança de Deus". Calvino diz a respeito do sexto mandamento: "Ora, se não queremos violar a imagem de Deus, devemos considerar sagrado o nosso próximo".[29] Devemos compreender que ser humano é uma coisa importante e, por isso, tratar "todos com honra" (1 Pe 2:17).

4. Entristecer os pecadores quanto à profundeza de sua queda no pecado. Uma pichação com tinta spray numa parede branca é uma

---

27 *Institutes*, 2.2.16.

28 *Institutes*, 1.14.22.

29 *Institutes*, 2.8.40.

Pregação eficaz sobre Deus e o homem

coisa triste de se ver, mas a mesma tinta esparramada sobre uma valiosa obra de arte provoca horror e revolta. Pessoas não podem sentir o impacto de nossa queda no pecado se não tiverem algum senso de quão elevados éramos antes de cair. Calvino disse: "Visto que é uma grande honra para nós o fato de que Deus manifestou seu poder e sabedoria, de maneira especial, quando se agradou em criar nosso pai Adão, é também para nós uma grande vergonha o fato de que caímos da honra e da dignidade em que Deus nos estabeleceu".[30] O pecado estragou a obra suprema da criação: a imagem de Deus e vice-regente na terra. Deus nos colocou num paraíso para reinarmos como reis santos; nosso pecado nos expulsou do paraíso para sofrermos como criminosos fugitivos.

5. *Desarmar as desculpas por nossa depravação*. Desde a ocasião em que o Senhor questionou a Adão, temos uma tendência de culpar Deus por nossas más obras (Gn 3:12). Eclesiastes 7:29 diz: "Deus fez o homem reto, mas ele se meteu em muitas astúcias". A doutrina da criação do homem isenta Deus de todas as acusações e fecha a boca daqueles que dizem: "Deus me fez assim".

Além disso, o relato de Gênesis 2-3 demonstra que Deus criou o homem com responsabilidade por suas ações. Deus deu uma lei com advertências de punição e, depois, executou essa punição quando o homem se rebelou espontaneamente. O homem não é a vítima indefesa do destino. É uma criatura racional numa aliança de responsabilidade por suas obras.

Calvino exclamou: "Ai daquelas pessoas que ousam colocar o nome de Deus em seus erros, porque declaramos que os homens são pecadores por natureza! Elas tentam achar a obra de Deus em

---

30 John Calvin, *Sermons on Genesis, Chapters 1:1-11:4: Forty-Nine Sermons Delivered in Geneva Between 4 September 1559 and 23 January 1560* (Edinburgh: Banner of Truth, 2009), 91 [Gn. 1:26-28].

sua própria corrupção, quando deveriam, ao contrário, achá-la naquela natureza incorrupta e perfeita de Adão... Nós nos degeneramos de nossa condição original".[31] Essa verdade justifica Deus em seus juízos e serve para criar um coração que confessa voluntariamente seus pecados.

6. *Despertar desejo por restauração ao que Deus tencionava que fôssemos.* Se uma criança do interior só conhece pobreza, analfabetismo e condições anti-higiênicas, pode considerar normais essas condições. Se um órfão descobre que antes pertencia a uma família de linhagem e posição nobre, antes de seu pai cometer traição contra o rei, isso pode criar nele vergonha profunda, um anseio por reconquistar seu título e esforços para obter perdão e restauração real para sua família. Calvino disse: "Nada era mais desejável do que o primeiro estado de Adão... Era como um espelho de felicidade suprema".[32]

7. *Mostrar aos homens o último Adão, a imagem exata e completa de Deus, Jesus Cristo.* O apóstolo Paulo nos ensina que Adão era um tipo daquele que havia de vir (Rm 5:14). Cristo é tudo que Adão foi criado para ser e "muito mais", pois sua obediência nos redimiu da morte para uma abundância de vida (Rm 5:17). Em Cristo, Deus restaura a imagem divina entre os homens (Rm 8:29). Ele levará os seus de volta ao paraíso (Lc 23:43; Ap 2:7), sim, o paraíso enriquecido com a presença do Cordeiro de Deus encarnado (Ap 21-22). De fato, Calvino diz que é somente em Cristo que podemos ver realmente o que a imagem de Deus significa.[33] Portanto, vista pelas lentes do evangelho, a criação pode estimular fé e esperança em Cristo.

---

31 *Institutes*, 2.1.10; cf. 1.15.1.

32 Calvin, *Sermons on Genesis*, 105 [Gn 1:26-28].

33 *Institutes*, 1.15.4; Calvin, *Sermons on Genesis*, 97 [Gn 1:26-28].

Pregação eficaz sobre Deus e o homem

Por todas estas razões (e, sem dúvida, há outras), devemos pregar fielmente a doutrina da nobre criação do homem em retidão, santidade e conhecimento, para subjugar e ter domínio sobre a terra.

PREGANDO A RUÍNA DO PECADO

O outro lado de pregar a verdade sobre o homem é declarar a triste realidade da depravação humana. A palavra *depravação* em sua raiz latina significa "corrupção, a maldade de algo que antes era bom ou a distorção do reto em torto". Igrejas podem errar de várias maneiras no que diz respeito à depravação. Alguns púlpitos negam abertamente a corrupção da humanidade. Outros negligenciam-na sutilmente, resultando em semipelagianismo prático. Ainda outras igrejas afirmam a doutrina da depravação apenas como uma ênfase tradicional, e assim ela se torna um clichê homilético, em vez de uma doutrina com poder de atingir-nos, humilhar-nos e levar-nos a nos gloriarmos em Cristo.

Devemos fazer mais do que afirmar a depravação total como um pressuposto doutrinário e mais do que defendê-la em controvérsias. Devemos aplicar ao coração a doutrina holística da depravação.

1. As pessoas precisam ver a *impiedade* de nossa depravação: que elas pecaram contra a lei santa e boa de Deus (1 Jo 3:4). Elas falham em se conformarem em ação, atitude e natureza aos mandamentos e proibições de Deus. Todos nós ultrapassamos as linhas estabelecidas pelas proibições de Deus e recusamos a seguir sua voz, em obediência. Não podemos nos submeter às leis de Deus porque odiamos a Deus (Rm 8:6-7). Isso revela a feiura do pecado, seu mal horrível. Use esta verdade para chamar os homens a terem

581

PREGAÇÃO REFORMADA

horror de seus pecados como um grave desprezo da bondade, dignidade e autoridade legítima de Deus.

2. As pessoas precisam ver a *interioridade* de nossa depravação: as raízes profundas da corrupção no coração (Mc 7:21-23), para que não lavemos o exterior do copo e ignoremos a imundície e corrupção em seu interior (Mt 23:25-27). Precisam considerar a depravação como uma recusa fundamental de amar a Deus com todo o coração e ao nosso próximo como a nós mesmos (Mt 22:37-40). Isso leva o pecador a reconhecer não somente que tem praticado o mal, mas também que ele mesmo é mau. Enfatize para as pessoas a necessidade de reconhecerem: "Eu sou o problema".

3. As pessoas precisam ver a *incapacidade* que resulta de nossa depravação: a impossibilidade de a natureza carnal do homem produzir qualquer coisa boa sem a influência sobrenatural do Espírito Santo (Jo 3:6; 6:63; Rm 8:8-9). Isso humilha o pecador, destituindo-o de suas pretensões de salvar a si mesmo por meio de suas obras. Faz com que a graça soberana não mais pareça um obstáculo, e sim a nossa única esperança. Aplique essa verdade ao pecador para aprisioná-lo numa jaula que só tem uma porta de escape, da qual somente Deus tem a chave. Exorte os pecadores a invocarem a Deus como mendigos cegos e totalmente desamparados.

4. As pessoas precisam ver a *persistência* de nossa depravação: pecado gravado permanentemente num coração de pedra por uma caneta de ferro com ponta de diamante (Jr 17:1). Martinho Lutero disse que pecado original é como a barba de um homem. Ele a faz hoje e parece limpo, mas amanhã ela surge de novo. Nossa corrupção nunca deixa de ser ativa, até que cheguemos à glória. Isso convence os homens da futilidade de autorreforma para salvá-los. Diga às pessoas que precisam de mais do que novos hábitos;

precisam de um novo coração. Precisam de mais do que virar uma folha nova; precisam de um novo nascimento.

5. As pessoas precisam ver o *engano* de nossa depravação: nosso coração mente para nós e nos tornamos naturalmente mais endurecidos em cada pecado (Jr 17:9; Hb 3:13). Somos entenebrecidos em nosso entendimento e alienados da vida de Deus (Ef 4:17-18). Advirta pecadores a pararem de confiar em sua própria mente. Exorte-os a se submeterem ao juízo de Deus a respeito deles, em vez de julgarem a Deus. Convide-os a descansarem no Senhor Jesus como o único Profeta que pode iluminar com o seu Espírito as trevas deles.

6. As pessoas precisam ver a *totalidade* de nossa depravação: as inclinações e os pensamentos do coração são corrompidos e maculados pelo pecado (Gn 6:5). É verdade que os homens fazem muito bem cívico e não são tão maus quanto poderiam ser. Mas cada faculdade de nossa alma e cada ação que tomamos é deturpada pelo pecado; sem a graça regeneradora, ninguém faz o bem (Rm 3:12). Entender isso livra o pecador da ilusão de que pode compensar o pecado por meio de suas obras. Todas as suas obras clamam por expiação.

7. As pessoas precisam ver o *cativeiro* de nossa depravação: somos escravos presos pelas algemas de nossa mente corrupta e nossa vontade de seguir Satanás (Jo 8:34, 44; Rm 6:17; Ef 2:1-3). O pecado é nosso senhor até que o Senhor Jesus Cristo venha nos libertar. Com base nisto, chame as pessoas a valorizarem Cristo como Rei e se regozijarem em serem governadas por ele, em vez de entenderem o pecado como liberdade.

8. As pessoas precisam ver a *futilidade* de nossa depravação: havendo abandonado a fonte de águas vivas, somos tão estúpidos

PREGAÇÃO REFORMADA

como pássaros que chocam ovos que não lhes pertencem. Estamos dispostos a nos rebelar contra um trono elevado e glorioso; e os olhos de Deus esquadrinham o nosso próprio coração (Jr 17:10-13). Saber disso abate o orgulho do pecador por mostrar-lhe quão insensato ele tem sido. Ajude as pessoas a verem como suas buscas pecaminosas nunca as satisfarão. Estão travando uma batalha que não podem vencer.

9. As pessoas precisam ver a *culpabilidade* de nossa depravação: o horrível fardo de culpa que temos diante de Deus. Ele julgará e condenará todo pecador que não está em Cristo por sua rebelião contra a luz que teve (Rm 2). "O salário do pecado é a morte" (Rm 6:23). A ira de Deus já se manifesta do céu contra toda a impiedade dos homens (Rm 1:18). Devemos exortar os pecadores a correrem para Cristo, a fim de livrarem-se da ira por vir e viverem em gratidão eterna pela expiação do sangue de Cristo.

A raça humana, criada à imagem de Deus, mas caída em miséria por meio do pecado, é como um castelo real que foi assolado por um terremoto, abandonado pelo rei e habitado por morcegos e roedores. Por outro lado, resta uma beleza e majestade nas ruínas que podem inspirar fascinação. Os restos das grandes torres, salões de colunas e muros elevados sugerem seu passado nobre. Suas estruturas continuam sendo úteis, de algum modo. Mas o terremoto deixou o castelo destroçado, vazio, cheio de lixo, perigoso em sua instabilidade e em sua tendência para colapso posterior e encarando a ameaça de demolição. Assim é a raça humana. Mas, graças a Deus, o grande Rei está reivindicando seu lar ancestral. Como pregar essas boas novas é o assunto do próximo capítulo.

CAPÍTULO 23

PREGANDO O EVANGELHO AO CORAÇÃO

Quando Charles Spurgeon pregou seu primeiro sermão no Tabernáculo Metropolitano (25 de março de 1861), escolheu como texto Atos 5:42: "E todos os dias, no templo e de casa em casa, não cessavam de ensinar e de pregar Jesus, o Cristo". Spurgeon disse: "Parece que o único assunto sobre o qual os homens pregavam na era apostólica era *Jesus Cristo*... Quero propor que o ministério desta casa, enquanto durar este púlpito e enquanto esta casa for frequentada por adoradores, seja a pessoa de Jesus Cristo".[1] Esta condição limitaria os pregadores? Não, Spurgeon disse, pois Cristo é o mais abrangente dos assuntos: "Se um homem for um pregador de Cristo, será doutrinário, experimental [experiencial] e prático".[2]

Aqueles que são chamados a "pregar a Palavra" devem fazer fielmente "o trabalho de um evangelista" – devem pregar o

---

1 Charles H. Spurgeon, "The First Sermon in the Tabernacle", March 25, 1861, em *The New Park Street and Metropolitan Tabernacle Pulpit* (Pasadena, TX: Pilgrim Publications, 1969), 7:169.

2 Spurgeon, "The First Sermon in the Tabernacle", 7:173.

PREGAÇÃO REFORMADA

evangelho (2 Tm 4:2, 5). Se o pregador fala ao povo sobre Deus e o homem, mas não fala sobre Cristo, ele não cumpre seu chamado como embaixador de Cristo (2 Co 5:20). Na verdade, um ministério que negligencia Cristo não prega verdadeiramente as Escrituras, porque o alvo de toda a Bíblia é "tornar-te sábio para a salvação pela fé em Cristo Jesus" (2 Tm 3:15). Se amamos a Deus e amamos o seu povo, nossa paixão, como ministros, é pregar o evangelho de Jesus Cristo.

O grande propósito da Bíblia é declarar a glória do Deus trino revelada na graça do único Mediador, Jesus Cristo, para a obediência por fé em todas as nações (Rm 1:5). Sugeri isso no capítulo anterior quando disse que devemos pregar a glória de Deus *em Cristo*. Agora, preciso desenvolver este assunto. Cristo é o tema principal de cada assunto e cada ramo de teologia. Exclua a cristologia e você danificará e mutilará os ramos da teologia deixados para trás, como a doutrina de Deus ou a escatologia. De fato, exclua Cristo e você *não* terá teologia alguma. Cristo é o centro, a circunferência e a essência do cristianismo.

Minha intenção não é estabelecer o evangelho de Cristo como uma alternativa à doutrina de Deus ou um competidor com ela. A glória de Deus permanece central. Como Jonathan Edwards observa, o propósito central por trás de todos os grandes atos de Deus é a sua própria glorificação entre as suas criaturas.[3] Cotton Mather diz que o grande alvo da pregação é "restaurar o trono e o domínio de Deus na alma dos homens".[4] A missão de Cristo é o grande meio pelo qual o Senhor glorifica a si mesmo diante dos homens e dos anjos e estabelece seu reino entre os homens.

---

3 Ver Jonathan Edwards, "The End for Which God Created the World", em *The Works of Jonathan Edwards*, vol. 8, *Ethical Writings*, ed. Paul Ramsey (New Haven, CT: Yale University Press, 1989), 403-536.

4 Citado em John Piper, *The Supremacy of God in Preaching* (Grand Rapids, MI: Baker, 1990), 22.

Pregando o evangelho ao coração

Isto pode ser afirmado de várias maneiras. Bruce Waltke diz que a Bíblia se centraliza no tema do reino de Deus e que Deus glorifica-se a si mesmo por trazer seu reino por meio de Cristo e seu povo pactual.[5] James Hamilton elaborou um argumento fascinante dizendo que o centro da teologia bíblica é "a glória de Deus na salvação por meio de julgamento".[6] Independentemente de como a estruturemos, a glória de Deus se manifesta em Cristo. Não somente a redenção, mas também a própria criação é realizada por meio de Cristo (Jo 1:3; Cl 1:16; Hb 1:2). Portanto, o nosso compromisso de pregar a glória de Deus exige que preguemos Cristo, porque Cristo é "o resplendor da glória" de Deus (Hb 1:3). Por toda a eternidade, a glória de Deus será nossa luz, e a glória do Cordeiro será a luz dessa luz (Ap 21:23).

Além disso, embora na teologia possamos considerar a cristologia como uma área separada, por questão de análise, na pregação não podemos falar aos homens sobre Deus sem o Mediador, que é o Deus-homem, nosso Profeta, Sacerdote e Rei. E não devemos falar de Cristo sem falar também sobre as obrigações e a experiência de fé e de arrependimento.

PREGANDO CRISTO NO PODER DO ESPÍRITO

Arturo Azurdia relata que, enquanto recebia uma aula de Edmund Clowney (1917-2005) sobre "Pregar Cristo com base no Antigo Testamento",[7] experimentou uma revitalização espiritual que ele

---

5 Bruce K. Waltke, *An Old Testament Theology: A Canonical and Thematic Approach* (Grand Rapids, MI: Zondervan, 2006), 144.

6 James M. Hamilton, *God's Glory in Salvation through Judgment: A Biblical Theology* (Wheaton, IL: Crossway, 2010).

7 Ver Edmund P. Clowney, *The Unfolding Mystery: Discovering Christ in the Old Testament* (Colorado Springs: NavPress, 1988); *Preaching Christ in All of Scripture* (Wheaton, IL: Crossway, 2003).

PREGAÇÃO REFORMADA

considera um dos três pontos altos de sua vida cristã, ao lado de sua conversão e de sua iluminação quanto às doutrinas da graça. Dia após dia, Clowney mostrou como o Antigo Testamento aponta para Jesus Cristo. Azurdia diz que seu coração ardeu dentro dele. Mas também se deparou com esta pergunta obsessiva: "Como eu posso pedir o poder do Espírito Santo na pregação, se estou completamente em desarmonia com o propósito do Espírito Santo em sua Palavra?" Havia pouco tempo que ele pregara uma série de 12 sermões sobre o livro de Neemias e quase não mencionara Cristo.[8] Azurdia escreve: "Se devemos esperar pela capacitação do Espírito, precisamos estar resolutamente unidos com o seu propósito: glorificar Jesus Cristo pela instrumentalidade das Escrituras".[9]

Nosso Senhor Jesus Cristo disse: "Quando, porém, vier o Consolador, que eu vos enviarei da parte do Pai, o Espírito da verdade, que dele procede, esse dará testemunho de mim" (Jo 15:26). Ele ligou isso ao testemunho dos apóstolos (v. 27; cf. At 1:8). De novo, ele disse: "Quando vier, porém, o Espírito da verdade... Ele me glorificará" (Jo 16:13-14). O Consolador virá em "nome" de Cristo, ou seja, representando a ele e aos seus interesses e continuando a sua obra no crente (Jo 14:26).

Se queremos que o Espírito atraia pecadores a Cristo, devemos pregar Cristo. Ele é o ímã de almas perdidas (Jo 12:32). Thomas Brooks disse: "Há uma energia ou força estranha e forte em ouvir Cristo e suas belezas e excelências, manifestadas e descobertas".[10] Sim, para os incrédulos, judeus e gentios igualmente, Cristo

---

8 Arturo G. Azurdia, *Spirit Empowered Preaching: Involving the Holy Spirit in Your Ministry* (Fearn, Ross-shire, Scotland: Christian Focus, 1998), 59-60.

9 Azurdia, *Spirit Empowered Preaching*, 63.

10 Thomas Brooks, "The Unsearchable Riches of Christ", em *The Works of Thomas Brooks*, ed. Alexander B. Grosart (Edinburgh: Banner of Truth, 2001), 3:208.

Pregando o evangelho ao coração

crucificado é pedra de tropeço e loucura, mas para os chamados de Deus ele é a própria sabedoria e poder de Deus (1 Co 1:22-24).

A CENTRALIDADE DE CRISTO
NA PREGAÇÃO BÍBLICA

O apóstolo Paulo testemunha, repetidas vezes, que sua pregação se centralizava em Jesus Cristo. Ele se descreve como "Paulo, servo de Jesus Cristo, chamado para ser apóstolo, separado para o evangelho de Deus, o qual foi por Deus, outrora, prometido por intermédio dos seus profetas nas Sagradas Escrituras, com respeito a seu Filho" (Rm 1:1-3). Paulo também descreve seu propósito em pregar, dizendo: "Nós pregamos a Cristo crucificado... Porque decidi nada saber entre vós, senão a Jesus Cristo e este crucificado" (1 Co 1:23; 2:2).

O assunto de "primeira" importância na pregação de Paulo era "que Cristo morreu pelos nossos pecados, segundo as Escrituras, e que foi sepultado e ressuscitou ao terceiro dia, segundo as Escrituras. E... foi visto" (1 Co 15:3-5). Ele escreve: "Porque não nos pregamos a nós mesmos, mas a Cristo Jesus como Senhor e a nós mesmos como vossos servos, por amor de Jesus" (2 Co 4:5). Paulo se comprometeu com um juramento solene, dizendo: "Longe esteja de mim gloriar-me, senão na cruz de nosso Senhor Jesus Cristo, pela qual o mundo está crucificado para mim, e eu, para o mundo" (Gl 6:14).

Lucas nos diz que isto caracterizou o ministério de Paulo desde o início, logo após a sua conversão: "E logo pregava... a Jesus" (At 9:20). Muitos anos depois, Paulo refletiu sobre seu ministério e disse que havia testemunhado a todos os homens sobre "o arrependimento para com Deus e a fé em nosso Senhor Jesus [Cristo]" (At 20:21).

PREGAÇÃO REFORMADA

Neste respeito, Paulo seguiu a ordem estabelecida por Cristo mesmo. Lucas relata sobre o Senhor ressuscitado:

A seguir, Jesus lhes disse: São estas as palavras que eu vos falei, estando ainda convosco: importava se cumprisse tudo o que de mim está escrito na Lei de Moisés, nos Profetas e nos Salmos. Então, lhes abriu o entendimento para compreenderem as Escrituras; e lhes disse: Assim está escrito que o Cristo havia de padecer e ressuscitar dentre os mortos no terceiro dia e que em seu nome se pregasse arrependimento para remissão de pecados a todas as nações, começando de Jerusalém (Lc 24:44-47).

Toda a Bíblia gira em torno deste grande tema: Cristo morreu e ressuscitou, e ele salva pecadores pela pregação do evangelho e do chamado à fé e ao arrependimento. Pregar o Antigo e o Novo Testamento de uma maneira centrada em Cristo não exige que imponhamos uma teologia nova ao texto da Escritura. Pelo contrário, a pregação centrada em Cristo é fidelidade à Bíblia e à sua mensagem.

INSTRUMENTOS PARA ELABORAR
UM SERMÃO CENTRADO EM CRISTO

Pregar Cristo com base em toda a Escritura é uma tarefa recompensadora, mas difícil às vezes, e exige grande esforço e discernimento de nossa parte. Há muitos textos em que a glória de Cristo salta do texto, mas há outros em que temos de labutar para vê-lo. Deixe-me oferecer alguns instrumentos proveitosos para esta tarefa.

1. Oração pela iluminação do Espírito. Ninguém pode dizer: Jesus é Senhor, senão pelo Espírito Santo (1 Co 12:3), quanto

Pregando o evangelho ao coração

menos pregar um sermão centrado em Cristo. O maior obstáculo para vermos Cristo na Bíblia é permanecermos "néscios e tardos de coração para crer", como Jesus disse a dois de seus seguidores na estrada para Emaús (Lc 24:25-27). Precisamos que Cristo nos ensine pelo Espírito.

Deus nos deu dons intelectuais, e devemos desenvolvê--los e usá-los com diligência, mas Provérbios 3:5 diz: "Confia no SENHOR de todo o teu coração e não te estribes no teu próprio entendimento". Se confiamos em nossos dons, podemos ter algum discernimento quanto às palavras do texto, mas falharemos em ver através do texto, como que olhando por uma janela celestial, as admiráveis realidades espirituais sobre as quais ele dá testemunho. Humilhemo-nos por nosso orgulho intelectual insensato! "Tens visto a um homem que é sábio a seus próprios olhos? Maior esperança há no insensato do que nele" (Pv 26:12).

2. Conhecimento amplo da Escritura. Se você deseja ver e explicar como um texto específico dá testemunho de Cristo, precisa manter uma leitura nova e completa da Bíblia. Não há substituto para a leitura regular de toda a Bíblia a fim de interpretar cada texto apropriadamente. A Confissão de Fé de Westminster (1:9) diz: "A regra infalível de interpretação da Escritura é a própria Escritura".[11] Se você conhece toda a Palavra, quando está se preparando para pregar sobre a dedicação do templo (1 Rs 8), lembrará que Cristo disse que seu corpo é o templo (Jo 2:21) e que Paulo ensinou que os crentes são o templo pela união com Cristo (1 Co 3:16-17; 6:19).

3. Teologia bíblica de uma revelação progressiva mas unificada. Devido à influência do dispensacionalismo, muitos americanos são, de certo modo, cegos para a interconexão da Escritura. Por

---

11 *Westminster Confession of Faith* (Glasgow: Free Presbyterian Publications, 1994), 24.

PREGAÇÃO REFORMADA

cortarem em pedaços a história de redenção, os dispensaciona-listas dissociam os elos orgânicos que unificam a Bíblia como a grande história do evangelho de Cristo. O resultado é uma coleção de histórias bíblicas desconexas com várias lições morais que são, na melhor das hipóteses, um aspecto secundário do texto.

Uma teologia bíblica e pactual discerne como todas as linhas da Bíblia convergem em Cristo. Clowney diz: "A teologia bíblica serve para centralizar a pregação em sua mensagem essencial: Jesus Cristo".[12] De modo semelhante, Graeme Goldsworthy escreve: "Jesus Cristo é a ligação entre cada parte da Bíblia e nós mesmos".[13]

A teologia bíblica oferece algumas ferramentas proveitosas para interpretarmos o texto da Escritura de uma maneira cristo-cêntrica. Estas ferramentas vêm do próprio Novo Testamento, que é nosso guia dado por Deus e pleno de autoridade para a inter-pretação do Antigo Testamento. Quero apresentar-lhe brevemente algumas delas.[14]

a. Promessas graciosas. As promessas (palavras de Deus com-prometendo-se a abençoar seu povo) acham seu cumprimento final em Cristo: "Porque quantas são as promessas de Deus, tantas têm nele o sim; porquanto também por ele é o amém para glória de Deus, por nosso intermédio" (2 Co 1:20).

b. Tipos históricos. Um tipo (no grego, *typos*) é uma pessoa, evento ou instituição designada por Deus para prefigurar as reali-dades espirituais de Cristo e seu reino. A epístola aos Hebreus usa

---

12 Edmund P. Clowney, *Preaching and Biblical Theology* (Phillipsburg, NJ: Presbyterian and Re-formed, 1979), 74.

13 Graeme Goldsworthy, *According to Plan: The Unfolding Revelation of God in the Bible* (Downers Grove, IL: InterVarsity Press, 2002), 72.

14 Quanto a um estudo detalhado, ver Sidney Greidanus, *Preaching Christ from the Old Testament: A Contemporary Hermeneutical Method* (Grand Rapids, MI: Eerdmans, 1999).

Pregando o evangelho ao coração

Melquisedeque e o sacerdócio dessa maneira. De modo semelhante, Adão era um tipo de Cristo (Rm 5:14). E as experiências de Israel foram tipos das tentações da igreja visível sob o governo de Cristo (1 Co 10:6).

c. Temas centrados em Deus. Há muitos temas importantes que abrangem a Bíblia e nos mostram, repetidas vezes, que Cristo é a glória de Deus, temas como a palavra criadora de Deus, o homem feito à imagem de Deus, a aliança, a redenção, a habitação de Deus com seu povo, os sacrifícios pelo pecado, profeta e julgamento, sacerdote e santuário, rei e reino, a adoção, a salvação por meio de julgamento, o servo sofredor e a exaltação da pedra que os construtores rejeitaram. Por exemplo, a Bíblia usa o tema de redenção para descrever o livramento do mal outorgado aos piedosos (Gn 48:16; Sl 69:18), o êxodo do Egito (Êx 6:6; Dt 7:8), a restauração da propriedade perdida ou de pessoas escravizadas (Lv 25; Rt 4), o retorno do exílio (Is 48:20), a morte salvadora de Jesus Cristo (Tt 2:14) e a ressurreição futura dos justos (Rm 8:23).

d. Contextos pactuais. Ordinariamente, somos capazes de localizar a posição de um texto da Escritura que diz respeito às alianças com Adão (Gn 2), Noé (Gn 9), Abraão (Gn 12-22), os filhos de Israel (Êxodo-Deuteronômio) e Davi (2 Sm 7). Podemos relacionar esse texto às alianças importantes e ver como ele se cumpre na nova aliança em Cristo.

e. Cumprimentos progressivos. As promessas, os tipos e os temas da Escritura acham cumprimento de várias maneiras na história de redenção, culminando no esplendor total da glória de Deus no reino eterno de Cristo. Achamos sementes que germinam, brotam, desenvolvem-se em árvores novas, crescem e se tornam árvores jovens, amadurecem e dão fruto em glória eterna. Por exemplo, a

PREGAÇÃO REFORMADA

promessa de Deus concernente ao descendente de Abraão se refere a Isaque e à nação de Israel (Gn 21:12), mas Paulo diz que, em última análise, o "descendente" é Cristo e, nele, os crentes de todas as nações (Gl 3:16, 29).

Considere como a teologia bíblica pode nos ajudar a pregar a narrativa sobre Davi e Golias (1 Sm 17). É comumente pregada como uma história moral sobre coragem e fé contra os "gigantes" de nossa vida. Mas, por estudar o texto no contexto, aprendemos que Davi fora recentemente ungido por Samuel como o rei de Israel e cheio do Espírito (1 Sm 16:1-13). Vemos aqui o tema teocêntrico de Deus provendo um salvador para libertar seu povo de seus inimigos, como o fez por meio dos juízes e do Rei Saul. Também reconhecemos o tema de Deus fazendo obras poderosas por meio do que parece ser fraco e desprezível (e.g., Gideão) ou rejeitado pelos homens (Moisés). No contexto de aliança, descobrimos que Deus prometeu a Davi que seu descendente reinaria perpetuamente no poder do amor de Deus, descrito por Isaías como "fiéis misericórdias prometidas a Davi" (2 Sm 7:12-16; 23:5; Is 55:3). Percebemos que Davi era um tipo de Cristo, que é chamado "Davi" pelos profetas (Jr 30:9; Ez 34:23-24; 37:24; Os 3:5).

A batalha de Davi com Golias não foi um duelo entre pessoas e sim uma disputa de campeões que representavam dois povos. Golias era o campeão dos ímpios, o poder que ameaçava o povo de Deus com servidão e morte. Ouvimos ecos da batalha entre o descendente da mulher e a descendência da Serpente (Gn 3:15). A história atinge um clímax teológico nas palavras de Davi em 1 Samuel 17:45-47, sua proclamação de que mataria Golias pelo poder de Deus e para a glória do nome de Deus. As palavras de Davi contêm uma promessa para o povo de Deus: "Do SENHOR é a guerra"

Pregando o evangelho ao coração

(v. 47). A vitória de Davi se tornou a vitória de todo o povo de Deus, que o celebrou em suas canções de louvor.

Todos esses fatores convergem para transformar uma história de coragem numa revelação do plano de salvação de Deus para seu povo por meio de seu Rei, para a sua glória. O povo de Deus enfrenta um inimigo terrível. Cristo, embora aparentemente insignificante e fraco (Is 53:1-3), ganhou a vitória decisiva sobre o campeão do mal. Agora, nós, seu exército, podemos avançar, enquanto nos apegamos à promessa de que "do Senhor é a guerra". Sentado à direita de Deus e presente conosco em seu Espírito, ele nos guiará à vitória sobre o Diabo e todas as suas hostes. Não tema, povo de Deus! Nosso Davi, Cristo, o Filho de Davi, ganhou a disputa e reina para sempre!

Este exemplo mostra o potencial da teologia bíblica para produzir sermões centrados em Cristo. Embora não devamos levar ao púlpito toda a nossa teologia bíblica, ela nos capacita a pregar Cristo para pecadores desanimados e temerosos.

4. Cristologia robusta e sistemática. Pregar Cristo não leva a sermões repetidos e previsíveis – se assimilamos as riquezas de Cristo reveladas na Escritura. Aqui a teologia sistemática reformada nos ajuda por desenvolver as categorias bíblicas da obra de Cristo. Traça a missão de Cristo através da sua humilhação até à sua exaltação. Mostra-nos como Cristo é o Profeta que fala a verdade e ilumina os corações, o Sacerdote que se ofereceu a si mesmo como um sacrifício expiatório e agora intercede junto a Deus, e o Rei que vence todos os inimigos e governa com justiça. Com dois estados, três ofícios e, pelos menos, duas funções por ofício, temos múltiplas dimensões da obra de Cristo. Isso não somente nos capacita a pregar Cristo com base em muitas passagens da Escritura, mas também

PREGAÇÃO REFORMADA

nos ajuda a ver que, sempre que a Escritura expõe e aborda as necessidades humanas, Cristo é a resposta.

Se pensamos em Cristo apenas como Sacerdote que se oferece em sacrifício (por mais crucial que isto seja), como podemos pregar sobre as poderosas vitórias do Rei (como na disputa entre Davi e Golias) ou sobre a sabedoria imperativa do Profeta (expressa em Provérbios e Eclesiastes)? De fato, se não podemos ver como uma parte da Palavra de Deus aponta para Cristo, então, talvez, nossa percepção de Cristo seja muito pequena. Mas uma cristologia rica integrada em nossa mente nos dá liberdade e nos capacita para pregar Cristo em toda a Escritura. Somos capacitados a ajudar as pessoas a verem que Cristo é tudo para o crente.

5. *Dependência ética de Cristo.* Todos os cristãos sabem que devem depender de Cristo para sua salvação. Infelizmente, muitos parecem esquecer que também somos dependentes de Cristo para vivermos a vida cristã. Temos de cultivar em nós mesmos, como pregadores, um senso de que, independentemente da exigência moral, ética, relacional e vocacional que possamos enfrentar, não podemos cumpri-la sem Cristo. Ele é a nossa sabedoria, justiça, santificação e redenção (1 Co 1:30); em resumo, o nosso tudo (Cl 3:11).

As epístolas de Paulo exemplificam a dependência ética de Cristo. Há divisões na igreja? Paulo recorre a Cristo: "Acaso, Cristo está dividido?" (1 Co 1:13). Há um homem imoral na igreja? Paulo recorre de novo a Cristo: "Lançai fora o velho fermento, para que sejais nova massa, como sois, de fato, sem fermento. Pois também Cristo, nosso Cordeiro pascal, foi imolado" (1 Co 5:7). Os cristãos são tentados a pecado sexual? Cristo é a resposta: "Tais fostes alguns de vós; mas vós vos lavastes, mas fostes santificados, mas fostes justificados em o nome do Senhor Jesus Cristo e no Espírito do nosso

Deus... Porque fostes comprados por preço. Agora, pois, glorificai a Deus no vosso corpo" (1 Co 6:11, 20). Os maridos são severos com sua mulher, Paulo os direciona a Cristo: "Maridos, amai vossa mulher, como também Cristo amou a igreja e a si mesmo se entregou por ela" (Ef 5:25). Seus escritos são um discurso contínuo sobre o que significa viver "pela fé no Filho de Deus" (Gl 2:20).

6. Exposição a literatura que exalta Cristo. Alimente sua alma com livros escritos por homens cheios da Palavra de Cristo e que exalam o Espírito de Cristo. Obtenha livros como *Christ Our Mediator* (Cristo Nosso Mediador), *Christ Set Forth* (Cristo Apresentado) e *The Heart of Christ in Heaven* (O Coração de Cristo no Céu) de Thomas Goodwin; *Looking to Jesus* (Olhando para Jesus) de Isaac Ambrose; *Christ the Way, the Truth, and the Life* (Cristo, o Caminho, a Verdade e a Vida) de John Brown; *The Glory of Christ* (A Glória de Cristo) e *Communion with God* (Comunhão com Deus) de John Owen; *The Fountain of Life* (A Fonte da Vida) de John Flavel; e *The Suffering Savior* (O Salvador Sofredor), de Friedrich Krummacher. Pegue esses livros, leia-os, medite neles, escreva em suas margens, cite-os em seus sermões, transforme suas palavras em orações e, acima de tudo, tenha comunhão com Cristo neles. Veja quão fielmente estes homens pregaram Cristo e aprenda quanto o amaram.

Um dos benefícios de ler esses livros é que lhe mostrarão como pregar Cristo ao coração de uma maneira experiencial e prática. Flavel disse: "O melhor sermão é aquele que é mais cheio de Cristo". Ele acreditava que "a excelência de um sermão está... nas mais claras descobertas e mais vívidas aplicações de Jesus Cristo".[15]

---

15 John Flavel, "The Fountain of Life", em *The Works of John Flavel* (London: Banner of Truth, 1968), 1:39.

PREGAÇÃO REFORMADA

Richard Sibbes disse: "Pregar é expor o mistério de Cristo, é expor o que está em Cristo; pregar é abrir a caixa para que o sabor seja percebido por todos". Em seguida, ele disse: "Mas não basta pregar Cristo... tem de haver um fascínio deles, porque pregar é cortejar".[16] Isso nos leva a considerar como devemos cortejar pessoas para a fé e o arrependimento em Cristo.

CHAMANDO PECADORES À FÉ EM CRISTO

O evangelho não somente anuncia o que Cristo fez. O evangelho diz: "O Verbo estava no mundo, o mundo foi feito por intermédio dele, mas o mundo não o conheceu. Veio para o que era seu, e os seus não o receberam. Mas, a todos quantos o receberam, deu-lhes o poder de serem feitos filhos de Deus, a saber, aos que creem no seu nome; os quais não nasceram do sangue, nem da vontade da carne, nem da vontade do homem, mas de Deus" (Jo 1:10-13). Cristo tem de ser recebido e crido, pois, do contrário, seus benefícios passarão despercebidos por nós, como acontece com a maioria das pessoas ao redor do mundo.

Alguns cristãos reformados têm receio de chamar os pecadores a Cristo por causa da maneira pela qual estas palavras têm sido abusadas pelos evangelistas modernos. Ironicamente, cristãos reformados podem cair na lógica arminiana por suporem que a soberania de Deus e a responsabilidade humana são inimigas uma da outra (discutimos esse assunto no Cap. 21). Desejamos corretamente evitar o chamado de "vir à frente" para expressar uma decisão, porque os homens precisam de mais do que uma decisão; precisam de uma regeneração do coração operada pelo Espírito.

---

16 Richard Sibbes, "The Fountain Opened", em *The Works of Richard Sibbes* (Edinburgh: Banner of Truth, 2001), 5:505.

Pregando o evangelho ao coração

Mas, ao evitarmos o chamado para fazer uma decisão, não devemos negligenciar o chamado do evangelho.

Chamar pessoas à fé em Cristo não é negar *sola gratia* como fruto da graça em favor da teologia do livre-arbítrio; antes, é declarar *sola fide* como o fruto da graça. A fé não tem mérito em si mesma, mas apenas em se apropriar do Mediador, porque Deus justifica os ímpios por creditar-lhes a imerecida justiça de Cristo (Rm 4:4-5). A fé não surge do poder da vontade do pecador, e sim do poder de Deus que ressuscita os mortos (Ef 2:1-5). Apesar disso, a Bíblia afirma claramente que a fé é totalmente necessária para a salvação (Ef 2:8-9). Somos justificados pela fé em Cristo (Gl 2:16). Se não recebemos a Cristo com as mãos vazias, a ira de Deus permanece sobre nós (Jo 3:18, 36).

A FORMA DA FÉ EXPERIENCIAL E REFORMADA

Vemos a forma da fé nos contornos da obra do Espírito Santo para glorificar a Cristo. Isso é uma consequência de nossa crença Reformada de que o Espírito Santo produz a fé (1 Co 12:3). Primeiramente, a fé é *assentir Cristo como nossa verdade*, como confirmado pelo testemunho interior do Espírito. O Pai dá testemunho de Cristo pelas Escrituras e pelos milagres de Cristo (Jo 5:36-39). O Espírito confirma e sela esse testemunho divino por seu testemunho interior no coração. Nosso Senhor disse: "Quando, porém, vier o Consolador, que eu vos enviarei da parte do Pai, o Espírito da verdade, que dele procede, esse dará testemunho de mim" (Jo 15:26). Portanto, a fé é um assentimento operado pelo Espírito da verdade do testemunho de Deus a respeito de Cristo. A Confissão de Westminster (14:2) diz: "Por meio desta fé, um cristão crê ser verdadeiro tudo o que é revelado na Palavra, pois a autoridade do próprio Deus fala na Palavra".[17]

---

17 Joel R. Beeke e Sinclair B. Ferguson, eds., *Reformed Confessions Harmonized* (Grand Rapids, MI: Baker, 1999), 95.

PREGAÇÃO REFORMADA

O pregador deve chamar as pessoas a crerem no evangelho como um testemunho divino digno de confiança: "Quem, todavia, lhe aceita o testemunho, por sua vez, certifica que Deus é verdadeiro" (Jo 3:33). Temos de desafiar nossos ouvintes, dizendo: "Você continuará a tratar Deus como um mentiroso? Isso é o que a sua incredulidade faz. Ou você o levará a sério e edificará sua vida sobre o 'assim diz o Senhor'? Não é o mero ouvir da Palavra que salva, e sim o torná-la o fundamento prático de sua vida".

Em segundo, a fé é *sentir fome de Cristo como nossa necessidade*. A fé está arraigada na convicção da pobreza de nossa alma e num profundo sentimento de sede de justiça (Mt 5:3, 6). Cristo nos ensinou que o Espírito Santo convenceria "o mundo do pecado... porque não creem em mim" (Jo 16:8, 9). O foco centrado em Cristo deste convencimento mostra que não é uma obra da consciência em toda a humanidade em geral, e sim uma obra especial do Espírito pela pregação do evangelho que expõe nossa corrupção, culpa e miséria sem Cristo.

A fé é fome espiritual. A fé não um presente que trazemos a Deus para ganharmos o seu favor. A fé é a mão vazia de um mendigo que se estende para receber caridade divina. A fé considera o homem como morto em pecado e glorifica somente a Deus como o soberano doador de vida (Rm 4:19-20). Paulo definiu o verdadeiro povo pactual de Deus como aqueles que adoram "a Deus no Espírito, e nos gloriamos em Cristo Jesus, e não confiamos na carne" (Fp 3:3). Os Puritanos diziam que a fé é uma "graça que esvazia o ego" e uma "graça que esvazia a alma".[18] Aqueles que Deus

---

18 Thomas Parson, "Of Saving Faith", em *Puritan Sermons, 1659-1689* (repr., Wheaton, IL: Richard Owen Roberts, 1981), 5:361; William Gurnall, *The Christian in Complete Armour: A Treatise of the Saints' War Against the Devil* (London: Banner of Truth, 1974), 2:15; Walter Marshall, *The Gospel-Mystery of Sanctification Opened, in Sundry Practical Directions* (New York: Southwick and Pelsue, 1811), 76.

Pregando o evangelho ao coração

justifica pela fé não colocam a confiança em suas boas obras, mas, em vez disso, clamam: "Ó Deus, sê propício a mim, pecador" (Lc 18:9-14). Portanto, o pregador promove a fé por reduzir a autoconfiança, a justiça própria e a autossuficiência.

Em terceiro, a fé é mais do que assentimento intelectual da verdade ou mesmo do que uma convicção de nossa necessidade. A fé é *o ato de ir a Cristo e recebê-lo como nossa vida*, um movimento não do corpo, e sim de um coração atraído pelo Espírito. Em palavras que ecoam seu ensino sobre o novo nascimento, Jesus disse: "O espírito é o que vivifica; a carne para nada aproveita" (Jo 6:63; cf. 3:6). No contexto, ele estava ensinando que "ninguém poderá vir a mim, se, pelo Pai, não lhe for concedido" (Jo 6:65). O Pai atrai, pelo Espírito, pessoas a virem a Cristo.

A fé é receber espontaneamente a Cristo em nosso coração, assim como a boca recebe o pão para alimentar o corpo (Jo 6:35, 51). A Confissão de Fé de Westminster (14:2) diz que "os principais atos da fé salvadora são aceitar e receber a Cristo e descansar somente nele para a justificação, a santificação e a vida eterna, por virtude da aliança de graça".[19] A Confissão Belga (Art. 22) diz que a fé "abraça Jesus Cristo com todos os seus méritos, apropria-se dele e nada busca além dele".[20]

Portanto, o pregador deve oferecer Cristo às pessoas e exortá-las a responderem ao convite de Deus para o banquete: "Ah! Todos vós, os que tendes sede, vinde às águas; e vós, os que não tendes dinheiro, vinde, comprai e comei; sim, vinde e comprai, sem dinheiro e sem preço, vinho e leite" (Is 55:1). O pregador deve insistir em que as pessoas aceitem a realidade de que sem fé elas não têm vida, mas

---

19 *Reformed Confessions Harmonized*, 95.

20 *Reformed Confessions Harmonized*, 94.

PREGAÇÃO REFORMADA

com fé elas têm vida para sempre em Cristo. Flavel disse: "A alma é a vida do corpo; a fé é a vida da alma, e Cristo é a vida da fé".[21]

Em quarto, a fé *descansa em Cristo como nossa justiça*. Cristo disse que o Espírito da verdade daria à alma dos homens testemunho da "justiça, porque vou para o Pai, e não me vereis mais" (Jo 16:10). Cristo estava prestes a ser glorificado por Deus por morrer em favor de pecadores, ressuscitar dos mortos e ascender ao céu para interceder por seu povo (Jo 13:31-32; 14:16; 16:5). Embora Cristo não mais permaneça visivelmente na terra, o Espírito opera nas pessoas uma visão espiritual da justiça de Cristo – sua obediência perfeita para salvar pecadores da condenação (Jo 3:16-18).

João Calvino disse: "Somos justificados somente pela fé... de fato, a fé justifica de nenhuma outra maneira, senão aquela nos leva à comunhão com a justiça de Cristo".[22] William Gurnall disse: "A fé tem duas mãos; com uma, retira a sua justiça própria e lança-a fora... com a outra, veste-se da justiça de Cristo para cobrir a vergonha da alma, como a única veste com a qual ela ousa ver Deus e ser vista por ele".[23] Portanto, o pregador deve instar as pessoas a correrem para Cristo e repousarem sua alma cansada somente nele como sua justiça.

Em quinto, a fé é *render-nos a Cristo como nosso Rei vitorioso*. Cristo disse que o Espírito daria aos homens testemunho do "juízo, porque o príncipe deste mundo já está julgado" (Jo 16:11). O Espírito abre os olhos das pessoas para verem a vergonha, a fraqueza e a derrota da cruz, a fim de perceberem que Cristo venceu Satanás no Calvário e reinou na cruz como Rei (Jo 12:27-33; Cl 2:14-15).

---

21 Flavel, "Method of Grace", em *Works*, 2:104.

22 John Calvin, *Institutes of the Christian Religion*, trans. Ford Lewis Battles, ed. John T. McNeill, Library of Christian Classics, vols. 20-21 (Philadelphia: Westminster, 1960), 3.11.20.

23 Gurnall, *The Christian in Complete Armour*, 2:15.

Pregando o evangelho ao coração

Não foi por acaso que a frase "Este é o Rei dos Judeus" foi escrita acima da cabeça de Cristo na cruz, em grego, latim e hebraico (Lc 23:38). Convertendo-nos de nossa lealdade anterior ao mundo, à carne e ao Diabo (Ef 2:1-3), entregamo-nos àquele que morreu e ressuscitou para ser o Senhor de todos.

A fé é muito mais do que pedir a Cristo que perdoe os nossos pecados. Começamos uma vida nova, uma vida procedente de Cristo, por Cristo e para Cristo (2 Co 5:14-15). Em submissão ao nosso Rei, começamos a viver como reis na terra, lutando contra o pecado e Satanás nesta vida como "mais que vencedores, por meio daquele que nos amou" (Rm 8:37). "Porque todo o que é nascido de Deus vence o mundo; e esta é a vitória que vence o mundo: a nossa fé" (1 Jo 5:4). Portanto, o pregador deve chamar homens e mulheres a se submeterem ao Rei, unirem-se ao exército celestial, lutarem contra seu antigo senhor no pecado e buscarem graça soberana de seu Rei para terem vitória a cada passo do caminho para a glória.

CONCLUSÃO: UM CHAMADO
À FÉ DIVERSO MAS CONSISTENTE

Em resumo, a pregação reformada experiencial chama autoritariamente as pessoas a crerem no testemunho confiável de Deus sobre Cristo, repreende e adverte pecadores quanto à sua incapacidade de escaparem da condenação sem Cristo, convida e insta os homens a virem a Cristo como sua vida, chama-os a descansar somente em Cristo como sua única justiça diante de Deus e ordena-lhes que se curvem em entrega jubilosa a Cristo como o Rei vencedor.

Aqui, novamente, vemos quão rica pode ser a pregação reformada experiencial, permitindo-nos chamar os homens em variedade de maneiras de acordo com as ênfases e ensino específicos de cada parte da Escritura. Reconhecer as muitas dimensões da fé salvadora liberta o pregador a chamar consistentemente as pessoas à fé em Cristo e a pregar com diversidade de aplicação.

Isso nos leva a considerar o tópico seguinte, o arrependimento.

O CHAMADO UNIVERSAL AO ARREPENDIMENTO

Assim como a pregação popular evita o pecado e o julgamento, assim também a evangelização popular evita o tema do arrependimento. Grande parte da cultura ocidental é influenciada pelo erro de um cristianismo de dois níveis, em que os supostos convertidos conhecidos como "crentes carnais" vivem como o mundo, enquanto os "espirituais" afirmam andar na plenitude do Espírito. Contra esta dicotomia antibíblica que desonra a Deus, temos de asseverar o chamado bíblico ao arrependimento. Sem arrependimento, não há salvação nem qualquer crescimento espiritual. A fé que não muda nossa vida é uma fé morta (Tg 2:26).

O arrependimento tem sido a mensagem de Deus em todos os tempos. O profeta chamou pecadores ao arrependimento, dizendo: "Deixe o perverso o seu caminho, o iníquo, os seus pensamentos; converta-se ao Senhor, que se compadecerá dele, e volte-se para o nosso Deus, porque é rico em perdoar" (Is 55:7). O Senhor Jesus pregou: "O tempo está cumprido, e o Reino de Deus está próximo. Arrependei-vos e crede no evangelho" (Mc 1:15). Cristo nos mostrou que pregar o arrependimento não é um ato de ódio ou emitir uma sentença de condenação contra pecadores, e sim a obra amorosa de um médico que trabalha para curar almas (Lc 5:31-32). O arrependimento não é morbidez, depressão ou falta de autoestima. Não é prejudicial à alma. O arrependimento é terapia divina.

Pregando o evangelho ao coração

O apóstolo Pedro pregou, dizendo: "Arrependei-vos, pois, e convertei-vos para serem cancelados os vossos pecados" (At 3:19). Ele enfatizou que o chamado ao arrependimento reflete a paciência e a misericórdia de Deus, escrevendo: "Não retarda o Senhor a sua promessa, como alguns a julgam demorada; pelo contrário, ele é longânimo para convosco, não querendo que nenhum pereça, senão que todos cheguem ao arrependimento" (2 Pe 3:9).

O apóstolo Paulo desafiou os incrédulos, dizendo: "Ou desprezas a riqueza da sua bondade, e tolerância, e longanimidade, ignorando que a bondade de Deus é que te conduz ao arrependimento? Mas, segundo a tua dureza e coração impenitente, acumulas contra ti mesmo ira para o dia da ira e da revelação do justo juízo de Deus" (Rm 2:4-5). A mensagem de Paulo para judeus e gentios era "que se arrependessem e se convertessem a Deus, praticando obras dignas de arrependimento" (At 26:20). Ele pregava que Deus "notifica aos homens que todos, em toda parte, se arrependam" (At 17:30).

Se não estamos chamando os homens ao arrependimento, então, abandonamos o legado dos profetas, de Cristo e dos apóstolos. Não importando o que mais possamos dizer, não estamos pregando o evangelho bíblico.

CHAMANDO PECADORES AOS FATOS BÁSICOS DO ARREPENDIMENTO

Quando o pregador moderno confronta o pecador com o chamado de Deus para que se arrependa, deve explicar o que significa o arrependimento. A maioria das pessoas de nossos dias não tem ideia do que a palavra *arrepender* significa. Por isso, os pregadores devem começar com os fatos básicos. Além disso, o coração humano é tão enganoso, que as pessoas criam muitas formas falsas

PREGAÇÃO REFORMADA

de arrependimento. Uma realidade da natureza humana é que os homens preferem fazer penitência (tentar expiar o pecado por fazerem boas obras) a se arrependerem (odiar e abandonar o pecado). Precisamos conhecer a coisa real. Muito perigosamente, o engano do pecado acalenta pecadores a permanecerem num estado confortável e letárgico em que não sentem sua necessidade urgente de arrependerem-se.

O dever de cada pecador é arrepender-se imediatamente. O evangelista reformado Asahel Nettleton (1783-1844) se opunha vigorosamente aos métodos de Charles Finney, que se tornaram muito populares na evangelização de massa contemporânea. Mas Nettleton pregou o arrependimento e viu milhares de convertidos, que depois perseveraram na fé. Em um sermão, ele perguntou: "De quem é o dever de arrepender-se? O texto responde... De todos os homens, em todos os lugares... Quando eles devem se arrepender?... Deus ordena que *agora* todos os homens, em todos os lugares, se arrependam".[24] A incapacidade das pessoas para se arrependerem não é uma desculpa para elas, nem posterga sua obrigação até que experimentem alguma obra do Espírito. A incapacidade delas consiste em um ódio firme contra Deus e sua obstinação no pecado.[25] A própria incapacidade delas é culpável, e elas *têm de* se arrepender. Portanto, devemos enfatizar este dever.

No entanto, a responsabilidade do pregador consiste em mais do que gritar "Arrependa-se" repetidas vezes. Devemos esclarecer o significado do arrependimento, chamar pecadores a realizarem cada parte e instá-los a prosseguir com motivos fortes e bíblicos.

---

24 "The Nature and Reasonableness of Evangelical Repentance", em *Remains of the Late Rev. Asahel Nettleton*, ed. Bennet Tyler (Hartford, CT: Robins and Smith, 1845), 356, ênfase acrescentada.

25 Nettleton, "True Repentance Not Antecedent to Regeneration", em *Remains*, 70.

Pregando o evangelho ao coração

Talvez Deus use nossa pregação de arrependimento para operar esta graça em um coração que está perecendo.

O Breve Catecismo de Westminster (P. 87) nos oferece uma definição excelente: "O arrependimento para a vida é uma graça salvadora, pela qual um pecador, motivado por um verdadeiro senso de seu pecado e pela apreensão da misericórdia de Deus em Cristo, se volta realmente, cheio de tristeza e ódio por seu pecado, dele para Deus, com pleno propósito de – e esforço por – uma nova obediência".[26] Por um lado, vemos aqui que o arrependimento é uma "graça salvadora" dada por Deus.[27] Por outro lado, é o próprio pecador quem deve se arrepender, por voltar-se do pecado para Deus e para uma nova obediência.

O catecismo descreve o arrependimento do pecador em relação à sua percepção, sua afeição, seu redirecionamento e sua ação. Primeiramente, o arrependimento tem uma *percepção* dupla. Há "um verdadeiro senso de seu pecado" e um senso da "misericórdia de Deus em Cristo". Considere as palavras de arrependimento de Davi, no Salmo 51, que tem como subtítulo a frase "Salmo de Davi, quando o profeta Natã veio ter com ele, depois de haver ele possuído Bate-Seba". O versículo 14 diz: "Livra-me dos crimes de sangue, ó Deus". Davi estava confessando a Deus as maneiras específicas pelas quais havia quebrado a lei de Deus por suas atos de adultério e assassinato (2 Sm 11). Isso não foi uma admissão vaga com palavras vazias que tinham o propósito de evitar sua responsabilidade. Davi reconheceu os mandamentos específicos que havia quebrado e os mencionou.

Davi também viu a superabundante graça de Deus: "Compadece-te de mim, ó Deus, segundo a tua benignidade; e, segundo

---

26 *Reformed Confessions Harmonized*, 109.

27 Zc 12:10; At 5:31; 11:18; 26:18; 2 Tm 2:25.

PREGAÇÃO REFORMADA

a multidão das tuas misericórdias, apaga as minhas transgressões. Lava-me completamente da minha iniquidade e purifica-me do meu pecado" (Sl 51:1-2). Sem esta motivação, não pode haver arrependimento. O filho pródigo voltou ao lar quando viu seu estado miserável e se lembrou da bondade de seu pai (Lc 15:17-19).

Portanto, devemos pregar sermões que ajudem as pessoas a verem os males de pecados específicos e as misericórdias de Deus em Cristo, em detalhes gloriosos. Devemos ensinar as pessoas a não ficarem satisfeitas com opiniões vagas da lei e do evangelho. Temos de chamá-las a confessarem pecados específicos que elas têm realmente cometido e não apenas a admitirem a culpa da qual toda a humanidade compartilha. Há um mundo de diferença entre dizer: "Ninguém é perfeito" e confessar: "Tenho pecado contra Deus".

Em segundo, o arrependimento envolve uma afeição vigorosa: "triste e ódio do... pecado". Davi escreveu: "Sacrifícios agradáveis a Deus são o espírito quebrantado; coração compungido e contrito, não o desprezarás, ó Deus" (Sl 51:17). A tristeza dele era uma contrição interior, tão dolorosa quanto ossos esmagados (v. 8). Davi não sentia tristeza apenas por causa das consequências de seus pecados, da maneira como um ladrão fica triste porque a polícia o apanhou no ato de roubo. Davi odiava seu pecado porque seu pecado era contra Deus e era mau aos olhos de Deus (v. 4). Além disso, ele não somente se entristeceu por causa de seu comportamento, mas também ficou quebrantado pelo fato de que sua natureza era corrompida desde o ventre de sua mãe (v. 5). E se moveu de "cometi um ato perverso" para "eu tenho um coração perverso". A convicção de pecado pode produzir terror da ira de Deus, porém o elemento mais importante do arrependimento evangélico é o horror por causa da podridão e rebelião de nossa alma contra um Deus benigno e amoroso.

Pregando o evangelho ao coração

A pregação experiencial deve retratar a malignidade e a feiura do pecado, advertindo os homens de que, até que sintam o horror de pecarem contra Deus, eles não podem afirmar que o amam realmente. O evangelicalismo contemporâneo tende a relegar as afeições a uma posição sem importância. Mas o evangelicalismo mais antigo reconhecia que nossa vida flui das afeições de nosso coração. É verdade que pessoas diferentes expressam de maneiras diferentes os sentimentos de seu coração. Não devemos ensinar às pessoas um esquema rígido de experiência. Mas, se cremos nas bem-aventuranças, como podemos nos chamar "bem-aventurados" por Deus, se não "choramos" por nossos pecados (Mt 5:4)?

Em terceiro, em seu âmago, o arrependimento consiste em redirecionamento interior do coração que muda todo o curso da vida da pessoa. O pecador se converte "do" pecado "para" Deus. Aqui está a essência do arrependimento como um ato: voltar-se da impiedade para Deus e para a obediência. A principal palavra do Antigo Testamento que significa arrependimento é *shub* ou "voltar", às vezes traduzida por "converter-se" (Sl 51:13; 19:7).

O Catecismo de Heidelberg (P. 88-90) nos lembra estes dois lados da verdadeira conversão: "a mortificação do velho homem e a vivificação do novo homem". A mortificação, ou a morte, do velho homem é "uma tristeza sincera de coração por termos ofendido a Deus com nossos pecados, e odiar e fugir cada vez mais deles". Corresponde a abandonar o pecado. Vivificar, ou trazer à vida, o novo homem é "uma sincera alegria de coração em Deus, por meio de Cristo, com amor e deleite de viver de acordo com a vontade de Deus em todas as boas obras". Corresponde a voltar-se para Deus.[28]

---

28 *Reformed Confessions Harmonized*, 110, 112.

PREGAÇÃO REFORMADA

Devemos pregar ambos os lados do arrependimento. Alguns ministérios podem focalizar-se em repreender o pecado, proclamar a miséria do homem e chamar pecadores a abandonarem seus caminhos, enquanto negligenciam o voltar-se para Deus com amor e deleite. Outros ministérios podem valorizar tanto o regozijar-se em Deus, que parecem ter pouco lugar para as lutas profundas e dolorosas exigidas para remover hábitos de pecado entrincheirados. As pessoas precisam de ambos os ministérios. Devemos ajudá-las a ver a feiura do pecado, mas também lembrar-lhes de que nunca sentirão realmente o mal do pecado até que vejam a beleza do Senhor contra quem pecaram. É o amor de Deus em Cristo que quebranta o coração do pecador.

O Salmo 2:10-11 combina ambos quando o salmista exorta os rebeldes que conspiram contra Cristo, dizendo: "Agora, pois, ó reis, sede prudentes; deixai-vos advertir, juízes da terra. Servi ao SENHOR com temor e alegrai-vos nele com tremor". Portanto, preguemos com temor e tremor e com adoração exultante.

Em quarto, o arrependimento leva à *ação*: "com pleno propósito de – e esforço por – uma nova obediência. João Batista advertiu as pessoas contra presumirem que eram salvas por causa de sua herança pactual e ordenou-lhes: "Produzi, pois, frutos dignos de arrependimento", porque "toda árvore... que não produz bom fruto é cortada e lançada ao fogo" (Lc 3:8-9). Paulo explica em 2 Coríntios 7:10-11 que o arrependimento é mais do que uma mudança de pensamento, é um voltar-se para Deus arraigado em tristeza pelo pecado, resultante em ação enérgica:

Porque a tristeza piedosa produz arrependimento para a salvação, que a ninguém traz pesar; mas a tristeza do mundo produz

Pregando o evangelho ao coração

morte. Porque quanto cuidado não produziu isto mesmo em vós que, segundo Deus, fostes contristados! Que defesa, que indignação, que temor, que saudades, que zelo, que vindita! Em tudo destes prova de estardes inocentes neste assunto.

Isto não é justificação por obras, e sim obras que resultam da redenção adquirida por Cristo e aplicada pelo Espírito para nos tornar novas criaturas (Tt 2:14; 3:3-5; Ef 2:10; 1 Co 6:9-11).

Devemos advertir as pessoas de que, se continuam a viver no pecado, como costumavam, não podem afirmar que são nascidas de novo (1 Jo 3:9). O Catecismo de Heidelberg (P. 64) diz: "É impossível aqueles que pela fé verdadeira foram implantados em Cristo não produzirem frutos de gratidão".[29] Pregar o evangelho de Cristo não anula a pregação de nosso dever de fazer boas obras, porque o evangelho é a única raiz viva da qual brotam verdadeiramente as boas obras. As boas obras são "o fruto e as evidências de uma verdadeira fé viva e verdadeira" (Confissão de Fé de Westminster, 16.2).[30]

CONCLUSÃO: PREGANDO CRISTO À CONSCIÊNCIA

A pregação reformada experiencial do evangelho expõe a verdade de Cristo para influenciar os corações dos homens. Como disse Charles Bridges, devemos pregar *para* as pessoas e não apenas *diante* delas. Nossos sermões devem comunicar a cada ouvinte: "Eu tenho uma mensagem de Deus para você".[31] Matthew Henry

---

29 *Reformed Confessions Harmonized*, 114.

30 *Reformed Confessions Harmonized*, 115.

31 Charles Bridges, *The Christian Ministry: With an Inquiry into the Causes of Its Inefficiency* (Edinburgh: Banner of Truth, 1967), 272-73.

PREGAÇÃO REFORMADA

disse a respeito de seu pai, Philip Henry: "Ele não atirava a flecha da Palavra sobre a cabeça das pessoas... e sim no coração delas, com aplicações diretas e vívidas".[32]

Devemos falar à consciência. Devemos falar às pessoas como se estivessem diante do trono de Deus, cujos olhos sondam todos os segredos delas e cuja Palavra penetra e discerne os pensamentos e as intenções do coração delas (Hb 4:12-13). Devemos anunciar-lhes o Sacerdote que é glorioso acima dos céus e compassivamente compreensivo com pecadores que confiam nele (Hb 4:14-16).

A pregação do evangelho é pregação aplicada. Tanto quanto possível, convém que façamos aplicações no decorrer do sermão, para que pessoas aprendam a conectar constantemente a doutrina de Cristo à sua vida. Bridges disse: "Portanto, o método de aplicação perpétua, sempre que o assunto admite, destina-se a causar efeito – aplicando cada ponto distintamente e dirigindo-se a cada classe em separado no final, com exortação, advertência ou encorajamento apropriado".[33] Se estas aplicações forem centradas em Cristo, como ele é revelado no texto específico da Escritura, elas não serão pensamentos desconexos, e sim passos que conduzem os ouvintes ao longo da linha de pensamento principal do texto, a linha que tem por alvo a glória de Deus em Cristo.

Devemos pregar regularmente o evangelho, tendo em vista os incrédulos. O evangelho precisa ser anunciado toda vez. Nunca sabemos que adultos, jovens e crianças podem ainda necessitar de regeneração. Nestes dias de Internet, nossos sermões podem muito bem alcançar pecadores condenados que vivem no outro lado

---

32 Matthew Henry, *An Account of the Life and Death of Mr. Philip Henry* (London: for J. Lawrence, J. Nicholson, J. and B. Sprint, N. Cliffe, and D. Jackson, 1712), 51-52.

33 Bridges, *The Christian Ministry*, 275.

Pregando o evangelho ao coração

do mundo. Devemos também pregar o evangelho para os crentes. Paulo se referiu à igreja em Roma como "chamados", "amados de Deus" e "santos" (Rm 1:6-7), mas também disse: "Por isso, quanto está em mim, estou pronto a anunciar o evangelho também a vós outros, em Roma" (v. 15). Paulo entendia que nada pode aprofundar o amor do cristão por seu Salvador e levá-lo a andar em santidade e humildade, mais do que o evangelho de Cristo. Ter sido muito perdoado é amar muito (Lc 7:47); e amar é o cumprimento da lei (Rm 13:10).

CAPÍTULO 24

PREGANDO POR SANTIDADE

Na última parte deste livro, procuro ajudar o pregador a aplicar os princípios da pregação reformada experiencial que foram explicados na Parte 1 e ilustrados a partir da história na Parte 2. Na parte 3, abordei primeiramente a pregação com equilíbrio que envolve os elementos objetivos e subjetivos: soberania e responsabilidade, as riquezas quádruplas da pregação bíblica, doutrinária, experiencial e prática, e a variedade na aplicação por dirigir-se a casos específicos.

Em seguida, considerei que tipo de ministério leva à aplicação eficaz. Vimos que o ministério de um pastor deve ser caracterizado por andar intimamente com Deus, estudar livros, estudar as pessoas de sua igreja com um coração sábio e compassivo, falar em tom natural que expresse as preocupações de seu coração, orar constantemente pela ajuda do Espírito e cultivar motivação.

Esses interesses gerais levam a outra pergunta: como aplicamos áreas específicas de doutrina aos ouvintes? Falei sobre pregar as doutrinas de Deus, do homem, de Cristo, da fé, do arrependimento, com aplicação à experiência tanto do incrédulo quanto do crente.

Neste capítulo final, abordarei a pregação que visa à santidade. Como o pregador reformado experiencial aplica seus sermões ao corpo de Cristo de modo a edificá-lo em santidade de vida? Examinaremos a justificação, a união com Cristo, o Espírito Santo, a guerra espiritual, a lei moral, o amor, a aflição, histórias bíblicas, o céu e a humildade do pregador como aspectos de pregar santidade na igreja de Cristo.

PREGUE A JUSTIFICAÇÃO
COMO BASE DA SANTIDADE

É impossível fazer progresso em santidade se não temos paz com Deus, pois a santidade consiste em andarmos com Deus pela fé como o fruto de sua graça agindo em nós. Os teólogos falam da *duplex gratia*, a "graça dupla" de justificação e santificação que flui de Cristo para nós. João Calvino disse: "Cristo nos foi dado pela generosidade de Deus, para ser recebido e possuído por nós pela fé. Por participarmos dele, recebemos principalmente uma graça dupla: ou seja, que, sendo reconciliados com Deus, pela inculpabilidade de Cristo, podemos ter no céu um Pai gracioso, em vez de um Juiz; e, em segundo, que, santificados pelo Espírito de Cristo, podemos cultivar inculpabilidade e pureza de vida".[1]

A justificação e a santificação são benefícios distintos, mas nunca podemos separá-los. De modo semelhante, temos de mantê-los nessa ordem, movendo-nos da justificação como a raiz que

---

1 John Calvin, *Institutes of the Christian Religion*, trans. Ford Lewis Battles, ed. John T. McNeill, Library of Christian Classics, vols. 20-21 (Philadelphia: Westminster, 1960), 3.11.1; daqui para frente, *Institutes*.

Pregando por santidade

devemos ter para a santificação como os frutos que devemos produzir. Calvino disse: "Pois, a menos que você entenda primeiro qual é o seu relacionamento com Deus, e a natureza do julgamento dele a respeito de você, você não tem nem um fundamento sobre o qual estabelecer sua salvação nem sobre o qual construir a piedade em direção a Deus."[2] John Owen escreveu que não devemos confundir o fundamento com o edifício que construímos sobre ele: "O fundamento precisa ser lançado, como foi dito, em mera graça, misericórdia, perdão no sangue de Cristo".[3] Ele disse: "Primeiramente, lançar misericórdia, perdão e remissão totalmente na conta de Cristo e, depois, produzir toda obediência na força de Cristo e por amor a Cristo é a vida de um crente (Ef 2:8-10)".[4]

Portanto, quando você chama os homens à santificação progressiva, coloque periodicamente o seu chamado no contexto do perfeito status deles como pecadores justificados total e gratuitamente pela graça de Deus. Pregar toda a Escritura serve naturalmente para isso. Por exemplo, antes que comece a pregar sobre Romanos 8:13: "Porque, se viverdes segundo a carne, caminhais para a morte; mas, se, pelo Espírito, mortificardes os feitos do corpo, certamente, vivereis", você pregará sobre Romanos 8:1: "Agora, pois, já nenhuma condenação há para os que estão em Cristo Jesus". Primeiramente, o pregador fala sobre a salvação somente pela graça, somente pela fé, com base em Efésios 2:8-9, depois ele fala sobre a salvação como sendo uma nova criação para as boas obras, com base em Efésios 2:10.

---

2 *Institutes*, 3.11.1.

3 John Owen, "Exposition of Psalm 130", em *The Works of John Owen*, ed. William H. Goold (repr., Edinburgh: Banner of Truth, 1965), 6:565 [Sl 130:4].

4 Owen, "Exposition of Psalm 130", em *Works*, 6:566 [Sl 130:4].

PREGAÇÃO REFORMADA

O Salmo 130:3-4 diz: "Se observares, SENHOR, iniquidades, quem, Senhor, subsistirá? Contigo, porém, está o perdão, para que te temam". O perdão capacita a piedade. Owen disse que a convicção de pecado e culpa pode levar os homens a ímpetos de esforços religiosos, como frequentar uma igreja e coisas semelhantes, mas a justificação pelo sangue de Cristo é "o único meio e caminho que capacita você à obediência", com "estabilidade e constância em seu curso". Sem a justificação, todos os nossos esforços não são "aceitos por Deus". Sem a paz com Deus, nós o servimos com "peso, temor e em escravidão", mas o perdão capacita a obediência com "vida, espontaneidade e deleite".[5]

Em vez de incentivar o cristão ao pecado, a doutrina da justificação enche o coração do crente com gratidão e encoraja-o com a perspectiva de que, em Cristo, suas obras imperfeitas podem agradar ao seu amável Pai no céu. Como nos diz a Confissão de Fé de Westminster (16:6): "

> Apesar do que dissemos [a corrupção remanescente e as muitas deficiências de nossas boas obras], sendo as pessoas dos crentes aceitas por meio de Cristo, as boas obras deles também são aceitas em Cristo, não como se fossem, nesta vida, totalmente inculpáveis e impecáveis aos olhos de Deus, e sim porque ele, vendo-as em seu Filho, agrada-se em aceitar e recompensar aquilo que é sincero, embora acompanhado de muitas fraquezas e imperfeições".[6] As pessoas são ajudadas imensuravelmente em seus esforços para obedecer se as ensinamos a ver Deus em Cristo como um Pai tolerante e perdoador que se deleita nas obras de seus filhos.

---

5 Owen, "Exposition of Psalm 130", em Works, 6:533-34 [Sl 130:4].

6 *Westminster Confession of Faith* (Glasgow: Free Presbyterian Publications, 1994), 71.

Pregando por santidade

PREGUE A UNIÃO COM CRISTO
COMO A RAIZ VITAL DA SANTIDADE

O Senhor criou e cultivou Israel para que fosse uma vinha que produzisse os frutos de justiça. Como Isaías disse em sua parábola (Is 5:1-7), o que mais Deus poderia ter feito para tornar os habitantes de Jerusalém e os homens de Judá uma vinha frutífera? Mas eles produziram os frutos podres de injustiça e opressão. A natureza humana caída não pode produzir nada bom, ainda que receba qualquer tipo de ajuda externa. Entretanto, Isaías previu que um dia "o Renovo do SENHOR" seria "de beleza e de glória" (4:2), e Israel encheria "de fruto o mundo" (27:6).

Então, Cristo veio, dizendo: "Eu sou a videira, vós, os ramos. Quem permanece em mim, e eu, nele, esse dá muito fruto; porque sem mim nada podeis fazer" (Jo 15:5). Cristo estava ensinando que somente ele cumpre a promessa de Isaías e capacita o povo de Deus a produzir frutos de santidade; e, se queremos produzir este fruto, só podemos fazer isso por meio de uma união duradoura e vivificadora com ele, mediada por sua Palavra e pelo Espírito Santo.

Pregue para as pessoas que elas podem viver em santidade prática somente pelo exercício da fé em Cristo. Advirta-as de que nunca deixem a Cristo para trás. Ele é não somente a porta, mas também o caminho, a estrada em que devemos viajar, e a vida que devemos viver. Colossenses 2:6-7 diz: "Ora, como recebestes Cristo Jesus, o Senhor, assim andai nele, nele radicados, e edificados, e confirmados na fé, tal como fostes instruídos, crescendo em ações de graças". Se não desejamos que nossa santidade se degenere em atos religiosos exteriores, devemos sempre andar na "fé que atua pelo amor" (Gl 5:6).

Devemos pregar isto regularmente, porque é um mistério escondido dos olhos do homem natural e contrário a nossos espíritos

PREGAÇÃO REFORMADA

independentes. Todos entendem os rudimentos da moralidade e programas de autorreforma. Também acreditam num misticismo religioso passivo que espera apenas por experiências. Mas é uma ideia estranha a de que devemos trabalhar, labutar e amar ao mesmo tempo que olhamos para Cristo como nossa vida. Muitos crentes podem se identificar com o que Walter Marshall (1628-1680) disse: "Eles julgam que, embora sejam justificados por uma justiça operada por Cristo, apesar disso, têm de ser santificados por uma santidade operada por eles mesmos". Precisamos ensinar-lhes, disse Marshall, "que a estrutura e a disposição santa com as quais nossa alma é provida e capacitada para a prática imediata da lei têm de ser recebidas da plenitude de Cristo, como algo já preparado e trazido à existência para nós em Cristo e entesourado nele".[7]

Não obtemos este tesouro de santidade em Cristo por mera imitação, embora as Escrituras nos chamem a ser seguidores ou "imitadores" de Deus em Cristo (Ef 4:32-5:2). Cristo dá a santidade à alma crente por meio de sua união conosco como nossa cabeça (Ef 4:15-16). Marshall disse: "Outro grande mistério no caminho de santificação é a maneira gloriosa de nossa comunhão com Cristo em recebermos uma estrutura santa de coração da parte dele. É por estarmos em Cristo e termos o próprio Cristo em nós; e isso não meramente por meio de sua presença universal, porque ele é Deus, e sim por uma união tão íntima que somos um espírito e uma carne com ele".[8]

Ensine aos crentes que devemos exercer fé para nos beneficiarmos, de maneira prática, de nossa união com Cristo, porque ele

---

7 Walter Marshall, *The Gospel-Mystery of Sanctification Opened, in Sundry Practical Directions* (New York: Southwick and Pelsue, 1811), 53.

8 Marshall, *Gospel-Mystery of Sanctification*, 54.

habita em nosso coração pela fé (Ef 3:17). Mostre-lhes que, embora o pecado não reine mais em nós, ele ainda permanece em nós. Não podemos mortificar o pecado e andar como filhos de Deus sem o Espírito de Cristo (Rm 8:9-14). Razões e argumentos que demonstram nossa obrigação de obedecer não podem nos dar a vida interior para cumprir as obrigações. A lei é fraca por causa da carne; somente o Espírito pode nos tornar santos, por aplicar o poder da morte e ressurreição de Cristo (Rm 8:2-4).

Isso nos leva ao nosso ponto seguinte, pois a união com Cristo é o canal pelo qual as águas vivas do Espírito fluem.

PREGUE SOBRE O ESPÍRITO
COMO O PODER DE SANTIDADE

O templo santo do Senhor é edificado "não por força nem por poder, mas pelo meu Espírito, diz o Senhor dos Exércitos" (Zc 4:6). Em Cristo, a igreja de Deus "cresce para santuário dedicado ao Senhor, no qual também vós juntamente estais sendo edificados para habitação de Deus no Espírito" (Ef 2:21-22). O chamado de Deus para cada crente separar-se do pecado e andar em santidade é um chamado eficaz porque "aquele que se une ao Senhor é um espírito com ele", e seu "corpo é santuário do Espírito Santo, que está em vós" (1 Co 6:17, 19).

Muito tem sido falado sobre o Espírito Santo nesta época, mas pouco sobre ele como "o espírito de santidade" (Rm 1:4), por meio de quem a vida de ressurreição de Cristo é aplicada aos crentes, para que "andemos nós em novidade de vida" (Rm 6:4). Devemos ensinar aos crentes que, por causa de serem unidos com Cristo em sua morte e ressurreição, eles "crucificaram a carne, com as suas paixões e concupiscências", e agora produzem "o fruto do

PREGAÇÃO REFORMADA

Espírito", que é "amor, alegria, paz, longanimidade, benignidade, bondade, fidelidade, mansidão, domínio próprio" (Gl 5:22-24).

Nossas discussões contemporâneas sobre o Espírito são amplamente dissociadas de Cristo e da santidade e tendem a focalizar-se em emoções, efeitos exteriores, revelação contínua e sucesso no ministério. Há perguntas legítimas a serem feitas a respeito da capacitação do Espírito para o ministério, mas nossa pregação deve seguir a grande ênfase da Escritura: o Espírito aplica o que Cristo comprou, ou seja, a redenção e a transformação dos crentes em uma nova criação onde habita a justiça, a lei de Deus é obedecida e Deus é glorificado.

O Espírito desempenha um papel central em operar a verdadeira santidade em nossa alma, embora o que ele nos traga seja a obra consumada de Cristo feita em obediência à vontade do Pai. Owen disse: "O Espírito Santo é o santificador peculiar e imediato de todos os crentes e o autor de toda a santidade neles".[9] Ele explicou:

> A santificação é uma obra imediata do Espírito de Deus na alma dos crentes, purificando e limpando de sua natureza a contaminação e impureza do pecado, renovando neles a imagem de Deus e, por meio disso, capacitando-os, a partir de um princípio de graça espiritual e habitual, a prestarem obediência a Deus, de acordo com o teor e os termos da nova aliança, pela virtude da vida e da morte de Jesus Cristo. Ou, em poucas palavras: é a renovação universal de nossa natureza pelo Espírito Santo à imagem de Deus, por meio de Jesus Cristo.[10]

---

9 Owen, *Pneumatologia, Or, A Discourse Concerning the Holy Spirit*, em *Works*, 3:385.

10 Owen, "Discourse Concerning the Holy Spirit", em *Works*, 3:386.

Pregando por santidade

Portanto, temos de ensinar aos cristãos que, quando buscarem a Cristo por santidade, devem buscar o maior dom que ele comprou para nós: o Espírito de Deus (Gl 3:13-14). Devem ir a Cristo sedentos pelas correntes de água viva que satisfazem verdadeiramente: o Espírito derramado da mão do Cristo exaltado (Jo 7:37-39). O chamado para ser santos é um chamado para andar "no Espírito, e jamais satisfareis à concupiscência da carne" (Gl 5:16). Owen disse: "Andar no Espírito é andar em obediência à Deus, de acordo com os suprimentos de graça que o Espírito Santo nos dá".[11] O Espírito Santo faz o povo de Deus guardar seus mandamentos (Ez 36:27), porque direciona o coração dele ao amor de Deus (2 Ts 3:5).

Pregue a santidade moldada pela obra de cada pessoa da Trindade. Chame pessoas a andarem como filhos obedientes do Pai, que creem na obra consumada de seu Filho como nosso Mediador, cujos benefícios fluem até nós em rios de água viva do Espírito Santo. Negligenciar qualquer das pessoas da Trindade empobrece nossa santidade.

PREGUE SOBRE A GUERRA ESPIRITUAL COMO O CAMINHO DE SANTIDADE

Talvez alguém pense que, se Cristo é a nossa vida, se ele ascendeu em vitória total, se andamos por seu Espírito, então, devemos andar também em vitória total. Mas ainda não estamos no céu. Embora estejamos unidos a Cristo em seu triunfo (Ef 2:6), ainda vivemos numa condição mista.

Gálatas 5:17 diz: "Porque a carne milita contra o Espírito, e o Espírito, contra a carne, porque são opostos entre si; para que

---

11 Owen, "Discourse Concerning the Holy Spirit", em *Works*, 3:533.

PREGAÇÃO REFORMADA

não façais o que, porventura, seja do vosso querer". O caminho do Espírito de Cristo é o meio de lutarmos contra o pecado e Satanás. Efésios 6:12 diz: "Porque a nossa luta não é contra o sangue e a carne, e sim contra os principados e potestades, contra os dominadores deste mundo tenebroso, contra as forças espirituais do mal, nas regiões celestes".

A vida cristã é uma guerra espiritual. Cristãos entendem isto, mas ficam surpresos ao perceberem quão difícil e dolorosa é a luta para abandonar o pecado e adotar atitudes e hábitos piedosos. Portanto, é nosso dever, como ministros, mostrar-lhes o chamado para a batalha por santidade.

Seguir a Cristo tem um preço. Autonegação é o primeiro passo no verdadeiro discipulado (Mt 16:24). Isso é um tipo de morte ou crucificação pessoal para nós. Nosso Senhor Jesus disse: "E qualquer que não tomar a sua cruz e vier após mim não pode ser meu discípulo" (Lc 14:27). Cristo nos ensinou que precisamos calcular o custo, pois, do contrário, estaremos mal preparados para a obra à nossa frente (v. 28). Ele perguntou: "Qual é o rei que, indo para combater outro rei, não se assenta primeiro para calcular se com dez mil homens poderá enfrentar o que vem contra ele com vinte mil?" (v. 31).

William Gurnall escreveu que nosso guerrear contra o Diabo é chamado de "luta" para revelar "a intensidade do combate", porque "é um combate individual" e "um combate de perto". Não enfrentamos os poderes espirituais à distância segura, e sim corpo a corpo, num combate de tão grande intensidade, que "faz o corpo abalar-se".[12] Numa competição de luta corpo a corpo, pode haver muitas fintas, agarros, derrubadas e quedas, antes de o vencedor

---

12 William Gurnall, *The Christian in Complete Armour: A Treatise of the Saints' War Against the Devil* (London: Banner of Truth, 1974), 1:113.

Pregando por santidade

imobilizar seu oponente. O próprio vencedor se levanta cansado, dolorido e banhado de suor.

Vivemos numa cultura que exige resultados imediatos, uma maneira de viver moldada por fornos de micro-ondas, teologia de afirmação e reivindicação, serviços de Internet de alta velocidade e muitas falsas expectativas acerca do Espírito Santo. O pregador bíblico deve mostrar à sua congregação que lutar e combater contra o mal não indica que o cristão está vivendo em derrota ou numa segunda classe de espiritualidade. O apóstolo Paulo não foi para o céu num sofá-cama luxuoso e de autopropulsão; antes, ele correu a carreira, contendeu, golpeou e até lutou com feras e, assim, combateu o bom combate (1 Co 9:24-27; 2 Tm 4:7). Equipe os santos para fazerem isso.

E prometa-lhes que, fortalecidos na força de Cristo e vestidos da armadura de Deus, serão capazes de permanecer firmes e, no final, vencer (Ef 6:10, 11, 13, 16). William Gouge (1575-1653) disse: "Não basta começar bem a luta".[13] Mas também disse que em Cristo somos "vencedores" e aconselhou: "Em todos os conflitos, atente a isto: embora seus inimigos sejam muitos e ferozes, não tema, você permanecerá firme quando eles desaparecerem. Espere pacientemente e não desanime".[14]

PREGUE A LEI MORAL
COMO A REGRA DE SANTIDADE

A Bíblia transpira deleite na lei de Deus. Paulo escreveu: "Por conseguinte, a lei é santa; e o mandamento, santo, e justo, e bom...

---

13 William Gouge, *Panoplia Tou Theou: The Whole-Armor of God, or, The Spiritvall Fvrnitvre Which God Hath Prouided to Keepe Safe euery Christian Sovldier from All the Assaults of Satan* (London: Printed by Iohn Beale, 1616), 112.

14 Gouge, *The Whole-Armor of God*, 114-15.

PREGAÇÃO REFORMADA

Porque, no tocante ao homem interior, tenho prazer na lei de Deus" (Rm 7:12, 22). Davi cantou: "Os preceitos do SENHOR são retos e alegram o coração; o mandamento do SENHOR é puro e ilumina os olhos" (Sl 19:8).

Os piedosos valorizam todas as partes da lei de Deus, regozijando-se em seus testemunhos como em todas as riquezas (Sl 119:14), tendo prazer em seus estatutos (v. 16), suspirando por seus preceitos (v. 40), amando seus mandamentos (v. 47), achando consolo na Palavra durante a aflição (v. 50), crendo nos mandamentos (v. 66), valorizando a lei de Deus mais do que milhares de moedas de ouro e de prata (v. 72), meditando nela (v. 97), provando a doçura das palavras de Deus (v. 103), seguindo a luz de sua Palavra (v. 105) e escolhendo seus preceitos como guia deles (v. 173).

Cristo escreve a lei no coração de seu povo com a tinta do Espírito (2 Co 3:3; Jr 31:33). Cristo o torna semelhante a ele mesmo, um povo que têm a lei no coração e que se deleita em fazer a vontade de Deus (Sl 40:8; Hb 10:7). Mas até o povo de Deus pode ficar confuso quanto à lei de Deus, alagados numa enchente de antinomianismo e antiautoritarismo do mundo. Até as palavras *lei, juiz* e *legal* têm um gosto desagradável para nós hoje. Mas isso não é uma grande surpresa. Paulo disse em Romanos 8:6-7 que a mente do homem natural e caído é morte: "Por isso, o pendor da carne é inimizade contra Deus, pois não está sujeito à lei de Deus, nem mesmo pode estar". Enquanto o pecado reina ou permanece nas pessoas, elas odeiam a Deus e odeiam também a lei de Deus.

Neste ambiente hostil, o pregador não deve se esquivar de proclamar as exigências da lei de Deus. Deve pregar a lei como uma revelação convincente e condenadora do pecado (Rm 3:19-20). A lei é uma arma divina contra o legalismo, porque mostra que

Pregando por santidade

nenhum pecador será justificado por suas próprias obras ou santificado por seu próprio poder. A lei, pregada corretamente, expõe a hipocrisia daqueles que substituem a Palavra de Deus por tradições de homens (Mt 15:1-9). E direciona os homens para Cristo (Gl 3:24) como o único Salvador da condenação da lei.

A lei também serve o povo justificado de Cristo por guiá-los no bom caminho. No que diz respeito à conduta deles, nada é tão importante para eles como o "guardar as ordenanças de Deus" (1 Co 7:19). Embora estejam livres das cerimônias da antiga aliança, não estão "sem lei para com Deus, mas debaixo da lei de Cristo" (1 Co 9:21). Portanto, o ministro reformado experiencial deve pregar a lei para os santos de Deus, não como juiz deles, e sim como servo e guia deles para viverem em Cristo.

Pregue os Dez Mandamentos como uma regra de vida para todos os que estão em Cristo. Deus exaltou estas leis acima de todas as suas outras legislações, por comunicá-las diretamente ao povo no monte Sinai, escrevendo-as com seus próprios dedos em tábuas de pedra, designando-lhes um lugar especial na arca da aliança e referindo-se a estas "dez palavras" como sua aliança.[15] É admirável como muitos cristãos professos não podem listar todos estes dez mandamentos precioso. Certamente, esta ignorância deve ser atribuída aos pastores das igrejas, que têm negligenciado a pregação da lei moral.

Os Dez Mandamentos nos oferecem um resumo da lei moral para toda a vida. Faça bom uso da sabedoria compilada nas ricas exposições dos Dez Mandamentos no Catecismo de Heidelberg e nos Catecismos Maior e Breve de Westminster. Estude exposições clássicas da lei moral produzidas por Thomas Watson, James

---

15 Êx 20:1; 25:16; 31:18; 32:16; 34:1, 28; Dt 4:12-13; 10:1-5; 2 Cr 5:10; Hb 9:4.

PREGAÇÃO REFORMADA

Durham e outros pregadores e pastores reformados.[16] Pregar a lei torna-o capaz de abordar a vida das pessoas com aplicações pungentes e não com aplicações vagas que não atingem a consciência de ninguém e não guiam as pessoas de uma maneira prática.

Pregue também as várias apresentações da lei em toda a Bíblia. Pregue o Sermão do Monte, proferido por Cristo. Este sermão contém uma exposição singular da lei, afirmando que a lei moral revelada no Antigo Testamento permanece para sempre (Mt 5:17-48). Nosso Senhor disse: "Porque em verdade vos digo: até que o céu e a terra passem, nem um i ou um til jamais passará da Lei, até que tudo se cumpra" (v. 18). William Perkins, comentando este versículo, disse que a lei moral "permanece para sempre como uma regra de obediência para todo filho de Deus, embora ele não esteja obrigado a realizar a mesma obediência para a sua justificação diante de Deus".[17] O Sermão do Monte ressalta também que a lei é espiritual e se dirige não meramente a atos externos, mas também a ira, inimizade, cobiça, hipocrisia e dureza de nosso coração.

Ao pregar sobre a lei, seja cuidadoso para lembrar os pontos que apresentei antes sobre pregar a justificação e a união com Cristo. A lei é dada para um povo redimido por seu Deus pactual (Êx 20:2). Mas não evite pregar a lei. Não há legalismo em insistir com os santos sobre a obrigação sagrada de viverem de acordo com todos os mandamentos de Deus. Embora não sejam julgados pelo rigor da lei, somente a plena conformidade com a lei atinge a completa imagem de Deus, vista no Cristo inculpável. A lei nos

---

16 Thomas Watson, *The Ten Commandments* (Edinburgh: Banner of Truth, 2000); James Durham, *A Practical Exposition of the Ten Commandments*, ed. Christopher Coldwell (Dallas: Naphtali, 2002).

17 Citado em J. Stephen Yuille, *Living Blessedly Forever: The Sermon on the Mount and the Puritan Piety of William Perkins* (Grand Rapids, MI: Reformation Heritage Books, 2012), 59.

Pregando por santidade

fortalece. Muitas questões sobre Deus são resolvidas quando o povo de Deus medita profundamente na lei de Deus. A santa lei de Deus nos dá uma estrutura moral pela qual ficamos firmes contra as ondas volúveis de relativismo moral ao nosso redor.

PREGUE O AMOR COMO A ALMA DA SANTIDADE

Quando nosso Senhor condensou a lei em um resumo mais curto do que os Dez Mandamentos, escolheu dois mandamentos do Antigo Testamento que se centralizam numa palavra: *amor*. Todas as leis de Deus dependem de nosso profundo amor a Deus e da nossa expansão de amor próprio para envolver o nosso próximo (Mt 22:37-40). Paulo disse: "O cumprimento da lei é o amor" (Rm 13:10; cf. Gl 5:14; Tg 2:8). Thomas Watson disse, ao fazer uma introdução ao Antigo Testamento: "O amor é a alma da religião, aquilo que constitui um cristão; o amor é a rainha das virtudes".[18]

Se nossa pregação não dá atenção especial ao amor, não compreendemos o ensino da Bíblia. Obscurecemos a doutrina de Deus: "Aquele que não ama não conhece a Deus, pois Deus é amor" (1 Jo 4:8). Jonathan Edwards escreveu com exultação lírica e trinitária:

> Deus é a fonte de amor, como o sol é a fonte de luz... E, portanto, visto que ele é um Ser infinito, segue-se que ele é uma infinita fonte de amor. Visto que é um Ser todo-suficiente, segue-se que ele é fonte de amor plena, transbordante e inesgotável. Visto que ele é um Ser eterno e imutável, ele é uma fonte de amor eterno e imutável. Lá está Deus, o Pai, e também o Filho, unidos em

---

18 Thomas Watson, *A Body of Practical Divinity in a Series of Sermons on the Shorter Catechism* (London: A Fullarton and Co., 1845), 215.

PREGAÇÃO REFORMADA

amor mútuo, infinitamente querido e incompreensível... Lá está o Espírito Santo, o espírito de amor divino, em quem a própria essência de Deus, por assim dizer, flui ou é emanada em amor.[19]

Além disso, se negligenciamos o amor, confundimos o evangelho: "Nisto consiste o amor: não em que nós tenhamos amado a Deus, mas em que ele nos amou e enviou o seu Filho como propiciação pelos nossos pecados" (1 Jo 4:10). Ocultamos as marcas da verdadeira conversão: "Amados, amemo-nos uns aos outros, porque o amor procede de Deus; e todo aquele que ama é nascido de Deus e conhece a Deus" (v. 7). As pessoas podem fazer tudo o que lhes falamos na mensagem, mas, se não pregarmos o amor como a motivação básica do crente, a vida delas será um nada espiritual aos olhos de Deus (1 Co 13:1-3).

Muitos dos preconceitos das pessoas contra a santidade consistem numa distorção, em sua mente, de zelo religioso sem amor. Portanto, chamar a igreja a amar uns aos outros serve a um propósito evangelístico vital. Jesus disse: "Nisto conhecerão todos que sois meus discípulos: se tiverdes amor uns aos outros" (Jo 13:35).

Pregar sobre o amor também dissipa muita mitologia ética que escraviza as pessoas. *Amor* é uma das palavras mais abusadas em nossa linguagem, mal interpretada e pervertida para justificar todo tipo de mal. Por pregar sobre o verdadeiro amor a Deus e de uns para com os outros como a exigência mais fundamental da lei de Deus, você pode esclarecer para as pessoas o significado tanto de *amor* quanto de *lei*. Por ligar os mandamentos específicos de Deus ao grande mandamento de amar, você guarda sua igreja de um legalismo vazio e horrível e enche seus deveres éticos com uma doçura mais atraente.

---

19 Jonathan Edwards, "Charity and Its Fruits", em *The Works of Jonathan Edwards*, vol. 8, *Ethical Writings*, ed. Paul Ramsey (New Haven, CT: Yale University Press, 1989), 369.

Pregando por santidade

Você pode também ser um instrumento para colocar o amor próprio em seu devido lugar. Destituído do amor divino, o amor próprio natural se tornou um tirano que nos destrói por levar-nos para dentro de nós mesmos. A teologia de autoestima moderna tenta apaziguar este tirano por dar-lhe o que lhe é devido. Edwards escreveu que, no homem caído, o amor humano é "encolhido num pequeno ponto, circunscrito e intimamente fechado dentro de si mesmo, em exclusão dos outros". O amor próprio, outrora servo de Deus, usurpa agora o lugar de Deus como o "senhor absoluto" da alma.[20] Entretanto, o verdadeiro amor a Deus e ao próximo restaura o amor próprio à sua posição de servo bom e útil.

Proclamar a lei do amor afeta seu povo em direção à atividade santa, porque o amor é uma graça ativa. Watson escreveu: "O amor a Deus tem de ser ativo em sua esfera; o amor é uma afeição laboriosa; coloca a mente a estudar para Deus, as mãos a trabalhar, os pés a percorrer os caminhos dos mandamentos divinos; é chamado 'o labor de amor' (1 Ts 1:3)".[21]

Você também pode ajudá-los a expandir sua alma em verdadeira grandeza, ao possuírem uma humanidade mais completa e mais autêntica, porque, quando entendem a ideia bíblica do amor, eles se tornam semelhantes a Deus da maneira que é mais importante.

PREGUE A AFLIÇÃO COMO
O TREINAMENTO DE SANTIDADE

Uma das afirmações mais misteriosas sobre Cristo, na Bíblia, aparece em Hebreus 5:8: "Embora sendo Filho, aprendeu a obediência pelas coisas que sofreu". O Espírito Santo acabara de afirmar que Cristo,

---

20 Edwards, "Charity and Its Fruits", em *Works*, 8:253.

21 Watson, *A Body of Practical Divinity*, 215.

PREGAÇÃO REFORMADA

mesmo havendo sido tentado à nossa semelhança, era "sem pecado" (Hb 4:15). Como, então, ele aprendeu a obediência pelas coisas que sofreu? Ele não tinha de purificar sua alma do mal, porque era "santo, inculpável, sem mácula" (Hb 7:26). Seu corpo e sua alma eram santos desde a concepção (Lc 1:35), mas a sua santidade humana tinha de desenvolver-se por meio de exercício, assim como os músculos se tornam mais fortes por exercício até o ponto de dores. E que sofrimento Cristo suportou para aprender a obediência! Arrancou dele "forte clamor e lágrimas, orações e súplicas" (Hb 5:7).

Se o justo Jesus teve de sofrer tanto para aprender a obediência, quanto mais nós precisamos sofrer a fim de remover nossos pecados e crescer em semelhança a ele? O pecado se prende à nossa alma mais firmemente do que as manchas de nossas roupas, mas Deus o removerá. Gurnall disse: "Deus não esfregaria tão fortemente se não fosse para remover a sujeira que está incrustada em nossa natureza. Deus ama tanto a pureza, que prefere ver um buraco a uma mancha nas vestes de seu filho".[22]

O materialismo e a psicologia nos enganam levando-nos a pensar que nosso maior tesouro na vida é nosso bem-estar físico, financeiro e emocional. Por isso, quando as aflições surgem, podemos questionar a verdade de Romanos 8:28: "Sabemos que todas as coisas cooperam para o bem daqueles que amam a Deus, daqueles que são chamados segundo o seu propósito". E clamamos: "Como esta aflição pode estar cooperando para o meu bem?" Mas precisamos ler o versículo seguinte para descobrir o que Deus decretou para o nosso bem: "serem conformes à imagem de seu Filho" (v. 29). O Pai nos elegeu para a santidade (Ef 1:4). Cristo morreu para santificar sua igreja (Ef 5:25-27); Deus

---

22 Gurnall, *The Christian in Complete Armour*, 1:417-18.

Pregando por santidade

não cessará nada daquilo que torna o seu povo santo, segundo à imagem de seu Filho.

Portanto, pregue para seu povo uma teologia de sofrimento que coloca todas as nossas provações nas mãos e na vontade de um Pai amoroso. Hebreus 12 nos ensina a vermos nossas tristezas, até mesmo as perseguições de homens ímpios, como parte da disciplina paternal de Deus: "Na vossa luta contra o pecado, ainda não tendes resistido até ao sangue e estais esquecidos da exortação que, como a filhos, discorre convosco: Filho meu, não menosprezes a correção que vem do Senhor, nem desmaies quando por ele és reprovado; porque o Senhor corrige a quem ama e açoita a todo filho a quem recebe" (vv. 4-6). Por que um Deus amoroso disciplinaria seus filhos tão severamente? Ele o faz para "sermos participantes da sua santidade", pois sem essa santidade "ninguém verá o Senhor" (vv. 10, 14). Deus está nos atraindo à sua presença paternal por gravar em nós a sua imagem, ainda que por golpes de uma vara.

Ensine sua congregação a ver seus sofrimentos como seu treinamento com vistas à santidade. Encoraje-os a se submeterem à vara do seu Pai, crendo na bondade e no amor dele revelados na cruz (Rm 8:32). Mostre-lhes os muitos benefícios de submeterem-se com mansidão às provações santificadoras da parte de Deus. Thomas Brooks disse que os cristãos devem ser "mudos" ou quietos ao passarem pela vara aflitiva de Deus, para que possam (1) aprender da correção divina e arrepender-se do pecado, (2) distinguir-se do mundo, que murmura contra e amaldiçoa a Deus, (3) tornar-se semelhantes a Cristo, que sofreu silenciosamente como um cordeiro levado para ser morto, (4) escapar da maldição de um espírito rabugento, que é mil vezes pior do que qualquer aflição exterior, (5) desfrutar o consolo de paz interior, (6) evitar

PREGAÇÃO REFORMADA

um esforçar-se inútil contra o Deus todo-poderoso, (7) frustrar o propósito de Satanás de tentá-los a blasfemar contra Deus e (8) seguir os passos de outros santos que suportaram pacientemente os sofrimentos, antes de nós.[23]

PREGUE AS HISTÓRIAS BÍBLICAS COMO A FORMA HUMANA DE SANTIDADE

A pregação reformada é, às vezes, identificada com o ensino de doutrina. Podemos contribuir para esta caricatura se estamos pregando continuamente sobre as epístolas de Paulo. Somos acusados de edificar catedrais de teologia, prédios enormes de pensamento abstrato, enquanto o mundo sofre e perece ao nosso redor. Em todo este livro, argumentei em favor da pregação que é bíblica, doutrinária, experiencial e prática. Não há nenhuma razão por que uma série de pregações sobre a Epístola aos Hebreus, por exemplo, não possa falar profundamente ao coração das pessoas. De fato, embora às vezes as pessoas vejam Hebreus como um tratado teológico sofisticado, ela é um sermão escrito que se dirige a pessoas tão afligidas que se viam tentadas a se afastarem da fé.

Ao mesmo tempo, há muito mais na Bíblia do que as epístolas didáticas. Há as empolgantes visões de Daniel e Apocalipse. Há os aforismos incisivos de Provérbios e Eclesiastes. Há as canções e as orações nos Salmos que nos ajudam a derramar nosso coração diante do Senhor. E há as narrativas, os relatos históricos de eventos e pessoas que conheciam o Senhor e viram suas obras.

Depois de citar alguns dos eventos da história da saída de Israel do Egito, Paulo disse: "Ora, estas coisas se tornaram exemplos

---

23 Thomas Brooks, "The Mute Christian under the Smarting Rod", em *The Works of Thomas Brooks*, ed. Alexander B. Grosart (Edinburgh: Banner of Truth, 2001), 1:312-19.

para nós... Estas coisas lhes sobrevieram como exemplos e foram escritas para advertência nossa, de nós outros sobre quem os fins dos séculos têm chegado" (1 Co 10:6, 11). O Espírito inspirou o registro destas histórias para nos advertir e nos encorajar hoje. Romanos 15:4 diz: "Tudo quanto, outrora, foi escrito para o nosso ensino foi escrito, a fim de que, pela paciência e pela consolação das Escrituras, tenhamos esperança". As Escrituras nos dão os exemplos de uma grande nuvem de testemunhas, que nos instam a perseverar na carreira que nos está proposta (Hb 12:1).

Não negligencie as histórias bíblicas. Perkins comentou que, "por mais que os crentes sejam grandemente encorajados em sua peregrinação espiritual pelas graciosas promessas que Deus e Cristo lhes fizeram, essa sua alegria é bastante aumentada pela visão daqueles que andaram antes deles no caminho da fé". Ele disse que, embora a "verdade de Deus seja o único fundamento de consolação inabalável", nós, à semelhança de Tomé, por causa de nossa fraqueza, achamos muita ajuda e alegria quando exemplos de pessoas piedosas são acrescentados às promessas de Deus.[24]

Pregue as histórias da Bíblia como histórias. Evite transformá-las em tratados doutrinários. Embora cada sermão deva conter sã doutrina (afirmações claras da verdade sobre Deus e o homem), ele deve ser moldado pelo gênero literário do texto. Entre no relato e veja os personagens não meramente como suportes de proposições teológicas, mas como pessoas reais. Simpatize com eles. Não se apresse em ler a narrativa para chegar ao principal ensino teológico. Preste atenção aos detalhes. Faça perguntas ao texto: por que ele fez isso? O que isso nos mostra sobre ele? Pesquise o contexto

---

24 William Perkins, "Epistle Dedicatorie", em *A Commentary on Hebrews 11, 1609 Edition*, ed. John H. Augustine (New York: Pilgrim Press, 1991), sem paginação.

PREGAÇÃO REFORMADA

histórico, geográfico e cultural. Depois, enquanto faz isso, pare para extrair lições doutrinárias, experienciais e práticas para seus ouvintes. Você descobrirá que as histórias da Bíblia expressam em fatos humanos os princípios teológicos, ajudando estes princípios a se tornarem vivos no entendimento e na experiência dos ouvintes.[25]

PREGUE SOBRE O CÉU
COMO A ASPIRAÇÃO DA SANTIDADE

O Senhor Jesus disse: "Bem-aventurados os limpos de coração, porque verão a Deus" (Mt 5:8). O apóstolo João ecoa esta verdade quando escreve: "Amados, agora, somos filhos de Deus, e ainda não se manifestou o que haveremos de ser. Sabemos que, quando ele se manifestar, seremos semelhantes a ele, porque haveremos de vê-lo como ele é. E a si mesmo se purifica todo o que nele tem esta esperança, assim como ele é puro" (1 Jo 3:2-3). Há uma relação inseparável entre a santificação e a esperança de que veremos "o rei na sua formosura" (Is 33:17). O mesmo Cristo que intercedeu por seu povo, dizendo: "Santifica-os na verdade; a tua palavra é a verdade", também orou: "Pai, a minha vontade é que onde eu estou, estejam também comigo os que me deste, para que vejam a minha glória que me conferiste, porque me amaste antes da fundação do mundo" (Jo 17:17, 24). "Cristo em vós" é "a esperança da glória" (Cl 1:27). A pregação centrada em Cristo deve ser pregação que pensa no céu, porque Cristo está entronizado no céu.

A busca de santidade é uma peregrinação para o céu. Cada pequena parte de nosso crescimento em santidade é um passo

---

25 Algumas de minhas tentativas para pregar narrativas bíblicas podem ser achadas em Joel R. Beeke, *Portraits of Faith* (Bridgend, Wales: Bryntirion, 2004); *Walking as He Walked* (Grand Rapids, MI/ Bridgend, Wales: Reformation Heritage Books/Bryntirion, 2007).

Pregando por santidade

para mais perto da cidade de Deus. Cristo, nossa cabeça viva, foi adiante de nós. Fomos elevados com ele. E, logo, nós o seguiremos até à glória. Portanto, para fixar nossos olhos em santidade, devemos buscar "as coisas lá do alto, onde Cristo vive, assentado à direita de Deus" (Cl 3:1).

Embora nossa mente não possa compreender totalmente as belezas do céu, não caímos na armadilha de pensar que o céu está oculto em um nuvem de desconhecimento. Muitos cristãos dizem: "Não podemos entender como é o céu" e param aí. Pregue o que as Escrituras revelam. Mostre às pessoas o que é a herança dos santos na luz (Cl 1:12). O que você descobrirá, depois de estudo cuidadoso, é que a Bíblia apresenta uma eloquente doutrina do céu que gira em torno da glória de Deus, da entronização de Cristo como Mediador e da santidade perfeita de seu povo (Hb 12:22-24). Em vez de especulações sobre o fim dos tempos, as pessoas precisam de sólida escatologia bíblica que as torne vigilantes, fiéis e esperançosas (Mt 24:36-51).

A santidade é o único caminho para o céu; sem ela, ninguém verá o Senhor (Is 35:8-10; Hb 12:14). Os impuros e perversos nunca entrarão na cidade santa, mas somente aqueles que guardam os mandamentos de Deus (Ap 21:27; 22:14-15), porque o céu está cheio da glória de Deus. Owen advertiu:

> Não existe pensamento mais tolo e mais pernicioso com o qual a humanidade seja enfeitiçada do que o pensamento de que pessoas não purificadas, não santificadas, não tornadas santas nesta vida devem ser, posteriormente, levadas àquele estado de bem-aventurança que consiste no gozo de Deus. Não pode haver pensamento mais reprovável à glória de Deus, nem mais inconsistente com a

PREGAÇÃO REFORMADA

natureza das coisas, porque tais pessoas não podem desfrutar dele, nem Deus será uma recompensa para elas... A santidade é, de fato, aperfeiçoada no céu, mas o seu começo está invariável e inalteravelmente confinado a este mundo.[26]

Chame seu povo a buscar o reino de Deus e sua justiça. Pregar uma mentalidade celestial liberta as pessoas dos anseios maus do mundo presente. Você deve exortá-las: "Pensai nas coisas lá do alto, não nas que são aqui da terra" (Cl 3:2). A busca de santidade delas será muito mais auxiliada se você lhes mostrar quão passageiro, corrupto e instável é este mundo (1 Jo 2:15-17) e quão duradoura, pura e sólida é a herança delas no céu (1 Pe 1:4). Elas temerão muito menos as carrancas deste mundo e pisotearão os seus prazeres sórdidos, se mantiverem sua coroa em vista. Calvino disse: "Devemos aplicar nossa mente à meditação sobre a vida futura, para que este mundo se torne sem valor para nós e estejamos preparados, se necessário, para derramar o nosso próprio sangue em testemunho da verdade".[27]

Você pode fortalecer os crentes como soldados de Jesus Cristo para suportarem dificuldades e permanecerem livres de embaraços desta vida, lembrando-lhes que aqueles que sofrem com Cristo também reinarão com ele (2 Tm 2:3-4, 12). Portanto, envolva sua igreja com a "bendita esperança" de verem "a manifestação da glória do nosso grande Deus e Salvador Cristo Jesus", para que, "renegadas a impiedade e as paixões mundanas", "vivamos, no presente século, sensata, justa e piedosamente" (Tt 2:12-13).

---

26 Owen, "Discourse Concerning the Holy Spirit", em *Works*, 3:574-75.

27 John Calvin, *Commentaries of Calvin*, vários tradutores e editores, 45 vols. (Edinburgh: Calvin Translation Society, 1846-1851; repr., 22 vols., Grand Rapids, MI: Baker, 1979) [Dn 3:19-20].

Pregando por santidade

PREGUE HUMILDEMENTE
COMO UM HOMEM DE SANTIDADE

Poucos comentários sobre pregadores são mais devastadores do que as palavras de Cristo em Mateus 23:3: "Dizem e não fazem". Que contraste com isto é o exemplo de Esdras: "Porque Esdras tinha disposto o coração para buscar a Lei do SENHOR, e para a cumprir, e para ensinar em Israel os seus estatutos e os seus juízos" (Ed 7:10). O pregador deve pregar santidade como um homem que pratica santidade. Paulo exortou Timóteo: "Ninguém despreze a tua mocidade; pelo contrário, torna-te padrão dos fiéis, na palavra, no procedimento, no amor, na fé, na pureza... Tem cuidado de ti mesmo e da doutrina. Continua nestes deveres; porque, fazendo assim, salvarás tanto a ti mesmo como aos teus ouvintes" (1 Tm 4:12, 16).

Todos nós temos muitas razões para nos humilharmos neste respeito. Horatius Bonar (1808-1889) nos conta que em 1651 os ministros da Escócia se reuniram para confessar seus pecados. A confissão deles foi extensa, profunda e séria. Eis uma parte da confissão:

- Ignorância de Deus; falta de intimidade com ele e pouco ocupar-nos com Deus em ler, meditar e falar sobre ele.
- Egoísmo sobremodo grande em tudo que fazemos; agir de nós mesmos, por nós mesmos e para nós mesmos.
- Não atentar a quão infiéis e negligentes os outros foram, de modo que isso contribua para nossa fidelidade e diligência; mas, em vez disso, contentar-nos e talvez regozijar-nos com as faltas deles.
- Menos deleite naquelas coisas que produzem nossa comunhão mais íntima com Deus; grande inconstância no andar com Deus e negligência em reconhecê-lo em todos os nossos caminhos.

PREGAÇÃO REFORMADA

- Em realizar deveres, menos cuidadosos com aqueles que são mais distantes da vista dos homens. Raramente em oração secreta com Deus, exceto quando em preparo para atividades públicas; e até isso, muito negligenciado ou realizado de maneira muito superficial.
- Alegria em encontrar desculpas para a negligência de deveres. Negligenciar a leitura das Escrituras em particular, para edificação de nós mesmos como cristãos, lendo-as apenas a fim de preparar-nos para os deveres ministeriais e, às vezes, negligenciando isso.
- Não gastar tempo em refletir sobre nossos próprios caminhos, nem permitir que a persuasão do sofrimento tenha uma obra completa em nós... negligência no autoexame, o que produz muita falta de conhecimento de nós mesmos e estranheza de Deus.
- Não vigiar contra males visíveis e conhecidos, nem lutar contra eles, especialmente os que predominam em nós.
- Uma facilidade para sermos desviados com as tentações da época e outras tentações específicas, de acordo com nossas inclinações e companhias.
- Instabilidade e hesitação nos caminhos de Deus, por temores de perseguição, perigos e perda de estima; e declínio nos deveres por causa do temor de invejas e reprovações.
- Não estimar como honráveis a cruz de Cristo e os sofrimentos por seu nome, mas, em vez disso, evitar os sofrimentos com base em amor próprio.
- Ignorar os sofrimentos tristes e árduos do povo de Deus no estrangeiro, e a falta de prosperidade do reino de Jesus Cristo e o poder da piedade entre eles.

Pregando por santidade

• Hipocrisia requintada que deseja parecer o que, na verdade, não somos.[28]

Ó irmãos, prostremo-nos ante o trono da graça. Como ministros e mestres da Palavra, que incorrerão em julgamento mais severo (Tg 3:1), devemos, muito mais do que todos os outros cristãos, depender do sangue de Cristo e de sua intercessão sacerdotal para nossa justificação, preservação e perseverança no caminho de santidade. Permaneçamos humildemente em Cristo como a única videira que pode nos tornar frutíferos. Andemos no Espírito com toda a humildade, sabendo que em nossa carne não habita bem algum. Precisamos que o Espírito nos ilumine, pois, do contrário, toda a nossa educação e dons para o ministério não nos impedirão de cair em heresia e imoralidade. Precisamos que o Espírito nos subjugue e nos mantenha andando de acordo com a vontade de Deus, pois, de outro modo, não seremos fiéis.

Encaremos com desprezo todo orgulho e arrogância espiritual. Embora nossos púlpitos e plataformas possam elevar-nos fisicamente acima da congregação, sabemos que muitos santos que estão diante de nós são superiores a nós no Senhor – e o dia de julgamento mostrará isso na recompensa maior que receberão: "E os últimos, primeiros" (Mt 19:30). Preguemos com mansidão pessoal enquanto declaramos com ousadia a palavra de Deus. Renunciemos todas as tentações para ganhar o coração das pessoas para nós mesmos. Em vez disso, que a afirmação de João Batista seja a nossa regra:

O homem não pode receber coisa alguma se do céu não lhe for dada. Vós mesmos sois testemunhas de que vos disse: eu não sou

---

28 Horatius Bonar, *Words to Winners of Souls* (Boston: American Tract Society, n.d.), 47-50.

PREGAÇÃO REFORMADA

o Cristo, mas fui enviado como seu precursor. O que tem a noiva é o noivo; o amigo do noivo que está presente e o ouve muito se regozija por causa da voz do noivo. Pois esta alegria já se cumpriu em mim. *Convém que ele cresça e que eu diminua* (Jo 3:27-20).

O verdadeiro pregador reformado experiencial é um pregador humilde, porque ele é um verdadeiro amante de Cristo em busca de santidade. Ele se contenta em ser nada se, dessa maneira, Cristo puder ser tudo.

O Ministério Fiel visa apoiar a igreja de Deus, fornecendo conteúdo fiel às Escrituras através de conferências, cursos teológicos, literatura, ministério Adote um Pastor e conteúdo online gratuito.

Disponibilizamos em nosso site centenas de recursos, como vídeos de pregações e conferências, artigos, e-books, audiolivros, blog e muito mais. Lá também é possível assinar nosso informativo e se tornar parte da comunidade Fiel, recebendo acesso a esses e outros materiais, além de promoções exclusivas.

Visite nosso site

www.ministeriofiel.com.br

LEIA TAMBÉM

JOEL BEEKE

ESPIRITUALIDADE
REFORMADA

*Uma Teologia Prática para
a Devoção a Deus*

LEIA TAMBÉM

LEIA TAMBÉM

LUTANDO CONTRA SATANÁS

CONHECENDO SUAS ESTRATÉGIAS, FRAQUEZAS E DERROTA

JOEL R. BEEKE